西夏学文库

第三辑

著作卷 杜建录 史金波 主编

"十三五"国家重点图书出版规划项目

西夏文写本《文海宝韵》研究

史金波 著

戴光宇 校订

甘肃文化出版社

图书在版编目（ＣＩＰ）数据

西夏文写本《文海宝韵》研究 / 史金波著 ; 戴光宇
校订. -- 兰州 : 甘肃文化出版社，2022.12
（西夏学文库 / 杜建录，史金波主编. 第三辑）
ISBN 978-7-5490-2614-2

Ⅰ. ①西… Ⅱ. ①史… ②戴… Ⅲ. ①西夏语－辞书
－研究 Ⅳ. ①H211.76

中国版本图书馆CIP数据核字(2022)第222588号

西夏文写本《文海宝韵》研究

史金波 | 著　　戴光宇 | 校订

策　　划	郎 军 涛
项目统筹	甄 惠 娟
责任编辑	甄 惠 娟
封面设计	苏 金 虎

出版发行	甘肃文化出版社
网　　址	http://www.gswenhua.cn
投稿邮箱	gswenhuapress@163.com
地　　址	兰州市城关区曹家巷 1 号	730030（邮编）

营销中心	贾　莉　王　俊
电　　话	0931-2131306

印　　刷	西安国彩印刷有限公司
开　　本	787 毫米 ×1092 毫米 1/16
字　　数	512 千
印　　张	37
版　　次	2022 年 12 月第 1 版
印　　次	2022 年 12 月第 1 次
书　　号	ISBN 978-7-5490-2614-2
定　　价	168.00 元

宁夏大学西夏学研究院

中国社会科学院西夏文化研究中心 编

百年风雨　一路走来

——《西夏学文库》总序

一

经过几年的酝酿、规划和编纂，《西夏学文库》（以下简称《文库》）终于和读者见面了。2016 年，这一学术出版项目被列入"十三五"国家重点图书出版规划，2017 年入选国家出版基金项目，并在"十三五"开局的第二年即开始陆续出书，这是西夏学界和出版社共同努力的硕果。

自 1908、1909 年黑水城西夏文献发现起，近代意义上的西夏学走过了百年历程，大体经历了两个阶段：

20 世纪 20 年代至 80 年代为第一阶段，该时期的西夏学有如下特点：

一是苏联学者"近水楼台"，首先对黑水城西夏文献进行整理研究，涌现出伊凤阁、聂历山、龙果夫、克恰诺夫、索弗罗诺夫、克平等一批西夏学名家，出版了大量论著，成为国际西夏学的"老大哥"。

二是中国学者筚路蓝缕，在西夏文文献资料有限的情况下，结合汉文文献和文物考古资料，开展西夏语言文献、社会历史、文物考古研究。20 世纪30 年代，王静如出版三辑《西夏研究》，内容涉及西夏佛经、历史、语言、国名、官印等。1979 年，蔡美彪《中国通史》第六册专列西夏史，和辽金史并列，首次在中国通史中确立了西夏史的地位。

三是日本、欧美的西夏研究也有不俗表现，特别是日本学者在西夏语言文献和党项古代史研究方面有着重要贡献。

四是经过国内外学界的不懈努力，至 20 世纪 80 年代，中国西夏学界推

1

出《西夏史稿》《文海研究》《同音研究》《西夏文物研究》《西夏佛教史略》《西夏文物》等一系列标志性成果，发表了一批论文。西夏学从早期的黑水城文献整理与西夏文字释读，拓展成对党项民族及西夏王朝的政治、历史、经济、军事、地理、宗教、考古、文物、文献、语言文字、文化艺术、社会风俗等全方位研究，完整意义上的西夏学已经形成。

20 世纪 90 年代迄今为第二阶段，这一时期的西夏学呈现出三大新特点：

一是《俄藏黑水城文献》《英藏黑水城文献》《日本藏西夏文文献》《法藏敦煌西夏文文献》《斯坦因第三次中亚考古所获汉文文献（非佛经部分）》《党项与西夏资料汇编》《中国藏西夏文献》《中国藏黑水城汉文文献》《中国藏黑水城民族文字文献》《俄藏黑水城艺术品》《西夏文物》（多卷本）等大型文献文物著作相继整理出版，这是西夏学的一大盛事。

二是随着文献文物资料的整理出版，国内外西夏学专家们，无论是俯首耕耘的老一辈学者，还是风华正茂的中青年学者，都积极参与西夏文献文物的诠释和研究，潜心探索，精心培育新的科研成果，特别是在西夏文文献的译释方面，取得了卓越成就，激活了死亡的西夏文字，就连解读难度很大的西夏文草书文献也有了突破性进展，对西夏历史文化深度开掘做出了实质性贡献。举凡西夏社会、政治、经济、军事、文化、法律、宗教、风俗、科技、建筑、医学、语言、文字、文物等，都有新作问世，发表了数以千计的论文，出版了数以百计的著作，宁夏人民出版社、上海古籍出版社、中国社会科学出版社、社科文献出版社、甘肃文化出版社成为这一时期西夏研究成果出版的重镇。宁夏大学西夏学研究院编纂的《西夏研究丛书》《西夏文献研究丛刊》，中国社会科学院西夏文化研究中心联合宁夏大学西夏学研究院等单位编纂的《西夏文献文物研究丛书》是上述成果的重要载体。西夏研究由冷渐热，丰富的西夏文献资料已悄然影响着同时代宋、辽、金史的研究。反之，宋、辽、金史学界对西夏学的关注和研究，也促使西夏研究开阔视野，提高水平。

三是学科建设得到国家的高度重视，宁夏大学西夏学研究中心（后更名为西夏学研究院）被教育部批准为高校人文社科重点研究基地，中国社会科学院将西夏学作为"绝学"，予以重点支持，宁夏社会科学院和北方民族大学也将西夏研究列为重点。西夏研究专家遍布全国几十个高校、科研院所和文物考古部门，主持完成和正在开展近百项国家和省部级科研课题，包括国家社科基金特别委托项目"西夏文献文物研究",重大项目"黑水城西夏文献研究""西夏通志""黑水城出土医药文献整理研究",教育部重大委托项目"西夏文大词典""西夏多元文化及其历史地位研究"。

研究院按照教育部基地评估专家的意见,计划在文献整理研究的基础上,以国家社科基金重大项目和教育部重大委托项目为抓手,加大西夏历史文化研究力度,推出重大成果,同时系统整理出版百年来的研究成果。中国社会科学院西夏文化研究中心也在继承传统、总结经验的基础上,制订加强西夏学学科建设、深化西夏研究、推出创新成果的计划。这与甘肃文化出版社着力打造西夏研究成果出版平台的设想不谋而合。于是三方达成共同编纂出版《文库》的协议,由史金波、杜建录共同担纲主编,一方面将过去专家们发表的优秀论文结集出版,另一方面重点推出一批新的研究著作,以期反映西夏研究的最新进展,推动西夏学迈上一个新的台阶。

二

作为百年西夏研究成果的集大成者,作为新时期标志性的精品学术工程,《文库》不是涵盖个别单位或部分专家的成果,而是要立足整个西夏学科建设的需求,面向海内外西夏学界征稿,以全方位展现新时期西夏研究的新成果和新气象。《文库》分为著作卷、论集卷和译著卷三大板块。其中,史金波侧重主编论集卷和译著卷,杜建录侧重于主编著作卷。论集卷主要是尚未结集出版的代表性学术论文,因为已公开发表,由编委会审核,不再匿名评审。著作卷由各类研究项目(含自选项目)成果、较大幅度修订的已出著作以及公认的传世名著三部分组成。所有稿件由编委会审核,达到出版水平的予以出版,达不到出版水平的,则提出明确修改意见,退回作者修改补正后再次送审,确保《文库》的学术水准。宁夏大学西夏学研究院设立了专门的基金,用于不同类型著作的评审。

西夏研究是一门新兴的学科,原来人员构成比较单一,学术领域比较狭窄,研究方法和学术水准均有待提高。从学科发展的角度看,加强西夏学与其他学科的学术交流,是提高西夏研究水平的有效途径。我国现有的西夏研究队伍,有的一开始即从事西夏研究,有的原是语言学、历史学、藏传佛教、唐宋文书等领域的专家，后来由于深化或扩充原学术领域而涉足西夏研究，这些不同学术背景的专家们给西夏研究带来了新的学术视角和新的科研气象，为充实西夏研究队伍、提高西夏研究水平、打造西夏学学科集群做出了重要的贡献。在资料搜集、研究方法和学术规范等方面，俄罗斯、日本、美国、英国和法国的西夏研究者值得我们借鉴学习，《文库》尽量把他们的研究成果翻译出版。值得一提的是，我们还特别请作者，特别是老专家在各自的著述中撰写"前言"，深入讲述个人从事西夏研究的历程，使大家深切感受各位专家倾心参与西夏研究的经历、砥砺钻研的刻苦精神，以及个中深刻的体会和所做出的突出成绩。

《文库》既重视老专家的新成果，也青睐青年学者的著作。中青年学者是创新研究的主力，有着巨大的学术潜力，代表着西夏学的未来。也许他们的著作难免会有这样那样的不足，但这是他们为西夏学殿堂增光添彩的新篇章，演奏着西夏研究创新的主旋律。《文库》的编纂出版，既是建设学术品牌、展示研究成果的需要，也是锻造打磨精品、提升作者水平的过程。从这个意义上讲，《文库》是中青年学者凝练观点、自我升华的绝佳平台。

入选《文库》的著作，严格按照学术图书的规范和要求逐一核对修订，务求体例统一，严谨缜密。为此，甘肃文化出版社成立了《文库》项目组，按照国家精品出版项目的要求，精心组织，精编精校，严格规范，统一标准，力争将这套图书打造成内容质量俱佳的精品。

三

西夏是中国历史的重要组成部分，西夏文化是中华民族文化不可或缺的组成部分。西夏王朝活跃于历史舞台，促进了我国西北地区的发展繁荣。源远流长、底蕴厚重的西夏文明，是中华各民族兼容并蓄、互融互补、同脉同源的见证。深入研究西夏有利于完善中国历史发展的链条，对传承优秀民族文化、促进各民族团结繁荣有着重要意义。西夏研究工作者有责任更精准地阐释西夏文明在中华文明中的地位、特色、贡献和影响，把相关研究成果展示出来。《文库》正是针对西夏学这一特殊学科的建设规律，瞄准西夏学学术发展前沿，提高学术原创能力，出版高质量、标志性的西夏研究成果，打造具有时代特色的学术品牌，增强西夏学话语体系建设，对西夏研究起到新的推动作用，对弘扬中华优秀传统文化做出新的贡献。

甘肃是华夏文明的重要发祥地之一，也是中华民族多元文化的资源宝库。在甘肃厚重的地域文明中，西夏文化是仅次于敦煌文化的另一张名片。西夏主体民族党项羌自西南地区北上发展时，最初的落脚点就在现在的甘肃庆阳一带。党项族历经唐、五代、宋初的壮大，直到占领了河西走廊后，才打下了立国称霸的基础。在整个西夏时期，甘肃地区作为西夏的重要一翼，起着压舱石的作用。今甘肃武威市是西夏时期的一流大城市西凉府所在地，张掖市是镇夷郡所在地，酒泉市是番和郡所在地，都是当时闻名遐迩的重镇。今瓜州县锁阳城遗址为西夏瓜州监军所在地。敦煌莫高窟当时被誉为神山。甘肃保存、出土的西夏文物和文献宏富而精彩，凸显了西夏文明的厚重底蕴，为复原西夏社会历史提供了珍贵的历史资料。甘肃是西夏文化的重要根脉，是西夏文明繁盛的一方沃土。

甘肃文化出版社作为甘肃本土出版社，以传承弘扬民族文化为己任，早在 20 多年前就与宁夏大学西夏学研究中心（西夏学研究院前身）合作，编纂出版了《西夏研究丛书》。近年来，该社精耕于此，先后和史金波、杜建录等学者多次沟通，锐意联合编纂出版《文库》，全力申报"十三五"国家图书出版项目和国家出版基金项目，践行着出版人守望、传承优秀传统文化的历史使命。我们衷心希望这方新开辟的西夏学园地，成为西夏学专家们耕耘的沃土，结出丰硕的科研成果。

史金波　杜建录
2017 年 3 月

前　言

西夏文《文海宝韵》(简称《文海》)是一部反映西夏语(党项族语言)的韵书，兼具《广韵》和《说文解字》两书的特点。该书共分三大部分：平声、上声和入声、杂类。其中平声97韵，上声86韵，入声字很少，杂类又分平声和上声。该书收入了所有的西夏字，对每一个西夏字的文字结构、字义和语音都做了注释，因此成为解构西夏文字形、了解西夏文字义、分析西夏文音韵的重要著作。与其他西夏文音韵著作相比，《文海宝韵》具有特别重要、不可替代的学术价值。从中国古代音韵学著作来看，《文海宝韵》也是保存不多的重要著述之一。特别是此书是出土文献，为西夏原版，距今已有800年的历史，更属凤毛麟角。

《文海宝韵》出土于黑水城遗址(今属内蒙古自治区额济纳旗)，有刻本和写本两种。刻本文字规范，注释详备，但仅存平声和杂类，残缺上声部分，约残缺一半的篇幅，引为遗憾。写本则包括平声、上声和入声、杂类，虽有部分残缺，但结构大体完备，然其对每个西夏字的注释往往简略，不少字完全省略了注释，有的仅有文字结构注释，有的仅有简略的字义注释，而注释语音的反切完全被省略，是刻本的略抄本。写本中对注释的省略成为治西夏学者的又一憾事。

写本《文海宝韵》音韵布局的完整性和对西夏语研究的重要性，早就引起学者的重视。著名苏联西夏研究学者聂历山(Н.А.Невский)早在20世纪二三十年代编制西夏文字典时，便录出了每个西夏文字的韵类，其中包括平声和上声，显然其上声韵类便是根据写本《文海宝韵》所录。

然而命运多舛，在聂历山教授遭遇不幸的同时，写本《文海宝韵》也在保存黑水城出土西夏文献的圣彼得堡东方学研究所的手稿部神秘地失踪了。1963年苏联专家出版的俄藏《西夏文刻本和写本目录》中，便未包括此重要典籍。有时事情又会发生难以预测的转圜。半个多世纪后，1992年克恰诺夫教授来信高兴地告诉我：丢失已久的《文海宝韵》找到了。原来此书和另一部重要西夏文文献背隐《音同》在20世纪30年代请修复师拿去裱糊修复。几十年后修复师的家属在家中发现了这两部文献，并送还圣彼得堡东方学研究所。后来此书顺利地编入《俄藏黑水城文献》第7册，于1997年面世。恰巧我于1998年应日本东京外国语大学邀请，到该校亚非语言文化研究所作客座教授，为我提供了做一年研究的机会，我便将对写本《文海宝韵》的译释和研究工作作为这一年的研究任务，最后成为与亚非语言文化研究所中岛干起教授等的合作项目，我进行写作研究，高桥まり代女士等负责西夏文字电脑输入。因为当时尚无成熟的西夏文字输入法，亚非语言文化研究所的西夏文输入法捷足先登，应用于写本《文海宝韵》的西夏文字录入中。

在日本有限的一年时间里，我集中精力投入《文海宝韵》的整理、研究工作，在访问期限结束前的1999年秋，便完成了《〈文海宝韵〉研究》的书稿。在此书中主要做了4个方面的工作：

1. 在过去的基础上完成了写本《文海宝韵》的翻译。

2. 撰著本书的研究部分。

3. 将写本和刻本及《音同》乙种本、甲种本作了核对和校勘。

4. 与亚非语言文化研究所的专家们一起编辑索引。

此前亚非语言文化研究所的专家们创制了电脑输入西夏文字，并用于印刷出版，对西夏文的电脑录入做出了开创性贡献。当年我受亚非语言文化研究所专家之托，对该所的西夏文输入法中的6000多个西夏字字形一一进行校正，纠正了数百个错误字形。

2000年此书以《电脑处理〈文海宝韵〉研究》为名，在日本印刷发行。我在书的序言中写道："在把这本书奉献给专家和读者面前的时候，我可以说尽了自己的努力，但我更应该说书中无论哪部分都可能存在着错误和疏漏。众所周知，整理、研究古代音韵学著作难度很大，要求很高，何况这又是一部难以释读的少数民族文字文献。我说这些话的意思是想诚恳地告诉专家和读者们，《文海宝韵》的研究刚刚开始，本书仅仅是引玉之砖。"

此书在日本发行，印数有限，很多中国治西夏学者，见不到此书，参考使用不便。此书至今问世已经20多年，其间西夏学迅速发展，有关西夏的语文研究又有新的收获，如龚煌城先生对西夏语音韵的研究等①。我本人对西夏语言、文字也

---

① 龚煌城：《西夏语文研究论文集》，《语言暨语言学》专刊丙种之二（上），台湾"中研院"语言学研究所(筹备处)，2002年6月。

做了些新的研究,撰写了一些论文①,还出版了系统教学西夏文的著作《西夏文教程》②,对西夏语言文字的认识也有所前进,无论对西夏文字字形的校订,还是字义的解释和语法的分析都有了新的提高。一些新的认识可以补充、修正原书中的某些不足或错漏。此外,在亚非语言文化研究所付梓印刷书稿前,并未能如常交由作者进行最后校勘,加之其电脑输入西夏文也有错误,因此印出的书稿出现一些错录现象。我收到样书后曾专门写信给亚非语言文化研究所的中岛幹起教授,提出文字和图版中的一些错误问题。好在现在有了修订出版的机会,可以弥补以前的缺憾。

近年来,在同行专家们的建议和督促下,抽时间对此书进行改写和校勘,大抵做了以下数项工作:

1. 采用中国西夏文输入法录入西夏文字。就在我到日本讲学的第二年,宁夏大学的计算机专家马希荣教授等开发了"夏汉字处理及电子字典"软件,提供了外挂式的西夏文四角号码输入法,2005年景永时和贾常业教授开发了基于方正典码系统之上的西夏文录入系统,2007年两位又进一步开发了基于WINDOWS系统下的西夏文输入法软件。近年来孙飞鹏博士着重从语义入手,研制成"西夏文语义输入法",极大提高了西夏文字录入效率。中国西夏文输入法的西夏文字形笔画、结构很接近西夏时期的标准楷书,笔画准确,清晰严整,疏密得当,优于日本亚非语言文化研究所的西夏文造型。

2. 在本书的研究篇中,补充了重要引用文献的原文图版,如《五音切韵》的原文图版。在重新整理写本《文海宝韵》底片时,还发现了一纸题款残片,对《文海宝韵》作者身份又有新的补充。同时对译文和论述中的个别错误进行了修正。

3. 在译文、注释篇中,对写本《文海宝韵》的翻译进行仔细校勘,对西夏字的字义解释增添了部分主要义项,对原来翻译不确或错误之处加以改正。对字义不清的部分西夏字反复校勘。字义不解或不清的字中,以上声字为最多。这是因为刻本《文海》对每个西夏字字义都有详细解释,这对了解西夏文字义十分重要,而刻本《文海》残缺了上声部分,在写本《文海》中又多省略了对字义的解释,这样上声字中在已见的西夏文文献中出现很少的非常用字就难明其意了。这些

---

① 史金波:《西夏语的构词和词的变化》,《华西语文学刊》(第一辑),成都:四川文艺出版社,2009年。

史金波:《西夏语人称呼应和动词音韵转换再探讨》,《民族语文》2010年第5期。

史金波:《略论西夏文草书》,《西夏学》(第十一辑),上海:上海古籍出版社,2015年。

史金波:《新见西夏文部首偏旁和草书刻本文献考释》,《民族语文》2017年第2期。

② 史金波:《西夏文教程》,北京:社会科学文献出版社,2013年。

字都会出现在《音同》中,而《音同》的注释往往是该字的词语搭配,有的对字义的理解有一定参考价值,但不像刻本《文海》那样解释得清楚,有的字义仍不清楚的打上问号。

4. 在过去的译文、注释篇中,对每个西夏文大字仅注出其汉字注音,没有注出其拟音。现为给读者提供方便,以龚煌城先生的拟音为主,为每个西夏文大字加上国际音标拟音。

5. 在译文、注释篇中,为方便读者阅读和查找,采用表格方式。序言、题款等每半页1表,包括西夏文原文录入和汉译文;正文是每行1表,每个大字1行,内容包括编号(页、行、字)、西夏文原文录入(大字用五号字、注释小字用小五号字)、声类和汉字注音、声调韵类、国际音标拟音、汉义等项。

6. 将写本和刻本及《音同》乙种本、甲种本作了核对和校勘。在校勘中原只有被校勘字的编号和校勘内容,未录被校勘的西夏字,因为当时还没有像现在这样方便的西夏文录入法,现补入被校勘字,方便读者使用。

7. 对图版进行核对,特别是对序言、题款和杂类部分残片进行连缀。原来在整理翻译时已经对残片做了拼接缀连,但不知为什么在印刷时,有些应连在一起的残片仍单独印出,未能连缀成文。此次皆按内容拼补衔接,粘连印出,使图版更趋完整。

8. 对索引进行大幅度调整。原来有5项索引:亚非语言文化研究所编码的西夏文字检字索引、按声母顺序的西夏文字检字索引、按韵母顺序的西夏文字检字索引、汉语译文的拼音检字索引、西夏文字部首检字索引。现只用一种比较实用的西夏文部首索引,以现在常用的部首排列顺序,以便于读者查找。

在对写本《文海宝韵》修订补充过程中,北京市社会科学院的戴光宇博士协助我进行校订。他熟悉西夏文字,研究西夏语音颇有新见,近期出版了《〈番汉合时掌中珠〉词汇历史研究》[①]。他帮助我录入译文和注释中的西夏文字和国际音标注音,并协助我对西夏文字音、字义做了校对,做了大量认真、细致的工作。感谢他的热情相助,并期望他在西夏语言研究中取得更好的成绩。

作者

2021年12月于北京市南十里居寓所

---

① 戴光宇:《〈番汉合时掌中珠〉词汇历史研究》,兰州:甘肃文化出版社,2020年。

序　言

近些年来，一门新兴的学科——西夏学悄然兴起。西夏学形成的基础是大量西夏文献和文物在近代被不断发现和深入研究。西夏学的内容包括了西夏的语言、文字、历史、文化、社会、法律、宗教、军事、科技、文献、文物等多方面。其中最重要的基础是西夏语言和文字的研究。因为它不光是一门可供专家们潜心研究的学问，还是研究西夏学其他领域的工具和桥梁。

研究现代语言，主要是通过语言调查，取得活的语言资料进行研究；研究现代民族的古代语言，既要靠保存下来的古代语言资料，又可以和现代语言进行比较研究，如汉语、藏语等。像西夏这种民族早已消亡、语言也已消失的语言研究，没有该民族直接延续下来的活的语言资料，就主要期待着古代的文献资料了，当然与相关的民族语言进行比较也是很重要的。

20世纪初，正是中国清朝末年，政治腐败，国力衰微，列强入侵，俄国人科兹洛夫（К.П.Козлов）于1908年、1909年两次率领"探险队"来到中国的黑水城遗址（今属内蒙古自治区额济纳旗）掘获大批文献和文物，文献中以西夏文为主，此外还有汉文、藏文、回鹘文等。这些珍贵的文献和文物被运往俄罗斯圣彼得堡，至今保存在俄罗斯科学院东方文献研究所。

应该说，其中的西夏文文献都是研究西夏语言有价值的资料，而其中更引人注目的是还有多种西夏文音韵学文献，这是深入进行西夏语言研究极为宝贵的资料。

西夏语言学著作中有兼具《广韵》和《说文解字》两书特点的韵书《文海宝韵》，有以声母九类音为序、每类中字音相同者为一组、每字有简单注释的字书《音同》，有包括等韵关系的韵图和韵表《五音切韵》等。这些著作在中古时期的音韵学中取得了巨大的成就，在当时就是了不起的学术精华。特别是它们能有幸保存至今，在传世的古代音韵学著作中更属凤毛麟角。以中原切韵系韵书为例：隋代陆法言的《切韵》可作为切韵系韵书的开山之作，成书于仁寿元年（601年），全书5卷，早已亡佚，后于敦煌石室所出文献中发现了基本上可肯定为陆法言《切韵》的残卷，仅有45行，且多数行残缺不全。唐初长孙讷言为《切韵》作笺注，成书于仪凤二年（677年），也不存于世，仅从敦煌残卷中看到一篇序文。唐代另一位学者王仁煦作《刊谬补缺切韵》，作于神龙二年（706年），所幸能传流至今。盛唐时孙缅作《唐韵》，成书于开元二十年（732年）之后，此书早已失传，后又发现残卷44页，存去、入声各一部分。以后宋代陈彭年、丘雍等作《广韵》，成书于宋大中祥符元年（1008年），此书有全本传世。不久又有《集韵》，宝元二年（1039年）成书。后来金代的韩道昭合并韵类，作成《五音集韵》，成书于金泰和八年（1208年）。此后又有金代王文郁作《平水新刊韵略》，成书于金正大六年（1229年）；宋代刘渊作《壬子新刊礼部韵略》，成书于宋淳祐十二年（1252年），两书都已失传。

由上不难看出，中原地区13世纪以前的韵书保存至今的已寥寥无几，而西夏却保存着刻本和写本《文海宝韵》等韵书。这些韵书不仅具有和中原韵书相当的学术水平，还有自己的特点：一是这些著作都是西夏原版，距今已有800年的历史，实属珍本，与同时代的宋版书一样，具有重要的学术价值和文物价值；二是这些著作记录和分析的是中国的一个少数民族语言——西夏语（党项羌语）。全面、系统、科学地记录、分析汉语以外的一种语言，这在中国语言学史上可能是第一次。西夏韵书没有照搬中原韵书的固有程式，而是另有特点，除平声、上声和入声外，还有杂类部分。《音同》和《五音切韵》也是很有特色的语言学著作，目前在中国的语言学著作中还找不到同类的著作。今后在研究中国音韵学和中国语言学史时，应该特别重视西夏语言学的著作。

在多种西夏文音韵学文献中最引人注意的是《文海宝韵》。《文海宝韵》全称为《大白高国文海宝韵》，简称《文海》。《文海宝韵》有刻本和写本两种，刻本由苏联克恰诺夫和克平等西夏学专家于1966年刊布于世，并作了俄文翻译。

1971年，我从河南干校返家探亲时，便把一些西夏文资料带到干校，悄悄地恢复了西夏研究。1972年干校撤销，回到北京，我便全面展开了西夏业务。到北京图书馆整理西夏文佛经，到历史博物馆了解西夏文物，到中国科学院图书馆查找有关俄、日等国的西夏学著作。后来在中国科学院图书馆查到苏联出版的《文海》两册中的一册，不久又在中国社会科学院民族研究所的图书室找到了另外一册，方成完璧。得到此书后，欣喜若狂，这是当时能见到的唯一的一部西夏文世俗著作，也是极为重要的西夏语言学、文字学著作，它对提高西夏文释读和研究水平，对推动西夏学的作用是难以估量的。那时就如饥似渴地开始了学习和释读刻本《文海宝韵》的工作，当时受到西夏文释读能力的限制，加之原书影印件很多字迹不清，困难很大。随着译释的进展，对西夏文的形、音、义，渐入堂奥。1975年，中国社会科学院恢复业务，《文海》的译释和研究工作正式立项，我和同事白滨、黄振华共同合作，夜以继日地释读、探讨，又达五年之久。我们依《文海》影印件翻译考释、核对校勘、抄校清本、编辑索引，并对其文字构造、语音系统、所反映的社会资料进行研究，1983年出版了《文海研究》一书。此书的出版为国内学术界提供了一部唯一的《文海》汉文译本。[①]以后国内的一些西夏语言学著作大量引用了其中的内容。

　　遗憾的是，这样重要的语言学著作却不是一个完本。刻本只有平声的绝大部分和杂类的一部分，仅保存了该书的过半，残缺全部的上声和入声，以及部分平声和杂类。所幸此书还有写本。西夏文写本《文海宝韵》比较完整，具有重要的学术价值。早在20世纪30年代苏联著名西夏学专家聂历山（Н.А.Невский）就在众多的俄藏黑水城文献中发现并使用了写本《文海宝韵》，他将《文海宝韵》中每一个大字的所属韵类分别记入他编的字典手稿。[②]

　　但是，后来此书竟找不到了。到20世纪60年代苏联的专家们出版黑水城所获西夏文手写本和木刻本目录时，当然也就没有将这部重要著作收入。[③]此书埋藏于中国的黑水城古塔中达七百年之久，又被长途驮运到异国的圣彼得堡，事过三十多年竟不翼而飞，实在令学人扼腕。后人只能依据聂历山的介绍捕捉《文海宝韵》的影子。人们可以从聂历山的西夏文字典手稿中找到西夏字的韵类，这对后来西夏语音韵的研究起到了很大的作用。但是，专家们仍然由于看不到这部书的原文、不了解它的全部内容而感到十分遗憾。

　　几十年过去了，直到1992年中国社会科学院民族研究所和俄罗斯科学院东方研究所圣彼得堡分所联系共同整理、出版圣彼得堡所藏黑水城文献时，俄罗斯科学院东方研究所圣彼得堡分所的克恰诺夫教授来信高兴地告诉我：丢失已久的《文海宝韵》找到了。我得到这个好消息以后，也十分兴奋，很快把这件令人鼓舞的事告诉中国的同行。据说在20世纪30年代《文海宝韵》被拿去裱糊修复了。

　　① 史金波、白滨、黄振华：《文海研究》，北京：中国社会科学出版社，1983年。

　　② Н.А.Невский，*Тагутская флология*，Издательство восточной литературы，Москва，1960.
又见俄罗斯科学院东方研究所圣彼得堡分所、中国社会科学院民族研究所、上海古籍出版社编，史金波、魏同贤、克恰诺夫主编：《俄藏黑水城文献》第7册，上海：上海古籍出版社，1997年，第122—176页。

　　③ З. И. горбачева и Е. И. Кычанов：*Тангутские русописи и ксилографи*，Издательство восточной литературы，Москва，1963.

后来由于聂历山教授和修复师的去世，这部珍贵文献的下落便无人知晓了。几十年以后修复师的家属发现了这部文献，并将它送交保存黑水城出土文献的俄罗斯科学院东方研究所。同时找到的还有另外一部重要文献：文献背面有详细注解的《音同》。[1]

1993年10月，根据中俄双方达成的协议，中方代表团到俄罗斯科学院东方研究所圣彼得堡分所整理、拍摄俄藏黑水城文献，写本《文海宝韵》是首先登录、整理、拍摄的一种。现在已经出版的《俄藏黑水城文献》第7册中全文收录了这部文献的影印件。[2]写本《文海宝韵》的第二次现世使学术界同仁能够亲眼看见它的庐山真面目，并可以从多方面对它进行研究。

西夏学专家们都很关注写本《文海宝韵》。当我拿到写本《文海宝韵》的影印件时，心里总有一种不可名状的研读激情。这样重要的书应该尽快整理、翻译，提供给学术界。于是我有时间就翻阅、研习。为将其编入《俄藏黑水城文献》第7册，在1995年又和同事聂鸿音教授一起做了一番整理、编辑工作。此后又开始进行原文翻译和资料校勘工作。但由于写本本身字迹潦草，特别是小字多为行草书，不易辨识，需要时日。当时多头的业务项目和所里繁杂的事务性工作，使我未能抽出更多时间去完成它。

日本东京外国语大学邀请我于1998年作为客座教授访问该校，为我提供了做一年研究的机会，我想利用这个机会，做完这件难度很大、价值也很大的工作——完成对写本《文海宝韵》的译释和研究工作。去日本前，在北京我和日本东京外国语大学亚非语言文化研究所著名语言学家中岛干起教授谈起我在日本的研究课题时，便提出上述打算，他表示十分赞成，并说他们的研究所可以利用电脑输入西夏文字，能协助我合作完成此书，我表示同意。行前，又做了一系列资料准备工作。

到日本后，没有了所务、会务，夫人同行，负担起了家务，我得以专心致志，终日埋在西夏文里。这里不要求坐班，但因办公室设备齐全，电脑也在办公室，差不多天天上班。每日早出晚归，甚至休息日也去办公室。中岛教授也是常在办公室的人。有时休息天只有我们两人，各自在办公室工作，偶尔在楼道遇见，相视会心而笑。

在日本一年的时间里，我在《〈文海宝韵〉研究》一书中主要做了以下工作：

---

①《俄藏黑水城文献》第7册，第59—121页。
②《俄藏黑水城文献》第7册，第177—232页。

1. 在过去的基础上完成了写本《文海宝韵》的翻译。对所有西夏文大字，注释了每个字的字义、标出它们的汉字注音或反切字，以及其音类。同时还翻译了大字的注释字，这些注释字主要是字形构造和文字意义的解释，其中很多是以前未见的新资料。

2. 写出了本书的研究部分，即对《文海宝韵》的认识和初步研究心得。比如将八枚残片组缀成可以释读的《文海宝韵》的序言（御制序），从中第一次发现了此书的著作者、编纂时间等重要史实；发现了过去专家们难以寻觅、甚至完全否定的入声字；把几十枚杂类残片拼合、缀连成页，并与多种资料核对，补缀成差不多完整的杂类；进一步解析了《文海宝韵》和西夏文字书《音同》的关系；就西夏语言研究中的一些重要问题提出自己的看法；等等。

3. 将写本和刻本及《音同》乙种本、甲种本做了核对和校勘。对书中的遗字、多字、错字、缺字、残字和丢失音节标志均做出校注，计1700余条，辑成本书的校勘部分。

4. 编辑索引。《文海宝韵》是按声、韵排列的，对不熟悉西夏语音韵的人不便查找。为了方便读者使用、查找，编排了按部首检索的全部西夏文大字的索引。有了这个索引，可以使这部书起到简明西夏文字典的作用。

我在日本做写本《文海宝韵》研究时，日本亚非语言文化研究所具有电脑输入西夏文字的手段和设备，这部书中翻译部分和西夏文索引部分，涉及西夏文字，当时都由亚非所的专家们承担了西夏文字的电脑输入任务。现在本书的西夏文字录入则采用了中国的西夏文录入系统。

应该感谢东京外国语大学亚非语言文化研究所，给了我一个集中精力研究西夏文献的机会。

特别要感谢中岛干起教授，他不仅为我到日本访问花费了很多精力，还在本书的筹划、西夏文电脑输入等方面做了很多重要工作。高桥まり代女士是西夏文字电脑输入的主要负责人，她工作认真，一丝不苟，有很好地识别西夏文字的能力，为本书花费了大量心血。没有他们的大力合作，没有亚非所的支持，本书是难以顺利完成的。

这种对古代文献整理、翻译、考证、校勘的古籍整理和研究工作，是很繁杂、单调的事，但其中也有更多的喜悦。每当获得一项研究心得的时候，便忘记了疲劳，心里感到愉悦和充实。

在把这本书奉献给专家和读者面前的时候，我可以说尽了自己的努力，但我更应该说书中无论哪部分都可能存在着错误和疏漏。众所周知，整理、研究古代音韵学著作难度很大，要求很高，何况这又是一部难以释读的少数民族文字文献。我说这些话的意思是想诚恳地告诉专家和读者们，《文海宝韵》的研究刚刚开始，本书仅仅是引玉之砖。

还应该感谢我的夫人邵黎英女士。来日本后，她不仅像在国内一样悉心照料我的生活，还在长达数月的时间里，天天帮助我录写西夏文资料编号，或将西夏文资料剪贴在我的译本上，以便我翻译，或按事先排好的顺序粘贴西夏文索引卡片，使我们的工作进度大大加快。

当这本书即将脱稿时，热心推动西夏研究的中岛幹起教授和我商量，希望我从1999年7月初开始在东外大亚非所为西夏文训练班授课。我高兴地接受了这一要求，为西夏文训练班讲授西夏文《类林》。《类林》原是一部唐代的汉文著作，西夏时翻译成西夏文。后来汉文本失传，现在的西夏文本保存了原来的著作内容，我和我的同事翻译了西夏文本《类林》，并根据它恢复了《类林》原本，出版了《类林研究》[①]一书。书中都是按事门分类的历史故事，其中常用字词多，语法现象丰富。在训练班末期还讲授了《文海宝韵》的序言。参加听讲的除本所、本校教授、学生外，还有筑波大学、东京大学、文教大学的老师，每周一次。由于《俄藏黑水城文献》的陆续出版，大批新的西夏文文献面世，人们将不再担心研究西夏找不到新资料，而是发愁缺乏熟悉西夏文、能解读西夏文文献的人才。我衷心希望中国、日本、俄罗斯等国家，能出现一批优秀的西夏研究人才，使丰富的西夏文文献得以尽早利用，使方兴未艾的西夏学有一个更大的发展。

这本书的出版也算作献给此次西夏文训练班的一份礼物吧。

史金波

---

① 史金波、黄振华、聂鸿音：《类林研究》，银川：宁夏人民出版社，1993年。

目　录

一

研究篇

《文海宝韵》是一部很重要的西夏文韵书,有刻本和写本,它们和其他大批西夏文献一起在1909年出土于内蒙古自治区额济纳旗的黑水城遗址,今藏俄罗斯科学院东方文献研究所。

(一)《文海宝韵》的形制和名称

写本《文海宝韵》在俄罗斯科学院东方文献研究所的编号是：Инв. No.8364.4154,纸幅每面宽22.1厘米、高25.8厘米,无封面、封底,原书可能是蝴蝶装,但版心有线捻穿孔。页面上下单栏,左右双栏,版心似无字。每页分左右两面,面7行(个别页面8行,如12页右面),行间有隔线。前有残序,正文分平声、上声和入声、杂类三部分,几乎包括了所有的西夏字。平声共27页、53面,上声和入声18页、35面,杂类皆为残页,大小共有42枚。平声、上声和入声前列平声、上声韵类代表字,平声97韵,上声86韵。平、上声中各字依韵序排列,每韵中同音字排在一起。杂类首先分平声、上声两部分,每部分再依声母重唇音、轻唇音、舌头音、舌上音、牙音、齿头音、正齿音、喉音、来日舌齿音九类编次。

残序后,平声韵类代表字前有西夏字一行："文海宝韵平声第一",在上声、入声代表字前也有西夏字一行："文海宝韵上声入声第二",在上声、入声代表字之后,正文之前又有西夏字一行："大白高国文海宝韵上声入声第二"。可见此书的名称应是《文海宝韵》,全称为《大白高国文海宝韵》。书名前冠以国名,足证此书的地位,这是西夏敕颁重要著作的标志。正如比之早约1个世纪中原北宋敕颁同类韵书《广韵》全名《大宋重修广韵》一样。

写本《文海宝韵》是刻本《文海宝韵》的略抄本。刻本《文海宝韵》也是科兹洛夫在黑水城所获文献中的一种。原书蝴蝶装,四周单栏,仅有平声和杂类两部分,版心上部分别刻"文海平"和"文海杂类",下部刻页码。中缺上声和入声部分,无封面、封底,无序言、跋尾。开始,专家们依据此书版心中的"文海平""文海杂类"定为两部书：《文海》和《文海杂类》。[1]唯聂历山将其视为一部书。[2]苏联的西夏学专家们在20世纪60年代出版《西夏的写本和刻本目录》时,又将其分定为两部书。[3]1969年出版的苏联学者研究、刊布文献原文的著作中的名

① 《国立北平图书馆馆刊》第四卷第三号(西夏文专号),1933年,北京。

② Н.А.Невский：Тагутскиая филология восточной литературы,Москва,1960.

③ З.И.Горбачева Е.И.Кычанов：Тангутские русописи и ксилографи,Издательство восточной литературы, Москва,1963.

称定名为《文海》。①日本的西田龙雄教授根据《文海》平声部分和杂类部分体例上的不同，认为是两部书。②鉴于此书究竟是一部书还是两部书，涉及对整个西夏音韵体系的认识，我在1980年明确提出它们之间的关系："《文海杂类》所收的字恰是《文海》都没有收的字。实际上它是《文海》的补充部分，可以把它们看成一部字典，当谈到《文海》时，也往往包括了《文海杂类》。"③1983年，我们出版《文海研究》时，也将它们视为一部。④鉴于学术界对此仍有不同看法，1988年我在《西夏文文献新探》一文中以"《文海》和《文海杂类》是一部书"为题又列举6点理由进一步论证《文海》和《文海杂类》是一部书：1.两部分所收字不重复。2.形制相同。3.版心中的"平"和"杂类"都是各部分的特征代表字。4.西夏文韵书残片中的"杂类终"，只是全书一部分终结，不能证明"杂类"是单独的一部书。5.平声的韵目不能证明平声部分是单独的一部书，并推断上声部分前也独自列有上声韵目。6.平声和杂类所属字编排次序的不同正反映了西夏语的特点和《文海宝韵》的编纂水平。⑤

现在见到了写本《文海宝韵》并进行了初步研究之后，不仅明确了平声、上声和入声、杂类都是一部书中的不同部分，该书的名称是《文海宝韵》，就连刻本《文海》其全称也应是《文海宝韵》。原来当时西夏文刻本书籍和中原汉文刻本书籍一样，书籍的版心所刻书名往往是简称，如著名的二十卷西夏文法典《天盛改旧新定律令》版心中只刻"律令第一""律令第二"等字。这里的"文海平""文海杂类"应是"文海宝韵平声"和"文海宝韵杂类"的简称。刻本《文海宝韵》缺失上声和入声，推想刻本上声和入声的版心应是"文海上"或"文海上入"，即"文海宝韵上声入声"的简称。

又在本书上声、入声结束后有一行草书小字，上残，所存文字译文为"……十月五日宝韵上声入声竟"。看来此书又可简称《宝韵》。刻本《文海宝韵》的版心刊有"文海平""文海杂类"的字样，此书又可简称《文海》。

此外，另一部西夏文韵书《五音切韵》的序言中提到了《文海宝韵》，没有用"文海"二字，也可佐证《文海宝韵》是此书的正式名称。⑥

---

① К.Б.Кепинг. В.С.Колоколов. Е.И.Кычанов.А.П.Терентьев-Катанский: Море письмен Издательство Наука,Москва,1969.

② [日]西田龙雄：《西夏语の研究》，近作《西夏文研究新考》仍将《文海》和《文海杂类》并称。

③ 史金波：《简论西夏文辞书》，《辞书研究》1980年第2期。

④ 史金波、白滨、黄振华：《文海研究》，北京：中国社会科学出版社，1983年。

⑤ 史金波：《西夏文文献新探》，载史金波、白滨、吴峰云《西夏文物》，北京：文物出版社，1988年。

⑥《俄藏黑水城文献》第7册，第259页。

残序中没有出现《文海宝韵》的书名,也可能在残失的部分有这个书名,我们不得而知。但序中有"切韵"之称,前面有"始作《切韵》",后面有"朕今《切韵》……竟"。《文海宝韵》每一个字都有反切注音,也可以称为"切韵"之书。所以此书或可称为《切韵》。

(二)《文海宝韵》的序

刻本《文海宝韵》卷首残失,没有序言。刻本版心有页码,保存下来最前面的一页是第4页的左面(后半页),右面(前半页)应是残缺的平声第1至第35韵的韵类代表字,前面所缺3页应是本书名称和序言,可惜已无法见到。而写本不仅内容较全,包容了所有平声、上声和入声、杂类,还保留有序言。一部书的序言往往包含了有关该书的很多重要情况,因此,写本《文海宝韵》的序言理应引起我们的重视。

然而遗憾的是此书序言为多枚残片,缺字较多,难以完全复原。本人不揣冒昧,试图对这些残损不全的序言进行拼接、译释和初步研究。由于序文不全,一些问题不免带有推测和探讨的性质,还望同行不吝指教。

残序共有9枚残页,分属 Инв.№.8364 和 Инв.№.4154 两个编号,分别载入《俄藏黑水城文献》第7册第177、178、231、232页。这些残片有的可以拼接,有的可以据其内容和相关文献确定它们之间的位置。232页的111号(下)和177页的1号拼为一面;231页的110号、232页的111号(上)和177页的2号拼为一面;178页的3号和232页112号(上、下)拼为一面;178页的4号为一面。拼合后可见,这4面皆上下单栏,左右双栏,每面7行,行间有隔线,字体相同。这种页面形式以及页面的纸幅和《文海宝韵》的正文一样,加之序言的最后一页的末尾正好与《文海宝韵》正文第一页第一行的5个字相接,连成序言的最后一句,证明此序应是《文海宝韵》的序,而不是其他文献的序。[①]西田龙雄教授曾在圣彼得堡见到写本《文海宝韵》序的5纸残片,但他认为这只是《杂类》的序言。[②]

该序前后皆残。第一面右第一行不是序言的开始,可知前至少还有半页一面。第二面和第三面是一页的两面,第四面是一页的右面,其最后一行的末尾

---

① 过去的专家们未直接见到序言残片原件,也无缘与写本《文海宝韵》正文比较,只据间接介绍见其内容有"切韵"字样,便认为是《五音切韵》的序,看来是不妥当的。

② [日]西田龙雄:《西夏语韵图〈五音切韵〉的研究》(上),京都大学文学部研究纪要,1981年,第99—101页。

正好接左面第一行。在这一面，序言结束，正文开始。

以下将写本《文海宝韵》序的汉文译文录载于下，以便分析研究。[①]

②……择聚，令……等成为博士，其人又荣升为夫子，出内宫门，坐四马车上，威仪围绕，与臣僚导引，乐人戏导，送国师院宴请。学子三年之内已正。寅年十月十一日，风角城皇帝已登大位……绕，威仪有加……始文本武兴法建礼仁孝皇帝已做，文……佛法、僧众、儒诗、阴阳、算法、乐人、艺能……礼，杂事种种等皆已毕，此……至……丑岁五年八月五日已至，……行。今观察各种文字，西天、羌、汉……为使番文字不忘，五音者……天赐礼盛国庆元年七月……已遣罗瑞智忠等始为《切韵》……等十六人已选，利便内宫中……大已为。五音字母已明，清浊、平仄分别，重轻分清，上下等明，切字呼问，韵母摄接，为文库本。全部搜寻处永远流传不忘……说，新字增加。朕今因切韵者按时完毕，为全国要害，智慧增胜本，佛法经藏，王礼律令……知解用，儒诗、清浊、双阴阳、吉凶、季记、道教、医人、礼乐、典籍，为文行之源。譬如大海深广，诸水积处不竭不涨，用寻皆有。日月普照，愚智悉解。多山皆高，诸业无比一切宝中，字宝微上，《切韵》稍为头……深，大言不显，晓日灯无光。以限……量不尽，天上多有，难写释。……不计，对错智巧人审核书，是非后智当查。

《文海宝韵》的序言残缺不全，译文多处不能贯通，难以全面、完整地表明其内容，但我们仍可以通过译释和初步分析，得到一些有关《文海宝韵》及西夏文化方面新的重要资料。

1.关于创制西夏文字

创制西夏文字是西夏文化史上的一件大事，学界首先得知于宋、元汉文文献，然因汉籍史料记载混杂、抵牾，有记西夏第一代皇帝元昊时期创制者，也有记元昊父德明时创制者，后世专家们意见也不一致。笔者根据西夏文资料，结合汉文文献综合研究，经多方论证，确认系元昊初年创制西夏文字。[③]现此说已

---

① 写本《文海宝韵》序的西夏文录文、对译、意译和注释详见后"译文注释篇"。
② 前残，据残序的页面和内容布局推测，可能前残一面。
③ 史金波：《也谈西夏文字》，《历史教学》1980年第10期。
　史金波：《西夏文化》，长春：吉林教育出版社，1983年，第11—15页。

为学界广泛接受。然其创制文字细情,仍若明若暗。

本序言第一面就是追述创制西夏文字事。创制文字的主要人物因前面残缺而未存留名字,但我们据其他资料可知,始授意者是西夏统治者李元昊,而具体主持造字者应是西夏著名学者、制字师野利仁荣。序言记载:"……等成为博士,其人又荣升为夫子,出内宫门,坐四马车上,威仪围绕,与臣僚导引,乐人戏导,送国师院宴请。"这是描述野利仁荣等人当时颇受重视,被授予很高的头衔,给予很多的荣耀的情景。"学子三年之内已正(已成)"是说西夏制字"累三年方成"①。下文"……寅年十月十一日(风)角城皇帝已官缦礼……"中,"风帝"或"风角城皇帝"在西夏文《大白高国新译三藏圣教序》《妙法莲华经》序言和《过去庄严劫千佛名经》发愿文中都曾出现过,②皆为第一代皇帝元昊尊号。其尊号之前的"……寅年十月十一日"是元昊正式登基筑坛受册的时间,即天授礼法延祚戊寅元年(1038年)十月十一日,这也与汉文史料相合。③而"官缦"在《文海》中释义为"缦也,官家官缦也"④,"官家"这里专指皇帝而言。"官缦礼"当指在皇帝登基时戴冠的一种礼仪,或与加冕同义。这与前述人物、时间、事件正相吻合。元昊称帝后,给予制字者更高的荣誉。下文"……武盛、法?、建礼、主仁皇帝"与元昊尊号"世祖始文本武兴法建礼仁孝皇帝"基本相合。⑤元昊时期,西夏文字广泛使用,举凡法律、佛教、儒学、阴阳、算法、乐人、艺能等方面皆已应用。可见西夏王朝对文字、语言的重视,不让中原地区。由此序言不仅再一次确认西夏文字系元昊时期创制,了解到有关西夏创制文字的一些细节,还用西夏人撰写的第一手资料印证了西夏元昊称帝时间这一西夏历史上的重大史实。

2. 关于《文海宝韵》的编纂时间

序言第二面有纪年"……丑岁五年八月五日""……赐礼盛国庆元年七月"。第二个纪年较完整,"赐"前缺一"天"字,"天赐礼盛国庆"是西夏第三代皇帝惠

---

① 据宋代沈括《梦溪笔谈》记载:"元昊叛,其徒野利遇乞先创造蕃字,独居一楼,累年方成,至是献之。"与此有异。

② 史金波:《西夏佛教史略》,银川:宁夏人民出版社,1988年,第66—68页。

③ 史载,宋宝元元年(1038年)"冬十月,元昊称帝,建国号大夏,改元天授礼法延祚。元昊称兀卒已数年。兀卒者,华言青天子,谓中国为黄天子也。至是,与野利仁荣、杨守素等谋称帝号,于是月十一日筑台兴庆府,受册即皇帝位。"参见《宋史》卷四八五《夏国传》,吴广成《西夏书事》卷一二。

④ 史金波、白滨、黄振华:《文海研究》,第421、574页。

⑤ 此残尊号"武盛、法?、建礼、主仁皇帝"与元昊尊号"世祖始文本武兴法建礼仁孝皇帝"基本相合。原以为是毅宗谅祚尊号,误。见李范文:《〈文海宝韵〉再研究》,《西北第二民族学院学报(哲学社会科学版)》2004年第4期。

宗秉常的年号，元年为1069年。此年号后记"……已遣罗瑞智忠等始为《切韵》……"，可以将此年作为编辑《文海宝韵》之始。此年号前的"……丑岁五年八月"应是西夏第二代皇帝毅宗齈都辛丑五年（1061年）。这一年号后讲述西天文（梵文）、羌文（吐蕃文即藏文）、汉文字的影响，应是编纂此书的酝酿时期。《文海宝韵》成书可初步定为天赐礼盛国庆年间，即11世纪中期，属西夏前期。此序为御制序，序末无年款，但观第三、四面也无惠宗以后的年款，此序可推断为惠宗的御制序。惠宗8岁即位，母后梁氏摄政，与母舅梁乙埋专权，当时一反毅宗崇尚汉礼的政策，而是"复蕃仪"，推行党项族文化。系统地记录和解释"蕃文"和"蕃语"的《文海宝韵》就是在这种大力推行蕃文化的背景下编纂完成的。

《文海宝韵》刻本以宋代公文纸背面印书，其中一页背面有汉文"建炎二年"字样，可知传世的刻印本成书在建炎二年（1128年）以后，时在西夏中期。不知现在所见《文海宝韵》刻本是否为首次印行的版本。如果该刻本是首次印行，此写本是刻本的略抄本，那么抄录时间当在刻本之后。

3.关于《文海宝韵》作者

序言第二面序中记"……已遣罗瑞智忠等始为《切韵》……"，罗瑞智忠应是编纂此书的主要人员。据《音同》乙种本的重校序可知编纂《音同》主要人员中也有一位姓"罗瑞"的人。该序始称"今《音同》者，昔切韵博士令六犬长、罗瑞灵长等建立"。罗瑞灵长和罗瑞智忠是同一个姓，他们属同一个家族。罗瑞智忠可能是一位僧人，其名字带僧人常用的"智"字，西夏僧人涉足世俗著作的编撰不乏其人。序言中"罗瑞智忠"前残缺，是否还有其他人名，不得而知。

序中接着又提到"……等十六人已选"，可能以罗瑞智忠为首的一批专家共同编辑此书，此书是集体编撰的成果。这样我们基本上可以推断《文海宝韵》的编纂者，而过去对此一无所知。这些学者被选定后是请到"内宫"，即皇宫中赴宴，还是在皇宫中编书，由于缺文，我们不得而知，但他们受到了皇室的很高礼遇则是可以肯定的。

在写本《文海宝韵》的残片中，有一残片存4行字，不是《文海宝韵》的正文，字体不同于序，从其内容看应是末尾的题款，可能与《文海宝韵》的作者有关。现译录如下[①]：

---

① 西田龙雄教授抄录了这一珍贵残片，见《西夏语韵图〈五音切韵〉的研究》（上），1981年。笔者对译文已有改动。

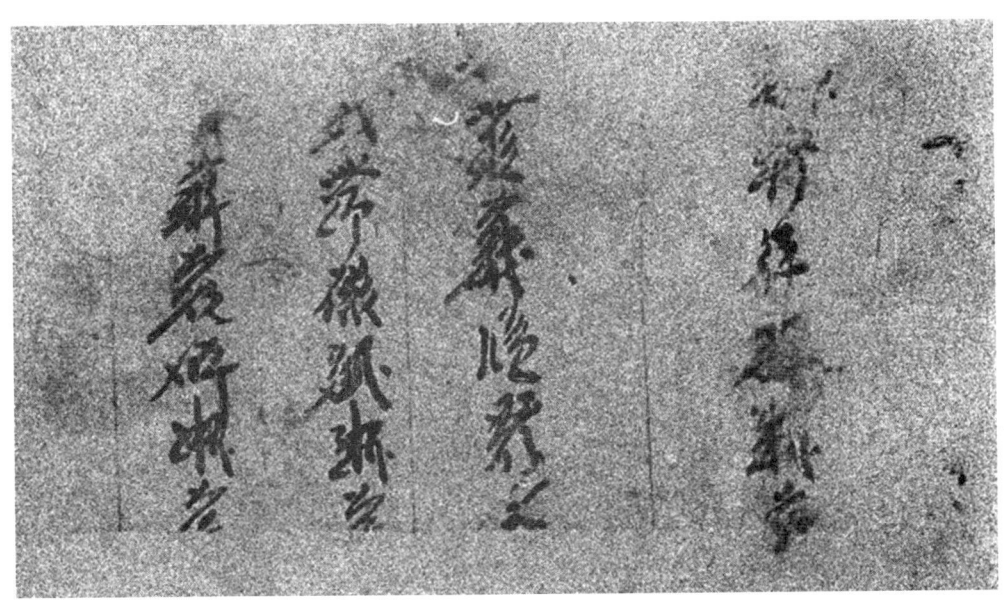

录文：

……? 𗀚𗱥𗤁𘊜𘆄……

……𘓄𗁁��𗾫……

……𗞞𘃨𗤉𗤴𘊜𘆄……、

……𘕿𘄒𗀚𘊜𘆄……

对译：

……? 孝恭敬东南……

……三藏国师……

……神策承旨东南……、

……授文孝东南……

　　如果将《天盛律令》颁律表末尾的参与修订《天盛律令》人员的署名题款对照审视，就可以发现这可能是《文海宝韵》的作者题款的残留部分。现将部分《天盛律令》颁律表后的人员职称题款移录于后：

　　北王兼中书令觅名地暴

　　中书令赐长艳文孝恭敬东南姓官上国柱觅名忠□

　　中书智足赐才盛文孝恭敬东南姓官上国柱觅名地远

　　枢密东拒赐覆全文孝恭敬东南姓官上国柱觅名仁谋

　　中书习能枢密权赐养孝文孝恭敬东南姓官上国柱乃令□文

　　中书副赐义持文孝恭敬东南姓官民地忍觅名□□

　　中书副赐义观文孝恭敬东南姓官上国柱昊觅

　　枢密入名赐益盛文孝恭敬东南姓官民地忍觅名忠信

　　同中书副赐覆全文孝恭敬东南姓官上国柱范时□

　　□集议□枢密内宿等承旨殿前司正内宫走马讹劳甘领势

　　东经略使副枢密承旨三司正汉学士赵□

　　不难看出，上述《文海宝韵》残片题款的残留部分与《天盛律令》颁律表后的人员职称题款内容和形式很相似，通过具体对照还可以看到《文海宝韵》作者的地位较高，有的与《天盛律令》的一些参与修订者不相上下，第一行应是副中书级别，第二名有国师称呼，第三名略低，是神策承旨，也有相当的地位，相当中等司官员。遗憾的是因前后残损，无法确知每一位参与者的具体身份和姓名，应该是前述罗瑞智忠等十六人的职称和名字。

　　西田龙雄先生抄录的写本《文海宝韵》残片中，在第三部分"杂类"结束后，有3行题记，也可能与《文海宝韵》的作者有关。现译录如下[1]：

　　提举中书授业全……

　　提举中书提点……

　　业……授意……

　　第一个人有"提举"的称谓。"提举"是西夏职官中的实授职务，是一件具体职事的总负责人的职称，这里可能是指编辑《文海宝韵》的主要学者，他有"中书"的头衔。中书和枢密为西夏职官中的上等司，品级很高。"业全"是西夏官爵封号的一种，也表明是很高的级别。第二个人也有"提举"和"中书"的称谓，但

---

[1] 西田龙雄教授抄录了这一珍贵残片，见《西夏语韵图〈五音切韵〉的研究》（上），1981年。笔者对译文已有改动。

没有官爵封号，即便有，也会比第一个人品级低。"提点"的西夏文原文是"言过处"，从俄藏西夏文献中同一佛经发愿文的西夏文与汉文本的对照，可知为"提点"意。第二个人也是这件工作的总管，但又是第一个人的副手。第3行仅存3字，文意不清。尽管题款职称不全，人名残缺，考虑到第一、二个人的职衔很高，我们可以推想他们是这部重要著作的主要编者罗瑞智忠等人，而不是抄写者。

抄写者没有留下名讳，但从他在抄写过程中对字形注释和字义的解释有部分改动，可以推测他也是一个熟悉西夏文字的学者。他可能自喻为序言中的"后智"，想校改前人的著述。如果将写本和刻本比较，可以发现写本的不确和失误不少，遗字、错字、衍字较多，看来抄写匆忙，校勘不精。特别是在抄写中字形注释和字义注释部分省略，反切部分全部省略，失掉了很多重要资料，造成很大的遗憾。但抄写者毕竟给我们留下了一部珍贵文献，使我们得以窥见《文海宝韵》全书的框架，弥补了刻本残缺的不足。

4.关于《文海宝韵》的内容和评价

序言第三面记载："五音字母已明，清浊、平仄分别，重轻分清，上下等明，切字呼问，韵母摄接，为文库本。"这一段应是对《文海宝韵》本身的编纂内容所说，也是目前所知西夏人描述西夏语音最详细的记载。其中有很多音韵学术语，如：五音字母、清浊、平仄、重轻、上下等、切字、韵母等，这和当时中原地区的音韵学一脉相承，包括声（调）、五音、韵母、反切、等韵等方面。有些术语的内容结合《文海宝韵》等西夏文音韵书籍，很容易理解，有些术语的内涵是否和中原音韵学相同，如清浊、平仄、重轻等的含义还需要进一步研究，特别是在构拟西夏语音时可以从这些术语得到启发，从一些西夏语言学家已经十分重视而没有引起我们足够注意的问题切入探讨，或许会有新的长进。《文海宝韵》确实反映了在这些音韵学理论和方法指导下的卓越成就。就是现在看来，我们对其科学性、系统性仍会赞叹不已。难怪当时序言对其编撰水平高度评价，并视为"文库"之本。

以皇帝的名义作序，已彰显出本书在当时的重要地位，御制序中又强调《文海宝韵》的作用，认为它是"全国要害"，是"智慧增胜本"，它可以用来解释佛法经藏、王礼、律令，又是儒诗、阴阳、凶吉、季记（历法）、礼乐、典籍等行文之本源。其实这里所说包括了西夏文字和文献的作用，但因为《文海宝韵》包括了所有的西夏文字，有字形、字义和字音的解释，在序言中强调此书在西夏社会文化中的作用也是很自然的事。序言还以比兴的手法，以大海、高山为喻，明确指出在各行各业中以"字宝"为上，这与中原儒学一脉相承。西夏统治阶层对以民族语言、文字为代表的西夏文化的重视，值得认真研究。

5.与《五音切韵》序的关系

《五音切韵》是出自黑水城的另外一部西夏韵书，西田龙雄教授曾做过专门研究，此书原文六种版本也全部第一次收入《俄藏黑水城文献》第7册中。①其中甲种本(№620)有一篇完整的序言。其内容与上述《文海宝韵》序言颇多重复之处。

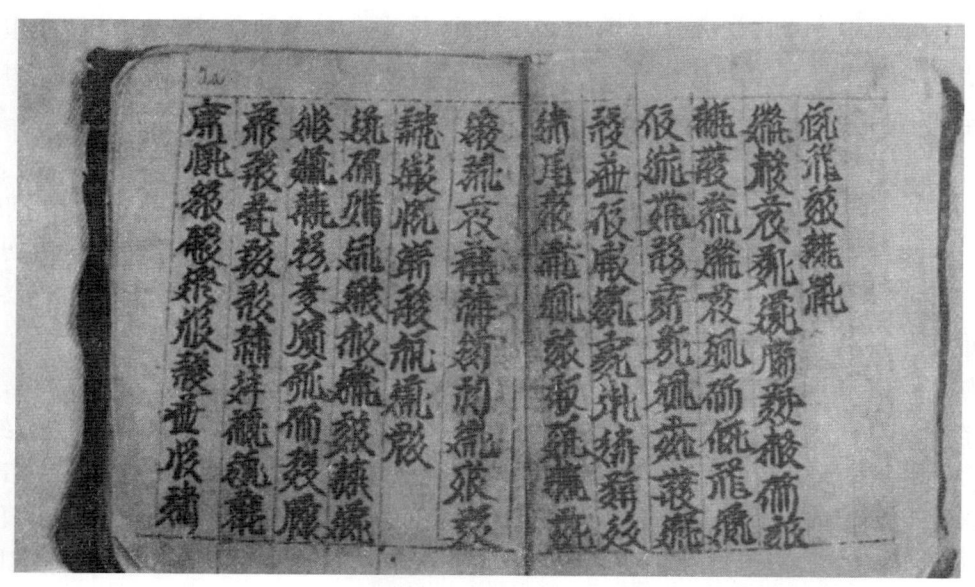

《五音切韵》序第1页

---

① [日]西田龙雄:《西夏语韵图〈五音切韵〉的研究》(上)(中)(下)，京都大学文学部研究纪要，1981—1983年。

《俄藏黑水城文献》第7册，第259—398页。

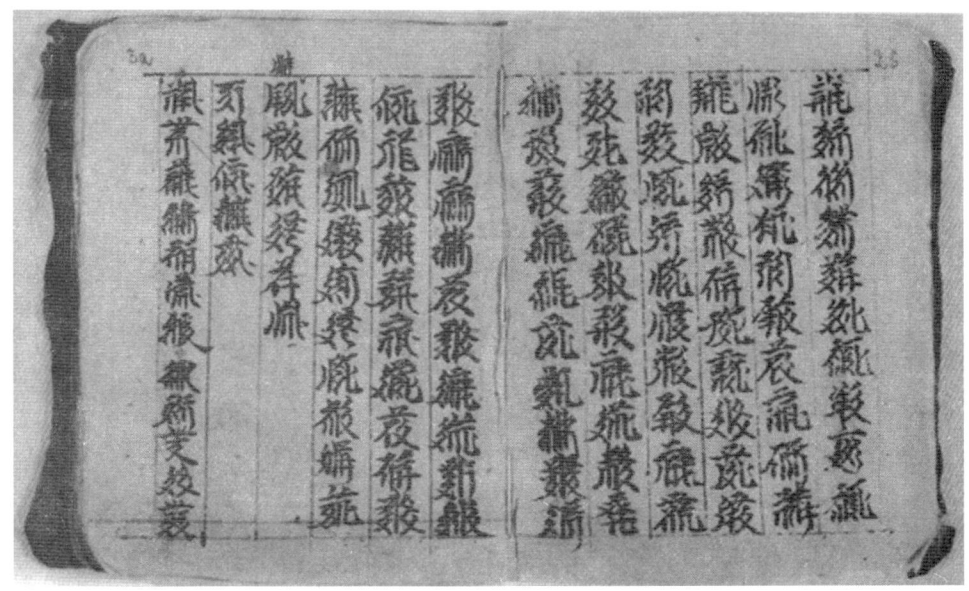

《五音切韵》序第 2 页

为更好地理解《文海宝韵》序言,现把《五音切韵》序录出全文并做译释①:

录文:

𗓽𗆾𗆈𗃜𗴈

𗏵�𗆈𗖵𗾈𗧙𗷲②𗷲𗆷𗆈

𗃜𗵘𗥚𗏵𗆈③𗷷𗆷④𗓽𗆾𗏵

𗇋𗵘𗭾𗭴𗕥𗏹𗷷𗆈𗵘𗵘

𗧙𗌢𗇋𗰖𗏹𗏧𗺉𗷲𗷷𗺉

𗷬𗌢𗆈𗵘𗷷𗆈�ਰ𗷷𗃜𗆈

① 此序西田龙雄曾全文翻译,见《西夏语韵图〈五音切韵〉的研究》(上),第122—123页。后李范文录入《同音研究》,见该书第23—26页。笔者对译文多有修改。

② 在前述《文海宝韵》序中论述类似文字事时为𗧙𗫆𗷲𗷲(西天羌汉),即西天、羌、汉文字。疑此处遗一"天"字。在西夏文中提到吐蕃时,用𗷲(羌),而不用𗧙𗫆(西羌),在凉州碑的汉文中有"西羌"的表述,但在西夏文部分只用𗷲(羌)字。

③ 在前述《文海宝韵》序中此处有𗂧(番)字,以下指西夏文。这里缺少此字,似文意欠缺。

④ 在前述《文海宝韵》序中此处有𗥼𗂧𗵘(不忘用),这里缺少此3字,似文意欠缺。

𘝫𘃧𗤒𗆍𗟳𗬢𗟻𗙓① 𗼃② 𗏵
𗍤𗤕③ 𗥃𗖻𗟠𗼃𗤜𘊛
𗟱𗾝𘊊𘋊𗣫𗬚𗤿𗸑𘊊𗬟
𗟻𗸑𘊚𘋒𗤱𘟣𗐼𗾝𗤏𘄳
𘂗𘊊𗄈𘏚𘊊𗬢𘊾𗲲𘁨𗤒
𗢲𗨠𗟳𘊠④ 𗠉𗟳𗓁𗉮𗐂𘏼

𗤲𘝮𗟰𗻍𘏚𗟱𘂆𘎻𘂆
𗑜𗼃𘃙𗨿𗟻𗾅𗤒𗼃𗤒
𘟪𘊠𗓁𗔩𘊾𗦺𗟱𘊠𘁙𗤜
𗟻𘊚𗼃𘒢𗼃𗐾𗵽𘊬𘂬
𗤬𘊄𗟰𗠊𗝙𘂬𗟱𗬮𗟎
𗤂𗨧𘊠𘃧𘎻𗐚𗨧𗤂𗯰𘟪

𘊾𗩽𗩽𗤂𗤒𘊾𘃧𘃧⑤ 𘋬𗯰
𗐯𗤝𘊠𗟻�� 𗯼𘃧𗤒𗯎𘊾
𘒢𗼃𘌛𘃧𘂙𘊮𗐷𗤒𘄖��
𗌂𗍁𗝭𘊮𗜓𗐼

对译：
五音切韵序
今种文观察西羌汉之切
韵〈 〉有今文字之五音者
平上去入自各字母〈 〉明
清浊平仄分别重轻辨别
下上等明字切呼问韵母

---

① 《文海宝韵》序此2字为𘟦 𗟻（细绕）。
② 《文海宝韵》序此处尚有𗰚（寻）。
③ 《文海宝韵》序此处尚有𗤿 𗼃（传行）。
④ 《文海宝韵》序此处尚有𗼃 𗟻 𗼃（知解用）。
⑤ 《文海宝韵》序中此处为𘆄 𘊾 𗤿 𗟻（字宝微上）。

摄接文库本为集聚寻处

永常不忘传行当是

朕之功德力以今切韵者

因时依〈〉竟国全之要害

真智慧增胜本佛法经藏

王礼律令儒诗清浊双阴

阳吉凶季记救法人医法

算礼乐典集等文行之本

源是譬大海如深广诸水

积处不竭不涨需寻皆有

日月普照愚智悉解种山

中须弥最高诸业中比无

宝一切中文宝最上故缘

五音切韵建立者文海宝

韵之字摄名义不杂共用

纲纪此义当知。

意译：

《五音切韵》序

今观察（各）种文，西羌、汉之切韵已有，今文字之五音者，平上去入各自字母已明，清浊平仄分别，重轻分清，上下等明，切字呼问，韵母摄接，为文库本。集聚寻处，永远不忘，当传行也。

以朕之功德力，今因切韵者依时而竟，全国之要害，真智慧增胜本，佛法经藏、王礼律令、儒诗清浊、双阴阳、吉凶、季记、道教、医人、算法、礼乐、典籍等，行文之本源也。譬如大海深广，诸水积处不竭不涨，用寻皆有；日月普照，愚智悉解。各山中须弥最高，诸业中一切无比宝中文宝最上。是故建立《五音切韵》者，摄《文海宝韵》之字，名义不杂，共用之纲纪也。此义当知。

《五音切韵》序也有"朕"的字样，也应是御制序。由其内容不难看出，与上述《文海宝韵》序文第二面，特别是第三面、第四面文句、词语多有相近处。唯其末句"是故建立《五音切韵》者,摄《文海宝韵》之字",证明《文海宝韵》成书在前,《五音切韵》编纂于后。《五音切韵》的序言也是大部分抄录《文海宝韵》的序言。那么,《五音切韵》的序是谁作(抄录)的呢? 答案似乎只有一个,惠宗抄录了惠宗自己的序,看来《五音切韵》也作于惠宗时期。《五音切韵》的编撰和《文海宝韵》一样,也是在"复蕃仪"这种文化背景下的产物。它们是西夏民族文化高度发展的产物,也是我们现在研究西夏文化的珍贵资料。

《文海宝韵》和《五音切韵》都是关于西夏语音韵的典籍,《五音切韵》摄《文海宝韵》之字,就是将《文海宝韵》中的字以等韵的方法,纳入韵图、韵表中。两书出于同一个朝代,有颇多重复的序言,内容相互关联,两相比较,就更容易认识和理解。

不难看出,《文海宝韵》的序言有丰富的内容,对了解《文海宝韵》乃至西夏文化发展有十分重要的价值,尽管它的残缺带来不少遗憾,但我们仍能从遗存的残片中得到一些前所未闻的知识。

(三)写本《文海宝韵》与刻本的关系

在介绍写本《文海宝韵》的内容之前,先简单介绍早已刊布的刻本《文海宝韵》的内容是必要的。《文海宝韵》是类似汉文《切韵》的韵书,但它又有解释文字构造的内容,这一点又和汉文《说文解字》类似,可以说,它具有《切韵》和《说文解字》的共同特点。

如前所述,《文海宝韵》包括平声、上声和入声、杂类三部分。在刻本平声和杂类两部分中,每面各有七竖格,本字是被注释字,字体大,占满格;注释字是小字,双行占一格。平声部分每韵之前均列一代表字(即韵目),其下用数字标明韵类。各韵所收西夏字基本上依声母为序排列。字音相同者集为一组,各组间以小圆圈相间隔。独字则以另标反切字单行直书相区别。每一个字的解释都由三部分组成。第一部分是字形构造分析,多用四个字表示,如○左○右(○代表一个西夏字),即以一字的左部和另一字的右部组成此字,分析字形构造的术语除左、右外,还有头、下、全、圈、中、脚等,分别表示组字时取用的部位;第二部分为字义注释,多用同义、近义注释和解释法注释;第三部分为反切注音,同音字组只有第一个字有注音,多用四个字表示,形式为:○○切○,第一二字是反切上下字,第四字是这一同音字组的字数;独字则只有反切上下字。如平声第一韵第一字:

录文：

　　䇦䩧　　䇦䋍䩕綉䋻䣃慨　　䊻䪾

䇦

　　䋋慨　　䋻後䡄䢪䏓朩䣃　　䪸綱

译文：

　　[布]左　[布]者人姓名是又　　北路

姓

　　[丙]右　尊长之颂语亦是　　切四

　　刻本《文海宝韵》的平声中间有缺失，存 2577 个大字，杂类缺失较多，存 486 个大字。

　　由此可见，作为反映西夏语的韵书，《文海宝韵》具有很高的编纂水平，它不仅反映了西夏学者对本民族语言认识和研究的程度，也反映了那一个时代对语言的认识和研究的水准，其中包括了语言研究最发达的中原地区。《文海宝韵》有很高的学术价值，是研究和构拟西夏语最基本、最重要的资料之一。

　　写本《文海宝韵》是刻本《文海宝韵》的抄本。其根据是：

　　——将刻本的平声部分与写本的相应部分进行比较，就会发现它们不仅各韵的排列顺序是一样的，每韵中各字的排列顺序也基本是一样的（下面将会谈到个别不一致的问题），杂类部分也是如此。

　　——抄本第 12 页漏抄了 30 个字，包括平声第 20 韵的最后 10 个字、第 21 韵全部 17 个字，第 22 韵开始的 3 个字。这 30 个字正好是刻本《文海宝韵》的第 29 页一整页，一字不多，一字不少。这可能是由于作为抄录底本的原刻本书缺少这一页，或抄写者漏抄此页造成的缺漏。这种遗憾的缺漏恰恰证明了抄本和刻本的关系。[①]

　　刻本基本上保存了平声部分，但也不完整，有少部分残缺，如第 26 页左面残缺 3 个大字，特别是第 45 页左面、第 46 页全页残失，缺 62 个大字，这些都可据写

---

　　①《文海宝韵》的抄录者在这里还做了画蛇添足的事。可能因为缺少第 21 和 22 韵的开头，韵类的序号不能衔接，抄录者便随心所欲地将第 20 韵的两个字作为第 21、22 韵的代表字，并给它们标上序号。因此，使用这一文献时要特别注意。

本补足。刻本第 26 页左缺 3 字,可据写本①11.1204、①11.1206、①11.1208 补。[①] 其中除大字外,尚有前两字有字形构造注释。刻本第 45 页、46 页可据写本 ①15.2406—①16.1503 补。其中除大字外,尚有 11 字有字形构造注释,3 字有字义解释。

写本的抄写者在抄录时不是按部就班、一字不漏地抄写,而是在全部按顺序抄录大字的基础上,对字形、字义的解释字有选择地抄录或缩写,有时也以自己的分析对刻本的个别地方做了改动。不知什么原因,抄录者对反切注释不感兴趣,全部没有抄录,因此刻本所缺的上声和入声字,仍然得不到反切上下字。

写本《文海宝韵》大字(被注释字)是行书体,有一定功力,一般比较清楚,但有的笔画不规范,如往往将横拐ㄱ写成类似两点ソ,乍看时颇费功夫,看得多了也能摸索出一些规律。其小字(注释字)不仅字形小,且字体多为行草或草书,释读、翻译较为困难。以下分被注释字和注释字加以说明。

1.被注释字

《文海宝韵》写本的被注释字虽然与刻本的韵序和字序基本相同,但仔细比较,也有出入。与刻本比较,写本有时缺字,这可能是抄写者疏忽而漏抄。在平声韵中第 10、15、25、30、32、34、36、46、52、54、56、61、62、66、67、73、76、80、81、83、85、86、87、88 韵各漏抄 1 字,第 29、59、64、92 韵各漏抄 2 字,第 69 韵漏抄 5 字,特别是因漏抄一页而使第 20 韵少 10 字、第 21 韵全韵皆失少 17 字、第 22 韵少 3 字,三个韵共少 30 字。这样,写本的平声韵共漏抄 67 字。

更使人感兴趣的是有时写本比刻本的字还多。一般抄录容易漏抄,字多出来是少见的。写本《文海宝韵》这种情形不多,但也有数例,平声部分比刻本增加了 12 个字:

第 5 韵增 1 字罄(①06.1704),为其他文献所无,是新字,与上一字形近,多一糸旁,推测与上一字罄(字义为"礼仪")同音(汉字注音[母])、通用,故刻本舍去不取。

第 11 韵增 2 字。第一字蘵(①08.2202),为上声第 74 韵代表字,但该韵中却无此字,显然有误。此字在《音同》中与另两个字为一个同音字组(《音同》乙本

43.256，喉音）。此字与上一字组成一词，两字并不同韵，抄录者误录于此。第二字牂（①08.2508），在刻本第 11 韵中无，在杂类（平声齿头音）中与另外 4 个字为一个同音字组（汉字反切[尼足西]），可能与前一字字义相关而误录。

第 14 韵增 2 字。第一字徽（①09.1306），刻本为平声第 3 韵（汉字注音[嚼]），在写本平声第 3 韵中也已录出（①06.1302），这里重出。其上一字释字义为"施"，此字字义为"供"。第 2 字毂（①09.1307），刻本为平声第 7 韵（汉字注音[余]），在写本平声第 7 韵中也已录（①06.2702），这里重出。此字字义为"馈"，与前两字字义相关，字形相近。

第 17 韵增 1 字绔（①10.1603），为上声第 14 韵（汉字注音[昊]），且为韵类代表字，是一译音字，此写本上第 14 韵中已录（②06.1602），这里重出。其上也是一个译音字毁（汉字注音[合]）。

第 36 韵增 1 字藏（①16.1401），刻本缺，但此字为上声第 33 韵，写本上声第 33 韵中已录（②06.1602），这里重出。其上一字与此形近。

第 48 韵增 1 字巍（①18.2209），刻本为平声第 10 韵（汉字注音[坠]），写本中也已录出（①07.2702），这里重录。其字义为"刺"，上字獭和它组成同义词组"刺穿"。

第 62 韵增 1 字焱（①22.1503），刻本为平声第 75 韵（汉字注音[宜则]），写本第 75 韵中已录（①25.2507），这里重出。其上一字焱与它组成词组，为烧、烤（饼）义。

第 66 韵增 1 字髳（①23.1504），刻本为杂类平声（喉音），写本杂类平声喉音中也已录出（③04.1204）。其上字巏与此字为左右互换字，字形相关，字义相近，为"煮熬"意，这里重出。不仅如此，其上字在杂类中也连带重出。

第 71 韵增 1 字贠（①25.1206），刻本无。在《音同》乙本中此字与其上一字龅同音、近义（《音同》乙本45.146），汉字注音[讹]，字义"院、圆"，刻本中舍去不录，这里连带写出。

第 82 韵增 1 字顾（①27.1502），为上声第 58 韵（汉字注音[墨]），此写本上声第 58 韵已录（②14.1606），这里重出。其上一字赋与此字形近、义近，可共同组成同义词组"教唆"。

由上可知，写本多出的大字多为重出的字。重平声：第 14 韵第 1 字重平声第 3 韵、第 2 字重平声第 7 韵、第 48 韵第 1 字重平声第 10 韵、第 62 韵第 1 字重平声第 75 韵。重上声：第 17 韵第 1 字重上声第 14 韵、第 82 韵第 1 字重上声第 58 韵。另有第 11 韵第 1 字虽不重，但应入上声第 74 韵。重杂类：第 11 韵第 2 字重杂类平声（齿头音）、第66韵第1字重杂类平声（喉音）。这些重出的字往往与上一字近义，两字可共同组词，受上一字的影响而误写。此外两个新增字比较特殊：第5韵第1字、第71韵第1字，它们可能因与其上一字音同、义近、形似，刻本中舍去不录，抄录者认为应该补充而填写，或因义近而重录。

此外，写本还增加了刻本中残失的页第35韵第16字、第36韵第46字。

写本上声韵中是否也存在漏抄或增加大字的情况？若从写本存在抄写不慎、校对不精和抄写者自行增字的现象看，写本上声韵与刻本也会有或增或减的出入。尽管因无刻本对照难以全面校勘，我们仍能从写本中韵类不符等问题发现增加大字的例证。如：

上声第19韵第1字斅（②07.1510），属平声第22韵，刻本第22韵已录，此写本也已录出（①11.2401），这里重出。

上声第34韵第1字藸（②10.1506），属上声第7韵，此写本第7韵中已录出（②04.1102），这里重出。此字与上字音近。

上声第54韵第1字㩭（②13.2605），属平声第61韵，刻本第61韵已录，此写本也已录出（①22.1207），这里重出。

上声第76韵第1字蕬（②16.2603），属上声第36韵，此写本第36韵中已录出（②10.2206），且是韵类代表字，这里也显然是重出。

在上声韵中也能发现个别遗字现象。如：上声第74韵中遗失该韵韵类代表字就是一例。

2.注释字

写本《文海宝韵》是刻本《文海宝韵》的略抄本。抄本中多数大字没有注释，抄录注释和省略注释不一定有严格的原则。抄录者带有相当的随意性。可能抄录者认为在字形、字义上容易理解的字就不再抄录注释，不容易理解或需要加以强调的字便抄录或节录注释。此外，抄录者认为刻本的注释不确切或需要补充时便做出新的注释。一些字有字形构造注释，一些字有字义注释，少数字有字形和字义两种注释。

例如平声第1韵中60个字中只有16个字有注释，其中有字形注释的5个，有字义注释的9个，有字形、字义两种注释的仅一例。关于反切字注音没有出现。

无论是字形构造的注释，还是字义的注释，都能从刻本中找到相应的出处，只是写本比刻本注释简单、扼要。

（1）字形注释

写本《文海宝韵》在不多的注释字中,注释大字字形构造的比例较大。在注释形式上和刻本一致,如平声第1韵:第9字□注释为:□中□右,第10字□注释为:□扬□左,第11字□注释为:□左□右,第12字□注释为:□□□左,第33字□注释为:□右□右;平声第2韵:第15字□注释为:□圈□下,第17字□注释为:□下□右,第18字□注释为:□左□左;上声第2韵第18字□注释为:□右□全,上声第3韵第3字□注释为:□下□右,第6字□注释为:□头□下等。写本和刻本的注释有时两者稍有出入。如平声第1韵第9字（①04.2401）□"序"的字形构造注释为:□中□右"头中头右",而刻本中是□中□右"始心头右"。

因为抄录字形构造注释时不是对每一个字都依次进行抄录,而是有选择地抄录,研究、利用时以下几点值得注意:

第一,写本的抄写者对刻本中的字形构造注释多数未予抄录,未抄录的原因可能是抄录者认为其构字简单、明了,不用特殊解释也很清楚。

第二,对已抄录者也往往省略左、右、头、下、中、圈、全等构字时取用哪一部分的指示字,可能抄录者认为不用指示字也很清楚。

第三,写本的字形注释中有一部分比较复杂,被注释字不是由两个字构成,而是由三个或四个字构成,这时注释字的指示字只有一个,或干脆没有。如平声第1韵第10字□（①04.2402）"畦"的字形注释:□扬□□"地、一、种左",此字由"地""一""种"三字组成,指示字"左"只指示最后一字"种"的选取部位。又如上声第12韵第12字□（②05.246）"毫光"的字形注释字为:□□□□"身、凤、毛、妙",没有指示字。

第四,字形构造的注释往往与被注释字的字义、字音有一定关系,在斟酌被注释字的字义和字音时,可以起到某些参考作用。

《文海宝韵》的刻本应该是一部权威性著作,但是抄录者并不完全同意原著的意见,有时有自己独到的见解,因此出现了刻本与写本对一些字字形构造不同的解释,这是抄录者用心之所在,也是我们需要格外注意的地方。如:

①06.1206□"乾",刻本字形注释为:□□□□ "天右翅下",而写本为:□□□□"地心祖母下"。

①10.2106□"园",刻本字形注释是:□□□□"园左结左",而写本是:□□"园""手"二字。

①15.1605□"斗",刻本字形注释是:□□□□"争圈不和",写本是:□□□□

"争头不合"。

①17.2606 ▯"地畽",刻本字形注释为 ▯▯▯▯"地左司全",写本为 ▯▯"耕司"。

个别字在写本和刻本中表现出构字的思路、方式和所用字都不相同。如：

①28.2503 ▯"实",刻本是 ▯▯▯▯"要圈齐左",写本是 ▯▯▯▯"象头心强"。

有时刻本和写本的表达方式不同,但构字的实际内容是一样的。如：

①08.1403 ▯"薄",刻本字形构造解释 ▯▯▯▯"薄之右是",写本为 ▯▯▯▯"薄减左为"。

写本抄录者有时独出心裁,颇有新意;有时和刻本异曲同工,各有特色;也有时出现疏漏和错误。如：

①09.1707 ▯"汉姓(闻)"其构字 ▯▯▯▯,[温]以陋右,但据大字和构形小字分析,第四字不应是"右",而应是"左"。

①25.1101 ▯"底",刻本为 ▯▯▯▯"天全界头",写本为 ▯▯▯▯"天全界下"。因为此字系以"天"的上部和"界"的上部组成,写本的"界下"就错了。

字形注释实际上是解释如何造成该文字,注释构造时都是先造左部,再造右部;先造上部,再造下部。但写本出现了与此相反的情况。如 ▯(①24.1201)"垢",刻本的字形注释为 ▯▯▯▯"汗左垢左","汗"的左部构成该字的左部,"垢"的左部构成该字的右部。而写本字形注释为 ▯▯▯▯"垢右水左",即"垢"的左部构成该字的右部,"水"的左部构成该字的左部,变成了先右后左的例外。

写本的字形注释有时竟以本字注释,这不符合《文海宝韵》注释构字原则,和刻本也不一致。如 ▯(①28.2401)"槐",刻本是 ▯▯▯▯"树头毒右",而写本却是 ▯▯▯▯"树头槐下"。这种以本字构本字的例证出现了多次。

（2）字义注释

刻本中注释字义时首先以被注释字起头,下接一"者",接下去释义。写本中的字义注释,按照简化的方法一般被注释字不出现。但偶尔出现,也以简单的一竖线代表。如第1韵第10字（①04.2402）、第2韵第9字（①05.1503）等。个别注释内容中也出现被注释字,也可用竖线代表,如第1韵第49字（①05.1202）。同样为了书写简化,相邻的重复字,第2个字用类似々的重复符号表示。如平声第8韵第38字（①07.1504）的注释字"推推操操""深深"中的重复字就是使用这样的符号。这种符号在敦煌所出汉文文献中早已使用,显然西夏文文献中的这种现象是受到汉文化的影响。

写本《文海宝韵》中的字义注释很少,也更为简略。刻本的字义注释常常是罗列一个或几个同义词或近义词,有的还要做出专门解释。写本的抄录者对简明易解的字没有抄录字义注释,已抄录字义注释的也很简练,只选取其中最重要的注释,其余省略。平声部分虽有详细注释的刻本,但写本注释强调了该字的主要义项,也有参考价值。例如:

平声第1韵第10字燉(①04.2402)"畦"写本有字形、字义注释,字义注释为"畦埂者高上耕地畴也",刻本字义注释为"畦埂者初未种土上开畦种之谓也"。

平声第1韵第24字㝽(①04.2601)"设置"字义注释为"设置、言辞也",刻本注释则详尽、复杂,为"设置也,允也,云谓也,辞也,说也,意也,言辞说之谓也"。

平声第34韵第15字墅"鹿角",在刻本《文海》中有详细释义:𭉖 𬉼 𬲗 𫮴 𬬸,𮌚 𬒋 𬷘 𬞟 𬱞 𬳦 𭉖 𬵬 𬙾 𬀩 𭆖 𬳐 𬝴,译文为"鹿角众担也,各往狭地稠林中无障碍之谓也"。①在写本中则释义字仅3字:𭉖 𬵬 𬱞,意为"鹿角也",简洁明了,一目了然。

平声第67韵第1字𫄷(①23.1601)"人",刻本解释:"人也,人也,族也,者也,人也,民庶也,人民也,地上人之谓也。"多近义相释,罗列详尽。写本为"一切人之谓也",显得简单、概括。

平声第75韵第28字㬚(①25.2701)"抄",是一个量词,刻本释义"十粟一粒,十粒一圭,十圭一撮,十撮一抄,十抄一合,十合一升,算量起处是也",写本只写明用途"麦粟算用也"。

此外,写本的字义注释也有个别和刻本不同之处,更有比较价值。如:

平声第1韵第48字𬤫(①05.1202)"坟",刻本注释:"弃尸场建坟地用之谓。"写本注释:"弃尸坟,作垒也。"由写本可明确得知西夏的坟是起垒建冢,有高出地表的建筑。

平声第11韵第51字𬞟(①08.2109),刻本释义为"紫颜色也",原译文为"紫",注音为[西]。而写本释义为"树果也",指明是一种树木的果实,结合刻本和写本的释义,再考虑到此字由"树"字构成,其字义应是产紫色果子的树,推测为桑树之类。

平声第68韵第4字𫏱(①24.1104),刻本释义"先生":"先生也,主落胎之谓也。"意似指早生产,胎坠落,解释事情的本身。写本注释为"不成也",用后果解释字义,即胎儿早产不成活之意。两种释义结合起来,字义更加明确,可译为

①《俄藏黑水城文献》第7册,第142页,《文海平》44.262。

"早产"。

写本的字义注释有时也有错误。如：

平声第75韵第16字毿（①25.2407）"窄"，刻本释义"狭窄也，逼也，不宽坦之谓"，字义明确。写本构字为"窄、狭"，无疑是正确的，但释义却是"宽坦也"，丢失否定副词"不"，显然有误。

写本上声字的字义注释虽然很少，但因是刻本所缺，所以倍显珍贵。如上声第1韵第18字，字义注释为毿 毿 毿（得益也），这是目前所知关于此字最确切、最有价值的解释。

（3）关于反切注音

《文海宝韵》是一部音韵书，对字音十分重视，每一个被注释字都以反切法注音。如果一个字的读音不清楚，通过《文海宝韵》知道它的反切上下字，就可以切拼出该字的字音。这种方法源于古印度的声名学，应用于中原地区的汉语音韵学，当时是一种准确地分析、注释语音的科学方法。西夏学者不失时机地采用反切法为本民族语言注音，在当时也是难能可贵的。然而写本《文海宝韵》对刻本的反切上下字都没有抄录。是否抄录者认为对每一个西夏字字音都很熟悉，用不着反切上下字的提示，因此字音注释被全部略去了，我们不得而知。

写本《文海宝韵》在确定每一个西夏字的所属韵（特别是上声）时，起了重要作用，但是由于《文海宝韵》的抄录者对西夏文字音注释的忽视，当需要确定每一个西夏字的字音时就显得力不从心了。特别是在研究刻本中缺少的上声和入声韵字的读音时，只能借助刻本《文海宝韵》和《音同》的"同居韵"注音材料或其他注音材料。有的字由于没有反切注音，又缺乏其他资料参考，至今也不能构拟其语音。

更值得注意的是，由于《文海宝韵》的抄录者省略了反切上下字注音，而独字后面的反切上下字是区分该字与下面的同音字组或另外的独字不同音的标志，反切上下字没有了，区分不同音的标志也就没有了。而抄录者又抄录了大部分结束同音字组、表示前面一个反切字组的几个字音同的小圆圈。这样就造成了很大的混乱，本来在刻本《文海宝韵》中用小圆圈和独字的反切上下字来区分不同音字是十分清晰的，但在写本中就难以区分了，两个小圆圈之间的西夏字未必是同音字。如果认为两个小圆圈之间是一个同音字组的话，就可能被其误导了。以平声第10韵开始的部分字为例（数字为文字序号，"独"为独字，"同"为同音字）。

刻本：1独（反切上下字）　　2独（反切上下字）　　3同（反切上下字切三）

4同　　5同〇　　6同（反切上下字切三）　　7同　　8同〇

9独（反切上下字）　10同（反切上下字切七）　　11同　　12同

13同　14同　15同　16同〇　17（反切上下字切四）

18同　19同　20同〇　21（反切上下字切四）　　22同

23同　24同〇……

以上24字中有3个独字、5个同音字组，共8个不同的音节。

写本　1　2　3　4　5〇　6　7　8〇　9　10

11　12　13（漏抄1字）　14　15〇　16　17　18

19　20　21　22　23〇……

同样这24个字（漏抄1字），却给人以4个同音字组的印象。但这些字实际上属8个不同的音节。因此我们在使用和进一步研究写本《文海宝韵》时要特别注意其音节的区分。

（四）上声韵的补充和分析

写本《文海宝韵》收字较全。刻本《文海宝韵》共存3063个字，仅占西夏文的过半数，而写本《文海宝韵》几乎收入了所有的西夏字，它不仅补足了占西夏文字近半数的上声和入声韵的所有的字，还填充了刻本中平声和杂类的缺失部分，如刻本平声第45页下半页、第46页、第47页上半页，杂类第1页、第8页下半页、第12页下半页、第13页上半页、第16页下半页等。由于《文海宝韵》明确地区分韵类，使平声、上声和入声的每一个西夏字的韵属都十分清楚，平声字的韵属可由刻本和写本《文海宝韵》分别得知，而上声字就只能靠写本《文海宝韵》了。聂历山教授近水楼台，早在20世纪30年代就利用了这部珍贵的文献资料，记下了每一个字的韵类，因此尽管后来丢掉了这部文献，后人仍然能从聂历山的记录中得知某一字的韵类。但是《文海宝韵》上声部分每一韵中各字的排列顺序如何？对那些字有什么样的注释？我们依然不得而知。现在《文海宝韵》失而复得，并且很快公诸学界，使学者能亲睹影印件，全面了解《文海宝韵》中上声的真实情况。

写本《文海宝韵》上声有86韵，各韵字数不等，最多者如第33韵有107字，少者如第50、67、84韵仅各有4字。共有2090字（包括个别残缺部分根据其他资料可以补充的字）。各韵所属字的分布情况如下：

1韵	70字	2韵	36字	3韵	51字	4韵	15字
5韵	15字	6韵	21字	7韵	60字	8韵	18字
9韵	37字	10韵	81字	11韵	15字	12韵	27字
13韵	10字	14韵	67字	15韵	16字	16韵	13字
17韵	29字	18韵	13字	19韵	9字	20韵	19字
21韵	7字	22韵	7字	23韵	7字	24韵	9字
25韵	67字	26韵	17字	27韵	16字	28韵	61字
29韵	20字	30韵	36字	31韵	16字	32韵	13字
33韵	107字	34韵	16字	35韵	16字	36韵	11字
37韵	36字	38韵	42字	39韵	8字	40韵	41字
41韵	16字	42韵	63字	43韵	13字	44韵	32字
45韵	17字	46韵	8字	47韵	78字	48韵	38字
49韵	13字	50韵	4字	51韵	29字	52韵	28字
53韵	14字	54韵	37字	55韵	21字	56韵	33字
57韵	16字	58韵	12字	59韵	6字	60韵	55字
61韵	25字	62韵	16字	63韵	5字	64韵	18字
65韵	5字	66韵	16字	67韵	4字	68韵	41字
69韵	8字	70韵	16? 字	71韵	22? 字	72韵	35字
73韵	35字	74韵	13字	75韵	9字	76韵	28? 字
77韵	22字	78韵	18字	79韵	7字	80韵	12字
81韵	15字	82韵	13字	83韵	5字	84韵	4字
85韵	15? 字	86韵	5? 字				

上声的注释形式和平声是一样的，有的有注释，有的没有注释。如上声第1韵70字中，注释字形的29字，注释字义的1字，字形、字义都有注释的3字，没有任何注释的37字。每一韵中各字的排列顺序大体上是按声母九品音的先后为序，有时一韵中要按声母九品音顺序排列两次或两次以上。如第1韵开始是重唇音3字，然后是舌头音5字、牙音7字、齿头音5字、喉音9字、来日舌齿音18字；此后又是舌头音4字、牙音13字、未知其声类者2字、来日舌齿音3字；然后

又有齿头音2字。第2韵有重唇音1字,然后是来日舌齿音3字,轻唇音2字,正齿音7字,喉音8字,然后又是正齿音3字,来日舌齿音12字。其中开始部分重唇音后面的来日舌齿音的位置颇令人费解,此3字汉字注音[乳],属日母,是否《文海宝韵》的作者认为此音接近轻唇音,或径直将其归入轻唇音?

特别应该强调的是写本上声部分的字义注释具有重要价值,因为刻本的相应部分已经遗失。近代的西夏文研究已有上百年的历史,大批黑水城西夏文献的发现也已近90年。这期间,经过几代人的努力,西夏文字的释读从少到多,从简到繁,不断取得进展。特别是近20多年来,随着西夏文世俗文献和佛教文献的大量被解读,绝大部分西夏字字义已经清楚,西夏文释读水平有了突飞猛进的提高。西夏文字义和语法掌握较好的专家,已经能译释西夏人撰述的西夏文长篇文献。然而令人遗憾的是仍然有部分西夏字的字义尚难解明,在我们进行西夏文献译释时还不时地会遇到"拦路虎",在一些难以译释之处,不得不留下空白或打上问号。而这些字义不明的字大多是上声字。现在写本《文海宝韵》中上声字的部分难解之字有了简明的字义注释,这对攻克西夏文释读的难点当然具有重要意义。例如:

上声第1个注释字义的字,即第1韵第17字𗅲(②02.1503),过去有的专家释为"地名或人名"[1],而在写本《文海宝韵》中释为"密谋也",可知此字的一项重要释义是"谋"或"密谋"意。

又如紧接着的下一个字,即第18字𗱕(②02.1504),《同音研究》无解[2],写本《文海宝韵》中释为"得利也",字义明确。

再如上声第2韵第23字𗯴(②03.1108),《同音研究》无解[3],写本《文海宝韵》中释为"遗留也"。

有的字过去也知道它的字义,但通过写本《文海宝韵》的字义注释,就更加明确。如:上声第15韵第3字𗬀(②06.2302),在《番汉合时掌中珠》中和𗬀𘝾(细)字组成词,汉字注释"绵帽"[4],由此我们知道此字的字义。《番汉合时掌中珠》是一部西夏文和汉文双解互注的词语集,它不可能对每一个词语用更多的字作详细的解释。在写本《文海宝韵》中对此字有详细的注释:𗬀𘝾𗗙𗬀𘕿𘔼𗬀

①《同音研究》,第344页。
②《同音研究》,第344页。
③《同音研究》,第384页。
④[西夏]骨勒茂才著,黄振华、聂鸿音、史金波整理:《番汉合时掌中珠》,银川:宁夏人民出版社,1989年,第51页。

𗗼𗹐𗄼𗿤𗆅。其中第1、2字𗆅𗆀解释字形构造，表明此大字由第1字的全部和第2字的中间构成。第3、4字𗃌𗆅用以注明汉语中此词的语音，分别音［明］［毛］，根据下文释义，推测为"冕帽"的译音。第5至12字释义为"臣僚帝处朝时戴也"，明示是大臣们在皇帝处所戴，也就是朝见皇帝时专门戴的"冕帽"。这样我们就了解到此字更具体、更确切的含义。

上声第1韵第20字𗜟（②02.1601），过去知其为"脓血"意，写本《文海宝韵》注释字义为"马疮中流血也"，释义更为具体。

上声第30韵第11字𗼀（②09.1301）"舆"，也有详细注释"车上作美帐"，意思是一种作有漂亮帐幕的车。

由上述举例不难看出，写本《文海宝韵》中的字义注释有重要价值，这部书的译释会使我们的西夏文译释水平有新的提高。可惜这种字义注释在上声部分比例很小，而且越到后面越少，字义注释成了个别现象。如正文第1页第1面（②02.1），31个大字中有4个字有字义注释，第1页第2面（②02.2），54个大字中竟没有一例字义注释。第2页第1面（②03.1），62个大字中有两例字义注释。第2页第2面（②03.2），67个大字中也没有一例字义注释。写本的抄写者为了简略，省略了绝大部分字义注释，为我们补充刻本所缺带来了不小遗憾。

写本《文海宝韵》上声部分的字形构造注释，不仅是研究西夏文字构造的新资料，因其注释往往和字义或字音有直接关系，也是研究字义和字音的重要参考材料。字形构造的注释比字义注释的比例大得多，其价值不可忽视。如：

上声第1韵第5字𗜟（②02.1306）"哄散"，文字构造注释为：𗜟"唤"、𗆅"散"二字，文字的左部由"唤"的一部分、右部由"散"的一部分合成。我们不仅由此知其文字构成，也可进一步理解字义为"呼唤赶散"之意。

上声第12韵第5字𗆀（②05.2307）"红"，文字构造注释为：𗗼"肉"、𗆅"色"二字，文字的左部由"肉"的一部分、右部由"色"的一部分合成。我们不仅由此知其文字构成，也可进一步理解字义的"红"不是一般的红，而是"肉红色"。

和刻本《文海宝韵》一样，在注释文字构造时，写本也有用复杂的字注释简单的字，字与字循环互注的现象。如：

上声第37韵第24字𗼀（②10.2602）是夜五更的"更"，文字构造注释为：𗆅𗃌𗗼𗆀"昏［令］左减为"，即此字由"昏"字减去左部。

上声第56韵第24字𗆅（②14.1401）"十"，文字构造注释为：𗗼𗆅𗃌𗼀"万三库左"。数词"十"由"万""三""库"三个字合成，既烦琐，又难以理解，恐与原来造字顺序也不相合。

　　写本的上声部分和平声部分一样,字形构造的注释也有不恰当之处。如:

　　上声第44韵第5字𪐀(②12.1311)"物",构字解释为:𪐀 𪐀 𪐀 𪐀"变下居右",此字的上部构成没有着落,不符合《文海宝韵》字形注释的原则。这样不确切的字形构造注释是极少的。

(五)入声韵的发现和分析

　　关于西夏语的声调,过去西夏学界都认为只有平声、上声两个声调。虽然西夏文《五音切韵》序中写道:"今观察各文,西羌(吐蕃)、汉之已有切韵,今文字之五音者平、上、去、入各自字母已明。"①这里所说的平、上、去、入是否指西夏语难以断定。《音同》(甲本)一书只重声、韵音同与否,不重声调,不同声调的字视为音同,其序言中也未提供有关声调的线索。刻本《文海宝韵》平声部分的版心明确标出"文海平",又杂类部分也明确分为"平声"和"上声"两类,是知西夏语确有平、上二声。写本《文海宝韵》不仅提到平声和上声,还多次提到入声,如前述"文海宝韵上声入声第二""大白高国文海宝韵上声入声第二",还有上声、入声末尾有小字题款(残):"……十月五日宝韵上声入声竟"。根据以上记载,我们在《俄藏黑水城文献》第7册的内容提要中介绍写本《文海宝韵》时说:"本书分为平声、上声和入声、杂类三部分。平声九十七韵,上声和入声八十六韵,依韵序排列。"②然而西夏语中的入声字究竟在哪里呢? 最早使用写本《文海宝韵》的聂历山也只录出了平声、上声字。近几年来,专家们见到了失而复得的《文海宝韵》,对其中有无入声字自然十分关注。西田龙雄教授最近研究的结果,仍然认为西夏语中没有入声字。他说:"看《文海宝韵》与'平声'相对的有'上声入声第二',但没有特别的入声韵项,也没有指示入声韵的字。笔者推测西夏人认为旧的入声都归属于上声韵。"③是否西夏语真的没有入声字,把入声字归入上声韵中去了? 笔者审视、研究了《文海宝韵》写本后认为:西夏语存在入声字。

　　我们来分析写本《文海宝韵》的"上声入声第二"的最后两面(《俄藏黑水城文献》第7册第222页91、92)。

　　倒数第二面原件由三纸上下拼接而成,拼接时第一纸错位1行。此面第1

---

①《俄藏黑水城文献》第7册,第259页。

②《俄藏黑水城文献》第7册,内容提要第1页。

③[日]西田龙雄:《西夏文字新考》,首载东方学会创立五十周年纪念《东方学论集》,1997年。又见西田龙雄的《西夏语研究新论》,西田龙雄博士论集刊行委员会编,松香堂书店,2012年,第89—103页。

行开始上声第81韵,第2行开始第82韵,第4行开始第83和84韵,第5行开始第85韵,第7行即本面最后1行开始第86韵,韵类代表字残,但西夏文"八十六"三字还清晰可见,下有本韵所属字4字,其下可能还残1—3字。倒数第一面上部残缺,下部由两残片拼成,第1行上残,在整行三分之一偏下处存一字(残),应是接续前面第86韵之字,此字下为空白,可知此字是上声韵的最后一韵第86韵的最后一字。第2行所见残存的三分之二部分也是空白,第4行、第5行是类似平声、上声那种形式的两行大字和注释字,存12个大字,如果上部不残,至多也就是20字上下。第5行是上面已经提到的行草小字"……十月五日宝韵上声入声竟"。由此可知,到此为止上声、入声全部结束。这样就可以得出结论:第1行上声结束后到第5行上声、入声结束的中间部分,即第3、4行应是入声部分。第3行空白处残缺的上部应有表示入声开始的字,推测为"入声"二字。正因为这为数不多的关键字残缺,才造成了长期找不到西夏语入声字的遗憾。

经过上述分析研究可以明确地知道西夏语有入声字。西夏语入声是有别于平声、上声的另一个调类。只不过由于入声字的数量很少,西夏人在编纂《文海宝韵》时没有把它列为单独的一部分,而是把它置于上声字之后,共同成为"上声、入声"部分。

写本《文海宝韵》残存12个入声字中有10字完整。第1行第1字残(②18.1301)。第2字𗙬(②18.1302)"共食物",第3字𗙤(②18.1303)"围绕",第4字𗙶(②18.1304)"姻亲",都是牙音独字,不详其音。第5字𗙨(②18.1305)"才",第6字𗙵(②18.1306)"印",第7字𗙮(②18.1307)"牧"为舌头音,汉字注音为[能合]。以下似残二字。第2行第1字𗙦(②18.1402)"逼",第2字𗙩(②18.1403)"迫",两个字为舌头音,汉字注音为[他]。第3字𗙧(②18.1404)"斜",误写,是喉音独字。第4字𗙯(②18.1405)"轻",为正齿音,汉字注音[室],在《音同》中与平声第29韵、上声第27韵共为音同字组。第5字𗙰(②18.1406)"愚",为来日舌齿音独字,汉字注音[勒]。《同音研究》一书将第1字误定为上声第21韵,将第2字误定为上声第25韵,将第9字误定为平声第29韵,其余记为声韵未详。近年出版的《夏汉字典》仍将第1字误认为是上声第21韵,将第2字误定为上声第25韵,而将第9字从平声第29韵改为上声第27韵,当然都是不正确的。[①]

从现存的入声字看不出其中再区分韵类的标志。西夏语入声字虽少,但它

---

① 李范文:《同音研究》,银川:宁夏人民出版社,1986年,第335页、337页、389页。
李范文:《夏汉字典》,北京:中国社会科学出版社,1997年,第504页、896页、272页。

的发现将有助于西夏语言,特别是声调的进一步研究。

西夏语言学家分析西夏语言的声调时,借鉴并使用了汉语音韵学的术语和方法,但当时根据自己的语言实际只确定有3个调类:平声、上声和入声,而不是像汉语那样有4个调类:平声、上声、去声和入声。唐朝人对四个调类的描述是:平声哀而安,上声厉而举,去声清而远,入声直而促。如果我们参考这一描述和中古汉语声调的特点,可以推想西夏语的平声也是一个平调,上声也是一个升调,而入声或许有塞音尾?考虑到入声字字数很少,与平声、上声字数比例悬殊,它可能是西夏语发展过程中将近消失的遗留现象。

(六)杂类的拼合、缀补和分析

写本《文海宝韵》有杂类,但是很遗憾,它们都是很碎的残片。大小一共42枚残片,《俄藏黑水城文献》收入35枚,大片有22个大字,小的只有一个大字(《俄藏黑水城文献》第7册第223—231页,文献编号93—109)。这42枚残片不是按先后顺序排列的,有不少是刻本中所没有的,因此把这些零碎的残片按顺序拼接成文是一件困难的事。现在根据与刻本对照,并查找文字的声韵,核对文献残损部分的页面茬口,终于全部拼接成功,共拼合成12面:

第1面由3片组成:109-8、93上、95上

第2面由3片组成:93下、94上、96下

第3面由5片组成:109-7、109-3、94下、95下、96上

第4面由4片组成:98上、109-6、97下、8364-95上

第5面由5片组成:109-2、98下、99上、8364-105-1、99下

第6面由5片组成:100下、100上、8364-104上、109-5、109-4

第7面由2片组成:101、102下

第8面由5片组成:109-1、8364-105-2、8364-105-3、103上、102上

第9面由3片组成:103下、104下、105上

第10面由4片组成:106、107上、104上、8364-105-4

第11面1片:105下

第12面2片:108、8364-105-5

　　拼合成的《文海宝韵》杂类部分共316字[1]，与刻本比较增加了不少新的材料。首先，增加了新字，平声增加了28个字，上声增加了25字。如果把刻本的杂类、西田龙雄教授抄录的杂类残片与写本进行校补，有时还可以参考《音同》乙种本和其他资料，用填充同音字的方法补充新字，这样就可以得到接近完整的杂类部分。

表1　杂类字数统计表

杂类		刻本	写本	补充写本	拼本
平声	重唇音	0	3		3
	轻唇音	0	2		2
	舌头音	0	4		4
	舌上音	2	3		3
	牙　音	6	6		6
	齿头音	106	83	23	106
	正齿音	74	66	17	83
	喉　音	19	11	10	21
	来日舌齿音	74	49	25	74
上声	重唇音	0	1		1
	轻唇音	0	1		1
	舌头音	0	7	1	8
	舌上音	0	2		2
	牙　音	2	4	2	6
	齿头音	80	38	44	82
	正齿音	64	30	40	70
	喉　音	13	6	7	13
	来日舌齿音	46	29	46	75
共　　计		486	345	215	560

---

[1] 西田龙雄先生曾在圣彼得堡见到部分杂类残片，他也进行了拼合排列，共录出190字。见西田龙雄：《西夏语韵图〈五音切韵〉的研究》（上），京都大学文学部研究纪要，1981年，第99—101页。现在拼合的42枚残片中有27枚是西田龙雄先生未收入的。西田龙雄先生当年见到的残片中有几枚我们没有找到，属上声部分的正齿音、喉音、来日舌齿音，共52字。如果加上这些残片，写本《文海宝韵》共存杂类368字。

由上表可知,《文海宝韵》的刻本杂类部分(残),存486字。写本亦残,存345字,校勘后可补充215字,共得560字。目前尚难以补充的残缺部分可能尚有20余字。

写本《文海宝韵》另一个重要意义是增加了杂类部分九品音的名称。原来刻本的杂类部分由于残缺,平声、上声中九品音类的名称很少,只有平声韵的牙音、齿头音、正齿音、来日舌齿音,上声韵的齿头音、来日舌齿音,给人一种体系上残缺不全的感觉。写本尽管增加字数不多,但所增部分往往是关键部位,九品音基本齐全。开始有"平声"二字(刻本无),其后有*重唇音、*轻唇音、*舌上音、牙音、齿头音、正齿音、*喉音、来日舌齿音,上声有*重唇音、*轻唇音、*舌头音、*舌上音、*牙音、齿头音、正齿音、*喉音、来日舌齿音(有*者为刻本缺失、而写本保留的声类名称)。

知道了各声类的名称和它们的所在位置,就能统计出或大体上推算出各类的所属字有多少,从而可以全面地掌握《文海宝韵》杂类部分的构成,有便于进一步研究西夏语的声韵体系。

过去研究西夏语言的专家往往对《文海宝韵》中的杂类部分重视不够。从一般传统音韵学观点看,用声、韵、调就能把所有的字统摄起来。为什么在西夏语的韵书中,在平声韵、上声韵和入声韵以外还要专门分出"杂类"部分? 这部分字有600字左右,约占全部西夏字的十分之一。深得汉语音韵学真传的西夏语言学者们,不大会凭空画蛇添足,床上架屋,使自己陷入不能自圆其说的窘境。他们可能遇到了用传统的音韵学难以分析和处理的语言现象。这种处理方法可能使今人百思不得其解,那可能正是对西夏语言了解还很不够的缘故。因此我们不能忽视它,更不能轻易否定它。

分析一下杂类部分所属字,可以看到有以下方面值得注意。

第一,杂类部分所属字在各声类中的分布不均衡。无论在杂类的平声还是在上声中,齿头音、正齿音、来日舌齿音3类中的字很集中,共有490个字,占杂类总数的87%以上。在西夏文中字数很多的重唇音、轻唇音、舌头音在杂类中的字很少。这是否在一定程度上反映了西夏语言在声母方面的特点?

第二,杂类部分所属字的汉字注音多二字注音,它们的声母多属浊音和鼻冠浊音。这种现象在占杂类60%的齿头音、正齿音中最为明显。这是否也与杂类的声母特点有关?

第三,杂类部分所属字在各韵类中的分布也是不均衡的。就已经明确知道韵类的杂类字中,平声中有62%的韵有杂类字,上声中有54%的韵有杂类字。而没有杂类字的韵多属三等或四等。

我们对西夏语中杂类的认识,可能还是皮毛,这是一个有待深入研究的重要问题。

(七)《文海宝韵》与《音同》的关系

《文海宝韵》是以声韵为纲的韵书,《音同》是以声母为纲的字书,两者都是记录和描写西夏语的书,它们之间当然有密切的关系。但是《音同》有多种版本,他们和《文海宝韵》的关系如何呢? 那首先要了解《音同》各版本之间的异同。

《音同》是一种西夏文字书,收字较全,约有六千字。这些字依九声分类,顺次为:重唇音、轻唇音、舌头音、舌上音、牙音、齿头音、正齿音、喉音、来日舌齿音。每一声类内部又以发音相同的字集为一纽,各纽以小圆圈相间隔。每一声类后还列有没有同音字的独字。在每一个字下都有小字注释,注释简约,多为一字,间有二字,个别有三字者。注释常采用同义词、近义词、反义词相注,或与大字组成词组,或注明类别和用途的方法,有的译音字还用反切上下字注释。《音同》对于研究西夏语言有重要价值。但是它只有大声类,没有标示出具体的声母,更因为它不是韵书,当然也没有标示出韵类,单凭《音同》是难以研究西夏语言的。《文海宝韵》不仅区分声调和具体韵类,每一韵纽、甚至独字还有反切上下字,只依靠它本身就可以知道每一个字的音,因此在研究西夏语的语言,特别是探讨西夏语语音时,要更加重视《文海宝韵》的资料。《文海宝韵》是西夏多位学者参与、国家颁行的韵书,皇帝为之作序,可见其地位不凡。序中介绍其编著情况,"五音字母已明,清浊、平仄分别,重轻分清,上下等明,切字呼问,韵母摄接",并将其定为"文库本",意在指出其编辑审慎,资料可靠。

《音同》曾有多种版本流传。据《音同》序、跋和重校序可知至少有五种版本:

——《音同》最初由博士令六犬长、罗瑞灵长初编本

——后经学士浑□白、勿明犬乐改编本,与前本同时流行

——又经学士兀罗文信据前两种版本整理、刊印本

——义长于元德六年(1132年)整理、刊印本

——德养(梁德养)于12世纪中晚期校勘、刊印本①

俄罗斯所藏黑水城出土西夏文献中《音同》一书有9个编号,其中可分为两种版本,即义长的整理本和德养的校勘本。我们把前者称为甲种本,把后者称为乙种本。两种版本都是同一种著作的整理、校勘本,因此体例上是一致的。但它们在同音字组的划分和独字的区分上有很大不同。《文海宝韵》也划分同音字组和独字,下面我们试以平声第1韵为例,看《文海宝韵》与《音同》甲、乙种本的关系。

平声第1韵第1组,4字。《音同》甲种本中这4个字在一个同音字组,只是与《文海宝韵》顺序不同。乙种本中这4个字也在一个同音字组,顺序与甲种本同。

平声第1韵第2组,4字。《音同》甲种本中包括这4个字在内的同音字组共有7个字,乙种本中包括这4个字在内的同音字组共有5个字,甲种本中的另外2个字成了另一组,在《文海宝韵》中属上声第1韵。

平声第1韵第3组,6字。《音同》甲种本中包括这6个字在内的同音字组共有9个字,乙种本中这6个字在一个同音字组,字序与《文海宝韵》、甲种本皆不同。甲种本中的另外3个字成了另一组,在《文海宝韵》中属上声第1韵。

平声第1韵第4组,4字。《音同》甲种本中这4个字在一个同音字组,只是与《文海宝韵》顺序不同。乙种本中这4个字也在一个同音字组,顺序与《文海宝韵》同。

平声第1韵第5组,6字。《音同》甲种本中包括这4个字在内的同音字组共有8个字,乙种本中这6个字在一个同音字组,在甲种本中的其余2个字与另外4个字成了另一组,其中3个字在《文海宝韵》中属上声第1韵。

平声第1韵第6组,2字。《音同》甲种本中这2个字在一个同音字组,与《文海宝韵》顺序相同。乙种本中这2个字也在一个同音字组,顺序亦同。

平声第1韵第7组,2字。《音同》甲种本中包括这2个字在内的同音字组共有3个字,乙种本中这2个字在一个同音字组,在甲种本中的其余1个字为独字。

平声第1韵第8组,5字。《音同》甲种本中这5个字的第1字是独字,其余4个字在一个同音字组,乙种本中和甲种本同。

平声第1韵第9组,5字。《音同》甲种本中这5个字在一个同音字组,只是与《文海宝韵》顺序不同。乙种本中这4个字也在一个同音字组,顺序与《文海宝

---

① 史金波、黄振华:《西夏文字典〈音同〉的版本与校勘》,《民族古籍》1986年第1期。

史金波、黄振华:《西夏文字典〈音同〉序跋考释》,载《西夏文史论丛》(一),银川:宁夏人民出版社,1992年。

韵》同。

平声第1韵第10组,5字。《音同》甲种本中第1字与另外的字组成同音字组,第2字是独字,其余3字为一个同音字组,乙种本中第1、2字都是独字,其余3字为一个同音字组。

平声第1韵第11组,2字。《音同》甲种本中第1字是独字,第2字与另外4个字在一个同音字组。乙种本中这2个字在一个同音字组,字序也与《文海宝韵》同。甲种本中的另外4个字在《文海宝韵》中属上声第1韵。

平声第1韵第12组,3字。《音同》甲种本中第1字与另外3个字在一个同音字组,第2、3字在一个同音字组。在乙种本中第1字为独字,第2、3字在一个同音字组。甲种本的另外3字在《文海宝韵》中属上声第1韵。

平声第1韵第13组,4字。《音同》甲种本中包括这4个字中3个字在内的同音字组共有5个字,乙种本中这4个字和另一个字在一个同音字组,前4个字字序与《文海宝韵》同。甲种本中的另外1个字和其他字成了另一组,在《文海宝韵》中属上声第1韵。

平声第1韵的最后6字为独字。在《音同》甲种本中第1字与另外3个字组成一个同音字组,第2、3字为独字,第4字与另外2字组成同音字组,第5字为独字,第6字缺,也应是独字。在乙种本中第1字缺,似在独字类,第2、3、4、5、6字都是独字。看来与《文海宝韵》同。

由上可以看出,《文海宝韵》在韵组的划分上与《音同》乙种本接近,主要是都区分平声和上声,把声母、韵母相同而声调不同的字,视为语音不同;而《音同》甲种本则全部把平声韵和上声韵混在一起,视为语音相同。另外《音同》乙种本比《文海宝韵》的语音区分更细,《文海宝韵》置于同音字组内的字,《音同》乙种本中视为独字,这在第8、10、12组中都可以看到。

《音同》乙种本的校勘者梁德养当时是西夏的著名学者,有多种著作流传于世,对西夏文化颇多贡献。他在《音同》重校序中明确提出:"德养见此书(含有)杂混,乃与《文海宝韵》仔细比勘。"可能原来的《音同》没有比照《文海宝韵》校勘,平声、上声不分,自梁德养校勘后才出现了新的变化。《文海宝韵》编成一百多年后,西夏的语言学家仍需以它来校勘《音同》,给《音同》做了一次不小的手术,使之更加符合西夏语的语言实际。

（八）《文海宝韵》和西夏文语音

西夏文所反映的西夏语是已经死亡的语言，当今没有人使用西夏语。当人们开始释读西夏文字时，就会试图通过所能掌握的资料分析、研究西夏文的语音。

西夏文字的汉字注音最为直观，首先受到专家们的重视和利用。西夏文——汉文双解语汇集《番汉合时掌中珠》中每一个西夏字都有汉字注音，为西夏文语音的研究提供了特别重要的资料。但是这些注音所用汉字是八九百年前的西北地区的汉语语音，是不能用现代汉语来读的。况且一种语言和另一种语言的声、韵、调有差别，特别是以一种方块字为另一种方块字注音时，难免出现削足适履、不大准确的情况。尽管《番汉合时掌中珠》的作者骨勒茂才在注音时采取了不少补救措施，使注音的科学性大大加强，但今人利用起来仍感到不便。西夏文佛经中和其他一些译自汉文的西夏文文献中都有一些夏——汉对音资料，也很有参考价值。但一方面这些字很少，另一方面其对音的系统性和科学性不如《番汉合时掌中珠》。

用反切法注音是科学而严密的方法。西夏的语言学家们成功地从中原汉族地区借鉴了这一方法。《文海宝韵》在西夏语言学上的贡献一个是明确了声调和韵类，另一个是每个字都标注了反切注音。一个字有了反切上下字，便可以知道它的声母、韵母和调类，也就等于确知该字的语音各要素。自从《文海宝韵》面世后，它的反切引起了西夏文专家们的高度重视。专家们用它来研究每个字的语音，利用系连的方法去拟构西夏语的声母和韵母。然而在使用反切上下字时仍然要利用另一种语言做中介，使用西夏文的汉字注音，这就首先在语音上打了一次折扣，染上了用汉字为西夏字注音的缺陷。

构拟西夏语音，用国际音标注出每个西夏字的音值，是西夏研究者乃至汉藏语言研究者们久已向往的事。如果能为西夏文字研究出一套科学的注音体系，不仅深化了西夏语音的研究，也便于深入研究西夏词汇和语法，同时对汉藏语言的历史比较研究也会起到推动作用，因为汉藏语言中保存有中古语言资料的屈指可数。

为西夏文字注音从老一代西夏学家就开始了，如苏联的聂历山教授，中国的王静如教授。20世纪60年代以来，随着西夏语言文献资料的不断公布，西夏语言构拟的方案层出不穷，先后有苏联索弗罗诺夫、日本的西田龙雄、中国的黄振华、龚煌城、李范文各位教授的系统注音。然而几位构拟西夏语音的专家的拟音互有歧见,使想参考西夏文字语音的人们莫衷一是。

过去为西夏文拟音的专家们,为西夏语的研究付出了艰辛的劳动,推动了西夏语音的研究。然而一个语言语音的构拟不是一蹴而就的。就西夏语而言,已经整理和初步研究的语言学资料,仍需加深理解和认识。在几部重要著作的研究中,如《文海宝韵》《音同》《番汉合时掌中珠》在西夏语音方面还有很多问题没有解决,我们还能提出一连串目前还不易回答的疑难。没有系统整理研究的西夏文语言学著作还有待专家们去做出新的探索,以便为西夏语音的研究提供新的资料和信息。比如我们现在研究的《文海宝韵》就发现了入声,这是过去为西夏语拟音的专家们都没有涉及的。又比如《五音切韵》这部重要的语音学著作和《文海宝韵》有更密切的关系,《文海宝韵》第二个序中文字多与《五音切韵》近似,其内容又与《五音切韵》相合。在《五音切韵》序中也特别写道"摄《文海宝韵》之字"。西田龙雄教授介绍并研究了《五音切韵》的一个版本,做出了很大的贡献。[①]而此书有6种版本,其中有的版本(No.623)中加贴了很多有重要价值的字条,这些都需要细致而深入地整理和研究。

《文海宝韵》《音同》和《五音切韵》是各有特点、各有所长的西夏语文工具书。三种书所载内容也有出入,甚至有相矛盾之处。这些不同之处往往反映了各书的特点,或西夏语在不同时期、不同地区的特点。如果能利用这些差别深入进行研究,或可得到更多的收获。我想如果把这些重要资料都利用上,把能解决的问题尽量多解决一些,再来构拟西夏语的语音是否更准确、更科学些。多年来,张竹梅教授深入研究西夏语音,曾出版《西夏语音研究》,对《五音切韵》做了系统的研究,写出了有分量的论文,并出版了专著。[②]近些年来,贾常业教授致力于西夏文字、音韵研究,涉猎多种西夏音韵典籍,编纂出版了《新编西夏文字典》,还出版了关于《音同》和《五音切韵》的专著,成绩斐然。[③]

研究西夏语的音韵、构拟西夏语语音,应该将《文海宝韵》《音同》和《五音切韵》联系起来综合研究。其实西夏人早已开始这种工作。俄藏黑水城文献中有几种韵书残页,其大字的顺序按《音同》排列,每字的注释则全仿《文海宝韵》,其

---

① [日]西田龙雄:《西夏语韵图〈五音切韵〉的研究》(上、中、下),京都大学文学部研究纪要,1981—1983年。

② 张竹梅:《西夏语音研究》,银川:宁夏人民出版社,2004年。

③ 贾常业:《新编西夏文字典》,兰州:甘肃文化出版社,2013年。

贾常业:《西夏韵书〈五音切韵〉解读》,兰州:甘肃文化出版社,2020年。

贾常业:《西夏音韵辞书〈音同〉解读》,兰州:甘肃文化出版社,2020年。

用意十分明显，就是要把两种书结合起来，以便突显两书的优势。在俄藏黑水城文献中还有一部《音同》（也有残缺，我们定名为丁种本），其背面对每一个西夏字都注释了字义，也是想将《音同》和《文海宝韵》密切结合起来。韩小忙教授已先后对这两部重要文献进行了译释和研究，增添了很多新的内容，对西夏语文研究有了新的推进。[①]

构拟西夏语音和任何其他科学事业一样，不仅需要勇气，更需要科学的工作精神和认真的工作态度。近些年来，龚煌城教授在西夏语研究方面用力很勤，取得不菲的成绩。他对西夏语音韵转换的研究给人以启迪，加深了对西夏语音乃至构词法的认识。[②]同时，以其深厚的音韵学功底和对西夏文音韵的精细掌握，所构拟的西夏文字拟音系统为大家首肯遵循。聂鸿音教授探讨西夏语韵的内部区别，试图解释西夏语韵内区分小韵的问题，提出了有新意的见解。[③]

有鉴于西夏语语音的构拟还会经历一个较长的过程，本书为《文海宝韵》的大字注释字音时，采用了以汉字注音的方法。这些用来注音的汉字是西夏人当时所注，个别字用该字的西夏文反切上下字的汉字注音。这种方法在目前西夏语拟音众说纷纭的情况下，是比较科学、比较准确、比较稳妥的。同时，又采用了学术界认可度较高的龚煌城先生为西夏字的拟音，以为读者参考。

综上所述，通过写本《文海宝韵》的研究并与刻本进行比较，我们可以探讨此书的编纂者和大体上的成书时间，能够核对并补充平声部分，全部地了解《文海宝韵》的上声部分，并第一次发现了《文海宝韵》的入声部分，还可以比较全面地了解《文海宝韵》杂类部分的体系。不难看出写本《文海宝韵》在研究西夏语言方面的巨大科学价值。

① 韩小忙：《〈同音文海宝韵合编〉整理与研究》，北京：中国社会科学出版社，2008年。
　 韩小忙：《〈同音背隐音义〉整理与研究》，北京：中国社会科学出版社，2011年。
② 龚煌城：《西夏语的音韵转换与构词法》，载《历史语言研究所集刊》第64本第4分，1993年。
③ 聂鸿音：《〈文海〉韵的内部区别》，《民族语文》1998年第1期。

二 译文、注释篇

凡　例

1.以下将写本《文海宝韵》中的全部西夏文录出并译为汉文,同时加以必要注释。

2.写本《文海宝韵》中的序、各类的标题和卷末题款录出西夏文后,做出每字的汉文对译,然后进行意译。对译中有特殊语法意义功能的字,难以简单对译,以〈〉表示,或再加以说明。

3.写本《文海宝韵》中的正文,包括①平声、②上声和去声、③杂类三部分,依次进行翻译和注释。

4.正文中每一大字皆按序列以数字编号,首列页码01、02、03……表示第1页、第2页、第3页……以此类推。在圆点后先列1或2表示该页的第1面或第2面。再列数码1、2、3……表示该面中的行次,最后列出该字在本行中为第几字,01、02、03……表示第1、第2、第3字……。如03.2201,表示第3页第2面第2行的第1个字。为便于查找,各韵中的韵类代表字,也计在每行大字序列中。

5.对大字做出详细注释。注释采用表格方式,共列6项,依次为:编号、西夏文、声类和汉字注音、声调韵类、拟音、汉义。

声类分九品音,"重"代表重唇音,"轻"代表轻唇音,"舌"代表舌头音,"舌上"代表舌上音,"牙"代表牙音,"齿"代表齿头音,"正"代表正齿音,"喉"代表喉音,"来"代表来日舌齿音。在声类字后方括号内标示汉字注音,若该字有多个汉字注音,一般只选一字。汉字注音有时为两个汉字注一个字音,或其下有小字"重""轻""合"等字,照录。声调韵类以数字表示,前面的数字1表示为平声,2表示上声;圆点后的数字表示为该声调的第几韵。拟音采用龚煌城先生拟音。在汉义中注释该字主要字义;若一字只在与另一字组成一词时才能准确表明意义(往往是双音节单纯词),则将二西夏字录出,并给出汉译,避免以为一字就能表达此意的误解;有的字与其他字组合成词有另外词义,则也录出西夏文词和词义;若该字有注音字功能,则注[音]字。若字义尚不明或有疑问则打问号。

编号	西夏文	声类和汉字注音	声调韵类	拟音	汉义
04.2302	骇	重[北]	1.01	pu	人姓,长老颂语,[音]

编号	西夏文	声类和汉字注音	声调韵类	拟音	汉义
11.1505	㻛	重[板]	1.20	pja	㻛㲱 蝴蝶;禽类

　　6.文中缺字以□表示,拟补缺字或残字在该字加□,如[残]。字数不确者以近似方框数表示,后加(约)字,如□□□□(约),即四字左右。缺字多而不清字数者,以……表示。每字下有需要特别说明处,再加注释。

　　7.关于西夏文大字的错字、残字和因原文未显示出同音字或独字等,因在“校勘”中已有具体校证,一般不再特别说明。

　　8.西夏文大字下的小字,是关于西夏文构造和字义的解释,在下一行录出并译出相关的字义,必要时加以注释说明。

　　9.在小字注释中,表示构字的文字中如有用其字音者,则在此字的汉文译文后加此字的国际音标。

08.1701	㷱	正[使]	2.27	ɕjɨ	微,其少
	㷱龀骹龀			往ɕjɨ圈少左	

注释字构造中有反切构字法者,两字皆注出国际音标。

08.1707	㿢	来[日]	2.27	ʑjɨ	轻往?
	蠹宬			聚ʑju嘱tɕjɨ	

注释字构字中音近者也录出国际音标,以备参考,如:

08.2702	㿥	牙[客]	2.29	kʰjɨ:	通道? 㿥蕤沙窗
	㿱絴䘒㣩			挤kʰju:减去心	

（一）写本《文海宝韵》序

....①

01.21　𘈩𗣼 □□？𗓽𗼃𗿳②𗗙③𗆟𘂤𗏴𗓱𘊝𗬋④𗗙𗀔
择聚□□？等博士〈〉为令其人荣〈〉升夫
……择聚，令□□方等成为博士，其人又荣升为夫

01.22　𗼃⑤𗗙𗆟𗃀𗙨𗓱𗰖𘃨𗣼𗹦𗥃𘘚𗒹𗏹𘂧𗫩𗄭
子〈〉为内宫门出四马车拉上坐威仪围绕
子，出内宫门，坐四马车上，威仪围绕，

01.23　𘂤𘓐𘊝𗓱𗰙𗣭𘊝𗫜𗰙𘂧𗆟𘂤𗬋⑥𗆧𗄊𗆟
臣僚与引导乐人戏导国师院〈〉送宴为
与臣僚导引，乐人戏导，送国师院宴请。

01.24　𗼋𘊯𘈩𗏹𘂧𗣼𘟙⑦𗆟𗬩𗏹�∂⑧𗼍𗗙𗣼 𘈩𗹦⑨
学子三年全内〈〉正寅年十月十一[日风]
学子三年之内已正。寅年十月十一日风

---

① 此序前残，据内容和页面格局估计残半页。
② 西夏文 𗓽𗼃 2字，分别为师、子意，两字结合为"博士、师傅"意。
③ 西夏文 𗗙 为已行体动词前缀。
④ 西夏文 𗗙 为已行体向上动词前缀。
⑤ 西夏文 𗣼𗼃 2字，分别为男、子意，两字结合为"夫子"意，有的文献直接译为"孔子"，这里应指西夏的夫子野利仁荣。
⑥ 西夏文 𗬋 为已行体向近处动词前缀。
⑦ 西夏文 𘟙 为已行体离主体动词前缀。
⑧ 前3字模糊，据残存笔画和上下文内容确认。
⑨ 缺2字，第1字据上文知应为𗹦（日）字，第2字因下行第1—4字为𗗙𗼍𘟙𗼋，知此字应为𗹦（风）字，与下文合在一起为景宗元昊的尊号"风角城皇帝"。

01.25 　　𗼁𗟲①𗏁𗙴𗣼𗥆𗣼②𗼺□ 𗼁𗊜③𗥃𗴾𗋽④𗣼□
　　角城皇帝〈〉官缦礼〈〉围绕威仪〈〉增始
　　角城皇帝已加冕，礼……绕，威仪有加，已

01.26 　　𗣗⑤𗟲𗥃𗱣□𗴾𗊋𗥃𗒹𗟲𗏁𗱣𗇁𗣗□
　　文武盛法□礼建仁主皇帝〈〉做文□
　　做始文本武兴法建礼仁孝皇帝，文□

01.27 　　□□𗰖𗱣𗣼𗱣𗣚𗟲𗣚⑥𗇁𗴾𗱣𗣼𗥆𗟲𗇁
　　□□佛法僧众儒诗阴阳算法乐人艺能
　　……佛法、僧众、儒诗、阴阳、算法、乐人、艺能、

02.11 　　□𗴾⑦𗥃𗱣⑧𗣫𗰖𗋽𗱣𗣼𗱩𗼺□□□□□（约）
　　□礼杂事种种等皆〈〉毕此□□□□□（约）
　　……礼，杂事种种等皆已毕，此……

02.12 　　𗀔𗰖𗴾𗥆⑨𗊋𗱩𗴾𗒹𗐼𗟲𗰖𗰘□□□□□（约）
　　丑岁五年八月五日上〈〉至四□□□□□（约）
　　至丑岁五年八月五日已至，四……

---

　　① 此2字稍残，据残存笔画可知为𗼁𗟲（角城）。

　　② 西夏文𗥆𗣼2字，第1字刻本《文海》(19.262)解释为"鬟也，官人官鬟之谓"。官人指皇帝。第2字晨、晓意。两字相合为"官鬟"意，即给皇帝、皇后加冕。此处表示称帝加冕意。

　　③ 前3字中1、2字模糊不清，第3字𗊜稍残可识，其前一字可拟补为𗼺，两字结合为𗼺𗊜"围绕"意。

　　④ 西夏文𗋽为已行体向下动词前缀。

　　⑤ 前一行末尾和本行开始有缺字。后文有"𗟲𗥃𗱣？𗴾𗊋𗥃𗒹𗟲𗏁"（武兴法建仁孝皇帝），《宋史·夏国传》记载，西夏景宗元昊立国时尊号为"世祖始文本武兴法建礼仁孝皇帝"，与此西夏文尊号相合，因此拟补前行末字和本行首缺字为𗏁𗣗"始文"。

　　⑥ 前残缺3字。参考《五音切韵》序的相关部分有"佛法经藏、王礼律令、儒诗清浊、双阴阳"等，据第1字上部残笔画与𗣚（儒）相合，第3字下部残笔画与𗣚（阴）相合，因此拟补此三字为𗣚𗱣𗣚（儒诗阴），第3字恰与后面的𗱣（阳）相配。

　　⑦ 前缺1字、残1字。残字据左下部笔画拟为𗴾（礼），其前或为𗼺（王）字。

　　⑧ 西夏文𗥃𗱣2字连用，译为"珂贝"，刻本《文海》解释为"好威仪"意。综合《天盛律令》等西夏文文献内容，这里应是"杂物"之意，或泛指前述各类事务。

　　⑨ 西夏早期在下文天盛礼盛国庆元年以前，纪年为五年的丑年，应是毅宗𗢳都辛丑五年（1061年）。当年八月五日当有关于西夏文字、文化的大事发生，但因后缺数字，未知具体事实。

02.13　𗨨𗗟𗼝𗤋𗿒𗾻𗢳𗦫𗾦𗾔①𗂧𗤋𗤽𗄯𗙢𗼨②

行今种文观察西天羌汉之切韵〈〉有今

行。今观察各种文,梵、羌、汉文之切韵已有,今

02.14　𗤋𗢳𗧍③𗂧④𗰗𗄼𗰔𗝯𗄹𗾔□□□□𗧁⑤

番文字〈〉不忘用五音者□□□□(天)

为使不忘番文字,五音者……天

02.15　𗦳𗠣𗤋𗠉𗼜𗾔𗤋𗠁𗾦⑥□□□□□(约)

赐礼盛国庆元年七月□□□□□(约)

赐礼盛国庆元年七月……

02.16　□□□□𗥼𗠁𗤋𗸯𗄹𗥻𗼺𗨨𗤋𗡩

□□□□罗瑞智忠等〈〉遣切韵〈〉生

……已遣罗瑞智忠⑦等始为《切韵》,

02.17　□□□□(约)𗰊𗤋𗼘𗷲𗾵𗥻𗤽𗠛⑨𗢰𗨫𗾿

□□□□等十六人〈〉选利益内宫中

……等十六人已选,利益内宫中

02.21　□□□□□(约)𗤩𗤽𗤋𗂧𗤽𗢳𗤚𗤽𗼺𗮺

□□□□□大已为五音字母已明,清

……大? 已做。五音字母已明,清

---

① 西夏文𗢳𗦫𗾦𗾔 4字,对译为"西天羌汉"。因前面提及各种文字,这里是3种文字。"西天"指印度梵文;"羌"指吐蕃文,即藏文;"汉"指汉文。

② 此6字据《五音切韵》序拟补。

③ 西夏文3字𗤋𗢳𗧍(番文字)。𗤋(番)指西夏主体民族党项,番文字即指西夏文字。

④ 此处的𗂧为宾格助词。

⑤ 据下行𗦳𗠣𗤤𗠉𗼜𗾔(赐礼盛国庆),知为西夏年号𗧁𗦳𗠣𗤤𗠉𗼜(天赐礼盛国庆),前缺𗧁(天)字,应在前一行的末尾,据补。

⑥ 以下应为七月的具体日期,残。

⑦ 罗瑞为党项人姓,《音同》的作者之一罗瑞灵长也姓罗瑞。罗瑞智忠应是下文《切韵》的主要作者。

⑧ 此处的《切韵》或指《文海宝韵》。

⑨ 西夏文𗥻𗤽 2字,第1字"安、利"意,第2字"便、利"意。二字结合译为"利益"。

02.22　　　益 夜 啟 屍 叢① 氄 絲 羰 毯② 綿 毛 叕 縱 飖 羢
　　　　　浊平仄分别 重轻区分上下品明字切
　　　　　浊、平仄分别,重轻分清,上下品明,切字

02.23　　　叝 狐 灘 荔 緂③ 訛 亥 羷 蕭 綴 蕭 絻④ 皱 羧 叕
　　　　　呼能韵母摄接文库本为细集搜寻处
　　　　　能呼,韵母摄接,为文库本。全部搜寻处

02.24　　　豅 燉 骸 虒 烑 隖⑤……羻 飖 燨 義
　　　　　永远流传不忘□□说字新字〈〉□□□□(约)
　　　　　永远流传不忘,说新字已……

02.25　　　羻 縱 纖 羢 灘 織 蕭 揚⑥ 姜 隤 肮 荔 羸 □□□ 菇⑦
　　　　　增朕今切韵 时依已 竟国全要害□□□ 真
　　　　　增加。朕今因切韵依时而竟,为全国要害,

02.26　　　骹 羹 骸 骹 叕 蕭 絆 禩 濛 蘿⑧ 賕⑨ 席 厢 鈒 骹
　　　　　智慧增胜处 本佛法经藏 体王礼律令
　　　　　是智慧增胜处根本,佛法经藏、王礼律令

---

① 以下6行所缺字,据《五音切韵》序补。此行据《五音切韵》序相应部分,拟补5字。上行末字为骰(清),此行首字拟补益(浊)字。其后4字拟补夜啟屍叢(平仄分别)。

② 西夏文羰毯2字,第1字有十干中的辛意,又有果、实意;第2字果意。二字结合引申为分清之意。刻本《文海》对羰的解释为"结果也,选择区分善恶(好坏)之谓也"。这里结合上下文的动词分别、明等,此处应是区分意。

③ 参考上下文,并据《五音切韵》序相应部分,拟补5字。上行末2字为飖羢(字切),此行拟补叝狐灘荔緂(呼能韵母摄),上接"切字能呼",下连"韵母摄接",訛(接)前所残缺的緂(摄)字所存下部笔画恰与緂(摄)字相合。

④ 西夏文蕭絻2字,第1字有"尖、细"意,第2字"绕"意,二字合为"集细"意,引申为"至极、全部"意。《五音切韵》序中此2字为蕭絻(集绕)。

⑤ 约残3字,据《五音切韵》序相应处有"永远不忘",此处拟补隖(无)。

⑥ 约残4字,据《五音切韵》序相应处有蕭蕭揚姜(时依而竟),此处拟补蕭蕭揚三字。

⑦ 据下行首4字骹羹骸骹(智慧增胜),据《五音切韵》序相应处有菇骹羹(真智慧),此处拟补菇(真)。

⑧ 此处约缺5字,据《五音切韵》序相应处有"真智慧增胜本,佛法经藏、王礼律令",补蕭絆禩濛蘿(本佛法经藏)。

⑨ 西夏文賕字似为衍字。《五音切韵》序中有縱縱絻賕綸,但不在此处。

02.27　[illegible][1][illegible][2][illegible]

□解用儒诗清浊双阴阳吉凶季

知解用，儒诗清浊、双阴阳、吉凶、季

03.11　[illegible][3][illegible][4][illegible]??[5]

记救法人医礼乐歌典集文行之本源是譬如??

记、道教、医人、礼乐、典籍，为文行之源。譬如大海

03.12　[illegible][6][illegible]

深广诸水积处不竭不涨用寻皆有日

深广，诸水积处不竭不涨，用寻皆有；日

03.13　[illegible][7][illegible]

月普照愚智皆解种山皆高业多比

月普照，愚智悉解。多山皆高[8]，诸业无比

---

① 此字残，据残存笔画和上下文内容，拟补[illegible]（知）字。

② 此处似应缺4字，据《五音切韵》序相应处有“儒诗清浊、双阴阳”。在此处[illegible]（儒诗）后应拟补[illegible]（清浊双阴）4字，第4字“阴”与后一字“阳”恰相吻合。

③ 以下据《五音切韵》序补6字。前一行末字[illegible]，此行首字为西夏文[illegible]，两字分别为“季、记”意，两字结合为“历法”意。又补西夏文2字[illegible]，分别为“救、法”意，两字结合为“道教”或“道士”意。再补西夏文2字[illegible]，分别为“人、医”意，两字结合为“医人”意。又后有西夏文[illegible]（歌），西夏文[illegible] 2字，分别为礼、歌，两字结合为“礼乐”意。分别为礼、歌，两字结合为“礼乐”意。据《五音切韵》序此字前[illegible]字，两字结合为“礼乐”意，据补[illegible]字。《五音切韵》序中此处还有[illegible]“算法”2字。

④ 西夏文[illegible] 2字，分别为典、集，两字结合为“典籍”意。

⑤ 末4字为双行小字，后2字残缺模糊，据后面文意并参考《五音切韵》序，似应为[illegible]（大海）但细审模糊2字，更像[illegible]（须弥）。

⑥ 约缺6字，参考上下文，并据《五音切韵》序相应部分“譬如大海深广，诸水积处不竭不涨”，此处拟补[illegible]（深广诸水积），第1、2字[illegible]（深广）上接前行末小字为“譬如大海”，后3字[illegible]（诸水积）下连“处”，译为“诸积水处”，与《五音切韵》序相合。

⑦ 约缺4字，参考上下文，并据《五音切韵》序相应部分“日月普照，愚智悉解”，此处拟补[illegible]（月普照愚），第1、2、3字[illegible]（月普照）上接前行末字[illegible]（日），后1字[illegible]（愚）下连[illegible]（智皆解），译为“愚智悉解”，与《五音切韵》序相合。

⑧《五音切韵》序中此处为[illegible]，“各山中须弥最高”，似更完善。

03.14　　　𗷛𗏁𗒹𗒹①𗍳𗴮𗏁𗍦�125𗰔𗱸𗏁𗉅 ?
　　　　　无宝一切中字宝微上切韵稍头 ?
　　　　　一切宝中,字宝微上,《切韵》稍为头……

03.15　　　□□□□(约)𗉅𗏁𗏖𗾈𗐸𗗟𗏁𗏁𗥔𗷛𗗟
　　　　　□□□□(约)深大言不显晓日灯光无限
　　　　　……深大言不显,晓日灯无光。以限

03.16　　　□□□□(约)𗉅𗉅𗾈𗘂𗴨𗏁𗥔𗉅𗗟𗗟𗗟
　　　　　□□□□(约)以量不尽天上种有写释难
　　　　　……量不尽,天上多有,难写释。

03.17　　　□□□□(约)𗾈𗛟𗏖𗉅𗏁𗐸𗥔𗐸𗘂𗘂𗥔
　　　　　□□□□(约)不计对尾智巧人文审核是
　　　　　……不计,对错②智巧人审核书,是

03.21　　　𗴨𗥔𗏁𗥔𗰔
　　　　　非后智当查
　　　　　非后智当查。

_____

① 约缺5字,参考上下文,并据《五音切韵》序相应部分"医人、算法、巫歌本集等",并接上行拟补字"人",此处拟补𗅲𗉅𗌕𗎻𗷸(医法算理歌),第1字上接前行末字为"医人",下连"法算"译为"算法",再后为𗎻𗷸"理歌",后接𗼯𗴮𗍦,与《五音切韵》序相合。
② 西夏文2字𗐸𗏖,分别为对、尾,两字结合为"对错"意。

（二）写本《文海宝韵》平声

03.22　　𘟆𗏁𗫂𗫧𘂇𗸕𗗚𘌮[1]

文海宝韵平声一第

《文海宝韵》平声第一

（以下为韵目代表字，每行字数不等，其下以小字数字标明序数。因后面有各韵类代表字的译释，于此只译出其顺序号）

03.23	𗫂𗗚	𗋅𗏁	𘏞𗸕	𘗜𗫧	𗥑𘌮	𘟆𘌮	𗄊𗫂	𗤶𘂇
	一	二	三	四	五	六	七	八
03.24	𗭉𗫧	𗻝𗗚	𗈪𗗚𗗚	𘄒𗗚𗏁	𘉞𗗚𗸕	𗥤𗗚𗫧	𘏞𗗚𘌮	
	九	十	十一	十二	十三	十四	十五	十六
03.25	𘕿𗗚𗄊	𗆧𗗚𘂇	𗵒𗗚𗭉	𗈪𗏁𗗚	𘔼𗏁𗗗	𘃼𗏁𗏁	𗈪𗏁𘏞	𘝵𗏁𗗚𗧘
	十七	十八	十九	二十	二十一	二十二	二十三	二十四
03.26	𘔼𗏁𗫧	𘘣𗏁𗸕	𗪙𗏁𗄊	𘄞𗏁𘂇	𗆀𗏁𗭉	𘈷𗸕𗗚		
	二十五	二十六	二十七	二十八	二十九	三十		
03.27	𘚢𗸕𗗚	𘏽𗸕𘗜	𘆵𗸕𗸕	𘄒𗸕𗫧	𗴂𗸕𘌮	𘒛𗸕𘂇		
	三十一	三十二	三十三	三十四	三十五	三十六		
04.11	𗼞𗸕𗄊	𗴟𗸕𘂇	𘔼𗸕𗭉	𘄱𗫧𗸕	𘙒𗫧𗗚	𘒕𗫧𘗜	𘓁𗫧𗸕	
	三十七	三十八	三十九	四十	四十一	四十二	四十三	
04.12	𗥃𗫧𗫧	𘄞𗫧𘏞	𘉵𗫧𘂇	𗦫𗫧𗄊	𘎑𗫧𗆧	𘖎𗫧𗭉	𘗜𘏞𗫧	
	四十四	四十五	四十六	四十七	四十八	四十九	五十	
04.13	𘜶𘏞𗸕	𘛜𘏞𘗜	𘉾𘏞𘏞	𘈈𘏞𘗜	𘆵𘏞𘂇	𘕣𘏞𘌮	𘄬𘏞𗄊	
	五十一	五十二	五十三	五十四	五十五	五十六	五十七	
04.14	𘝢𘏞𗆧	𗽃𘏞𗭉	𘞃𘌮𘏞	𘘦𘌮𗸕	𗉆𘌮𘗜	𗜓𘌮𘏞	𘏁𘌮𗫧	
	五十八	五十九	六十	六十一	六十二	六十三	六十四	

① 以下为韵目代表字，每行8个大字，其下以小字数字标明顺序。因后面有这些各韵类代表字的具体译释，这里不再一一解释。

04.15	𗰗	𗱈	𗱈	𗱈	𗱈	𗱈	𗱈	𗱈
	六十五	六十六	六十七	六十八	六十九	七十	七十一	七十二
04.16	𗱈	𗱈	𗱈	𗱈	𗱈	𗱈	𗱈	
	七十三	七十四	七十五	七十六	七十七	七十八	七十九	
04.17	𗱈	𗱈	𗱈	𗱈	𗱈	𗱈	𗱈	
	八十	八十一	八十二	八十三	八十四	八十五	八十六	
04.21	𗱈	𗱈	𗱈	𗱈	𗱈	𗱈	𗱈	
	八十七	八十八	八十九	九十	九十一	九十二	九十三	
04.22	𗱈	𗱈	𗱈	𗱈				
	九十四	九十五	九十六	九十七				

（以下为平声各韵所属字及其注释小字，以表格形式依次编号，对每字做出声类和汉字注音、声调韵类、拟音和汉义4项注释）

编号	西夏文	声类和汉字注音	声调韵类	拟音	汉义
04.2301 【一】	𗱈	重[谋]	1.01	bu	序
04.2302	𗱈	重[北]	1.01	pu	人姓,长老颂语,[音]
04.2303	𗱈	重[鹁]	1.01	pu	鹁
04.2304	𗱈	重[布]	1.01	pu	噎,塞
04.2305	𗱈	重[布]	1.01	pu	稊稗,恶草
04.2306	𗱈	重[普]	1.01	pʰu	人姓,[音]
04.2307	𗱈	重[部]	1.01	pʰu	坤,地
04.2308	𗱈	重[普]	1.01	pʰu	蒲
04.2309	𗱈	重[普]	1.01	pʰu	普(借汉)

编号	西夏文	声类和汉字注音	声调韵类	拟音	汉义
04.2401	𗱈	重[谋]	1.01	bu	序
	𗱈𗱈𗱈𗱈				头心领右
04.2402	𗱈	重[谋]	1.01	bu	畦埂

		𗤴 𗥂 𗀄 𗾔—𗥃 𗫡 𗤴 𗥂 𗍷 𗀄 𗾎			地一耕左—者高上耕地畦也。	
04.2403	𗾊	重[沐]	1.01	bu		没,减
		𗾎 𗾔 𗇃 𗤟			夜左影右	
04.2404	𗾐	重[谋]	1.01	bu		降,伏,服
		𗾊 𗈪 𗫽 𗾔			败逃服左	
04.2405	𗾟	重[谋]	1.01	bu		姓,[音]
04.2406	𗾋	重[谋]	1.01	bu		蒲

编号	西夏文	声类和汉字注音	声调韵类	拟音	汉义
04.2501	𗀄	舌[都]	1.01	tu	愚,[音]
04.2502	𗉝	舌[都]	1.01	tu	笃,厚
04.2503	𗒵	舌[都]	1.01	tu	草名(毒草?)
04.2504	𗒸	舌[都]	1.01	tu	树名
04.2505	𗉬	舌[肚]	1.01	t^hu	计,算
04.2506	𗉱	舌[肚]	1.01	t^hu	张,拉
04.2507	𗉫	舌[肚]	1.01	t^hu	设,置,建,结,织
04.2508	𗉮	舌[肚]	1.01	t^hu	和,混,拌
04.2509	𗉠	舌[肚]	1.01	t^hu	技,艺
		𗉫 𗍵 𗉠 𗥻 𗉫 𗾮 𗾎			技艺、业技、技能也

编号	西夏文	声类和汉字注音	声调韵类	拟音	汉义
04.2601	𗉦	舌[堵]	1.01	t^hu	言,说,设,结,[音]
		𗉦 𗫽 𗇋 𗫽 𗾎			设置,言辞也
04.2602	𗊝	舌[耨]	1.01	nu	针
04.2603	𗊞	舌[耨]	1.01	nu	污泥
04.2604	𗊨	舌[耨]	1.01	nu	背,败
04.2605	𗊧	舌[耨]	1.01	nu	钻,穿
04.2606	𗌕	牙[姑]	1.01	ku	则,故
04.2607	𗌑	牙[枯]	1.01	k^hu	𗌑 𗮀 碧珊珠,蚀, 𗌑 𗤋 罗睺

编号	西夏文	声类和汉字注音	声调韵类	拟音	汉义
04.2701	[illegible]	牙[枯]	1.01	k^hu	智,解
04.2702	[illegible]	牙[枯]	1.01	k^hu	铎,铃
	[illegible]			音响也	
04.2703	[illegible]	牙[枯]	1.01	k^hu	贡,献,奉,进,奏
	[illegible]			帝右处右	
04.2704	[illegible]	牙[枯]	1.01	k^hu	[illegible],鸺鹠
04.2705	[illegible]	牙[苦]	1.01	k^hu	厌,嫌
04.2706	[illegible]	牙[吾]	1.01	gu	嫁妆
04.2707	[illegible]	牙[吾]	1.01	gu	协和,睦
04.2708	[illegible]	牙[吾]	1.01	gu	发,生,建,立,兴,起

编号	西夏文	声类和汉字注音	声调韵类	拟音	汉义
05.1101	[illegible]	牙[吾]	1.01	gu	屋室中用木
05.1102	[illegible]	牙[吾]	1.01	gu	疲劳
	[illegible]			劳苦之谓	
05.1103	[illegible]	齿[祖]	1.01	tsu	勤
05.1104	[illegible]	齿[粗]	1.01	ts^hu	矜
	[illegible]			性弱也	
05.1105	[illegible]	齿[粗]	1.01	ts^hu	锅铲
05.1106	[illegible]	齿[粗]	1.01	ts^hu	粗(借汉)
	[illegible]			增左粗右	
05.1107	[illegible]	齿[粗]	1.01	ts^hu	踟跌
05.1108	[illegible]	齿[苏]	1.01	su	人姓,[音]

编号	西夏文	声类和汉字注音	声调韵类	拟音	汉义
05.1201	[illegible]	齿[酥]	1.01	su	如,于,胜,比
05.1202	[illegible]	喉[乌]	1.01	·u	坟地
	[illegible]			丧葬做坟丘也	

05.1203	𘊩	喉[傅]	1.01	xu	明，晓
05.1204	𗰖	喉[富]	1.01	xu	人姓，[音]
05.1205	𗁁	来[卢]	1.01	lu	炉，[音]
	𗰖𘊩𗁁𗰖				姓和巧右
05.1206	𗧢	来[路]	1.01	lu	仓，库
	𗴮𗧢𗧢				储藏也
05.1207	𗖻	来[路]	1.01	lu	润，酪
	𗙏——（𗖻𗖻）𗧠				油润润也

编号	西夏文	声类和汉字注音	声调韵类	拟音	汉义
05.1301	𗧤	来[路]	1.01	lu	嬉戏
	𗖻𗧤𗧠				嬉戏也
05.1302	𗯷	来[哆祖]	1.01	zu	条，带，绳
05.1303	𘔉	舌[耨]	1.01	nwu	婴，幼儿
05.1304	𘄒	牙[兀]	1.01	ŋwu	言，词，语
05.1305	𘗯	齿[蛆]	1.01	tsʰwu	肥胖
05.1306	𗢑	齿[粟]	1.01	swu	肉干
05.1307	𗢎	来[路]	1.01	lwu	混合

编号	西夏文	声类和汉字注音	声调韵类	拟音	汉义
05.1401【二】	【𗔉𗶟】	正[叔]	1.02	ɕju	凉
05.1402	𗙦	重[谋]	1.02	bju	人姓
05.1403	𗹬	重[谋]	1.02	bju	搅拌
05.1404	𗽌	重[谋]	1.02	bju	爬，匍匐
	𗴮𗽌𗧠				膝手行也
05.1405	𗽍	重[谋]	1.02	bju	佝偻
	𗽍𘂅𗴮𗧤𗵊𘂈				人脚上着草露
05.1406	𗽎	重[谋]	1.02	bju	聪，明

编号	西夏文	声类和汉字注音	声调韵类	拟音	汉义
05.1407	羅	重[谋]	1.02	bju	象,牛
	縂䣹䎀纖繧䅡				大象,有威力也

编号	西夏文	声类和汉字注音	声调韵类	拟音	汉义
05.1501	藏	重[谋]	1.02	bju	兄弟,近亲
	綯䎀繝䎀				兄弟嫡亲也
05.1502	蠱	来[乳]	1.02	zju	聚集,安稳
	彪蒜䅡				安乐也
05.1503	緂	来[汝]	1.02	zju	忠,正直
	彡䅡蘸㣺—緂䔏䊉				日智北右忠者正德
05.1504	虥	轻[拂]	1.02	xju	吹,除
	蔽㐬				吹随
05.1505	䋺	轻[物]	1.02	wju	结婚礼物
	纖䘌				兽wju[勿]物

编号	西夏文	声类和汉字注音	声调韵类	拟音	汉义
05.1601	纖	轻[勿]	1.02	wju	兽
05.1602	蕤	轻[勿]	1.02	wju	焦煳
	蔻䅡				枯wju熟
05.1603	叕	轻[勿]	1.02	wju	锅,罐
05.1604	鼎	正[朱]	1.02	tɕju	良马
	鼎䏧䳇被				[朱]tɕju圈马下
05.1605	鼎	正[朱]	1.02	tɕju	人姓,[音]
	䐇䊉謊䘌				子有遇dʑju左
05.1606	䮝	正[竹]	1.02	tɕju	骆驼
	䮝被䮝㣺				驼下[陶]右
05.1607	叕	正[竹]	1.02	tɕju	事,职;叕鼗 局分
	骁䘌䵊䘌				事左观左

编号	西夏文	声类和汉字注音	声调韵类	拟音	汉义
05.1701	蕬	正[竹]	1.02	tɕju	做,办,[音]
05.1702	薪	正[竹]	1.02	tɕju	不得已,只能
05.1703	穮	正[竹]	1.02	tɕju	巫师,本西巫师名
	䕷憪緩孫羽形				本西巫师之谓也
05.1704	幾	正[竹]	1.02	tɕju	瓮,瓶,尸袋
05.1705	纖	正[逐]	1.02	tɕʰju	有,生,怀,活(存在动词之一)
05.1706	罷	正[逐]	1.02	tɕʰju	魅,厉鬼
05.1707	蟲	正[书]	1.02	ɕju	破烂
05.1708	茦	正[叔]	1.02	ɕju	凉,[音]
05.1709	靳	正[书]	1.02	ɕju	骂,呼告

编号	西夏文	声类和汉字注音	声调韵类	拟音	汉义
05.2101	祝	正[书]	1.02	ɕju	镣,桎梏
05.2102	緻	喉[与]	1.02	·ju	羞愧
05.2103	瞵	喉[榆]	1.02	·ju	大树,[音]
	燕敓形				大树也
05.2104	緩	喉[余]	1.02	·ju	惊吓
05.2105	儸	喉[与]	1.02	·ju	鬼
05.2106	鉟	正[输]	1.02	ɕjwu	休息
05.2107	銑	正[输]	1.02	ɕjwu	输,运
05.2108	銙	正[输]	1.02	ɕjwu	绳,毛绳
05.2109	纎	正[叔]	1.02	ɕjwu	澈,澄,清

编号	西夏文	声类和汉字注音	声调韵类	拟音	汉义
05.2201	旐	正[叔]	1.02	ɕjwu	迎合,奉承
05.2202	䲨	喉[屋]	1.02	·jwu	作祟,为害
	揻緩形形				为障害也

05.2203	[illegible]	来[六]	1.02	lju	笛
05.2204【三】	【[illegible]	齿[宿]	1.03	sju	藏,贮
05.2205	[illegible]	重[普]	1.03	pʰju	筵,宴
05.2206	[illegible]	重[普]	1.03	pʰju	牛
05.2207	[illegible]	重[没轻]	1.03	mju	兄弟(女称)

编号	西夏文	声类和汉字注音	声调韵类	拟音	汉义
05.2301	[illegible]	重[谋]	1.03	bju	依,因,由,随,奉;韵
	[illegible]			合右[谋]右	
05.2302	[illegible]	重[暮]	1.03	bju	嗝,溢吐
05.2303	[illegible]	重[暮]	1.03	bju	脊梁,坡,波
05.2304	[illegible]	重[谋]	1.03	bju	奉,送,遣
05.2305	[illegible]	重[暮]	1.03	bju	婴,幼儿
05.2306	[illegible]	舌[笃]	1.03	tju	人姓
05.2307	[illegible]	舌[笃]	1.03	tju	斑鸠
05.2308	[illegible]	舌[笃]	1.03	tju	打火

编号	西夏文	声类和汉字注音	声调韵类	拟音	汉义
05.2401	[illegible]	舌[笃]	1.03	tju	拙,笨,愚
05.2402	[illegible]	舌[徒]	1.03	tʰju	谛,诚,真实
05.2403	[illegible]	舌[徒]	1.03	tʰju	嫡亲,宗亲
05.2404	[illegible]	舌[徒]	1.03	tʰju	怨,仇
05.2405	[illegible]	舌[徒]	1.03	tʰju	满,塞满
05.2406	[illegible]	舌[徒]	1.03	tʰju	束(量)
05.2407	[illegible]	舌[徒]	1.03	tʰju	张弓
05.2408	[illegible]	舌[泥六]	1.03	nju	汗水

编号	西夏文	声类和汉字注音	声调韵类	拟音	汉义
05.2501	𗧥	舌［泥六］	1.03	nju	耳
05.2502	𗧥	舌［泥六］	1.03	nju	人姓
05.2503	𗧥	舌［泥六］	1.03	nju	菜名
05.2504	𗧥	舌［泥六］	1.03	nju	人姓
05.2505	𗧥	舌［塈绿］	1.03	dju	久,何时
05.2506	𗧥	舌［塈绿］	1.03	dju	有(存在动词之一)
05.2507	𗧥	舌［塈绿］	1.03	dju	禁,逆,驱
05.2508	𗧥	舌［塈绿］	1.03	dju	告

编号	西夏文	声类和汉字注音	声调韵类	拟音	汉义
05.2601	𗧥	牙［锯］	1.03	kju	［音］
05.2602	𗧥	牙［菊］	1.03	kju	(吃兜)芽(菜)
05.2603	𗧥	牙［菊］	1.03	kju	珰,耳坠
05.2604	𗧥	牙［局］	1.03	kʰju	下,底下
05.2605	𗧥	牙［玉］	1.03	gju	招供
05.2606	𗧥	牙［玉］	1.03	gju	渡,度
05.2607	𗧥	牙［玉］	1.03	gju	渡,通
05.2608	𗧥	牙［玉］	1.03	gju	渠

编号	西夏文	声类和汉字注音	声调韵类	拟音	汉义
05.2701	𗧥	牙［玉］	1.03	gju	绝,孤
05.2702	𗧥	牙［玉］	1.03	gju	稀,疏
05.2703	𗧥	牙［玉］	1.03	gju	痛
05.2704	𗧥	牙［玉］	1.03	gju	亥(十二地支之一),猪
05.2705	𗧥	齿［且］	1.03	tsju	人姓
05.2706	𗧥	齿［且］	1.03	tsju	怒,怨
05.2707	𗧥	齿［且］	1.03	tsju	男根,畜根
05.2708	𗧥	齿［鹊］	1.03	tsʰju	锅铲

编号	西夏文	声类和汉字注音	声调韵类	拟音	汉义
06.1101	𗿱	齿[宿]	1.03	sju	藏,怀,贮
06.1102	𗿲	喉[药]	1.03	ɣju	人姓
06.1103	𗿳	喉[药]	1.03	ɣju	沟,壑
06.1104	𗿴	喉[虚]	1.03	xju	虚(借汉),[音]
06.1105	𗿵	喉[馀]	1.03	ɣju	烟
06.1106	𗿶	喉[馀]	1.03	ɣju	请,召唤
06.1107	𗿷	来[略]	1.03	lju	毡,垫,席
06.1108	𗿸	舌[塑绿]	1.03	djwu	威仪
06.1109	𗿹	舌[塑绿]	1.03	djwu	回报,答话

编号	西夏文	声类和汉字注音	声调韵类	拟音	汉义
06.1201	𗿺	舌[塑绿]	1.03	djwu	挤
06.1202	𗿻	舌[塑绿]	1.03	djwu	闭目,迷眼
	𗿼𗿽𗿾𗿿𘀀				眼中进物也
06.1203	𘀁	齿[足]	1.03	tsjwu	壶
06.1204	𘀂	齿[足]	1.03	tsjwu	铫
06.1205	𘀃	齿[取]	1.03	tsʰjwu	染
	𘀄𘀅𘀆				颜色也
06.1206	𘀇	齿[嚼]	1.03	tsʰjwu	天,乾
	𘀈𘀉𘀊𘀋				地心祖母下
06.1207	𘀌	齿[取]	1.03	tsʰjwu	青色
	𘀍𘀎				青也

编号	西夏文	声类和汉字注音	声调韵类	拟音	汉义
06.1301	𘀏	齿[嚼]	1.03	tsʰjwu	闪电
06.1302	𘀐	齿[趣]	1.03	tsʰjwu	赠,施,供
06.1303	𘀑	齿[取]	1.03	tsʰjwu	敬礼,拜
06.1304	𘀒	齿[取]	1.03	tsʰjwu	誓,盟

	𗥦𗥦𗥦				食誓（立誓）也
06.1305	𗥦	齿[嚼]	1.03	tsʰjwu	煮，熬
06.1306	𗥦	来[六合]	1.03	ljwu	贩，掮客
06.1307	𗥦	来[六合]	1.03	ljwu	间
06.1308	𗥦	来[六合]	1.03	ljwu	低下

编号	西夏文	声类和汉字注音	声调韵类	拟音	汉义
06.1401	𗥦	来[六合]	1.03	ljwu	欺，骗，违
06.1402	𗥦	来[六合]	1.03	ljwu	失，遗，违，背
	𗥦𗥦𗥦𗥦				留左逃右
06.1403 【四】	【𗥦𗥦】	重[麽]	1.04	mu	（尖）嘴，杵
06.1404	𗥦	重[麽]	1.04	mu	（尖）嘴，杵
06.1405	𗥦	舌[奴]	1.04	du	固有，置，设（存在动词之一）
06.1406	𗥦	舌[奴]	1.04	du	安，宁，定
06.1407	𗥦	舌[奴]	1.04	du	怒，怨
06.1408	𗥦	舌[奴]	1.04	du	楼

编号	西夏文	声类和汉字注音	声调韵类	拟音	汉义
06.1501	𗥦	舌[奴]	1.04	du	禁，驱，排斥
06.1502	𗥦	舌[奴]	1.04	du	迟钝，昏沉
06.1503	𗥦	牙[姑]	1.04	ku	上衣
06.1504	𗥦	牙[姑]	1.04	ku	谷，涧
06.1505	𗥦	牙[姑]	1.04	ku	𗥦𗥦 凤凰
06.1506	𗥦	牙[姑]	1.04	ku	犁颈
06.1507	𗥦	牙[枯]	1.04	kʰu	碗
06.1508	𗥦	喉[吴]	1.04	ɣu	头，首，上；𗥦𗥦 投降
	𗥦𗥦𗥦𗥦				上尖头右
06.1509	𗥦	喉[吴]	1.04	ɣu	人姓，[音]
	𗥦𗥦𗥦𗥦𗥦𗥦				[勒趿]子[吴浪]也

编号	西夏文	声类和汉字注音	声调韵类	拟音	汉义
06.1601	[illegible]	喉[吴]	1.04	ɣu	晚,夕
06.1602	[illegible]	喉[吴]	1.04	ɣu	换,变
06.1603	[illegible]	喉[吴]	1.04	ɣu	健,勇
06.1604	[illegible]	喉[吴]	1.04	ɣu	神,守护神
	[illegible]			守护也	
06.1605	[illegible]	喉[胡]	1.04	xu	人姓,[音]
06.1606	[illegible]	喉[吴]	1.04	ɣu	始,初,原,先,元,首
06.1607	[illegible]	喉[吴]	1.04	ɣu	漂荡
06.1608	[illegible]	喉[吴]	1.04	ɣu	人姓,[音]

编号	西夏文	声类和汉字注音	声调韵类	拟音	汉义
06.1701【五】	【[illegible]	舌[奴]	1.05	du:	积,贮藏,癸
06.1702	[illegible]	重[补]	1.05	pu:	饱胀
06.1703	[illegible]	重[布]	1.05	pu:	乏,怯弱
06.1704	[illegible]	重[母]	1.05	bu:	礼仪,[音]
	[illegible]			礼仪也	
06.1705	[illegible]	重[母]	1.05	bu:	草名
06.1706	[illegible]	舌[都]	1.05	tu:	寻觅
06.1707	[illegible]	舌[徒]	1.05	t^{h}u:	哀叹
06.1708	[illegible]	舌[徒]	1.05	t^{h}u:	求,索
06.1709	[illegible]	舌[奴]	1.05	du:	奴(借汉),[音]
	[illegible]			奴也	

编号	西夏文	声类和汉字注音	声调韵类	拟音	汉义
06.2101	[illegible]	舌[奴]	1.05	du:	积,存,贮,癸,音 nu?
06.2102	[illegible]	舌[奴]	1.05	du:	分份
	[illegible]			分左几心	

06.2103	颓	牙[古]	1.05	ku:	刻，雕
06.2104	砀	牙[吴]	1.05	gu:	宝物
	敠骸				宝也
06.2105	蕋	牙[吴]	1.05	gu:	黑，暗
	祇甊骸				黑暗也
06.2106	燩	牙[吴]	1.05	gu:	巡，绕
06.2107	鞴	牙[吴]	1.05	gu:	做巫，驱鬼

编号	西夏文	声类和汉字注音	声调韵类	拟音	汉义
06.2201	骹	牙[吴]	1.05	gu:	人姓
06.2202	嬂	来[卢]	1.05	lu:	掘，凿
06.2203	猏	舌[托]	1.05	tʰwu:	同，通
	叕靴骎靴				盛左像左
06.2204	薾	牙[唱]	1.05	ŋwu:	言，论，谕，语
	敠绲礒皲				说词刀右
06.2205	渊	牙[唱]	1.05	ŋwu:	曰，云，颂
06.2206	祸	牙[唱]	1.05	ŋwu:	言，语，词
06.2207	犨	牙[唱]	1.05	ŋwu:	归伏
	馁靴缜皲				离左哭ŋwu右

编号	西夏文	声类和汉字注音	声调韵类	拟音	汉义
06.2301【六】	【谶缘】	牙[哭]	1.06	kʰju:	挤乳
06.2302	谶	牙[哭]	1.06	kʰju:	挤乳
06.2303	骹	牙[哭]	1.06	kʰju:	迎接
	拔犹缴靴				发请承左
06.2304	蒋	来[辱]	1.06	ʑju:	棘刺
06.2305	蕤	来[辱]	1.06	ʑju:	蕤緻，刺猬
06.2306	蘂	来[辱]	1.06	ʑju:	铃
	缢祀缀骸				鸣音出也

06.2307 【七】	【轭簧	重[暮]	1.07	bju:	敬,恭,贵,崇

编号	西夏文	声类和汉字注音	声调韵类	拟音	汉义
06.2401	羸	轻[无]	1.07	wju:	悲,愍
06.2402	蕤	轻[无]	1.07	wju:	老,朽,枯,衰
06.2403	蠢	正[竹]	1.07	tɕju:	害,凌,侵,伤
06.2404	帯	正[输]	1.07	ɕju:	凉,[音]
06.2405	鞁	重[普]	1.07	pʰju:	遮,盖
06.2406	轭	重[暮]	1.07	bju:	敬,恭,贵,崇
06.2407	羁	舌[兔]	1.07	tʰju:	察,视,缘
06.2408	惄	来[啰足]	1.07	zju:	渡,过
06.2409	霞	来[啰足]	1.07	zju:	悭吝

编号	西夏文	声类和汉字注音	声调韵类	拟音	汉义
06.2501	薤	来[啰足]	1.07	zju:	散落
	顾蓨兆毁				落左边右
06.2502	瓶	舌[堲绿]	1.07	dju:	贮藏
06.2503	醊	舌[堲绿]	1.07	dju:	诉讼,寻衅,馋谄
06.2504	纞	舌[你足]	1.07	nju:	薰,薰出
06.2505	諮	牙[菊]	1.07	kju:	穷,贫,无为
06.2506	蒜	牙[渠]	1.07	kʰju:	焦,煳
06.2507	祾	牙[于]	1.07	gju:	[音];祾冤于阗
	隤皉祾				国土也

编号	西夏文	声类和汉字注音	声调韵类	拟音	汉义
06.2601	菥	齿[胥]	1.07	sju:	恋,慕,思
	萧翭孾被				思万爱下
06.2602	獬	齿[胥]	1.07	sju:	银

		骸戗骳骸			白右金下
06.2603	蟊	齿[胥]	1.07	sju:	鹿
		蟊绒猕骰			羊头银全
06.2604	蕲	来[绿]	1.07	lju:	雕,刻
06.2605	蕽	来[绿]	1.07	lju:	赌,争
		蕽虺敧骰			赌圈散lju全
06.2606	蕤	喉[余]	1.07	·ju:	看,视,望,检验
		缕靴虩戗			色左眼右

编号	西夏文	声类和汉字注音	声调韵类	拟音	汉义
06.2701	蕤	喉[余]	1.07	·ju:	尝味
06.2702	蕤	喉[余]	1.07	·ju:	赠,施
06.2703	熊	喉[余]	1.07	·ju:	平,公,[音]
		绒祋秡			正忠也
06.2704【八】	【缘圆】	齿[悉]	1.08	se	词,辞,说
06.2705	豲	重[百]	1.08	pe	肮脏
06.2706	繝	重[婢]	1.08	pʰe	灵巧
06.2707	繝	重[婢]	1.08	pʰe	壁
06.2708	薇(薇)	重[婢]	1.08	pʰe	妻
06.2709	牁	重[婢]	1.08	pʰe	白,灰白

编号	西夏文	声类和汉字注音	声调韵类	拟音	汉义
07.1101	瑷	重[匹]	1.08	pʰe	人姓
07.1102	荡	重[墨]	1.08	be	遣,送
07.1103	豿	重[墨]	1.08	be	癫狂
07.1104	娥	重[墨]	1.08	be	病
07.1105	藜	舌[德]	1.08	te	逃跑
07.1106	牤	齿[则]	1.08	tse	眼灰白
		骸翅甤骸			灰契姓右

| 07.1107 | 线 | 齿［悉］ | 1.08 | se | 词,辞,说 |
| 07.1108 | 綵 | 齿［悉］ | 1.08 | se | 麻 |

编号	西夏文	声类和汉字注音	声调韵类	拟音	汉义
07.1201	萧	来［哆］	1.08	ze	婴儿,幼
	茅肖				小婴
07.1202	骹	轻［鬼］	1.08	we	悟,觉,聪,慧
07.1203	骹	轻［鬼］	1.08	we	晨,拂晓,黎明
07.1204	骹	轻［鬼］	1.08	we	疮
07.1205	馥	轻［鬼］	1.08	we	鸟,禽
07.1206	祇	轻［鬼］	1.08	we	六,第六
07.1207	龋	轻［鬼］	1.08	we	火
07.1208	覆	轻［鬼］	1.08	we	斗拱?
	薇馥				木鸟

编号	西夏文	声类和汉字注音	声调韵类	拟音	汉义
07.1301	薇	轻［鬼］	1.08	we	细
07.1302	綹	轻［鬼］	1.08	we	六,第六子
07.1303	羸	轻［鬼］	1.08	we	丁(十天干之一)
07.1304	飑	轻［鬼］	1.08	we	龙,蛟,辰(十二地支之一)
	蒻 𬘘 薇 袚				爬头龙 we 下 we
07.1305	蒎	轻［鬼］	1.08	we	龙
	薇 翍 祇				黑色树
07.1306	毦	轻［鬼］	1.08	we	贮藏
	穀 骹				藏也

编号	西夏文	声类和汉字注音	声调韵类	拟音	汉义
07.1401	㺢	轻[嵬]	1.08	we	悬挂
07.1402	骰	轻[嵬]	1.08	we	[韦][嵬]人姓,音[威][伟]
07.1403	鞘	轻[嵬]	1.08	we	堵塞,贮,满
07.1404	秡	轻[嵬]	1.08	we	熟
	秡靴丽祓				刀左满心
07.1405	羸	舌[堆]	1.08	twe	堆积
07.1406	羲	舌[堆]	1.08	twe	堆,聚集
07.1407	㺷	牙[宜会]	1.08	ŋwe	乐意,愿
	夙㺷				与乐

编号	西夏文	声类和汉字注音	声调韵类	拟音	汉义
07.1501	绕	喉[灰]	1.08	xwe	嚎,哭
	筑绕				泪面
07.1502	珊	喉[灰]	1.08	xwe	灰色
	稠組				色灰
07.1503	藘	喉[灰]	1.08	xwe	驱除
07.1504	缵	来[芮]	1.08	zwe	谦,让
	缵缵敨敨絘緋朡豬豬嘉蕤兆骹				推推散散胆怯逃匿,自谦亦是

编号	西夏文	声类和汉字注音	声调韵类	拟音	汉义
07.1601	庵	齿[摧]	1.08	tsʰwe	脏,弄脏
	艠祀㤂稀緒祀				令脏,令起不净
07.1602	瓶	来[累]	1.08	lwe	障目? 悦目?
	瓶靴憁祓骹骹纐粍巅粍骹				忘左钝心,种种色变眼变也
07.1603	瓿	来[累]	1.08	lwe	忘
	瓿靴鞘憁纐郏缴鞘				障左忘右,先晓后忘

编号	西夏文	声类和汉字注音	声调韵类	拟音	汉义
07.1701 【九】	𘖨 𗥛	牙[更]	1.09	kie	呼,唤,喊
07.1702	𗥛	重[柏]	1.09	pie	阔,宽,[音]
07.1703	𗥖	重[柏]	1.09	pie	柏树(汉借)
07.1704	𗥝	重[白]	1.09	pʰie	人姓,[音]
07.1705	𘖨	牙[更]	1.09	kie	呼,唤,喊
07.1706	𗥜	牙[更]	1.09	kie	诅咒
	𗥜𗥛				咒也
07.1707	𗥘	牙[客]	1.09	kʰie	厌,恶,嫌
07.1708	𗥙	牙[客]	1.09	kʰie	苦

编号	西夏文	声类和汉字注音	声调韵类	拟音	汉义
07.2101	𗥞	牙[柜]	1.09	gie	难,险
	𗥞𗥟𗥛				弱损也
07.2102	𗥠	正[诸]	1.09	tɕie	戏
	𗥠𗥡				说舞
07.2103	𗥢	正[初]	1.09	tɕʰie	人姓,[音]
	𗥣𗥤𗥥𗥦𗥛				真言,人姓也
07.2104	𗥧	正[疏]	1.09	ɕie	疏(汉借),[音]
	𗥨𗥩𗥪𗥫𗥬𗥭𗥮𗥯𗥛				[庶]左弱左,疏发掉落也
07.2105	𗥨	正[疏]	1.09	ɕie	人姓,[音]
07.2106	𗥰	喉[夷隔]	1.09	ɣie	力,工

编号	西夏文	声类和汉字注音	声调韵类	拟音	汉义
07.2201	𗥱	喉[夷隔]	1.09	ɣie	身高,身长
07.2202	𗥲	牙[龟]	1.09	kiwe	(黑)黢黢
07.2203	𗥳	牙[龟]	1.09	kiwe	(冷)嗖嗖

07.2204	𗨨	牙[蒯]	1.09	kʰiwe	人姓,刚健
	𗨨𗭩𗪊𗭪𘓺𘓻				角圈[鲁]左,刚也
07.2205	𗥍	正[锥]	1.09	tɕiwe	红
07.2206	𗦳	正[率]	1.09	ɕiwe	(白)生生,(白)皑皑
07.2207	𗧤	正[率]	1.09	ɕiwe	蜜
07.2208	𘕿	喉[约]	1.09	ɣiwe	势

编号	西夏文	声类和汉字注音	声调韵类	拟音	汉义
07.2301	𗩈	喉[帷]	1.09	ɣiwe	权,势,贵
	𗩈𗭩𘏬𗫩𘓺𘕿𘓻𘕿𘓻				帝左牛全,权势也,强刚也
07.2302【十】	【𗵀𘓻】	正[支]	1.10	tɕji	枝,末,[音]
07.2303	𘝯	轻[为]	1.10	wji	做,作,为
	𘝯𗭩𘞌𘓻				造左术心
07.2304	𗥀	轻[惠]	1.10	xjwi	鼠,子(十二地支之一)
07.2305	𗓽	轻[为]	1.10	wji	客,宾

编号	西夏文	声类和汉字注音	声调韵类	拟音	汉义
07.2401	𘜧	轻[为]	1.10	wji	遣送,送行,受用
07.2402	𘔬	轻[韦]	1.10	wji	年,岁
07.2403	𘊺	舌上[尼]	1.10	nji	除去,掷
	𘊺𗟍𗩈𗭩				除右除左
07.2404	𗲍	舌上[尼]	1.10	nji	女私奔
07.2405	𗼨	舌上[尼]	1.10	nji	法术,骗术
07.2406	𗵟	牙[饥]	1.10	kji	唱,歌
07.2407	𘕗	正[枝]	1.10	tɕji	瘀血病
07.2408	𗵐	正[支]	1.10	tɕji	戏闹
	𗵐𘓻				戏也

编号	西夏文	声类和汉字注音	声调韵类	拟音	汉义
07.2501	芰	正[支]	1.10	tɕji	枝,末
07.2502	蘿	正[支]	1.10	tɕji	裂音
	𘋝				知 tɕji
07.2503	𗣑	正[支]	1.10	tɕji	成长,茂盛
	𗤁𗤃𘍉𘋃				过心尖根
07.2504	𗣳	正[支]	1.10	tɕji	皆至
	𘈗𘈗𘍇𘌯𘐕				各个无不至
07.2505	𘐉	正[赤]	1.10	tɕʰji	肉
	𘏬𘐙𘊯𘐚				肉右命右
07.2506	𗏩	正[赤]	1.10	tɕʰji	耻
	𘏩𘐛𘏣𘐚				专向面右

编号	西夏文	声类和汉字注音	声调韵类	拟音	汉义
07.2601	𘋆	正[赤]	1.10	tɕʰji	根本
	𘋆𗒘				本问(问本)
07.2602	𗣦	正[赤]	1.10	tɕʰji	哭泣
	𘏪𘐚𘋁𘐚				哭右泪右
07.2603	𗣰	正[世]	1.10	ɕji	先,昔,前
07.2604	𗣔	正[石]	1.10	ɕja	[音]
07.2605	𗗊	正[世]	1.10	ɕji	仙
07.2606	𗣢	正[世]	1.10	ɕja	绝,[音]
	𗤇𘋝𗗸𘏦𗤆𘍵𗤷				盖头条全,绢粗也(粗绢也)
07.2607	𗤥	喉[夷]	1.10	·ji	多,[音]

编号	西夏文	声类和汉字注音	声调韵类	拟音	汉义
07.2701	𗤁	正[吹]	1.10	tɕʰjwi	劝
07.2702	𘐦	正[吹]	1.10	tɕʰjwi	穿,钻
07.2703	𘋏	正[吹]	1.10	tɕʰjwi	咸

		𗙴𗊒𗫸𗵣			池左盐右	
07.2704	𗙊	正[垂]	1.10	ɕjwi	齿	
		𗫤𗊒𗙴𗵩			咬左啮下	
07.2705	𗙉	正[垂]	1.10	ɕjwi	(豺)狼	
07.2706	𗙈	正[垂]	1.10	ɕjwi	生,起	
		𗬉𗥦𗀚𗵩			动头起全	
07.2707	𗙇	正[垂]	1.10	ɕjwi	年,岁	
		𗙇𗥦			说年	

编号	西夏文	声类和汉字注音	声调韵类	拟音	汉义
08.1101	𗙆	来[离]	1.10	lji	劳累,乏
	𗫧𗼋𗊮𗵩				弱消在右
08.1102	𗙅	来[离]	1.10	lji	盛,荣,[音]
08.1103	𗙄	来[儿]	1.10	ʐji	[音]
08.1104	𗙃	正[吹]	1.10	tɕhjwi	急
08.1105	𗙂	正[吹]	1.10	tɕhjwi	熔,冶炼
	𗬅𗵣𗫧𗵩				熔全令右
08.1106	𗙁	正[水]	1.10	ɕjwi	细语
08.1107【十一】	【𗙀𗙉𗙀】	齿[齐]	1.11	tshji	食,馔
08.1108	𗘿	重[壁]	1.11	pji	壁,壮美,[音]
	𗄀𗀚?				宽金

编号	西夏文	声类和汉字注音	声调韵类	拟音	汉义
08.1201	𗘾	重[卑]	1.11	pji	人姓
08.1202	𗘽	重[壁]	1.11	pji	虫名,[蛆]
08.1203	𗘼	重[壁]	1.11	pji	劈啪(象声词)
08.1204	𗘻	重[皮]	1.11	phji	资源
	𗆧𗊒𗙀𗵩𗆧𗱟𗙈𗥦𗀚				顶左亲下,本根发起处

08.1205	鬴	重[皮]	1.11	pʰji	顶
	鬴 靴 鬴 豚 豚 尾 骹				(资)源左先右,上高也

编号	西夏文	声类和汉字注音	声调韵类	拟音	汉义
08.1301	祇	重[皮]	1.11	pʰji	意,谋
	祇 祇				谋令(使谋)
08.1302	猂	重[皮]	1.11	pʰji	房屋
	猂 靴 精 祇				柱左室下
08.1303	祇	重[皮]	1.11	pʰji	令,教,使
	祇 祇				言意
08.1304	禒	重[皮]	1.11	pʰji	仆,奴
08.1305	偏	重[皮]	1.11	pʰji	[音]
08.1306	慨	重[名]	1.11	mji	不,无
08.1307	慨	重[名]	1.11	mji	人姓,慨慨[鬼名],皇族姓
08.1308	骹	重[名]	1.11	mji	听,闻
	茈 骹				耳觉

编号	西夏文	声类和汉字注音	声调韵类	拟音	汉义
08.1401	繹	重[名]	1.11	mji	喂,使食
	骹 繹				食施(给食)
08.1402	稀	重[迷]	1.11	bji	财产
08.1403	棻	重[迷]	1.11	bji	薄,赢
	稀 靴 稀 移				薄左减去
08.1404	纖	重[迷]	1.11	bji	信牌,符
	纖 辗				面信
08.1405	徽	重[迷]	1.11	bji	底,下
	徽 牾 骹 骹				测岸光右
08.1406	骷	重[迷]	1.11	bji	丙(十天干之一)
	甕 祓 骷 骹 骹 牖				火下明右,十干(之一)

编号	西夏文	声类和汉字注音	声调韵类	拟音	汉义
08.1501	[illegible]	重[迷]	1.11	bji	威力,体力
	[illegible]				步强
08.1502	[illegible]	重[迷]	1.11	bji	光,明
08.1503	[illegible]	重[迷]	1.11	bji	生,壮,活
08.1504	[illegible]	重[迷]	1.11	bji	丰,稔
08.1505	[illegible]	舌[底]	1.11	tji	不,莫,休,无,勿
	[illegible]				处(tji)置
08.1506	[illegible]	舌[底]	1.11	tji	东方,末尾
	[illegible]				东尾
08.1507	[illegible]	舌[底]	1.11	tji	滴(借汉)
08.1506	[illegible]				滴水

编号	西夏文	声类和汉字注音	声调韵类	拟音	汉义
08.1601	[illegible]	舌[提]	1.11	tʰji	饮,服,喝
08.1602	[illegible]	舌[你]	1.11	nji	家,宅,舍
08.1603	[illegible]	舌[你]	1.11	nji	娶妻
08.1604	[illegible]	舌[泥]	1.11	dji	移,徙,迁
	[illegible]				转字[dji]
08.1605	[illegible]	舌[泥]	1.11	dji	胸腔,腹腔
08.1606	[illegible]	舌[泥]	1.11	dji	凹
08.1607	[illegible]	舌[泥]	1.11	dji	答,禀
08.1608	[illegible]	牙[记]	1.11	kji	人姓,[音]
	[illegible]				记成就

编号	西夏文	声类和汉字注音	声调韵类	拟音	汉义
08.1701	[illegible]	牙[器]	1.11	kʰji	利器,刀剑
	[illegible]				断绝过右
08.1702	[illegible]	牙[岂]	1.11	kʰji	弃,失,落,[音]

08.1703	[illegible]	牙[起]	1.11	k^hji	敞开
08.1704	[illegible]	牙[宜]	1.11	gji	清
	[illegible]			澄目	
08.1705	[illegible]	牙[宜]	1.11	gji	正,忠,醒
	[illegible]			怀左明聪	
08.1706	[illegible]	牙[宜]	1.11	gji	矿藏
	[illegible]			根左宝矿	
08.1707	[illegible]	牙[宜]	1.11	gji	失,落,丢

编号	西夏文	声类和汉字注音	声调韵类	拟音	汉义
08.2101	[illegible]	牙[宜]	1.11	gji	悟,醒
08.2102	[illegible]	牙[宜]	1.11	gji	利器,刀剑
08.2103	[illegible]	齿[齐]	1.11	ts^hji	食,馔
	[illegible]			舌食	
08.2104	[illegible]	齿[齐]	1.11	ts^hji	要,需,[音]
	[illegible]			好需	
08.2105	[illegible]	齿[齐]	1.11	ts^hji	东
	[illegible]			土[$ts^hj\underline{i}$]南	
08.2106	[illegible]	齿[西]	1.11	sji	西(借汉),[音]
08.2107	[illegible]	齿[西]	1.11	sji	尽,穷
08.2108	[illegible]	齿[西]	1.11	sji	树,木
08.2109	[illegible]	齿[西]	1.11	sji	紫色,桑葚
	[illegible]			树果也	

编号	西夏文	声类和汉字注音	声调韵类	拟音	汉义
08.2201	[illegible]	齿[西]	1.11	sji	巧
08.2202	[illegible]	喉[耶]	2.74	·jaɹ	巧妇
08.2203	[illegible]	齿[西]	1.11	sji	尾,尾处
	[illegible]			木[sji]头尾右	
08.2204	[illegible]	齿[西]	1.11	sji	[音]

08.2205	𗱰	齿[西]	1.11	sji	臂力
	𗰰𗱴𗧾				威力也
08.2206	𗣜	齿[西]	1.11	sji	察
	𗴩𗱴𗱽𗱴				显色所见
08.2207	𗱽	喉[乙]	1.11	·ji	虻蚋
08.2208	𗱽	喉[乙]	1.11	·ji	初时,此刻

编号	西夏文	声类和汉字注音	声调韵类	拟音	汉义
08.2301	𗱲	喉[乙]	1.11	·ji	众,多,[音]
08.2302	𗱲	喉[乙]	1.11	·ji	黄
08.2303	𗱲	喉[乙]	1.11	·ji	𗱲𗱲[则黄],草名
08.2304	𗱦	喉[乙]	1.11	·ji	𗱦𗱦,郎舅
08.2305	𗱊	喉[稀]	1.11	xji	惊讶,稀奇
	𗱊𗱹𗱚𗱈𗱲𗱴𗾾				过圈明梵,惊讶也
08.2306	𗱊	喉[喜]	1.11	xji	喜(借汉),[音]
	𗱙𗱍𗱊𗱀𗱼𗱾𗾾				姓左惊[xji]心,心喜也
08.2307	𗱾	来[哆]	1.11	zji	男,子,儿

编号	西夏文	声类和汉字注音	声调韵类	拟音	汉义
08.2401	𗱦	来[哆]	1.11	zji	他,彼
	𗱥𗱾𗱦𗱚				迫心条右
08.2402	𗱧	来[哆]	1.11	zji	布施
	𗱁𗱲𗱧𗱴				不测惜下
08.2403	𗱍	来[哆]	1.11	zji	小,小块,崽,雏
08.2404	𗱳	来[哆]	1.11	zji	够,足
08.2405	𗱫	舌[提合]	1.11	tʰjwi	甜
08.2406	𗱴	牙[贵]	1.11	kjwi	贵(借汉),[音]
	𗱸𗱺				要汝
08.2407	𗱊	牙[贵]	1.11	kjwi	旧

	𗡝 𗱕 𗱤 𗱥			旧下置新	
08.2408	𗱤	牙[贵]	1.11	kjwi	锁

编号	西夏文	声类和汉字注音	声调韵类	拟音	汉义
08.2501	𗱥	牙[贵]	1.11	kjwi	𗱥 𗱥，𗱥𗱥
08.2502	𗱤	牙[遂]	1.11	kʰjwi	苦罚
08.2503	𗱥	牙[危]	1.11	gjwi	言词，说
	𗱥 𗱥 𗱥			谚语也	
08.2504	𗱤	牙[危]	1.11	gjwi	裘
08.2505	𗱥	齿[觜]	1.11	tsjwi	鸣镝
08.2506	𗱥	齿[隋]	1.11	sjwi	瑞，吉祥
	𗱥 𗱥 𗱥 𗱥 𗱥			手花，吉祥也	
08.2507	𗱤	舌[堆]	1.11	tjwi	噎，塞
08.2508	𗱥	齿[尼则]	1.11	dzji	窄

编号	西夏文	声类和汉字注音	声调韵类	拟音	汉义
08.2601	𗱥	舌[馁]	1.11	njwi	胜，能
08.2602	𗱥	舌[内]	1.11	njwi	恩功
	𗱥 𗱥 𗱥 𗱥 𗱥 𗱥			巧功已获之谓	
08.2603	𗱥	齿[积]	1.11	tsji	𗱥 𗱥，碟子
08.2604	𗱤	齿[隋]	1.11	sjwi	梁
08.2605	𗱥	齿[隋]	1.11	sjwi	缚
08.2606	𗱥	齿[隋]	1.11	sjwi	美妙
	𗱥 𗱥 𗱥 𗱥 𗱥			敌[sji]美，美丽也	
08.2607	𗱥	齿[隋]	1.11	sjwi	穷，贫，尽

编号	西夏文	声类和汉字注音	声调韵类	拟音	汉义
08.2701	𗱥	来[缥轻]	1.11	ljwi	种，籽

08.2702 【十二】	【蒬 敠橭	重［没］	1.12	be:	栗
08.2703	蒬	重［没］	1.12	be:	栗
08.2704	瞰	重［梅］	1.12	me:	洒，撒
08.2705	瞰	重［梅］	1.12	me:	馥，芬，芳
08.2706	翡	轻［隗］	1.12	we:	生，产
08.2707	蕲	轻［未］	1.12	we:	债
08.2708	豂	轻［隗］	1.12	we:	负债，欠
08.2709	鲥	齿［最］	1.12	tswe:	蹲，虚坐

编号	西夏文	声类和汉 字注音	声调韵类	拟音	汉义
09.1101 【十三】	【緻 敠散	正［胜］	1.13	ɕie:	的，意
09.1102	飙	重［陌］	1.13	bie:	驰，逐
09.1103	厩	牙［坑］	1.13	kʰie:	乱，闹
09.1104	粼	牙［柩］	1.13	gie:	腼腆
09.1105	粼	牙［柩］	1.13	gie:	傻，呆
09.1106	緻	正［胜］	1.13	ɕie:	的，意
09.1107	糯	正［栋］	1.13	ɕie:	蒐，集
09.1108	娆①	来［热］	2.20	ʐia:	努力
09.1109	蒴	牙［格］	1.13	kiwe:	灌

编号	西夏文	声类和汉 字注音	声调韵类	拟音	汉义
09.1201 【十四】	【筢 敠绸	正［支］	1.14	tɕji:	交媾
09.1202	羲	轻［微］	1.14	wji:	商，买卖

---

① 此字误录，应为彡，舌齿音［仍］，ʐie:努力。两字形近、意近。

09.1203	翁	轻[微]	1.14	wji:	隐,逸
09.1204	羲	轻[微]	1.14	wji:	欺骗
09.1205	惦	正[支]	1.14	tɕji:	交媾
09.1206	羲	正[鸥]	1.14	tɕʰji:	审,察
09.1207	聶	正[鸥]	1.14	tɕʰji:	扯
09.1208	羰	正[食]	1.14	ɕji:	杀,屠,宰
	羲 貼 殁 豞				屠牛宰右

编号	西夏文	声类和汉字注音	声调韵类	拟音	汉义
09.1301	絛	正[食]	1.14	ɕji:	疑虑
09.1302	訧	正[食]	1.14	ɕji:	牲
	羲 羰 殺				或宰[ɕji:]也
09.1303	雦	重[皮]	1.14	pʰji:	使,用,差
09.1304	豛	重[皮]	1.14	pʰji:	翼,飞
09.1305	释	重[名]	1.14	mji:	施,予
09.1306	繈①	齿[趣]	1.03	tsʰjwu	施,供
09.1307	羲②	喉[余]	1.07	·ju:	馈,赠
09.1308	胤	重[名]	1.14	mji:	家,宅,宫,位
	嗣 殿 樾 殿				宫右城右

编号	西夏文	声类和汉字注音	声调韵类	拟音	汉义
09.1401	胀	重[名]	1.14	mji:	人姓
09.1402	羿	重[名]	1.14	mji:	冕,鬘,封
	羰 荒 羿 魏 殺 殺				官人大冠冕也
09.1403	羲	舌[泥]	1.14	dji:	分

---

① 此字为衍字,可能与上一字同义而误录。
②此字为衍字,可能与上一字形近而误录。

		鞡骸骸骸		分右取右	
09.1404	巍	舌[塁]	1.14	dji:	雷
		朘瓶		天鸣	
09.1405	禐	舌[你]	1.14	nji:	娶
09.1406	肋	牙[鸡]	1.14	kji:	草
09.1407	橛	牙[鸡]	1.14	kji:	磨(动词)

编号	西夏文	声类和汉字注音	声调韵类	拟音	汉义
09.1501	椛	牙[鸡]	1.14	kji:	买卖,商货
		技骸琉骸		卖置集右	
09.1502	絺	牙[义]	1.14	gji:	生,产
		後祾殹缴祢		生,子产生也	
09.1503	絖	牙[义]	1.14	gji:	人姓
09.1504	絖	牙[义]	1.14	gji:	澄,静,湛
09.1505	絎	牙[义]	1.14	gji:	乞讨
09.1506	纖	齿[西]	1.14	sji:	痛哭
		橌骸巀緀		查右眼泣	
09.1507	橌	齿[西]	1.14	sji:	巡,检,间谍
09.1509	姘	舌[能]	1.15	ne^n	谷崖

编号	西夏文	声类和汉字注音	声调韵类	拟音	汉义
09.1601	释	来[黎]	1.14	lji:	嗅,闻
09.1602	訛	牙[宜]	1.14	gji:	啮,衔,咬
09.1603	龤	牙[危]	1.14	gjwi:	旌,旗
09.1604	裲	牙[危]	1.14	gjwi:	襁褓
09.1605 【十五】	【纖祾瘀】	齿[僧]	1.15	se^n	僧(借汉)
09.1606	糒	重[崩]	1.15	pe^n	粪,屎
09.1607	甫	重[门]	1.15	me^n	门(借汉),[音]
		耪荄巃巀		与门相像	

编号	西夏文	声类和汉字注音	声调韵类	拟音	汉义
09.1608	嬾	舌[登]	1.15	te^n	[音]
09.1609	姅	舌[能]	1.15	ne^n	谷崖

编号	西夏文	声类和汉字注音	声调韵类	拟音	汉义
09.1701	禤	牙[根]	1.15	ke^n	[音]
09.1702	蘌	齿[憎]	1.15	tse^n	憎(借汉),[音]
	蒇黻薿椛				骂全言右
09.1703	蘮	齿[僧]	1.15	se^n	僧(借汉)
09.1704	敓	喉[夷格]	1.15	γe^n	嗡(风声)
09.1705	胧	来[楞]	1.15	le^n	陵,[音]
	毡祧嫫椛舵祅				?下泥右,陵也
09.1706	乔	来[哆门切]	1.15	ze^n	[音](虫声)
09.1707	緂	轻[闻]	1.15	we^n	汉人姓
	嬨赦毥椛				[温we^n]以陋右
09.1708	仦	轻[闻]	1.15	we^n	人姓
	燚骄祧椛				胸弱土右

编号	西夏文	声类和汉字注音	声调韵类	拟音	汉义
09.2101	嬷	轻[温]	1.15	we^n	人姓,[音]
	纆靴嬷椛				鸟左[we^n]右[音]
09.2102	叕	舌[敦]	1.15	twe^n	掸,拂拭
09.2103	豺	齿[孙]	1.15	swe^n	狲,猴
09.2104	靷	齿[宋]	1.15	swe^n	汉人姓,[音]
09.2105	譈	喉[昏]	1.15	xwe^n	昏,[浑]人姓,
09.2106	巅	喉[夷格昏切]	1.15	γwe^n	囫囵
09.2107	厃	牙[根]	1.15	kie^n	耳根
	眻祗嫫椛				亲圈肉右
09.2108	缾	正[渗]	1.15	$\varcizilla e^n$	渗(借汉),[音]
	铩氄瓾椛				水透红右

编号	西夏文	声类和汉字注音	声调韵类	拟音	汉义
09.2201 【十六】	【龙】骰瓣	正[真]	1.16	$t\varphi ji^n$	[音]
09.2202	禓	正[宁]	1.16	$d\varphi ji^n$	[音]
09.2203	裈	重[宾]	1.16	pji^n	[音]
09.2204	裈	重[频]	1.16	$p^h ji^n$	[音]
09.2205	肃	重[民]	1.16	mji^n	[音]
09.2206	舭	牙[今]	1.16	kji^n	[音]
09.2207	縢	牙[金]	1.16	kji^n	[音]
	縻骪骰骪婄豿骰				金左姓左,地名也
09.2208	瓲	牙[琴]	1.16	$k^h ji^n$	[音]

编号	西夏文	声类和汉字注音	声调韵类	拟音	汉义
09.2301	瑡	牙[钦]	1.16	$k^h ji^n$	[音]
09.2302	拜	牙[严]	1.16	gji^n	[音]
	舭较婄豿				金速,地名
09.2303	龙	正[真]	1.16	$t\varphi ji^n$	[音]
09.2304	缀	正[陈]	1.16	$t\varphi^h ji^n$	[音]
09.2305	秎	正[陈]	1.16	$t\varphi^h ji^n$	陈(借汉),老,旧
	縗痂豿祔				蒲[$t\varphi^h ji$]之减草
09.2306	缘	正[身]	1.16	φji^n	[音]
09.2307	蔽	正[神]	1.16	φji^n	[音],地名
09.2308	骰	喉[殷]	1.16	$\cdot ji^n$	人姓,[音]

编号	西夏文	声类和汉字注音	声调韵类	拟音	汉义
09.2401	禘	来[林]	1.16	lji^n	[音]
09.2402	夓	来[任]	1.16	φji^n	人姓,[音]
09.2403	蔽	牙[君]	1.16	$kjwi^n$	君(借汉),[音]
	麓缄牧骎婄繳骰				罗头当全,丈夫也

编号	西夏文	声类和汉字注音	声调韵类	拟音	汉义
09.2404	綑	牙[君]	1.16	kjwi^n	草舍
09.2405	骹	正[春]	1.16	tɕʰjwi^n	重复,[音]
	骹 詓 綏 靴				侍圈重左
09.2406	緂	喉[云]	1.16	·jwi^n	人姓,[音]
	緂 詓 猏 祧				躬圈牦左
09.2407	蘰	轻[分]	1.16	xjwi^n	分(借汉),[音]

编号	西夏文	声类和汉字注音	声调韵类	拟音	汉义
09.2501	纞	喉[匀]	1.16	·jwi^n	匀(借汉)
	織 羆				普富
09.2502	禌	来[轮]	1.16	ljwi^n	[音]
09.2503	羂	齿[遵]	1.16	tsjwi^n	人姓,[音]
09.2504	乎	齿[寸]	1.16	tsʰjwi^n	寸(借汉)
09.2505	紒	齿[村]	1.16	tsʰjwi^n	村(借汉),[音]
	絘 瓺 絎 緎 骹				寨tsa 多rejɹ,地名也
09.2506	翡	齿[旬]	1.16	sjwi^n	[音]
09.2507	絹	齿[晋]	1.16	tsji^n	人姓,[音]
09.2508	絹	齿[秦]	1.16	tsʰji^n	人姓,[音]
	緂 骹				tsʰji ·ji^n(切)

编号	西夏文	声类和汉字注音	声调韵类	拟音	汉义
09.2601 【十七】	【緂 骹 黂】	喉[合]	1.17	xa	[哈]人姓,[音]
09.2602	舫	重[巴]	1.17	pa	波(借汉),[音]
09.2603	緂	重[巴]	1.17	pa	人姓,[音]
09.2604	骹	重[跛]	1.17	pʰa	人姓,[音]
09.2605	骹	重[跛]	1.17	pʰa	破(借汉)
09.2606	傲	重[跛]	1.17	pʰa	异,别

09.2607	𘞧	重[跋]	1.17	pʰa	半,偏,旁,左,片
09.2608	𗀔	重[马重]	1.17	ba	聋
	𗀔𘎳				塞容
09.2609	𗀗	重[马重]	1.17	ba	猴类

编号	西夏文	声类和汉字注音	声调韵类	拟音	汉义
09.2701	𗀝	重[马重]	1.17	ba	祈雨
	𘒬𘓰𗒼𗀝𗀔𗂲𗸏				求雨者求雨之谓
09.2702	𗆼	舌[打]	1.17	ta	蛆虫名
09.2703	𗌵	舌[打]	1.17	ta	打(借汉),[音]
	𗆼𘓝				着杖
09.2704	𗇵	舌[打]	1.17	ta	犬,[音]
09.2705	𗆾	舌[打]	1.17	ta	尾,东,[音]
09.2706	𗂃	舌[打]	1.17	ta	监
09.2707	𗀥	舌[打]	1.17	ta	燕子
	𗜈𘎳𗀥𘞧				小鸟右鸟左

编号	西夏文	声类和汉字注音	声调韵类	拟音	汉义
10.1101	𘝜	舌[打]	1.17	ta	逃跑
	𘊤𗰭𘊯𘞧				跑头腿左
10.1102	𗴻	舌[达]	1.17	tʰa	佛
	𗷟𘊴𗡝𘊵𗰭𘏨𘏵				人贯三界,正觉也
10.1103	𘚮	舌[达]	1.17	tʰa	驼
	𘞣𘞧𘚮𗰭				驼左驼右
10.1104	𗡣	舌[那]	1.17	na	婴儿
10.1105	𗲢	舌[那]	1.17	na	夜,晚,暗
10.1106	𗱧	舌[那]	1.17	na	𗱧𘔭,明日
10.1107	𗲈	舌[那]	1.17	na	人姓,[音]
10.1108	𗲺	舌[那]	1.17	na	狗,戌(十二地支之一)

编号	西夏文	声类和汉字注音	声调韵类	拟音	汉义
10.1201	𗂾	舌[那]	1.17	na	巫,傩,驱鬼者
	𗂾𗾔𗙴𗅲				犬鬼巫右
10.1202	𗂾	舌[那]	1.17	na	臀
10.1203	𗂾	舌[那]	1.17	na	南(借汉)
	𗂾𗾔				地南
10.1204	𗂾	舌[那]	1.17	na	深,玄,幽
10.1205	𗂾	舌[那]	1.17	na	肥胖
10.1206	𗂾	牙[割]	1.17	ka	交织
	𗂾𗾔				集结
10.1207	𗂾	牙[割]	1.17	ka	搅,绞,[音]
10.1208	𗂾	牙[割]	1.17	ka	月份
10.1209	𗂾	牙[割]	1.17	ka	上颚

编号	西夏文	声类和汉字注音	声调韵类	拟音	汉义
10.1301	𗂾	牙[割]	1.17	ka	哥(借汉),[音]
10.1302	𗂾	牙[割]	1.17	ka	权,势
10.1303	𗂾	牙[割]	1.17	ka	平,等,齐,俱
10.1304	𗂾	牙[割]	1.17	ka	泥靴
10.1305	𗂾	牙[割]	1.17	ka	中
10.1306	𗂾	牙[割]	1.17	ka	[阁]人姓
10.1307	𗂾	牙[割]	1.17	ka	圮
10.1308	𗂾	牙[割]	1.17	ka	分食
10.1309	𗂾	牙[割]	1.17	ka	刚强
10.1310	𗂾	牙[割]	1.17	ka	审问
10.1311	𗂾	牙[渴]	1.17	kʰa	中,中间
	𗂾𗾔𗙴𗅲				坑左音kʰa右

编号	西夏文	声类和汉字注音	声调韵类	拟音	汉义
10.1401	𗣼	牙[。我]	1.17	ŋa	散布
10.1402	𗤁	牙[。我]	1.17	ŋa	空，虚
10.1403	𗱲	齿[拶]	1.17	tsa	草
	𘄪𗤿𗱲𗤺				苇左草右
10.1404	𗴦	齿[拶]	1.17	tsa	寨，砦，[音]
	𗴮𗤿𗴦𗤺				牢tsa左村tsʰjwiⁿ左
10.1405	𗴮	齿[拶]	1.17	tsa	牢固
10.1406	𗲍	齿[杂]	1.17	tsʰa	杂(借汉);𗲍微草书
10.1407	𗲬	齿[萨]	1.17	sa	网
	𗲬𗤿𗲬𗤺				系左绳右

编号	西夏文	声类和汉字注音	声调韵类	拟音	汉义
10.1501	𗼝	齿[萨]	1.17	sa	缗，贯
	𗾈𗼐𗽒𗤿				湾串长左
10.1502	𗚣	齿[萨]	1.17	sa	均匀
10.1503	𗥀	喉[鼍]	1.17	ɣa	人姓，[音]
10.1504	𗥙	喉[鼍]	1.17	ɣa	囊，袋
10.1505	𗥒	喉[鼍]	1.17	ɣa	夫妻(共称)
10.1506	𗥈	喉[鼍]	1.17	ɣa	门，户，家，宅
10.1507	𗥏	喉[鼍]	1.17	ɣa	犬，狗
10.1508	𗥝	喉[鼍]	1.17	ɣa	斩，宰，取
10.1509	𗥌	喉[鼍]	1.17	ɣa	晨，晓，黎明

编号	西夏文	声类和汉字注音	声调韵类	拟音	汉义
10.1601	𗥶	喉[鼍]	1.17	ɣa	人姓，[音]
10.1602	𗤸	喉[合]	1.17	xa	人姓，[音]

编号	西夏文	声类和汉字注音	声调韵类	拟音	汉义
10.1603	绵①	喉[郝]	2.14	xa	[昊]人姓,[音]
10.1604	羱	喉[罨]	1.17	ɣa	赢,瘦
10.1605	纖	喉[罨]	1.17	ɣa	蔬草名
10.1606	绗	喉[罨]	1.17	ɣa	淡
10.1607	矴	喉[罨]	1.17	ɣa	砺
10.1608	綦	喉[罨]	1.17	ɣa	针
10.1609	轅	喉[罨]	1.17	ɣa	悲哀,忧愁
10.1610	滋	来[郎]	1.17	la	织

编号	西夏文	声类和汉字注音	声调韵类	拟音	汉义
10.1701	縠	来[郎]	1.17	la	小
10.1702	蕤	来[郎]	1.17	la	人姓,[音]
10.1703	纐	来[郎]	1.17	la	灰色
	輆 魝				灰契
10.1704	嬾	来[郎]	1.17	la	诚,实
10.1705	綫	来[郎]	1.17	la	戏闹
10.1706	袤	来[郎]	1.17	la	舒朗,敞开
10.1707	敝	来[口捘]	1.17	za	敌寇,兵戈
10.1708	纖	来[口捘]	1.17	za	房(宿),人(星),赤面(祖先名)
10.1709	犯	轻[讹]	1.17	wa	[音]
10.1710	礮	轻[讹]	1.17	wa	猪

编号	西夏文	声类和汉字注音	声调韵类	拟音	汉义
10.2101	礮	轻[讹]	1.17	wa	涡(借汉),漩
10.2102	豽	轻[讹]	1.17	wa	人姓
10.2103	厖	舌[埵]	1.17	twa	[音]
10.2104	蹶	牙[过]	1.17	kwa	过(借汉)

---

① 此字抄本误记与此,与前字音近。

10.2105	巍	牙[过]	1.17	kwa	系,扎,捆
10.2106	祕	牙[宽]	1.17	kʰwa	花园
		祇㲍		圈kʰjwi手la(切)	
10.2107	桃	牙[屈]	1.17	kʰwa	远,久,旷,迁,重,遐,角
10.2108	霖	牙[阔]	1.17	kʰwa	坑
10.2109	蒜	齿[纂]	1.17	tswa	髻
10.2110	烄	齿[纂]	1.17	tswa	人姓
10.2111	嶙	齿[攒]	1.17	tsʰwa	刺,侵扰

编号	西夏文	声类和汉字注音	声调韵类	拟音	汉义
10.2201	絑	齿[娑]	1.17	swa	草名
10.2202	㧤	齿[娑]	1.17	swa	髪,髪帘,[音]
		炬㤵		发绒(毛)	
10.2203	颓	喉[惋]	1.17	ɣwa	巧妇
10.2204	孅	喉[惋]	1.17	ɣwa	和(借汉)
10.2205	硟	喉[惋]	1.17	ɣwa	宝物
		烄㴱㶚㿘		广宝成就右	
10.2206	俊	喉[和]	1.17	xwa	人姓,[音];俊荒,和尚
10.2207	縱	喉[和]	1.17	xwa	人姓
10.2208	䩤	牙[遏轻]	1.17	ŋa	曲
		䣧緳		谷醋	
10.2209	虒	牙[遏轻]	1.17	ŋa	红

编号	西夏文	声类和汉字注音	声调韵类	拟音	汉义
10.2301	蕠	舌[那]	1.17	na	盗,窃
10.2302	緻	齿[截]	1.17	tsʰa	虚囊
10.2303	䡄	齿[萨]	1.17	sa	惊,愕
10.2304	雘	齿[萨]	1.17	sa	胀,噎
10.2305	䘏	来[郎]	1.17	la	记,传,碑

	茈靴骹靴				记（借汉）左记左
10.2306【十八】	【死骹圆	正[沙]	1.18	ɕia	沙（借汉），[音]
10.2307	繩	重[八]	1.18	pia	隐，匿
10.2308	繩	重[八]	1.18	pia	疤（借汉），[音]
10.2309	藙	重[八]	1.18	pia	蕜藙，扒铲

编号	西夏文	声类和汉字注音	声调韵类	拟音	汉义
10.2401	蕜	重[八]	1.18	pia	技，巧匠
	薇骹瀰靴				木炉巧左
10.2402	繡	重[八]	1.18	pia	鼠
10.2403	蕪	重[芭]	1.18	pʰia	树名
10.2404	蓜	重[芭]	1.18	pʰia	蕜藙，扒铲
10.2405	夓	重[芭]	1.18	pʰia	人姓，[音]
	缓阢				姓令
10.2406	徽	重[芭]	1.18	pʰia	掰
10.2407	蕪	重[马重]	1.18	bia	裂，破
10.2408	桃	牙[价]	1.18	kia	价（借汉），[音]
10.2409	媏	牙[价]	1.18	kia	老房，老家

编号	西夏文	声类和汉字注音	声调韵类	拟音	汉义
10.2501	嶡	牙[贾]	1.18	kia	牢固
10.2502	瓶	牙[贾]	1.18	kia	器皿
10.2503	嶡	牙[贾]	1.18	kia	陶器
10.2504	嶡	牙[贾]	1.18	kia	参差，（争）斗
10.2505	嶡	牙[贾]	1.18	kia	锅
10.2506	閌	牙[恰]	1.18	kʰia	射
10.2507	蟲	正[爪]	1.18	tɕia	倒塌，[音]
10.2508	纖	正[爪]	1.18	tɕia	藻草

| 10.2509 | 蕻 | 正[叉] | 1.18 | tɕʰia | 绚丽 |
| 10.2510 | 燚 | 正[叉] | 1.18 | tɕʰia | 岔(借汉),[音] |

编号	西夏文	声类和汉字注音	声调韵类	拟音	汉义
10.2601	豻	正[叉]	1.18	tɕʰia	燚豻,参差
10.2602	纐	正[叉]	1.18	tɕʰia	惊,诧
10.2603	屏	正[叉]	1.18	tɕʰia	嗾使
10.2604	莚	正[杉]	1.18	ɕia	树名
10.2605	纰	正[沙]	1.18	ɕia	沙(借汉),[音]
10.2606	絞	喉[夏]	1.18	xia	草名
10.2607	葤	喉[夏]	1.18	xia	[音]
10.2608	祾	喉[夏]	1.18	xia	塞
10.2609	襧	来[辣]	1.18	lia	绚丽
	飯祾				秀美也

编号	西夏文	声类和汉字注音	声调韵类	拟音	汉义
10.2701	祳	来[辣]	1.18	lia	[音]
10.2702	婋	牙[瓜]	1.18	kiwa	地名,[音][关]
10.2703	遚	牙[瓜]	1.18	kiwa	踩压
10.2704	眺	牙[胯]	1.18	kʰiwa	腰子
10.2705	肠	正[捉]	1.18	tɕiwa	运气,[音]
	铍绹糦莸缀				人名,好事出
10.2706	蘁	正[馔]	1.18	tɕʰiwa	压,制
10.2707	螤	正[馔]	1.18	tɕʰiwa	三棱镞
10.2708	丽	喉[花]	1.18	xiwa	无,亡,杀

编号	西夏文	声类和汉字注音	声调韵类	拟音	汉义
11.1101	[illegible]	喉[花]	1.18	xiwa	花(借汉),[音]
	[illegible]				头花
11.1102	[illegible]	牙[瓜]	1.18	kiwa	剩
11.1103【十九】	【[illegible]	正[设]	1.19	ɕja	拾,十
11.1104	[illegible]	轻[袜]	1.19	wja	父
11.1105	[illegible]	轻[袜]	1.19	wja	曰,音[娃]
11.1106	[illegible]	轻[袜]	1.19	wja	吐
11.1107	[illegible]	正[折]	1.19	tɕja	护羊神
11.1108	[illegible]	正[折]	1.19	tɕja	礼
11.1109	[illegible]	正[折]	1.19	tɕja	人姓,[音]

编号	西夏文	声类和汉字注音	声调韵类	拟音	汉义
11.1201	[illegible]	正[折]	1.19	tɕja	道,路,途
11.1202	[illegible]	正[折]	1.19	tɕja	正,[音]
11.1203	[illegible]	正[折]	1.19	tɕja	交络,蹦跌
11.1204	[illegible]	正[折]	1.19	tɕja	恐惧
	[illegible]				旷野
11.1205	[illegible]	正[车]	1.19	$tɕ^hja$	车(借汉),[音]
	[illegible]				轮头立下
11.1206	[illegible]	正[车]	1.19	$tɕ^hja$	摧毁,破坏
	[illegible]				倾巧
11.1207	[illegible]	正[舍]	1.19	ɕja	供,施
11.1208	[illegible]	正[舍]	1.19	ɕja	香
11.1209	[illegible]	正[舍]	1.19	ɕja	[音]

编号	西夏文	声类和汉字注音	声调韵类	拟音	汉义
11.1301	墅	正[舍]	1.19	ɕja	辇,舆
11.1302	矗	正[设]	1.19	ɕja	拾,十
		爧靴豭移			十减去左
11.1303	爧	正[设]	1.19	ɕja	赊(借汉),[音]
11.1304	森	正[设]	1.19	ɕja	绳,系,捆
11.1305	毙	正[设]	1.19	ɕja	毙毙,拂拭
11.1306	蓟	喉[合]	1.19	xja	速,急
11.1307	祸	喉[合]	1.19	xja	骂
11.1308	缵	来[列]	1.19	lja	人姓
11.1309	皺	来[列]	1.19	lja	匿,隐藏
11.1310	敫	来[列]	1.19	lja	怨恨

编号	西夏文	声类和汉字注音	声调韵类	拟音	汉义
11.1401	樵	来[列]	1.19	lja	中间
		桅肥綴靴辭廷形			二圈中左,中间也
11.1402	骶	来[列]	1.19	lja	特殊,超
11.1403	獭	牙[眷]	1.19	kjwa	弯曲
11.1404	珎	正[转]	1.19	tɕjwa	泥靴
11.1405	鑫	正[说]	1.19	ɕjwa	爽约?
11.1406	颜	正[说]	1.19	ɕjwa	志
11.1407	骸	正[说]	1.19	ɕjwa	说,悄悄说
11.1408	骸	正[说]	1.19	ɕjwa	生产,分娩,出生
		骶斜			宝生

编号	西夏文	声类和汉字注音	声调韵类	拟音	汉义
11.1501	豩	正[说]	1.19	ɕjwa	手
	㓨㪁				捧手
11.1502	㲉	正[说]	1.19	ɕjwa	江,河,湖
	豩蕤㳺㠥				美河有右
11.1503	䀼	正[说]	1.19	ɕjwa	分,拿,持
11.1504 【二十】	【㪁㪁㪁】	齿[萨]	1.20	sja	做,作,办,[音]
11.1505	㧕	重[板]	1.20	pja	㧕柔蝴蝶;禽类
11.1506	㧕	重[板]	1.20	pja	宽,浅
11.1507	㧕	重[板]	1.20	pja	青玄色
11.1508	㧕	重[板]	1.20	pja	恭敬
11.1509	㧕	重[板]	1.20	pja	爹,爸
11.1510	㧕	重[板]	1.20	pja	马口,偏斜

编号	西夏文	声类和汉字注音	声调韵类	拟音	汉义
11.1601	㲉	重[芭]	1.20	pʰja	断,绝,除,禁
11.1602	㳔	重[芭]	1.20	pʰja	卖,买卖
11.1603	㳉	重[芭]	1.20	pʰja	边,旁,侧
	㪁㪁㪁㪁				二边中心
11.1604	蕤	重[芭]	1.20	pʰja	蕤蒾树名
11.1605	㲉	重[麻]	1.20	mja	勾,钩
	㪁㪁				需钩
11.1606	㲉	重[麻]	1.20	mja	雌,母,妇,人姓
	㪁㪁				鸟 mja 鸦·ja
11.1607	㲉	重[麻]	1.20	mja	[麻]鸟名
11.1608	㲉	重[麻]	1.20	mja	万
11.1609	㲉	重[麻]	1.20	mja	思念

编号	西夏文	声类和汉字注音	声调韵类	拟音	汉义
11.1701	□	重［麻］	1.20	mja	末尾
11.1702	□	重［麻］	1.20	mja	末,尾,东,［音］
11.1703	□	重［麻］	1.20	mja	阃,门槛
11.1704	□	重［麻］	1.20	mja	土地
11.1705	□	重［麻］	1.20	mja	耳环,镮
11.1706	□	重［麻］	1.20	mja	河
	□□				水熟
11.1707	□	重［麻］	1.20	mja	镫,□鞴弩
11.1708	□	重［麻］	1.20	mja	然,疑,恐,大概
	□□□□				释言明右
11.1709	□	重［麻］	1.20	mja	黄白,灰,先人名
	□□□				黄灰也

编号	西夏文	声类和汉字注音	声调韵类	拟音	汉义
11.2101	□	重［麻］	1.20	mja	昔,往
11.2102	□	重［麻］	1.20	mja	鱼
11.2103	□	重［麻］	1.20	mja	母,妈,娘
11.2104	□	舌［怛］	1.20	tja	者,乃
11.2105	□	舌［怛］	1.20	tja	人姓,［音］
11.2106	□	舌［达］	1.20	tʰja	其,彼,此
11.2107	□	舌［捺］	1.20	nja	已,（已行体走向下的动词前缀）
11.2108	□	牙［贾］	1.20	kja	何,［音］
11.2109	□	牙［遏］	1.20	gja	口吃
11.2110① 【二十一】	【□□□□】	牙［遏］	1.20	gja	军,兵

① 抄本《文海宝韵》原文此处韵类起首字有误,应以韵类数字为准。11.2206之后应有30个大字,抄本第12页漏抄了这30个字,包括平声第20韵的最后10个字、第21韵全部17个字、第22韵开始的3个字。《文海宝韵》的抄录者可能因为缺少第21和第22韵的开头,韵类的序号不能衔接,便将第20韵的两个字作为第21、22韵的代表字,并给它们标上序号。

| 11.2111 | 𘈩 | 齿[拶] | 1.20 | tsja | 急速 |

编号	西夏文	声类和汉字注音	声调韵类	拟音	汉义
11.2201	𘈩	齿[拶]	1.20	tsja	人姓
11.2202	𘈩	齿[拶]	1.20	tsja	热,暑
11.2203	𘈩	齿[拶]	1.20	tsja	姐,姊
11.2204	𘈩	齿[拶]	1.20	tsja	魑魅,吊死鬼
	𘈩𘈩𘈩			杀他人也	
11.2205	𘈩	齿[截]	1.20	tshja	热,烫
11.2206 【二十二】	【𘈩 𘈩𘈩𘈩	齿[萨]	1.20	sja	杀,屠
(1)①	𘈩	齿[萨]	1.20	sja	做,作,办,[音]
(2)	𘈩	喉[也]	1.20	·ja	东,末,尾
(3)	𘈩	喉[也]	1.20	·ja	猫儿,[音]
(4)	𘈩	来[辣]	1.20	lja	来,降
(5)	𘈩	来[辣]	1.20	lja	送还,运送
(6)	𘈩	齿[㰍]	1.20	sjwa	时,音[宜][修]
(7)	𘈩	齿[绝]	1.20	tshjwa	温,热,烤
(8)	𘈩	齿[绝]	1.20	tshjwa	火炉
(9)	𘈩	来[辣合]	1.20	ljwa	股,下肢
(10)	𘈩	来[辣合]	1.20	ljwa	追问,急
(11)	𘈩	牙[葛]	1.21	kja:	根脚,根基,负重,[音]
(12)	𘈩	牙[恰]	1.21	khja:	音[恰][卡]
(13)	𘈩	正[招]	1.21	tɕja:	指示,唆使,[音]
(14)	𘈩	正[毡]	1.21	tɕja:	刹,砍,斩,斫,屠
(15)	𘈩	正[车]	1.21	tɕhja:	强,刚

---

① 以下30字据《文海宝韵》刻本补。

编号	西夏文	声类和汉字注音	声调韵类	拟音	汉义
(16)	[illegible]	正[车]	1.21	tɕ^{h}jaː	上,在,披,于
(17)	[illegible]	正[车]	1.21	tɕ^{h}jaː	撮,又做量词
(18)	[illegible]	正[车]	1.21	tɕ^{h}jaː	淫
(19)	[illegible]	正[设]	1.21	ɕjaː	鸟名
(20)	[illegible]	舌[雕]	1.21	tjaː	(滴)答(汉借)
(21)	[illegible]	舌[嘿]	1.21	njaː	深,黑
(22)	[illegible]	舌[嘿]	1.21	njaː	黑,冥,黔,暗,安息
(23)	[illegible]	舌[嘿]	2.21	njaː	树名
(24)	[illegible]	喉[腰]	1.21	·jaː	然,诸
(25)	[illegible]	正[说]	1.21	ɕjwaː	套
(26)	[illegible]	正[说]	1.21	ɕjwaː	胁
(27)	[illegible]	正[钏]	1.21	tɕ^{h}jwaː	分开,分离,掰开
(28)	[illegible]	重[巴]	1.22	paː	变幻
(29)	[illegible]	重[末]	1.22	baː	人姓
(30)	[illegible]	重[末]	1.22	baː	忘,[音]
11.2207	[illegible]	舌[饕]	1.22	t^{h}aː	压制
	[illegible]			石头制全	
11.2208	[illegible]	舌[饕]	1.22	t^{h}aː	作祟
11.2209	[illegible]	舌[那]	1.22	naː	抓

编号	西夏文	声类和汉字注音	声调韵类	拟音	汉义
11.2301	[illegible]	舌[恼]	1.22	daː	蛊惑,吊死鬼
	[illegible]			颈缚也(勒颈也)	
11.2302	[illegible]	牙[敖]	1.22	gaː	人姓,[音]
11.2303	[illegible]	牙[敖]	1.22	gaː	消瘦
11.2304	[illegible]	牙[敖]	1.22	gaː	忧,疑难
11.2305	[illegible]	齿[拶]	1.22	tsaː	腿,胫
11.2306	[illegible]	齿[扫]	1.22	saː	至亲

11.2307	𘝙	来[老]	1.22	la:	惜,俭
11.2308	𘝙	来[老]	1.22	la:	色,容,颜
11.2309	𘝙	来[老]	1.22	la:	污,染,秽,垢
11.2310	𘝙	来[老]	1.22	la:	厚
	𘝙𘟙𘟙𘟙			色la:左厚心	

编号	西夏文	声类和汉字注音	声调韵类	拟音	汉义
11.2401	𘞛	牙[聒]	1.22	kwa:	钵
11.2402	𘞛	牙[阔]	1.22	kʰwa:	咒,蛊
11.2403 【二十三】	【𘞛 𘞛𘞛𘞛	重[麻]	1.23	mja:	果,实,子;𘞛𘞛甄别
11.2404	𘞛	重[芭]	1.23	pʰja:	禁,断,止
11.2405	𘞛	重[马重]	1.23	bja:	穷,尽,绝,无
11.2406	𘞛	牙[邺]	1.23	gja:	跳,[音]
	𘞛𘞛𘞛𘞛			腿全底右	
11.2407	𘞛	重[麻]	1.23	mja:	寻觅
11.2408	𘞛	重[麻]	1.23	mja:	果,实,子
	𘞛𘞛			熟至	
11.2409	𘞛	重[麻]	1.23	mja:	大,粗

编号	西夏文	声类和汉字注音	声调韵类	拟音	汉义
11.2501	𘞛	重[麻]	1.23	mja:	疮,疤
11.2502	𘞛	重[麻]	1.23	mja:	刃,锋芒
	𘞛𘞛𘞛𘞛𘞛			妙巧,有齿尖	
11.2503	𘞛	舌[口捺]	1.23	dja:	人姓,[音]
11.2504	𘞛	来[辣]	1.23	lja:	颂,偈,赞
	𘞛𘞛𘞛𘞛			欢美帕右	
11.2505	𘞛	来[辣]	1.23	lja:	人姓,[音]
	𘞛𘞛			歌颂lja:	

11.2506 【二十四】	【𗏵 𗷓𗷓𗹼】	喉[汉]	1.24	xaⁿ	人姓,地名,[音]
11.2507	𗷓	重[班]	1.24	paⁿ	惊,怪
11.2508	𗷓	重[盘]	1.24	pʰaⁿ	人姓,[音]

编号	西夏文	声类和汉字注音	声调韵类	拟音	汉义
11.2601	𗷓	重[盘]	1.24	pʰaⁿ	[音]
11.2602	𗷓	重[抹]	1.24	baⁿ	缠,绕
11.2603	𗷓	重[抹]	1.24	baⁿ	盘
11.2604	𗷓	重[抹]	1.24	baⁿ	鹅
11.2605	𗷓	重[曼]	1.24	maⁿ	运气,福气,[音]
	𗷓𗷓𗷓𗷓				取魅轻左
11.2606	𗷓	舌[担]	1.24	taⁿ	担(借汉),[音]
	𗷓𗷓				担也
11.2607	𗷓	舌[担]	1.24	taⁿ	疥,癞
11.2608	𗷓	舌[丹]	1.24	taⁿ	刚正
11.2609	𗷓	舌[单]	1.24	taⁿ	单衣(借汉),[音]
11.2610	𗷓	舌[丹]	1.24	taⁿ	𗷓𗷓 契丹,[音]

编号	西夏文	声类和汉字注音	声调韵类	拟音	汉义
11.2701	𗷓	舌[檀]	1.24	tʰaⁿ	潭(借汉),[音]
11.2702	𗷓	舌[南]	1.24	daⁿ	人姓,[音]
11.2703	𗷓	舌[南]	1.24	daⁿ	蹴,踢
11.2704	𗷓	舌[南]	1.24	daⁿ	啖(借汉),喂
11.2705	𗷓	牙[甘]	1.24	kaⁿ	杆(借汉)
11.2706	𗷓	牙[甘]	1.24	kaⁿ	赶(借汉)
11.2707	𗷓	牙[甘]	1.24	kaⁿ	人姓,地名,[音]
	𗷓𗷓				干土
11.2708	𗷓	牙[坎]	1.24	kʰaⁿ	坎(借汉)
11.2709	𗷓	齿[簪]	1.24	tsaⁿ	炸,破

		𫟐𫟐		压迫	
11.2710	𫟐	齿[瓒]	1.24	tsʰaⁿ	骏,骥
		𫟐𫟐𫟐𫟐		美骏骏右	

编号	西夏文	声类和汉字注音	声调韵类	拟音	汉义
12.1101	𫟐	齿[散]	1.24	saⁿ	散(借汉)
12.1102	𫟐	齿[三]	1.24	saⁿ	三(借汉),[音]
12.1103	𫟐	喉[安]	1.24	ɣaⁿ	人姓,[音]
12.1104	𫟐	喉[汉]	1.24	xaⁿ	人姓,地名,[音]
12.1105	𫟐	喉[汉]	1.24	xaⁿ	憨,疯癫,[音]
12.1106	𫟐	来[兰]	1.24	laⁿ	陨石,神石,[音]
		𫟐𫟐𫟐𫟐		石人水右	
12.1107	𫟐	来[兰]	1.24	laⁿ	乳渣
12.1108	𫟐	来[兰]	1.24	laⁿ	地名,𫟐𫟐贺兰
12.1109	𫟐	来[兰]	1.24	laⁿ	栏(借汉)
		𫟐𫟐		绕遮	

编号	西夏文	声类和汉字注音	声调韵类	拟音	汉义
12.1201	𫟐	来[兰]	1.24	laⁿ	草名
12.1202	𫟐	舌[段]	1.24	twaⁿ	人姓、地名
12.1203	𫟐	舌[煖]	1.24	dwaⁿ	地名
12.1204	𫟐	牙[管]	1.24	kwaⁿ	鞍索
12.1205	𫟐	牙[灌]	1.24	kwaⁿ	管,灌(借汉),[音]
12.1206	𫟐	齿[钻]	1.24	tswaⁿ	钻(借汉),地名
12.1207	𫟐	齿[算]	1.24	swaⁿ	哑,人姓
12.1208	𫟐	喉[桓]	1.24	xwaⁿ	[音]
12.1209	𫟐	舌[栾]	1.24	lwaⁿ	人姓
12.1210 【二十五】	【𫟐㮥𫟐𫟐】	喉[罨]	1.25	ɣiaⁿ	闲(借汉)

编号	西夏文	声类和汉字注音	声调韵类	拟音	汉义
12.1301	[illegible]	重[板]	1.25	pia^n	门牙
12.1302	[illegible]	牙[碱]	1.25	kia^n	碱(借汉),树虫
12.1303	[illegible]	正[栈]	1.25	tɕ^{h}ia^n	草舍,茅棚
12.1304	[illegible]	正[苫]	1.25	ɕia^n	苫
12.1305	[illegible]	正[山]	1.25	ɕia^n	山(借汉),[音]
12.1306	[illegible]	喉[鼋]	1.25	ɣia^n	闲(借汉)
12.1307	[illegible]	牙[官]	1.25	kiwa^n	官,关(借汉)
12.1308	[illegible]	喉[梵]	1.25	xiwa^n	梵(借汉),[音]
12.1309	[illegible]	喉[顽]	1.25	ɣiwa^n	顽(借汉),愚蠢
12.1310	[illegible]	正[栓]	1.25	ɕiwa^n	栓(借汉)
12.1311【二十六】	【[illegible]	喉[延]	1.26	·ja^n	城名,地名,人姓,[音]

编号	西夏文	声类和汉字注音	声调韵类	拟音	汉义
12.1401	[illegible]	牙[坚]	1.26	kja^n	[音]
12.1402	[illegible]	牙[乾]	1.26	k^{h}ja^n	危险
12.1403	[illegible]	牙[乾]	1.26	k^{h}ja^n	[音]
12.1404	[illegible]	牙[延]	1.26	·ja^n	城名,地名,人姓,[音]
12.1405	[illegible]	正[禅]	1.26	ɕja^n	禅(借汉)
12.1406	[illegible]	正[尼专]	1.26	ʥjwa^n	椽(借汉)
12.1407	[illegible]	牙[卷]	1.26	kjwa^n	卷(借汉)
12.1408	[illegible]	牙[郡]	1.26	k^{h}jwa^n	地名,人姓,[音]
12.1409	[illegible]	牙[顽]	1.26	gjwa^n	人姓,地名
12.1410	[illegible]	正[转]	1.26	tɕjwa^n	转(借汉)

编号	西夏文	声类和汉字注音	声调韵类	拟音	汉义
12.1501	[illegible]	正[川]	1.26	tɕ^{h}jwa^n	川(借汉),[音]
12.1502	[illegible]	齿[全]	1.26	ts^{h}jwa^n	全(借汉),[音]

编号	西夏文	声类和汉字注音	声调韵类	拟音	汉义
12.1503	羂	喉[袁]	1.26	ɣjwaⁿ	人姓,[音]
12.1504	糤	舌[难]	1.26	djaⁿ	浅,[音]
12.1505【二十七】	【桅桅骸薋】	喉[蟹]	1.27	xə	寻,找
12.1506	綖	重[不]	1.27	pə	大,粗,[音]
	粣紽				大小畜po
12.1507	紽	重[不]	1.27	pə	小畜,[音]
12.1508	緻	重[不]	1.27	pə	父辈,长辈
	蒇粣紥				年大也
12.1509	紋	重[不]	1.27	pə	草药,艾灸?
	紒紋				艾草

编号	西夏文	声类和汉字注音	声调韵类	拟音	汉义
12.1601	嶽	重[不]	1.27	pə	矿石
12.1602	箶	重[不]	1.27	pə	鬼魅
12.1603	毦	重[不]	1.27	pə	火,离(八卦之一)
12.1604	絹	重[字]	1.27	pʰə	富翁,长者
	纰纰				有云
12.1605	羕	重[字]	1.27	pʰə	矜高,骄傲
12.1606	燹	重[字]	1.27	pʰə	羌,藏,吐蕃
12.1607	牥	重[字]	1.27	pʰə	价
12.1608	亷	重[字]	1.27	pʰə	牙齿
12.1609	朘	重[。没]	1.27	mə	蟛蟓
12.1610	朘	重[。没]	1.27	mə	天,朘粕活业
12.1611	朡	重[。没]	1.27	mə	守护神

编号	西夏文	声类和汉字注音	声调韵类	拟音	汉义
12.1701	胀	重[。没]	1.27	mə	护羊神
12.1702	緩	重[。没]	1.27	mə	功绩,人姓

12.1703	𗱮	重［。没］	1.27	mə	鹰,鹫
12.1704	𗦮	重［没］	1.27	bə	绵,软
12.1705	𗪜	重［没］	1.27	bə	馈赠,延请
12.1706	𗦶	重［没］	1.27	bə	髌骨(?)
12.1707	𗣼	重［没］	1.27	bə	投,掷,弃,舍
12.1708	𗸀	重［没］	1.27	bə	丢,弃
12.1709	𗏟	重［没］	1.27	bə	礼仪
12.1710	𗸦	重［没］	1.27	bə	本,根,资源
	𗸦𗦮𗦶𗏟𗪜𗣼𗸀𗱮𗦮			资源父右,根本发起处也	

编号	西夏文	声类和汉字注音	声调韵类	拟音	汉义
12.1801	𗽀	重［没］	1.27	bə	先人名,［音］
	𗦮𗸦𗏟𗸦			绵bə圈意右	
12.1802	𗥾	舌［德］	1.27	tə	［音］
12.1803	𗹐	舌［特］	1.27	tʰə	𗹐𗹐磈碌
12.1804	𗽄	舌［特］	1.27	tʰə	协力,合力
12.1805	𗻜	牙［吃］	1.27	kə	袋
12.1806	𗽃	牙［吃］	1.27	kə	疠子,疮
12.1807	𗹜	牙［吃］	1.27	kə	沙虫

编号	西夏文	声类和汉字注音	声调韵类	拟音	汉义
12.2101	𗺏	牙［吃］	1.27	kə	𗺏𗹋小狗,人名
12.2102	𗺪	牙［吃］	1.27	kə	荆棘,圪针
12.2103	𗺰	牙［吃］	1.27	kə	𗺰𗷃龟蛙
12.2104	𗹡	牙［吃］	1.27	kə	粗糙,喧嚣
12.2105	𗻶	牙［吃］	1.27	kə	曲,弯,凹
12.2106	𗻠	牙［吃］	1.27	kə	渣滓,糟粕
12.2107	𗻕	牙［吃］	1.27	kə	陨石,神石
12.2108	𗺅	牙［吃］	1.27	kə	袋,囊

12.2109	麲	牙[刻]	1.27	kʰə	屁股
12.2110	庇	牙[刻]	1.27	kʰə	肉馅,香肠
12.2111	焱	牙[刻]	1.27	kʰə	美词
	焱 苑			美妇	

编号	西夏文	声类和汉字注音	声调韵类	拟音	汉义
12.2201	焱	牙[颚]	1.27	ŋə	腻味
12.2202	鼬	齿[寺]	1.27	tsʰə	寺(借汉),[音]
12.2203	缒	齿[寺]	1.27	tsʰə	缒緌苁蓉
12.2204	焱	齿[司]	1.27	sə	[音]
12.2205	烬	齿[司]	1.27	sə	屁股,末尾
12.2206	毗	喉[黑]	1.27	xə	寻觅
	麄 祓 縋 毿			皆下明右	
12.2207	瓍	来[勒]	1.27	lə	颈,项
12.2208	膬	来[勒]	1.27	lə	障碍,遮蔽
12.2209	儱	来[勒]	1.27	lə	噎

编号	西夏文	声类和汉字注音	声调韵类	拟音	汉义
12.2301	瓊	来[勒]	1.27	lə	嗦
12.2302	胏	来[勒]	1.27	lə	坑,窖,壑,沟
12.2303	骰	来[勒]	1.27	lə	宽窄
12.2304	蘆	轻[勿]	1.27	wə	皮袄
12.2305	蠡	轻[勿]	1.27	wə	丈夫
12.2306	殢	齿[勿]	1.27	wə	主,监
12.2307	胒	舌[能]	1.27	nwə	知
12.2308	骰	牙[骨]	1.27	kwə	背后
12.2309	庪	牙[骨]	1.27	kwə	运气,福气
12.2310	馥	牙[魁]	1.27	kʰwə	中间,玄,浮

编号	西夏文	声类和汉字注音	声调韵类	拟音	汉义
12.2401	祇	牙[窟]	1.27	$k^hw\vartheta$	昏迷,闷
12.2402	乇	牙[窟]	1.27	$k^hw\vartheta$	半
		甂 姚 甈 腿		全头瘦右	
12.2403	槐	牙[兀]	1.27	$\eta w\vartheta$	五
12.2404	槐	牙[兀]	1.27	$\eta w\vartheta$	瓮,瓶
12.2405	毅	牙[兀]	1.27	$\eta w\vartheta$	天
12.2406	廵	喉[恶]	1.27	$\gamma w\vartheta$	人姓,𤏸𤏸回鹘
12.2407	廵	喉[恶]	1.27	$\gamma w\vartheta$	斗,争,打
12.2408	姚	齿[丝]	1.27	$s\vartheta$	满,足,盈,充
		矯 姚		足盈	
12.2409	甤	舌[嘚]	1.27	$t\vartheta$	[音]

编号	西夏文	声类和汉字注音	声调韵类	拟音	汉义
12.2501 【二十八】	【祗 椼 骸 冦】	牙[吃]	1.28	$ki\vartheta$	呼唤
12.2502	蠞	重[不]	1.28	$pi\vartheta$	绚丽
		颐 姚 狺 狺		美花有也	
12.2503	蕤	重[没]	1.28	$bi\vartheta$	柳
12.2504	祗	牙[吃]	1.28	$ki\vartheta$	呼唤
12.2505	毿	牙[刻]	1.28	$k^hi\vartheta$	清净
12.2506	烨	正[之]	1.28	$t\varphi i\vartheta$	陡
12.2507	懾	正[谶]	1.28	$t\varphi^hi\vartheta$	抽,拔,取
12.2508	獭	正[谶]	1.28	$t\varphi^hi\vartheta$	沫,泡沫
12.2509	辐	正[谶]	1.28	$t\varphi^hi\vartheta$	人姓,[音]

编号	西夏文	声类和汉字注音	声调韵类	拟音	汉义
12.2601	𗼕	正[使]	1.28	ɕiə	使(借汉),[音]
		𗼕𗼕			使令
12.2602	𗼕	正[史]	1.28	ɕiə	人姓,个
12.2603	𗼕	正[史]	1.28	ɕiə	线
12.2604	𗼕	正[史]	1.28	ɕiə	鸟名
12.2605	𗼕	正[史]	1.28	ɕiə	黎明,拂晓
12.2606	𗼕	正[示]	1.28	ɕiə	引,导,伴
12.2607	𗼕	喉[乙]	1.28	ɣiə	稀,少,寡
12.2608	𗼕	喉[乙]	1.28	ɣiə	妯娌
12.2609	𗼕	喉[黑]	1.28	xiə	离
12.2610	𗼕	喉[倚]	1.28	ɣiə	亲,近
12.2611	𗼕	牙[骨]	1.28	kiwə	踩,踏

编号	西夏文	声类和汉字注音	声调韵类	拟音	汉义
12.2701	𗼕	牙[块]	1.28	kʰiwə	角
12.2702	𗼕	牙[块]	1.28	kʰiwə	刚强,人姓
12.2703	𗼕	牙[块]	1.28	kʰiwə	𗼕𗼕𗼕萝葡
12.2704	𗼕	牙[块]	1.28	kʰiwə	𗼕𗼕珊瑚
12.2705	𗼕	正[率]	1.28	ɕiwə	珊瑚
12.2706	𗼕	正[率]	1.28	ɕiwə	鼠
12.2707	𗼕	来[入]	1.28	ziwə	差,缺
12.2708	𗼕	来[入]	1.28	ziwə	乳头

编号	西夏文	声类和汉字注音	声调韵类	拟音	汉义
13.1101 【二十九】	【𗼕 𗼕𗼕𗼕】	正[使]	1.29	ɕji	拭(借汉),清洁
13.1102	𗼕	轻[勿]	1.29	wji	婆婆,岳母,祖母
	𗼕𗼕𗼕𗼕				亲圈天右

13.1103	[illegible]	舌[能]	1.29	njɨ	裙
13.1104	[illegible]	正[只]	1.29	tɕjɨ	拉弓
13.1105	[illegible]	正[只]	1.29	tɕjɨ	拉扯
13.1106	[illegible]	正[只]	1.29	tɕjɨ	赠,赐,[illegible] [illegible]嘱咐,[illegible] [illegible] 只关
13.1107	[illegible]	正[只]	1.29	tɕjɨ	熟酥
13.1108	[illegible]	正[只]	1.29	tɕjɨ	[illegible] [illegible] 俄顷
13.1109	[illegible]	正[只]	1.29	tɕjɨ	悟,醒
13.1110	[illegible]	正[只]	1.29	tɕjɨ	人姓

编号	西夏文	声类和汉字注音	声调韵类	拟音	汉义
13.1201	[illegible]	正[只]	1.29	tɕjɨ	白蹄
13.1202	[illegible]	正[只]	1.29	tɕjɨ	毁坏
13.1203	[illegible]	正[只]	1.29	tɕjɨ	志(借汉)
13.1204	[illegible]	正[姪]	1.29	$tɕ^hjɨ$	[illegible] [illegible] 追求,自励
13.1205	[illegible]	正[姪]	1.29	$tɕ^hjɨ$	人姓,[illegible] [illegible] 契丹
13.1206	[illegible]	正[姪]	1.29	$tɕ^hjɨ$	尔,彼,他,其
13.1207	[illegible]	正[姪]	1.29	$tɕ^hjɨ$	狭窄
13.1208	[illegible]	正[姪]	1.29	$tɕ^hjɨ$	驮,载
13.1209	[illegible]	正[使]	1.29	ɕjɨ	往,去,诣
	[illegible] [illegible] [illegible]			少ɕjɨ使虫ɕjɨ	

编号	西夏文	声类和汉字注音	声调韵类	拟音	汉义
13.1301	[illegible]	正[使]	1.29	ɕjɨ	使(借汉)人
13.1302	[illegible]	正[使]	1.29	ɕjɨ	羞愧
13.1303	[illegible]	正[使]	1.29	ɕjɨ	憔悴
13.1304	[illegible]	正[使]	1.29	ɕjɨ	拭,清洁
	[illegible] [illegible]			扫拭	
13.1305	[illegible]	喉[乙]	1.29	ɣjɨ	舅
13.1306	[illegible]	喉[乙]	1.29	ɣjɨ	[illegible] [illegible] 结婚

13.1307	蘝	喉[乙]	1.29	ɣjɨ	耕牛
13.1308	靴	来[。勒]	1.29	ljɨ	风

编号	西夏文	声类和汉字注音	声调韵类	拟音	汉义
13.1401	蘮	来[。勒]	1.29	ljɨ	松
13.1402	蘲	来[。勒]	1.29	ljɨ	威风，威仪
13.1403	靫	来[。勒]	1.29	ljɨ	靫綏琥珀
13.1404	靴	来[。勒]	1.29	ljɨ	迟缓
13.1405	靬	来[。勒]	1.29	ljɨ	草名
13.1406	姚	来[。勒]	1.29	ljɨ	姚耗 中午
	粥耗				时午
13.1407	膥	来[。勒]	1.29	ljɨ	一，也，语助
	膥嫩				为唯
13.1408	耰	来[。勒]	1.29	ljɨ	离，差

编号	西夏文	声类和汉字注音	声调韵类	拟音	汉义
13.1501	胑	来[。勒]	1.29	ljɨ	屎，粪
	齘皴				粪恶
13.1502	蓊	来[。勒]	1.29	ljɨ	蓊帣 蠕行，率然
13.1503	枥	来[。勒]	1.29	ljɨ	关，锁，簧
13.1504	覆	来[。勒]	1.29	ljɨ	堕，落，失
13.1505	祋	正[出]	1.29	tɕʰjwɨ	足迹
	徽甏				过跳
13.1506	龀	正[术]	1.29	ɕjwɨ	来往，通过，出入
13.1507	焱	正[术]	1.29	ɕjwɨ	焱焱 时时，频频，数数
	薮龀				步过ɕjwɨ
13.1508	燋	正[术]	1.29	ɕjwɨ	啼哭，[音]

编号	西夏文	声类和汉字注音	声调韵类	拟音	汉义
13.1601	𱭣	轻[佛]	1.29	xjwɨ	佛（借汉）
13.1602	𱭣	轻[佛]	1.29	xjwɨ	宝,瑞象
13.1603 【三十】	【𱭣 𱭣𱭣	齿[悉]	1.30	sjɨ	蔬,草木
13.1604	𱭣	重[不]	1.30	pjɨ	父,爹,爸
13.1605	𱭣	重[盃]	1.30	pjɨ	今
13.1606	𱭣	重[盃]	1.30	pjɨ	昔
13.1607	𱭣	重[盃]	1.30	pjɨ	边界
	𱭣𱭣			界际	
13.1608	𱭣	重[字]	1.30	pʰjɨ	失,弃,舍

编号	西夏文	声类和汉字注音	声调韵类	拟音	汉义
13.1701	𱭣	重[字]	1.30	pʰjɨ	听,闻
	𱭣𱭣𱭣𱭣𱭣𱭣𱭣			请左随闻,知悟也	
13.1702	𱭣	重[。没]	1.30	mjɨ	他,彼
	𱭣𱭣			国解	
13.1703	𱭣	重[。没]	1.30	mjɨ	忧伤
13.1704	𱭣	重[。没]	1.30	mjɨ	不,无,非,莫,没
	𱭣𱭣（第一字不清）			不谓（曰不）	
13.1705	𱭣	重[。没]	1.30	mjɨ	迷惑
	𱭣𱭣			测后	
13.1706	𱭣	重[。没]	1.30	mjɨ	此刻,顷刻

编号	西夏文	声类和汉字注音	声调韵类	拟音	汉义
13.2101	𱭣	重[。没]	1.30	mjɨ	母,妈,娘
13.2102	𱭣	重[没]	1.30	bjɨ	敌寇
	𱭣𱭣			恶敌	
13.2103	𱭣	重[没]	1.30	bjɨ	高,上

13.2104	𗋿	重[没]	1.30	bji	下,以下
13.2105	𗙣	重[没]	1.30	bji	少,小
13.2106	𗰀	重[没]	1.30	bji	颊
13.2107	𗭀	重[没]	1.30	bji	溢
13.2108	𗄰	舌[嘚]	1.30	tji	假若,一
13.2109	𗂼	舌[特]	1.30	tʰji	地名,𗂼𗴮 唐徕
	𗴮𗂼				唯围 tʰji

编号	西夏文	声类和汉字注音	声调韵类	拟音	汉义
13.2201	𗘦	舌[特]	1.30	tʰji	矜持,高傲
13.2202	𗙳	舌[特]	1.30	tʰji	放,弃,断
	𗙳𗵺𗵝𗙍				解唤 tʰji,出也
13.2203	𗵺	舌[特]	1.30	tʰji	东,末,尾
13.2204	𗵝	舌[特]	1.30	tʰji	召,唤,言,说
	𗵝𗙍				唤也
13.2205	𗙍	舌[能]	1.30	nji	情面,羞愧
13.2206	𗙸	舌[能]	1.30	nji	嫡亲,胞亲
	𗙸𗰸				嫡兄

编号	西夏文	声类和汉字注音	声调韵类	拟音	汉义
13.2301	𗋸	舌[能]	1.30	nji	姑
13.2302	𗴴	舌[能]	1.30	nji	岳母,姑婆
13.2303	𗰎	舌[ᵐ能]	1.30	dji	肩
13.2304	𗙢	舌[ᵐ能]	1.30	dji	人姓
13.2305	𗰴	舌[ᵐ能]	1.30	dji	京畿,都城,邑
13.2306	𗰂	舌[ᵐ能]	1.30	dji	诏,敕
	𗰂𗟲𗙸𗴴𗙍𗰎𗰴				皇子、太子赐予官
13.2307	𗰔	舌[ᵐ能]	1.30	dji	常病

编号	西夏文	声类和汉字注音	声调韵类	拟音	汉义
13.2401	蕤	牙［吃］	1.30	kji	溺爱
13.2402	蕤	牙［吃］	1.30	kji	缸，瓮
13.2403	蕤	牙［吃］	1.30	kji	人姓，［音］
13.2404	蕤	牙［吃］	1.30	kji	公公，岳父
	蕤 蕤 蕤 蕤				亲圈同右
13.2405	蕤	牙［吃］	1.30	kji	已，所（已行体趋向近处的动词前辍）
	蕤 蕤				皮所
13.2406	蕤	牙［吃］	1.30	kji	高
	蕤 蕤 蕤 蕤 蕤				见高，最上也

编号	西夏文	声类和汉字注音	声调韵类	拟音	汉义
13.2501	蕤	牙［吃］	1.30	kji	鼩鼱（地鼠）？
13.2502	蕤	牙［吃］	1.30	kji	高歌
13.2503	蕤	牙［吃］	1.30	kji	禁止
13.2504	蕤	牙［刻］	1.30	kʰji	脚，足
13.2505	蕤	牙［刻］	1.30	kʰji	侄子
	蕤 蕤 蕤 蕤				节圈翁成就
13.2506	蕤	牙［刻］	1.30	kʰji	地名
	蕤 蕤				旷高
13.2507	蕤	牙［吃］	1.30	gji	儿童
	蕤 蕤				生壮

编号	西夏文	声类和汉字注音	声调韵类	拟音	汉义
13.2601	蕤	齿［子］	1.30	tsji	镒
	蕤 蕤 蕤 蕤 蕤				园揸，称算用
13.2602	蕤	齿［子］	1.30	tsji	小，亦，复
13.2603	蕤	齿［子］	1.30	tsji	癫，疥

13.2604	𗉒	齿［子］	1.30	tsji	铙
13.2605	𗉫	齿［贼］	1.30	tsʰji	羖羺,羊
13.2606	𗉩	齿［贼］	1.30	tsʰji	喜,爱,衣服
13.2607	𗊀	齿［贼］	1.30	tsʰji	格言,妙语
	𗊀𗜓			测也	

编号	西夏文	声类和汉字注音	声调韵类	拟音	汉义
13.2701	𗉧	齿［贼］	1.30	tsʰji	昴星
13.2702	𗉿	齿［贼］	1.30	tsʰji	晚夕
13.2703	𗊃	齿［贼］	1.30	tsʰji	水禽名
13.2704	𗉵	齿［贼］	1.30	tsʰji	山羊
13.2705	𗊞	齿［悉］	1.30	sji	蔬,草木
13.2706	𗉪	齿［悉］	1.30	sji	死
13.2707	𗊊	齿［夷］	1.30	·ji	草名
13.2708	𗉶	齿［夷］	1.30	·ji	揖,拜礼
13.2709	𗊋	齿［夷］	1.30	·ji	平坦

编号	西夏文	声类和汉字注音	声调韵类	拟音	汉义
14.1101	𗊑	齿［夷］	1.30	·ji	谓,云,说,曰
14.1102	𗊒	齿［夷］	1.30	·ji	婚姻
14.1103	𗊘	齿［勒］	1.30	ɬji	人姓
14.1104	𗊙	齿［勒］	1.30	ɬji	服饰,精神,𗊙𗊜珂贝,物资
14.1105	𗊟	齿［勒］	1.30	ɬji	生处
14.1106	𗊤	齿［勒］	1.30	ɬji	虫名
14.1107	𗊥	齿［勒］	1.30	ɬji	徐徐,渐渐
14.1108	𗊧	齿［勒］	1.30	ɬji	增,添
14.1109	𗊨	齿［勒］	1.30	ɬji	酪

编号	西夏文	声类和汉字注音	声调韵类	拟音	汉义
14.1201	燚	齿［勒］	1.30	ɬji	解脱
14.1202	綴	舌［丁谷］	1.30	tjwi	打,拷,挞
14.1203	彤	舌［特合］	1.30	tʰjwi	吓,惊
14.1204	藮	舌［能合］	1.30	njwi	樱
14.1205	毹	舌［能合］	1.30	njwi	神祇
14.1206	蕛	舌［能合］	1.30	njwi	酪
14.1207	叕	舌［能合］	1.30	njwi	茂盛,壮
14.1208	飝	舌［能合］	1.30	njwi	脓
14.1209	燚	牙［嚷］	1.30	kjwi	砍,折

编号	西夏文	声类和汉字注音	声调韵类	拟音	汉义
14.1301	燚	牙［嚷］	1.30	kjwi	鸟名
14.1302	巍	牙［屈］	1.30	kʰjwi	腕
14.1303	豿	牙［屈］	1.30	kʰjwi	曲(借汉),［音］豿叕 曲酒
14.1304	粍	牙［屈］	1.30	kʰjwi	割,伐,斩
14.1305	彮	牙［屈］	1.30	kʰjwi	犬,狗
	燚耙				狗犬
14.1306	緎	牙［屈］	1.30	kʰjwi	功,恩,［音］
14.1307	燩	牙［萼］	1.30	gjwi	坚,固
14.1308	叕	牙［萼］	1.30	gjwi	割,折,堕,流

编号	西夏文	声类和汉字注音	声调韵类	拟音	汉义
14.1401	毡	齿［醉］	1.30	tsjwi	何,然,则
14.1402	鑫	齿［醉］	1.30	tsjwi	搓,揉,攥
14.1403	鑅	齿［恤］	1.30	sjwi	哄,闹
	豻 殌 燚 燚 叕				兽哄,震骇用
14.1404	潲	齿［恤］	1.30	sjwi	谁,孰,何,［音］

14.1405	𗢱	齿[恤]	1.30	sjwi	把尿
14.1406	𗣆	来[哆则]	1.30	zjwi	痛
14.1407	𗣍	来[哆则]	1.30	zjwi	结籽

编号	西夏文	声类和汉字注音	声调韵类	拟音	汉义
14.1501	𗢿	舌[特合]	1.30	tʰjwi	染(病),遇,得
14.1502	𗣲	舌[特合]	1.30	tʰjwi	完,终,了,毕
14.1503	𗣳	舌[能合]	1.30	njwi	守护,守卫
	𗣳𗣳𗣳				守护也
14.1504	𗣱	舌[能合]	1.30	njwi	美,善,轩𗣳苟葵
14.1505	𗣴	舌[能合]	1.30	njwi	俗,俗语
14.1506	𗣵	舌[能合]	1.30	njwi	驱遣
	𗣵𗣵𗣵𗣵𗣵				逼神njwi,已送也
14.1507	𗣶	齿[卒]	1.30	tsjwi	揉搓
	𗣶𗣶				握紧

编号	西夏文	声类和汉字注音	声调韵类	拟音	汉义
14.1601	𗤀	齿[七合]	1.30	tsʰjwi	吠
14.1602	𗤁	齿[恤]	1.30	sjwi	𗤁𗤁旋风
14.1603	𗤂	齿[恤]	1.30	sjwi	种,芽
	𗤂𗤂				生母
14.1604	𗤃	齿[恤]	1.30	sjwi	耳
14.1605	𗤄	齿[恤]	1.30	sjwi	噎,塞
14.1606	𗤅	来[泪]	1.30	ljwi	泪(借汉)
	𗤅𗤅𗤅𗤅𗤅				泪脂,眼泪也
14.1607【三十一】	【𗤆】𗤆𗤆𗤆	舌[能重]	1.31	də:	趋,疾驰,顿

编号	西夏文	声类和汉字注音	声调韵类	拟音	汉义
14.1701	𗗕	重[孛]	1.31	pʰəː	交结，庇映
14.1702	𗘁	重[孛]	1.31	pʰəː	厌，嫌，谤
14.1703	𗭀	重[没]	1.31	bəː	疮中蛆
14.1704	𗭻	重[°没]	1.31	məː	魔，魅
14.1705	𗭠	重[°没]	1.31	məː	瞑盲，瞀
	𗮉𗮋				盲偏
14.1706	𗶊	重[°没]	1.31	məː	火
14.1707	𗮭	重[°没]	1.31	məː	吹
14.1708	𗷅	舌[ᵐ能]	1.31	dəː	前，昔

编号	西夏文	声类和汉字注音	声调韵类	拟音	汉义
14.2101	𗕜	舌[ᵐ能]	1.31	dəː	腐臭
	𗕜𗮉				旷臭
14.2102	𗧝	舌[能重]	1.31	dəː	趋，急行，疾驰
14.2103	𗋒	轻[勿]	1.31	wəː	柔，弱，雅，妙，恺悌
14.2104	𗧒	轻[勿]	1.31	wəː	孝，柔，葵
14.2105	𗌮	轻[勿]	1.31	wəː	有，享有，属（存在动词之一）
	𗮺𗋒				主柔wo̲ː
14.2106	𗬟	轻[勿]	1.31	wəː	厌恶（借汉）
14.2107	𗠔	轻[勿]	1.31	wəː	伏，服
14.2108	𗟰	舌[奴]	1.31	dwəː	突，凸
14.2109	𘌒	牙[骨]	1.31	kwəː	鼾

编号	西夏文	声类和汉字注音	声调韵类	拟音	汉义
14.2201	頒	牙[兀]	1.31	ŋwə:	咒
	讈秖貾蔲				永长赐也
14.2202	礋	牙[兀]	1.31	ŋwə:	贪食
14.2203 【三十二】	【髮 散散椬	舌[口能]	1.32	dji:	摸,验,查
14.2204	巐	牙[饥]	1.32	kji:	摔跤,搏斗
	巐甋巑薪豩祗				监kji:搏,相争为也
14.2205	巐	牙[饥]	1.32	kji:	监,禁,制
14.2206	貋	牙[饥]	1.32	kji:	斑驳
14.2207	襸	牙[客]	1.32	kʰji:	研磨

编号	西夏文	声类和汉字注音	声调韵类	拟音	汉义
14.2301	兼	来[勒]	1.32	lji:	回,还,报,逆,屈
	蒱綖				换在
14.2302	綖	来[儿]	1.32	ʐji:	恨
	絑皽				心恶
14.2303	赒	来[儿]	1.32	ʐji:	穿,刺
	皷羧獮覙				喉刺穿左
14.2304	烲	正[轸]	1.32	tɕji:	绣
14.2305	絋	正[轸]	1.32	tɕji:	次,序,续,绪
14.2306	鑃	正[赤]	1.32	tɕʰji:	审核,考查
14.2307	缙	正[色]	1.32	ɕji:	疑惑
	帯舜				凉ɕju:展ɕji:
14.2308	霬	正[准]	1.32	tɕwi:	酿

编号	西夏文	声类和汉字注音	声调韵类	拟音	汉义
14.2401	巍	正[率]	1.32	ɕjwi:	澄清,滤
14.2402	麲	正[率]	1.32	ɕjwi:	皱,衰,老

14.2403	㸒	喉[月]	1.32	·jwɨː	障,蔽,遮,拦
14.2404	㸒	来[勒]	1.32	ɬjɨː	表皮
	㸒㸒㸒㸒				遮帐皮全
14.2405	㸒	来[勒]	1.32	ljɨː	人姓
	㸒㸒㸒㸒				手取人右
14.2406	㸒	来[勒]	1.32	ljɨː	人姓
14.2407	㸒	来[勒]	1.32	ljɨː	羞愧
14.2408	㸒	重[字]	1.32	pʰjɨː	阿谀
14.2409	㸒	重[字]	1.32	pʰjɨː	畏惧
	㸒㸒				教害

编号	西夏文	声类和汉字注音	声调韵类	拟音	汉义
14.2501	㸒	重[没]	1.32	bjɨː	缚,捉
	㸒㸒㸒㸒				索绕处心
14.2502	㸒	重[。没]	1.32	mjɨː	女,人姓
14.2503	㸒	重[。没]	1.32	mjɨː	鸟名
14.2504	㸒	重[。没]	1.32	mjɨː	夜,晚
14.2505	㸒	舌[嗕]	1.32	tjɨː	瞪
14.2506	㸒	舌[特]	1.32	tʰjɨː	旋转
14.2507	㸒	舌[口能]	1.32	djɨː	轻佻,傲,正直
	㸒㸒				笑djɨː佻
14.2508	㸒	舌[口能]	1.32	djɨː	摸,验,查
	㸒㸒㸒㸒				指左手右

编号	西夏文	声类和汉字注音	声调韵类	拟音	汉义
14.2601	㸒	舌[能]	1.32	njɨː	晒
	㸒㸒				光妙
14.2602	㸒	舌[能]	1.32	njɨː	二
14.2603	㸒	牙[剋]	1.32	kʰjɨː	集结,㸒㸒 磨勘

14.2604	㿮	牙[剋]	1.32	kʰjɨː	抖,战栗
14.2605	㹢	牙[口仡]	1.32	gjɨː	寻找
14.2606	㿱	牙[口仡]	1.32	gjɨː	分食
14.2607	㦛	牙[口仡]	1.32	gjɨː	雷
14.2608	㸚	齿[。七]	1.32	tsʰjɨː	行,列,诵,㦛㸚阁门
14.2609	㹪	来[栗]	1.32	ljɨː	幡,吹扬
	㷟㿰				幢[黄]

编号	西夏文	声类和汉字注音	声调韵类	拟音	汉义
14.2701	㿲	来[勒]	1.32	ljɨː	斤(量词)
	㿱㿲 枞㿳				明心两右
14.2702	㹮	来[勒]	1.32	ljɨː	重
	㻤㻥				沉迟钝
14.2703	㻦	来[勒]	1.32	ljɨː	狼
14.2704	㻧	来[勒]	1.32	ljɨː	做,办,能
14.2705	㻨	齿[恤。]	1.32	sjwɨː	思,虑,忧
14.2706	㻩	齿[醉]	1.32	tsjwɨː	桶,罐
	㻪㻫 㻬㻭 㻮㻯 㻰㻱				拌汁用,汉语酱桶也

编号	西夏文	声类和汉字注音	声调韵类	拟音	汉义
15.1101【三十三】	【㻲㻳㻴㻵	喉[海]	1.33	xej	海(借汉),[音]
15.1102	㻶	轻[外]	1.33	wej	安,乐,瑞象
	㻷㻸㻹㻺㻻				盛功高赞也
15.1103	㻼	舌[戴]	1.33	tej	匀称,[音]
15.1104	㻽	舌[大]	1.33	tʰej	[音]
	㻾㻿㼀㼁㼂㼃㼄				万圈高全,地名也
15.1105	㼅	舌[洒]	1.33	dej	人姓
	㼆㼇				[窦]dew[乃]doj
15.1106	㼈	牙[开]	1.33	kʰej	茂,盛,[音]

编号	西夏文	声类和汉字注音	声调韵类	拟音	汉义
15.1201	[illegible]	齿[灾]	1.33	tsej	栽(借汉),[音]
	[illegible]				土右树植
15.1202	[illegible]	齿[财]	1.33	ts^{h}ej	财(借汉),[音]
15.1203	[illegible]	齿[财]	1.33	ts^{h}ej	侵,扰
15.1204	[illegible]	齿[腮]	1.33	sej	净
	[illegible]				真头算sej全
15.1205	[illegible]	齿[腮]	1.33	sej	算,数
	[illegible]				知宣释左
15.1206	[illegible]	喉[海]	1.33	xej	海(借汉),[音]
	[illegible]				坎渊水河
15.1207	[illegible]	来[来]	1.33	lej	关,闭
	[illegible]				入割lej,障处也

编号	西夏文	声类和汉字注音	声调韵类	拟音	汉义
15.1301	[illegible]	来[来]	1.33	lej	人姓
	[illegible]				温美lej
15.1302	[illegible]	来[来]	1.33	lej	石料
	[illegible]				石盖
15.1303	[illegible]	重[背]	1.33	pej	外表,背后,防护
15.1304	[illegible]	重[背]	1.33	pej	头生
15.1305	[illegible]	重[背]	1.33	pej	饮
15.1306	[illegible]	重[裴]	1.33	p^{h}ej	捆,缚,枷,拘
15.1307	[illegible]	重[裴]	1.33	p^{h}ej	间,隔
	[illegible]				间心时右,中间也

编号	西夏文	声类和汉字注音	声调韵类	拟音	汉义
15.1401	𗱊	重[昧]	1.33	mej	人姓
15.1402	𗹡	重[昧]	1.33	mej	眼,目
15.1403	𗹢	重[昧]	1.33	mej	显明,[音]
15.1404	𗹣	重[昧]	1.33	mej	跪
15.1405	𗹤	重[昧]	1.33	mej	观察
15.1406	𗹥	重[昧]	1.33	mej	孔,格
15.1407	𗹦	重[喻]	1.33	bej	败(借汉),亡
15.1408	𗹧	重[喻]	1.33	bej	缚,系,拘,叛毅诉讼
15.1409	𗹨	重[喻]	1.33	bej	痘

编号	西夏文	声类和汉字注音	声调韵类	拟音	汉义
15.1501	𗹩	舌[堆]	1.33	twej	累,积
15.1502	𗹪	舌[堆]	1.33	twej	跛
15.1503	𗹫	舌[内]	1.33	dwej	疝气
15.1504	𗹬	牙[傀]	1.33	kwej	四,第四
15.1505	𗹭	牙[傀]	1.33	kwej	坟墓,尸场
15.1506	𗹮	牙[傀]	1.33	kwej	捣,剁
15.1507	𗹯	牙[傀]	1.33	kwej	虫名
15.1508	𗹰	牙[傀]	1.33	kwej	蹄,[音]
15.1509	𗹱	牙[傀]	1.33	kwej	恭敬
	𗹲𗹳𗹴𗹵			匍匐肘,恐也	

编号	西夏文	声类和汉字注音	声调韵类	拟音	汉义
15.1601	𗹶	牙[盔]	1.33	kʰwej	扩展,丰茂
15.1602	𗹷	齿[崔]	1.33	tsʰwej	人姓,[音]
	𗹸𗹹			[粗]tsʰu[雷]lwej	
15.1603	𗹺	齿[碎]	1.33	swej	碎(借汉)
15.1604	𗹻	齿[碎]	1.33	swej	连

	𗩾𗩾𗪱𗩾𗩦			连穿连接也	
15.1605	𗩗	喉［嵬］	1.33	ɣwej	争,斗,讼
	𗩁𗩾𗪎𗪬			争头不合	
15.1606	𗪮	喉［嵬］	1.33	ɣwej	斗,争,战,击

编号	西夏文	声类和汉字注音	声调韵类	拟音	汉义
15.1701	𗪿	喉［嵬］	1.33	ɣwej	人姓,𗪿𗪬回鹘
15.1702	𗪣	喉［嵬］	1.33	ɣwej	交换
15.1703	𗪨	舌［退］	1.33	tʰwej	支撑,垫
15.1704	𗪡	齿［碎］	1.33	swej	洁,净
15.1705	𗪩	来［雷］	1.33	lwej	富,人姓
15.1706 【三十四】	【𗪑 𗪒𗪓𗪔】	牙［更］	1.34	kiej	驱赶
15.1707	𗪛	重［命］	1.34	miej	奶皮,酪
15.1708	𗪜	重［命］	1.34	miej	招,呼,请来

编号	西夏文	声类和汉字注音	声调韵类	拟音	汉义
15.2101	𗪞	重［命］	1.34	miej	痣
15.2102	𗪟	牙［更］	1.34	kiej	缺,残,差,［音］
15.2103	𗪠	牙［皆］	1.34	kiej	骂,詈
15.2104	𗪢	牙［介］	1.34	kiej	矮
15.2105	𗪑	牙［更］	1.34	kiej	驱赶
	𗪬𗪭			迫步	
15.2106	𗪤	牙［皆］	1.34	kiej	犁弯,轭
	𗪤𗪯			梅斜	
15.2107	𗪥	牙［皆］	1.34	kiej	𗪨𗪥凤凰
15.2108	𗪦	牙［。客］	1.34	kʰiej	朔,寒
15.2109	𗪧	正［争］	1.34	tɕiej	帽,冠
15.2110	𗪰	正［胜］	1.34	ɕiej	胜(借汉)

编号	西夏文	声类和汉字注音	声调韵类	拟音	汉义
15.2201	麤	正[胜]	1.34	ɕiej	引导
15.2202	騂	喉[夷皆]	1.34	ɣiej	旋转?
15.2203	羃	喉[夷皆]	1.34	ɣiej	鹿角
	尾 麤 鞋 髎 死 愐 骹				高伟担右,鹿角也
15.2204	蕉	喉[夷皆]	1.34	ɣiej	嚼子
15.2205	藕	喉[夷皆]	1.34	ɣiej	记载,净洁,有心计?
15.2206	菝	喉[夷皆]	1.34	ɣiej	鞋
15.2207	翔	喉[夷皆]	1.34	ɣiej	搅
15.2208	襒	喉[夷皆]	1.34	ɣiej	真,纯真,正
	蕱 襒				净金

编号	西夏文	声类和汉字注音	声调韵类	拟音	汉义
15.2301	嵇	喉[夷皆]	1.34	ɣiej	众多,甚多
15.2302	瓧	正[拙]	1.34	tɕiwej	雷鸣
15.2303	觟	正[揣]	1.34	tɕʰiwej	疾速
15.2304	禈	正[衰]	1.34	ɕiạwej	急,疾
15.2305	愬	牙[乖]	1.34	kiwej	臂腕,膊
15.2306	悕	牙[乖]	1.34	kiwej	遗,失
15.2307	靭	正[衰]	1.34	ɕiạwej	怯弱
15.2308	蘚	喉[ᵈ裏]	1.34	ɣiwej	受,授
	甇 蘚				供执
15.2309【三十五】	【覔 骸 骳 狐	正[程]	1.35	tɕʰjij	举,秉

编号	西夏文	声类和汉字注音	声调韵类	拟音	汉义
15.2401	翻	轻[永]	1.35	wjij	有,在(存在动词之一)
	垂 愍				母神
15.2402	羄	轻[永]	1.35	wjij	往,行

	𘝜𗧓			步祐	
15.2403	𗧓	正[征]	1.35	tɕjij	鸟名
15.2404	𗧓	正[征]	1.35	tɕjij	羌,吐蕃
15.2405	𗧓	正[征]	1.35	tɕjij	爱慕
	𘝜𗧓			爱慕	
15.2406	𗧓	正[征]	1.35	tɕjij	堡
	𗧓𗧓𗧓𗧓			秘城土右	
15.2407	𗧓	正[征]	1.35	tɕjij	负担

编号	西夏文	声类和汉字注音	声调韵类	拟音	汉义
15.2501	𗧓	正[郑]	1.35	tɕʰjij	执,持,挐,载,吸,[音]
15.2502	𗧓	正[程]	1.35	tɕʰjij	行,举步
	𗧓𗧓𗧓𗧓			行游者右	
15.2503	𗧓	正[程]	1.35	tɕʰjij	后
15.2504	𗧓	正[程]	1.35	tɕʰjij	举,秉
	𗧓𗧓			首高	
15.2505	𗧓	正[舍]	1.35	ɕjij	世,代,朝,
	𗧓𗧓𗧓𗧓𗧓			寿世,岁置也	
15.2506	𗧓	正[舍]	1.35	ɕjij	顺,法,𗧓𗧓自然,𗧓𗧓相应
15.2507	𗧓	正[舍]	1.35	ɕjij	大麦

编号	西夏文	声类和汉字注音	声调韵类	拟音	汉义
15.2601	𗧓	正[舍]	1.35	ɕjij	清,明,亮
15.2602	𗧓	正[舍]	1.35	ɕjij	月
15.2603	𗧓	正[舍]	1.35	ɕjij	丰稔
15.2604	𗧓	正[师]	1.35	ɕjij	抽,撑,腐烂,腐臭,蛇行
15.2605	𗧓	正[春]	1.35	ɕjwij	骂詈
15.2606	𗧓	来[令]	1.35	ljij	痉挛
15.2607	𗧓	正[成]	1.35	ɕjij	春(米)

15.2608 【三十六】	【麤 散散散	齿[青]	1.36	tsʰjij	聚集
15.2609	𪑺	重[并]	1.36	pjij	青玄色,[音]
	𪑺𪑺𪑺𪑺𪑺——散			穿透钻右,青玄玄也	

编号	西夏文	声类和汉字注音	声调韵类	拟音	汉义
15.2701	𪑺	重[并]	1.36	pjij	往来,[音]
15.2702	𪑺	重[并]	1.36	pjij	马口
	𪑺𪑺𪑺𪑺			正斜用也	
15.2703	𪑺	重[并]	1.36	pjij	扑打,拷打
15.2704	𪑺	重[平]	1.36	pʰjij	人姓,逃,避,[音]
15.2705	𪑺	重[平]	1.36	pʰjij	昔,先前
	尾𪑺			高顶pʰji	
15.2706	𪑺	重[平]	1.36	pʰjij	悲痛,噫

编号	西夏文	声类和汉字注音	声调韵类	拟音	汉义
16.1101	𪑺	重[平]	1.36	pʰjij	𪑺𪑺设置,建立
16.1102	𪑺	重[平]	1.36	pʰjij	匡正
16.1103	𪑺	重[名]	1.36	mjij	寂,静,闲,[音]
16.1104	𪑺	重[名]	1.36	mjij	腿,胫,𪑺𪑺衬衣
16.1105	𪑺	重[名]	1.36	mjij	无,非,不
	𪑺𪑺𪑺𪑺			孤下无右	
16.1106	𪑺	重[酩]	1.36	mjij	粥
16.1107	𪑺	重[名]	1.36	mjij	后
16.1108	𪑺	重[喻]	1.36	bjij	𪑺𪑺蜻螂
16.1109	𪑺	重[喻]	1.36	bjij	鸣(借汉)
	𪑺𪑺			鸣响	

编号	西夏文	声类和汉字注音	声调韵类	拟音	汉义
16.1110	燚	重[喻]	1.36	bjij	补衲
16.1201	翭	舌[顶]	1.36	tjij	品,篇,章,等
16.1202	翭	舌[顶]	1.36	tjij	若,或
16.1203	祓	舌[铁]	1.36	tʰjij	旷野
16.1204	鑫	舌[铁]	1.36	tʰjij	筵
16.1205	縣	舌[铁]	1.36	tʰjij	呼唤
16.1206	禠	舌[铁]	1.36	tʰjij	刀
16.1207	翋	舌[铁]	1.36	tʰjij	衣服,穿戴
16.1208	髹	舌[你]	1.36	njij	亲,近
16.1209	燚	舌[你]	1.36	njij	使者,燚莈帛文
	纛 燚		欢ŋwej红njij		

编号	西夏文	声类和汉字注音	声调韵类	拟音	汉义
16.1301	燚	舌[你]	1.36	njij	红,赤,朱,绯
16.1302	孩	舌[宁]	1.36	njij	人姓
16.1303	剗	舌[你]	1.36	njij	闷死?
16.1304	辮	舌[你]	1.36	njij	仆,奴
16.1305	燚	舌[你]	1.36	njij	父辈,本源
16.1306	彩	舌[寗]	1.36	djij	日
16.1307	燚	舌[寗]	1.36	djij	圣,贤,[音]
	纛 裰 糩 燶		劳djij下? 爱右		
16.1308	羺	舌[寗]	1.36	djij	高地?
16.1309	蘿	舌[寗]	1.36	djij	疾病

编号	西夏文	声类和汉字注音	声调韵类	拟音	汉义
16.1401	蘿①	舌[寗]	2.33	djij	盗窃?

① 此为上声,写本误录于此。两字音同,声调不同。

编号	西夏文	声类和汉字注音	声调韵类	拟音	汉义
16.1402	𗆜	牙[经]	1.36	kjij	蛮
	𗆜𗯿				家园
16.1403	𗍫	牙[经]	1.36	kjij	虫
16.1404	𗾑	牙[经]	1.36	kjij	当,将(将行体趋向近处的动词前缀),[音]
16.1405	𗆱	牙[经]	1.36	kjij	草木名
16.1406	𗱽	牙[庆]	1.36	kʰjij	树名
16.1407	𗱾	牙[庆]	1.36	kʰjij	西方
16.1408	𗄀	牙[庆]	1.36	kʰjij	割,砍
16.1409	𗷅	牙[庆]	1.36	kʰjij	侄子
	𗷅𗆜				节昔

编号	西夏文	声类和汉字注音	声调韵类	拟音	汉义
16.1501	𗦻	牙[庆]	1.36	kʰjij	畜养,养育
16.1502	𗦦	牙[庆]	1.36	kʰjij	腿
16.1503	𗦵	牙[庆]	1.36	kʰjij	敞开,曝晒
16.1504	𗖸	牙[庆]	1.36	kʰjij	人姓,[音]
16.1505	𗟟	牙[庆]	1.36	kʰjij	灰色
16.1506	𗼲	牙[庆]	1.36	kʰjij	树名
16.1507	𗾤	牙[迎]	1.36	gjij	特,殊,超
16.1508	𗾁	牙[迎]	1.36	gjij	人姓
16.1509	𗥯	牙[迎]	1.36	gjij	马,午(十二地支之一),𗥯𗥫玛瑙

编号	西夏文	声类和汉字注音	声调韵类	拟音	汉义
16.1601	𗆬	牙[迎]	1.36	gjij	张(动词)
16.1602	𗆯	牙[迎]	1.36	gjij	谷,川
16.1603	𗂺	齿[精]	1.36	tsjij	他,彼
	𗂺𗴿𗯿𗆜𗄻				他择tsji:,ɫ,你我也
16.1604	𗇋	齿[青]	1.36	tsʰjij	分析

16.1605	𗓤	齿[青]	1.36	tsʰjij	锹
16.1606	𗓦	齿[青]	1.36	tsʰjij	聚集
16.1607	𗓧	齿[青]	1.36	tsʰjij	人姓
16.1608	𗓨	齿[斜]	1.36	sjij	细

编号	西夏文	声类和汉字注音	声调韵类	拟音	汉义
16.1701	𗓩	齿[星]	1.36	sjij	今
16.1702	𗓪	齿[斜]	1.36	sjij	来年,明年
16.1703	𗓫	齿[星]	1.36	sjij	星(借汉)
	𗓫𗓬𗓭𗓮𗓯				星出生处也
16.1704	𗓰	齿[斜]	1.36	sjij	血
	𗓱𗓲				水脉
16.1705	𗓳	齿[星]	1.36	sjij	性(借汉),情
16.1706	𗓴	齿[星]	1.36	sjij	潮湿
16.1707	𗓵	齿[斜]	1.36	sjij	斜(借汉)

编号	西夏文	声类和汉字注音	声调韵类	拟音	汉义
16.2101	𗓶	喉[盈]	1.36	·jij	人姓
16.2102	𗓷	喉[盈]	1.36	·jij	自,己,𗓷𗓸互相
16.2103	𗓹	喉[盈]	1.36	·jij	相,像,形
16.2104	𗓺	喉[盈]	1.36	·jij	将,欲
	𗓻𗓼𗓽𗓾				之·jij来乐左
16.2105	𗓿	喉[盈]	1.36	·jij	铢
	𗔀𗔁𗔂𗔃𗔄𗔅𗔆𗔇				五稻有右,十糜算用
16.2106	𗔈	喉[盈]	1.36	·jij	之,对,属格、宾格助词
16.2107	𗔉	喉[盈]	1.36	·jij	人姓
16.2108	𗔊	喉[盈]	1.36	·jij	轻

编号	西夏文	声类和汉字注音	声调韵类	拟音	汉义
16.2201	戗	喉[盈]	1.36	·jij	将（将行体趋向上方的动词前缀）
	菽嫐				去·jij赢·jij
16.2202	羝	来[铃]	1.36	ljij	羞愧
16.2203	羵	来[铃]	1.36	ljij	变,换,易,改
	亴毅				移易
16.2204	甃	牙[贵]	1.36	kjwij	痉挛
16.2205	蕲	齿[翠]	1.36	tsʰjwij	脆
16.2206	缪	齿[岁]	1.36	sjwij	岁（借汉）
	缫豂羧輗				日右盛左
16.2207	蕤	舌[丁合]	1.36	tjwij	盏
16.2208	後	舌[丁]	1.36	tjij	灯

编号	西夏文	声类和汉字注音	声调韵类	拟音	汉义
16.2301	祗	舌[宁合]	1.36	njwij	喉
	嬮瓶				咽喉
16.2302	蕗	舌[宁合]	1.36	njwij	阻,塞,稀蔟哽咽
16.2303	嬼	舌[宁合]	1.36	njwij	肿,血凝
16.2304	嘉	齿[醉]	1.36	tsjwij	揉,搓
16.2305	旈	牙[魏]	1.36	gjwij	祭,祀,祠
16.2306	殍	牙[魏]	1.36	gjwij	饱
16.2307	瓶	牙[魏]	1.36	gjwij	人姓
16.2308	缬	齿[西顷]	1.36	sjwij	明显,分明
	缬輗缬嬮				晚左明右
16.2309	瓶	齿[岁]	1.36	sjwij	研,磨

编号	西夏文	声类和汉字注音	声调韵类	拟音	汉义
16.2401	瓶	来[令合]	1.36	ljwij	老,死

16.2402	虎	舌[你]	1.36	njij	末尾,东方
	虓虓虓虓			界圈宝左	
16.2403【三十七】虓虓虓虓		舌[泥台]	1.37	de:j	转,传,流通
16.2404	虓	重[派]	1.37	pʰe:j	覆盖,遮蔽
	虓虓			覆盖	
16.2405	虓	重[喻]	1.37	be:j	人姓
16.2406	虓	舌[代]	1.37	tʰe:j	荡漾,闪闪
	虓虓			刚头	
16.2407	虓	舌[泥台]	1.37	de:j	转,传,流通
16.2408	虓	牙[开]	1.37	kʰe:j	游戏
	虓虓			场聚	

编号	西夏文	声类和汉字注音	声调韵类	拟音	汉义
16.2501	虓	牙[开]	1.37	kʰe:j	屋,舍
	虓虓			窗外	
16.2502	虓	来[赖]	1.37	le:j	睾丸
16.2503【三十八】虓虓虓虓		牙[经]	1.38	kie:j	咬,啮
16.2504	虓	重[明]	1.38	bie:j	乐
	虓虓虓虓			安右乐全	
16.2505	虓	牙[经]	1.38	kie:j	咬,啮
16.2506	虓	牙[。客]	1.38	kʰie:j	辛(十天干之一)虓虓甄别,果实?
16.2507	虓	牙[。客]	1.38	kʰie:j	铮
16.2508	虓	牙[硬]	1.38	gie:j	瘦,枯,憔悴

编号	西夏文	声类和汉字注音	声调韵类	拟音	汉义
16.2601	虓	牙[硬]	1.38	gie:j	骼,骨架
16.2602	虓	牙[硬]	1.38	gie:j	安居
16.2603	虓	牙[硬]	1.38	gie:j	地名,朱色,朱

	甊雓				搓高
16.2604	敽	正[成]	1.38	ɕie:j	搜集,聚集
16.2605	骹	重[喻]	1.38	bie:j	虫名
16.2606	骹	重[喻]	1.38	bie:j	虫屎
	骸骹				(虫)粪也
16.2607 【三十九】	【滋 骸骹纰】	齿[斜]	1.39	sji:j	证,质问
16.2608	槲	正[逞]	1.39	tɕʰji:j	佞,狡辩

编号	西夏文	声类和汉字注音	声调韵类	拟音	汉义
16.2701	歜	重[平]	1.39	pʰji:j	平均,匀
16.2702	毨	重[喻]	1.39	bji:j	违,逾
16.2703	瓻	重[喻]	1.39	bji:j	倍
16.2704	颂	重[名]	1.39	mji:j	养育
	緵颎				养育
16.2705	豤	重[名]	1.39	mji:j	梦
16.2706	獜	重[名]	1.39	mji:j	尾,末,后,垂
	狱鬪獜蹤				尾下mji:j莫右
16.2707	鹐	重[名]	1.39	mji:j	昏迷,闷
	耤蹤貚蹤				死右昏右
16.2708	緆	重[灭]	1.39	mji:j	尸

编号	西夏文	声类和汉字注音	声调韵类	拟音	汉义
17.1101	絓	舌[你]	1.39	nji:j	心
17.1102	绌	舌[你]	1.39	nji:j	死,闷
17.1103	骹	舌[你]	1.39	nji:j	中心,中央,蕊
17.1104	絺	舌[你]	1.39	nji:j	碧珠,砗磲,贝
	骹靴絓蹤				心左珠右
17.1105	羁	舌[你]	1.39	nji:j	通,入
17.1106	蕐	舌[你]	1.39	nji:j	信

	鞯镢			持信	
17.1107	羉	舌[涅]	1.39	dji:j	嘻,笑
17.1108	糤	牙[茄]	1.39	kʰji:j	游戏
17.1109	姚	牙[茄]	1.39	kʰji:j	难,厌倦

编号	西夏文	声类和汉字注音	声调韵类	拟音	汉义
17.1201	頵	牙[迎]	1.39	gji:j	惊愕,怪
	骹彮醽觥嫐骹肜			惊右体左,惊愕也	
17.1202	儱	牙[孽]	1.39	gji:j	闷,昏迷?
	儀祇			刚超gji:j	
17.1203	夅	牙[孽]	1.39	gji:j	戏耍,踊跃
17.1204	祇	牙[义]	1.39	gji:j	超过
17.1205	緵	齿[精]	1.39	tsji:j	悸
17.1206	夅	齿[青]	1.39	tsʰji:j	说,讲,演
17.1207	茲	齿[斜]	1.39	sji:j	证,质问
	祇髯弶觥			额言面左	
17.1208	緻	喉[耶]	1.39	·ji:j	执,持,禀
	繆匓肜			义礼也	

编号	西夏文	声类和汉字注音	声调韵类	拟音	汉义
17.1301	懈	喉[耶]	1.39	·ji:j	定,可
	懈羉			不变	
17.1302	懈	喉[耶]	1.39	·ji:j	直
17.1303	懈	喉[耶]	1.39	·ji:j	饱满
	懈骹豼肜			懈·ji:j,腹饱也	
17.1304	懈	喉[耶]	1.39	·ji:j	减,免,赦
	虓繈			坦轻	
17.1305	夜	喉[耶]	1.39	·ji:j	平
	虓夜燃绢肜			坦平,阔平也	

17.1306	𘜌	来[令]	1.39	lji:j	稍待,顷刻

编号	西夏文	声类和汉字注音	声调韵类	拟音	汉义
17.1401【四十】	𘜌𘜌𘜌	齿[栽]	1.40	tsəj	小,少,幼
17.1402	𘜌	重[培]	1.40	pʰəj	平,阔
17.1403	𘜌	舌[乃]	1.40	dəj	人姓
17.1404	𘜌	舌[酒]	1.40	dəj	草名
17.1405	𘜌	重[埋]	1.40	bəj	广,平
	𘜌𘜌𘜌𘜌				阔头广全
17.1406	𘜌	重[埋]	1.40	bəj	苦,闷
17.1407	𘜌	齿[栽]	1.40	tsəj	小,少,幼
17.1408	𘜌	来[来]	1.40	ləj	均匀,适中
17.1409	𘜌	轻[外]	1.40	wəj	人姓,[音]

编号	西夏文	声类和汉字注音	声调韵类	拟音	汉义
17.1501	𘜌	轻[外]	1.40	wəj	树名
17.1502	𘜌	来[偏]	1.40	lwəj	跳,跃,奋
	𘜌𘜌				猴明
17.1503	𘜌	来[偏]	1.40	lwəj	快语
	𘜌𘜌𘜌𘜌𘜌				直疾说过也
17.1504	𘜌	来[偏]	1.40	lwəj	愚,钝
	𘜌𘜌				不慢
17.1505【四十一】	𘜌𘜌𘜌𘜌	正[生]	1.41	ɕiəj	生(借汉),产
17.1506	𘜌	牙[坑]	1.41	kʰiəj	腿肚,腹肚
	𘜌𘜌𘜌𘜌𘜌				畏沟,腹肚也

编号	西夏文	声类和汉字注音	声调韵类	拟音	汉义
17.1601	𘕚	牙[坑]	1.41	kʰiəj	坑(借汉)
17.1602	𘓳	正[争]	1.41	tɕiəj	张口
17.1603	𘔁	舌上[狞]	1.41	niəɯ	浊
17.1604	𘕎	正[生]	1.41	ɕiəj	生(借汉)
17.1605	𘕏	正[生]	1.41	ɕiəj	兽,猩,[音]
17.1606	𘕐	牙[乖]	1.41	kiwəj	鸠(鸟名)
17.1607	𘕑	牙[虢]	1.41	kiwəj	笨,痴,[音]
17.1608	𘕒	正[苗]	1.41	tɕiwəj	肿瘤,驼背
17.1609	𘕓	喉[淮]	1.41	xiwəj	人姓,[音]
17.1610	𘕔	喉[口裹]	1.41	ɣiwəj	横,斜

编号	西夏文	声类和汉字注音	声调韵类	拟音	汉义
17.1701	𘕕	正[揣]	1.41	tɕʰiwəj	系,缚
17.1702 【四十二】	【𘕖𘕗𘕘𘕙】	正[成]	1.42	ɕjɨj	成(借汉),[音]
17.1703	𘕚	正[正]	1.42	tɕjɨj	正(借汉)
17.1704	𘕛	正[正]	1.42	tɕjɨj	遣,使,投
17.1705	𘕜	正[正]	1.42	tɕjɨj	计谋,役
17.1706	𘕝	正[称]	1.42	tɕʰjɨj	稀,微,少
17.1707	𘕞	正[称]	1.42	tɕʰjɨj	下
17.1708	𘕟	正[称]	1.42	tɕʰjɨj	人姓
17.1709	𘕠	正[成]	1.42	ɕjɨj	成(借汉),[音]
	𘕡𘕢𘕣𘕤			脑头取圣ɕjɨj	

编号	西夏文	声类和汉字注音	声调韵类	拟音	汉义
17.2101	[illegible]	正[成]	1.42	ɕjɨj	粮
17.2102	[illegible]	喉[兴]	1.42	xjɨj	宽,阔
17.2103	[illegible]	喉[婴]	1.42	·jɨj	赢(借汉),[音]
17.2104	[illegible]	正[吹]	1.42	tɕ^{h}jwɨj	禁,治,戒
17.2105	[illegible]	正[椎]	1.42	tɕ^{h}jwɨj	轻佻,恭敬
17.2106	[illegible]	正[准]	1.42	ɕjwɨj	遣放
17.2107	[illegible]	来[林]	1.42	ljɨj	俊美,悦目
17.2108	[illegible]	来[灵]	1.42	ljɨj	人姓,地名,[音]
17.2109	[illegible]	重[遍]	1.42	pjɨj	普遍
17.2110	[illegible]	重[遍]	1.42	pjɨj	草名

编号	西夏文	声类和汉字注音	声调韵类	拟音	汉义
17.2201	[illegible]	重[丙]	1.42	pjɨj	帐篷
17.2202	[illegible]	重[边]	1.42	pjɨj	边(借汉),[音]
17.2203	[illegible]	重[弁]	1.42	p^{h}jɨj	结合,人姓
17.2204	[illegible]	重[啽]	1.42	bjɨj	利益
17.2205	[illegible]	舌[顶]	1.42	tjɨj	聪明,聪慧,聪颖
17.2206	[illegible]	舌[顶]	1.42	tjɨj	日,[音]
17.2207	[illegible]	舌[顶]	1.42	tjɨj	拂慰马,骟马?
17.2208	[illegible]	舌[丁]	1.42	tjɨj	钉,典(借汉),[音]
17.2209	[illegible]	舌[田]	1.42	t^{h}jɨj	屋舍,人姓,地名,[音]

编号	西夏文	声类和汉字注音	声调韵类	拟音	汉义
17.2301	[illegible]	舌[天]	1.42	t^{h}jɨj	聪明,睿智
17.2302	[illegible]	舌[天]	1.42	t^{h}jɨj	天,电(借汉)
17.2303	[illegible]	舌[宁]	1.42	djɨj	浅
17.2304	[illegible]	舌[宁]	1.42	djɨj	匿,窝藏
17.2305	[illegible]	牙[景]	1.42	kjɨj	表皮

17.2306	𗾃	牙[景]	1.42	kjɨj	惊（借汉）
17.2307	𗵈	牙[轻]	1.42	kʰjɨj	给，与，授
17.2308	𗷛	齿[精]	1.42	tsjɨj	美姿，端庄

编号	西夏文	声类和汉字注音	声调韵类	拟音	汉义
17.2401	𗷧	齿[青]	1.42	tsʰjɨj	细，微，小
17.2402	𗶦	齿[青]	1.42	tsʰjɨj	亲近态
17.2403	𗵬	齿[啐]	1.42	tsʰjwɨj	昏，迷，苏醒？
17.2404	𗶥	齿[西倾]	1.42	sjwɨj	业
17.2405	𗹏	喉[盈]	1.42	ɣjɨj	枕，源
17.2406【四十三】	【𗄊𗄊𗄊𗄊】	喉[厚]	1.43	xew	草名，[音]
17.2407	𗗙	舌[刀]	1.43	tew	捣（借汉）
	𗄊𗄊				打捣
17.2408	𗫨	舌[刀]	1.43	tew	消瘦
	𗗙𗄊𗫨𗄊（𗫨𗄊）			捣tew瘦行右（行右重复）	

编号	西夏文	声类和汉字注音	声调韵类	拟音	汉义
17.2501	𗗜	舌[刀]	1.43	tew	钩，曲，[音]
17.2502	𗗝	舌[刀]	1.43	tew	溢出？
	𗄊𗄊𗄊𗄊𗄊			水津，水酥也	
17.2503	𗗞	舌[刀]	1.43	tew	人姓，[音]
17.2504	𗣤	舌[斗]	1.43	tew	昏暗，昏聩
17.2505	𗣥	舌[斗]	1.43	tew	胶
17.2506	𗣦	舌[斗]	1.43	tew	卵，蛋
17.2507	𗣧	舌[透]	1.43	tʰew	透（借汉），穿，破
	𗄊𗄊𗄊𗄊			断穿过右	
17.2508	𗣨	舌[透]	1.43	tʰew	𗄊𗄊刚正
	𗄊𗄊			穿tʰew正	

编号	西夏文	声类和汉字注音	声调韵类	拟音	汉义
17.2601	𗯭	舌[耨]	1.43	new	乳房,奶(借汉)
17.2602	𗯭	舌[耨]	1.43	new	𗯭𗯭蔓菁,萝卜
17.2603	𗰐	舌[泥骨]	1.43	dew	人姓
	𗰐𗰐				[洒]dej[讹]wa
17.2604	𗰐	舌[泥骨]	1.43	dew	挖,掘,凿
17.2605	𗰐	牙[高]	1.43	kew	人姓,[音]
	𗱕𗰐				姓高
17.2606	𗱕	牙[高]	1.43	kew	畴
	𗱕𗱕𗱕𗱕𗱕				农田司种地也
17.2607	𗱕	牙[高]	1.43	kew	北斗星
	𗱕𗱕𗱕				七星也

编号	西夏文	声类和汉字注音	声调韵类	拟音	汉义
17.2701	𗱕	齿[洒]	1.43	tsew	人姓,[音]
17.2702	𗱕	齿[曹]	1.43	tsʰew	人姓,[音]
17.2703	𗱕	齿[修]	1.43	sew	𗱕𗱕消息
17.2704	𗱕	齿[修]	1.43	sew	马蹄疮
	𗱕𗱕𗱕𗱕𗱕				马足疮出也
17.2705	𗱕	齿[修]	1.43	sew	肉干,束脩(借汉)
	𗱕𗱕𗱕𗱕				肉无津也
17.2706	𗱕	齿[修]	1.43	sew	羞(借汉)
	𗱕𗱕𗱕𗱕𗱕𗱕				神羞,羞愧为也

编号	西夏文	声类和汉字注音	声调韵类	拟音	汉义
18.1101	𗱕	齿[修]	1.43	sew	𗱕𗱕妯娌
18.1102	𗱕	喉[敖]	1.43	γew	[音]
18.1103	𗱕	喉[厚]	1.43	xew	草名,[音]
18.1104	𗱕	喉[敖]	1.43	γew	壕,沟堑

	嫩牏			壑沟	
18.1105	嫩	来［娄］	1.43	lew	惟
18.1106	刻	来［娄］	1.43	lew	一
	羽 弒 俰 移			一左减去	
18.1107	薮	来［楼］	1.43	lew	楼、楼（借汉），［音］
	蒌 嫩 钐 叕			堂阶舍间	

编号	西夏文	声类和汉字注音	声调韵类	拟音	汉义
18.1201	祵	来［娄］	1.43	lew	满，足
	祾 绤			刻足	
18.1202	綩	舌［斗合］	1.43	twew	连接
18.1203	蕉	舌［耨合］	1.43	nwew	全齿羊
18.1204	羴	齿［漆合］	1.43	tsʰwew	供养
	羬 羬 羅 燃			守救高右	
18.1205	鞨	齿［妻娄合］	1.43	tsʰwew	施，赠，趣，向
18.1206	綴	齿［妻合］	1.43	tsʰwew	敬礼，拜
18.1207	㠾	齿［。碎］	1.43	swew	照
18.1208	伤	齿［。碎］	1.43	swew	明，照，曜，辰
	㠾 綠			明面	

编号	西夏文	声类和汉字注音	声调韵类	拟音	汉义
18.1301	燚	来［娄］	1.43	lwew	气，焰，蒸气
	綩 綫			气烟	
18.1302	綗	来［哆合］	1.43	zwew	鞑（借汉）
18.1303 【四十四】	【墼 綱 祾 綱	牙［口隔］	1.44	kiew	崩塌，摧毁，陷
18.1304	毈	正［尼周］	1.44	dʑiew	愤，怒
18.1305	㶚	正［尼周］	1.44	dʑiew	烦恼
18.1306	墼	牙［口隔］	1.44	kiew	崩塌，摧毁，陷

		祇 繧			野地
18.1307	剡	牙[丘]	1.44	kʰiew	拆毁,摧毁
		轪 墅 巯 彬			破塌,倒也

编号	西夏文	声类和汉字注音	声调韵类	拟音	汉义
18.1401	羸	正[轸]	1.44	tɕiew	渠口垫草
18.1402	祇	正[轸]	1.44	tɕiew	阉牛,拂拭
		祗 焱			取边
18.1403	㤃	正[抽合]	1.44	tɕʰiew	损坏,坼,[音]
18.1404	軨	正[搜]	1.44	ɕiew	枝条
18.1405	燚	喉[夷隔]	1.44	ɣiew	学习
		绣 骇			技教
18.1406 【四十五】	【彣 絅 骇 慨	喉[由]	1.45	·jiw	油(借汉),[音]
18.1407	猀	重[表]	1.45	pjiw	贫穷,饥寒,[音]
		㹨 毥			穷迫
18.1408	骏	牙[苟]	1.45	kjiw	年,岁
		骏 毗			岁年

编号	西夏文	声类和汉字注音	声调韵类	拟音	汉义
18.1501	耗	牙[九]	1.45	kjiw	人名,地名,[音]
		骏 祇 㹨 毗			去心面右
18.1502	緂	牙[苟]	1.45	kjiw	草名
18.1503	薇	牙[苟]	1.45	kjiw	树名
18.1504	觑	牙[沟]	1.45	kjiw	沟(借汉)
		毹 祓 毗			全下沟右
18.1505	觎	牙[牛]	1.45	gjiw	恭敬,曲
18.1506	蘼	牙[牛]	1.45	gjiw	舍屋木名

编号	西夏文	声类和汉字注音	声调韵类	拟音	汉义
18.1507	敫	牙[牛]	1.45	gjiw	宽,广
18.1508	㲹	正[州]	1.45	tɕjiw	地名,州(借汉),[音]

编号	西夏文	声类和汉字注音	声调韵类	拟音	汉义
18.1601	敥	正[畴]	1.45	tɕʰjiw	黄色
	蔽敥敥㲹				黄澄澄也
18.1602	㲵	正[畴]	1.45	tɕʰjiw	腾
18.1603	㲿	正[畴]	1.45	tɕʰjiw	彼,尔
18.1604	㵂	正[赵]	1.45	tɕʰjiw	人姓,[音]
18.1605	㴉	喉[由]	1.45	·jiw	因,缘,由,故
18.1606	㲺	喉[由]	1.45	·jiw	炉,灶
	蔽㲹㲺㴉蔽㲺㲹				茂聚炉右,香炉也
18.1607	㵇	喉[由]	1.45	·jiw	(借汉)油,音[由]

编号	西夏文	声类和汉字注音	声调韵类	拟音	汉义
18.1701	㵀	喉[由]	1.45	·jiw	疫疾
18.1702	禠	喉[休]	1.45	xjiw	休(借汉)
18.1703	㲸	来[刘]	1.45	ljiw	人姓,[音]
18.1704	㳥	正[收]	1.45	ɕjwiw	随从
18.1705	㳦	来[柔]	1.45	zjwiw	增
18.1706 【四十六】	【㵈】㴉敥㵈	喉[诱]	1.46	ɣjiw	摄,含,请
18.1707	㵈	正[抽]	1.46	tʂ̌ɦjiw	六
	㴋㵈㵈㴉				第六宫何右
18.1708	㴨	喉[尤]	1.46	ɣjiw	嚼,咬
18.1709	㵈	喉[诱]	1.46	ɣjiw	摄,含,请
	㵈㵂				做已

编号	西夏文	声类和汉字注音	声调韵类	拟音	汉义
18.2101	㡕	来[柔]	1.46	ʐjiw	六,第六
18.2102	蕻	来[柔]	1.46	ʐjiw	柏树
18.2103	㣛	来[柔]	1.46	ʐjiw	人姓
18.2104	㱥	来[柔]	1.46	ʐjiw	侵凌
18.2105	㣲	来[柔]	1.46	ʐjiw	抛弃
18.2106	嶬	齿[悉]	1.46	sjiw	新
18.2107【四十七】	【㡕 緺骸簧	喉[由]	1.47	·ji:w	种畜
18.2108	祇	牙[牛]	1.47	gji:w	人姓,[音]
18.2109	蕺	牙[牛]	1.47	gji:w	草木名
18.2110	㪍	正[抽]	1.47	tɕʰji:w	说,讲,宣

编号	西夏文	声类和汉字注音	声调韵类	拟音	汉义
18.2201	鉡	正[收]	1.47	ɕji:w	占病
18.2202	㡕	喉[由]	1.47	·ji:w	种畜
18.2203	㱥	来[柔]	1.47	ʐji:w	悬挂
18.2204【四十八】	【㡕 緺骸囻	正[常]	1.48	ɕjwo	扫,扫帚
18.2205	㪻	正[掌]	1.48	tɕjwo	贡奉,施,赏
18.2206	㪍	正[掌]	1.48	tɕjwo	钻,穿
18.2207	㮡	正[丈]	1.48	tɕʰjwo	方,故,然
18.2208	㺲	正[昌]	1.48	tɕʰjwo	穿,[音]
18.2209	㺲①	正[吹]	1.10	tɕʰjwi	穿,钻

编号	西夏文	声类和汉字注音	声调韵类	拟音	汉义
18.2301	㺲	正[长]	1.48	tɕʰjwo	(借汉)劝,劝说

---

① 此字抄本误记于此,与前字义近。

18.2302	𘟀	正[长]	1.48	tɕʰjwo	缠线
18.2303	𘟀	正[常]	1.48	ɕjwo	起,生,发,立,兴
18.2304	𘟀	正[常]	1.48	ɕjwo	扫,扫帚
18.2305	𘟀	正[常]	1.48	ɕjwo	夜晚
18.2306	𘟀	正[常]	1.48	ɕjwo	驱赶
18.2307	𘟀	来[两]	1.48	ljwo	弯曲,斜
18.2308	𘟀	正[尚]	1.48	ɕjwo	用,需
	𘟀𘟀				惜爱

编号	西夏文	声类和汉字注音	声调韵类	拟音	汉义
18.2401 【四十九】	【𘟀】 𘟀𘟀𘟀	舌[唾]	1.49	tʰo	疲倦,疲劳,困乏
18.2402	𘟀	重[波]	1.49	po	报,告,[音]
18.2403	𘟀	重[波]	1.49	po	匀,匀称
18.2404	𘟀	重[波]	1.49	po	鬼名[魃]
18.2405	𘟀	重[波]	1.49	po	畜疥疮
18.2406	𘟀	重[波]	1.49	po	堡(借汉),[音]
18.2407	𘟀	重[波]	1.49	po	父,叔伯,舅,翁
18.2408	𘟀	重[播]	1.49	po	锹
18.2409	𘟀	重[波]	1.49	po	人姓

编号	西夏文	声类和汉字注音	声调韵类	拟音	汉义
18.2501	𘟀	重[波]	1.49	po	花斑
18.2502	𘟀	重[波]	1.49	po	做,办,人姓
18.2503	𘟀	重[破]	1.49	pʰo	泊(借汉)
18.2504	𘟀	重[薄]	1.49	pʰo	薄(借汉),[音]
	𘟀𘟀𘟀𘟀				小右毛右
18.2505	𘟀	重[破]	1.49	pʰo	泼(借汉),洒
18.2506	𘟀	重[魔]	1.49	bo	队,列,林
	𘟀𘟀𘟀𘟀				行宫聚右

18.2507	蕀	重[魔]	1.49	bo	袍（借汉）
	薤 緻 靖 舛 繊				年大妇衣服

编号	西夏文	声类和汉字注音	声调韵类	拟音	汉义
18.2601	豨	舌[当]	1.49	to	黑暗
18.2602	豨	舌[当]	1.49	to	人姓，[音]
18.2603	縞	舌[唾]	1.49	tʰo	疲倦，疲劳，困乏
18.2604	蕻	舌[那]	1.49	no	椽，辐
18.2605	脆	舌[那]	1.49	no	肋，[音]
	恢 蕻				愚辐no
18.2606	纖	舌[诺]	1.49	do	人姓，[音]
18.2607	荒	舌[诺]	1.49	do	毒树名

编号	西夏文	声类和汉字注音	声调韵类	拟音	汉义
18.2701	瓨	舌[诺]	1.49	do	毒，蛊
18.2702	獥	舌[诺]	1.49	do	读（借汉）
18.2703	蘒	牙[果]	1.49	ko	车（借汉）
18.2704	协	牙[果]	1.49	ko	合（量词）[音]
18.2705	鱗	牙[果]	1.49	ko	人姓
18.2706	乳	牙[珂]	1.49	kʰo	沟
18.2707	龘	牙[珂]	1.49	kʰo	首、段（歌词量词）
18.2708	毚	牙[珂]	1.49	kʰo	普至，到
18.2709	潓	牙[峨]	1.49	go	房屋
	彩 瓶 叢 胤				平全聚右

编号	西夏文	声类和汉字注音	声调韵类	拟音	汉义
19.1101	獬	牙[峨]	1.49	go	缰绳，牵
19.1102	莚	喉[讹]	1.49	·o	人姓

19.1103	𗈁	喉［讹］	1.49	·o	月
19.1104	𗵘	喉［讹］	1.49	·o	翁,公,祖,父,长辈
	𗵘𗵘				头白
19.1105	𗼜	喉［讹］	1.49	·o	权势,贵
19.1106	𗌓	喉［讹］	1.49	·o	主
19.1107	𗔣	喉［讹］	1.49	·o	安置
19.1108	𗣼	喉［讹］	1.49	·o	腹,肚,胎

编号	西夏文	声类和汉字注音	声调韵类	拟音	汉义
19.1201	𗊱	喉［讹］	1.49	·o	有,悬,挂,垂（存在动词之一）
19.1202	𗆧	来［萝］	1.49	lo	穿鼻（鼻圈）
	𗆧𗆧𗆧𗆧				圈承制右
19.1203	𗰗	来［郎］	1.49	lo	郎君,［音］
	𗰗𗆧𗰗𗰗				军头臣居
19.1204	𗸣	来［郎］	1.49	lo	犁
19.1205	𗵐	来［郎］	1.49	lo	掘
19.1206	𗶰	来［郎］	1.49	lo	贪食
19.1207	𗣼	舌［汤］	1.49	tʰwo	至

编号	西夏文	声类和汉字注音	声调韵类	拟音	汉义
19.1301	𗢯	舌［汤］	1.49	tʰwo	梦幻,影
19.1302	𗴧	舌［汤］	1.49	tʰwo	垫
19.1303	𗏣	牙［果］	1.49	kwo	糜,黍
	𗏣𗏣𗏣𗏣				稻左宝果
19.1304	𗦩	牙［郭］	1.49	kwo	人姓,［音］
19.1305	𗼋	牙［郭］	1.49	kwo	遗尿
19.1306	𗾊	牙［果］	1.49	kwo	蘱蘮树名
19.1307	𗵙	来［洛］	1.49	lwo	昏,浊,暗
19.1308	𗤢	来［裸］	1.49	lwo	潮湿

编号	西夏文	声类和汉字注音	声调韵类	拟音	汉义
19.1401【五十】	𗱸𗅵𗄊	牙[角]	1.50	kio	驱,赶,撵
19.1402	𗵜	重[爆]	1.50	pio	爆(借汉),[音]
19.1403	𗷱	重[爆]	1.50	pio	霹雳
19.1404	𗹦	重[藐]	1.50	bio	行列,𗹦𗹦分析
19.1405	𗱸	牙[角]	1.50	kio	驱,赶
19.1406	𗾴	牙[强]	1.50	kʰio	厌,恶,嫌
19.1407	𗾑	正[窗]	1.50	tɕʰio	本源
	𗾑𗑱𗼱𗼎 天左土右				
19.1408	𗝼	正[窗]	1.50	tɕʰio	人姓,[音]

编号	西夏文	声类和汉字注音	声调韵类	拟音	汉义
19.1501	𗝿	正[窗]	1.50	tɕʰio	队列
19.1502	𗼺	正[朔]	1.50	ɕio	引导,伴,随
19.1503	𘄄	来[醪]	1.50	lio	串,连
19.1504【五十一】	𗄊𗅵𗄊𗂈	齿[相]	1.51	sjo	贮,藏
19.1505	𗂒	轻[。亡]	1.51	wjo	作,做,为
19.1506	𗰯	轻[。亡]	1.51	wjo	遣,派
19.1507	𘀖	牙[疆]	1.51	kjo	舅
	𘀖𗗙 甥舅				
19.1508	𗍅	正[照]	1.51	tɕjo	指示

编号	西夏文	声类和汉字注音	声调韵类	拟音	汉义
19.1601	𗍪	正[照]	1.51	tɕjo	混乱
19.1602	𗾮	正[照]	1.51	tɕjo	轻往
19.1603	𗾉	正[昌]	1.51	tɕʰjo	行走

		鞻𤻈			持步	
19.1604	馥	正[昌]	1.51	tɕʰjo	提,举,升	
19.1605	𬇕	正[昌]	1.51	tɕʰjo	有,在,盛(存在动词之一)	
19.1606	𩑣	来[。良]	1.51	ljo	福,祐	
19.1607	𤲂	来[。良]	1.51	ljo	圆骨	
19.1608	藏	来[穰]	1.51	ʑjo	越,疾行	
19.1609	𫞚	重[谤]	1.51	pjo	谤,诋	

编号	西夏文	声类和汉字注音	声调韵类	拟音	汉义
19.1701	𢇖	重[播]	1.51	pjo	烤
19.1702	諕	重[字]	1.51	pʰjo	陆,地
19.1703	𬗉	重[字]	1.51	pʰjo	灵,巧
		𥹲𦘒𦙞𦙝			灵圈勇巧
19.1704	𬗹	重[字]	1.51	pʰjo	黄羊
19.1705	𬓻	重[字]	1.51	pʰjo	卜骨,𬓻𦙝担保
19.1706	蘪	重[貌]	1.51	mjo	听,闻(借汉)
19.1707	𬘔	重[貌]	1.51	mjo	喂,使食
19.1708	㺑	齿[将]	1.51	tsjo	躁

编号	西夏文	声类和汉字注音	声调韵类	拟音	汉义
19.2101	𫅈	齿[匠]	1.51	tsʰjo	勒,勒紧
19.2102	穀	齿[相]	1.51	sjo	贮,藏
19.2103	𫞩①	齿[相]	1.72	sjo̱	农,农田
19.2104	𬘤	齿[将]	1.51	tsjwo	[音]
19.2105	𦆕	齿[相合]	1.51	sjwo	砚
19.2106 【五十二】	【𦇚𠎀𦐈𢴠	舌[汤]	1.52	tʰo:	荡漾

① 此字写本误记,应为𫞩,齿头音[相],1.51,sjo,尖细。两字字形相近。

19.2107	羸	重[字]	1.52	pʰoː	蔽,覆,掩,盖
19.2108	羵	重[毛]	1.52	boː	颜色,容貌
19.2109	繎	舌[汤]	1.52	tʰoː	荡漾
	羵 羵 羸 羵			头左象右	

编号	西夏文	声类和汉字注音	声调韵类	拟音	汉义
19.2201	嬲	舌[诺]	1.52	doː	调,搅拌
19.2202	燃	舌[曩]	1.52	noː	弱,哀
19.2203	刻	舌[曩]	1.52	noː	手脚指
19.2204	藨	来[郎]	1.52	loː	聚集
19.2205	藢	来[郎]	1.52	loː	族,类
	羞 羙 羜 羷			有[胡]有集	
19.2206	藢	来[郎]	1.52	loː	群,党
19.2207	藚	来[郎]	1.52	ɬoː	恃,依靠

编号	西夏文	声类和汉字注音	声调韵类	拟音	汉义
19.2301 【五十三】	【𦥑 𢄿 𢾷 𢾷】	正[双]	1.53	ɕjoː	宰,杀
19.2302	瓲	重[。貌]	1.53	bjoː	观,瞻,看
19.2303	瓲	重[。貌]	1.53	bioː	守,监,检
19.2304	羴	重[。貌]	1.53	bjoː	牛交配
19.2305	羴	重[貌]	1.53	bioː	猫(借汉)
	羴 羴 羴 羴			权bju测寻·jo下	
19.2306	扁	牙[钢]	1.53	kioː	咬,啮
19.2307	羴	牙[抗]	1.53	kʰjoː	睁,张,瞪
19.2308	羱	牙[岳]	1.53	gioː	傻,呆,愚

编号	西夏文	声类和汉字注音	声调韵类	拟音	汉义
19.2401	[illegible]	正[双]	1.53	ɕio:	集,合,纂
19.2402	[illegible]	轻[。亡]	1.53	wjo:	商,买卖
19.2403	[illegible]①	正[疏]	2.08	ɕie	吹口哨?
19.2404	[illegible]	正[双]	1.53	ɕjo:	宰,杀
19.2405	[illegible]	舌[多]	1.53	tjo:	寻,找,觅,搜
	[illegible]			测寻	
19.2406	[illegible]	舌[托]	1.53	t^{h}jo:	妙,美
19.2407	[illegible]	舌[诺]	1.53	djo:	分持
19.2408	[illegible]	舌[诺]	1.53	djo:	刺,穿
19.2409	[illegible]	来[量]	1.53	ljo:	赌,博

编号	西夏文	声类和汉字注音	声调韵类	拟音	汉义
19.2501【五十四】	【[illegible] [illegible]】	喉[房]	1.54	xow	地名,[音]
19.2502	[illegible]	重[旁]	1.54	p^{h}ow	帮,助
19.2503	[illegible]	重[旁]	1.54	p^{h}ow	怀,襟
19.2504	[illegible]	重[旁]	1.54	p^{h}ow	人姓
19.2505	[illegible]	重[傍]	1.54	p^{h}ow	月
19.2506	[illegible]	重[谋]	1.54	bow	人姓
19.2507	[illegible]	舌[党]	1.54	tow	草名
19.2508	[illegible]	舌[党]	1.54	tow	人姓,[音]

①此字写本误记,应为[illegible],牙音[乐],1.53,gio:,咬。两字字形相近。

编号	西夏文	声类和汉字注音	声调韵类	拟音	汉义
19.2601	敪	舌[党]	1.54	tow	利于,获利(得,安)
19.2602	承	舌[党]	1.54	tow	承繇鹤鹑
19.2603	甬	舌[党]	1.54	tow	昆虫
19.2604	纰	舌[通]	1.54	thow	通,同,[音]
19.2605	峤	舌[唐]	1.54	thow	人姓,[音]
19.2606	蕭	舌[那]	1.54	dow	街,巷,市
	蘸厰				道窄
19.2607	襦	舌[那]	1.54	dow	长条
19.2608	裓	舌[那]	1.54	dow	邪,人姓,[音]

编号	西夏文	声类和汉字注音	声调韵类	拟音	汉义
19.2701	禒	舌[那]	1.54	dow	观察,寻找
19.2702	纖	牙[公]	1.54	kow	夜,晚
19.2703	绤	牙[个]	1.54	kow	躯体,富贵,[音]
19.2704	恢	牙[工]	1.54	kow	圮
19.2705	斳	牙[工]	1.54	kow	功(借汉),[音]
19.2706	尉	牙[亢]	1.54	khow	厌
19.2707	萧	牙[孔]	1.54	khow	坑(借汉)
19.2708	绦	牙[孔]	1.54	khow	人姓,[音]
19.2709	茈	齿[臧]	1.54	tsow	残,缺
	秕纰绷厰				上头血右

编号	西夏文	声类和汉字注音	声调韵类	拟音	汉义
20.1101	绷	齿[苍]	1.54	tshow	斩,切,割
20.1102	绣	齿[苍]	1.54	tshow	教,指示
	葝纰詴厰				命意入右
20.1103	筱	齿[苍]	1.54	tshow	荒漠,苍茫,人姓

		蘸 鼐 雞 祆			野悲恐心	
20.1104	彭	齿[苍]	1.54	tsʰow	乐,伎,伶	
		敠 𗭢 𗸩 𗅤			说头平歌	
20.1105	𗣩	齿[苍]	1.54	tsʰow	(禽兽),老	
20.1106	𗉟	齿[桑]	1.54	sow	鲜洁,清净	

编号	西夏文	声类和汉字注音	声调韵类	拟音	汉义
20.1201	𗊪	齿[桑]	1.54	sow	碎,粒
20.1202	𗧵	齿[桑]	1.54	sow	末尾,屁股
20.1203	𗏛	喉[黄]	1.54	xow	地名,黄,[音]
		𘝐 𗟴			黄色
20.1204	𗼑	喉[黄]	1.54	xow	人姓,黄,[音]
20.1205	𗲏	喉[黄]	1.54	xow	牛疮
20.1206	𘊩	喉[讹合]	1.54	ɣow	草名
20.1207	𗌩	喉[讹合]	1.54	ɣow	昏,晕
20.1208	𗵑	喉[讹合]	1.54	ɣow	荞麦

编号	西夏文	声类和汉字注音	声调韵类	拟音	汉义
20.1301	𗧱	牙[犷]	1.54	kwow	倾,俯,覆
20.1302	𗒉	轻[王]	1.54	wow	旺(借汉)
20.1303	𗦢	轻[王]	1.54	wow	需,用
20.1304	𘌒	轻[王]	1.54	wow	汉人姓
20.1305	𗧄	来[浪]	1.54	low	摇摆
20.1306	𗭥	来[浪]	1.54	low	换,交换,人姓
20.1307	𗈶	来[哆作]	1.54	zow	魅
20.1308	𗟛	来[拢]	1.54	lwow	妄,枉,虚,横
20.1309	𘎵	来[拢]	1.54	lwow	懒惰,迟钝

编号	西夏文	声类和汉字注音	声调韵类	拟音	汉义
20.1401 【五十五】	【鑇 偏旅偏】	牙[江]	1.55	kiow	犟(借汉)
20.1402	祆	重[邦]	1.55	piow	旁,边
20.1403	絴	重[庞]	1.55	pʰiow	草名
20.1404	羜	重[庞]	1.55	pʰiow	弓,弩
20.1405	祥	重[庞]	1.55	pʰiow	白,人姓
20.1406	稴	重[庞]	1.55	pʰiow	双,两,二
20.1407	瓤	舌上[娘]	1.55	niow	秽,污
20.1408	鑇	牙[江]	1.55	kiow	犟(借汉)
20.1409	聏	牙[兀]	1.55	kʰiow	躯体

编号	西夏文	声类和汉字注音	声调韵类	拟音	汉义
20.1501	劦	正[卓]	1.55	tɕiow	聚集,[音]
20.1502	憗	正[卓]	1.55	tɕjow	分食
20.1503	蔺	正[上]	1.55	ɕiow	总,结
20.1504	叙	喉[讹合]	1.55	ɣiow	投降
20.1505	龔	正[濯]	1.55	tɕʰiow	结,疙瘩
20.1506	羴	轻[往]	1.55	wiow	[音]
20.1507 【五十六】	【恍 偏旅缀】	喉[杨]	1.56	·jow	人姓,[音]
20.1508	耛	牙[龚]	1.56	kjow	睑

编号	西夏文	声类和汉字注音	声调韵类	拟音	汉义
20.1601	羧	牙[宫]	1.56	kjow	人姓,[音]
20.1602	薕	牙[龚]	1.56	kjow	树名,刚强
20.1603	鞍	牙[康]	1.56	kʰjow	强
20.1604	酁	牙[康]	1.56	kʰjow	给,与,偿还

		瓣刕			天愿	
20.1605	𘟣	正［张］	1.56	tɕjow	正（月）	
20.1606	𗐷	正［张］	1.56	tɕjow	人姓，［音］	
20.1607	𘙏	正［张］	1.56	tɕjow	长（动词）	
20.1608	𗐗	正［张］	1.56	tɕjow	泽	

编号	西夏文	声类和汉字注音	声调韵类	拟音	汉义
20.1701	𗐩	正［锺］	1.56	tɕjow	人姓，［音］，寺庙
20.1702	𗐺	正［冲］	1.56	tɕʰjow	茅舍
20.1703	𗐔	正［虫］	1.56	tɕʰjow	地名，人名，［音］
20.1704	𗐜	正［冲］	1.56	tɕʰjow	结合，缀
20.1705	𗐼	正［冲］	1.56	tɕʰjow	分离
20.1706	𗐘	正［尚］	1.56	ɕjow	跳跃
20.1707	𗐠	正［尚］	1.56	ɕjow	慈
20.1708	𗐕	正［尚］	1.56	ɕjow	铁
20.1709	𗐨	正［尚］	1.56	ɕjow	春秋季

编号	西夏文	声类和汉字注音	声调韵类	拟音	汉义
20.2101	𗐛	正［尚］	1.56	ɕjow	鄙人
	𗐛 𘟣 𗐜 𗐠 𗐘				人弱，人小也
20.2102	𗐙	正［尚］	1.56	ɕjow	人姓
20.2103	𗐥	正［尚］	1.56	ɕjow	用，需用
20.2104	𗐧	正［上］	1.56	ɕjow	监护，人姓，［音］
20.2105	𗐟	喉［佣］	1.56	ɣjow	源，极
20.2106	𗐞	喉［香］	1.56	xjow	香（借汉），［音］
20.2107	𗐦	喉［杨］	1.56	·jow	人姓，［音］
20.2108	𗐡	来［梁］	1.56	ljow	人姓，［音］
		𗐥 𗐠			心守护神

编号	西夏文	声类和汉字注音	声调韵类	拟音	汉义
20.2201	薻	来[龙]	1.56	ljow	龙(借汉)
20.2202	愻	来[绒]	1.56	ʑjow	绒(借汉),[音]
20.2203	狨	正[尚]	1.56	ɕjwow	遣,联
20.2204	绕①	牙[我]	2.42	ŋwo	银
20.2205	敊	牙[娥]	1.56	gjwow	掷,投掷
20.2206	蘶	正[商]	1.56	ɕjwow	夜巡
20.2207【五十七】	【赒 愧 敔 薈	喉[药合]	1.57	·iow	功
20.2208	蕘	正[帐]	1.57	tɕiow	盗,窃,[音],蕘薲窃闻

编号	西夏文	声类和汉字注音	声调韵类	拟音	汉义
20.2301	蘱	正[直姑]	1.57	tɕʰiow	或,若
20.2302	散	正[直姑]	1.57	tɕʰiow	盗,窃,偷
20.2303	紓	正[束合]	1.57	ɕiow	为善,知识
20.2304	骸	正[蜀合]	1.57	ɕiow	人姓,[音]
20.2305	骼	正[蜀合]	1.57	ɕiow	神,守护神
20.2306	酐	正[束合]	1.57	ɕiow	畜养
20.2307	彌	正[束合]	1.57	ɕiow	谷物,食馔,斛豆
20.2308	芼	正[束合]	1.57	ɕiow	地名,人姓
20.2309	脂	正[束合]	1.57	ɕiow	黑,黑黢黢

编号	西夏文	声类和汉字注音	声调韵类	拟音	汉义
20.2401	赒	喉[药合]	1.57	·iow	功用
20.2402	孅	喉[药合]	1.57	·iow	角力
20.2403	繡	喉[与合]	1.57	·iow	刑

①此字写本误记,应为芼,牙音[鹅],1.56,gjwow,强,胜。

20.2404	㣟	舌［娘］	1.57	niow	后，又，复
	㣟 㣟				背外
20.2405	㣟	舌［娘］	1.57	niow	因缘
20.2406	㣟	来［穰］	1.57	ẕiow	［音］
20.2407【五十八】	【㣟】㣟㣟㣟	舌［怒］	1.58	du̱	旷野

编号	西夏文	声类和汉字注音	声调韵类	拟音	汉义
20.2501	㣟	舌［都］	1.58	tu̱	网，罗，橺
20.2502	㣟	舌［都］	1.58	tu̱	千
20.2503	㣟	舌［怒］	1.58	du̱	旷野
20.2504	㣟	舌［奴］	1.58	nu̱	［音］
20.2505	㣟	喉［无］	1.58	·u̱	小鹿
20.2506	㣟	喉［无］	1.58	·u̱	夷
	㣟 㣟 㣟 㣟 㣟				契丹、回鹘也
20.2507	㣟	喉［无］	1.58	·u̱	蔽，依
	㣟 㣟 㣟 㣟				避右安右

编号	西夏文	声类和汉字注音	声调韵类	拟音	汉义
20.2601	㣟	喉［乌］	1.58	·u̱	疲，劳
20.2602	㣟	轻［吴］	1.58	wu̱	榆
20.2603	㣟	舌［多］	1.58	twu̱	忠，直
20.2604	㣟	舌［多］	1.58	twu̱	各，处
20.2605	㣟	舌［。多］	1.58	twu̱	直，正
20.2606	㣟	舌［怒］	1.58	nwu̱	火苗？火种？
20.2607	㣟	牙［我］	1.58	ŋwu̱	誓，盟
20.2608	㣟	来［落］	1.58	lwu̱	和，混
20.2609	㣟	牙［古］	1.58	ku̱	松，慢

编号	西夏文	声类和汉字注音	声调韵类	拟音	汉义
20.2701	燚	牙[古]	1.58	ku	后,次
20.2702	繍	来[卢]	1.58	lu	人姓,[音]
20.2703	骹	来[卢]	1.58	lu	石
	藏甂			山石料	
20.2704	毿	来[卢]	1.58	lu	男,夫
20.2705	豺	来[卢]	1.58	lu	听,闻
20.2706	爇	来[鲁]	1.58	lu	夒爇虫蛆
20.2707	蒹	来[卢]	1.58	lu	劳苦
20.2708	蒴	来[卢]	1.58	lu	欢乐
	蔬姚蟵孅			有头中至	

编号	西夏文	声类和汉字注音	声调韵类	拟音	汉义
21.1101	籫	来[卢]	1.58	lu	赦籫户口
21.1102	繼	来[路]	1.58	lwu	间,空间
21.1103	蘝	来[路]	1.58	lwu	亮,明
21.1104	多	来[路]	1.58	lwu	哭,泣
21.1105	猪	齿[足合]	1.58	tswu	急随钵子
21.1106 【五十九】	【雏 㦝骇姚	正[主]	1.59	tɕju	彼,他,你
21.1107	叛	正[主]	1.59	tɕju	守,卫
	纛羧			护守	

编号	西夏文	声类和汉字注音	声调韵类	拟音	汉义
21.1201	鞁	正[楚]	1.59	tɕʰju	诱,[音]
	麓羧骹			引诱也	
21.1202	髬	正[垂]	1.59	ɕju	恶鬼
21.1203	巍	轻[无]	1.59	wju	杓
21.1204	巍	轻[无]	1.59	wju	瓶,瓮,罐

编号	西夏文	声类和汉字注音	声调韵类	拟音	汉义
21.1205	㬠	牙[菊]	1.59	kju	玄
21.1206	㬡	牙[菊]	1.59	kju	鸟名

编号	西夏文	声类和汉字注音	声调韵类	拟音	汉义
21.1301	蘷	牙[菊]	1.59	kju	树名
21.1302	蘹	牙[菊]	1.59	kju	土,地
21.1303	薨	牙[菊]	1.59	kju	活,壮
21.1304	蘷	牙[菊]	1.59	kju	人姓
21.1305	㸠	牙[菊]	1.59	kju	冷
21.1306	緢	牙[菊]	1.59	kju	辛辣,葱,韭,蒜
21.1307	啟	牙[菊]	1.59	kju	财物,宝物
21.1308	娍	牙[菊]	1.59	kju	敬礼,鞠躬

编号	西夏文	声类和汉字注音	声调韵类	拟音	汉义
21.1401	㤩	牙[菊]	1.59	kju	割
21.1402	羇	牙[菊]	1.59	kju	供,求,乞
21.1403	而	牙[玉]	1.59	gju	柱,座
21.1404	絊	正[主]	1.59	tɕju	彼,他,你
21.1405	纚	正[睡]	1.59	ɕju	虮
21.1406	纘	正[睡]	1.59	ɕju	瘦
21.1407	纞	正[睡]	1.59	ɕju	撒,洒
21.1408	敊	重[布]	1.59	pju	威,势

编号	西夏文	声类和汉字注音	声调韵类	拟音	汉义
21.1501	耤	重[布]	1.59	pju	恋,爱慕
21.1502	㭴	重[哺]	1.59	pju	量,价
21.1503	㵮	重[哺]	1.59	pju	尊
21.1504	㭒	重[布]	1.59	pju	残缺

21.1505	[illegible]	重[谋]	1.59	bju̲	[音]
21.1506	[illegible]	舌[底合]	1.59	tju̲	网
21.1507	[illegible]	舌[底合]	1.59	tju̲	唾
21.1508	[illegible]	舌[口恶]	1.59	dju̲	中,交,岔,衢

编号	西夏文	声类和汉字注音	声调韵类	拟音	汉义
21.1601	[illegible]	舌[口恶]	1.59	dju̲	疲乏,睏
21.1602	[illegible]	舌[口恶]	1.59	dju̲	悲叹
21.1603	[illegible]	舌[口恶]	1.59	dju̲	遇,值
21.1604	[illegible]	舌[口恶]	1.59	dju̲	恩功
21.1605	[illegible]	舌[口恶]	1.59	dju̲	人姓,[illegible][illegible][噁][噁]
21.1606	[illegible]	舌[口恶]	1.59	dju̲	腿,胫
21.1607	[illegible]	齿[足]	1.59	tsju̲	击,触,犯
21.1608	[illegible]	齿[足]	1.59	tsju̲	讨价

编号	西夏文	声类和汉字注音	声调韵类	拟音	汉义
21.1701	[illegible]	齿[爵]	1.59	tsju̲	虫名,蜘蛛?
21.1702	[illegible]	来[律]	1.59	lju̲	揉,搓
21.1703	[illegible]	来[。六合]	1.59	ljwu̲	栿,梁
21.1704	[illegible]	来[。六合]	1.59	ljwu̲	坦,[illegible][illegible]巍巍、堂堂
21.1705	[illegible]	来[。六合]	1.59	ljwu̲	和睦,混合
21.1706	[illegible]	来[。六合]	1.59	ljwu̲	蠕行,[illegible][illegible]率然
21.1707	[illegible]	来[六]	1.59	lju̲	夜,晚,闲
21.1708	[illegible]	来[六]	1.59	lju̲	漂,流

编号	西夏文	声类和汉字注音	声调韵类	拟音	汉义
21.2101 【六十】	【𗵦 𗵧𗵨	牙[皆]	1.60	kiej	姐妹(女称)
21.2102	𗵩	重[摆]	1.60	pej	腹,肚,胃
	𗵪 𗵫			腹皱	
21.2103	𗵬	重[喻]	1.60	bej	颂,妙语
21.2104	𗵭	牙[魁]	1.60	kʰwej	扩,拓,骄慢
21.2105	𗵮	喉[嵬]	1.60	ɣwej	击,斗
21.2106	𗵯	来[癞]	1.60	lej	鸦
21.2107	𗵰	重[喻]	1.60	biej	草名
21.2108	𗵱	牙[皆]	1.60	kiej	姐妹
21.2109	𗵲	正[争]	1.60	tɕiej	围绕

编号	西夏文	声类和汉字注音	声调韵类	拟音	汉义
21.2201	𗵳	正[成]	1.60	ɕiej	跛,瘸
21.2202	𗵴	正[成]	1.60	ɕiej	拴,缚
21.2203	𗵵	正[成]	1.60	ɕiej	狂风
21.2204	𗵶	来[冷]	1.60	liej	树名,柳? 柔弱
21.2205	𗵷	来[冷]	1.60	liej	华丽
21.2206	𗵸	来[冷]	1.60	liej	草木名
21.2207	𗵹	来[冷]	1.60	liej	面食
21.2208	𗵺	牙[傀]	1.60	kiwej	雷鸣
21.2209	𗵻	正[贞合]	1.60	tɕiwej	雷鸣
	𗵼 𗵽 𗵾 𗵿			杖石有下	

编号	西夏文	声类和汉字注音	声调韵类	拟音	汉义
21.2301【六十一】	𗗩𗈪𗍳𗿂	正[贞]	1.61	tɕjii	奉承,随,寄
21.2302	𗀔	轻[永]	1.61	wjii	短
21.2303	𗿋	轻[永]	1.61	wjii	屎,粪
21.2304	𗿅	轻[永]	1.61	wjii	缩,裁
21.2305	𗈩	轻[永]	1.61	wjii	补
21.2306	𗗩	正[贞]	1.61	tɕjii	奉承,随,寄
21.2307	𗿐	正[贞]	1.61	tɕjii	年,岁

编号	西夏文	声类和汉字注音	声调韵类	拟音	汉义
21.2401	𗀦	正[贞]	1.61	tɕjii	人姓
	𗰖𗼖𗀦𗪄				鲁婆槽右
21.2402	𗿑	正[贞]	1.61	tɕjii	索(械)
	𗾎𗿑				跳索
21.2403	𗿔	正[成]	1.61	ɕjii	破裂
	𗀍𗍝𗾦𗀔				木裂已损
21.2404	𗰀	正[成]	1.61	ɕjii	吊死鬼
21.2405	𗍒	来[令]	1.61	ljii	盛,增
21.2406	𗄻	来[令]	1.61	ljii	苗芽,乙(十天干之一)

编号	西夏文	声类和汉字注音	声调韵类	拟音	汉义
21.2501	𗴜	来[令]	1.61	ljii	做,办
21.2502	𗰛	来[令]	1.61	ljii	孩子,男孩
	𗴜𗈾				做ljii人
21.2503	𗰑	来[任]	1.61	ʑjii	病
21.2504	𗰚	重[兵]	1.61	pjii	巫,襀
21.2505	𗺏	重[瓶]	1.61	pʰjii	偏,斜
21.2506	𗿌	重[喻]	1.61	bjii	愚

21.2507	𗐮	重[喻]	1.61	bjij	富翁,长者
21.2508	𗐯	重[喻]	1.61	bjij	高,升,任
21.2509	𗐰	重[喻]	1.61	bjij	后视,回顾

编号	西夏文	声类和汉字注音	声调韵类	拟音	汉义
21.2601	𗐱	重[喻]	1.61	bjij	险阻,殆
	𗐱 𗐲 𗐳 𗐴			山高地左	
21.2602	𗐵	重[喻]	1.61	bjij	晾,晒
21.2603	𗐶	重[喻]	1.61	bjij	檀
	𗐷 𗐸 𗐹 𗐺			诏矿喜右	
21.2604	𗐻	重[名]	1.61	mjij	晨,晓
21.2605	𗐼	重[名]	1.61	mjij	寒冷
21.2606	𗐽	重[名]	1.61	mjij	女
21.2607	𗐾	舌[顶]	1.61	tjij	减,除,蠲

编号	西夏文	声类和汉字注音	声调韵类	拟音	汉义
21.2701	𗐿	舌[顶]	1.61	tjij	彼
21.2702	𗑀	舌[顶]	1.61	tjij	尊,至尊
21.2703	𗑁	舌[顶]	1.61	tjij	迅,急,骤
21.2704	𗑂	舌[顶]	1.61	tjij	独,一
21.2705	𗑃	舌[乜]	1.61	djij	平坦
21.2706	𗑄	舌[乜]	1.61	djij	类,族,辈,部,党
21.2707	𗑅	舌[乜]	1.61	djij	切,割,斫
21.2708	𗑆	舌[乜]	1.61	djij	杂种

编号	西夏文	声类和汉字注音	声调韵类	拟音	汉义
22.1101	𗂁	舌[乜]	1.61	djij	人姓
22.1102	𗂂	舌[乜]	1.61	djij	阶,基
22.1103	𗂃	舌[乜]	1.61	djij	叹,懊,嗟
22.1104	𗂄	牙[经]	1.61	kjij	经,释
22.1105	𗂅	牙[经]	1.61	kjij	朽,烂,枯
22.1106	𗂆	牙[经]	1.61	kjij	祭,薰,习
22.1107	𗂇	牙[经]	1.61	kjij	堵,塞
22.1108	𗂈	牙[迎]	1.61	gjij	选,择
22.1109	𗂉	牙[迎]	1.61	gjij	剪,割,剃

编号	西夏文	声类和汉字注音	声调韵类	拟音	汉义
22.1201	𗂊	牙[迎]	1.61	gjij	利
22.1202	𗂋	牙[迎]	1.61	gjij	劣,逆
22.1203	𗂌	牙[迎]	1.61	gjij	星,宿,曜
22.1204	𗂍	来[领]	1.61	ljij	怠,懈
22.1205	𗂎	来[领]	1.61	ljij	虫名
22.1206	𗂏	来[领]	1.61	ljij	悟,解
22.1207	𗂐	来[领]	1.61	ljij	来
22.1208	𗂑	来[领]	1.61	ljij	𗂑𗂒局分,𗂓𗂑侍奉
22.1209	𗂔	来[哆责]	1.61	zjij	若干,几何,许,略

编号	西夏文	声类和汉字注音	声调韵类	拟音	汉义
22.1301	𗂕	来[哆责]	1.61	zjij	时,顷
22.1302	𗂖	来[哆责]	1.61	zjij	著,中,着
	㐆𗂖				姓著
22.1303	𗂗	舌[乜合]	1.61	djwij	𗂗𗂗堂堂,有威仪
22.1304	𗂘	来[令合]	1.61	ljwij	颈,项
22.1305	𗂙	来[令合]	1.61	ljwij	房舍中木,斗拱?

22.1306	猻	来［令合］	1.61	ljwij	怨，仇
	䕃䄁猻㦱				债下有右
22.1307	䕶	来［令合］	1.61	ljwij	先祖姓
	龗㹨䃽㽉				姓头捧ljwij全

编号	西夏文	声类和汉字注音	声调韵类	拟音	汉义
22.1401【六十二】	【䕶㮝㪚㮉】	舌［丁］	1.62	tjij	进，强
22.1402	㹅	舌［丁］	1.62	tjij	堵，塞，闭
22.1403	䐥	来［领］	1.62	ljij	襟
22.1404	㶥	来［令合］	1.62	ljwij	昏，昧
22.1405	劄	齿［碎］	1.62	sjwij	槛，匣
22.1406	㹬	重［兵］	1.62	pjij	角
22.1407	䂲	重［兵］	1.62	pjij	兵器名，钺？
22.1408	繎	重［兵］	1.62	pjij	膂力
	㸲毛				承居

编号	西夏文	声类和汉字注音	声调韵类	拟音	汉义
22.1501	䕶	舌［丁］	1.62	tjij	进，强
22.1502	爩	舌［丁］	1.62	tjij	烤，摊
22.1503	爩①	牙［宜则］	1.75	ŋuɪ	饼
22.1504	龠	舌［丁］	1.62	tjij	绫，缯
22.1505	䘚	齿［清］	1.62	tshjij	削
22.1506	㹓	牙［扃］	1.62	kjwij	君，皇，天子
22.1507	䎧	牙［扃］	1.62	kjwij	纸
22.1508【六十三】	【瓺㮝㪚㪚】	喉［罨］	1.63	ɣa̱	剑，武器

---

① 此字写本误置，衍字，是前一字的字义关联字。

编号	西夏文	声类和汉字注音	声调韵类	拟音	汉义
22.1601	緷	重[八]	1.63	pa̱	匀称
		踮毨			小妙
22.1602	緶	重[末]	1.63	ba̱	钹
22.1603	禠	重[末轻]	1.63	ma̱	婿
22.1604	緤	舌[怛]	1.63	ta̱	息,止,住
22.1605	緰	舌[怛]	1.63	ta̱	娶,打冤家
22.1606	祀	舌[怛]	1.63	ta̱	岛
		徿緲			步土
22.1607	蒤	舌[口捺]	1.63	da̱	树名

编号	西夏文	声类和汉字注音	声调韵类	拟音	汉义
22.1701	莈	舌[口捺]	1.63	da̱	栗色
22.1702	蘱	舌[口捺]	1.63	da̱	棋
22.1703	薖	舌[口捺]	1.63	da̱	箭杆
22.1704	蕏	舌[口捺]	1.63	da̱	毛发
22.1705	綳	舌[口捺]	1.63	da̱	圣谕
		駭鼥			智澄
22.1706	蘱	舌[口捺]	1.63	da̱	孔,穴
22.1707	蕏	舌[口捺]	1.63	da̱	折,断
22.1708	糏	舌[那]	1.63	na̱	涕

编号	西夏文	声类和汉字注音	声调韵类	拟音	汉义
22.2101	綳	牙[。割]	1.63	ka̱	命
22.2102	緷	牙[。割]	1.63	ka̱	干,柱,毂
22.2103	貅	牙[。割]	1.63	ka̱	拔,拉扯
22.2104	貒	牙[。割]	1.63	ka̱	监
22.2105	貕	牙[。割]	1.63	ka̱	攥,握

22.2106	鞟	牙［。割］	1.63	ka	七,第七
22.2107	㹻	牙［。割］	1.63	ka	末,尾,东
22.2108	蘸	齿［截］	1.63	tsʰa	破裂
22.2109	瓶	喉［蚃］	1.63	ɣa	剑,武器

编号	西夏文	声类和汉字注音	声调韵类	拟音	汉义
22.2201	麻	喉［蚃］	1.63	ɣa	关节,至亲
22.2202	屐	喉［蚃］	1.63	ɣa	解,断(关节)
22.2203	㲨	来［郎］	1.63	la	雕,鹫
22.2204	㲋	来［。腊］	1.63	la	手,臂
22.2205	胤	来［腊］	1.63	la	厚
22.2206	耕	轻［斡］	1.63	wa	赢,胜,益
22.2207	魏	轻［斡］	1.63	wa	肩
22.2208	籹	牙［阔］	1.63	kʰwa	远,贬,疏
	乡靴詫靴			说左齿左	

编号	西夏文	声类和汉字注音	声调韵类	拟音	汉义
22.2301	㵰	来［乱］	1.63	lwa	熄灭
22.2302【六十四】	【䚺穆祋綑】	舌［怛］	1.64	tja	交换,转
22.2303	㤲	重［末］	1.64	bja	粗,暴,凶
22.2304	㲾	牙［贾］	1.64	kja	歌颂,弹拨乐器
22.2305	綴	牙［贾］	1.64	kja	草名
22.2306	㲿	轻［嶉］	1.64	wja	花,华
22.2307	禠	轻［嶉］	1.64	wja	华,美,彩

编号	西夏文	声类和汉字注音	声调韵类	拟音	汉义
22.2401	禑	轻[嚘]	1.64	wja	许,谓,解说
22.2402	黐	轻[嚘]	1.64	wja	草名
22.2403	菱	轻[嚘]	1.64	wja	肿瘤
22.2404	黂	正[折]	1.64	ɕja	七
22.2405	菼	正[折]	1.64	ɕja	西
22.2406	菀	重[巴]	1.64	pja	掌
22.2407	缕	重[巴]	1.64	pja	渣,渣滓
22.2408	羂	重[麻]	1.64	mja	伤,破
	愡翂訛翂			说左齿左	

编号	西夏文	声类和汉字注音	声调韵类	拟音	汉义
22.2501	蘿	重[麻]	1.64	mja	掘,凿
22.2502	菽	重[味]	1.64	bja	股
22.2503	議	舌[怛]	1.64	tja	获罪
22.2504	研	舌[怛]	1.64	tja	交换,转
22.2505	菀	舌[怛]	1.64	tja	饰
22.2506	纀	舌[怛]	1.64	tja	恃,依仗
22.2507	刈	舌[怛]	1.64	tja	畦
	絎翂絥祿			地左广心	

编号	西夏文	声类和汉字注音	声调韵类	拟音	汉义
22.2601	昜	舌[怛]	1.64	tja	骡
	釰翂蔬翂			马左生左	
22.2602	泚	舌[怛]	1.64	tja	全,都,总
	祇觚瓻脱			过圈有右	
22.2603	狻	舌[捺]	1.64	nja	神,圣
	刁羺薇脱			圣全护右	

22.2604	𗺍	舌［捺］	1.64	nja	纬线
22.2605	𗿇	牙［葛］	1.64	kja	畏,惧,怖
		𗿇𗼌𗼋𗼄			敌左畏右

编号	西夏文	声类和汉字注音	声调韵类	拟音	汉义
22.2701	𗾸	牙［遏］	1.64	ŋja	宽,广,阔
22.2702	𗼉	牙［遏］	1.64	ŋja	昏迷,失语
22.2703	𗻭	齿［截］	1.64	tsʰja	嗔,怒
		𗾸𗼉𗻭𗺀			自头愚全
22.2704	𗺆	来［辣］	1.64	lja	额
22.2705	𗼃	来［辣］	1.64	lja	证
22.2706	𗾷	来［辣］	1.64	lja	北
22.2707	𗼞	来［辣］	1.64	lja	灾,祸
22.2708	𗼍	来［辣］	1.64	lja	钻,穿

编号	西夏文	声类和汉字注音	声调韵类	拟音	汉义
23.1101	𗼙	来［然］	1.64	zja	间,中间
23.1102 【六十五】	【𗫶】𗫙𗫛𗫮	重［墨］	1.65	be	穿,贯
23.1103	𗫠	重［墨］	1.65	be	明,彻,亮
		𗫠𗫮𗫶𗼄𗫒𗼙𗫰𗫦𗫶			见全明右,明聪,看清也
23.1104	𗫶	重［墨］	1.65	be	穿,贯
		𗫘𗫶			内穿
23.1105	𗾼	重［墨］	1.65	be	沙
23.1106	𗫎	重［墨］	1.65	be	枪,矛,戟

编号	西夏文	声类和汉字注音	声调韵类	拟音	汉义
23.1201	𗸓	舌[德]	1.65	te̱	粪
23.1202	𗸀	舌[渎]	1.65	de̱	神祇
23.1203	𗹯	舌[渎]	1.65	de̱	女,阴
23.1204	𗸮	舌[渎]	1.65	de̱	红土
23.1205	𗸚	舌[渎]	1.65	de̱	均匀,捻
23.1206	𗸜	舌[能]	1.65	ne̱	宣,演,说
	𗸜𗴺 𗹏𗳔				曰右解左
23.1207	𗼦	来[勒]	1.65	le̱	煮,熬
23.1208	𗼄	轻[嵬]	1.65	we̱	胜
	𗼄𗴺 𗼏𗳔				心害停止

编号	西夏文	声类和汉字注音	声调韵类	拟音	汉义
23.1301	𗽕	轻[嵬]	1.65	we̱	遗言
	𗽕𗱠𗱽𗱛 𗴸𗱵𗱽𗱛				闷左言留,死人留言
23.1302	𗽘	轻[嵬]	1.65	we̱	污,锈
23.1303	𗽙	轻[嵬]	1.65	we̱	愚,蠢
	𗱛𗲨 𗲱𗱠				用愚弱左
23.1304	𗽏	舌[堆]	1.65	twe̱	续,缀,袭
23.1305 【六十六】	𗙈𗥃 𗤊𗥄	喉[夷隔]	1.66	γie̱	煮,熬

编号	西夏文	声类和汉字注音	声调韵类	拟音	汉义
23.1401	𗽥	重[。百]	1.66	pie̱	蛙,龟
	𗴷𗴺𗵄𗴺𗴸𗳬𗽥𗳿				蝌蚪右囊右,蝌蚪变成蛙
23.1402	𗽊	重[。百]	1.66	pie̱	塞,耳塞
	𗲗𗴟𗴷𗴺𗴩𗲑𗳬𗴩				皮外表右,割宰也

编号	西夏文	声类和汉字注音	声调韵类	拟音	汉义
23.1403	𗟶	重［。百］	1.66	piẹ	吐
	𗺉 𗢞 𗒣 𗼄 𗼗 𗟶 𗐯				口入弃右,吐出也

编号	西夏文	声类和汉字注音	声调韵类	拟音	汉义
23.1501	𗒦	重［麦］	1.66	biẹ	柳
	𗒦 𗒣 𗬻 𗼄				树头摆全
23.1502	𗫸	牙［皆］	1.66	kiẹ	金
	𗼴 𗒣 𗫸 𗒆				富头真下
23.1503	𗝦	喉［夷隔］	1.66	yiẹ	煮,熬
23.1504	𗔙①	喉［移］	1.14	yji:	煮,熬
23.1505	𗭫	来［领］	1.66	liẹ	涂,粘
23.1506	𗒧	来［领］	1.66	liẹ	洗,涤
	𗜐 𗔭 𗬻 𗼄				奴左摆全

编号	西夏文	声类和汉字注音	声调韵类	拟音	汉义
23.1601 【六十七】	【𗑗 𗫮 𗟡 𗙩】	重［迷］	1.67	bji	壁,碑
23.1602	𗙩	轻［为］	1.67	wji	人,土
	𗹙 𗼄 𗢽 𗔭 𗹙 𗰖 𗰖 𗩙 𗢽				人右人左,一切人之谓
23.1603	𗘸	轻［韦］	1.67	wji	猴,申,晡,兽
	𗒦 𗘸				豹猴
23.1604	𗫩	轻［为］	1.67	wji	雪
	𗮾 𗫩				冷白
23.1605	𗫂	轻［为］	1.67	wji	友,亲
	𗫂 𗔷				与传

---

① 此字写本误置,是前一字的字义关联、字形相近字。

编号	西夏文	声类和汉字注音	声调韵类	拟音	汉义
23.1701	𗢳	轻[为]	1.67	wji	味,美味
	𗢳𗵐𗢳𗵐				味左脂右
23.1702	𗤜	轻[为]	1.67	wji	东
23.1703	𗦤	轻[胃]	1.67	wji	斧,钺
	𗦤𗢳𗦤𗵐				铁全用wji右
23.1704	𗤯	轻[为]	1.67	wji	疤痕
	𗤯𗵐𗤯𗵐				疤右迹左
(补1字)	𘋂[①]	牙[疑]	1.67	gji	呻吟
23.1705	𗤵	正[知]	1.67	tɕji	贱
	𗤵𗤦𗤐𗤪𗤻𗤵𗤜𗤾𗤿				弱苦,打诨耍贱目之谓

编号	西夏文	声类和汉字注音	声调韵类	拟音	汉义
23.2101	𗤦	正[知]	1.67	tɕji	苦
	𗤵𗵐𗤸𗵐				弱右处右
23.2102	𗤬	喉[移]	1.67	·ji	匙(勺)
23.2103	𗤷	来[日知]	1.67	ʐji	恼,烦
	𗤗𗤷				恼烦
23.2104	𗤾	重[碧]	1.67	pji	议,筹谋,𗤾𗨀宰相
	𗤻𗵐𗤩𗵐				论右言左
23.2105	𗤶	重[碧]	1.67	pji	羌,戎
	𗤶𗤶𗤶𗤵𗤿				羌藏,戎之谓

编号	西夏文	声类和汉字注音	声调韵类	拟音	汉义
23.2201	𗦤	重[碧]	1.67	pji	脂肪

① 此处遗1字,据刻本补。

	𗷊𗟲𗟲𗟲𗰖			论pji脂,脂肪也	
23.2202	𗷊	重[迷]	1.67	bji	尿(动词)
	𗷊𗰖			使尿尿bji	
23.2203	𗰖	重[迷]	1.67	bji	低,卑
	𗷊𗰖			已低	
23.2204	𗰖	重[迷]	1.67	bji	壁,碑
	𗰖𗷊			陵面	
23.2205	𗰖	重[迷]	1.67	bji	尿(名词)
	𗷊𗰖𗰖𗰖			囊脚中水	

编号	西夏文	声类和汉字注音	声调韵类	拟音	汉义
23.2301	𗷊	重[名]	1.67	mji	告,通知
	𗷊𗰖			告呼	
23.2302	𗰖	舌[底]	1.67	tji	酿
23.2303	𗰖	舌[底]	1.67	tji	置,放,设,安
	𗷊𗰖𗰖𗰖			处全站? 全(应为右)	
23.2304	𗰖	舌[底]	1.67	tji	归,皈,诚
23.2305	𗰖	舌[底]	1.67	tji	沉重
	𗷊𗰖𗰖𗰖			地沉水尾	
23.2306	𗰖	舌[低]	1.67	tji	愿

编号	西夏文	声类和汉字注音	声调韵类	拟音	汉义
23.2401	𗰖	舌[底]	1.67	tji	食物
	𗷊𗰖			饮食	
23.2402	𗰖	舌[底]	1.67	tji	喂,使饮
	𗷊𗰖			饮令	
23.2403	𗰖	舌[底]	1.67	tji	祭,祈,祷
23.2404	𗰖	舌[底]	1.67	tji	除,减,谦
23.2405	𗰖	舌[埿]	1.67	dji	疯,癫

23.2406	[illegible]	舌[埿]	1.67	dji̱	地狱
23.2407	[illegible]	舌[埿]	1.67	dji̱	劳苦
23.2408	[illegible]	舌[埿]	1.67	dji̱	沉,溺,没,坠

编号	西夏文	声类和汉字注音	声调韵类	拟音	汉义
23.2501	[illegible]	舌[埿]	1.67	dji̱	瘀血
23.2502	[illegible]	舌[埿]	1.67	dji̱	践,踏
23.2503	[illegible]	舌[埿]	1.67	dji̱	牲畜交配
23.2504	[illegible]	齿[齐]	1.67	tɕ^{h}ji̱	土,己(十天干之一)
23.2505	[illegible]	齿[西]	1.67	sji̱	殿,宫殿
23.2506	[illegible]	齿[西]	1.67	sji̱	鼻疮,瘜
23.2507	[illegible]	齿[西]	1.67	sji̱	[illegible][illegible]簸箕
23.2508	[illegible]	齿[西]	1.67	sji̱	清人,守护神
	[illegible][illegible]			殿sji̱瘜sji̱	

编号	西夏文	声类和汉字注音	声调韵类	拟音	汉义
23.2601	[illegible]	来[力]	1.67	lji̱	箭,矢
23.2602	[illegible]	来[力]	1.67	lji̱	耕,种,农
	[illegible][illegible]			地lji̱农田	
23.2603	[illegible]	来[力]	1.67	lji̱	争吵
23.2604	[illegible]	来[力]	1.67	lji̱	堕入,[illegible][illegible]文书
	[illegible][illegible]			鸟网	
23.2605	[illegible]	来[力]	1.67	lji̱	搋,揉
23.2606	[illegible]	来[哆]	1.67	zji̱	靴
23.2607	[illegible]	舌[提合]	1.67	t^{h}jwi̱	少,幼
	[illegible][illegible][illegible][illegible]			壮右女左	

编号	西夏文	声类和汉字注音	声调韵类	拟音	汉义
23.2701	虥	牙[鬼]	1.67	kjwi	饱,满
	蘝虥				腹满
23.2702	绒	牙[危]	1.67	gjwi	穿(衣)
23.2703	蘛	来[缪]	1.67	ljwi	入,堕,陷
23.2704	缀	来[哆合]	1.67	zjwi	甥,人姓
	簇毣缀繸				舅姊土右
23.2705	绌	来[哆合]	1.67	zjwi	婚嫁
23.2706【六十八】	【蘿缘祕眃	喉[皑]	1.68	ɣə	满

编号	西夏文	声类和汉字注音	声调韵类	拟音	汉义
24.1101	蘼	重[不]	1.68	pə	著,着,中
24.1102	觚	重[不]	1.68	pə	脓
24.1103	蜕	重[不]	1.68	pə	肉香
24.1104	鬏	重[不]	1.68	pə	早产
	覆禒繡禒粿藕掀				生右先右,不成也
24.1105	绔	重[。没]	1.68	mə	犊
24.1106	蘵	重[。没]	1.68	mə	无
	蘦絖讌被				灭头暗下

编号	西夏文	声类和汉字注音	声调韵类	拟音	汉义
24.1201	绎	舌[嘚]	1.68	tə	污,垢
	骸禒綔訛				垢右水左
24.1202	獛	舌[嘚]	1.68	tə	握,执
	獬鞻				握持
24.1203	穮	舌[特]	1.68	thə	速问,追问
24.1204	獬	舌[特]	1.68	thə	匀称,均匀

| 24.1205 | 𗩾 | 舌[口能] | 1.68 | dǝ | 鸟俊美 |
| 24.1206 | 𗩮 | 舌[能] | 1.68 | nǝ | 疥癣 |

编号	西夏文	声类和汉字注音	声调韵类	拟音	汉义
24.1301	𗩏	牙[吃]	1.68	kǝ	嗝,溢
24.1302	𗨟	牙[刻]	1.68	khǝ	摇晃,趔趄?
24.1303	𗩝	牙[刻]	1.68	khǝ	缩,皱
24.1304	𗩕	喉[哀]	1.68	ɣǝ	满足,够
	𗩕 𘚊 𘚊			最断? 午?	
24.1305	𗩟	轻[勿]	1.68	wǝ	菜名
24.1306	𗩠	轻[勿]	1.68	wǝ	老
24.1307	𗨭	轻[勿]	1.68	wǝ	燎
24.1308	𗩔	舌[都]	1.68	twǝ	抽,拔,夺,掣,晌
	𗩔 𗨙			抽扯	

编号	西夏文	声类和汉字注音	声调韵类	拟音	汉义
24.1401	𗩊	牙[骨]	1.68	kwǝ	人姓
24.1402	𗨫	牙[骨]	1.68	kwǝ	墼(砖坯,借汉)
24.1403	𗩄	齿[卒]	1.68	tswǝ	畜粪?(牲畜胃中食物)
24.1404	𗨢	齿[则]	1.68	tsǝ	色,色彩
	𗨢 𗨬 𗨧 𗨲			颜左色右	
24.1405	𗪗	齿[则]	1.68	tsǝ	树名
24.1406	𗪖	齿[则]	1.68	tsǝ	药
24.1407	𗪘	齿[则]	1.68	tsǝ	茶

编号	西夏文	声类和汉字注音	声调韵类	拟音	汉义
24.1501	𗨪	齿[则]	1.68	tsǝ	𗨪 𘁴 箸
	𘁴 𗨪 𘁴 𗨲			箸圈枝右	

24.1502	韛	齿[拶]	1.68	tsə	秋
24.1503	㔶	齿[拶]	1.68	tsə	肺
24.1504	羴	来[勒]	1.68	lə	埋
24.1505【六十九】	【娟 縼祾絋	舌[嘚]	1.69	tji̱	儿童
24.1506	敨	正[质]	1.69	tɕji̱	围,绕
24.1507	虂	正[质]	1.69	tɕji̱	岔

编号	西夏文	声类和汉字注音	声调韵类	拟音	汉义
24.1601	獙	来[栗]	1.69	lji̱	宝
24.1602	胤	来[日]	1.69	ʑji̱	左
	㑨鞔				手北?
24.1603	絋	轻[勿]	1.69	wji̱	老妪
24.1604	厉	轻[勿]	1.69	wji̱	巫,驱鬼者
	黀絋 㑌颿				巫头小全(应是右,或 㑌 全)
24.1605	狨	轻[勿]	1.69	wji̱	变幻
24.1606	獙	轻[勿]	1.69	wji̱	伎,技
	狨颿 絈韔				幻全胜左

编号	西夏文	声类和汉字注音	声调韵类	拟音	汉义
24.1701	牖	正[质]	1.69	tɕji̱	徙,移,迁,牖鼬 里溜
24.1702	鏃	正[叱]	1.69	tɕʰji̱	焚烧,火化
24.1703	牨①	正[矢]	1.69	ɕji̱	少食
24.1704	羸	正[矢]	1.69	ɕji̱	变化,变幻
24.1705	絨	正[矢]	1.69	ɕji̱	下,底,低
	牨鏃 絊韔				食ɕji̱下盖左
24.1706	蕊	喉[乙]	1.69	ɣji̱	矿,蕊 席金刚,獙蕊琉璃
24.1707	薇	喉[乙]	1.69	ɣji̱	炭

---

① 此字前似遗 鏃 字(正[矢]),1.69,ɕji̱,矢(借汉)。

编号	西夏文	声类和汉字注音	声调韵类	拟音	汉义
24.2101	蕤	喉[乙]	1.69	ɣjɨ	流言,谗言
24.2102	燚	喉[乙]	1.69	ɣjɨ	瓦,陶
24.2103	祿	重[不]	1.69	pjɨ	议,谋
24.2104	緂	重[孛]	1.69	phjɨ	妙语,格言
24.2105	毳	重[孛]	1.69	phjɨ	自缩
24.2106	較	重[没]	1.69	bjɨ	兽名,猿
	獮祿散儵				猴心大右
24.2107	黟	重[没]	1.69	bjɨ	巧,巧媳,人姓
	疆儵椛祿				女右巧心

编号	西夏文	声类和汉字注音	声调韵类	拟音	汉义
24.2201	绲	重[没]	1.69	bjɨ	泪
24.2202	矗	牙[吃]	1.69	kjɨ	怕,惊恐
24.2203	緺	舌[嘚]	1.69	tjɨ	时时,若,或(语助)
24.2204	緔	舌[嘚]	1.69	tjɨ	儿童
24.2205	緆	舌[嘚]	1.69	tjɨ	急,速,疾
24.2206	緉	舌[特]	1.69	thjɨ	卷,缩?
24.2207	祇	舌[能]	1.69	njɨ	告,投,著
24.2208	緥	舌[口能]	1.69	djɨ	条,带

编号	西夏文	声类和汉字注音	声调韵类	拟音	汉义
24.2301	緻	舌[口能]	1.69	djɨ	碎,小块
24.2302	紿	齿[悉]	1.69	sjɨ	死
24.2303	蒲	齿[悉]	1.69	sjɨ	清,洁,清净人
24.2304	韅	舌[都]	1.69	tjwɨ	女阴
24.2305	緋	舌[能合]	1.69	njwɨ	津,潮,湿
24.2306	瓠	舌[能合]	1.69	njwɨ	敏捷

| 24.2307 | 𘊩 | 牙[骨] | 1.69 | kjwɨ | 人姓 |
| 24.2308 | 𘊪 | 牙[骨] | 1.69 | kjwɨ | 拜跪 |

编号	西夏文	声类和汉字注音	声调韵类	拟音	汉义
24.2401	𘊫	牙[骨]	1.69	kjwɨ	结合,配
24.2402	𘊬	喉[屋]	1.69	ɣjwɨ	搏斗,摔跤
	𘊭 𘊮				搏承
24.2403	𘊯	喉[屋]	1.69	ɣjwɨ	荡,摇
	𘊰 𘊱				君漂
24.2404	𘊲[1]	来[路]	1.69	ljwɨ	跑,奔,走
	𘊳 𘊴 𘊵 𘊶				趋左追右
24.2405	𘊷	来[勒]	1.69	ljɨ	来
24.2406	𘊸	来[勒]	1.69	ljɨ	媳
24.2407	𘊹[2]	来[勒]	1.69	ljɨ	劳累,劳苦

编号	西夏文	声类和汉字注音	声调韵类	拟音	汉义
24.2501	𘊺	来[勒]	1.69	ljɨ	何,谁
24.2502	𘊻	来[勒]	1.69	ljɨ	运输,来
24.2503	𘊼	来[勒]	1.69	ljɨ	补
24.2504	𘊽	来[哆则]	1.69	zjɨ	天子,君
24.2505	𘊾	来[哆则]	1.69	zjɨ	子,译音[氏]
24.2506	𘊿	来[哆则]	1.69	zjɨ	敌,敌寇
24.2507	𘋀	来[哆则]	1.69	zjɨ	儿童
24.2508	𘋁	来[哆则]	1.69	zjɨ	何时
24.2509	𘋂	来[哆则]	1.69	zjɨ	氏

---

① 据刻本知,此字下漏写𘋃,舌齿音[鹿],1.69,ljwɨ,犊。
② 据刻本知,此字下漏写𘋄、𘋅、𘋆3字,同音,舌齿音[勒],1.69,ljɨ。分别为及、凶手、论意。

编号	西夏文	声类和汉字注音	声调韵类	拟音	汉义
24.2601【七十】	【𦆄 𦆄𦆄】	喉[汪]	1.70	o̱	哈欠
24.2602	𦆄	舌[当]	1.70	to̱	凝,胆
24.2603	𦆄	舌[当]	1.70	to̱	西
24.2604	𦆄	舌[当]	1.70	to̱	树名
24.2605	𦆄	舌[铎]	1.70	tʰo̱	草名
24.2606	𦆄	舌[铎]	1.70	tʰo̱	段,半
24.2607	𦆄	舌[铎]	1.70	tʰo̱	疯,癫
	𦆄𦆄𦆄𦆄𦆄𦆄				狂全语右,疯狂也

编号	西夏文	声类和汉字注音	声调韵类	拟音	汉义
24.2701	𦆄	舌[铎]	1.70	tʰo̱	琴,乐器,𦆄𦆄箜篌
24.2702	𦆄	喉[汪]	1.70	o̱	哈欠
24.2703	𦆄	来[郎]	1.70	lo̱	苇
24.2704	𦆄	来[郎]	1.70	ɬo̱	逼迫,威逼
24.2705	𦆄	来[郎]	1.70	ɬo̱	恋
24.2706	𦆄	喉[讹重]	1.70	·wo̱	粗大,隆
	𦆄𦆄				沉粗
24.2707	𦆄	喉[讹重]	1.70	·wo̱	冰
	𦆄𦆄				冷面

编号	西夏文	声类和汉字注音	声调韵类	拟音	汉义
25.1101【七十一】	【𦆄 𦆄𦆄𦆄】	舌[党]	1.71	tio̱	碾,压
25.1102	𦆄	重[播]	1.71	pio̱	底,下,𦆄𦆄腐烂
	𦆄𦆄𦆄𦆄𦆄𦆄𦆄				天全边下,底下也
25.1103	𦆄	重[么]	1.71	bio̱	爆,破

25.1104	繫	舌[党]	1.71	tio̱	碾,压
25.1105	燚	舌[娘]	1.71	nio̱	姐妹(男称)
25.1106	蘐	牙[果]	1.71	kio̱	歌

编号	西夏文	声类和汉字注音	声调韵类	拟音	汉义
25.1201	蕬	牙[果]	1.71	kio̱	树名
25.1202	矗	牙[果]	1.71	kio̱	察,审
25.1203	穊	牙[果]	1.71	kio̱	敢,得,能办
25.1204	繨	来[浪]	1.71	lio̱	搅和
25.1205	豗	喉[讹]	1.71	·io̱	圆,圈,围,院,国,盖,凡,洲
25.1206	贠①	喉[讹]	1.71	·io̱	模子？
25.1207	翂	喉[讹]	1.71	·wio̱	清除,清,蟲翂御史
25.1208	瞬	喉[讹]	1.71	·wio̱	围,周

编号	西夏文	声类和汉字注音	声调韵类	拟音	汉义
25.1301【七十二】	【婞荄祓梳	舌[多]	1.72	tjo̱	喂食
25.1302	豩	轻[。亡]	1.72	wjo̱	寡,孤
25.1303	燚	牙[歌]	1.72	kjo̱	装入
25.1304	豩	牙[峨]	1.72	gjo̱	穿衣
25.1305	嫩	正[张]	1.72	tɕjo̱	丑
	燚燚缒臌				破穿陋右
25.1306	蔓	正[张]	1.72	tɕjo̱	侍,奉,随
	犍燚毇恍蘐形				往间,彼后随也

---

① 刻本无此字。

编号	西夏文	声类和汉字注音	声调韵类	拟音	汉义
25.1401	翔	舌[多]	1.72	tjo̠	安,置
25.1402	翔	舌[多]	1.72	tjo̠	酿
25.1403	翔	舌[多]	1.72	tjo̠	祷,祈
25.1404	翔	舌[多]	1.72	tjo̠	喂食
25.1405	翔	舌[多]	1.72	tjo̠	传染
25.1406	翔	舌[泥浪]	1.72	djo̠	悲叹
25.1407	翔	舌[娘]	1.72	njo̠	油,润

编号	西夏文	声类和汉字注音	声调韵类	拟音	汉义
25.1501	翔	齿[踪]	1.72	tsjo̠	脂肪,油脂
25.1502	翔	齿[相]	1.72	sjo̠	农,农田
25.1503	翔	来[嗦将]	1.72	zjo̠	牛病
25.1504【七十三】	【翔 黄弢散	轻[嵬]	1.73	wej˩	盛,茂,兴,昌,隆
25.1505	翔	舌[乃]	1.73	nej˩	润,滑,熨
	翔嵬翔*			润nej˩滑	
25.1506	翔	轻[嵬]	1.73	wej˩	盛,茂,兴,昌,隆
	翔嵬			巧涨	
25.1507	翔	轻[嵬]	1.73	wej˩	鸟名

编号	西夏文	声类和汉字注音	声调韵类	拟音	汉义
25.1601	翔	来[呤]	1.73	rej˩	腊月
	翔翔			寒季	
25.1602【七十四】	【翔 黄弢缃	喉[盈]	1.74	·jij˩	急速
25.1603	翔	重[酩]	1.74	mjij˩	兵,卒,士,人
	翔翔			舍寻mjij˩	
25.1604	翔	重[酩]	1.74	mjij˩	盛,茂,旺

	㷾韩龍鼎				音左盛全
25.1605	㐱	舌[你]	1.74	njijˍ	兽,㪚㐱旷野,㐱㼱行猎,星宿
25.1606	㪚	舌[你]	1.74	njijˍ	地,大地
	㪚编				狮子平

编号	西夏文	声类和汉字注音	声调韵类	拟音	汉义
25.1701	㢆	喉[耶]	1.74	·jijˍ	人姓
25.1702	㵡	喉[盈]	1.74	·jijˍ	拔,捞
25.1703	㼱	喉[盈]	1.74	·jijˍ	刚,硬,强
25.1704	祦	喉[盈]	1.74	·jijˍ	急速
25.1705	㷈	喉[盈]	1.74	·jijˍ	堕,没
25.1706	㷾	来[口领]	1.74	rjijˍ	巧,善,利,勇
25.1707	㿱	来[口领]	1.74	rjijˍ	竞,趋,驰

编号	西夏文	声类和汉字注音	声调韵类	拟音	汉义
25.2101	㿴	来[口领]	1.74	rjijˍ	超,特,殊
	㿴㿱				有殊
25.2102	㵡	来[口领]	1.74	rjijˍ	马
25.2103	㿲	来[口领]	1.74	rjijˍ	弈,下棋
25.2104	㽭	来[哆青]	1.74	zjijˍ	饱满
25.2105	㣲	轻[永]	1.74	wjijˍ	野兽名,豹
	㻿㹐㷾㹐㐱㽭㿴㹐㷈優㢆				猴心巧右,野兽色红拖尾巴

编号	西夏文	声类和汉字注音	声调韵类	拟音	汉义
25.2201	㶱	轻[永]	1.74	wjijˍ	卜,占
	㶱優㵡韩㼱㲉?㷈㐱				日明意左,寺新?请也
25.2202【七十五】	【㽤簧㹐㽎	重[莽]	1.75	muˍ	迷惑,昏

25.2203	繎	重[谋]	1.75	buɹ	集,聚,积
	纰靴骳㿱昮繎骹				积左依右,聚集也
25.2204	㵲	重[莽]	1.75	muɹ	俗,愚,顽

编号	西夏文	声类和汉字注音	声调韵类	拟音	汉义
25.2301	㲉	重[莽]	1.75	muɹ	倏
25.2302	㳬	重[莽]	1.75	muɹ	黑,暗
25.2303	蕬	重[莽]	1.75	muɹ	羕 髇龙柏树
25.2304	㵲	重[莽]	1.75	muɹ	迷惑,昏
25.2305	匏	牙[孤]	1.75	kuɹ	拙笨
	厐匏嫇虸骹				笨拙,沉笨也
25.2306	蕆	齿[祖]	1.75	tsuɹ	冬
25.2307	㳔	齿[祖]	1.75	tsuɹ	污,垢

编号	西夏文	声类和汉字注音	声调韵类	拟音	汉义
25.2401	㲳	齿[祖]	1.75	tsuɹ	患病,病卒
25.2402	㡮	牙[。悟]	1.75	guɹ	牛
25.2403	鞁	轻[无]	1.75	wuɹ	[音]
25.2404	㲍	喉[五]	1.75	ɣuɹ	尸
25.2405	焩	喉[吾]	1.75	ɣuɹ	围绕
25.2406	㴏	喉[吾]	1.75	ɣuɹ	时限
	㲍靴㴏骳磭骹骹				尸ɣuɹ左时心,限制也
25.2407	毿	来[芦]	1.75	ruɹ	狭,窄
	瓰毿簸散骹				狭窄,宽窄也

编号	西夏文	声类和汉字注音	声调韵类	拟音	汉义
25.2501	蕠	来[芦]	1.75	ruɹ	树名
25.2502	毣	来[芦]	1.75	ruɹ	牧草?

25.2503	黐	来[芦]	1.75	rɯ	人姓
25.2504	黐	来[芦]	1.75	rɯ	草名,蒲芦?
25.2505	黐	来[哆祖]	1.75	zɯ	长语
25.2506	黐	舌[°娘]	1.75	nɯ	指,示,黐𧽀 指示
25.2507	黐	牙[宜则]	1.75	ŋɯ	饼(烙饼)
	黐黐黐黐黐			烙ŋɯ烤令熟也	

编号	西夏文	声类和汉字注音	声调韵类	拟音	汉义
25.2601	黐	牙[宜则]	1.75	ŋɯ	烙
	黐黐黐黐			做饼ŋɯ烤也	
25.2602	黐	牙[宜则]	1.75	ŋɯ	脊,山梁,岭
	黐黐黐黐黐黐			地岭,地梁续续也	
25.2603	黐	牙[宜则]	1.75	ŋɯ	鎺
25.2604	黐	牙[宜则]	1.75	ŋɯ	头,蕴
	黐黐黐黐			树头集右	

编号	西夏文	声类和汉字注音	声调韵类	拟音	汉义
25.2701	黐	牙[宜则]	1.75	ŋɯ	抄(量词)
	黐黐黐黐黐黐黐黐			蕴ŋɯ全指全,麦糜算用也	
25.2702【七十六】	【黐黐黐黐】	喉[余]	1.76	·ɯ	育,养
25.2703	黐	牙[居]	1.76	kjɯ	盛,装,入
25.2704	黐	牙[居]	1.76	kjɯ	薰
25.2705	黐	牙[玉]	1.76	gjɯ	羊羔
	黐黐黐黐黐黐黐黐黐黐			卧gjɯ圈安左,如羔羊大大也	

编号	西夏文	声类和汉字注音	声调韵类	拟音	汉义
26.1101	𧹂	牙[玉]	1.76	gjuɹ	腰子,肾
	𪙙 𪙚				红肉
26.1102	蘷①	喉[余]	1.76	·juɹ	育树苗
26.1103	𫫢	喉[余]	1.76	·juɹ	育,养
26.1104	𬇙	来[口六]	1.76	rjuɹ	萤
26.1105	𤩽	来[口六]	1.76	rjuɹ	诸
26.1106	𤩽	来[口六]	1.76	rjuɹ	世,𤩽 𤩽 世界,京城,朝廷
	𫇯 𪩠 𪩢 𪩠				出右轮右

编号	西夏文	声类和汉字注音	声调韵类	拟音	汉义
26.1201	𬇙	来[口六]	1.76	rjuɹ	明星
26.1202	𦡳	来[口六]	1.76	rjuɹ	熔,坩埚
26.1203	𫭋	来[口六]	1.76	rjuɹ	恨,忧伤
26.1204	𫭋	来[口六]	1.76	rjuɹ	牛虻
26.1205	𫭋	来[口六]	1.76	rjuɹ	惜
26.1206	𫫰	来[口六]	1.76	rjuɹ	轻佻
26.1207	𫫰	来[口六]	1.76	rjuɹ	叹息
26.1208	𧀗	来[口六]	1.76	rjuɹ	木架
26.1209	𫝊	来[口六]	1.76	rjuɹ	抱怨,报仇

编号	西夏文	声类和汉字注音	声调韵类	拟音	汉义
26.1301	𫮃	来[口六]	1.76	rjuɹ	祥,瑞
26.1302	𫮃	来[戮]	1.76	rjuɹ	扫,笤帚
26.1303	𫮃	来[口六]	1.76	rjuɹ	𫮃 𫮃 调伏,降伏

---

① 据刻本知,此字下漏写蘷,喉音[余],·jur,1.76,檎。

26.1304【七十七】	【絣簽設簽】	重[墨]	1.77	beɹ	奖，赐
26.1305	絣	重[墨]	1.77	beɹ	奖，赐
	絣絖絖絖絖絖絖				集buɹ左弦reɹ右，超出也
26.1306	慌	舌[能]	1.77	neɹ	老羊
	慌絖絖絖				羊寿成右

编号	西夏文	声类和汉字注音	声调韵类	拟音	汉义
26.1401	絖	齿[则]	1.77	tseɹ	斑点，鹿花斑
26.1402	設	齿[则]	1.77	tseɹ	虻蚋
26.1403	絖	齿[则]	1.77	tseɹ	土，地，絖絖社稷
	絖絖絖絖				神山地土右
26.1404	絖	齿[则]	1.77	tseɹ	兔，卯（十二地支之一）
26.1405	絖	齿[则]	1.77	tseɹ	买，赁，雇
26.1406	絖	齿[则]	1.77	tseɹ	医，治
26.1407	絖	齿[则]	1.77	tseɹ	屎，粪
26.1408	絖	来[呤]	1.77	reɹ	睦
	絖絖絖絖				合中著右

编号	西夏文	声类和汉字注音	声调韵类	拟音	汉义
26.1501	絖	来[呤]	1.77	reɹ	弦
26.1502	絖	来[呤]	1.77	reɹ	吠
26.1503	絖	来[啰]	1.77	zeɹ	系，缚
26.1504	絖	轻[外]	1.77	weɹ	睦，慕，恋
26.1505	絖	轻[外]	1.77	weɹ	听，闻，耳
26.1506	絖	轻[外]	1.77	weɹ	崤，塄，高地
	絖絖絖絖				星左镞右
26.1507	絖	轻[外]	1.77	weɹ	遇，逢，会
	絖絖絖絖				根左面右

编号	西夏文	声类和汉字注音	声调韵类	拟音	汉义
26.1601	纪	轻[外]	1.77	weɹ	鸟名
	纞靴斑𪙊				鸟左面右
26.1602	厵	轻[外]	1.77	weɹ	威仪
26.1603	豣	轻[外]	1.77	weɹ	丰,稔
	靴簖				恩功
26.1604	黳	轻[外]	1.77	weɹ	装饰,严饰
26.1605	辮	牙[宜会]	1.77	ŋweɹ	等,比,匹,权,均
26.1606 【七十八】	【耤簧祾圆	喉[夷格]	1.78	yieɹ	死,亡

编号	西夏文	声类和汉字注音	声调韵类	拟音	汉义
26.1701	豿	轻[嵬]	1.78	wieɹ	男,儿子
26.1702	薂	轻[嵬]	1.78	wieɹ	爱,惜,悭,宠
26.1703	敩①	轻[嵬]	1.78	wieɹ	投,抛,掷
26.1704	耤	喉[夷格]	1.78	yieɹ	死,亡
26.1705	蕤	来[仍]	1.78	ʑieɹ	詈,骂,呵
26.1706	鄺	牙[格]	1.78	kieɹ	咀嚼
26.1707	炎	牙[格]	1.78	kieɹ	扰,惹,烦,戏闹
	祾焱				触惹
26.1708	衏	正[蒸]	1.78	tɕieɹ	利益,方便

编号	西夏文	声类和汉字注音	声调韵类	拟音	汉义
26.2101	豵	正[蒸]	1.78	tɕieɹ	右
26.2102 【七十九】	【祄簧祾纰	喉[衣]	1.79	·jiɹ	禄
26.2103	拷	舌[塈]	1.79	djiɹ	鼕(鼓声)

① 刻本注释:缬虓豵豵,上声是也。

26.2104	𗖔	牙[鸡]	1.79	kjiɹ	笨拙,愚笨
	𗖔 𗋕 𗋕 𗋕 𗈅				捣捶,笨拙也
26.2105	𗾈	牙[鸡]	1.79	kjiɹ	察,观,普查
	𗾈 𗾈				见遍
26.2106	𗜓	牙[鸡]	1.79	kjiɹ	勇,健,刚,猛
	𗜓 𗾈				精悍

编号	西夏文	声类和汉字注音	声调韵类	拟音	汉义
26.2201	𗘂	牙[宜]	1.79	ŋjiɹ	灾,祸,难
	𗘂 𗆧				魔鬼
26.2202	𗄊	正[知]	1.79	tɕjiɹ	咬牙声? 磕牙
26.2203	𗄊	正[知]	1.79	tɕjiɹ	雷鸣
26.2204	𗷸	齿[。积]	1.79	tsjiɹ	择
26.2205	𗷸	齿[。积]	1.79	tsjiɹ	蘖子
	𗷸 𗷸 𗷸 𗷸 𗈅				碗择tsjiɹ,蘖子也
26.2206	𗷸	齿[。积]	1.79	tsjiɹ	妻子?
	𗷸 𗷸 𗷸 𗷸 𗷸 𗈅				美左五tsji:ɹ全,婿也

编号	西夏文	声类和汉字注音	声调韵类	拟音	汉义
26.2301	𗓱	喉[衣]	1.79	·jiɹ	禄
26.2302	𗾈	来[哆]	1.79	zjiɹ	沉,重
26.2303	𗗙	来[°力]	1.79	rjiɹ	害,恶
	𗗙 𗗙				破恶
26.2304	𗜓	来[°力]	1.79	rjiɹ	得,获
	𗜓 𗜓				有取rjiɹ
26.2305	𗰜	牙[鸡]	1.79	kjiɹ	毛料
	𗰜 𗰜 𗰜 𗰜				毛右所全
26.2306【八十】	【𗈅 𗈅 𗈅】	喉[。罢]	1.80	ɣaɹ	紧,甚,楚

编号	西夏文	声类和汉字注音	声调韵类	拟音	汉义
26.2401	纕	重[麻]	1.80	maɹ	誓
	纕羶魕憾				骨左誓右
26.2402	祸	重[末]	1.80	baɹ	鼓
26.2403	羰	舌[打]	1.80	taɹ	踏,践
26.2404	鍪	舌[那]	1.80	daɹ	达(借汉),通
26.2405	鑫	牙[渴]	1.80	kʰaɹ	干,渴,瘦
26.2406	赐	喉[。罨]	1.80	ɣaɣ	诬,枉,谋
26.2407	徸	喉[罨]	1.80	ɣaɣ	杀害,谋杀
	徥菰縰徥核				死立,悲死也

编号	西夏文	声类和汉字注音	声调韵类	拟音	汉义
26.2501	禘	喉[罨]	1.80	ɣaɣ	噎
	祀厰				音迫
26.2502	辰	喉[合]	1.80	xaɣ	张口
26.2503	舵	喉[。罨]	1.80	ɣaɣ	紧,极,甚,楚
26.2504	祓	来[啰]	1.80	raɹ	仟
26.2505	徥	来[啰]	1.80	raɹ	老
	译慈駾核				施时,老也

编号	西夏文	声类和汉字注音	声调韵类	拟音	汉义
26.2601	裗	来[啰]	1.80	raɹ	人姓
26.2602	瓻	来[啰]	1.80	raɹ	山
26.2603	敩	来[口拶]	1.80	zaɹ	汉
	儆祓炙甋				汉心虫全
26.2604	甦	来[口拶]	1.80	zaɹ	祖先
	甦胤敩甋萧胤核				父圈教全,本根也
26.2605	聂	来[口拶]	1.80	zaɹ	辣,辛,痛
	缦憾嚭羶				辣右椒左

编号	西夏文	声类和汉字注音	声调韵类	拟音	汉义
26.2701	𫫋	来[口拶]	1.80	zaɹ	羞愧
	𫫋𮋤𮕷𫤂				悔左愧zaɹ全
26.2702	𫷨	轻[斡]	1.80	waɹ	腹肠中物
	𫔵𮋤𫦫𫭰				绕左来右
26.2703	𫮏	牙[琄]	1.80	kwaɹ	压制，嗔恚
	𫮏𫱻𫮏𮕷𬘓𬯜𬭥				愚心愚全，破裂也
26.2704	𫺉	牙[琄]	1.80	kwaɹ	观察，显
	𮊌𮋤𫺉𮕷𬯜𬯜𬕈𬴈𬭥				刚左除全，所有查看也

编号	西夏文	声类和汉字注音	声调韵类	拟音	汉义
27.1101	𪔵	齿[纂]	1.80	tswaɹ	皱
	𪔵𬫮				皱入
27.1102	𩢝	喉[化]	1.80	xwx	融，化
27.1103	𩣥	喉[和]	1.80	xwx	和，拌
27.1104	𫤀	重[板]	1.80	paɹ	凝（血）
27.1105	𫺋①	重[末]	1.80	baɹ	鼓
27.1106	𪖏	齿[拶]	1.80	tsaɹ	野兽
	𫽅𮋹𫭼𬭥				鹿高，兽也

编号	西夏文	声类和汉字注音	声调韵类	拟音	汉义
27.1201	𪖘	齿[拶]	1.80	tsaɹ	草名
27.1202	𬰶	齿[拶]	1.80	tsaɹ	遁，逃
27.1203	𩣻	齿[拶]	1.80	tsaɹ	椒
27.1204 【八十一】	【𫝀𫱱𫭼𫝅】	正[杀]	1.81	ɕiaɹ	搅拌

---

① 与26.2402为同一字，意同，但分置于两韵中，刻本《文海宝韵》亦如是，反切下字稍异。

27.1205	[illegible]	重[盘]	1.81	pʰiaɹ	乱,散
27.1206	[illegible]	重[马重]	1.81	biaɹ	盈利,趋利
27.1207	[illegible]	牙[极枷]	1.81	kʰiaɹ	鬼怪
27.1208	[illegible]	牙[极枷]	1.81	kʰiaɹ	阳焰

编号	西夏文	声类和汉字注音	声调韵类	拟音	汉义
27.1301	[illegible]	正[杀]	1.81	ɕiaɹ	人姓
27.1302	[illegible]	正[杀]	1.81	ɕiaɹ	有威仪
27.1303 【八十二】	【[illegible] [illegible]】	喉[耶]	1.82	·jaɹ	第八
27.1304	[illegible]	轻[嚩]	1.82	wjaɹ	挖掘,破
27.1305	[illegible]	轻[嚩]	1.82	wjaɹ	细,绺?
	[illegible]			线圆	
27.1306	[illegible]	重[帕]	1.82	pʰjaɹ	[音]
27.1307	[illegible]	重[盘]	1.82	pʰjaɹ	齐,平展

编号	西夏文	声类和汉字注音	声调韵类	拟音	汉义
27.1401	[illegible]	重[麻]	1.82	mjaɹ	毛,发
27.1402	[illegible]	正[杀]	1.82	ɕjaɹ	急,急流
27.1403	[illegible]	正[杀]	1.82	ɕjaɹ	剥,削
27.1404	[illegible]	正[杀]	1.82	ɕjaɹ	芒,刺,尖
27.1405	[illegible]	牙[渴]	1.82	kʰjaɹ	耿直
	[illegible]			德亮脑下	
27.1406	[illegible]	牙[渴]	1.82	kʰjaɹ	重复
	[illegible]			看圈重全,使重复做	

编号	西夏文	声类和汉字注音	声调韵类	拟音	汉义
27.1501	𗹙	齿[截]	1.82	tsʰjaɹ	唆,谗,谤
27.1502	顾①	重[墨]	2.58	be̱	唆,谤
	𗹙圆𗹙𗹙𗹙𗹙				口唆,相教恶也
27.1503	𗹙	喉[耶]	1.82	·jaɹ	立
	𗹙𗹙𗹙𗹙				处柱衣左
27.1504	𗹙	喉[耶]	1.82	·jaɹ	媳妇
27.1505	𗹙	喉[耶]	1.82	·jaɹ	八
	𗹙𗹙𗹙𗹙				七减去头

编号	西夏文	声类和汉字注音	声调韵类	拟音	汉义
27.1601	𗹙	喉[耶]	1.82	·jaɹ	第八
	𗹙𗹙𗹙𗹙				孩左八·jaɹ全
27.1602	𗹙	来[啰]	1.82	rjaɹ	请来
27.1603	𗹙	来[啰]	1.82	rjaɹ	殊妙
27.1604	𗹙	来[啰]	1.82	rjaɹ	语助,而,处
27.1605	𗹙	来[啰]	1.82	rjaɹ	司
	𗹙𗹙𗹙(应为𗹙)𗹙				礼左处右
27.1606	𗹙	来[啰]	1.82	rjaɹ	田,田畴
27.1607	𗹙	来[啰]	1.82	rjaɹ	耧,娄(宿)
	𗹙𗹙𗹙𗹙𗹙𗹙				种子,种耧为也

编号	西夏文	声类和汉字注音	声调韵类	拟音	汉义
27.1701	𗹙	来[啰]	1.82	rjaɹ	尾,末,东
27.1702	𗹙	来[啰]	1.82	rjaɹ	靶,盾
27.1703	𗹙	来[啰]	1.82	rjaɹ	允,𗹙𗹙性气

---

① 此字写本误写于此,与上一字近义。

编号	西夏文	声类和汉字注音	声调韵类	拟音	汉义
27.1704	羅	来[啰]	1.82	rja˩	病患
27.1705	羅	来[啰]	1.82	rja˩	地牢,地狱,狱
27.1706	羅	来[啰]	1.82	rja˩	写,书,祇羅判凭
27.1707	羅	舌[打]	1.82	tja˩	[音]
27.1708	羅	舌[捺]	1.82	nja˩	校

编号	西夏文	声类和汉字注音	声调韵类	拟音	汉义
27.1801	羅	舌[捺]	1.82	nja˩	弹
27.1802	羅	牙[°圈]	1.82	kʰjwa˩	老牛
27.1803	羅	牙[°圈]	1.82	kʰjwa˩	圈,"闹鬼"?
27.1804	羅	牙[顽]	1.82	gjwa˩	驰
27.1805	羅	舌[锻]	1.82	tjwa˩	独,孤
27.1806	羅	舌[锻]	1.82	tjwa˩	息,停,止
27.1807	羅	舌[暖]	1.82	djwa˩	镰,刀鞘?
	羅羅(此处字迹不清,4字?)			? 袋??	

编号	西夏文	声类和汉字注音	声调韵类	拟音	汉义
27.2101	羅	舌[暖]	1.82	djwa˩	皮,膜
27.2102	羅	齿[镌]	1.82	tsjwa˩	知识
27.2103	羅	喉[冤]	1.82	·jwa˩	劳苦
27.2104 【八十三】	【羅】圆发散	齿[塞]	1.83	sa˩	针灸
27.2105	羅	重[末轻]	1.83	ma˩	好板材
27.2106	羅	重[末轻]	1.83	ma˩	美妙
27.2107	羅	舌[达]	1.83	tʰa˩	盲
	羅羅羅羅			盲左枯右	

编号	西夏文	声类和汉字注音	声调韵类	拟音	汉义
27.2201	𗰛	舌[达]	1.83	$t^ha:˩$	显,现
27.2202	𗰜	舌[达]	1.83	$t^ha:˩$	口吃
27.2203	𗰝	牙[葛]	1.83	$ka:˩$	眼,目
	𗰝𗰞				视观
27.2204	𗰟	牙[葛]	1.83	$ka:˩$	秤,𗰟𗰠三司
	𗰡𗰢𗰣				论称也
27.2205	𗰤	牙[顽]	1.83	$ga:˩$	顽
27.2206	𗰥	齿[塞]	1.83	$sa:˩$	震动
27.2207	𗰦	齿[塞]	1.83	$sa:s$	针灸
	𗰧𗰨				病穿

编号	西夏文	声类和汉字注音	声调韵类	拟音	汉义
27.2301	𗰩	齿[塞]	1.83	$sa:s$	灌
27.2302【八十四】	【𗰪】𗰫𗰬𗰭	喉[呼]	1.84	$xe˩$	哼
27.2303	𗰮	重[不]	1.84	$pe˩$	扫除,清除
	𗰯𗰰				手除
27.2304	𗰱	重[不]	1.84	$pe˩$	羔羊
27.2305	𗰲	重[孛]	1.84	$p^he˩$	清除
27.2306	𗰳	重[没]	1.84	$be˩$	衰弱,悴
27.2307	𗰴	重[。没]	1.84	$me˩$	唇
27.2308	𗰵	舌[嘚]	1.84	$te˩$	践,踏,压
	𗰶𗰷				压手

编号	西夏文	声类和汉字注音	声调韵类	拟音	汉义
27.2401	𡪋	牙[宜则]	1.84	ŋeɹ	山
27.2402	𦥸	牙[宜则]	1.84	ŋeɹ	鳌
27.2403	𥾈	喉[哼]	1.84	xeɹ	哼
27.2404	𦒊	来[呤]	1.84	reɹ	缝
	𦒊𥾈𦥸𡪋				系心缀全
27.2405	𦥪	舌[能]	1.84	neɹ	黄
	𦥪𦶼𦒊𦒋				黄 noɹ 美枯有
27.2406	𦶳	轻[勿]	1.84	weɹ	急驰,速往
27.2407	𦷼	轻[勿]	1.84	weɹ	钦敬,尊敬
	𦷼𦶳				畏遮

编号	西夏文	声类和汉字注音	声调韵类	拟音	汉义
27.2501	𦀏	轻[勿]	1.84	weɹ	夭折,逝
27.2502	𢁤	轻[勿]	1.84	weɹ	配种,生
27.2503	𦧅	舌[都]	1.84	tweɹ	树疙瘩
27.2504	𦩋	舌[特合]	1.84	tʰweɹ	烧,燔,[音]
27.2505	𦂌	舌[口能]	1.84	dweɹ	厌倦
27.2506	𧞰	舌[口能]	1.84	dweɹ	敌,击,对,抵
27.2507	𦥗	牙[各]	1.84	kweɹ	体

编号	西夏文	声类和汉字注音	声调韵类	拟音	汉义
27.2601	𦊊	牙[鱼骨]	1.84	ŋweɹ	第四
27.2602	𥽘	牙[鱼骨]	1.84	ŋweɹ	皇,天
27.2603	𦶶	牙[鱼骨]	1.84	ŋweɹ	四,第四,𦶶𦲰琵琶
27.2604	𧝿	牙[鱼骨]	1.84	ŋweɹ	第七
27.2605	𦺸	牙[鱼骨]	1.84	ŋweɹ	青
27.2606	𦸈	牙[鱼骨]	1.84	ŋweɹ	妻眷

27.2607	𗕑	牙[鱼骨]	1.84	ŋwəɹ	七,第七子
27.2608	𗴮	喉[恶]	1.84	ɣewɣ	鸟名

编号	西夏文	声类和汉字注音	声调韵类	拟音	汉义
27.2701	𗕱	喉[鹤]	1.84	xwəɹ	鹤(借汉),人姓,地名
27.2702	𗴬	齿[卒]	1.84	tswəɹ	咒诅
27.2703	𗤾	齿[卒]	1.84	tswəɹ	挤(乳)
27.2704 【八十五】	【𗭴 𗹥𗹊𗗝】	喉[乙]	1.85	ɹiəɣ	沸腾
27.2705	𗴊①	重[没]	1.85	biəɹ	瘪,鼻窦
27.2706	𗷀	牙[吃]	1.85	kiəɹ	粗,锯
27.2707	𗴴	正[之]	1.85	tɕiəɹ	爆裂音

编号	西夏文	声类和汉字注音	声调韵类	拟音	汉义
28.1101	𗴢	正[赤]	1.85	tɕʰiəɹ	喧闹
28.1102	𗒑	正[参]	1.85	ɕiəɹ	响
28.1103	𗭴	喉[乙]	1.85	ɹiəɣ	沸腾
28.1104 【八十六】	【𗥴 𗹥𗹊𗗩】	喉[乙]	1.86	ɣjɨɣ	真实
28.1105	𗦤	重[。没]	1.86	mjɨɹ	少,壮
28.1106	𗷈	重[。没]	1.86	mjɨɹ	牲畜
28.1107	𗭡	重[。没]	1.86	mjɨɹ	人,士
28.1108	𗲔	重[没]	1.86	bjɨɹ	刀

①刻本中此字下有𗷀(1.85,kiəɹ,富有)字,写本遗。

编号	西夏文	声类和汉字注音	声调韵类	拟音	汉义
28.1201	[illegible]	牙[吉]	1.86	kjɨɹ	斜飞
28.1202	[illegible]	正[止]	1.86	tɕjɨɹ	系结
28.1203	[illegible]	正[什]	1.86	ɕjɨɹ	人姓,[音]
28.1204	[illegible]	喉[易]	1.86	·jɨɹ	问,询
28.1205	[illegible]	重[比]	1.86	pjɨɹ	比(借汉)
28.1206	[illegible]	牙[。萼]	1.86	gjwɨɹ	卧
28.1207	[illegible]	正[出]	1.86	tɕ^{h}jwɨɹ	愚,俗
28.1208	[illegible]	正[出]	1.86	tɕ^{h}jwɨɹ	拷,打

编号	西夏文	声类和汉字注音	声调韵类	拟音	汉义
28.1301	[illegible]	正[率]	1.86	ɕjwɨɹ	直说
28.1302	[illegible]	喉[易]	1.86	·jɨɹ	疯,狂
28.1303	[illegible]	喉[蔚]	1.86	·jwɨɹ	相,象,形
28.1304	[illegible]	来[日率]	1.86	zjwɨɹ	秫
28.1305	[illegible]	舌[啰]	1.86	tjɨɹ	满,足
28.1306	[illegible]	舌[啰]	1.86	tjɨɹ	沉,重
28.1307	[illegible]	齿[七]	1.86	ts^{h}jɨɹ	切(借汉)
28.1308	[illegible]	齿[悉]	1.86	sjɨɹ	满,足

编号	西夏文	声类和汉字注音	声调韵类	拟音	汉义
28.1401	[illegible]	喉[乙]	1.86	ɣjɨɹ	鹰鹫
28.1402	[illegible]	喉[乙]	1.86	ɣjɨɹ	觋(男巫,借汉)
28.1403	[illegible]	喉[乙]	1.86	ɣjɨɹ	人姓
28.1404	[illegible]	喉[乙]	1.86	ɣjɨɹ	性交
28.1405	[illegible]	喉[乙]	1.86	ɣjɨɹ	朕
28.1406	[illegible]	喉[乙]	1.86	ɣjɨɹ	做,作,造
28.1407	[illegible]	喉[乙]	1.86	ɣjɨɹ	真,实

| 28.1408 | 𗢨 | 喉［乙］ | 1.86 | ɣjɨɹ | 姓氏，宗姓 |

编号	西夏文	声类和汉字注音	声调韵类	拟音	汉义
28.1501	𗢨	喉［乙］	1.86	ɣjɨɹ	人姓
28.1502	𗑹	牙［蕚］	1.86	gjwɨɹ	涨，盛
	𗑷𗑹				皆盛
28.1503	𗧤	来［呤］	1.86	rjɨɹ	骨
28.1504	𗣳	来［呤］	1.86	rjɨɹ	杖，拷，打
28.1505	𗣳①	来［哆则］	1.86	zjɨɹ	记
28.1506	𗤣	来［哆则］	1.86	zjɨɹ	美妙，人姓
	𗤣𗢨𗟻𗢨				美头角右
28.1507	𗢨	齿［卒］	1.86	tsjwɨɹ	列，章

编号	西夏文	声类和汉字注音	声调韵类	拟音	汉义
28.1601 【八十七】	【𗢨𗤣𗟻𗢡】	牙［宜则］	1.87	ŋewɹ	算，数
28.1602	𗢨	舌［斗］	1.87	tewɹ	笨重
28.1603	𗢨②	舌［泥骨］	1.87	dewɹ	鼕（鼓声）
28.1604	𗢨	牙［宜则］	1.87	ŋewɹ	算计，筹算
	𗢨𗢨				明亿
28.1605	𗢨	牙［宜则］	1.87	ŋewɹ	剪，割，断
	𗢨𗣳				复断
28.1606	𗢨	牙［宜则］	1.87	ŋewɹ	惧怕
	𗢨𗤣𗟻𗢨𗢡𗤣				壮左著右，惧怕也

---

① 刻本中此字下有𗟻（1.86，zjɨɹ，南），写本遗。
② 刻本中此字下有𗢨（1.87，ŋewɹ，震鸣），写本遗。

编号	西夏文	声类和汉字注音	声调韵类	拟音	汉义
28.1701	嵐	牙[宜则]	1.87	ŋew↲	乱
		嵐 魞 綴 靴			耳全重左
28.1702	嵐	齿[则]	1.87	tsew↲	节,辈,嵐䁪节亲
		嵐 魞 㤇 靴			耳圈杯tsew↲全
28.1703	嵐	齿[则]	1.87	tsew↲	宰,屠
		嵐 魞 㤇 靴			节tsew↲圈离全
28.1704	嵐	齿[则]	1.87	tsew↲	草名
28.1705	㤇	齿[则]	1.87	tsew↲	茶具? 杯?
		嵐 嵐? 㤇 綴 㤇			宽时,铫子也

编号	西夏文	声类和汉字注音	声调韵类	拟音	汉义
28.2101	嵐	来[。留]	1.87	rew↲	菜名,苦苣
28.2102	嵐	来[流]	1.87	rew↲	泽,江
28.2103	嵐	来[流]	1.87	rew↲	慄,抖,冷
28.2104	嵐	来[流]	1.87	rew↲	尖,端
28.2105	嵐	来[哆则]	1.87	zew↲	重,沉,笨
		嵐 魞 㤇 靴			笨圈拙左
28.2106	嵐	来[哆则]	1.87	zew↲	绚丽,斑斓
		嵐 靴 嵐 㤇			绚左雀心

编号	西夏文	声类和汉字注音	声调韵类	拟音	汉义
28.2201	嵐	舌[泥骨]	1.87	dew↲	小羊
		嵐 靴 嵐 㤇			二左卧右
28.2202	嵐	舌[泥骨]	1.87	dew↲	主,主持
28.2203 【八十八】	【嵐 夏 㤇 夏】	牙[勾]	1.88	kjiw↲	駑駑
28.2204	嵐	牙[勾]	1.88	kjiw↲	紧急,着急
		嵐 㤇 嵐 㤇 㤇			急寒kjiw↲,紧为也

28.2205	㳘	牙[勾]	1.88	kjiwɹ	驈驐
28.2206	㩱	牙[勾]	1.88	kjiwɹ	寒冷
	㼪㪅㩱㳘				寒下冷右

编号	西夏文	声类和汉字注音	声调韵类	拟音	汉义
28.2301【八十九】	【㲻夃𣏌㲻】	喉[讹重]	1.89	ɣoɹ	嫂娣,妯娌
28.2302	㲻	轻[讹]	1.89	woɹ	鸡
	㲻㲻䬓㲻				雀圈美心
28.2303	㲻	轻[讹]	1.89	woɹ	起,生,发
	㲻㲻㲻㳘				出左成右
28.2304	㼪	牙[光]	1.89	koɹ	喉
28.2305	㼪	牙[光]	1.89	koɹ	末关节
	㲻㲻㼽㲻				后左近左
28.2306	㲻	喉[讹重]	1.89	ɣoɹ	嫂娣,妯娌
	㲻䒩				兄弟樗?ɣoɹ

编号	西夏文	声类和汉字注音	声调韵类	拟音	汉义
28.2401	䒩	来[讹重]	1.89	ɣoɹ	树名
	㲻㲻䒩㩱(刻本为㩱㳘)				树头?下(刻本为毒右)
28.2402【九十】	【㲻㲻㲻】	重[昂]	1.90	mioɹ	[音]
28.2403	㲻	重[昂]	1.90	mioɹ	[音]
	㲻㲻㲻㲻㲻㲻㲻㲻				闻 mji 头泥 tɕioɹ左,真言中用
28.2404	㲻	正[庄]	1.90	tɕioɹ	污,秽,垢
	㼪㲻㲻㳘㲻㲻㲻				恶左连右,不净也

编号	西夏文	声类和汉字注音	声调韵类	拟音	汉义
28.2501	𗧩	正[庄]	1.90	tɕioɿ	泥
28.2502	𗢰	轻[。亡]	1.90	wioɿ	爱,惜
28.2503	𗯂	重[磨轻]	1.90	mjoɿ	实,如,现
	𗢰 𗧩 𗯂 𗣤				像头心强
28.2504	𗧬	轻[。亡]	1.90	wjoɿ	脊,背
	𗧯 𗣩 𗢵 𗣺				节下梁wjoɿ右
28.2505	𗢵	轻[。亡]	1.90	wjoɿ	檩,梁
28.2506	𗰛	来[哆将]	1.90	zjoɿ	赎,寻
	𗰛 𗣱				自寻

编号	西夏文	声类和汉字注音	声调韵类	拟音	汉义
28.2601	𗠼	来[嫽]	1.90	rjoɿ	得,获
28.2602	𗣴	来[嫽]	1.90	rjoɿ	溺爱
28.2603【九十一】	【𗥆】𗧩 𗣩 𗣨	牙[个]	1.91	kowɿ	人姓
28.2604	𗰃	重[谋]	1.91	bowɿ	箭?箭袋?
	𗣸 𗣴 𗰃 𗣱				匍bju心蜂bowɿ全
28.2605	𗰃	重[谋]	1.91	bowɿ	蜂
	𗣫 𗣩 𗰃 𗣱				外左虫全
28.2606	𗰄	重[谋]	1.91	bowɿ	乳头?
	𗰃 𗣱 𗧩 𗢵 𗣺 𗰄				蜂全肉右,乳头?

编号	西夏文	声类和汉字注音	声调韵类	拟音	汉义
28.2701	𗥆	牙[个]	1.91	kowɿ	人姓
28.2702	𗵵	齿[。左]	1.91	tsowɿ	碓,舂
	𗵶 𗣩 𗵷 𗣺				跳左梅右
28.2703	𗰀	齿[。左]	1.91	tsowɿ	短,段,荆棘
	𗵵 𗧩 𗰀 𗣱				木头段全

28.2704	絾	喉 [讹合]	1.91	ɣowˋ	弯,曲
28.2705	矗	来 [哆]	1.91	zowˋ	性骚扰?
28.2706	瓻	来 [哆作]	1.91	zowˋ	筋,脉
28.2707	矗	来 [口浪]	1.91	rowˋ	干,枯

编号	西夏文	声类和汉字注音	声调韵类	拟音	汉义
29.1101 【九十二】	【絾 絾祓桶	正 [。责]	1.92	tɕjɨˋ	削
29.1102	毹	牙 [吃]	1.92	kjɨˋ	工,匠
	毹稜			筋kjɨˋ趋kjɨˋ	
29.1103	稜	牙 [吃]	1.92	kjɨˋ	舍,弃
29.1104	絾	正 [。责]	1.92	tɕjɨˋ	削
	絾靴絾靴			刚左割左	
29.1105	蒂	齿 [则]	1.92	tsjɨˋ	荔枝
29.1106	希	齿 [则]	1.92	tsjɨˋ	五,第五,行五
	蒂瓻稀移			荔减去头	

编号	西夏文	声类和汉字注音	声调韵类	拟音	汉义
29.1201	皦	齿 [则]	1.92	tsjɨˋ	昆虫名?
29.1202	翅	来 [勒]	1.92	ljɨˋ	人姓
29.1203	绸	来 [勒]	1.92	ljɨˋ	四
	翮被翅皦			四下勒ljɨˋ右	
29.1204	祋	来 [哆则]	1.92	zjɨˋ	少,小,微
29.1205	蒋	重 [°不]	1.92	pjwɨˋ	劝,谏,净
	镒皦祋被			脾pjwɨˋ右取下	
29.1206	飈	重 [°不]	1.92	pjwɨˋ	骗,变
	飈靴翅皦			他左变右	

编号	西夏文	声类和汉字注音	声调韵类	拟音	汉义
29.1301	𗱤	牙[国]	1.92	kjwi:˩	𗱤𗱤敌骨(匈奴又称)
29.1302	𗱨	牙[国]	1.92	kjwi:˩	𗱨𗱨敌骨,鸟名
29.1303	𗱢	牙[国]	1.92	kjwi:˩	偷,盗
29.1304	𗱪	牙[国]	1.92	kjwi:˩	粗糙,褐
	𗱪𗰱𗹢𗆀				恶左褐右
29.1305	𗱬	喉[蔚]	1.92	·jwi:˩	速至
	𗷟𗰱𗴻𗆀				急左重(复)右
29.1306【九十三】	【𗼕】𘀁𗇋𗴾	齿[精]	1.93	tsji:˩	法,术

编号	西夏文	声类和汉字注音	声调韵类	拟音	汉义
29.1401	𗼕	齿[精]	1.93	tsji:˩	法,术
	𗼕𗰱𘂠𗆀				正左礼右
29.1402	𗼑	齿[精]	1.93	tsji:˩	官,吏,爵
	𗻿𗆀𗴮𗰱				爵右鸟左
29.1403	𗲎	齿[精]	1.93	tsji:˩	选,择
	𗲎𗆀𗴷𗆀				选右择右
29.1404	𗵈	来[领]	1.93	lji:˩	摸,摩
	𘂵𗵌				手所
29.1405	𗭜	来[领]	1.93	lji:˩	憔悴,劳累
	𗧺𗭜𗲏𗭜𗆀				自苦劳苦也

编号	西夏文	声类和汉字注音	声调韵类	拟音	汉义
29.1501【九十四】	【𗸊】𘀁𗇋𗁮	喉[漾]	1.94	·jo:˩	刚,强
29.1502	𗲶	牙[果]	1.94	ko:˩	锦
29.1503	𗸌	牙[我]	1.94	go:˩	男,夫,君
29.1504	𗴤	正[相]	1.94	sjo:˩	轻佻,低头?

		𗼩𗾔			轻佻轻? 点头?	
29.1505	𗾺	喉[漾]	1.94	·jo˞	刚,强	
		𗄴𗿤𗃤𗿞			刚左静全	
29.1506	𗽊	来[量]	1.94	ljo˞	伪,佞,诈,诣	
		𗽊𗿤𗽊𗿞			欺左超右	

编号	西夏文	声类和汉字注音	声调韵类	拟音	汉义	
29.1601	𗾍	来[量]	1.94	ljo˞	满,溢,超	
		𗾍𗿞𗾍𗿞			有头溢全	
29.1602	𗽤	来[量]	1.94	ljo˞	焰,炽	
		𗾕𗿤𗾕𗿞			尖热火头	
29.1603【九十五】	【𗃠𗿞𗿡𗿢】	舌[娘]	1.95	njo˞	水,坎	
29.1604	𗃠	舌[娘]	1.95	njo˞	本源	
		𗼩𗿞𗃠𗿞𗑗𗿟𘀚𗀔𗀣𗀤			起全出右,本根生处说也	

编号	西夏文	声类和汉字注音	声调韵类	拟音	汉义	
29.1701	𗃮	舌[娘]	1.95	njo˞	水,坎	
		𗃮𗿭𗃜𗿞			水潮大右	
29.1702	𗃜	舌[娘]	1.95	njo˞	尾,东	
		𗃜𗿤𗃜𗿞			尾左亿右	
29.1703	𗃯①	舌[娘]	1.95	njo˞	富裕,满	
		𗃠𗿤𗼩𗿞			本njo˞左足右	
29.1704【九十六】	【𗪖𗿞𗿡𗾮】	齿[宗]	1.96	tsu^n	人姓,地名,[音]	
29.1705	𗦹	舌[冬]	1.96	tu^n	人姓,地名,[音]	
29.1706	𗪖	齿[尊]	1.96	tsu^n	人姓,地名,[音]	
		𘊏𗃜𗿽𗿞𗾷𗼩𗀣			木头骏全,人姓也	

---

① 刻本中此字下有𘊏(1.95,k^{h}jo˞,译音字),写本遗。

编号	西夏文	声类和汉字注音	声调韵类	拟音	汉义
29.2101	獛	喉[红]	1.96	xuⁿ	红(借汉),[音]
	獗辄獛烣				红左白右
29.2102 【九十七】	【犼 毹骇簧	喉[越]	1.97	·ɹwaɹ	越(借汉),速至
29.2103	茄	正[说]	1.97	ɕjwaɹ	[音]
	徯辄祀辄				胁ɕjwa:左音左
29.2104	羡	喉[越]	1.97	·ɹwaɹ	亮,耀,[音]
	徬狐羡瓩				明头堆全

编号	西夏文	声类和汉字注音	声调韵类	拟音	汉义
29.2201	蒟	喉[越]	1.97	·ɹwaɹ	越(借汉),速至
	羡狐辫辄				亮·ɹwaɹ头急左

| 29.23 | 俀祀豰 | | | | 平声终 |

（三）写本《文海宝韵》上声、入声

〔西夏文〕
文海宝韵上声入声二第
文海宝韵上声入声第二

（以下为韵目代表字，每行字数不等，其以小字数字标明序数。因后面有各韵类代表字的译释，于此仅译出顺序号）

01.12	〔西〕	〔西〕	〔西〕	〔西〕	〔西〕	〔西〕	〔西〕	〔西〕	〔西〕	〔西〕
	一	二	三	四	五	六	七	八	九	十
01.13	〔西〕	〔西〕	〔西〕	〔西〕	〔西〕	〔西〕	〔西〕	〔西〕		
	十一	十二	十三	十四	十五	十六	十七	十八		
01.14	〔西〕	〔西〕	〔西〕	〔西〕	〔西〕	〔西〕	〔西〕			
	十九	二十	二十一	二十二	二十三	二十四	二十五			
01.15	〔西〕	〔西〕	〔西〕	〔西〕	〔西〕	〔西〕				
	二十六	二十七	二十八	二十九	三十	三十一				
01.16	〔西〕	〔西〕	〔西〕	〔西〕	〔西〕	〔西〕				
	三十二	三十三	三十四	三十五	三十六	三十七				
01.17	〔西〕	〔西〕	〔西〕	〔西〕	〔西〕	〔西〕				
	三十八	三十九	四十	四十一	四十二	四十三				

01.21	𗊱𗈶𗆀𗈶	𗈶𗆀𗉶	𗈶𗆀𗊱	𗈶𗆀𗋒	𗈶𗆀𗈶	𗈶𗆀𗊱			
	四十四	四十五	四十六	四十七	四十八	四十九			
01.22	𗈶𗆀	𗉶𗆀𗋒	𗉶𗆀𗊱	𗉶𗆀𗈶	𗉶𗆀𗈶	𗉶𗆀𗉶			
	五十	五十一	五十二	五十三	五十四	五十五			
01.23	𗆀𗉶𗆀𗊱	𗉶𗆀𗋒	𗉶𗆀𗈶	𗉶𗆀𗊱	𗋒𗆀𗊱	𗋒𗆀𗋒			
	五十六	五十七	五十八	五十九	六十	六十一			
01.24	𗋒𗆀𗊱	𗋒𗆀𗈶	𗋒𗆀𗈶	𗋒𗆀𗉶	𗋒𗆀𗋒	𗋒𗆀𗋒			
	六十二	六十三	六十四	六十五	六十六	六十七			
01.25	𗋒𗆀𗈶	𗋒𗆀𗊱	𗋒𗆀𗈶	𗋒𗆀𗋒	𗋒𗆀𗊱	𗋒𗆀𗈶			
	六十八	六十九	七十	七十一	七十二	七十三			
01.26	𗋒𗆀𗈶	𗋒𗆀𗉶	𗋒𗆀𗊱	𗋒𗆀𗋒	𗋒𗆀𗈶	𗋒𗆀𗊱			
	七十四	七十五	七十六	七十七	七十八	七十九			
01.27	𗈶𗆀	𗈶𗆀𗊱	𗈶𗆀𗊱	𗈶𗆀𗈶	𗈶𗆀𗉶	𗈶𗆀𗈶			
	八十	八十一	八十二	八十三	八十四	八十五			
02.11	𗈶𗆀𗊱								
	八十六								

02.12　　　𗒛𗌭𗫂𗅲𗆀𗗟𗐯𗲖𗱕𗗙𗄜𗗙𗄀𗆢
白高国大文海宝韵上声入声二第
大白高国《文海宝韵》上声入声第二

（以下为上声和入声各韵所属字及其注释小字，以表格形式依次编号对每字做出声类和汉字注音、声调韵类、拟音和汉义4项注释）

编号	西夏文	声类和汉字注音	声调韵类	拟音	汉义
02.1301 【一】	𗊈𗰛	重［谋］	2.01	bu	巢
02.1302	𗴷	重［普］	2.01	pʰu	树
	𗏇𗏇 条茂				
02.1303	𗴞	重［普］	2.01	pʰu	泥靴
02.1304	𗊈	重［谋］	2.01	bu	巢
02.1305	𗰽	舌［肚］	2.01	tʰu	源,货源,资源
	𗰽𗏇𗏇𗏇 资源权? 出				
02.1306	𗏇	舌［肚］	2.01	tʰu	解,脱
	𗏇𗏇 唤解				
02.1307	𗏇	舌［肚］	2.01	tʰu	羔羊,羝
	𗏇𗏇 羊近				

编号	西夏文	声类和汉字注音	声调韵类	拟音	汉义
02.1401	𗏇	舌［肚］	2.01	tʰu	草名
02.1402	𗴞	舌［肚］	2.01	tʰu	阴根?
02.1403	𗴴	牙［枯］	2.01	kʰu	筐,笼,函
	𗴴𗴴 木沟				
02.1404	𗴴	牙［枯］	2.01	kʰu	豺狼
02.1405	𗴶	牙［悟］	2.01	gu	𗴶𗴶 重栿
02.1406	𗴵	牙［悟］	2.01	gu	共,总
	𗴵𗴸 共gu内				
02.1407	𗴷	牙［悟］	2.01	gu	具,乘,辆
02.1408	𗴹	牙［悟］	2.01	gu	中,间
	𗴺𗴻𗴼𗴽 脐心中右				

编号	西夏文	声类和汉字注音	声调韵类	拟音	汉义
02.1501	緂	牙[悟]	2.01	gu	夫妇
02.1502	緒	齿[做]	2.01	tsu	起,涌,上
	綀轮撤服				起左异心
02.1503	绢	齿[肃]	2.01	su	图谋,计谋,[音]
	撇綯肬				计谋也
02.1504	撇	齿[肃]	2.01	su	得益
	撇绢緂弑肬				自su谋su,得益也
02.1505	撇	齿[肃]	2.01	su	自我
	撇皉绢胧绥䌹舞维肬				自圈谋su右,番人谓我也

编号	西夏文	声类和汉字注音	声调韵类	拟音	汉义
02.1601	腄	齿[肃]	2.01	su	脓
	腄绢肬腄帰琉恍肬				疮谋su,马疮内流血也
02.1602	祓	喉[乌]	2.01	·u	戏,娱乐
	琉缓				意娱
02.1603	帰	喉[五]	2.01	·u	内,中,里
	緂箅				腔堂
02.1604	胹	喉[五]	2.01	·u	怒,[音]

编号	西夏文	声类和汉字注音	声调韵类	拟音	汉义
02.1701	胹	喉[吾]	2.01	·u	瓬胹盐,[音]
02.1702	巍	喉[五]	2.01	·u	神
	骸巍?				神银?
02.1703	薇	喉[五]	2.01	·u	角力?
	弦巍薇肬				等间力心
02.1704	緉	喉[五]	2.01	·u	鬄?
	薇炬				角力·u毛

02.1705	𗥃	喉[五]	2.01	·u	任,及,受
02.1706	𗤿	喉[武]	2.01	·u	[音]
02.1707	𗥏	来[鲁]	2.01	lu	[音]
02.1708	𗥏	来[鲁]	2.01	lu	音[陆][路][农]

编号	西夏文	声类和汉字注音	声调韵类	拟音	汉义
02.2101	𗥏	来[鲁]	2.01	lu	草名
02.2102	𗤿	来[鲁]	2.01	lu	季,时节
02.2103	𗥏	来[鲁]	2.01	lu	截,裁?
02.2104	𗤿	来[鲁]	2.01	lu	五,第五
	𗤿𗥏				灵同
02.2105	𗤿	来[鲁]	2.01	lu	圣,贤
	𗤿𗥏				五lu天
02.2106	𗥏	来[鲁]	2.01	lu	绳,索
	𗥏𗥏				绳勒
02.2107	𗤿	来[鲁]	2.01	lu	足迹?
	𗤿𗥏				足步

编号	西夏文	声类和汉字注音	声调韵类	拟音	汉义
02.2201	𗤿	来[鲁]	2.01	lu	巧
	𗤿𗥏				正炉lu
02.2202	𗤿	来[鲁]	2.01	lu	座,位,官爵
02.2203	𗤿	来[鲁]	2.01	lu	底廒委付,嘱咐
02.2204	𗤿	来[路]	2.01	lu	疆廒浍房(洞房)
02.2205	𗤿	来[鲁]	2.01	lu	运气,福气,饰物?
02.2206	𗥏	来[鲁]	2.01	lu	燃,烧,焚
	𗤿𗥏𗤿𗥏				焦亲火右
02.2207	𗥏	来[路]	2.01	lu	𗥏𗤿瓠子
02.2208	𗥏	来[啳足]	2.01	zu	系,缚

	敠庨			捆梏	

编号	西夏文	声类和汉字注音	声调韵类	拟音	汉义
02.2301	獩	来[哆足]	2.01	zu	有心计?
		尧蒜			带zu记
02.2302	㼄	舌[托]	2.01	tʰwu	㹾㼄乳头
02.2303	魕	舌[泥得合]	2.01	dwu	豆
02.2304	毊	舌[泥得合]	2.01	dwu	像,似
02.2305	蘱	舌[泥得合]	2.01	dwu	箸
02.2306	瓕	牙[兀]	2.01	ŋwu	笔
02.2307	絃	牙[兀]	2.01	ŋwu	以,语助
02.2308	骰	牙[兀]	2.01	ŋwu	是
02.2309	毦	牙[兀]	2.01	ŋwu	领,头
		毦虓			领ŋwu序

编号	西夏文	声类和汉字注音	声调韵类	拟音	汉义
02.2401	毦	牙[兀]	2.01	ŋwu	领,头,姤毦地程
		鬲㹸			少ŋwu头
02.2402	鬲	牙[兀]	2.01	ŋwu	甚少?
		毦乿絃虓			领ŋwu圈少左
02.2403	毿	牙[兀]	2.01	ŋwu	口
		㹸毈			沟赐
02.2404	絑	牙[兀]	2.01	ŋwu	人姓
02.2405	雓	牙[兀]	2.01	ŋwu	哭,泣
02.2406	瓾	牙[兀]	2.01	ŋwu	暴露? 集?
02.2407	效	牙[兀]	2.01	ŋwu	聆?
02.2408	氋	牙[兀]	2.01	ŋwu	鸟名,鹰类

02.2501	牍	牙[兀]	2.01	ŋwu	屋室
		牍燚			帐遮
02.2502	絓	齿[凿]	2.01	tsʰwu	专心,虔诚,着迷?
		燚緐絓朓			矿出成右
02.2503	絣	来[路]	2.01	lwu	卖
02.2504	緎	来[路]	2.01	lwu	隐,匿,伏
02.2505	緝	来[路]	2.01	lwu	洗
		毢缫			洗涤
02.2506	能	齿[酥]	2.01	swu	像,似
02.2507	藏	齿[酥]	2.01	swu	满,盈
		稓脛			落溢

编号	西夏文	声类和汉字注音	声调韵类	拟音	汉义
02.2601【二】	【藗槴】	正[菽]	2.02	ɕju	坚固
02.2602	兆	重[谋]	2.02	bju	边,际,境,侧
		豼毦			边领
02.2603	缏	来[乳]	2.02	ʑju	鱼,缏蔻七星(乐器)
		缏稈			水鲵?
02.2604	绡	来[乳]	2.02	ʑju	乳(借汉)
02.2605	骹	来[乳]	2.02	ʑju	差,异,分,[音]
		断脮			度巧
02.2606	藗	轻[勿]	2.02	wju	赌?
		藗颏缫朓			赌弈承右
02.2607	脇	轻[勿]	2.02	wju	肠
		牅燚			肛柱

编号	西夏文	声类和汉字注音	声调韵类	拟音	汉义
02.2701	㒴	正[逐]	2.02	tɕʰju	彼,此
02.2702	㧅	正[叔]	2.02	ɕju	夥?
02.2703	紙	正[叔]	2.02	ɕju	根基
	㣝㧅䣃㬅				儒根源右
02.2704	㬅	正[叔]	2.02	ɕju	肉
	㲪㲥㬅㬅				柱红肉右
02.2705	㬅	正[菽]	2.02	ɕju	坚固
02.2706	㻂	正[菽]	2.02	ɕju	草名
02.2707	㲙	正[菽]	2.02	ɕju	神树?
02.2708	㬅	喉[余]	2.02	·ju	高?
02.2709	㵾	喉[药]	2.02	·ju	前,[音]

编号	西夏文	声类和汉字注音	声调韵类	拟音	汉义
03.1101	㬅	喉[余]	2.02	·ju	守护
03.1102	㬅	喉[余]	2.02	·ju	寻,找
	㭾㬅				寻觅
03.1103	㬅	喉[药]	2.02	·ju	常,永
	㧅㬅㬅㬅				民·ju右寻·ju全
03.1104	㬅	喉[余]	2.02	·ju	死亡
	㬅㬅㬅?				渡渡死?
03.1105	㬅	喉[余]	2.02	·ju	视,看,观,见
03.1106	㬅	喉[与]	2.02	·ju	民,庶,凡民
	㬅㬅㬅㬅				凿者常·ju左
03.1107	㬅	正[叔]	2.02	ɕjwu	结缘?
	㬅㬅				神婚
03.1108	㬅	正[叔]	2.02	ɕjwu	遗留
	㬅㬅㬅				遗留也

编号	西夏文	声类和汉字注音	声调韵类	拟音	汉义
03.1201	蘿	正［叔］	2.02	ɕjwu	蘿蘿回廊
03.1202	燉	来［禄］	2.02	lju	人姓，［音］
03.1203	濈	来［六］	2.02	lju	杨濈都案
03.1204	桄	来［六］	2.02	lju	两（量词）
	辙巗				分斤
03.1205	寂	来［六］	2.02	lju	瓶，寂蠡奎宿
03.1206	姕	来［六］	2.02	lju	线
03.1207	鞦	来［六］	2.02	lju	戟，锤
03.1208	霧	来［六］	2.02	lju	过，罪过
03.1209	甑	来［驴］	2.02	lju	人姓［吕］［音］
03.1210	狨	来［六］	2.02	lju	撒，布，投，攻，注，入

编号	西夏文	声类和汉字注音	声调韵类	拟音	汉义
03.1301	翡	来［六］	2.02	lju	计谋
03.1302	夒	来［如］	2.02	ʑjwu	人姓，［音］
03.1303	夒	来［弱］	2.02	ʑjwu	菁夒袄（襒）襕
03.1304【三】	【舭散】	齿［宿］	2.03	sju	牲畜
03.1305	薮	重［北］	2.03	pju	烧，焚
03.1306	彣	重［布］	2.03	pju	人姓，［音］
03.1307	柔	重［哺］	2.03	pju	㯬柔蝴蝶，飞蛾
	殘被繇巗				蛹下鹩鹢右
03.1308	纰	重［普］	2.03	pʰju	上
	纰巗龍巗				头知宴pʰju右

编号	西夏文	声类和汉字注音	声调韵类	拟音	汉义
03.1401	綴	重[莽轻]	2.03	mju	舞蹈
	藂祗				娱乐
03.1402	菽	重[莽轻]	2.03	mju	动
	菽 粃 爇 祇				摆头动下
03.1403	伤	重[莽轻]	2.03	mju	人姓,兄弟
	菽 孩 竖 隙				贞宫射(以上3字皆为译音字)右
03.1404	羧	重[暮]	2.03	bju	蠓?虫名
03.1405	叛①	重[莫]	2.03	bju	叛 綫 黄鹊子
03.1406	樧	重[莫]	2.03	bju	骨髓?
03.1407	瓶	重[暮]	2.03	bju	召唤
03.1408	醚②	重[暮]	2.03	bju	大象
	瓻 板 散 隙				畜牙大右

编号	西夏文	声类和汉字注音	声调韵类	拟音	汉义
03.1501	麤	重[暮]	2.03	bju	权势
03.1502	羝	重[暮]	2.03	bju	牛
03.1503	槌	舌[笃]	2.03	tju	槌
	襦 殍 麤 隙				争卧斗右
03.1504	雉	舌[托]	2.03	tʰju	此
	樧 雉				汝彼
03.1505	曬	舌[怒]	2.03	nju	喂奶
03.1506	絹	舌[怒]	2.03	nju	祥?乐?
03.1507	虀	舌[怒]	2.03	nju	驱鬼点火把?
03.1508	毡	舌[你足]	2.03	nju	下降
03.1509	樧	舌[你足]	2.03	nju	畜生

---

① 又叛,轻唇音2.54音wjij,仓库,与此字同形。
② 原文字形中间部首多一横,误。

编号	西夏文	声类和汉字注音	声调韵类	拟音	汉义
03.1601	繝	舌[你足]	2.03	nju	多,大数
03.1602	繉	牙[去]	2.03	kʰju	请来,[音]
03.1603	繼	牙[去]	2.03	kʰju	肉末,肉馅
03.1604	攱	牙[去]	2.03	kʰju	阴,男根
03.1605	繍	牙[玉]	2.03	gju	三,第三
03.1606	繃	牙[玉]	2.03	gju	世上
03.1607	繛	牙[玉]	2.03	gju	人姓
03.1608	绺	牙[玉]	2.03	gju	具,器
03.1609	绱	牙[玉]	2.03	gju	苦,累
03.1610	绹	牙[玉]	2.03	gju	草名
03.1611	绲	牙[玉]	2.03	gju	筋
	繗绲			连节	

编号	西夏文	声类和汉字注音	声调韵类	拟音	汉义
03.1701	绤	牙[玉]	2.03	gju	器皿
03.1702	蠡	牙[玉]	2.03	gju	丝,蠡蠡蚕
03.1703	祇	齿[宿]	2.03	sju	畜
03.1704	纖	齿[宿]	2.03	sju	药
03.1705	绑	齿[宿]	2.03	sju	如,犹
03.1706	绕	齿[宿]	2.03	sju	[音]
03.1707	绾	齿[宿]	2.03	sju	表亲,郎舅?
03.1708	蓺	喉[余]	2.03	ɣju	座
03.1709	颡	来[六]	2.03	lju	弈,棋,赌

编号	西夏文	声类和汉字注音	声调韵类	拟音	汉义
03.2101	𗤴	来[六]	2.03	lju	屋,室,舍,营
03.2102	𗤴	来[六]	2.03	lju	侵,犯
03.2103	𗤴	来[六]	2.03	lju	捕,捉,俘
03.2104	𗤴	舌[独]	2.03	tʰjwu	借债
03.2105	𗤴	舌[独]	2.03	tʰjwu	遇
03.2106	𗤴	舌[独]	2.03	tʰjwu	终
03.2107	𗤴	舌[塦绿]	2.03	djwu	补
03.2108	𗤴	舌[泥六]	2.03	djwu	知
03.2109	𗤴	来[六合]	2.03	ljwu	庆
	𗤴𗤴				喜告

编号	西夏文	声类和汉字注音	声调韵类	拟音	汉义
03.2201	𗤴	来[六合]	2.03	ljwu	会,聚,盟,期
03.2202【四】	【𗤴𗤴】	重[么轻]	2.04	mu	[音],𗤴𗤴南无
03.2203	𗤴	舌[奴]	2.04	du	限量,度
03.2204	𗤴	舌[奴]	2.04	du	人姓
03.2205	𗤴	舌[奴]	2.04	du	树名
03.2206	𗤴	舌[奴]	2.04	du	塔
03.2207	𗤴	舌[奴]	2.04	du	嫩𗤴袜肚
03.2208	𗤴	牙[姑]	2.04	ku	黎明
03.2209	𗤴	牙[姑]	2.04	ku	盲,瞀
03.2210	𗤴	牙[枯]	2.04	kʰu	地名

编号	西夏文	声类和汉字注音	声调韵类	拟音	汉义
03.2301	瓶①	喉[吴]	1.04	ɣu	头,首
03.2302	瓶	喉[吴]	2.04	ɣu	人姓
03.2303	荒	喉[吴]	2.04	ɣu	树名
03.2304	瓶	喉[吴]	2.04	ɣu	配合
03.2305	絲	喉[吴]	2.04	ɣu	草名
	筋耗			草倾	
03.2306	墓	喉[瓠]	2.04	xu	树名
03.2307	瓶	喉[虎]	2.04	xu	蹄
03.2308【五】	【骸骬】	舌[奴]	2.05	du:	努,勤?
03.2309	耩	重[普]	2.05	pʰu:	茂,盛,崇
03.2310	榊	重[木]	2.05	bu:	胜,增,殊
03.2311	緻	重[木]	2.05	bu:	草名

编号	西夏文	声类和汉字注音	声调韵类	拟音	汉义
03.2401	嬔	重[亩]	2.05	bu:	墓(借汉),[音]
03.2402	瓶	舌[奴]	2.05	du:	堵
03.2403	瓶	舌[奴]	2.05	du:	食,吞
03.2404	瓶	舌[奴]	2.05	du:	蠕动,[音]
03.2405	瓶	舌[奴]	2.05	du:	肩
03.2406	骸	舌[奴]	2.05	du:	努,勤?
	瓶緻			今能	
03.2407	瓶	牙[苦]	2.05	kʰu:	翻,搜
03.2408	夏	牙[五]	2.05	gu:	五(借汉),[音]
03.2409	瓶	正[五]	2.05	gu:	劳,苦
03.2410	蕍	舌[堲落]	2.05	dwu:	秘,密,韬,緻蕍枢密

① 此字瓶,误写,应为瓶,喉[吴],2.04,帝,君。

| 03.2411 | 𦙶 | 牙[喁] | 2.05 | ŋwu: | 语词 |
| | 祇骸 | | | | 言语 |

编号	西夏文	声类和汉字注音	声调韵类	拟音	汉义
03.2501	𣵀	牙[喁]	2.05	ŋwu:	芳香?
03.2502【六】	【𦜶𦝿】	重[暮]	2.06	bju:	统,将
03.2503	𫞧	轻[务]	2.06	wju:	结合,缠绕
03.2504	𦠰	正[畜]	2.06	tɕʰju:	颠倒
03.2505	𦝿	重[暮]	2.06	bju:	统,将
03.2506	𫞧	重[暮]	2.06	bju:	卷,缩,略,简,概
03.2507	𫝹	重[暮]	2.06	bju:	里(量词)
03.2508	𫟼	重[暮]	2.06	bju:	赏,𫟼𫞧宣徽
03.2509	𣵀	重[没轻]	2.06	mju:	牛,丑(十二地支之一)
03.2510	𫟼	重[没轻]	2.06	mju:	深,渊
03.2511	𫞎	重[没轻]	2.06	mju:	动,摇

编号	西夏文	声类和汉字注音	声调韵类	拟音	汉义
03.2601	𫝹	舌[塾绿]	2.06	dju:	刺,穿
03.2602	𫟼	舌[你足]	2.06	nju:	喜悦
03.2603	𦝿	牙[局]	2.06	kʰju:	视,监,守
03.2604	𫞧	牙[玉]	2.06	gju:	蜣螂
03.2605	𫞎	牙[玉]	2.06	gju:	吉,[音]
03.2606	𫟼	牙[玉]	2.06	gju:	虫名
03.2607	𣵀	牙[玉]	2.06	gju:	救,济,护,𣵀𦝿道士
03.2608	𫞧	来[绿]	2.06	lju:	美,丽,𫞧𫟼庄严
03.2609	𦜶	来[六]	2.06	lju:	𦜶𫞧栏枙
03.2610	𫟼	来[六]	2.06	lju:	人姓
03.2611	𣵀	来[绿]	2.06	lju:	席,卧具

𗐼 𗟲 𗟨 𗇤					办定承右

编号	西夏文	声类和汉字注音	声调韵类	拟音	汉义
03.2701	𗡞	来[绿]	2.06	lju:	鹦鹉
03.2702 【七】	【𗎳 𗟨】	齿[悉]	2.07	se	吹口哨? 咬齿音?
03.2703	𗟩	重[每]	2.07	me	美,艳
03.2704	𗟪	重[每]	2.07	me	人姓
03.2705	𗟫	重[每]	2.07	me	𗟫𗟬 肮脏
	𗟪𗍯				[每]me波
03.2706	𗟭	重[每]	2.07	me	涂,抹
03.2707	𗟮	重[每]	2.07	me	人姓
03.2708	𗟯	重[每]	2.07	me	骄,娇
	𗟰 𗟱 𗟲 𗟳				亲圈男左

编号	西夏文	声类和汉字注音	声调韵类	拟音	汉义
04.1101	𗟴	重[每]	2.07	me	睡,眠,卧寝
04.1102	𗟵	重[每]	2.07	me	妹(借汉)
04.1103	𗟶	重[每]	2.07	me	巽(八卦之一)
04.1104	𗟷	重[每]	2.07	me	尘
	𗟶𗟸				巽me珠
04.1105	𗟹	重[墨]	2.07	be	南
04.1106	𗟺	重[墨]	2.07	be	日,太阳
04.1107	𗟻	重[墨]	2.07	be	人姓
04.1108	𗟼	重[墨]	2.07	be	两,双
04.1109	𗟽	重[墨]	2.07	be	皮衣
04.1110	𗟾	重[墨]	2.07	be	顶发轮
04.1111	𗟿	齿[°贼]	2.07	tsʰe	贱

编号	西夏文	声类和汉字注音	声调韵类	拟音	汉义
04.1201	簣	齿[°贼]	2.07	tsʰe	锡
04.1202	祸	齿[悉]	2.07	se	吹口哨? 咬齿音?
04.1203	桃	齿[悉]	2.07	se	紧,闭,[音]
04.1204	蟵	喉[携]	2.07	xwe	人姓
04.1205	巍	来[勒]	2.07	le	沸
04.1206	牦	来[勒]	2.07	le	人名
04.1207	翔	来[勒]	2.07	le	虎,寅(十二地支之一)
04.1208	緕	来[勒]	2.07	le	恐,惧,惊
	絳緕				心惊
04.1209	魏	来[勒]	2.07	le	末,日,东方?
04.1210	蕤	来[勒]	2.07	le	狉蕤孔雀

编号	西夏文	声类和汉字注音	声调韵类	拟音	汉义
04.1301	獙	来[勒]	2.07	le	角力
04.1302	牦①	来[哆]	2.07	ze	人姓
	萧絋				婴ze成就
04.1303	蔽	轻[嵬]	2.07	we	处,韵,往,合
	飙纖				驱到
04.1304	羽	轻[嵬]	2.07	we	为,成为
	绷蒻				有成
04.1305	羹	轻[嵬]	2.07	we	人姓,[音]
04.1306	蕨	轻[嵬]	2.07	we	鸟交配
04.1307	娴	轻[嵬]	2.07	we	驴
04.1308	羧	轻[嵬]	2.07	we	高唱
04.1309	缄	轻[嵬]	2.07	we	教

---

① 原文字的右半部撇下有一点。

编号	西夏文	声类和汉字注音	声调韵类	拟音	汉义
04.1401	㣗	轻［嵬］	2.07	we	城,州,墙,舍
04.1402	㣗	轻［嵬］	2.07	we	名,号,讳
04.1403	㣗	轻［嵬］	2.07	we	黑? 戊(十天干之一),［音］
04.1404	㣗	轻［嵬］	2.07	we	奴仆
04.1405	㣗	轻［嵬］	2.07	we	草名,芦苇?
04.1406	㣗	轻［嵬］	2.07	we	帷帐
04.1407	㣗	轻［嵬］	2.07	we	危险,狱
04.1408	㣗	轻［嵬］	2.07	we	娱乐,领唱?
04.1409	㣗	轻［嵬］	2.07	we	兽
04.1410	㣗	轻［嵬］	2.07	we	土地,地上
	㣗 頍				兽 we 国
04.1411	㣗	轻［嵬］	2.07	we	土,地

编号	西夏文	声类和汉字注音	声调韵类	拟音	汉义
04.1501	㣗	轻［嵬］	2.07	we	极乐
	㣗 㣗				醉美
04.1502	㣗	牙［宜会］	2.07	ŋwe	亲戚?
04.1503	㣗	牙［宜会］	2.07	ŋwe	人姓,㣗㣗 嵬名
04.1504	㣗①	牙［宜会］	2.07	ŋwe	母牛
	㣗 㣗				熊 嵬 ŋwe
04.1505	㣗	牙［宜会］	2.07	ŋwe	做? 归服?
04.1506	㣗②	牙［宜会］	2.07	ŋwe	誓
04.1507	㣗	牙［宜会］	2.07	ŋwe	缰? 牵绳?
04.1508	㣗	齿［°贼］	2.07	tsʰe	臭
04.1509	㣗	齿［°贼］	2.07	tsʰe	圆滚
04.1510	㣗	齿［°贼］	2.07	tsʰe	垛,靶

① 原文中间部位第四笔少一撇。
② 原文中间下部第三笔少一横。

编号	西夏文	声类和汉字注音	声调韵类	拟音	汉义
04.1601	[illegible]	齿[°贼]	2.07	ts^he	滚
04.1602	[illegible]	来[娄]	2.07	le	雾
04.1603	[illegible]	舌[泥]	2.07	de	喜,喜欢
04.1604【八】	【[illegible] [illegible]	牙[更]	2.08	kie	厌恶
04.1605	[illegible]	重[拍]	2.08	p^hie	解,开,张,放
04.1606	[illegible]	重[麦]	2.08	bie	解,开,脱
	[illegible][illegible]?			松正	
04.1607	[illegible]	重[麦]	2.08	bie	[illegible] [illegible] 蒲桃
04.1608	[illegible]	重[麦]	2.08	bie	草药
04.1609	[illegible]	重[麦]	2.08	bie	栗色,棕色

编号	西夏文	声类和汉字注音	声调韵类	拟音	汉义
04.1701	[illegible]	牙[更]	2.08	kie	厌恶
04.1702	[illegible]	牙[更]	2.08	kie	险
04.1703	[illegible]	牙[客]	2.08	k^hie	马颜色
04.1704	[illegible]	牙[客]	2.08	k^hie	牦牛
04.1705	[illegible]	牙[客]	2.08	k^hie	米
04.1706	[illegible]	正[疏]	2.08	ɕie	草名
04.1707	[illegible]①	正[疏]	2.08	ɕie	鸟名
04.1708	[illegible]	正[疏]	2.08	ɕie	追赶
	[illegible][illegible][illegible]			往为也	
04.1709	[illegible]	正[疏]	2.08	ɕie	牲畜交配

① 同形字[illegible],齿头音2.17音sja,[illegible] [illegible]后日,音[薛]。

编号	西夏文	声类和汉字注音	声调韵类	拟音	汉义
04.2101	𗏁	正[疏]	2.08	ɕie	吹口哨？
04.2102	𗥃	喉[夷隔]	2.08	yie	利,益
04.2103	𗐲	来[叻]	2.08	ɬie	疥,癞,疮
04.2104	𗏹	来[日识]	2.08	ȥie	煮,熬
04.2105【九】	【𗏹𗥃】	正[知]	2.09	tɕji	[音]
04.2106	𗧀	轻[为]	2.09	wji	技,艺
04.2107	𗣼	轻[魏]	2.09	wji	人姓,[音]
04.2108	𗦀	轻[为]	2.09	wji	知,晓,明,示
04.2109	𗴀	轻[为]	2.09	wji	主人
04.2110	𗰀	轻[为]	2.09	wji	底

编号	西夏文	声类和汉字注音	声调韵类	拟音	汉义
04.2201	𗥈	舌上[尼]	2.09	dʑji	美丽
04.2202	𗧱	舌上[尼]	2.09	dʑji	雄,男童
04.2203	𗏫	正[知]	2.09	tɕji	[音]
	𗉛𗊟𗧱𗤩			匠圈铁女tɕʰjiw	
04.2204	𗦱	正[知]	2.09	tɕji	[音]
04.2205	𗥉	正[知]	2.09	tɕji	𗥉𗥉胭脂(借汉)
04.2206	𗫂	正[知]	2.09	tɕji	𗃛𗫂本末,[音]
	𗱕𗦱𗱽𗤩			等至tɕji边右	
04.2207	𗬱	正[赤]	2.09	tɕʰji	根,本,典,[音]
	𗤩𗏫			足算tɕʰji	
04.2208	𗏫	正[赤]	2.09	tɕʰji	数,计算,数完？
	𗏫𗬱			有根tɕʰji	

编号	西夏文	声类和汉字注音	声调韵类	拟音	汉义
04.2301	缀	正[识]	2.09	ɕji	识(借汉)
	觉智				觉智
04.2302	糍	正[食]	2.09	ɕji	谷,蘸糍斛豆,缬糍社稷
	麦草谷右				麦草谷右
04.2303	耗	正[识]	2.09	ɕji	薄
	瘦疋				瘦疋
04.2304	蕭	正[识]	2.09	ɕji	往,[音]
	往ɕji(平声)行				往ɕji(平声)行
04.2305	燧	正[识]	2.09	ɕji	市?人名
04.2306	纶	来[里]	2.09	lji	圆
	头美?				头美?
04.2307	敊	来[里]	2.09	lji	见

编号	西夏文	声类和汉字注音	声调韵类	拟音	汉义
04.2401	纛	来[里]	2.09	lji	疥癞
	疥担				疥担
04.2402	緬	来[里]	2.09	lji	面色
04.2403	脯	来[里]	2.09	lji	流产
04.2404	蕭	来[里]	2.09	lji	香,蒲蕭海棠
04.2405	荔	来[里]	2.09	lji	荔荔蒺藜
04.2406	夥	来[里]	2.09	lji	地名
04.2407	骏	来[里]	2.09	lji	人姓
04.2408	缀	来[里]	2.09	lji	缬缀草名
04.2409	李	来[李]	2.09	lji	人姓,[音]
04.2410	荔	来[里]	2.09	lji	荔荔谚语,[音]

编号	西夏文	声类和汉字注音	声调韵类	拟音	汉义
04.2501	藃	来[里]	2.09	lji	男童,小儿,[音]
04.2502	蕭	来[里]	2.09	lji	香
04.2503	蒚	来[尔]	2.09	ʑji	地名
	藏蓊			尔ʑji(平声)聚	
04.2504	継	正[追]	2.09	tɕjwi	祸
04.2505	矧	正[水]	2.09	ɕjwi	人姓
04.2506	豫	正[水]	2.09	ɕjwi	食馔
04.2507	毨	正[水]	2.09	ɕjwi	需
04.2508 【十】	【蔬 敍	齿[妻]	2.10	tsʰji	侍,奉,事
04.2509	毦	重[比]	2.10	pʰji	失,舍,忘,[音]毦毲比丘

编号	西夏文	声类和汉字注音	声调韵类	拟音	汉义
04.2601	娍	重[名]	2.10	mji	解,悟
04.2602	扱	重[名]	2.10	mji	番
04.2603	毨	重[名]	2.10	mji	我,觚毨我等
	綝綖			有我	
04.2604	綖	重[觅]	2.10	bji	往昔,过去,音[毗][婢][鼻]
	緂靴綖縱			今左成右	
04.2605	殔	重[迷]	2.10	bji	指挥,指示
	祇祿			言制	
04.2606	殔	重[迷]	2.10	bji	叫,喊,鸣
04.2607	縢	重[迷]	2.10	bji	臣,宰,官
04.2608	譎	重[迷]	2.10	bji	躲避
04.2609	骸	重[迷]	2.10	bji	惊愕,惊讶

编号	西夏文	声类和汉字注音	声调韵类	拟音	汉义
04.2701	䰎	重[迷]	2.10	bji	步
04.2702	䌼	重[迷]	2.10	bji	下
04.2703	䰎	重[迷]	2.10	bji	绳索,枷
04.2704	䰎	重[迷]	2.10	bji	满,溢
04.2705	䰎	舌[底]	2.10	tji	留,[音]
	䰎䰎			辐遗	
04.2706	䰎	舌[地]	2.10	tʰji	地(借汉),[音]
04.2707	䰎	舌[地]	2.10	tʰji	尾
04.2708	䰎	舌[你]	2.10	nji	洁
04.2709	䰎	舌[你]	2.10	nji	人,且,语助

编号	西夏文	声类和汉字注音	声调韵类	拟音	汉义
05.1101	䌼	舌[你]	2.10	nji	汝,你
05.1102	䌼	舌[宁]	2.10	nji	听,闻
05.1103	䌼	舌[你]	2.10	nji	瑞象
05.1104	䌼	舌[你]	2.10	nji	悄,暗,密,䌼䌼悄悄
05.1105	䌼	舌[你]	2.10	nji	迫?
05.1106	䌼	舌[泥]	2.10	dji	曾,当
05.1107	䌼	舌[泥]	2.10	dji	饮
05.1108	䌼	舌[泥]	2.10	dji	字
05.1109	䌼	舌[泥]	2.10	dji	全,俱,人姓
05.1110	䌼	舌[泥]	2.10	dji	碎
05.1111	䌼	舌[塈]	2.10	dji	地?

编号	西夏文	声类和汉字注音	声调韵类	拟音	汉义
05.1201	䌼	牙[杞]	2.10	kʰji	蕨蕨枸杞
05.1202	䌼	牙[其]	2.10	kʰji	珠,䌼䌼鸶珠
05.1203	䌼	牙[其]	2.10	kʰji	气(借汉),[音]

05.1204	𦑖	牙[其]	2.10	kʰji	屁股,臀部
05.1205	𦋋	牙[其]	2.10	kʰji	切,割
05.1206	𦑻	牙[义]	2.10	gji	妻
05.1207	𦋟	牙[义]	2.10	gji	主持?
05.1208	𦋼	牙[宜]	2.10	gji	子
	𦑙 𦋣			君生	
05.1209	𦋝	牙[宜]	2.10	gji	施,赏

编号	西夏文	声类和汉字注音	声调韵类	拟音	汉义
05.1301	𦍥	牙[宜]	2.10	gji	幡?
05.1302	𦏠	牙[宜]	2.10	gji	脂膏?
05.1303	𦑚	齿[迹]	2.10	tsji	人姓
05.1304	𦑝	齿[迹]	2.10	tsji	觉,悟
05.1305	𦑳	齿[迹]	2.10	tsji	𦋦𦑳守宫(壁虎)
05.1306	𦒃	齿[脊]	2.10	tsji	湿,[音]
05.1307	𦋰	齿[迹]	2.10	tsji	筐?
05.1308	𦌉	齿[迹]	2.10	tsji	树名
05.1309	𦍩	齿[积]	2.10	tsji	𦍩𦍩绵帽

编号	西夏文	声类和汉字注音	声调韵类	拟音	汉义
05.1401	𦋵	齿[积]	2.10	tsji	蝇
05.1402	𦌀	齿[妻]	2.10	tsʰji	侍,奉,事
05.1403	𦑤	齿[齐]	2.10	tsʰji	到齐
05.1404	𦑊	齿[息]	2.10	sji	肝
05.1405	𦋿	齿[息]	2.10	sji	死(借汉)
	𦑎 𦋔			死尽sji(平声)	
05.1406	𦌋	齿[息]	2.10	sji	人姓
05.1407	𦍜	齿[息]	2.10	sji	母,女?
05.1408	𦌎	齿[息]	2.10	sji	女,妇

编号	西夏文	声类和汉字注音	声调韵类	拟音	汉义
05.1501	𗱵	齿[西]	2.10	sji	神,祇
05.1502	𗱶	齿[西]	2.10	sji	用,具
	𗱷𗱸𗱹𗱺			愚左留右	
05.1503	𗱻	齿[西]	2.10	sji	敌寇
05.1504	𗱼	齿[西]	2.10	sji	岁末?
	𗱽𗱾			上支	
05.1505	𗱿	来[嘚]	2.10	ʑji	皆,咸,俱,普,悉,总
05.1506	𗲀	来[嘚]	2.10	ʑji	祭祀用语?
05.1507	𗲁	来[嘚]	2.10	ʑji	最,极,甚,无上
05.1508	𗲂	来[嘚]	2.10	ʑji	𗲃𗲄𗲅 如何,做?

编号	西夏文	声类和汉字注音	声调韵类	拟音	汉义
05.1601	𗲆	来[嘚]	2.10	ʑji	移动(旋转)
05.1602	𗲇	牙[葵]	2.10	kʰjwi	圈,圆
05.1603	𗲈	牙[危]	2.10	gjwi	土地
05.1604	𗲉	牙[危]	2.10	gjwi	衣,穿,着
05.1605	𗲊	牙[°危]	2.10	gjwi	衣服
05.1606	𗲋	牙[危]	2.10	gjwi	𗲌𗲋汉人(布衣)
05.1607	𗲍	牙[危]	2.10	gjwi	兽
05.1608	𗲎	牙[危]	2.10	gjwi	起,跃
05.1609	𗲏	牙[危]	2.10	gjwi	词,句

编号	西夏文	声类和汉字注音	声调韵类	拟音	汉义
05.1701	𗲐	舌[你合]	2.10	njwi	能,善
05.1702	𗲑	舌[你合]	2.10	njwi	吞食
05.1703	𗲒	齿[遂]	2.10	sjwi	领,引,牵,导
	𗲓𗲒			接贤	

05.1704	𗹜	齿[遂]	2.10	sjwi	幻影
05.1705	𗹜	齿[遂]	2.10	sjwi	岳母,舅母？𗹜𗹜 熔炉
	𗹜 𗹜？				礼龙？
05.1706	𗹜	齿[遂]	2.10	sjwi	巧,人姓
	𗹜 𗹜				sjwi巧
05.1707	𗹜	喉[为]	2.10	·wji	场

编号	西夏文	声类和汉字注音	声调韵类	拟音	汉义
05.2101	𗹜	喉[为]	2.10	·jwi	易,换
	𗹜 𗹜				变间
05.2102 【十一】	【𗹜 𗹜 𗹜	重[墨]	2.11	be:	眉,[音]
05.2103	𗹜	重[墨]	2.11	be:	眉,[音]
05.2104	𗹜	重[墨]	2.11	be:	妖,鬼魅
05.2105	𗹜	重[墨]	2.11	be:	鸟名
	𗹜 𗹜				眉be:鸟
05.2106	𗹜	重[每]	2.11	me:	贤,御,神
	𗹜 𗹜				日地me:
05.2107	𗹜	重[每]	2.11	me:	矿山,神山？

编号	西夏文	声类和汉字注音	声调韵类	拟音	汉义
05.2201	𗹜	重[每]	2.11	me:	地面,地势
05.2202	𗹜	重[每]	2.11	me:	睡
05.2203	𗹜	重[每]	2.11	me:	霉？香？
05.2204	𗹜	重[每]	2.11	me:	新
05.2205	𗹜	重[每]	2.11	me:	天,青色？
05.2206	𗹜	重[每]	2.11	me:	病患
05.2207	𗹜	舌[泥]	2.11	de:	裂,耕？

| 05.2208 | 襧 | 舌[泥] | 2.11 | de: | 垢,秽,襧㣺丧服 |
| 05.2209 | 㣺 | 舌[对] | 2.11 | twe: | 对,双 |

编号	西夏文	声类和汉字注音	声调韵类	拟音	汉义
05.2301	順	来[勒]	2.11	le:	鬻色
05.2302【十二】	【嶅 攺橗	正[指]	2.12	tɕji:	指? 柞?
05.2303	嶅	正[指]	2.12	tɕji:	指? 柞?
05.2304	衜	正[指]	2.12	tɕji:	淡
05.2305	嶅	正[指]	2.12	tɕji:	蹶,跌
05.2306	紪	正[指]	2.12	tɕji:	草名
	肠嶅				草蹶tɕji:
05.2307	炎	正[水]	2.12	ɕjwi:	朱,红
	㞜纊				肉色
05.2308	鬟	正[水]	2.12	ɕjwi:	和,合,应,随,顺
	鬈嶅				和合

编号	西夏文	声类和汉字注音	声调韵类	拟音	汉义
05.2401	蘨	重[批]	2.12	phji:	巧,灵? 嬲蘨冷批(职官名)
05.2402	蘨	重[批]	2.12	phji:	阿諛
05.2403	蘵	重[酩]	2.12	mji:	治,益,饶
05.2404	綝	重[迷]	2.12	bji:	数,计算
	綄綝				问明
05.2405	瓹	重[迷]	2.12	bji:	覆,盖,[音]
	瓹瘫㿃㿃				网蔽bji:根右
05.2406	蟲	重[蜜]	2.12	bji:	毫,灿,显,[音]
	斝纊忱纊				身凤毛妙
05.2407	瓹	重[迷]	2.12	bji:	瓹瓵羂索
	瓹靴瓻㿃				盖bji:左网右

编号	西夏文	声类和汉字注音	声调韵类	拟音	汉义
05.2501	阪	重[迷]	2.12	bji:	庶民
05.2502	殤	舌[塱]	2.12	dji:	化,变
05.2503	蘷	舌[塱]	2.12	dji:	室中用具?
	蘷靴㿺㿺			栏左续右	
05.2504	㿺	舌[塱]	2.12	dji:	洗濯,令浸湿?
05.2505	繞	舌[你]	2.12	nji:	连,攻
	繎繞			和连nji:	
05.2506	㿺	舌[你]	2.12	nji:	鼻
05.2507	繡	舌[你]	2.12	nji:	何,瓻繡某甲
05.2508	繹	舌[你]	2.12	nji:	鱼类,鲵?
	瓻祓鞯靴			节心鱼左	

编号	西夏文	声类和汉字注音	声调韵类	拟音	汉义
05.2601	繞	舌[你]	2.12	nji:	哄闹? 哄骗?
05.2602	薿	牙[义]	2.12	gji:	起?
	豬豘			满起	
05.2603	貓	牙[义]	2.12	gji:	饱满
	薿糝			起gji:满	
05.2604	薿	牙[义]	2.12	gji:	欲,求,贪,贿
05.2605	嫩	齿[妻]	2.12	tsʰji:	说,述
05.2606	黴	来[黎]	2.12	lji:	等待
05.2607【十三】	【繞祓散	齿[僧]	2.13	seⁿ	撵?

编号	西夏文	声类和汉字注音	声调韵类	拟音	汉义
05.2701	𦀚	重[本]	2.13	pe^n	古,经历,[音]
05.2702	𦃛	舌[腾]	2.13	t^he^n	人姓,[音]
05.2703	𦃆	喉[婚]	2.13	xwe^n	人姓,[音]
05.2704	𦄑	喉[诨]	2.13	xwe^n	魔鬼
05.2705	𦃄	喉[贺]	2.13	xe^n	𦃄𦆙贺兰(地名)
05.2706	𦆀	喉[贺]	2.13	xe^n	草名,𦆀𦀸𦆍[贺兰都]草名
05.2707	𦅻	齿[僧]	2.13	se^n	擤?
05.2708	𦇂	来[嗲]	2.13	ze^n	笋?

编号	西夏文	声类和汉字注音	声调韵类	拟音	汉义
06.1101	𦀂	来[嗲]	2.13	ze^n	颌? 鼻翼?
06.1102	𦃵	来[嗲]	2.13	$ze^n(le^n)$	莴苣(苦苣)?
06.1103 【十四】	【𦄱 𦆓 𦆰】	喉[郝]	2.14	xa	人姓,[音]
06.1104	𦃉	重[般]	2.14	pa	𦃉𦆆般若,[音]
06.1105	𦆧	重[末轻]	2.14	ma	抹(借汉),人姓,[音] 𦆧𦃏摩诃
06.1106	𦅸	重[末轻]	2.14	ma	膏药
06.1107	𦅮	重[末轻]	2.14	ma	昔日,昨,昔
06.1108	𦇏	重[袜]	2.14	ba	惜,吝
06.1109	𦇔	重[袜]	2.14	ba	妙语
	𦀚𦆓 𦅻𦆓			面心助$b\underline{a}$(音近)心

编号	西夏文	声类和汉字注音	声调韵类	拟音	汉义
06.1201	𦆈	重[袜]	2.14	ba	人姓,[音]
	𦅻𦆑 𦆆𦄤			助$b\underline{a}$(音近)左相右

06.1202	㷯	重[袜]	2.14	ba	婆婆,岳母
	㻰㼆㻲㻳				岳母左等右
06.1203	㻤	舌[陀]	2.14	tʰa	托,依,靠,恃,柱,[音]
	㻴㻳㻵㻳				柱右[炭]tʰa左
06.1204	㻥	舌[陀]	2.14	tʰa	人姓,[音]
06.1205	㻦	舌[陀]	2.14	tʰa	机关,锁镣
06.1206	㻧	舌[道]	2.14	tʰa	[音]
06.1207	㻨	舌[陀]	2.14	tʰa	人姓,地名,[音]
06.1208	㻩	舌[曩?]	2.14	da	大? 墙?

编号	西夏文	声类和汉字注音	声调韵类	拟音	汉义
06.1301	㻪	舌[曩]	2.14	da	㻪㻫 老房
06.1302	㻬	舌[曩]	2.14	da	人姓
06.1303	㻭	舌[曩]	2.14	da	起? 掷?
06.1304	㻮	舌[曩]	2.14	da	迟钝
06.1305	㻯	牙[葛]	2.14	ka	根源
06.1306	㻰	牙[葛]	2.14	ka	玄孙? 人姓
06.1307	㻱	牙[割]	2.14	ka	分离,绝
06.1308	㻲	牙[葛]	2.14	ka	罐
06.1309	㻳	牙[葛]	2.14	ka	伸展,杯,盏?

编号	西夏文	声类和汉字注音	声调韵类	拟音	汉义
06.1401	㻴	牙[葛]	2.14	ka	㻴㻵 老鸥
06.1402	㻶	牙[葛]	2.14	ka	㻶㻷 狮子
	㻸㻹㻺㻻				猴心巧右
06.1403	㻼	牙[葛]	2.14	ka	险坡
	㻽㻾				高坡
06.1404	㻿	牙[嗑]	2.14	kʰa	肠

06.1405	膌	牙[嗑]	2.14	kʰa	口吃
06.1406	糊①	牙[渴]	1.17	kʰa	中,中间,中心
06.1407	縦	牙[遏轻]	2.14	ŋa	我
06.1408	縦	牙[遏轻]	2.14	ŋa	人姓
06.1409	顺	牙[遏轻]	2.14	ŋa	顺蘱夜晚,空闲

编号	西夏文	声类和汉字注音	声调韵类	拟音	汉义
06.1501	瓶	牙[遏轻]	2.14	ŋa	卵
06.1502	彤	齿[操]	2.14	tsʰa	智慧
06.1503	瀰	齿[操]	2.14	tsʰa	人姓,[音]
06.1504	縣	齿[萨]	2.14	sa	连,接
	燃縣				后近
06.1505	绢	齿[萨]	2.14	sa	涸,竭
06.1506	瓶	齿[萨]	2.14	sa	接,连,兆瓶随戎夷
06.1507	豣	齿[萨]	2.14	sa	诉,说?
06.1508	蘸	喉[罿]	2.14	ɣa	集结,垂,布

编号	西夏文	声类和汉字注音	声调韵类	拟音	汉义
06.1601	瓶	喉[罿]	2.14	ɣa	于,上
	績羌				轻人
06.1602	绡	喉[蒿]	2.14	xa	稗,蒿子?
	绡乢籨骹				昊xa圈谷右
06.1603	绡	喉[郝]	2.14	xa	人姓,[音]
	羝瓶骹緞				水左绕心
06.1604	瓶	喉[好]	2.14	xa	好(借汉),祥和
	瓶瓶				歌好
06.1605	嵩	喉[好]	2.14	xa	敞开

---

① 此字糊误录,应为醐,牙[渴],2.14,kʰa,苦苣(蒉)。两字音同,声调不同。

	𗃳 𗈬			缚无	
06.1606	𗋽	来[郎]	2.14	la	姨,继母

编号	西夏文	声类和汉字注音	声调韵类	拟音	汉义
06.1701	𗫔	来[郎]	2.14	la	织,啦(语气助词)?
	𗁬 𗋽 𗫔 𗣀				纬右线全
06.1702	𗄡	来[郎]	2.14	la	树名
	𗄡 𗋽 𗫔 𗴂				树头织la左
06.1703	𗒉	来[浪]	2.14	la	𗒉 𗜸 骆驼
	𗦻 𗴂 𗒉 𗋽				[朱]左驼右
06.1704	𗋓	来[郎]	2.14	la	真,诚,实
06.1705	𗣼	来[郎]	2.14	la	小
06.1706	𗠌	来[郎]	2.14	la	明白,分明
06.1707	𗫈	来[郎]	2.14	la	散唱?

编号	西夏文	声类和汉字注音	声调韵类	拟音	汉义
06.2101	𗰔	来[口拶]	2.14	za	𗰔 𗰔 木梳
	𗰔 𗋽				背外后日
06.2102	𗰓	来[口拶]	2.14	za	病
06.2103	𗼲	轻[讹]	2.14	wa	何
06.2104	𗫌	舌[煖]	2.14	dwa	多
	𗧥 𗴂 𗟲 𗴂				[暖]dwaⁿ左多左
06.2105	𗫊	舌[煖]	2.14	dwa	织
	𗫌 𗫔				多dwa亲
06.2106	𗫏	舌[煖]	2.14	dwa	躲
	𗫏 𗴂 𗼲 𗴂				织dwa左隐右
06.2107	𗦫	牙[阔]	2.14	kʰwa	布

编号	西夏文	声类和汉字注音	声调韵类	拟音	汉义
06.2201	𦀖	牙[阔]	2.14	kʰwa	草名
06.2202	𣿅	牙[阔]	2.14	kʰwa	𣿅𦀖汉人(布衣)
06.2203	𥹼	牙[阔]	2.14	kʰwa	猎,捕
	𥹼𦀖 地围				地围
06.2204	𢾫	喉[活]	2.14	xwa	人姓,[音]
06.2205	𧮪	来[腊]	2.14	la	乐
06.2206	𧫇	来[腊]	2.14	la	老龄
06.2207	𣚴	来[腊]	2.14	la	墓,坟
06.2208 【十五】	【𦀖 𣉧𥧌】	正[沙]	2.15	ɕia	草果名
06.2209	𤙩	重[马重]	2.15	bia	拌

编号	西夏文	声类和汉字注音	声调韵类	拟音	汉义
06.2301	𧌫	重[马重]	2.15	bia	粥,羹
06.2302	𥺝	重[马重]	2.15	bia	𥺝𥹼绵帽
	𣉧𥹼𣦾𣉝𥻆𥻂𥺝𥺑𧷯𧱼𧮪 美头,冕帽,臣僚帝处朝时戴也				美头,冕帽,臣僚帝处朝时戴也
06.2303	𥻂	重[马重]	2.15	bia	爬,匍匐
	𢾫𥻆𧮪𥹼 手膝行右				手膝行右
06.2304	𥼒	牙[假]	2.15	kia	鸭,[音]

编号	西夏文	声类和汉字注音	声调韵类	拟音	汉义
06.2401	𧮤	牙[贾]	2.15	kia	瓜
06.2402	𥻅	牙[其贾]	2.15	kʰia	巧,能?
06.2403	𥺓	牙[其贾]	2.15	kʰia	铧
06.2404	𧬭	牙[恰]	2.15	kʰia	斑斓,绚丽
06.2405	𥹸	牙[恰]	2.15	kʰia	男鬼?
	𥷂𧷿 鹊kʰia怪				鹊kʰia怪
06.2406	𥷂	牙[恰]	2.15	kʰia	鹊

		诜綴			鬼kʰia风	
06.2407	縅	正[沙]	2.15	ɕia		草果名
06.2408	魏	喉[耶]	2.15	·jia xia下?		降?得病?
		叕夌 毵臧			处有遮右	

编号	西夏文	声类和汉字注音	声调韵类	拟音	汉义
06.2501	瓟	来[辣]	2.15	lia	醉
06.2502	綶	正[说]	2.15	ɕiwa	缩
06.2503	嫅	喉[华]	2.15	xiwa	人姓,地名
06.2504【十六】	【蘾 綅綵】	正[设]	2.16	ɕja	麕? 现?
06.2505	悌	正[彻]	2.16	tɕʰja	威仪?
06.2506	緔	正[彻]	2.16	tɕʰja	德,正,平
06.2507	祋	正[彻]	2.16	tɕʰja	射箭?箭羽
		祋綖			智箭
06.2508	焱	正[缠]	2.16	ɕja	乐?
06.2509	蘾	正[设]	2.16	ɕja	麕? 现?
		蘾綖蘾袯			进头显下

编号	西夏文	声类和汉字注音	声调韵类	拟音	汉义
06.2601	緭	正[设]	2.16	ɕja	草名
06.2602	龘	喉[毺]	2.16	ɣja	盖,覆,罩
06.2603	龇	喉[毺]	2.16	ɣja	疾速,急
06.2604	燨	来[腊]	2.16	lja	瑞象
06.2605	綗	来[腊]	2.16	lja	人姓,[音]
06.2606	綄	来[腊]	2.16	lja	性交
06.2607	蘷	来[若]	2.16	rja	人姓[冉],[音],禮蘷般若
06.2608	燚	正[说]	2.16	ɕjwa	驱遣
06.2609【十七】	【燚 綅蘦】	齿[薛]	2.17	sja	后日(天),[音]

编号	西夏文	声类和汉字注音	声调韵类	拟音	汉义
06.2701	骸	重[味]	2.17	bja	人姓
	甊𣸞				[吕]绕
06.2702	㳄	重[味]	2.17	bja	腹,肚子
	艰𥙿𥺬𣸞				囊下粮右
06.2703	𦨕	重[味]	2.17	bja	人姓
	𣀳𥄂				高野
06.2704	搋	重[味]	2.17	bja	断,绝,[音]
06.2705	燢	重[味]	2.17	bja	鞍
06.2706	耗	舌[达]	2.17	tʰja	其,彼
	𥡴𩏓				其彼tʰja
06.2707	𩏓	舌[达]	2.17	tʰja	彼,其,它
	𩏓𥡴				彼其tʰja

编号	西夏文	声类和汉字注音	声调韵类	拟音	汉义
07.1101	毬	舌[达]	2.17	tʰja	博弈
07.1102	𧆛	舌[口捺]	2.17	dja	已(已行体离开主体的动词前缀)
	𧆓𣸞𣉢𢻩				执头转谓
07.1103	㲀	舌[捺]	2.17	nja	汝,彼
	𧽓𣸞㲀𥺬				将我助右
07.1104	𨋢	舌[捺]	2.17	nja	使,令,当,第二人称呼应代词
	𨋢𥡴				驱nja力
07.1105	𨋢	舌[捺]	2.17	nja	驱,赶,掠
	𥡴𩏓𥱽𥱽				巧妇减去左
07.1106	𦩼	牙[渴]	2.17	kʰja	井
	𥟃𦩼				水坑
07.1107	㹇	牙[伽]	2.17	kʰja	汲,[音],𣲄㹇恒河
07.1108	㹇	牙[伽]	2.17	kʰja	虮
	㹇𤍤				汲kʰja虫

编号	西夏文	声类和汉字注音	声调韵类	拟音	汉义
07.1201	𗈷	牙[遏]	2.17	gja	种羊
	慌骇				殳㩰寿
07.1202	𗈸	牙[遏]	2.17	gja	我,吾
	缀被𗈸�=㷱				吾下我右
07.1203	𗈹	齿[钱]	2.17	tsʰja	人姓,[音]
07.1204	缀	齿[钱]	2.17	tsʰja	草名
07.1205	𗈺	齿[贱]	2.17	tsʰja	欺凌
07.1206	𗈻	齿[贱]	2.17	tsʰja	魔鬼
07.1207	𗈼	齿[千]	2.17	tsʰja	巧
07.1208	萧	齿[截]	2.17	tsʰja	报,还
07.1209	𗈽	齿[薛]	2.17	sja	后日(天),[音]
07.1210	𗈾	齿[线]	2.17	sja	嫌,厌

编号	西夏文	声类和汉字注音	声调韵类	拟音	汉义
07.1301	𗉀	齿[线]	2.17	sja	性交
07.1302	牜	喉[叶]	2.17	·ja	人姓,[音]
07.1303	𗉁	来[辣]	2.17	lja	寄,送
07.1304	𗉂	来[辣]	2.17	lja	歌
	𗉁㲜𗉂㷱				寄lja左歌右
07.1305 【十八】	【𗉃 㩰圆】	喉[腰]	2.18	·ja:	金,[音]
07.1306	㡣	正[召]	2.18	tɕʰja:	尺
	㡣𗉄薇㷱				寸全道右
07.1307	馥	正[烧]	2.18	ɕja:	臭,腥,[音]
	龍𗉅㺘鼐				誓头蛹全
07.1308	𗉆	正[说]	2.18	ɕjwa:	肚带
	𗈸㲜㺘㷱				牦左马右
07.1309	𗉇	舌[嘿]	2.18	nja:	粪,屎
	衉犯				粪积

编号	西夏文	声类和汉字注音	声调韵类	拟音	汉义
07.1401	𘜶	喉[腰]	2.18	·ja:	金,药?[音]
	𘜶𘟩				宝兽
07.1402	𘜷	喉[腰]	2.18	·ja:	唱歌
07.1403	𘜸	喉[瑶]	2.18	·ja:	角,[音]
	𘜹𘜺𘜻𘜼				角儒遍右
07.1404	𘜽	来[辽]	2.18	lja:	边,[音]
	𘜾𘜽				耳边
07.1405	𘜿	来[饶]	2.18	zja:	捉?
07.1406	𘝀	舌[宜会]	2.18	nja:	𘜶𘝀番人(弭药)
	𘝁𘝀				大卧
07.1407	𘝂	舌[宜会]	2.18	nja:	慧心,慧觉
07.1408	𘝃	舌[宜会]	2.18	nja:	非,不
07.1409	𘝄	来[烈。]	2.18	lja:	口
	𘝅𘝄				鲜词

编号	西夏文	声类和汉字注音	声调韵类	拟音	汉义
07.1501 【十九】	【𘝆 𘝇𘝈	牙[鳌]	2.19	ga:	瘦
07.1502	𘝉	舌[纳]	2.19	da:	游,行,巡
07.1503	𘝊	舌[那]	2.19	na:	千
07.1504	𘝋	舌[那]	2.19	na:	寻,觅,找
07.1505	𘝌	舌[那]	2.19	na:	菜
	𘝍𘝎𘝏𘝐				药全言心
07.1506	𘝑	舌[那]	2.19	na:	誓
07.1507	𘝒	舌[那]	2.19	na:	洪水
07.1508	𘝆	牙[鳌]	2.19	ga:	瘦
07.1509	𘝓	牙[阔]	2.19	kʰwa:	老,朽

| 07.1510 | 骹① | 牙［聒］ | 1.22 | kwa: | 钵 |
| | | 羆綖 | | | 瓶泥 |

编号	西夏文	声类和汉字注音	声调韵类	拟音	汉义
07.1601 【二十】	【纖 楠孩	正［盏］	2.20	tɕia:	苦难
07.1602	毤	重［马］	2.20	bia:	［马］人姓，［音］
07.1603	萉	重［马］	2.20	bia:	树名
07.1604	纃	正［设］	2.20	ɕia:	的，靶，意
07.1605	蕤	牙［甲］	2.20	kia:	［音］
07.1606	嫰	牙［牙］	2.20	ŋia:	鹅，［音］
07.1607	颙	正［差］	2.20	tɕʰia:	难
07.1608	祀	正［差］	2.20	tɕʰia:	坡
07.1609	娂	来［热］	2.20	zia:	努力
		燃鹣			怯言
07.1610	蘠	正［设］	2.20	ɕia:	激流，急流
		蓅徶徶黴			行过流全

编号	西夏文	声类和汉字注音	声调韵类	拟音	汉义
07.1701	繡	正［设］	2.20	ɕia:	［穄］草名
		纺靴俇黴			草左威ɕiai全
07.1702	毈	重［判］	2.20	pʰia:	分
		菇孩蔻黴			善心离全
07.1703	鞿	重［判］	2.20	pʰia:	分，成，钱
07.1704	纖	正［盏］	2.20	tɕia:	苦难
07.1705	嬭	舌［怛］	2.20	tia:	涸，枯

① 此字是衍字，平声1.22，与上声2.19同韵，不同声调。

07.1706	綴	舌[嘿]	2.20	nia:	口吃,昏厥,悲伤?
07.1707	緩	舌[嘿]	2.20	nia:	手腕(前臂)?
07.1708	孋	舌[嘿]	2.20	nia:	涂
	粿藏				泥抹

编号	西夏文	声类和汉字注音	声调韵类	拟音	汉义
07.2101	鏦	舌[嘿]	2.20	nia:	鏦蕊 琉璃
07.2102	檥	舌[嘿]	2.20	nia:	铁械?
07.2103【二十一】	【靴 樅故刻】	重[麻]	2.21	mja:	大,要
07.2104	靴	重[麻]	2.21	mja:	大,要
	鏉燉				大助
07.2105	籾	牙[业]	2.21	gja:	乐
07.2106	巎	牙[业]	2.21	gja:	巧,勇
07.2107	燉	牙[业]	2.21	gja:	食,吞
	峰賋燉燉				饮食吞右(第三字为本字,不合)
07.2108	翍	牙[业]	2.21	gja:	(畜)瘢
07.2109	胹	牙[业]	2.21	gja:	地名
	巃胹				源梁

编号	西夏文	声类和汉字注音	声调韵类	拟音	汉义
07.2201	菔	牙[业]	2.21	gja:	杆,幡旗,杵
07.2202【二十二】	【瓯 樅故樅】	喉[汉]	2.22	xaⁿ	汉(借汉),[音]
07.2203	緅	轻[碗]	2.22	waⁿ	养
	緅鞍				治何
07.2204	禰	轻[丸]	2.22	waⁿ	丸(借汉),[音]
	彤蕘䊹緅				真言中用
07.2205	緅	喉[罯]	2.22	ɣaⁿ	旱(借汉)
07.2206	飛	来[乱]	2.22	lwaⁿ	乱(借汉)

	𗉆𗥤𗆄𗋽				迷头有下
07.2207	𗉆	舌[段]	2.22	tʰwaⁿ	人姓
07.2208	𗥤	舌[断]	2.22	tʰwaⁿ	断(借汉)

编号	西夏文	声类和汉字注音	声调韵类	拟音	汉义
07.2301	𗪮	喉[汉]	2.22	xaⁿ	汉(借汉),[音]
07.2302 【二十三】	【𗪮 𗉆𗥤𗆉】	喉[罨]	2.23	ɣiaⁿ	限,减
07.2303	𗗡	正[拏]	2.23	dʑiaⁿ	地名,草名
07.2304	𗼩	正[拏]	2.23	dʑiaⁿ	𗼩𗥤众生,𗼩𗥤菩萨
07.2305	𗾴	正[拏]	2.23	dʑiaⁿ	参(宿)
07.2306	𗋽	正[拏]	2.23	dʑiaⁿ	卵,蛋
	𗋽𗥤				卵蛋
07.2307	𗨙	喉[罨]	2.23	ɣiaⁿ	限,减
	𗉆𗥤𗥤𗥤				阶右下右
07.2308	𗤓	轻[万]	2.23	wiaⁿ	人姓,[音]
07.2309	𗸌	轻[万]	2.23	wiaⁿ	镞
	𗸌𗥤𗥤𗥤				铁头箭全

编号	西夏文	声类和汉字注音	声调韵类	拟音	汉义
07.2401 【二十四】	【𗾴 𗉆𗥤𗥤】	喉[烟]	2.24	jaⁿ	[音]
07.2402	𗸚	牙[乾]	2.24	kʰjaⁿ	𗸚𗥤[恒河],[音]
	𗸚𗥤𗸚𗥤				心左乾kʰjaⁿ右
07.2403	𗸍	牙[乾]	2.24	kʰjaⁿ	牛?象?
	𗉆𗥤𗥤𗥤				牛心[乾]kʰjaⁿ右
07.2404	𗾴	喉[烟]	2.24	·jaⁿ	[音]
	𗾴𗥤				美红
07.2405	𗼙	正[尼準]	2.24	dʑjwaⁿ	準(房中木构件)
07.2406	𗺇	牙[眷]	2.24	kjwaⁿ	营,全

07.2407	虓	牙[宜刮]	2.24	gjwan	虓蔽顽羊
	蕤蕤				鹿兽
07.2408	蕤	齿[旋]	2.24	sjwan	旋(借汉)
07.2409	胮	正[鹑]	2.24	ɕjwan	侧?[音词]
	胮靴豩豩				洁左税右

编号	西夏文	声类和汉字注音	声调韵类	拟音	汉义
07.2501	蕤	齿[啰全]	2.24	zjwan	旋?
07.2502【二十五】	【稀榵豩豩】	喉[黑]	2.25	xə	噎
07.2503	豩	重[孛]	2.25	phə	黄羊? 豩脼机关
07.2504	膩	重[孛]	2.25	phə	膩蓊乳头(食品)
07.2505	愦	重[孛]	2.25	phə	辛苦
07.2506	莘	重[孛]	2.25	phə	莘葵襒襕
	襖蓊				带衣
07.2507	蕤	重[孛]	2.25	phə	泡,罐,瓮
07.2508	豩	重[孛]	2.25	phə	豩豩萝葡
07.2509	愦	重[孛]	2.25	phə	侈,裙愦邪侈
07.2510	胏	重[孛]	2.25	phə	干(形容词)

编号	西夏文	声类和汉字注音	声调韵类	拟音	汉义
07.2601	蕤	重[孛]	2.25	phə	蕤蕤褐衫
07.2602	蕤	重[没]	2.25	mə	姓,氏,宗,族,人姓
07.2603	蕤	重[梦]	2.25	mə	种,诸
	襕靴豩豩				众左或右
07.2604	精	重[梦]	2.25	mə	精蓊甜菜
07.2605	蕤	重[梦]	2.25	mə	声音
07.2606	虓	重[梦]	2.25	mə	生,产,诞
	胏蓊				内病

07.2607	爕	重[梦]	2.25	mə	爕燚 蚊蝇
07.2608	繦	重[梦]	2.25	mə	孤独,惶惶
07.2609	緻	重[梦]	2.25	mə	牛虻
07.2610	褥	重[梦]	2.25	mə	姊
07.2611	蕭	重[梦]	2.25	mə	树？菜？

编号	西夏文	声类和汉字注音	声调韵类	拟音	汉义
07.2701	蒲	重[梦]	2.25	mə	薪？蒲？梦罗？
07.2702	歲	重[梦]	2.25	mə	歲脪确实,果然
07.2703	绕	重[没]	2.25	mə	源,泉
07.2704	緻	重[没]	2.25	mə	闷
	緻俤			死如	
07.2705	彥	重[没]	2.25	mə	彥緜精气
	緵彥			水纯？	
07.2706	縃	重[没]	2.25	mə	縃緜精魂
07.2707	臻	重[没]	2.25	mə	润,滑
07.2708	芘	重[没]	2.25	bə	牛
07.2709	胀	重[没]	2.25	bə	负担？
	胀毦			脊居	
07.2710	縦	重[没]	2.25	bə	地名？

编号	西夏文	声类和汉字注音	声调韵类	拟音	汉义
	□□□□			□□□□	
08.1101	緻	重[没]	2.25	bə	胀
08.1102	緯	重[没]	2.25	bə	圆,圆粒
08.1103	歟	重[没]	2.25	bə	歟殦鸳鸯
08.1104	骏	重[没]	2.25	bə	疥,疮
08.1105	夒	重[没]	2.25	bə	虫,蛇
08.1106	襀	重[没]	2.25	bə	补衲,破旧

08.1107	绢	重[没]	2.25	bə	草名
08.1108	㳔	重[没]	2.25	bə	塔,㳔鞁塔
08.1109	嫩	重[没]	2.25	bə	嫩瓢袜肚
08.1110	靴	重[没]	2.25	bə	青绿色
	纤絙豝				碧青也
08.1111	氅	舌[特]	2.25	tʰə	羽,翅,翼

编号	西夏文	声类和汉字注音	声调韵类	拟音	汉义
	骹絋				飞上
08.1201	瑸	喉[蟹]	2.25	xə	噎
08.1202	豩	齿[私]	2.25	sə	私(借汉)
	羸絣				自有
08.1203	绉	齿[丝]	2.25	sə	洁,净
08.1204	燚	来[勒]	2.25	lə	遮蔽,遮掩
08.1205	散	来[勒]	2.25	lə	盗,窃?
	绪骹				起盗
08.1206	缄	来[勒]	2.25	lə	相扑,摔跤
08.1207	讌	来[勒]	2.25	lə	肮脏?
08.1208	㪱	来[勒]	2.25	lə	人姓
08.1209	蓏	来[勒]	2.25	lə	蓏蘢 葡萄
08.1210	厱	来[勒]	2.25	lə	蚤?

编号	西夏文	声类和汉字注音	声调韵类	拟音	汉义
08.1301	蔴	牙[骨]	2.25	kwə	树结?
08.1302	雎	牙[骨]	2.25	kwə	绳索
08.1303	襪	牙[骨]	2.25	kwə	破裂
08.1304	毙	牙[骨]	2.25	kwə	指曲?
08.1305	愀	牙[骨]	2.25	kwə	吼,嚎,鸣
	瓻祓祸祓				牛下哀下

08.1306	[illegible]	牙[骨]	2.25	kwə	螺,珂贝
08.1307	[illegible]	牙[骨]	2.25	kwə	听,闻,净
08.1308	[illegible]	牙[刻]	2.25	kʰə	人姓
08.1309	[illegible]	牙[刻]	2.25	kʰə	猕猴,猿,猿狖
	[illegible]			马病kʰə[宫]	
08.1310	[illegible]	牙[刻]	2.25	kʰə	马病
	[illegible]			猿kʰə病	
08.1311	[illegible]	牙[鱼骨]	2.25	ŋwə	喉,细嚼?
	[illegible]			小口小饮食也	

编号	西夏文	声类和汉字注音	声调韵类	拟音	汉义
08.1401	[illegible]	喉[吴]	2.25	ɣwə	[illegible]外后日
	[illegible]			头昔	
08.1402	[illegible]	喉[兀]	2.25	ɣwə	前,[illegible]木梳
	[illegible]			妻ɣwə面	
08.1403	[illegible]	喉[吴]	2.25	ɣwə	妻
08.1404	[illegible]	喉[屋]	2.25	ɣwə	葫芦?
08.1405	[illegible]	来[路]	2.25	lwə	买
08.1406	[illegible]	齿[思]	2.25	sə	哭
08.1407【二十六】	【[illegible]】	牙[吃]	2.26	kiə	笄?
08.1408	[illegible]	重[不]	2.26	piə	靴
08.1409	[illegible]	牙[吃]	2.26	kiə	颈椎
	[illegible]			节圈转全	

编号	西夏文	声类和汉字注音	声调韵类	拟音	汉义
08.1501	[illegible]	牙[吃]	2.26	kiə	度? 倒塌? 粗糙?
08.1502	[illegible]	牙[吃]	2.26	kiə	道,钵? 盂?
08.1503	[illegible]	牙[吃]	2.26	kiə	笄?

08.1504	蘱	牙[吃]	2.26	kiə	颌？鼻翼？
08.1505	薔	牙[客]	2.26	kʰiə	树名
08.1506	舷	牙[客]	2.26	kʰiə	人姓
08.1507	皈	牙[客]	2.26	kʰiə	交配
08.1508	兹	牙[客]	2.26	kʰiə	驱赶？
08.1509	儆	牙[客]	2.26	kʰiə	奴仆？
08.1510	虋	牙[客]	2.26	kʰiə	味，美味？
08.1511	羱	牙[客]	2.26	kʰiə	愤怒？骂？
08.1512	虌	正[之]	2.26	tɕiə	缠，绕，钏，[音]

编号	西夏文	声类和汉字注音	声调韵类	拟音	汉义
08.1601	縼	正[史]	2.26	ɕiə	人姓
08.1602	綳	正[史]	2.26	ɕiə	鸟名
08.1603	綸	正[率]	2.26	ɕiwə	绚丽，斑斓
08.1604【二十七】	【繠 槒祋薈	正[使]	2.27	ɕjɨ	微，甚少？
08.1605	緩	轻[勿]	2.27	wjɨ	已（已行体趋向远处的动词前辍）
08.1606	羧	轻[勿]	2.27	wjɨ	此刻，顷刻，由此
08.1607	緶	轻[勿]	2.27	wjɨ	人姓，[音]
08.1608	莔	喉[蟹]	2.27	xjɨ	劳苦？
08.1609	慲	正[赤]	2.27	tɕʰjɨ	疖
08.1610	狲	正[赤]	2.27	tɕʰjɨ	肉馅
08.1611	殢	正[赤]	2.27	tɕʰjɨ	立便，即，速
08.1612	稀	正[赤]	2.27	tɕʰjɨ	草名

编号	西夏文	声类和汉字注音	声调韵类	拟音	汉义
08.1701	𘂝	正[使]	2.27	ɕjɨ	微,甚少
	𘂝𘂬𘂭𘂮				往ɕjɨ圈少左
08.1702	𘂞	正[释]	2.27	ɕjɨ	幔,𘂞𘂯帷帐,[音],𘂞𘂰释迦
08.1703	𘂟	来[栗]	2.27	ljɨ	[音]
08.1704	𘂠	来[勒]	2.27	ljɨ	人姓
08.1705	𘂡	来[勒]	2.27	ljɨ	朣?"累见"?
	𘂢𘂣𘂤𘂥				累下见下
08.1706	𘂦	来[日]	2.27	zjɨ	安居?
08.1707	𘂧	来[日]	2.27	zjɨ	轻往?
	𘂨𘂩				聚zju嘱tɕjɨ
08.1708	𘂪	来[立]	2.27	ljɨ	易
	𘂪𘂬𘂭𘂮				舌左数左

编号	西夏文	声类和汉字注音	声调韵类	拟音	汉义
08.2101【二十八】	【𘃀𘃁𘃂𘃃】	齿[辛]	2.28	sjɨ	人姓,𘃀𘃄鲜卑,[音]
08.2102	𘃅	重[字]	2.28	pʰjɨ	蛙蛇类动物名
08.2103	𘃆	重[字]	2.28	pʰjɨ	枝条
08.2104	𘃇	重[。没]	2.28	mjɨ	木瓜?
08.2105	𘃈	重[。没]	2.28	mjɨ	颐颔
	𘃉𘃊				腕他mjɨ
08.2106	𘃋	重[。没]	2.28	mjɨ	儿童
08.2107	𘃌	重[。没]	2.28	mjɨ	臀?
08.2108	𘃍	重[。没]	2.28	mjɨ	打火?
08.2109	𘃎	重[。没]	2.28	mjɨ	足迹
08.2110	𘃏	重[。没]	2.28	mjɨ	默,默然
08.2111	𘃐	重[。没]	2.28	mjɨ	番人,𘃐𘃑[弭药]
	𘃒𘃓				番mji智

编号	西夏文	声类和汉字注音	声调韵类	拟音	汉义
08.2201	𬇕	舌[特]	2.28	tʰjɨ	此,斯
	𬇕𬇕𬇕𬇕			蝎tʰjɨ圈见右	
08.2202	𬇕	舌[特]	2.28	tʰjɨ	蝮蝎
08.2203	𬇕	舌[特]	2.28	tʰjɨ	𬇕𬇕 皇帝
	𬇕𬇕𬇕𬇕			蝎tʰjɨ神山[狄]tʰjɨ右	
08.2204	𬇕	舌[特]	2.28	tʰjɨ	臀部
08.2205	𬇕	舌[能。]	2.28	njɨ	至,到,普,遍
08.2206	𬇕	舌[能。]	2.28	njɨ	等,[音]
08.2207	𬇕	舌[ᵐ能]	2.28	djɨ	𬇕𬇕财产
08.2208	𬇕	舌[ᵐ能]	2.28	djɨ	给,𬇕𬇕准备,供给
08.2209	𬇕	舌[ᵐ能]	2.28	djɨ	守护
08.2210	𬇕	舌[ᵐ能]	2.28	djɨ	已(已行体趋向主体的动词前缀)
08.2211	𬇕	舌[ᵐ能]	2.28	djɨ	人姓,𬇕𬇕匈奴?

编号	西夏文	声类和汉字注音	声调韵类	拟音	汉义
08.2301	𬇕	舌[ᵐ能]	2.28	djɨ	鸟名
08.2302	𬇕	舌[ᵐ能]	2.28	djɨ	树名
08.2303	𬇕	舌[ᵐ能]	2.28	djɨ	碟,𬇕𬇕樂子
08.2304	𬇕	舌[ᵐ能]	2.28	djɨ	𬇕𬇕骆驼
08.2305	𬇕	牙[吃]	2.28	kjɨ	𬇕𬇕𬇕吃兜芽
08.2306	𬇕	牙[刻]	2.28	kʰjɨ	俷鶌
08.2307	𬇕	牙[刻]	2.28	kʰjɨ	万
	𬇕𬇕			思[万]	
08.2308	𬇕	牙[刻]	2.28	kʰjɨ	劳苦
08.2309	𬇕	牙[ᵑ仡]	2.28	gjɨ	技能?
08.2310	𬇕	牙[ᵑ仡]	2.28	gjɨ	中心
	𬇕𬇕𬇕𬇕			中心夜gjɨ右	

编号	西夏文	声类和汉字注音	声调韵类	拟音	汉义
08.2401	[illegible]	牙[口仡]	2.28	gjɨ	棺,函
08.2402	[illegible]	牙[口仡]	2.28	gjɨ	[illegible]我等
08.2403	[illegible]	牙[口仡]	2.28	gjɨ	夜,夕,晚
08.2404	[illegible]	牙[口仡]	2.28	gjɨ	谷,穴
08.2405	[illegible]	齿[七]	2.28	tsʰjɨ	[illegible]盐
08.2406	[illegible]	齿[七]	2.28	tsʰjɨ	菜名
08.2407	[illegible]	齿[辛]	2.28	sjɨ	连接
08.2408	[illegible]	齿[习]	2.28	sjɨ	知,识
08.2409	[illegible]	齿[辛]	2.28	sjɨ	人姓,[illegible]鲜卑,[音]
08.2410	[illegible]	齿[辛]	2.28	sjɨ	[illegible]喜新厌旧
08.2411	[illegible]	齿[辛]	2.28	sjɨ	桎,镣?

编号	西夏文	声类和汉字注音	声调韵类	拟音	汉义
08.2501	[illegible]	喉[夷]	2.28	·jɨ	说,曰,[音]
08.2502	[illegible]	喉[依]	2.28	·jɨ	上衣
08.2503	[illegible]	喉[一]	2.28	·jɨ	人姓,[音]
08.2504	[illegible]	喉[易]	2.28	·jɨ	昨,去,[音]
08.2505	[illegible]	喉[依]	2.28	·jɨ	睡,眠
	[illegible]			睡减去头	
08.2506	[illegible]	来[勒]	2.28	ɬjɨ	尘
08.2507	[illegible]	舌[特合]	2.28	tʰjwɨ	[illegible]结合,结集
08.2508	[illegible]	舌[能合]	2.28	njwɨ	燃,烧
08.2509	[illegible]	牙[屈]	2.28	kʰjwɨ	草名
08.2510	[illegible]	牙[屈]	2.28	kʰjwɨ	肮脏
08.2511	[illegible]	牙[屈]	2.28	kʰjwɨ	狱

编号	西夏文	声类和汉字注音	声调韵类	拟音	汉义
08.2601	𗥐	齿［恤］	2.28	sjwɨ	某
08.2602	𗥑	齿［恤］	2.28	sjwɨ	人姓
08.2603	𗀩	齿［恤］	2.28	sjwɨ	毡
	䚤𗀩				毡条
08.2604	𗀼	齿［恤］	2.28	sjwɨ	鬼类？
08.2605	𗀯	齿［恤］	2.28	sjwɨ	郎舅（表亲）
08.2606	𗀘	舌［能合］	2.28	njwɨ	肥，脂膏
	𗀘𗀯				肥润
08.2607	𗀾	舌［能合］	2.28	njwɨ	春，韶
08.2608	𗀚①	来［泪］	1.30	ljwɨ	泪
08.2609【二十九】	【𗨳】𗀖𗀞𗀧	舌［能。］	2.29	djɨ	笑
08.2610	𗀨	牙［客］	2.29	kʰjɨ	行列，章，句

编号	西夏文	声类和汉字注音	声调韵类	拟音	汉义
08.2701	𗀪	牙［客］	2.29	kʰjɨ	陡，𗀪𗀪煌煌？
08.2702	𗀝	牙［客］	2.29	kʰjɨ	通道？ 𗀝𗀛沙窗
	𗀆𗀜𗀔𗀕				挤kʰju:减去心
08.2703	𗀤	正［色］	2.29	tɕjɨ	琴，瑟，提
	𗀣𗀟				翻掣
08.2704	𗀙	正［轸］	2.29	tɕjɨ	蹶，跌
08.2705	𗀗	正［史］	2.29	ɕjɨ	伸展？
08.2706	𗀠	正［赤］	2.29	tɕʰjɨ	𗀠𗀡颠倒
08.2707	𗀬	重［。没］	2.29	mjɨ	境
	𗀭𗀮				告mji喊
08.2708	𗀫	重［。没］	2.29	mjɨ	𗀫𗀢骆驼
	𗀥𗀦				欢驼

---

① 此字为衍字，写本误录于此。

08.2709	虲	舌[口能]	2.29	dji:	濯？浸湿
	虥虤虥虥			水穿沙右	

编号	西夏文	声类和汉字注音	声调韵类	拟音	汉义
09.1101	屐	舌[口能]	2.29	dji:	笑
09.1102	㧱	舌[能。]	2.29	nji:	恼
09.1103	蓑	舌[能。]	2.29	nji:	骂，怨，呵
09.1104	貔	牙[口仡]	2.29	gji:	注，疏
09.1105	蕡	齿[习]	2.29	sji:	细语，议论？
09.1106	㦬	来[勒]	2.29	lji:	疱疹？佝偻？
09.1107	燋	来[勒]	2.29	lji:	草名
09.1108	㠚	来[勒]	2.29	lji:	厌恶，弃离？
	概姕？			惑线？	
09.1109	肜	来[勒]	2.29	lji:	改
09.1110	焱	来[勒]	2.29	lji:	停留
09.1111【三十】	【继 散孩】	喉[海]	2.30	xej	悲哀？忧音？

编号	西夏文	声类和汉字注音	声调韵类	拟音	汉义
09.1201	翿	轻[嵬]	2.30	wej	藏，贮
09.1202	莀	轻[嵬]	2.30	wej	告
	斋祇			敬言	
09.1203	蕠	轻[巍]	2.30	wej	杙，桩
09.1204	㲃	轻[巍]	2.30	wej	㲃猕守护神？
09.1205	蕛	轻[巍]	2.30	wej	扫除
09.1206	腹	轻[巍]	2.30	wej	旋，垂，翔
09.1207	蒨	舌[乃]	2.30	nej	安，利，易
	彩猕			安尾njij	
09.1208	庹	舌[乃]	2.30	nej	人姓
09.1209	劀	舌[乃]	2.30	nej	晚
09.1210	劖	舌[乃]	2.30	nej	壬（十天干之一）

编号	西夏文	声类和汉字注音	声调韵类	拟音	汉义
09.1301	纵	舌[乃]	2.30	nej	舆
	纵狡蕤秘胹狡揢				花领,车上做美帐
09.1302	荄	齿[灾]	2.30	tsej	暂时,须臾
09.1303	雞	舌[腮]	2.30	sej	熟皮子
09.1304	縦	喉[海]	2.30	xej	悲哀,忧音
09.1305	藓	来[来]	2.30	lej	唱,歌
09.1306	秕	来[来]	2.30	lej	割
	粞秕				切割lej
09.1307	秕	来[来]	2.30	lej	变化
	秕纵(纵)				割ɬej
09.1308	稐	来[来]	2.30	lej	践,踏
09.1309	秒	来[来]	2.30	lej	闷乱,恶心?

编号	西夏文	声类和汉字注音	声调韵类	拟音	汉义
09.1401	流	来[来]	2.30	lej	美词?
09.1402	襄	来[来]	2.30	lej	打滚?
09.1403	磁	重[沛]	2.30	pʰej	人姓,[音]
09.1404	絥	来[来]	2.30	lej	裂,破,瑕
09.1405	牧	重[妹]	2.30	mej	毛,毫,[音]
	藐祓慫牋				爱心毛右
09.1406	纵	重[昧]	2.30	mej	鸺鹠
09.1407	蕬	重[昧]	2.30	mej	绵,软
	蕬胹牧被				绵mej圈毛mej下
09.1408	蕬	重[昧]	2.30	mej	相互宴请?
	蕬胹殺轵				绵mej圈财左
09.1409	雞	牙[喻]	2.30	bej	绑,缚,系
	縠牌				缚bej捆

编号	西夏文	声类和汉字注音	声调韵类	拟音	汉义
09.1501	𗾇	牙[魁]	2.30	kʰwej	大,大人
	𗱣𗯟				大大
09.1502	𗿧	牙[宜会]	2.30	ŋwej	和,合,顺
	𗼈𗿧				语合
09.1503	𗿨	牙[宜会]	2.30	ŋwej	和,睦
09.1504	𗿩	牙[宜会]	2.30	ŋwej	平,齐
	𗿧𗱣				合ŋwej接
09.1505	𗿪	喉[回]	2.30	xwej	人姓,[音]
09.1506	𗿫	喉[口襄]	2.30	ɣwej	沟,壑
09.1507	𗿬	喉[口襄]	2.30	ɣwej	峗? 名?
09.1508	𗿭	齿[财]	2.30	tsʰej	缺,豁?
09.1509 【三十一】	【𗾇 𗱣𗯟𗲖	牙[皆]	2.31	kiej	驱,赶
09.1510	𗲗(𗲘)	重[百]	2.31	piej	结合?

编号	西夏文	声类和汉字注音	声调韵类	拟音	汉义
09.1601	𗲙	重[稗]	2.31	pʰiej	稗(借汉),[音]
09.1602	𗲚	重[孟]	2.31	miej	人姓,[音]
09.1603	𗲛	重[喻]	2.31	biej	茌? 毁地?
	𗲜𗲝𗲞𗲟				丘没农左
09.1604	𗲠	牙[介]	2.31	kiej	子,𗲠君子,人姓
09.1605	𗲡	牙[介]	2.31	kiej	踝
	𗲢𗲣𗲤𗲟				上圈腿左
09.1606	𗲥	牙[介]	2.31	kiej	颈骨
09.1607	𗲦	牙[介]	2.31	kiej	使,差,遣
09.1608	𗲧	牙[介]	2.31	kiej	奴仆
09.1609	𗲖	牙[皆]	2.31	kiej	驱,赶

| 09.1610 | 𗼣 | 牙[介] | 2.31 | kiej | 做,作,为 |
| 09.1611 | 𗿳 | 正[争] | 2.31 | tɕiej | 戴(冠) |

编号	西夏文	声类和汉字注音	声调韵类	拟音	汉义
09.1701	𗺩	牙[乖]	2.31	kiwej	珍,真,实
	𗼵 𗆧 𗼵 𗋽				真下巧右
09.1702	𗾥	牙[乖]	2.31	kiwej	𗾥𗾧 麒麟
09.1703	𗺭	正[寨]	2.31	tɕʰiej	寨(借汉),[音]
09.1704	𗊡	来[冷]	2.31	liej	掳掠
09.1705 【三十二】	【𗼬①】 𗆧 𗼵 𗵜	正[郑]	1.35	tɕʰjij	执,持,拿,载,吸,[音]
09.1706	𗆾	轻[永]	2.32	wjij	人姓
09.1707	𗮐	轻[永]	2.32	wjij	伯,叔
09.1708	𗬐	轻[永]	2.32	wjij	敌
09.1709	𗫨	轻[永]	2.32	wjij	脸面白?
09.1710	𗬋	轻[永]	2.32	wjij	将,愿(将行体趋向远处的前缀动词)
	𗼵 𗫨 𗆧 𗗙				侍减去头

编号	西夏文	声类和汉字注音	声调韵类	拟音	汉义
09.2101	𗨻	轻[永]	2.32	wjij	有,在(存在动词之一)
09.2102	𗫴	正[征]	2.32	tɕjij	执,持
09.2103	𗤊	正[征]	2.32	tɕjij	狗,人名,[音]
	𗤊 𗤋				狗犬
09.2104	𗤓	正[征]	2.32	tɕjij	𗼬𗤓 狮子
09.2105	𗩼	正[成]	2.32	ɕjij	索,乞,求,请
09.2106	𗩻	正[春]	2.32	ɕjwij	门闩?
	𗴟 𗆧 𗆧 𗵜				干右助左

① 此韵类代表字为平声,误录于此。

09.2107	㺜	正[春]	2.32	ɕjwij	需
09.2108	㺚	正[征]	2.32	tɕjij	驱,遣
09.2109 【三十三】	【㰦 㪊㪊㪊	喉[野]	2.33	·jij	羊
09.2110	㪥	重[兵]	2.33	pjij	爸,爹,翁

编号	西夏文	声类和汉字注音	声调韵类	拟音	汉义
09.2201	㺲	重[平]	2.33	pʰjij	贩,买卖
09.2202	㪩	重[酩]	2.33	mjij	焖,煮
09.2203	㥽	重[酩]	2.33	mjij	魔鬼
09.2204	㪦	重[酩]	2.33	mjij	亡
09.2205	㪪	重[酩]	2.33	mjij	死亡
09.2206	㪫	重[酩]	2.33	mjij	[酩]人姓
	㪘㪙				肉帝
09.2207	㪮	重[酩]	2.33	mjij	土地
	㫁㪗㪛㫂				失地矿左
09.2208	㫃	重[酩]	2.33	mjij	妈,母,娘
	㫄㫅				大母
09.2209	㫆	重[酩]	2.33	mjij	牛之一种?
	㫇㪙				[弥]mjij大
09.2210	㫈	重[酩]	2.33	mjij	人姓
	㫉㫂㫆㫊				[名]左牛mjij全

编号	西夏文	声类和汉字注音	声调韵类	拟音	汉义
09.2301	㫋	重[酩]	2.33	mjij	未
	㪙㫌㫍㫂				问右谓左
09.2302	㫎	重[酩]	2.33	mjij	人姓
	㫎㪛㫏㪘				下肢mjij间檀头
09.2303	㫐	重[酩]	2.33	mjij	看?

	㹳 㹴 㹵 㹶				不显见左
09.2304	繈	重[喻]	2.33	bjij	妻,妇
09.2305	縱	重[喻]	2.33	bjij	怒
09.2306	緈	重[喻]	2.33	bjij	尊?
	繎 㹴 而 羰				朕左牧全
09.2307	㹤	重[喻]	2.33	bjij	金,兑(八卦之一),人姓
09.2308	㹫	重[喻]	2.33	bjij	男根

编号	西夏文	声类和汉字注音	声调韵类	拟音	汉义
09.2401	㺉	重[喻]	2.33	bjij	高,上,释㺉頺白高国
	㺑 㹴 㺒 㺓				高减去左
09.2402	㺕	重[喻]	2.33	bjij	晓,晨,旦
09.2403	蔴	重[喻]	2.33	bjij	近侧
	鞯 㺘 㺙 㺚				执头持问
09.2404	繈	重[喻]	2.33	bjij	时
	㺝 㺞				时至
09.2405	牉	舌[丁]	2.33	tjij	浅,薄
09.2406	㺢	舌[丁]	2.33	tjij	鸟名
09.2407	牉	舌[丁]	2.33	tjij	脐
09.2408	㺨	舌[丁]	2.33	tjij	㺪㺨顽羊
09.2409	珊	舌[丁]	2.33	tjij	等,对
09.2410	㺯	舌[丁]	2.33	tjij	善,㺯㺰善哉
	㺱 㺲				巧祐
09.2411	羑	舌[丁]	2.33	tjij	羑㺵萤火虫

编号	西夏文	声类和汉字注音	声调韵类	拟音	汉义
09.2501	牭	舌[丁]	2.33	tjij	愚,笨,拙
	牭 㹳				笨愚(以本字解释本字)
09.2502	㺼	舌[听]	2.33	tʰjij	何,焉,奚

09.2503	羖	舌[听]	2.33	tʰjij	挺,凸,突
09.2504	鷴	舌[定]	2.33	tʰjij	图谋,机关
09.2505	莉	舌[铁]	2.33	tʰjij	[音]
09.2506	羢	舌[你]	2.33	njij	彩绢
09.2507	羢	舌[年]	2.33	njij	人姓
09.2508	豬	舌[你]	2.33	njij	转,更,筋豬甚深
09.2509	隖	舌[你]	2.33	njij	前,昔
09.2510	羝	舌[你]	2.33	njij	少
09.2511	羝	舌[你]	2.33	njij	妹?
09.2512	羬	舌[你]	2.33	njij	风?

编号	西夏文	声类和汉字注音	声调韵类	拟音	汉义
09.2601	羢	舌[你]	2.33	njij	鸟名,豭羢黄鹃子
09.2602	羢	舌[你]	2.33	njij	草名
09.2603	廐	舌[你]	2.33	njij	馈赠?
09.2604	羢	舌[你]	2.33	njij	逼迫,驱赶
	孫羬縅羬				逼右迫右
09.2605	羢	舌[你]	2.33	njij	颌颏
09.2606	羢	舌[你]	2.33	njij	犬,狗
	肥羬搦羬				犬狗戌左
09.2607	羱	舌[你]	2.33	njij	将(将行体趋向下方的动词前缀)
	羬羬縅羬				你左此右
09.2608	祗	舌[你]	2.33	njij	祸祗语言
09.2609	羢	舌[你]	2.33	njij	縅羢武器
	羬羢				悬救
09.2610	藙	舌[你]	2.33	njij	芭(耙)

编号	西夏文	声类和汉字注音	声调韵类	拟音	汉义
09.2701	縅	舌[甯]	2.33	djij	曾,尝

09.2702	㶾	舌[甯]	2.33	djij	语助，㦮㶾不过
09.2703	㶾	舌[甯]	2.33	djij	地名
09.2704	㿈	舌[甯]	2.33	djij	饮
09.2705	养	舌[甯]	2.33	djij	将，能（将行体趋向主体的动词前缀）
	叛级稀移				唤减去口
09.2706	龕	舌[甯]	2.33	djij	劳苦
09.2707	蒇	舌[甯]	2.33	djij	盗窃？
09.2708	耗	舌[甯]	2.33	djij	㣱耗 面颊
09.2709	㵿	牙[经]	2.33	kjij	仪，威仪
09.2710	散	牙[庆]	2.33	kʰjij	到，至，告，奏
09.2711	羧	牙[庆]	2.33	kʰjij	巫，巫师

编号	西夏文	声类和汉字注音	声调韵类	拟音	汉义
10.1101	缬	牙[庆]	2.33	kʰjij	鸽
10.1102	骸	牙[庆]	2.33	kʰjij	乐，[音]
10.1103	藉	牙[迎]	2.33	gjij	骷髅，鬼怪？ 根据？
10.1104	薇	牙[迎]	2.33	gjij	野，外，村，旷
	菔耗				旷居
10.1105	彻	牙[迎]	2.33	gjij	赋
10.1106	刻	牙[迎]	2.33	gjij	缔结？
10.1107	牧	牙[迎]	2.33	gjij	经，牧燃 经纬
10.1108	胝	牙[迎]	2.33	gjij	胫，膊
	骸疲				脚腿
10.1109	㿀	牙[迎]	2.33	gjij	残，余
10.1110	初	牙[迎]	2.33	gjij	桎，镣
	秔衬				桎锁
10.1111	鱗	牙[迎]	2.33	gjij	颛鱗 旋风
	瓝靴				轮风

编号	西夏文	声类和汉字注音	声调韵类	拟音	汉义
10.1201	嫐	齿[精]	2.33	tsjij	悟,晓,通,达,糒 嫐菩萨
	絑嫐				心醒
10.1202	嫐	齿[精]	2.33	tsjij	诽,谤
10.1203	矗	齿[井]	2.33	tsjij	臼
10.1204	蕱	齿[青]	2.33	tsʰjij	树名
10.1205	慌	齿[青]	2.33	tsʰjij	羖羅
10.1206	瓶	齿[斜]	2.33	sjij	人,民,庶
	絧溅				色千
10.1207	騰	齿[斜]	2.33	sjij	情,知,识,騰莸有情,绤騰虞人、向导
10.1208	羇	齿[斜、谢]	2.33	sjij	龟,犀,甲,人姓,[音]
	夌羆				皮象
10.1209	蕱	齿[星]	2.33	sjij	耙(罷)
10.1210	猯	齿[斜]	2.33	sjij	利息?
	蕱嫐豨稀				耙sjij减去头
10.1211	悕	喉[野]	2.33	·jij	草名
	攸紾				毛草

编号	西夏文	声类和汉字注音	声调韵类	拟音	汉义
10.1301	臙	喉[野]	2.33	·jij	宴席?
10.1302	臙	喉[野]	2.33	·jij	羊
	臙慌				宴? ·jij羖羅
10.1303	翻	喉[野]	2.33	·jij	扩张?
10.1304	菱	喉[野]	2.33	·jij	往
10.1305	諸	喉[邢]	2.33	xjij	宽,阔?[音]
	譏绪				轩xjij阔
10.1306	夗	来[令]	2.33	ljij	掩,蔽? 上衣?
	秘狱				上衣
10.1307	韸	来[令]	2.33	ljij	午,昼

	[illegible]			中午	
10.1308	[illegible]	来[令]	2.33	ljij	羞愧
10.1309	[illegible]	来[令]	2.33	ljij	巫师
10.1310	[illegible]	来[令]	2.33	ljij	足够
10.1311	[illegible]	来[令]	2.33	ljij	羔羊,小羊

编号	西夏文	声类和汉字注音	声调韵类	拟音	汉义
10.1401	[illegible]	来[令]	2.33	ljij	见,看,视,[音]
	[illegible]			监见	
10.1402	[illegible]	来[令]	2.33	ljij	人姓,[音]
	[illegible]			者契矿右	
10.1403	[illegible]	来[令]	2.33	ljij	跳跃? 捕捉?
	[illegible]			跳跃	
10.1404	[illegible]	牙[贵]	2.33	kjwij	驹?
	[illegible]			骑集	
10.1405	[illegible]	舌[宁]	2.33	njij	王,[illegible]金刚
10.1406	[illegible]	舌[你]	2.33	njij	末,尾,东
10.1407	[illegible]	舌[宁]	2.33	njij	尾巴,臀部,屁股
10.1408	[illegible]	舌[宁]	2.33	njij	月出处?
	[illegible]			日源,月出处	

编号	西夏文	声类和汉字注音	声调韵类	拟音	汉义
10.1501	[illegible]	舌[宁]	2.33	njij	听,闻
	[illegible]? [illegible]			耳nju午gjij,闻也	
10.1502	[illegible]	舌[宁]	2.33	njij	暴露?
10.1503	[illegible]	舌[宁]	2.33	njij	慈,旻
	[illegible]			接面	
10.1504【三十四】	【[illegible]	舌[泥台]	2.34	de:j	嫌,[音]

10.1505	𘊪	重［昧］	2.34	me:j	思，觉
	𘊪𗖵𗅏𗰖				骏me:j左意心
10.1506	𗇋①	重［每］	2.07	me	妹（借汉）
	𗖵𗅏				美石
10.1507	𗅏	重［昧］	2.34	me:j	末尾，东方，日出处
	𗅏𗙜				骏me:j末
10.1508	𗅏	重［昧］	2.34	me:j	骏马？
	𘊪𗅏				思me:j午

编号	西夏文	声类和汉字注音	声调韵类	拟音	汉义
10.1601	𗖾	重［昧］	2.34	me:j	洞，穴，窍
10.1602	𗀇	重［裴］	2.34	pʰe:j	分
	𘅂𗀇				已离
10.1603	𗅷	舌［泥台］	2.34	de:j	嫌，［音］
	𗕼𗅷				转突
10.1604	𗕽	舌［泥台］	2.34	de:j	树名，［音］
10.1605	𗅴	舌［泥台］	2.34	de:j	草名
10.1606	𗃫	舌［乃］	2.34	ne:j	示，𗃫𗅷指示
10.1607	𗒙	舌［乃］	2.34	ne:j	寄，捎？
10.1608	𗲃	舌［乃］	2.34	ne:j	揉，攥，握
	𗲃𗖵				握碾
10.1609	𗇦	牙［爱］	2.34	ge:j	人姓名，［音］
10.1610	𗃩	舌［乃］	2.34	ne:j	内，内宫

---

① 此字为衍字，可能因音近误写于此。

编号	西夏文	声类和汉字注音	声调韵类	拟音	汉义
10.1701	𗂬	牙[爱]	2.34	ge:j	人姓,[音]
10.1702	𗱕	来[赖]	2.34	le:j	赖,依赖
10.1703 【三十五】	【𗂑】 𗫰𘒈𗾲	齿[星]	2.35	sji:j	想
10.1704	𗉛	重[喻]	2.35	bji:j	人姓
10.1705	𗼲	重[喻]	2.35	bji:j	驿,驲,行,逝
	𗉛𗽦				[喻](ji:j违(ji:j
10.1706	𗫌	重[名]	1.39	mji:j	名(借汉),称,号
	𗫌𘜶𗾳𗰴				宣圈者心
10.1707	𘎟	重[名]	2.35	mji:j	下,末,尾,终,𘎟𘎟渐渐
	𗪙𘜶𘜧𗰳				堵圈末右
10.1708	𘃲	舌[涅]	2.35	dji:j	锭(铤,借汉)
10.1709	𗝥	舌[涅]	2.35	dji:j	坟,墓

编号	西夏文	声类和汉字注音	声调韵类	拟音	汉义
10.2101	𗽮	舌[涅]	2.35	dji:j	巧匠,[音],𗽮𗐓涅槃
	𗽮𗪊				巧巧
10.2102	𘞃	舌[乜]	2.35	dji:j	谋,诬,枉
	𗵬𘜶𗾲𗴺				上圈连全
10.2103	𗑰	舌[涅]	2.35	dji:j	点火,燃香,燃烛?
10.2104	𘟤	舌[涅]	2.35	dji:j	痛,恼,哀,悼,𘋫𘟤鸣呼
10.2105	𗐓	齿[请]	2.35	tsʰji:j	诨
10.2106	𗂑	齿[星]	2.35	sji:j	想
	𗾲𗾳				思能
10.2107	𗃠	来[令]	2.35	lji:j	待,留,伺,盼,𗫾𗃠待命
10.2108	𗵘	来[令]	2.35	lji:j	嗜,尝,好味?
10.2109	𗿰	来[领]	2.35	lji:j	毁坏,破坏,离散,陷,伐
10.2110	𗜐	来[令]	2.35	lji:j	魔

10.2111 【三十六】	【𗀕 𘈈𗳫𗉔	正[生]	2.36	ɕiəj	人姓

编号	西夏文	声类和汉字注音	声调韵类	拟音	汉义
10.2201	𗦦	重[丙]	2.36	piəj	钵,盔
10.2202	𗦍	重[丙]	2.36	piəj	逃,遁
10.2203	𗦘	舌上[狞]	2.36	niəj	垢,痰
10.2204	𗦸	牙[橘]	2.36	kiwəj	金色,人姓
	𗬼𗦸				马牛
10.2205	𗦰	正[差]	2.36	tɕʰiəj	恼,[音]
10.2206	𗀕	正[生]	2.36	ɕiəj	人姓
10.2207	𗦵	喉[杏]	2.36	xiəj	杏(借汉)
10.2208	𗦐	喉[杏]	2.36	xiəj	熟知?[音]
10.2209	𗦑	喉[行]	2.36	xiəj	人姓,[音]
	𗦐𘄱				[欣]xiəj畜
10.2210	𗦷	喉[口裏]	2.36	ɣiwəj	瘦,羸
	𗦷𘄱				瘦弱
10.2211	𗦔	正[茁]	2.36	tɕiwəj	粪(虫粪)
	𗈈𗦔𘎖𗽙				粪圈虫全

编号	西夏文	声类和汉字注音	声调韵类	拟音	汉义
10.2301 【三十七】	【𗼃 𘈈𗳫𗸤	正[圣]	2.37	ɕjɨj	圣
10.2302	𗼃	正[圣]	2.37	ɕjɨj	圣
	𗸷𗰠𗼓𗉔				灵减去左
10.2303	𗸻	正[舍]	2.37	ɕjɨj	升,𗸻𗸻科栱
10.2304	𗌺	喉[野]	2.37	·jɨj	帐,舍,室,宅
	𗒘𘌠𗌺𗲍				屋室土心
10.2305	𗌬	喉[野]	2.37	·jɨj	狱,牢
	𗒘𗰠𘜶𘎖				怒左苦全

10.2306	𘝸	喉[野]	2.37	·jɨj	袋,囊,函,简
	𘝸𗝔𗈧𘜼				羌·jɨj左瓶右

编号	西夏文	声类和汉字注音	声调韵类	拟音	汉义
10.2401	𘝸	喉[野]	2.37	·jɨj	羌,戎,吐蕃
10.2402	𗝼	喉[盈]	2.37	·jɨj	袜
10.2403	𗗋	来[令]	2.37	ljɨj	丸(圆形),乳头
	𗗋𗜓𗰕𘕿				父头高全
10.2404	𗗘	来[令]	2.37	ljɨj	歌唱?
	𗤁𘄒𗜓𘃢				礼?之头是
10.2405	𗰯	来[令]	2.37	ljɨj	瓶
	𗰯𘏃				瓶食
10.2406	𗗮	来[令]	2.37	ljɨj	人姓
10.2407	𗤁	来[令]	2.37	ljɨj	礼仪
	𗗘𗜓𗤁𘃏				歌?头礼?ljɨj下
10.2408	𗡍	来[令]	2.37	ljɨj	腹脂?
	𗤽𗡍				腹脂
10.2409	𘊸	来[令]	2.37	ljɨj	太阳
	𗖻𘊸				晨尾

编号	西夏文	声类和汉字注音	声调韵类	拟音	汉义
10.2501	𗤖	来[令]	2.37	ljɨj	经历?
	𗤁𗰔𗤖𘃏				礼?ljɨj圈体下
10.2502	𗙼	重[没]	2.37	bjɨj	诈,骗
10.2503	𗾟	舌[寗]	2.37	djɨj	停,止,息
	𗾟𘊃				住止
10.2504	𗾃	舌[寗]	2.37	djɨj	定
10.2505	𘉧	齿[青]	2.37	tsʰjɨj	青,紫,绀,[音]
	𗸜𘈈𘉧𗰷				青心蜘蛛全

10.2506	䐻	重［斜合］	2.37	sjwɨj	踵，足跟
10.2507	繃	来［令］	2.37	rjɨj	计，谋，略，繃矞枢密
	繃矞矤矟				谋右意左
10.2508	薍	来［令］	2.37	rjɨj	周，遍，重
	薍舥矤矟				筐圈接右

编号	西夏文	声类和汉字注音	声调韵类	拟音	汉义
10.2601	譧	来［领重］	2.37	rjɨj	黑，冥，混沌？
	譧袚莸矙				遇下更rjɨj全
10.2602	莸	来［领重］	2.37	rjɨj	更（夜）
	譧矟秎移				黑rjɨj减去左
10.2603	薙	来［领重］	2.37	rjɨj	人姓，［音］
	莸矤譧矙				更rjɨj头黑rjɨj全
10.2604	羅	来［领重］	2.37	rjɨj	熊
	緂矟羅？矤				豹左面？右
10.2605	餠	来［领重］	2.37	rjɨj	绳索，鞋带
10.2606	牂	来［领重］	2.37	rjɨj	阁
	緂矟秎移				穿减去左
10.2607	羈	来［领］	2.37	rjɨj	钩
	羈矤				钩勾
10.2608	蘷	来［领］	2.37	rjɨj	鞍木

编号	西夏文	声类和汉字注音	声调韵类	拟音	汉义
10.2701	薤	来［领］	2.37	rjɨj	树名
10.2702	㑩	来［领］	2.37	rjɨj	冷
10.2703	賜	来［领］	2.37	rjɨj	光辉
10.2704	緰	来［领］	2.37	rjɨj[1]	指教，教导

---

① 此字声母似也应为r，与上下字同。

10.2705	[illegible]	来[口领]	2.37	rjɨj	绫,罗,[illegible][illegible]罗网
10.2706	[illegible]	来[领]	2.37	rjɨj	第三,第三子
	[illegible]			三下三心	
10.2707【三十八】	【[illegible]	喉[篌]	2.38	xew	[illegible][illegible]箜篌,[音]
10.2708	[illegible]	舌[头]	2.38	tʰew	除去,[音]
	[illegible]			除左瘦左	
10.2709	[illegible]	舌[豆]	2.38	tʰew	人姓,[音]
	[illegible]			[酪]左[奴]全	

编号	西夏文	声类和汉字注音	声调韵类	拟音	汉义
11.1101	[illegible]	舌[头]	2.38	tʰew	嬉闹,[音]
	[illegible]			头心角右	
11.1102	[illegible]	舌[泥骨]	2.38	dew	雨
11.1103	[illegible]	舌[泥骨]	2.38	dew	投,奔
	[illegible]			测巧	
11.1104	[illegible]	舌[泥骨]	2.38	dew	珍
11.1105	[illegible]	舌[泥骨]	2.38	dew	诱饵
11.1106	[illegible]	舌[泥骨]	2.38	dew	格言,谚言,辞
	[illegible]			歌下诨右	
11.1107	[illegible]	牙[狗]	2.38	kew	人名,[音]
11.1108	[illegible]	牙[狗]	2.38	kew	蛹? 虫名?
11.1109	[illegible]	牙[狗]	2.38	kew	[illegible][illegible]枸杞(借汉)
11.1110	[illegible]	牙[口]	2.38	kʰew	口(借汉),[illegible][illegible]缺口
11.1111	[illegible]	齿[则]	2.38	tsew	限,量,等,第
11.1112	[illegible]	齿[则]	2.38	tsew	斋

编号	西夏文	声类和汉字注音	声调韵类	拟音	汉义
11.1201	[illegible]	齿[秋]	2.38	tsʰew	亲近

11.1202	羲	齿[秋]	2.38	ts^hew	碎? 石动?
11.1203	薇	齿[秋]	2.38	ts^hew	坚固
11.1204	骹	齿[贼]	2.38	ts^hew	씀
11.1205	缀	齿[秋]	2.38	ts^hew	草名
11.1206	缫	齿[秋]	2.38	ts^hew	草名
11.1207	絥	齿[霄]	2.38	sew	小(借汉),[音]
11.1208	绉	齿[小]	2.38	sew	亲密
11.1209	絭	齿[绣]	2.38	sew	花斑,斑纹,[音]
	縦縩皺縩				锦右缝右
11.1210	綞	喉[黑]	2.38	xew	熟悉?[音]
	黴胲				外[欣]
11.1211	萧	来[柳]	2.38	lew	人姓,[音]

编号	西夏文	声类和汉字注音	声调韵类	拟音	汉义
11.1301	骹	来[°娄]	2.38	lew	白,骹緻白氈
11.1302	絥	来[娄]	2.38	lew	鸟名
11.1303	絻	来[娄]	2.38	lew	鸥枭
11.1304	骹	来[娄]	2.38	lew	骹毳粽子?
11.1305	毢	来[勒轻]	2.38	lew	同,类
11.1306	絥	来[勒]	2.38	lew	所,应,堪,可,当
	矫絥				做造
11.1307	絥	来[娄]	2.38	lew	巧? 技?
11.1308	菽	来[娄]	2.38	lew	毛料?
11.1309	緺	来[娄]	2.38	lew	妖魔?
11.1310	絥	来[娄]	2.38	lew	絥絥纷纷、乱坠,皽絥芬馥
11.1311	蔓	来[哆则]	2.38	zew	腕,蔓雾心宿
11.1312	骹	来[哆则]	2.38	zew	敬
11.1313	桻	来[哆则]	2.38	zew	争斗,挑战

编号	西夏文	声类和汉字注音	声调韵类	拟音	汉义
11.1401	𗷘	来[嘚则]	2.38	zew	大叫
11.1402	𗤴	舌[透]	2.38	thew	遇
11.1403	𗤵	舌[透]	2.38	thew	完,毕,终,万
11.1404	𗵜	来[娄]	2.38	ɫew	放牧?
11.1405 【三十九】	【𗷲𗷮𗷲𗷮	牙[更]	2.39	kiew	𗷮𗷲 参差
11.1406	𗷲	牙[更]	2.39	kiew	𗷮𗷲 参差
	𗷮𗷲			参差	
11.1407	𗷭	牙[更]	2.39	kiew	角,界
11.1408	𗷯	牙[更]	2.39	kiew	地名,[音]
11.1409	𗷳	牙[坑]	2.39	khiew	虫名
11.1410	𗷴	牙[坑]	2.39	khiew	树名
11.1411	𗷵	牙[坑]	2.39	khiew	𗷵𗷶弓
11.1412	𗷶	牙[坑]	2.39	khiew	人姓

编号	西夏文	声类和汉字注音	声调韵类	拟音	汉义
11.1501	𗷷	正[索]	2.39	ɕiew	色(借汉)
11.1502 【四十】	【𗸀𗸀𗷮	喉[由]	2.40	·jiw	草绳?
11.1503	𗸁	重[妙]	2.40	mjiw	𗸁𗸁狐狸,[音],人名
11.1504	𗸂	舌上[尼则合]	2.40	dʑiw	熄?年?
	𗷮𗸃𗸄𗸅			张力失心	
11.1505	𗸆	牙[丘]	2.40	khjiw	弃
11.1506	𗸇	牙[丘]	2.40	khjiw	掘,开,破
11.1507	𗸈	牙[丘]	2.40	khjiw	求,人名,地名,[音],𗸈𗸈比丘
11.1508	𗸉	牙[丘]	2.40	khjiw	塞?
11.1509	𗸊	牙[牛]	2.40	gjiw	破,裂(衣服)
11.1510	𗸋	牙[牛]	2.40	gjiw	降?
11.1511	𗸌	正[周]	2.40	tɕjiw	煳,焦

编号	西夏文	声类和汉字注音	声调韵类	拟音	汉义
11.1601	薜	正[周]	2.40	tɕjiw	顶
11.1602	巍	正[咒]	2.40	tɕjiw	周旋,商议
11.1603	骸	正[抽]	2.40	tɕʰjiw	女
11.1604	焱	正[畴]	2.40	tɕʰjiw	[音]
11.1605	汤	正[丑]	2.40	tɕʰjiw	穿,贯
11.1606	麤	正[丑]	2.40	tɕʰjiw	引,诱,导
11.1607	艇	正[手]	2.40	ɕjia	虱
11.1608	霜	正[寿]	2.40	ɕjia	[音]
11.1609	燚	喉[由]	2.40	·jiw	成,就,爇燚成就
11.1610	爛	喉[由]	2.40	·jiw	甜菜
11.1611	耙	喉[由]	2.40	·jiw	稗,稀,莠
11.1612	鳞	喉[由]	2.40	·jiw	哨,谍

编号	西夏文	声类和汉字注音	声调韵类	拟音	汉义
11.1701	骖	喉[酉]	2.40	·jiw	人姓,[音]
	潇靴磼胤				本左第右
11.1702	丽	喉[要]	2.40	·jiw	子,男,猛
11.1703	灕	喉[由]	2.40	·jiw	案,集,灕芀案头,[音]
11.1704	绕	喉[由]	2.40	·jiw	草绳?
11.1705	桄	喉[由]	2.40	·jiw	地名,桄然宥州
	桄缠觥胤				城飞巧右
11.1706	焱	喉[由]	2.40	·jiw	生命?
	麤薮				活脑
11.1707	壁	来[六]	2.40	ljiw	尽,底
11.1708	蔺	来[六]	2.40	ljiw	集,[音],熟蔺经略
11.1709	耗	来[六]	2.40	ljiw	草名,藤蔓?
11.1710	缀	正[周合]	2.40	tɕjwiw	金色

编号	西夏文	声类和汉字注音	声调韵类	拟音	汉义
11.2101	綏	正[周合]	2.40	tɕjwiw	骹綏琥珀
11.2102	綏	正[周合]	2.40	tɕjwiw	酪?
11.2103	傚	正[抽合]	2.40	tɕʰjwiw	地狱?
11.2104	讖	正[抽合]	2.40	tɕʰjwiw	支,撑,垫
11.2105	蟲	正[抽合]	2.40	tɕʰjwiw	随,从
11.2106	襤	喉[由]	2.40	·jiw	疑
11.2107	蕤	喉[乙]	2.40	ɣjiw	玩,戏,闹?
11.2108	緲	喉[乙]	2.40	ɣjiw	鸟名,人姓
11.2109	藏	喉[乙]	2.40	ɣjiw	玉,璧
	蘂傚			亮明	
11.2110	嬲	喉[乙]	2.40	ɣjiw	增,长
11.2111【四十一】	【傚綱孩刻】	齿[悉]	2.41	se:w	测,察,思,占

编号	西夏文	声类和汉字注音	声调韵类	拟音	汉义
11.2201	統	舌[斗]	2.41	te:w	捣,舂
	綏甬			打捣	
11.2202	緻	舌[斗]	2.41	te:w	谋,计
11.2203	鹾	舌[斗]	2.41	te:w	勒紧
11.2204	嬲	舌[泥骨]	2.41	de:w	恭维?[音]
11.2205	藏	舌[泥骨]	2.41	de:w	慕
11.2206	蕭	舌[泥骨]	2.41	de:w	厌
11.2207	焱	舌[泥骨]	2.41	de:w	扰,惹(压?)
11.2208	繻	舌[芳]	2.41	ne:w	善,美
11.2209	彭	舌[芳]	2.41	ne:w	安,乐
11.2210	繻	舌[芳]	2.41	ne:w	[芳]草名
11.2211	叕	齿[枣]	2.41	tse:w	融?

编号	西夏文	声类和汉字注音	声调韵类	拟音	汉义
11.2301	[illegible]	齿[悉]	2.41	se:w	测,察,思,占
11.2302	[illegible]	齿[悉]	2.41	se:w	索,求
11.2303	[illegible]	来[啰则]	2.41	ze:w	忍
11.2304	[illegible]	来[啰则]	2.41	ze:w	遣,送
11.2305	[illegible]	来[啰则]	2.41	ze:w	檐(梁)
11.2306【四十二】	【[illegible]】	舌[汤]	2.42	tʰwo	入,陷
11.2307	[illegible]	重[么]	2.42	mo	疲倦,磨(借汉)
11.2308	[illegible]	重[么]	2.42	mo	魔(借汉)
11.2309	[illegible]	重[么]	2.42	mo	[音]
11.2310	[illegible]	重[磨]	2.42	mo	乎
11.2311	[illegible]	重[磨]	2.42	mo	姻亲,[illegible]外甥
11.2312	[illegible]	重[么]	2.42	mo	孤

编号	西夏文	声类和汉字注音	声调韵类	拟音	汉义
11.2401	[illegible]	重[魔]	2.42	bo	孵,破
11.2402	[illegible]	重[魔]	2.42	bo	人姓
11.2403	[illegible]	重[魔]	2.42	bo	杖
11.2404	[illegible]	舌[党]	2.42	to	出
11.2405	[illegible]	舌[党]	2.42	to	完,终,毕
11.2406	[illegible]	舌[党]	2.42	to	哭
11.2407	[illegible]	舌[党]	2.42	to	借债
11.2408	[illegible]	舌[当]	2.42	to	皆,悉,[illegible]尽皆
11.2409	[illegible]	舌[唾]	2.42	tʰwo	入,陷
11.2410	[illegible]	舌[唾]	2.42	tʰwo	语助,何
11.2411	[illegible]	舌[唾]	2.42	tʰwo	吼,叫

编号	西夏文	声类和汉字注音	声调韵类	拟音	汉义
11.2501	𧼨	舌[汤]	2.42	tʰwo	底
11.2502	𣕣	舌[那]	2.42	no	讲,说,述
11.2503	𣕗	舌[那]	2.42	no	时?
11.2504	𣕘	舌[那]	2.42	no	鸟名
11.2505	𣖀	舌[那]	2.42	no	脑,𣖀𣖀玛瑙
11.2506	𣕰	舌[那]	2.42	no	香味
11.2507	𣕛	舌[那]	2.42	no	脑(借汉),人姓
11.2508	𣕚	舌[那]	2.42	no	安,稳
11.2509	𣕙	舌[那]	2.42	no	财,宝物
11.2510	𣕞	舌[那]	2.42	no	疋,匹
11.2511	𣕝	舌[那]	2.42	no	子,士,先生,𣕝𣕝孔子
11.2512	𣕜	舌[那]	2.42	no	往昔?

编号	西夏文	声类和汉字注音	声调韵类	拟音	汉义
11.2601	𣖃	舌[那]	2.42	no	要,爱
11.2602	𣖂	舌[那]	2.42	no	鼠
11.2603	𣖁	舌[那]	2.42	no	沼泽?
11.2604	𣖄	舌[那]	2.42	do	差异,参差
	𣖄 𣖅 𣖆 𣖇			头末(资源?)边右	
11.2605	𣖈	舌[那]	2.42	do	语助,处,于
	𣖉 𣖊 𣖋 𣖌			帝左奉右	
11.2606	𣖍	舌[那]	2.42	do	倒
11.2607	𣖎	牙[果]	2.42	ko	镬
11.2608	𣖏	牙[峨]	2.42	go	除,蠲,消
11.2609	𣖐	齿[桑]	2.42	so	奴仆
11.2610	𣖑	齿[桑]	2.42	so	鸟,雀
11.2611	𣖒	齿[桑]	2.42	so	阳

编号	西夏文	声类和汉字注音	声调韵类	拟音	汉义
11.2701	龖	齿[桑]	2.42	so	阳
11.2702	䩱	齿[桑]	2.42	so	匀称
11.2703	骏	齿[°桑]	2.42	so	粟,益
11.2704	緒	齿[桑]	2.42	so	草名
11.2705	諮	喉[讹]	2.42	·o	容,入,进
11.2706	䰠	喉[讹]	2.42	·o	配种?
11.2707	徽	喉[讹]	2.42	·o	变幻?
11.2708	湯	喉[讹]	2.42	·o	悦
11.2709	烝	喉[讹]	2.42	·o	暇
11.2710	叔	喉[讹]	2.42	·o	酒
11.2711	遰	喉[讹]	2.42	·o	兔
11.2712	諽	喉[讹]	2.42	·o	毡
11.2713	襺	喉[讹]	2.42	·o	线,绳?
11.2714	緷	来[郎]	2.42	lo	群

编号	西夏文	声类和汉字注音	声调韵类	拟音	汉义
12.1101	蘸	来[郎]	2.42	lo	蘸蘸磗碌(石磕)
12.1102	敉	来[郎]	2.42	lo	坑,壑
12.1103	狮	来[郎]	2.42	lo	踩,踏
12.1104	縰	牙[我]	2.42	ŋo	病,疾,痛
	蘸縰			疾病	
12.1105	猊	喉[皇]	2.42	xwo	[音]
12.1106	絓	牙[我]	2.42	ŋwo	银
	蘸猊			锭辩ŋwo	
12.1107	猊	牙[我]	2.42	ŋwo	才,绎猊辩才
	焱絓			红银ŋwo	
12.1108	羁	牙[我]	2.42	ŋwo	象,犀
	蘸祓猊鍐			牛心辩ŋwo右	
12.1109	骸	来[赢]	2.42	lwo	坚,固,牢

	𗾊𗆧𗇋𗆐				强左手右

编号	西夏文	声类和汉字注音	声调韵类	拟音	汉义
12.1201 【四十三】	【𗾊】 𗙫𗇋𗆐	牙[角]	2.43	kio	叫？来到？
12.1202	𗀵	重[庞]	2.43	pʰio	窗
12.1203	𗀹	重[鲍]	2.43	pʰio	吟唱,包(租,借汉),[音]
12.1204	𗀺	重[庞]	2.43	pʰio	蛇,巳(十二地支之一)
	𗵈𗀹𗀺𗆑				爬下毒全
12.1205	𗀶	重[貌]	2.43	bio	人姓,[音]
	𗶷𗙫𗇋𗆐				父飞就右
12.1206	𗾊	牙[角]	2.43	kio	叫？来到？
	𗆷𗆑				来到
12.1207	𗀴	牙[教]	2.43	kio	厌恶
	𗷒𗆑𗀴𗆑				无头厌全
12.1208	𗀷	牙[巧]	2.43	kʰio	巧(借汉)
12.1209	𗀸	正[卓]	2.43	tɕio	戴(冠),人姓

编号	西夏文	声类和汉字注音	声调韵类	拟音	汉义
12.1301	𗁀	正[朔]	2.43	ɕio	鸟名
12.1302	𗁁	正[朔]	2.43	ɕio	𗣈𗁁嫂娣,妯娌
12.1303	𗁂	正[朔]	2.43	ɕio	交配
12.1304	𗁃	正[朔]	2.43	ɕio	驱赶
12.1305	𗁄	正[朔]	2.43	ɕio	细,纤
12.1306 【四十四】	【𗁅】 𗙫𗇋𗙫	齿[相]	2.44	sjo	熟,悉？[音]
12.1307	𗁆	牙[饿]	2.44	gjwo	穿着
12.1308	𗁇	正[捉]	2.44	tɕjo	执,持
12.1309	𗁈	正[昌]	2.44	tɕʰjo	持
12.1310	𗁉	正[昌]	2.44	tɕʰjo	辕？

| 12.1311 | 蘿 | 正[昌] | 2.44 | tɕʰjo | 物 |
| | 蘿 祓 耗 㲺 | | | 变下居右 | |

编号	西夏文	声类和汉字注音	声调韵类	拟音	汉义
12.1401	雏	正[昌]	2.44	tɕʰjo	仗,恃?
		剡 㲺 纚 㲺		势右仪式右	
12.1402	绕	正[尚]	2.44	ɕjo	汗,人姓
12.1403	葳	喉[阳]	2.44	·jo	寻,找
12.1404	蓤	喉[阳]	2.44	·jo	时
12.1405	姐	来[°浪]	2.44	ljo	散,布,撒
12.1406	绢	来[°浪]	2.44	ljo	兄弟(男称)
12.1407	懒	牙[峨]	2.44	gjo	衰?
12.1408	烾	正[尚合]	2.44	ɕjwo	美,庄严,端正
12.1409	羲	来[让]	2.44	zjo	售(借汉),卖
12.1410	庇	重[孛]	2.44	pʰjo	使,令
12.1411	㲺	重[孛]	2.44	pʰjo	区分,分别
12.1412	缞	重[没轻]	2.44	mjo	悟

编号	西夏文	声类和汉字注音	声调韵类	拟音	汉义
12.1501	巍	重[没轻]	2.44	mjo	羊,未(十二地支之一)
12.1502	甄	重[没轻]	2.44	mjo	我,予,吾
12.1503	撅	重[魔]	2.44	bjo	明白,分明
12.1504	緻	重[魔]	2.44	bjo	罚
12.1505	彡	舌[当]	2.44	tjo	停,无?
12.1506	蔽	舌[°娘]	2.44	njwo	索取
12.1507	彘	舌[°娘]	2.44	njwo	词
12.1508	非	舌[°娘]	2.44	njwo	昔,古
12.1509	綴	舌[°娘]	2.44	njwo	怨,恨
12.1510	髟	舌[°娘]	2.44	njwo	哂,讥

12.1511	蕣	齿[诵]	2.44	sjo	[音]
12.1512	齫	齿[相]	2.44	sjo	阴囊,男根

编号	西夏文	声类和汉字注音	声调韵类	拟音	汉义
12.1601	孏	齿[相]	2.44	sjo	云(说),孏孏 云何
12.1602	秇	齿[相合]	2.44	sjwo	研磨
12.1603	誹	齿[相合]	2.44	sjwo	穷,贫
12.1604 【四十五】	【舿 綑豝㤵】	舌[托]	2.45	tʰoː	危害
12.1605	譺	重[播]	2.45	poː	我?
12.1606	茲	重[木]	2.45	boː	人姓,[音]
12.1607	蕤	重[木]	2.45	boː	树名
12.1608	蕤	舌[当]	2.45	toː	睦
12.1609	毛	舌[汤]	2.45	tʰoː	汲?
	敠毦				水沟
12.1610	瓱	舌[陶]	2.45	tʰoː	幽深
12.1611	舿	舌[陶]	2.45	tʰoː	害

编号	西夏文	声类和汉字注音	声调韵类	拟音	汉义
12.1701	賜	舌[那]	2.45	doː	宴?
12.1702	燚	舌[那]	2.45	noː	连袋,袋(量词)
12.1703	敠	舌[那]	2.45	noː	寄,捎带?
12.1704	茲	舌[那]	2.45	noː	褐
12.1705	賜	牙[果]	2.45	koː	咽喉?
12.1706	嘉	牙[果]	2.45	koː	钤(钳)
12.1707	㪚	牙[果]	2.45	koː	飘
12.1708	廲	牙[果]	2.45	koː	埚,廲骼 坩埚
12.1709	羲	来[郎]	2.45	loː	围剿?
12.1710	湍	来[浪重]	2.45	ɬoː	举报,告

12.1711 【四十六】	【譖 綖骸缪	正［双］	2.46	ɕjo:	韵字

编号	西夏文	声类和汉 字注音	声调韵类	拟音	汉义
12.2101	緂	重［魔］	2.46	bio:	癞，疮
12.2102	燚	正［双］	2.46	ɕio:	双（借汉）
12.2103	蓼	重［普轻］	2.46	pʰjo:	桌，蓼蠡笼床
12.2104	鬡	重［孛］	2.46	pʰjo:	和，合，对
12.2105	散	牙［强］	2.46	kʰjo:	看，瞧，见
12.2106	譖	正［双］	2.46	ɕjo:	韵字
12.2107	茄	来［郎］	2.46	ljo:	裤？
12.2108	蠡	来［郎］	2.46	ljo:	纊蠡卧具
12.2109 【四十七】	【纅 綖骸薇	喉［沈］	2.47	xow	行列
12.2110	瓶	重［傍］	2.47	pʰow	问，人姓
12.2111	繝	重［傍］	2.47	pʰow	矜，骄？
12.2112	燶	重［滂］	2.47	pʰow	峰
緂 妣				泥积	

编号	西夏文	声类和汉 字注音	声调韵类	拟音	汉义
12.2201	燚	重［谋］	2.47	bow	羞愧
12.2202	毗	重［谋］	2.47	bow	迅速，急
12.2203	统	舌［诺］	2.47	dow	痢疾
12.2204	祀	舌［诺］	2.47	dow	胫，腿
12.2205	燺	舌［诺］	2.47	dow	野兽名，熊？
12.2206	羡	舌［诺］	2.47	dow	动，发作
12.2207	緂	牙［公］	2.47	kow	官，公
12.2208	骸	牙［糠］	2.47	kʰow	糠（借汉）
12.2209	羿	齿［左］	2.47	tsow	人姓，地名，［音］
12.2210	緂	齿［仓］	2.47	tsʰow	谈，诨

12.2211	蘿	齿[仓]	2.47	tsʰow	蘿蘿荆棘
12.2212	蘿	齿[仓]	2.47	tsʰow	鼎
12.2213	彲	喉[沆]	2.47	xow	沼泽?

编号	西夏文	声类和汉字注音	声调韵类	拟音	汉义
12.2301	鼎	喉[沆]	2.47	xow	和合
	彲鼎				泽xow祥
12.2302	蘿	喉[沆]	2.47	xow	植物?
12.2303	纏	喉[沆]	2.47	xow	行列
12.2304	緩	喉[卧]	2.47	·ow	人姓,地名
12.2305	蘿	牙[冈]	2.47	kwow	怒,嗔,忿,恚
	蘿蘿				闻恶
12.2306	蘿	牙[冈]	2.47	kwow	摧,破
12.2307	酼	齿[桑]	2.47	sow	痛哭
	維衙				哭咽
12.2308	胘	轻[旺]	2.47	wow	人姓,[音]
12.2309	緋	来[落]	2.47	low	圆球,点,块
12.2310	羞	来[浪]	2.47	low	广,阔,宽
12.2311	緗	来[浪]	2.47	low	翻滚
12.2312	髯	来[浪]	2.47	low	刚正

编号	西夏文	声类和汉字注音	声调韵类	拟音	汉义
12.2401	羃	来[浪]	2.47	low	先人?
12.2402	祓	来[浪]	2.47	low	坡,丘,隆
12.2403	緧	来[浪]	2.47	low	草药名
12.2404	纖	来[浪]	2.47	low	野兽名,刺猬?
12.2405	緩	来[浪]	2.47	low	躯体
	緩羃殹緻				骨身定右
12.2406	髯	来[浪]	2.47	low	安居

12.2407	纐	来［浪］	2.47	low	人姓
12.2408	纚	来［浪］	2.47	low	出生，本源
12.2409	縣	来［罗。］	2.47	low	亲
12.2410	𦇨	来［浪］	2.47	low	热，暖
12.2411	纚	来［浪］	2.47	low	广，宽，阔
12.2412	頌	来［浪］	2.47	low	国

编号	西夏文	声类和汉字注音	声调韵类	拟音	汉义
12.2501	瓣	来［浪］	2.47	low	骨骼
12.2502	蘐	来［浪］	2.47	low	［榄］树名？菜名？
12.2503	懒	来［浪］	2.47	low	懈怠
	憪烎			不敏	
12.2504	鞈	来［哆作］	2.47	zow	信任？印信？
12.2505	鞊	来［哆作］	2.47	zow	颂？流行语词？
12.2506	剢	来［哆作］	2.47	zow	象
12.2507	秕	来［哆作］	2.47	zow	彼，它，其
12.2508	鞊	来［哆作］	2.47	zow	执，持，主，守
12.2509【四十八】	【烮綑祋圆	牙［江］	2.48	kiow	岬，谷，［音］
12.2510	燹	舌上［尼卓］	2.48	dʑiow	状（借汉），核燹契约
12.2511	髇	舌上［尼卓］	2.48	dʑiow	计，谋，略
12.2512	烮	牙［江］	2.48	kiow	岬，谷，［音］
	綌虺			地斜	

编号	西夏文	声类和汉字注音	声调韵类	拟音	汉义
12.2601	燚	牙［江］	2.48	kiow	家什
12.2602	綐	正［卓］	2.48	tɕiow	多与
12.2603	燳	喉［向］	2.48	xiow	地名，［音］
	燚徽			［口］偏	

12.2604	㣈	来[两]	2.48	ɬiow	块,碎,末,羹
12.2605	㣍	来[两]	2.48	ɬiow	癣,疥
12.2606	㲳①	喉[样]	2.48	·jow	亲戚?
12.2607	㲳	舌上[娘]	2.48	niow	妙?[音]
12.2608	㲳	舌[娘]	2.48	niow	恶
12.2609	㲳	牙[江]	2.48	kjow	小鼠? 虫名?
12.2610	㣈	牙[空]	2.48	kʰjow	[音]
12.2611	㣍	牙[框]	2.48	kʰjow	筐? 㣍㣈筐萝
12.2612	㣍	牙[饿]	2.48	ŋjow	艮(八卦之一),矿藏
12.2613	㣈	牙[饿]	2.48	ŋjow	海
12.2614	㣍	牙[饿]	2.48	ŋjow	人姓

编号	西夏文	声类和汉字注音	声调韵类	拟音	汉义
12.2701	㣈	牙[饿]	2.48	ŋjow	瓶
12.2702	㣍	牙[饿]	2.48	ŋjow	争
12.2703	㣍	牙[饿]	2.48	ŋjow	勤奋,勤快
12.2704	㣍	牙[饿]	2.48	ŋjow	案,㣍㣈案检
12.2705	㣍	牙[饿]	2.48	ŋjow	守宫(壁虎)
12.2706	㣍	牙[饿]	2.48	ŋjow	珍珠?
12.2707	㣍	牙[饿]	2.48	niow	怜惜
12.2708	㣍	牙[饿]	2.48	ŋjow	起?
	㣍㣈			测用	
12.2709	㣍	正[丈]	2.48	tɕʰwow	赤沙
12.2710	㣍	正[尚]	2.48	ɕjow	灰色
12.2711	㣍	正[尚]	2.48	ɕjow	獭
12.2712	㣍	正[尚]	2.48	ɕjow	早晨

① 此字系衍字,误录于此,见下13.1104。

编号	西夏文	声类和汉字注音	声调韵类	拟音	汉义
13.1101	[illegible]	正[尚]	2.48	ɕjow	上(借汉)?
13.1102	[illegible]	正[尚]	2.48	ɕjow	[illegible][illegible]和尚(借汉)
	?? [illegible][illegible]			?? 法右	
13.1103	[illegible]	喉[养]	2.48	·jow	样,[音]
13.1104	[illegible]	喉[养]	2.48	·jow	亲戚?
13.1105	[illegible]	喉[用]	2.48	·jow	样(借汉),[音]
	[illegible][illegible]			敬·jow模	
13.1106	[illegible]	喉[样]	2.48	·jow	乌鸦
13.1107	[illegible]	喉[养]	2.48	·jow	歌,唱
13.1108	[illegible]	喉[容]	2.48	·jow	[illegible][illegible]苁蓉
13.1109	[illegible]	喉[养]	2.48	·jow	赞颂,赞叹
13.1110 【四十九】	【[illegible] [illegible][illegible][illegible]	喉[雄]	2.49	xjow	鸟名? 隼? 羽绢?

编号	西夏文	声类和汉字注音	声调韵类	拟音	汉义
13.1201	[illegible]	喉[雄]	2.49	xjow	[音]
13.1202	[illegible]	喉[雄]	2.49	xjow	[音],[illegible][illegible][illegible]中兴府
13.1203	[illegible]	喉[样]	2.49	·jow	灰色?
13.1204	[illegible]	来[凉]	2.49	ljow	[音]
13.1205	[illegible]	来[梁]	2.49	ljow	[illegible][illegible][illegible]龙栢花
13.1206	[illegible]	来[梁]	2.49	ljow	量(借汉)? 量地弓?
13.1207	[illegible]	来[梁]	2.49	ljow	边,际,界
13.1208	[illegible]	牙[鹅]	2.49	gjow	昏迷
13.1209	[illegible]	牙[鹅]	2.49	gjow	曲(弯)
13.1210	[illegible]	正[尚合]	2.49	ɕjwow	发?
13.1211	[illegible]	来[口浪]	2.49	ɬjow	树名
	[illegible][illegible]			树离	
13.1212	[illegible]	正[张]	2.49	tɕjwow	奉,交,纳

编号	西夏文	声类和汉字注音	声调韵类	拟音	汉义
13.1301	蒜	喉[样]	2.49	·jow	敬,仰
13.1302【五十】	【䰠俰骏	正[灼]	2.50	tɕjo:w	喂养? 牲畜?
13.1303	䰠	正[灼]	2.50	tɕjo:w	喂养? 牲畜?
	骹骶				喂食?
13.1304	穊	正[灼]	2.50	tɕjo:w	奉,随? 阿谀?
13.1305	詭	正[灼]	2.50	tɕjo:w	无?
13.1306	弣	喉[药合]	2.50	·jo:w	炉,灶
13.1307【五十一】	【姚俰骏刻	舌[怒]	2.51	du̱	肚,肠?
13.1308	祂	重[通]	2.51	pu̱	长(形容词),[音]
13.1309	儢	重[布]	2.51	pu̱	纬线
	帰毯				内线
13.1310	燃	舌[怒]	2.51	du̱	肚,肠?
	姒骶				腹厚

编号	西夏文	声类和汉字注音	声调韵类	拟音	汉义
13.1401	蒦	舌[°奴]	2.51	du̱	桶,筒
13.1402	蘸	舌[怒]	2.51	du̱	斗
13.1403	蕐	牙[郭]	2.51	ku̱	堂,屋
13.1404	羿	牙[郭]	2.51	ku̱	口腔
	㴑帰				渗内
13.1405	獑	牙[姑]	2.51	ku̱	内,宫
	㣠姗帰𤲚				屋卜内右
13.1406	粥	牙[郭]	2.51	ku̱	里,答
	帰㣲				内外
13.1407	䶍	牙[郭]	2.51	ku̱	带,索,缀䶍 机关
	䩄䍄				兄弟? ku̱系
13.1408	䩄	牙[郭]	2.51	ku̱	兄弟

		黻 剗 祕 犐 犐			捆ku势，嫡亲也
13.1409	毦	喉[五]	2.51	·u	担，载
		犐 毪			担? 病? 跛?

编号	西夏文	声类和汉字注音	声调韵类	拟音	汉义
13.1501	蘱	喉[五]	2.51	·u	乘
		蘱 蘱			运渡
13.1502	毦	喉[五]	2.51	·u	仓，库，藏
13.1503	稝	来[路]	2.51	lu	贫，穷，乏，绝
13.1504	肠	舌[多]	2.51	twu	真正
13.1505	胺	齿[祖]	2.51	tsu	吐痰? 咳嗽?
13.1506	蘱	来[落]	2.51	lwu	搅，拌
13.1507	缀	牙[孤]	2.51	kwu	缓慢
13.1508	瓶	牙[枯]	2.51	khwu	切，割，截
13.1509	犧	牙[刳]	2.51	khwu	锯
13.1510	绲	牙[枯]	2.51	khwu	吹，击?
13.1511	蘱	喉[午]	2.51	·wu	祐，助，资
13.1512	稝	喉[恶]	2.51	·wu	拴? 笼头? 缰绳?

编号	西夏文	声类和汉字注音	声调韵类	拟音	汉义
13.1601	酰	喉[午]	2.51	·wu	雄（畜）
13.1602	犺	喉[午]	2.51	·wu	男，雄
13.1603	蘱	来[卢]	2.51	lu	冻冰，凝
13.1604	燉	来[卢]	2.51	lu	植（杆），柄，茈燉文书
13.1605	惀	来[卢]	2.51	lu	障碍，滞
13.1606 【五十二】	蘱 僦 豉 櫎	正[著]	2.52	tɕju	翼，翅
13.1607	豉	轻[无]	2.52	·wju	背负
13.1608	脆	轻[无]	2.52	wju	村，邑，乡，里

13.1609	𗦳	牙[玉]	2.52	gju	体格
13.1610	𗦵	牙[玉]	2.52	gju	疲劳,倦
13.1611	𗦴	牙[玉]	2.52	gju	柱(动词?)
13.1612	𗦶	牙[玉]	2.52	gju	柱

编号	西夏文	声类和汉字注音	声调韵类	拟音	汉义
13.1701	𗦀	正[著]	2.52	tɕju	羊,小羊
13.1702	𗦁	正[主]	2.52	tɕju	敢?
13.1703	𗦂	正[著]	2.52	tɕju	翼,翅
13.1704	𗦃	重[布]	2.52	pju	冠,冕,帽,戴
13.1705	𗦄	重[布]	2.52	pju	殿,宫殿
13.1706	𗦅	舌[堵]	2.52	tju	祖,宗
	𗦆𗦇 𗦈𗦉			公母高右	
13.1707	𗦊	舌[堵]	2.52	tju	嘴唇
13.1708	𗦋	舌[堵]	2.52	tju	淫
13.1709	𗦌	舌[你足]	2.52	nju	奶,喂奶
13.1710	𗦍	舌[你足]	2.52	nju	善良?
13.1711	𗦎	齿[削]	2.52	sjwu	生,活

编号	西夏文	声类和汉字注音	声调韵类	拟音	汉义
13.2101	𗦏	齿[宿]	2.52	sjwu	活,苏醒
	𗦐𗦑 𗦒𗦓			死左活左	
13.2102	𗦔	来[六]	2.52	lju	身体?
13.2103	𗦕	来[六]	2.52	lju	混,杂
13.2104	𗦖	来[六]	2.52	lju	根本,本源
13.2105	𗦗	来[六]	2.52	lju	宗姓
13.2106	𗦘	来[六]	2.52	lju	身
13.2107	𗦙	来[六]	2.52	lju	脑,头,首
13.2108	𗦚	来[六]	2.52	lju	紧丝

13.2109	𗣴	来[六]	2.52	lju	粉
13.2110	𗣵	来[六]	2.52	lju	胃,肚
13.2111	𗣶	来[六]	2.52	lju	馒头,𗣶荅馒头,䵃荅案头
13.2112 【五十三】	【𗪸 𗩈𗨙𗨜	牙[耿]	2.53	kiej	界,朝,𗪸𗪹𗪺𗪻 世界,朝廷,京师

编号	西夏文	声类和汉字注音	声调韵类	拟音	汉义
13.2201	𗫊	舌[泥台]	2.53	dej	人姓
13.2202	𗫋	舌[乃]	2.53	nej	苗,芽,稼,甲(十天干之一)
13.2203	𗫌	舌[乃]	2.53	nej	竹? 修? 𗫌𗫍修竹
13.2204	𗫎	舌[泥台]	2.53	dej	晕,萎
13.2205	𗫏	舌[乃]	2.53	nej	鼠?
13.2206	𗫐	来[癞]	2.53	lej	贪
13.2207	𗫑	来[赖]	2.53	lej	晚
13.2208	𗫒	重[喻]	2.53	biej	支,枚,条
	𗫓𗫒				细枝
13.2209	𗫔	牙[耿]	2.53	kiej	欲
13.2210	𗫕	牙[耿]	2.53	kiej	陛,阶(借汉)
13.2211	𗪸	牙[耿]	2.53	kiej	界,朝,𗪸𗪹𗪺𗪻 世界,朝廷,京师
	𗫖𗫗𗫘𗫙				[可]全[轮]右
13.2212	𗫚	牙[皆]	2.53	kiej	合,顺,应
	𗫛𗫜𗫝𗫞				决下亲右

编号	西夏文	声类和汉字注音	声调韵类	拟音	汉义
13.2301	𗫟	正[争]	2.53	tɕiej	续,补,遍,次
13.2302	𗫠	正[舍]	2.53	ɕiej	害?
13.2303	𗫡	喉[夷耿]	2.53	γiej	运,输
13.2304 【五十四】	【𗫢 𗩈𗨙𗫣	正[贞]	2.54	tɕjij	鸟名
13.2305	𗫤	轻[永]	2.54	wjij	遣,放

编号	西夏文	声类和汉字注音	声调韵类	拟音	汉义
13.2306	㾌	轻[永]	2.54	wjij	枷锁
	㾌㾌㾌㾌				绳枷系缚
13.2307	㿔	轻[永]	2.54	wjij	补，衲
13.2308	㾮	轻[荣、永]	2.54	wjij	送
	㾮㾮㾮㾮				赠圈往下
13.2309	㿉	轻[永]	2.54	wjij	仓库
	㿉㿉㿉㿉				宝右库右

编号	西夏文	声类和汉字注音	声调韵类	拟音	汉义
13.2401	㿁	轻[永]	2.54	wjij	背后
	㿁㿁㿁㿁				库wjij左背左
13.2402	㿈	正[贞]	2.54	tɕjij	鸟名
13.2403	㿃	来[令]	2.54	ljij	大，太，弘
13.2404	㿓	来[令]	2.54	ljij	㿓㿓太后
13.2405	㿍	来[日]	2.54	zjij	人姓，[音]
	㿍㿍㿍㿍				独左头右
13.2406	㿗	重[兵]	2.54	pjij	肋？胯？
	㿗㿗㿗㿗				胁圈节肋
13.2407	㿊	重[命]	2.54	mjij	无？
	㿊㿊				笨mjij缺
13.2408	㿊	重[命]	2.54	mjij	笨（工）
13.2409	㿎	舌[丁]	2.54	tjij	羖羝
	㿎㿎				幼羊

编号	西夏文	声类和汉字注音	声调韵类	拟音	汉义
13.2501	㿐	舌[丁]	2.54	tjij	怀抱？
13.2502	㿑	牙[°迎]	2.54	gjij	树名
13.2503	㿒	牙[°迎]	2.54	gjij	㿒㿒肚带鞦

13.2504	𘃿	牙[°迎]	2.54	gjij	煨,煮?
13.2505	𘃿	牙[°迎]	2.54	gjij	粪,屎
	𗹦𗹦𗹦𗹦			青右粪左	
13.2506	𘃿	牙[°迎]	2.54	gjij	体格
13.2507	𘃿	齿[清]	2.54	tsʰjij	万
13.2508	𘃿	齿[清]	2.54	tsʰjij	鬼魅,吊死鬼
13.2509	𘃿	齿[清]	2.54	tsʰjij	绚,丽,严,画,焱𘃿庄严
13.2510	𘃿	齿[清]	2.54	tsʰjij	山,峰
	𗹦𗹦𗹦𗹦			水种中下	

编号	西夏文	声类和汉字注音	声调韵类	拟音	汉义
13.2601	𘃿	齿[写]	2.54	sjij	智、贤
	𗹦𗹦𗹦𗹦			本海明见	
13.2602	𘃿	齿[写]	2.54	sjij	邪? 喜爱?
13.2603	𘃿	齿[写]	2.54	sjij	写(借汉),画
	𗹦𗹦𗹦𗹦			绚下灰左	
13.2604	𘃿	齿[写]	2.54	sjij	辛,臭,音[才]
	𗹦𗹦			恶气	
13.2605	𘃿①	来[领]	1.61	ljij	来
13.2606	𘃿	来[哆责]	2.54	zjij	多,夥,繁,众
13.2607	𘃿	来[哆责]	2.54	zjij	税,租
13.2608	𘃿	来[哆责]	2.54	zjij	正直,而,已?
13.2609	𘃿	来[哆责]	2.54	zjij	做,作,为
13.2610	𘃿	来[哆责]	2.54	zjij	童?
13.2611	𘃿	来[力顷]	2.54	ljwij	捧?

---

① 此字衍字,误写于此,为平声61韵。

编号	西夏文	声类和汉字注音	声调韵类	拟音	汉义
13.2701	穮	来[力顷]	2.54	ljwij	岭(借汉)
		祓菀		坡缺	
13.2702	𥛝	来[力顷]	2.54	ljwij	玄孙
13.2703	俑	来[戎]	2.54	zjwij	颂扬
13.2704	㳰	来[戎]	2.54	zjwij	揉,熟皮
13.2705【五十五】	【愀愀祋愀】	舌[顶]	2.55	tjɨj	礼,法,仪,制,轨,愀蕊风俗
13.2706	㿺	舌[顶]	2.55	tjɨj	噎,塞
13.2707	𦆟	舌[奈]	2.55	njɨj	阴,怒
13.2708	叢	来[领]	2.55	ljɨj	执,持?
13.2709	媥	重[丙]	2.55	pjɨj	和面?
13.2710	核	重[丙]	2.55	pjɨj	枕,锸
13.2711	愀	舌[顶]	2.55	tjɨj	扎? 缠?
13.2712	愀①	舌[顶]	2.55	tjɨj	礼,法,仪,制,轨,愀蕊风俗

编号	西夏文	声类和汉字注音	声调韵类	拟音	汉义
		□□□□		□□□□	
14.1101	鐩	舌[顶]	2.55	tjɨj	镜
14.1102	黢	舌[顶]	2.55	tjɨj	印,信
14.1103	輆	舌[顶]	2.55	tjɨj	政,令
14.1104	𦆘	舌[窨]	2.55	djɨj	云
14.1105	𥑉	来[领]	2.55	ljɨj	欢,喜,悦
14.1106	夜	来[领]	2.55	ljɨj	甜,酸
14.1107	𥑈	来[领]	2.55	ljɨj	草名
14.1108	糰	来[领]	2.55	ljɨj	脏?
14.1109	襦	来[领]	2.55	ljɨj	动,倾
14.1110	𥑶	来[领]	2.55	ljɨj	变?

---

① 此处残。因各韵的韵类代表字都要重出,而此韵尚缺重出的韵类代表字,拟补于此处。

14.1111	[illegible]	牙[扃]	2.55	kjwɨj	重复?
14.1112	[illegible]	牙[扃]	2.55	kjwɨj	独自?
14.1113	[illegible]	轻[靴]	2.55	xjwɨj	悬,垂

编号	西夏文	声类和汉字注音	声调韵类	拟音	汉义
14.1201 【五十六】	【[illegible] [illegible]】	喉[罨]	2.56	ɣa̱	十
14.1202	[illegible]	重[半]	2.56	pa̱	渴
14.1203	[illegible]	重[拨]	2.56	pa̱	妙语
14.1204	[illegible]	重[拨]	2.56	pa̱	猴?
14.1205	[illegible]	重[。末]	2.56	ba̱	茂,盛,壮
14.1206	[illegible]	重[。末]	2.56	ba̱	叶
14.1207	[illegible]	重[。末]	2.56	ba̱	助?
14.1208	[illegible]	重[。末]	2.56	ba̱	人姓,头发?
14.1209	[illegible]	重[末]	2.56	ma̱	碎末?
14.1210	[illegible]	舌[那]	2.56	na̱	骂
14.1211	[illegible]	舌[纳]	2.56	da̱	言,话,语
14.1212	[illegible]	舌[纳]	2.56	da̱	事,任

编号	西夏文	声类和汉字注音	声调韵类	拟音	汉义
14.1301	[illegible]	舌[纳]	2.56	da̱	误,谬,错
	[illegible]			说觉	
14.1302	[illegible]	舌[纳]	2.56	da̱	冷
14.1303	[illegible]	舌[答]	2.56	ta̱	褶皱
14.1304	[illegible]	舌[答]	2.56	ta̱	肠?
14.1305	[illegible]	牙[割]	2.56	ka̱	纲,纪,干,茎,贯
14.1306	[illegible]	牙[割]	2.56	ka̱	保膘? 养?
14.1307	[illegible]	牙[割]	2.56	ka̱	破烂
14.1308	[illegible]	牙[割]	2.56	ka̱	齐,平,等

14.1309	㪻	牙[割]	2.56	ka	分,称
14.1310	䫸	牙[遏]	2.56	ŋa̠	善,好,良
	䫸䫸				喜祥
14.1311	䌷	牙[遏]	2.56	ŋa̠	多
14.1312	㩴	喉[罳]	2.56	γa̠	㩴䍠祥瑞,安乐,殊胜

编号	西夏文	声类和汉字注音	声调韵类	拟音	汉义
14.1401	䘸	喉[罳]	2.56	γa̠	十
	庞散䍠㩱				末三库右
14.1402	㺜	喉[祅]	2.56	γa̠	狂
14.1403	䔍	轻[斡]	2.56	wa̠	地名
14.1404	鞁	轻[斡]	2.56	wa̠	扛
14.1405	燚	轻[斡]	2.56	wa̠	广,昊,弘
14.1406	䶄	轻[斡]	2.56	wa̠	宫,皇城
14.1407	礴	轻[斡]	2.56	wa̠	坛
14.1408	䍠	轻[斡]	2.56	wa̠	㩴䍠祥瑞,安乐,殊胜
14.1409	䶄	轻[斡]	2.56	wa̠	保,䶄䶄担保
	䶄䶄				担肩wa̠
14.1410	㺴	牙[刮]	2.56	kwa̠	锄
14.1411【五十七】	【䶄 庞㺜䲜】	舌[怛]	2.57	tja̠	铺,䶄䫸铺锦

编号	西夏文	声类和汉字注音	声调韵类	拟音	汉义
14.1501	䅩	重[马]	2.57	bja̠	噎,障碍
	㩴䍩				喉草
14.1502	㣤	牙[贾]	2.57	kja̠	歌,曲
14.1503	䊯	轻[嘈]	2.57	wja̠	遣,放,释
14.1504	纝	轻[嘈]	2.57	wja̠	菜名
14.1505	䊯	轻[嘈]	2.57	wja̠	艾草(火绒)

14.1506	綫	重[巴]	2.57	pja	巫师
14.1507	瓶	舌[怛]	2.57	tja	铺,瓶穮铺锦
14.1508	溦	舌[捺]	2.57	nja	祐助?
14.1509	龍	舌[捺]	2.57	nja	恼?
14.1510	燃	牙[遏]	2.57	ŋja	饼
14.1511	眈	牙[遏]	2.57	ŋja	罪,损,过

编号	西夏文	声类和汉字注音	声调韵类	拟音	汉义
14.1601	緩	齿[截]	2.57	tsʰja	增?
14.1602	緂	齿[截]	2.57	tsʰja	巧善?
	緂綏綛眈				能心谋右
14.1603	肺	来[辣]	2.57	lja	搅,穿
	肠弸				穿劝
14.1604	刴	来[辣]	2.57	lja	破裂
14.1605	蘨	牙[贾]	2.57	kja	痂疤,丑陋
14.1606 【五十八】	【祷 慨裁圆】	重[墨]	2.58	bę	穿,钻,贯,彻
14.1607	顾	重[墨]	2.58	bę	唆
	瘢圆				唆谤
14.1608	祷	重[墨]	2.58	bę	穿,钻,贯,彻
14.1609	菽	重[每]	2.58	mę	末,碎,菽菽粉末
14.1610	樴	重[每]	2.58	mę	抛弃? 短? 全无?
	菽瀓				等拜

编号	西夏文	声类和汉字注音	声调韵类	拟音	汉义
14.1701	菽	重[墨]	2.58	bę	寻觅,全
14.1702	凬	重[每]	2.58	mę	末,撒,洒
14.1703	茲	重[每]	2.58	mę	末,粉
14.1704	彶	舌[渎]	2.58	dę	识,知,觉

14.1705	嚞	来［勒］	2.58	lẹ	盆
14.1706	緩	舌［堆］	2.58	twẹ	续
14.1707	薇	舌［°堆］	2.58	twẹ	檩,梁,薇蘁提木
14.1708	縺	来［勒合］	2.58	lwẹ	慢,缓,停,怠
14.1709 【五十九】	【裲 瓈殺狐	喉［夷隔］	2.59	ɣie	气息
14.1710	殈	牙［客］	2.59	khie	宰?
14.1711	祂	喉［夷隔］	2.59	ɣie	音,声
	裲雅			气ɣie［清］	
14.1712	裲	喉［夷隔］	2.59	ɣie	气息

编号	西夏文	声类和汉字注音	声调韵类	拟音	汉义
14.2101	緩	喉［夷隔］	2.59	ɣie	碍,害,伤,患
14.2102	祇	喉［夷隔］	2.59	ɣie	钟
14.2103	艀	来［冷］	2.59	ɬie	光,平,剟斤
14.2104 【六十】	【繞 緵殺	重［米］	2.60	bjɨ	鼓吹,煽动,唆使,毒?
14.2105	緋	轻［尾］	2.60	wjɨ	晓,会,能
14.2106	甗	轻［为］	2.60	wjɨ	砲(借汉),磨
	甗緵死甀			磨头沙全	
14.2107	後	轻［为］	2.60	wjɨ	委,派,遣
	猙獬			诈? 放	
14.2108	緩	轻［为］	2.60	wjɨ	变,示,佯,现
14.2109	緳	牙［义］	2.60	gjɨ	蚀,遮,狭?
14.2110	彪	牙［义］	2.60	gjɨ	依,蔽,靠

编号	西夏文	声类和汉字注音	声调韵类	拟音	汉义
14.2201	祇	正［知］	2.60	tɕjɨ	辐重
14.2202	猻	正［石］	2.60	ɕjɨ	草
14.2203	蓬	喉［易］	2.60	·jɨ	鞍

编号	西夏文	声类和汉字注音	声调韵类	拟音	汉义
14.2204	嬔	喉[已]	2.60	·ji	重,更,再,还,复
	嬔婍				重复
14.2205	䴂	喉[易]	2.60	·ji	伸
14.2206	䅻	来[日识]	2.60	zji	卖,嫁
14.2207	䊶	来[日识]	2.60	zji	郎舅
14.2208	嬼	来[缪]	2.60	ljwi	襀坑?
14.2209	嶷	来[缪]	2.60	ljwi	筋节?
14.2210	麤	重[米]	2.60	bji	鼓吹,煽动,唆使,毒?
14.2211	祃	重[酩]	2.60	mji	祃蔗中书
14.2212	叕	舌[底]	2.60	tji	处,所,叕陵可以

编号	西夏文	声类和汉字注音	声调韵类	拟音	汉义
14.2301	嬥	舌[底]	2.60	tji	干,涸
14.2302	徬	舌[底]	2.60	tji	醒,觉
14.2303	爈(爈)	舌[底]	2.60	tji	抱
14.2304	蘁	舌[塈]	2.60	dji	蘁蘴沉香
14.2305	貕	舌[塈]	2.60	dji	谛,沉
14.2306	蘷	舌[溺]	2.60	dji	修造,医治,调整
14.2307	龓	舌[塈]	2.60	dji	遣,除
14.2308	羼	舌[塈]	2.60	dji	人姓
14.2309	䍥	舌[塈]	2.60	dji	陈? 安居?
14.2310	蘷	舌[塈]	2.60	dji	盘髻?
14.2311	羡	舌[塈]	2.60	dji	静,隐
14.2312	艖	来[力]	2.60	lji	胸前?
14.2313	艖	来[力]	2.60	lji	艖䍥攀胸鞦

编号	西夏文	声类和汉字注音	声调韵类	拟音	汉义
14.2401	𗙁	来[力]	2.60	lji	灾祸
14.2402	𗙁	来[力]	2.60	lji	拴?
14.2403	𗙁	来[力]	2.60	lji	马
14.2404	𗙁	来[力]	2.60	lji	勇,健,猛,敢,暴
14.2405	𗙁①	来[力]	2.60	lji	审,复,𗙁𗙁𗙁 审刑司
14.2406	𗙁	来[力]	2.60	lji	𗙁𗙁乐意
14.2407	𗙁	来[力]	2.60	lji	迅速
14.2408	𗙁	来[力]	2.60	lji	歌唱,伴唱
14.2409	𗙁	来[霁]	2.60	lji	从前,昔日
14.2410	𗙁	来[力]	2.60	lji	人姓
14.2411	𗙁	来[力]	2.60	lji	羔羊
14.2412	𗙁	来[力]	2.60	lji	结合,聚集
	𗙁𗙁𗙁𗙁				结心合全
14.2413	𗙁	来[荔]	2.60	lji	恩

编号	西夏文	声类和汉字注音	声调韵类	拟音	汉义
14.2501	𗙁	来[力]	2.60	lji	宽,阔,扩
14.2502	𗙁	来[嗲]	2.60	zji	鞋,靴? 穿鞋?
14.2503	𗙁	牙[鬼]	2.60	kjwi	采,芟
14.2504	𗙁	牙[鬼]	2.60	kjwi	𗙁𗙁镫,𗙁𗙁𗙁弩
14.2505	𗙁	牙[奎]	2.60	khjwi	圆,宛
14.2506	𗙁	来[嗲合]	2.60	zjwi	生,产,人姓
	𗙁𗙁				生产
14.2507	𗙁	舌[溺合]	2.60	nji	珠,𗙁𗙁计都星
	𗙁𗙁				琉璃珍
14.2508	𗙁	舌[溺]	2.60	nji	巫师? 官阶?

---

① 写本字中间部首分边多一横撇,为西夏文中表示和"水"有关意义的偏旁。

	羿毾				悬除
14.2509	服	来[缧]	2.60	ljwi	驹? 调伏?
	缴报				长服
14.2510	緪	来[缧]	2.60	ljwi	取,拿,得

编号	西夏文	声类和汉字注音	声调韵类	拟音	汉义
14.2601【六十一】	【羴 缪散刻	舌[嘚]	2.61	tji	做,办,得(借汉)
14.2602	緪①	舌[能]	1.65	ne	宣,演,说
14.2603	緪	轻[勿]	2.61	wji	尾,东
14.2604	毸	轻[勿]	2.61	wji	委,遣
14.2605	賺	牙[吉]	2.61	kji	人姓
14.2606	賒	牙[吉]	2.61	kji	饥?
14.2607	緪	牙[吉]	2.61	kji	和,合?
14.2608	膓	牙[吉]	2.61	kji	焦煳
14.2609	緪	牙[吉]	2.61	kji	损害,伤害
14.2610	緪	牙[吉]	2.61	kji	寒冷,[音]

编号	西夏文	声类和汉字注音	声调韵类	拟音	汉义
14.2701	甿	牙[口仡]	2.61	gji	祖先人姓
14.2702	鬺	牙[口仡]	2.61	gji	星,辰
14.2703	辑	重[。没]	2.61	mji	忘
14.2704	緪	重[。没]	2.61	mji	跳跃
14.2705	緪	舌[嘚]	2.61	tji	破碎,破坏
14.2706	羴	舌[嘚]	2.61	tji	得(借汉),做,办
14.2707	緪	舌[特]	2.61	tʰji	鞍韂带
14.2708	毸	舌[特]	2.61	tʰji	椁,函

① 此字为平声65韵,见前平声23.1206,此处被记入上声61韵。

14.2709	觹	舌[特]	2.61	tʰjɨ	卷(量),觺觹氃布
14.2710	矗	舌[嘚]	2.61	tjɨ	破,冒
14.2711	嫧	舌[嘚]	2.61	tjɨ	疲,倦
14.2712	綖	来[勒]	2.61	ljɨ	草名

编号	西夏文	声类和汉字注音	声调韵类	拟音	汉义
15.1101	燚	来[勒]	2.61	ljɨ	蚯蚓?
15.1102	綪	来[勒]	2.61	ljɨ	地,土,陆,綔綪活业
15.1103	綖	来[勒]	2.61	ljɨ	綖㵑驴,綖㵑兔
15.1104	橉	来[嘚则]	2.61	zjɨ	二,俱
15.1105	鳂	来[嘚则]	2.61	zjɨ	骄,鳂甤稄骄子
15.1106 【六十二】	【綖 綖㪍橉】	喉[讹]	2.62	·o	哑
15.1107	獥	舌[唐]	2.62	tʰo	稄獥 长大
	稄獥			长增	
15.1108	綖	喉[讹]	2.62	·o	哑
	緩㪍妭輥			臂?圈想左	
15.1109	緤	来[浪]	2.62	lo	双,两,二
15.1110	毨	来[浪]	2.62	lo	炙?

编号	西夏文	声类和汉字注音	声调韵类	拟音	汉义
15.1201	鼹	来[浪]	2.62	lo	食?
15.1202	纙	喉[祸]	2.62	xo	灾,祸,难
15.1203	毗	齿[苍]	2.62	tsʰo	虚
15.1204	雛	齿[苍]	2.62	tsʰo	惊慌,惊恐
15.1205	毵	来[浪]	2.62	lo	依,蔽
	觻㪍毵祴			覆圈依?下	
15.1206	燚	重[魔]	2.62	bo	人姓
15.1207	燚	重[魔]	2.62	bo	雕,鹫
15.1208	燚	重[魔]	2.62	bo	性交

15.1209	緇	重[魔]	2.62	bo̠	逃跑
15.1210	緵	重[魔]	2.62	bo̠	矢,箭
15.1211	藏	重[魔]	2.62	bo̠	兽名?

编号	西夏文	声类和汉字注音	声调韵类	拟音	汉义
15.1301	手	重[破]	2.62	pʰo̠	跛?素?
	祥靴赫稊菠核粰緵			白减去左,韵脚中用	
15.1302 【六十三】	【豰 緵豥散	舌[党]	2.63	tio̠	压,践踏
15.1303	豰	舌[党]	2.63	tio̠	压,践踏
15.1304	纖	舌[曩]	2.63	nio̠	毒草
15.1305	赫	舌[曩]	2.63	nio̠	谷穗,[音]
15.1306	纙	舌[曩]	2.63	nio̠	汗液?
15.1307	魈	舌[曩]	2.63	nio̠	鼠?
15.1308 【六十四】	【訓 緵豥緇	舌[多]	2.64	tjo̠	弟

编号	西夏文	声类和汉字注音	声调韵类	拟音	汉义
15.1401	羲	轻[。亡]	2.64	wjo̠	晓,慧
15.1402	绢	重[莽轻]	2.64	mjo̠	枯,竭
15.1403	禃	重[莽轻]	2.64	mjo̠	孤,鳏?
15.1404	橄	重[波]	2.64	pjo̠	乘,骑
15.1405	巇	牙[歌]	2.64	kjo̠	割
15.1406	屏	正[张]	2.64	tɕjo̠	辎重
15.1407	腏	正[张]	2.64	tɕjo̠	羞愧
15.1408	骜	正[尚]	2.64	ɕjo̠	遮蔽,覆盖
15.1409	訓	舌[多]	2.64	tjo̠	弟
	绢骜訓缝			兄大族右	
15.1410	膈	舌[泥浪]	2.64	djo̠	修
	鞠靴乔颥			巧左柱全	

编号	西夏文	声类和汉字注音	声调韵类	拟音	汉义
15.1501	𗀀	舌[泥浪]	2.64	djo̱	治,造
15.1502	𗀀	舌[那]	2.64	njo̱	乳,喂乳
	𗀀𗀀𗀀𗀀			母头乳全	
15.1503	𗀀	齿[将]	2.64	tsjo̱	贯,穿
	𗀀𗀀𗀀𗀀			连穿前右	
15.1504	𗀀	来[浪重]	2.64	ljo̱	结合
15.1505	𗀀	来[浪重]	2.64	ljo̱	岂,何
15.1506	𗀀	来[浪重]	2.64	ljo̱	捕,捉
15.1507	𗀀	来[啰将]	2.64	zjo̱	寿,命,世
15.1508	𗀀	来[啰将]	2.64	zjo̱	(当)时
	𗀀𗀀𗀀𗀀			节日旧下	
15.1509【六十五】	【𗀀𗀀𗀀𗀀	喉[野]	2.65	·jəj	沟壑

编号	西夏文	声类和汉字注音	声调韵类	拟音	汉义
15.1601	𗀀	重[摆]	2.65	piəj	蝌蚪
15.1602	𗀀	重[摆]	2.65	piəj	马鞭辫?
15.1603	𗀀	重[摆]	2.65	piəj	毛发
15.1604	𗀀(𗀀)	重[摆]	2.65	piəj	词语,巧语,花言? 虚语?
15.1605	𗀀	喉[野]	2.65	·jəj	沟壑
15.1606【六十六】	【𗀀𗀀𗀀𗀀	轻[嵬]	2.66	wejɹ	牛鼻栓
15.1607	𗀀	轻[嵬]	2.66	wejɹ	树名
15.1608	𗀀	轻[嵬]	2.66	wejɹ	广? 地名
15.1609	𗀀	轻[嵬]	2.66	wejɹ	牛鼻栓
	𗀀𗀀𗀀𗀀			捕左盖心	

编号	西夏文	声类和汉字注音	声调韵类	拟音	汉义
15.1701	𱜾	牙[改]	2.66	kej˩	歪斜
15.1702	𱜾	喉[嵬]	2.66	·wej˩	守护,绕𱜾汗衫
15.1703	𱜾	喉[嵬]	2.66	·wej˩	符,符咒
15.1704	𱜾	来[冷]	2.66	rej˩	巡行?
15.1705	𱜾	来[呤]	2.66	ɬej˩	恭敬
15.1706	𱜾	来[呤]	2.66	ɬej˩	安乐
15.1707	𱜾	来[呤]	2.66	ɬej˩	三
15.1708	𱜾	来[冷]	2.66	ɬej˩	林,苑,𱜾𱜾𱜾梅花
15.1709	𱜾	来[冷]	2.66	ɬej˩	道,典
15.1710	𱜾	来[冷]	2.66	rej˩	洫,沟,沼,池
15.1711	𱜾	来[冷]	2.66	rej˩	大牛(象)
15.1712	𱜾	来[令]	2.66	rej˩	停,滞

编号	西夏文	声类和汉字注音	声调韵类	拟音	汉义
15.2101	𱜾	来[冷]	2.66	rej˩	多,久,余
15.2102 【六十七】	【𱜾 𱜾𱜾𱜾】	喉[膌]	2.67	iej˩	缩,屈,曲
15.2103	𱜾	来[仍]	2.67	ziej˩	居,住,安
15.2104	𱜾	来[啰责]	2.67	ziej˩	缺,差
15.2105	𱜾	喉[膌]	2.67	iej˩	缩,屈,曲
15.2106	𱜾	喉[膌]	2.67	iej˩	帐舍用木?
15.2107 【六十八】	【𱜾 𱜾𱜾𱜾】	喉[盈]	2.68	·jij˩	除,去
15.2108	𱜾	重[酩]	2.68	mjij˩	宫,𱜾𱜾星宫
	𱜾𱜾𱜾𱜾				源六锁下
15.2109	𱜾	重[酩]	2.68	mjij˩	精气,𱜾𱜾寺庙
	𱜾𱜾𱜾𱜾				心左风左

编号	西夏文	声类和汉字注音	声调韵类	拟音	汉义
15.2201	瀰	重[酪]	2.68	mjijɹ	精神
15.2202	瘆	重[名]	2.68	mjijɹ	者,人
15.2203	縱	重[酪]	2.68	mjijɹ	暗,昧
15.2204	巍	重[酪]	2.68	mjijɹ	人姓
15.2205	蘪	重[酪]	2.68	mjijɹ	树名
15.2206	嶐	重[酪]	2.68	mjijɹ	臣,嶐嶐宰官
15.2207	衎	重[酪]	2.68	mjijɹ	寻,检
15.2208	縫	重[酪]	2.68	mjijɹ	通,灵,应,神
15.2209	斑	舌[你]	2.68	njijɹ	面
15.2210	璘	舌[你]	2.68	njijɹ	西
15.2211	㺱	舌[你]	2.68	njijɹ	仆人
15.2212	蘪	舌[你]	2.68	njijɹ	絯蘪诸种,种种
毦瞂瘫毯			上吞昔右		

编号	西夏文	声类和汉字注音	声调韵类	拟音	汉义
15.2301	蓻	舌[你]	2.68	njijɹ	愤怒
15.2302	猜	喉[盈]	2.68	·jijɹ	除,去
15.2303	蘦	喉[盈]	2.68	·jijɹ	人姓
15.2304	絽	来[领]	2.68	rjijɹ	功,钗絽妩媚,飚絽善哉,
15.2305	緻	来[领]	2.68	rjijɹ	方,向
緻瓱			语助rjijɹ向?		
15.2306	緻	来[领]	2.68	rjijɹ	愿(将行体表示存续的动词前缀)
15.2307	緲	来[领]	2.68	rjijɹ	胀
15.2308	纰	来[领]	2.68	rjijɹ	人姓
15.2309	絍	来[领]	2.68	rjijɹ	忧,悯
15.2310	紤	来[领]	2.68	rjijɹ	呼,告,诉
15.2311	擻	来[领]	2.68	rjijɹ	毛
15.2312	耙	来[领]	2.68	rjijɹ	腿,胫?

编号	西夏文	声类和汉字注音	声调韵类	拟音	汉义
15.2401	蘱	来[领]	2.68	rjiⱼ	量,计量
15.2402	蘱	来[领]	2.68	rjiⱼ	笑
15.2403	瓶	来[领]	2.68	rjiⱼ	近,侧,临
15.2404	燉	来[领]	2.68	rjiⱼ	助,帮
15.2405	蘱	来[领]	2.68	rjiⱼ	姚蘱何时
15.2406	屏	来[领]	2.68	rjiⱼ	缝,缀
15.2407	瓶	来[领]	2.68	rjiⱼ	鬼名
15.2408	蘱	来[领]	2.68	rjiⱼ	爱慕
	聂姚蘱被				爱? 头国下
15.2409	禅	来[领]	2.68	rjiⱼ	击,除,禅扬丈鼓
15.2410	毛	来[领]	2.68	rjiⱼ	劳,苦
	叛靴稀修				苦减去左
15.2411	綖	来[领]	2.68	rjiⱼ	肋,膛

编号	西夏文	声类和汉字注音	声调韵类	拟音	汉义
15.2501	缘	来[领]	2.68	rjiⱼ	儒,士,才,缘蕿学士
15.2502	蘭	轻[永]	2.68	wjiⱼ	举,抱
15.2503	薽	轻[永]	2.68	wjiⱼ	磨子
15.2504	燃	轻[永]	2.68	wjiⱼ	掘
15.2505 【六十九】	【蛪 缘皎姚	重[莽]	2.69	muⱼ	雹
15.2506	蛪	重[莽]	2.69	muⱼ	雹
15.2507	燃	牙[孤]	2.69	kuⱼ	冷,冻,凝
15.2508	聂	来[噜]	2.69	ruⱼ	喜,爱
15.2509	彩	来[噜]	2.69	ruⱼ	洁,净,[音]
15.2510	蘱	来[噜]	2.69	ruⱼ	树名
15.2511	蘱	来[哆足]	2.69	zuⱼ	诏,敕

编号	西夏文	声类和汉字注音	声调韵类	拟音	汉义
15.2601	藄	来[哆足]	2.69	zuꓶ	信?
15.2602	纈	来[哆足]	2.69	zuꓶ	草名
15.2603 【七十】	【缮 簽孩	喉[馀]	2.70	·juꓶ	奴婢
15.2604	綝	牙[居]	2.70	kjuꓶ	艺,技能
15.2605	綝	牙[居]	2.70	kjuꓶ	志,贞,节,烈
15.2606	黼	牙[居]	2.70	kjuꓶ	灵,巧
15.2607	黼	牙[居]	2.70	kjuꓶ	屋,室
15.2608	黼	牙[居]	2.70	kjuꓶ	盗,窃
15.2609	黼	牙[玉]	2.70	gjuꓶ	堙,壑
15.2610	黼	牙[玉]	2.70	gjuꓶ	乐,欢乐

编号	西夏文	声类和汉字注音	声调韵类	拟音	汉义
15.2701	黼	牙[玉]	2.70	gjuꓶ	卧
15.2702	缮	喉[馀]	2.70	·juꓶ	奴婢
15.2703	黼	喉[馀]	2.70	·juꓶ	养育
15.2704	絞	来[哆足]	2.70	zjuꓶ	扫,絞霧扫星
15.2705	黼	来[哆足]	2.70	zjuꓶ	火,炬火
15.2706	黼	来[哆足]	2.70	zjuꓶ	产?
15.2707	黼	来[戮]	2.70	rjuꓶ	酝酿?[音]
15.2708	黼	来[口六]	2.70	rjuꓶ	人姓
15.2709	黼	来[口六]	2.70	rjuꓶ	疽,疖
15.2710	黼	来[口六]	2.70	rjuꓶ	蝙蝠
15.2711	黼	来[口六]	2.70	rjuꓶ	骏马
15.2712 【七十一】	【黼 簽孩 刭	重[喻]	2.71	beꓶ	值,遇,逢

编号	西夏文	声类和汉字注音	声调韵类	拟音	汉义
16.1101	𗆰	重[喻]	2.71	beɹ	值,遇,逢
		? 𗆰		? 遇	
16.1102	𗆰	重[每]	2.71	meɹ	迷惑
16.1103	𗆰	舌[能]	2.71	neɹ	枯
16.1104	𗆰	舌[能]	2.71	neɹ	奶,乳房
16.1105	𗆰	来[哆]	2.71	zeɹ	伞
16.1106	𗆰	来[哆]	2.71	zeɹ	灌
16.1107	𗆰	来[呤]	2.71	reɹ	人姓
16.1108	𗆰	来[呤]	2.71	reɹ	稻
16.1109	𗆰	来[呤]	2.71	reɹ	白? 饲料?
16.1110	𗆰	来[呤]	2.71	reɹ	条,篇,佐,吏,溜

编号	西夏文	声类和汉字注音	声调韵类	拟音	汉义
16.1201	𗆰	来[呤]	2.71	reɹ	缘,行
16.1202	𗆰	来[呤]	2.71	reɹ	胜,堪
16.1203	𗆰	来[呤]	2.71	reɹ	盾,橹,龟甲
16.1204	𗆰	来[呤]	2.71	reɹ	戈,兵器
16.1205	𗆰	来[呤]	2.71	reɹ	盾,𗆰𗆰矛盾
16.1206	𗆰	来[呤]	2.71	reɹ	里,巷,衢
16.1207	𗆰	来[呤]	2.71	reɹ	𗆰𗆰栏柜
16.1208	𗆰	来[呤]	2.71	reɹ	鬟,缨,𗆰𗆰封
16.1209	𗆰	来[呤]	2.71	reɹ	口吃
16.1210	𗆰	来[呤]	2.71	reɹ	网,络,珞
16.1211	𗆰	来[呤]	2.71	reɹ	鳖(甲鱼)
16.1212	𗆰	轻[岿]	2.71	weɹ	羽翼

编号	西夏文	声类和汉字注音	声调韵类	拟音	汉义
16.1301	𗍥	轻[嵬]	2.71	weɹ	𗍥𗍥铺帛
16.1302	𗥦	牙[宜会]	2.71	ŋweɹ	退,脏?
16.1303	𗥨	牙[宜会]	2.71	ŋweɹ	膝
16.1304【七十二】	【𗥪 𗥫𗥬𗥭】	喉[易]	2.72	·jiɹ	百
16.1305	𗥮	舌[你]	2.72	njiɹ	台
16.1306	𗥯	舌[你]	2.72	njiɹ	借,贷,权
16.1307	𗥰	牙[鸡]	2.72	kjiɹ	腰?
16.1308	𗥱	牙[鸡]	2.72	kjiɹ	敢,能
16.1309	𗥲	喉[易]	2.72	·jiɹ	百
	𗥳𗥴𗥵𗥶				喻序发? 右
16.1310	𗥷①	喉[易]	2.72	·jiɹ	斩,诛

编号	西夏文	声类和汉字注音	声调韵类	拟音	汉义
16.1401	𗥸	来[。领]	2.72	rjiɹ	买卖
16.1402	𗥹	来[。领]	2.72	rjiɹ	从前,往昔
16.1403	𗥺	来[。领]	2.72	rjiɹ	敬畏? 虎?
16.1404	𗥻	来[。领]	2.72	rjiɹ	虎?
16.1405	𗥼	来[力、领]	2.72	rjiɹ	滞,留,遗
16.1406	𗥽	来[。领]	2.72	rjiɹ	平坦
16.1407	𗥾	来[。领]	2.72	rjiɹ	与,相
16.1408	𗥿	来[。领]	2.72	rjiɹ	人姓
16.1409	𗦀	来[。领]	2.72	rjiɹ	禁,遏,制
16.1410	𗦁	来[。领]	2.72	rjiɹ	争,斗
16.1411	𗦂	来[。领]	2.72	rjiɹ	𗦂𗦂珂贝,装备
16.1412	𗦃	来[。领]	2.72	rjiɹ	燕子? 青色?

---

① 此字误记为𗱜,为上声68韵,可能因字形相近误记于此。

编号	西夏文	声类和汉字注音	声调韵类	拟音	汉义
16.1501	縦	来[。领]	2.72	rjɨ	亿
16.1502	巓	来[。领]	2.72	rjɨ	禄,福,[音]
16.1503	貊	来[。领]	2.72	rjɨ	独(无子)
16.1504	縦	来[。领]	2.72	rjɨ	草
16.1505	縴	来[。领]	2.72	rjɨ	民,人,阰縴民庶
16.1506	佴	来[。领]	2.72	rjɨ	死,亡
16.1507	巍	来[。领]	2.72	rjɨ	昏困,睡?
16.1508	烖	来[。领]	2.72	rjɨ	前,先
16.1509	焱	来[梨、。领]	2.72	rjɨ	汁,汤
16.1510	飛	来[。领]	2.72	rjɨ	得,获
16.1511	蟻	来[。领]	2.72	rjɨ	衡量

编号	西夏文	声类和汉字注音	声调韵类	拟音	汉义
16.1601	縦	来[哆]	2.72	zjɨ	长,遍,纵
16.1602	祀	来[哆]	2.72	zjɨ	脊背
16.1603	羴	来[哆]	2.72	zjɨ	甲,胄,铠,函
16.1604	瀜	来[哆]	2.72	zjɨ	癫狂?
16.1605	甂	轻[为]	2.72	wjɨ	抱
16.1606	蒻	牙[鸡]	2.72	kjɨ	两,人姓
16.1607 【七十三】	【犇 薋 敉 散	喉[罨]	2.73	ɣaɨ	地表?
16.1608	蕊	重[拨]	2.73	paɨ	蓬,棚? 草名?
16.1609	祗	重[拨]	2.73	paɨ	驳(马)蹄?
16.1610	敉	重[末]	2.73	baɨ	两,双,愈敉煮丝

编号	西夏文	声类和汉字注音	声调韵类	拟音	汉义
16.1701	愶	重[麻]	2.73	maɹ	苦,闷,迷惑
16.1702	豼	舌[纳]	2.73	naɹ	老,耆,衰
16.1703	蕝	舌[纳]	2.73	naɹ	移,易,迁,流
16.1704	蘸	牙[割]	2.73	kaɹ	分离,分别,区分
16.1705	儶	齿[散]	2.73	saɹ	散(借汉),落
16.1706	緩	喉[鼋]	2.73	ɣaɹ	胸
16.1707	緩	喉[鼋]	2.73	ɣaɹ	惊讶,惊愕,惊骇
16.1708	豩	喉[鼋]	2.73	ɣaɹ	地表?
16.1709	祝	喉[要]	2.73	·jaɹ	祝䓫降伏,驯服,调御
16.1710	緤	来[啰]	2.73	raɹ	流,漏,过,转
16.1711	緟	来[啰]	2.73	raɹ	緟緟萝葡
16.1712	緲	来[啰]	2.73	raɹ	泉

编号	西夏文	声类和汉字注音	声调韵类	拟音	汉义
16.2101	氄	来[牢]	2.73	raɹ	虫名,蛇蝎?
16.2102	翰	来[啰]	2.73	raɹ	緵翰明日
16.2103	緵	来[啰]	2.73	raɹ	狭,窄
16.2104	狘	来[啰]	2.73	raɹ	肉馅
16.2105	綄	来[啰]	2.73	raɹ	蛙
16.2106	綌	来[啰]	2.73	raɹ	粗,吵? 統綌喧器
16.2107	翰	来[啰]	2.73	raɹ	咒骂
16.2108	藉	来[啰]	2.73	raɹ	典当
16.2109	耗	来[口掺]	2.73	zaɹ	惭愧
16.2110	緵	来[口掺]	2.73	zaɹ	源
16.2111	緟	来[口掺]	2.73	zaɹ	緟緟结婚送礼

编号	西夏文	声类和汉字注音	声调韵类	拟音	汉义
16.2201	祦	来[口捺]	2.73	za˩	经,受,过,流
16.2202	蠡	轻[榦]	2.73	wa˩	集坐
16.2203	蕋	轻[榦]	2.73	wa˩	枝,支,末
16.2204	絋	轻[榦]	2.73	wa˩	落网
16.2205	矹	轻[榦]	2.73	wa˩	起尘?
16.2206	舭	牙[°夸]	2.73	kʰwa˩	眼眶(借汉)
16.2207	瓣	牙[阔]	2.73	kʰwa˩	勒
16.2208	毓	喉[榦]	2.73	·wa˩	财,物,货
16.2209	緐	牙[岸?]	2.73	ga˩	利,益
16.2210 【七十四】	【蘸 簧骇綑】	喉[耶]	2.74	·ja˩	巧妇?

编号	西夏文	声类和汉字注音	声调韵类	拟音	汉义
16.2301	蒻	喉[耶]	2.74	·ja˩	疲、倦、困,乏
16.2302	焱	来[啰]	2.74	rja˩	亲(父亲、母亲、本源)?
16.2303	瓻	来[啰]	2.74	rja˩	马
16.2304	燊	来[啰]	2.74	rja˩	虫名
16.2305	絑	来[啰]	2.74	rja˩	草名
16.2306	滋	来[啰]	2.74	rja˩	迹,纹
16.2307	瓻	来[啰]	2.74	rja˩	殏瓻 立即,迅速
16.2308	髇	来[啰]	2.74	rja˩	菜名,髇瓻 蔓菁
16.2309	鞵	舌[捺]	2.74	nja˩	闷
	徿 鞵			闷落nja˩	
16.2310	核	舌[捺]	2.74	nja˩	缺,落

编号	西夏文	声类和汉字注音	声调韵类	拟音	汉义
16.2401	蕭	牙[岸合]	2.74	gjwaɹ	下肢,脚胫
16.2402	范	重[半]	2.74	pjaɹ	残缺?
16.2403	瀰	舌[断]	2.74	tʰjaɹ djwaɹ?	网?连,拴?
16.2404 【七十五】	【缓①】 薈 敊 慨	喉[乙]	1.86	ɣjɨɣ	人姓
16.2405	叛	牙[贾]	2.75	kjaːɹ	割
16.2406	炯	牙[贾]	2.75	kjaːɹ	穷
16.2407	鑼	正[照]	2.75	tɕjaːɹ	磕牙?
16.2408	蘵	正[照]	2.75	tɕjaːɹ	量,度
16.2409	纖	舌[口捺]	2.75	djaːɹ	湿,滴?
	羰 瀨 缓 慨				水检窄右

编号	西夏文	声类和汉字注音	声调韵类	拟音	汉义
16.2501	靴	喉[要]	2.75	·jaːɹ	日,期
	委 慨 瓶 慨				时来德右
16.2502	嬔	喉[要]	2.75	·jaːɹ	室,厩,栏,宿,孊嬔内宿
	絎 瓶				地遇妇
16.2503	鱷	喉[要]	2.75	·jaːɹ	叫,喊
16.2504	鑼	喉[要]	2.75	·jaːɹ	鸡
16.2505 【七十六】	【鼗】 薈 敊 缕	喉[哼]	2.76	xeɹ	哼
16.2506	巖	舌[能]	2.76	neɹ	黄
16.2507	伐	舌[能]	2.76	neɹ	手指
16.2508	蕭	重[没]	2.76	meɹ	本,源,宗,蕭蕊论
16.2509	繍	重[没]	2.76	meɹ	鹤

---

① 此韵类代表字误,为平声86韵,见前平声28.1403。

编号	西夏文	声类和汉字注音	声调韵类	拟音	汉义
16.2601	𗩴	重[没]	2.76	ɺemʲ	遇
16.2602	𗤁	重[没]	2.76	ɺemʲ	灰色？本(国)
16.2603	𗇍①	正[生]	2.36	ɕiej	人姓
16.2604	𗲩	喉[哼]	2.76	xeɺ	哼
16.2605	𗴿	来[啰]	2.76	ɺeɺ	北？𗴿𗰗北海
16.2606	𗿈	来[啰]	2.76	ɺeɺ	铜
16.2607	𗼓	来[啰]	2.76	ɺeɺ	影，𗼓𗎩宗庙
16.2608	𗙤	来[啰]	2.76	ɺeɺ	齿
16.2609	𗼴	来[哆则]	2.76	zeɺ	露
16.2610	𗹦	来[哆则]	2.76	zeɺ	人姓
16.2611	𗈁	来[哆则]	2.76	zeɺ	蔗

编号	西夏文	声类和汉字注音	声调韵类	拟音	汉义
16.2701	𗷸	来[哆则]	2.76	zeɺ	续，连，缚
16.2702	𗻶	来[哆则]	2.76	zeɺ	人姓
16.2703	𗖇	来[哆则]	2.76	zeɺ	牛犊？人姓？
16.2704	𗪒	轻[勿]	2.76	weɺ	露
16.2705	𗫵	轻[勿]	2.76	weɺ	脏污，不净？
16.2706	𗫳	轻[勿]	2.76	weɺ	翳
16.2707	𗶠	舌[奴]	2.76	dweɺ	燃烧
16.2708	𗿊	舌[奴]	2.76	dweɺ	对，敌
16.2709	𗎵	牙[鱼骨]	2.76	ŋweɺ	青，玄
16.2710	𗲽	牙[鱼骨]	2.76	ŋweɺ	潮湿
16.2711	𗒵	牙[鱼骨]	2.76	ŋweɺ	愈，消，瘥

① 此字为衍字，上声第36韵代表字，误记于此。

编号	西夏文	声类和汉字注音	声调韵类	拟音	汉义
17.1101	𘟥	牙[鱼骨]	2.76	ŋwəɹ	𘟥𘟥彩绢
17.1102	𘟦	齿[卒]	2.76	tswəɹ	利息?
17.1103	𘟧	来[路]	2.76	lwəɹ	人姓
17.1104	𘟨	来[路]	2.76	lwəɹ	礼,论,权
17.1105	𘟩	来[路]	2.76	lwəɹ	经,典
17.1106	𘟪	来[路]	2.76	lwəɹ	资?货?
17.1107	𘟫	来[路]	2.76	lwəɹ	解脱
17.1108 【七十七】	【𘟬 𘟭 𘟮 𘟯】	喉[乙]	2.77	·jɨɹ	绢,帛
17.1109	𘟰	重[。没]	2.77	mjɨɹ	察,寻
17.1110	𘟱	喉[易]	2.77	·jɨɹ	旌?茎,𘟱𘟱,千茎

编号	西夏文	声类和汉字注音	声调韵类	拟音	汉义
		□□		□□	
17.1201	𘟲	喉[易]	2.77	·jɨɹ	台,阶?
17.1202	𘟳	喉[易]	2.77	·jɨɹ	𘟳𘟳璎珞,珠
		𘟳𘟴𘟵𘟶		助珠骨右	
17.1203	𘟷	喉[易]	2.77	·jɨɹ	勤,习,𘟷𘟸签判
17.1204	𘟹	牙[宜则]	2.77	ŋjɨɹ	捶,拳捶
17.1205	𘟺	舌[口能]	2.77	djɨɹ	表,外
17.1206	𘟻	舌[口能]	2.77	djɨɹ	牛疮?
17.1207	𘟼	舌[口能]	2.77	djɨɹ	草名
17.1208	𘟽	舌[口能]	2.77	djɨɹ	勤快

编号	西夏文	声类和汉字注音	声调韵类	拟音	汉义
17.1301	𘟾	喉[乙]	2.77	·jɨɹ	绢,帛
17.1302	𘟿	来[嘌]	2.77	rjɨɹ	出,去,往
17.1303	𘠀	来[嘌]	2.77	rjɨɹ	已(已行体表示存续的动词前缀)

17.1304	𗏵	来[嘌]	2.77	rjɨʟ	真实
17.1305	𗊰	来[嘌]	2.77	rjɨʟ	母畜丧仔？
17.1306	𗇺	来[嘌]	2.77	rjɨʟ	妆奁？
17.1307	𗯡	来[嘌]	2.77	rjɨʟ	堂，屋
17.1308	𗤋	来[呤]	2.77	rjɨʟ	铛，釜
17.1309	𗨐	来[哆则]	2.77	zjɨʟ	天河，瑕
17.1310	𗊖	喉[蔚、月]	2.77	·jwɨʟ	文，铭，书
17.1311	𗣙	正[出]	2.77	tɕʰjwɨ꜒	醋，酸，𗣙𗰔梅

编号	西夏文	声类和汉字注音	声调韵类	拟音	汉义
17.1401	𗮾	牙[萼]	2.77	gjwɨʟ	背，𗮾 鏨椅子
17.1402	𗅮	牙[萼]	2.77	gjwɨʟ	孔，口
17.1403 【七十八】	【𗏱 𗄜 𗏱 𗄜】	牙[宜则]	2.78	ŋewʟ	数，们（表示复数的后缀）
17.1404	𗏱	牙[宜则]	2.78	ŋewʟ	数，们（表示复数的后缀）
17.1405	𗎺	牙[宜则]	2.78	ŋewʟ	堕
17.1406	𗏀	牙[宜则]	2.78	ŋewʟ	鬼怪？
17.1407	𗏰	牙[宜则]	2.78	ŋewʟ	獐
17.1408	𗎴	齿[则]	2.78	tsewʟ	鞭
17.1409	𗅏	齿[则]	2.78	tsewʟ	斤斧
17.1410	𗤱	齿[则]	2.78	˛sewʟ	投，杵

编号	西夏文	声类和汉字注音	声调韵类	拟音	汉义
17.1501	𗤚	来[流]	2.78	rewʟ	刮，剥
17.1502	𗖆	来[流]	2.78	rewʟ	忏
17.1503	𗠈	来[流]	2.78	rewʟ	脚，足
17.1504	𗽅	来[流]	2.78	rewʟ	岸，阶
17.1505	𗏻	来[哆则]	2.78	zewʟ	豹
17.1506	𗧶	来[哆则]	2.78	zewʟ	衔铁

编号	西夏文	声类和汉字注音	声调韵类	拟音	汉义
17.1507	𗣎	来［哆则］	2.78	zew˩	糙米？粗末？
17.1508	𗢳	来［哆则］	2.78	zew˩	旭，东方？
17.1509	𗢾	舌［泥骨］	2.78	dwew˩	觉
17.1510	𗣀	舌［泥骨］	2.78	dwew˩	知，觉，闻
17.1511	𗢼	舌［泥骨］	2.78	dwew˩	默？

编号	西夏文	声类和汉字注音	声调韵类	拟音	汉义
17.1601【七十九】	【𗣹𗫂𗾁𗫨】	牙［牛］	2.79	gjiw˩	点，滴，丸
17.1602	𗣹	牙［牛］	2.79	gjiw˩	点，滴，丸
17.1603	𗣏	牙［牛］	2.79	gjiw˩	幻术求神语？
17.1604	𗣈	牙［勾］	2.79	kjiw˩	肘
17.1605	𗣉	牙［勾］	2.79	kjiw˩	歪，斜，曲
17.1606	𗣊	牙［勾］	2.79	kjiw˩	楦头
17.1607	𗣇	牙［勾］	2.79	kjiw˩	纬？
17.1608	𗣆	牙［勾］	2.79	kjiw˩	敬畏，畏，严
17.1609【八十】	【𗢽𗫧𗾁】	喉［讹合］	2.80	γo˩	连接，连缀

编号	西夏文	声类和汉字注音	声调韵类	拟音	汉义
17.1701	𗣄	齿［踪］	2.80	tso˩	祖？本源？地名？
17.1702	𗣅	齿［踪］	2.80	tso˩	驹？幼畜？
17.1703	𗣁	轻［讹重］	2.80	wo˩	犊
17.1704	𗣃	喉［讹合］	2.80	γo˩	洗，沐浴
17.1705	𗣂	喉［讹合］	2.80	γo˩	弯，曲
17.1706	𗢿	喉［讹合］	2.80	γo˩	分离
17.1707	𗢻	喉［讹合］	2.80	γo˩	草木名
17.1708	𗢽	喉［讹合］	2.80	γo˩	连接，连缀

| 17.1709 | 犰 | 来[啰] | 2.80 | ɾoɹ | 绕,集 |
| 17.1710 | 犻 | 来[啰] | 2.80 | ɾoɹ | 人姓 |

编号	西夏文	声类和汉字注音	声调韵类	拟音	汉义
17.2101	弸	来[啰]	2.80	ɾoɹ	垢
17.2102 【八十一】	【祂 夏後刻】	重[昂]	2.81	mjoɹ	粗?
17.2103	缬	正[捉]	2.81	tɕioɹ	秽,污
17.2104	缀	正[捉]	2.81	tɕioɹ	涂,泥
17.2105	祂	重[昂]	2.81	mjoɹ	粗?
17.2106	絣	轻[。亡]	2.81	wjoɹ	窝,巢
17.2107	縅	轻[。亡]	2.81	wjoɹ	垫草?
17.2108	菔	来[嫪]	2.81	ɾjoɹ	拂? 牛?
17.2109	韝	来[嫪]	2.81	ɾjoɹ	胃,束,缚?
17.2110	鷈	来[嫪]	2.81	ɾjoɹ	得,获

编号	西夏文	声类和汉字注音	声调韵类	拟音	汉义
17.2201	贩	来[嫪]	2.81	ɾjoɹ	襄?
17.2202	獬	来[嫪]	2.81	ɾjoɹ	禁,遏,制,压
17.2203	纺	来[嫪]	2.81	ɾjoɹ	唾液
17.2204	羱	来[嫪]	2.81	ɾjoɹ	闷,酿? 盛入
17.2205	稊	来[嫪]	2.81	ɾjoɹ	俄顷,即刻
17.2206	賑	来[嫪]	2.81	ɾjoɹ	传染
17.2207	麻①	来[呤]	1.61	ɬjij	巫,驱鬼者
17.2208 【八十二】	【蠹 夏後桶】	牙[箇]	2.82	kowɹ	喜爱,攀缘
17.2209	褊	牙[我]	2.82	ŋowɹ	皆,都,全,褊褊一切,所有
17.2210	肺	牙[我]	2.82	ŋowɹ	怒,嗔

① 此字为衍字,误记于此,平声61韵。

编号	西夏文	声类和汉字注音	声调韵类	拟音	汉义
17.2301	𗰿	牙[我]	2.82	ŋowɹ	全,俱,足
17.2302	𗵰	牙[箇]	2.82	kowɹ	喜爱,攀缘
17.2303	𗤾	牙[箇]	2.82	kowɹ	偏,斜,曲
17.2304	𗵒	牙[箇]	2.82	kowɹ	牙
17.2305	𗸪	齿[°左]	2.82	tsowɹ	震,喧,哗
17.2306	𗉫	来[�口浪]	2.82	ɬowɹ	球
	𗉫𗸪𗰿𗉫𗵰				更土,圆球也
17.2307	𗊔	来[�口浪]	2.82	ɬowɹ	肿,瘤
	𗆀𗉫𗵰𗕥				心肿胀右
17.2308	𗆷	来[ᮮ浪]	2.82	ɬowɹ	丞𗆷鹌鹑
17.2309	𗖩	来[ᮮ浪]	2.82	ɬowɹ	望日,人姓

编号	西夏文	声类和汉字注音	声调韵类	拟音	汉义
17.2401	𗈜	来[ᮮ浪]	2.82	ɬowɹ	特,殊?
17.2402	𗖨	来[ᮮ浪]	2.82	ɬowɹ	囊,袋
17.2403 【八十三】	【𗈳𗵰𗴽】	舌[娘]	2.83	njowɹ	薅,锄,除
17.2404	𗹟	重[波]	2.83	pjowɹ	茂盛
17.2405	𗴄	舌[陀]	2.83	tʰjowɹ	摇,动
	𗾔𗵰				波动
17.2406	𗬰	舌[娘]	2.83	njowɹ	卷,缩,皱
17.2407	𗭛	舌[娘]	2.83	njowɹ	迁,徙
	𗄼𗃼𗹟𗭛				处后转下
17.2408	𗴮	舌[娘]	2.83	njowɹ	薅,锄,除
	𗴮𗵰				恶折?
17.2409 【八十四】	【𗃆𗵰𗴽𗵀】	舌[泥]	2.84	deːɹ	置,研制

编号	西夏文	声类和汉字注音	声调韵类	拟音	汉义
17.2501	𗖿	重[每]	2.84	meːꜛ	惊骇
	𗖿𗟲𗾸𗪒（应为𗢭）				拔右败头（应为左）
17.2502	𗚄	舌[泥]	2.84	deːꜛ	置，研制
17.2503	𗟲	舌[泥]	2.84	deːꜛ	惊
17.2504	𗬚	舌[泥]	2.84	deːꜛ	圭[量]
17.2505【八十五】	【𗟲𗟲𗢭𗬚】	正[。责]	2.85	tɕjɨːꜛ	圣灵？
17.2506	𗪒	重[°不]	2.85	pjwɨːꜛ	脾
17.2507	𗟲	牙[吃]	2.85	kjɨːꜛ	室，屋，房
17.2508	𗢭	牙[吃]	2.85	kjɨːꜛ	霄
17.2509	𗟲	牙[吃]	2.85	kjɨːꜛ	栏？𗢭𗟲𗪒？
17.2510	𗚄	牙[吃]	2.85	kjɨːꜛ	堤？堙

编号	西夏文	声类和汉字注音	声调韵类	拟音	汉义
17.2601	𗟲	牙[吃]	2.85	kjɨːꜛ	胆
	𗟲𗢭				醋？
17.2602	𗢭	牙[吃]	2.85	kjɨːꜛ	锤，棓
	𗟲𗾸				打用
17.2603	𗢭	正[质]	2.85	tɕjɨːꜛ	人姓
17.2604	𗬚	正[质]	2.85	tɕjɨːꜛ	技
	？？				？？
17.2605	𗢭	正[质]	2.85	tɕjɨːꜛ	五
17.2606	𗟲	正[质]	2.85	tɕjɨːꜛ	圣灵？
	𗢭𗪒				细天
17.2607	𗾸	正[。责]	2.85	tɕjɨːꜛ	缠，缚
	𗟲𗾸				绳足

17.2608	𰀀[①]	正[质]	2.85	tɕjɨːˑ	惊
17.2609	𰀀	正[质]	2.85	tɕjɨːˑ	射？
17.2610	𰀀	正[质]	2.85	tɕjɨːˑ	星宿

编号	西夏文	声类和汉字注音	声调韵类	拟音	汉义
17.2701	𰀀	来[哆则]	2.85	zjɨːˑ	水
17.2702	𰀀	来[哆则]	2.85	zjɨːˑ	酪浆
17.2703	𰀀	来[哆则]	2.85	zjɨːˑ	配种？
17.2704 【八十六】	【𰀀 𰀀𰀀𰀀	齿[精]	2.86	tsjiːˑ	性，情
17.2705	𰀀	重[喻]	2.86	bjiːˑ	助，副，右，嫔
	𰀀𰀀				需助？
17.2706	𰀀	牙[鸡]	2.86	kjiːˑ	喂？溶？
17.2707	𰀀	牙[鸡]	2.86	kjiːˑ	性衰？
17.2708	𰀀	牙[鸡]	2.86	kjiːˑ	偷，盗，窃
17.2709	𰀀	齿[精]	2.86	tsjiːˑ	性，情
17.2710	𰀀	齿[精]	2.86	tsjiːˑ	人姓
17.2711	𰀀	齿[精]	2.86	tsjiːˑ	刺，芒，杈

编号	西夏文	声类和汉字注音	声调韵类	拟音	汉义
18.1101	𰀀？[②]	来[口冷]	2.86	ɬjiːˑ？	畏惧，怖
18.12					
18.1301	𰀀	牙[五]	2.05入	guː	饮（宴），布菜？
18.1302	𰀀	牙[渴]	2.21入	kʰjaː	绕，缠，围
18.1304	𰀀	牙[吃]	2.25入	kə	结合，连缀

---

① 以下带方框各字，为书中残失，据《音同》等补。

② 此面上下部残，第1行为上声末尾，第2行应是入声标识，惜残，第3行应是入声开始，仅2行，上部约残3、4字，现以所存字为序数。

18.1305	𗧼	舌［能合］	声调不详，入	nuə	辩才，才
18.1306	𗦻	舌［能合］	声调不详，入	nwə	上，慧？懈怠？
18.1307	𗠹	舌［能合］	2.28入	nwə	群牧
18.1308	①				

编号	西夏文	声类和汉字注音	声调韵类	拟音	汉义
18.1401	𗕺	舌［达］	声调不详，入	tʰa	逼，迫
18.1402	𗤊	舌［达］	声调不详，入	tʰa	迫，堵，仄
18.1403	𗉥	喉［？］	声调不详，入	？	偏，斜？呔？
18.1404	𗐹	正［什］	2.27入	ɕjɨ	轻
18.1405	𗇋	来［勒］	2.25入	lə	愚，痴，蒙
	𗤊𗐹𗇋𗕺			障lə左内右	

18.15　……𗦻𗧼𗉥𗐹𗇋𗤊𗕺𗠹𗕺𗧼𗕺𗦻

　　　……十月五日日宝韵上声入声竟

　　　……十月五日《宝韵》上声入声竟

---

① 以下残。

（四）写本《文海宝韵》杂类

18.16　[西夏文]①
文海宝韵杂类三第
文海宝韵杂类第三

18.17　……[西夏文] ??? [西夏文]
……入杂类字者韵中入小??? 入现韵
……入，杂类字者韵中入小??? 入，现韵

18.18　……[西夏文]
……也

01.22	[西夏文]	平声
01.23	[西夏文]	重唇音

编号	西夏文	声类和汉字注音	声调韵类	拟音	汉义
01.2401	[西夏文]	重[跛]	2.14	pʰa	草名
		[西夏文]			草左卿右
01.2402	[西夏文]	重[魔]	1.49	bo	[音]
		[西夏文]			昔左弃右
01.2403	?				
01.2404	[西夏文]	重[每]	2.59	mie̯	退让，退，悔

———————

① 此页上部残，此行已不见文字。其前一行（18.15）为上声、入声最后一行，后一行（18.17）为杂类内容，故疑此行上部残缺处为杂类开始题目，拟补[西夏文]（文海宝韵杂类第三），为杂类开始部分。查平声开始部分和上声入声开始部分都不是在新一页的开端，而是紧接前一部分的最后一行，这可作为此行拟为杂类开始部分的参考旁证。

编号	西夏文	声类和汉字注音	声调韵类	拟音	汉义
	𗀊𗐂𗆟𗐂𗐩𗆟𗙉				退左为左,除去也

编号	西夏文	声类和汉字注音	声调韵类	拟音	汉义
01.25	𗀊𗆟𗾴				轻唇音

编号	西夏文	声类和汉字注音	声调韵类	拟音	汉义
01.2601	𗜰	轻[翰]	1.80	waw	穷困,绝望,窘
	𗈆𗐂𗾴𗰋				畏左避右
01.2602	𗯲	轻[蔚]	2.36	wiəj	放屁
	𗯲𗾟				屁出

编号	西夏文	声类和汉字注音	声调韵类	拟音	汉义
02.1101	?				
02.1102	?				
02.1103	?				

编号	西夏文	声类和汉字注音	声调韵类	拟音	汉义
02.12	𗀊𗃀𗾴				舌上音

编号	西夏文	声类和汉字注音	声调韵类	拟音	汉义
02.1301	𗿳	来[路]	1.69	ljwɨ	牸
02.1302	𗱕	舌上[捻]	1.82	njaɹ	缩,卷
02.1303	𗸿	舌上[捻]	1.82	njaɹ	人姓
02.1304	𗼋	舌上[捻]	1.82	njaɹ	鹰

编号	西夏文	声类和汉字注音	声调韵类	拟音	汉义
02.14	𗾋𗾴				牙音

编号	西夏文	声类和汉字注音	声调韵类	拟音	汉义
02.1501	緂	牙[更]	1.09	kie	戒,律,法,条
02.1502	毵	牙[更]	1.09	kie	审察
	而 殻 撤 緂 筹 羅 敄				牧见宣律,审查也
02.1503	魔	牙[迦]	1.21	kja:	[音]
	魔 譭				根kja:盛
02.1504	散	牙[姑]	1.04	ku	松,宽
02.1505	祥	牙[兀]	1.27	ŋwə	睡,眠
02.1506	毵	牙[兀]	1.30	ŋjwɨ	惊,恐
	毵 緂				畏因

02.16		詑 萠 祁			齿头音

编号	西夏文	声类和汉字注音	声调韵类	拟音	汉义
02.1701	帨	齿[尼责]	1.67	ʥji	爪,指
02.1702	綍	齿[尼责]	1.67	ʥji	渡,度,越
02.1703	祸	齿[尼责]	1.67	ʥji	齿
02.1704	毿	齿[尼足]	1.02	ʥju	旨,诏,命
02.1705	禓	齿[尼足]	1.02	ʥju	梦
02.1706	燊	齿[尼足]	1.02	ʥju	爱,好,乐
02.1707	蘒	齿[尼足]	1.02	ʥju	岳父,舅父? 父兄
02.1708	狃	齿[尼精]	1.42	ʥjɨj	占,卜,史
02.1709	緻[①]	齿[尼精]	1.42	ʥjɨj	律
02.1710	帐	齿[尼精]	1.42	ʥjɨj	姻亲
02.1711	匜	齿[尼则]	1.45	ʥjiw	积,聚

---

① 以下3字残,据刻本补。

编号	西夏文	声类和汉字注音	声调韵类	拟音	汉义
02.2101	莐	齿[尼则]	1.45	ʣjiw	橱柜
02.2102	妡	齿[尼则]	1.45	ʣjiw	土
02.2103	蘜	齿[尼则]	1.08	ʣe	漆
02.2104	巍	齿[尼则]	1.08	ʣe	争,夒巍 蜈蚣
02.2105	餚	齿[尼则]	1.08	ʣe	癞疮
02.2106	慨	齿[尼则]	1.08	ʣe	连续
02.2107	鬠	齿[藏]	1.54	ʣow	后,夫人,瓣鬠 皇后,繵鬠 太后
02.2108	鬠①	齿[藏]	1.54	ʣow	琉璃
02.2109	鑘	齿[藏]	1.54	ʣow	鞍木
02.2110	鑘	齿[藏]	1.54	ʣow	鼻孔

编号	西夏文	声类和汉字注音	声调韵类	拟音	汉义
02.2201	縐	齿[藏]	1.54	ʣow	桥
02.2202	巍	齿[藏]	1.54	ʣow	钓钩
02.2203	巍	齿[藏]	1.54	ʣow	疾病
02.2204	胒	齿[藏]	1.54	ʣow	人姓
02.2205	姤	齿[藏]	1.54	ʣow	亩
02.2206	褫	齿[。藏]	1.54	ʣow	和睦
02.2207	蒳	齿[尼则]	1.30	ʣjɨ	丢,失,弃
02.2208	儆	齿[尼则]	1.30	ʣjɨ	谨,恭,敬,平
02.2209	斛	齿[尼则]	1.30	ʣjɨ	虎
02.2210	蒳②	齿[尼则]	1.30	ʣjɨ	谨,平,蒳夒 准备,供给,鑭蒳 皇城,蒳豼 三司

---

① 此字残,存上半部,以下2字残失,据刻本补。
② 此字残,据刻本补。

编号	西夏文	声类和汉字注音	声调韵类	拟音	汉义
02.2301	嶽	齿［尼则］	1.30	ʥjɨ	齐,全
02.2302	騑	齿［尼足］	1.59	ʥju	高
02.2303	祗	齿［尼足］	1.59	ʥju	丘,丘陵
02.2304	膰	齿［尼足］	1.59	ʥju	祖宗? 族长?
	赢 兆 蕤 祕			自圈执下	
02.2305	瀀	齿［尼积］	1.11	ʥji	争,斗
02.2306	綵	齿［尼积］	1.11	ʥji	心静,心直
02.2307	韠	齿［尼积］	1.11	ʥji	窄,抽窄
02.2308	矗	齿［尼积］	1.11	ʥji	错,过,谬,误
02.2309	霰	齿［尼积］	1.11	ʥji	苦,劳

编号	西夏文	声类和汉字注音	声调韵类	拟音	汉义
02.2401	龘	齿［尼卒］	1.30	ʥjwɨ	获罪
02.2402	圎	齿［尼卒］	1.30	ʥjwɨ	唆,谗,佞
02.2403	耗	齿［尼卒］	1.69	ʥjwɨ	壁,墙,城,邑
02.2404	毅	齿［尼卒］	1.69	ʥjwɨ	追,逐
02.2405	犀	齿［尼卒］	1.69	ʥjwɨ	恭,敬
02.2406	弁	齿［尼卒］	1.69	ʥjwɨ	船,舟
02.2407	羿	齿［尼卒］	1.69	ʥjwɨ	傍
02.2408	移	齿［囗掐］	1.80	ʑaʌ	量,限
02.2409	獬	齿［囗掐］	1.80	ʑaʌ	魔术,咒人
02.2410	嶇①	齿［尼则］	1.08	ʥe	寿

---

① 此字残,据刻本补。以下各行方框内字均据刻本补。

编号	西夏文	声类和汉字注音	声调韵类	拟音	汉义
02.2501	[illegible]	齿[尼则]	1.08	ʣe	雁
02.2502	[illegible]	齿[尼卒]	1.72	ʣjo̱	譬,喻
02.2503	[illegible]	齿[口拶]	1.20	ʣja	长,增
02.2504	[illegible]	齿[口拶]	1.20	ʣja	胃
	[illegible]				胃腹厚心
02.2505	[illegible]	齿[尼卒]	1.30	ʣjwɨ	帝,君
02.2506	[illegible]	齿[尼卒]	1.30	ʣjwɨ	人姓
02.2507	[illegible]	齿[尼卒]	1.69	ʣjwɨ̱	柱,杖,倚
	[illegible]?				依?
02.2508	[illegible]	齿[尼卒]	1.69	ʣjwɨ̱	巫,巫首

编号	西夏文	声类和汉字注音	声调韵类	拟音	汉义
02.2601	[illegible]	齿[尼卒]	1.69	ʣjwɨ̱	把,柄? 鞘,袋?
02.2602	[illegible]	齿[口精]	1.61	ʣji̱j	船,舟
02.2603	[illegible]	齿[口精]	1.61	ʣji̱j	渡,过,越,超
02.2604	[illegible]	齿[尼仓]	1.54	ʣow	智慧,知识
02.2605	[illegible]	齿[尼仓]	1.54	ʣow	监,囚
	[illegible]				入头苦全
02.2606	[illegible]	齿[尼栽]	1.37	ʣe:j	骑,载,乘,阵
02.2607	[illegible]	齿[尼栽]	1.37	ʣe:j	争,诤
02.2608	[illegible]	齿[尼精]	1.42	ʣjɨj	钱

编号	西夏文	声类和汉字注音	声调韵类	拟音	汉义
02.2701	[illegible]	齿[尼精]	1.42	ʣjɨj	安,静,泰
02.2702	[illegible]	齿[口精]	1.42	ʣjɨj	时,须臾
02.2703	[illegible]	齿[尼祖]	1.01	ʣu	爱,喜,好
02.2704	[illegible]	齿[尼则]	1.86	ʣjɨɹ	斩

02.2705	鑅	齿[尼则]	1.86	dʑjɨɻ	急,速,疾
02.2706	疬	齿[尼积]	1.10	dʑji	吃,啖,食
02.2707	蟲	齿[尼积]	1.10	dʑji	切,断
02.2708	飙	齿[尼积]	1.10	dʑji	齐,等,同
02.2709	释	齿[尼则合]	1.11	dʑjwi	心静
02.2710	疆	齿[尼则合]	1.11	dʑjwi	瘦身,减肥?

编号	西夏文	声类和汉字注音	声调韵类	拟音	汉义
03.1101	爨	齿[尼则合]	1.27	dʑwə	镊子
03.1102	燚	齿[尼则合]	1.27	dʑwə	捉,拿
03.1103	祕	齿[尼则合]	1.27	dʑwə	筹,设谋
03.1104	骸	齿[尼则合]	1.27	dʑwə	章,册,首
03.1105	薆	齿[口捹]	1.17	dʑa	凿
03.1106	祆	齿[口捹]	1.17	dʑa	杂
03.1107	轈	齿[尼则合]	1.32	dʑjwɨː	驰
03.1108	骰	齿[尼祖]	1.75	dʑuɻ	蹴
03.1109	廋	齿[尼祖]	1.01	dʑu	渣,酪渣
03.1110	瓃	齿[尼卒]	1.51	dʑjo	勒系,勒死?

编号	西夏文	声类和汉字注音	声调韵类	拟音	汉义
03.1201	研	齿[尼卒]	1.51	dʑjo	食,吃,啖
03.1202	蕪	齿[口捹]	1.22	dʑaː	远,过,失,衰
03.1203	黪	齿[口捹]	1.22	dʑaː	义,等
03.1204	緣	齿[尼卒]	1.86	dʑjwɨɻ sjwɨɻ?	颤,抖
03.1205	散	齿[桑]	1.70	sọ	三
03.1206	爨	齿[尼节]	1.23	dʑja	俭,省,[音]
03.1207	燉	齿[尼卒]	1.86	dʑjwɨɻ	绝,尽
03.1208	瞳	齿[尼祖攒]切	1.17	dʑwa	矬

03.1209	𗀥	齿[尼则合]	1.43	dʑwew	襟
03.1210	𗀤	齿[尼则原]切	1.26	dʑjwaⁿ	泉
03.1211	𗀨	齿[尼则]	1.46	dʑiw	洗,浴,涤

编号	西夏文	声类和汉字注音	声调韵类	拟音	汉义
03.1301	𗀩	齿[尼则]	1.27	dʑə	妩媚
03.1302	𗀪	齿[尼足]	1.07	dʑju:	晃
03.1303	𗀫	齿[尼栽]	1.40	dʑəj	减,裁,损
03.1304	𗀬	齿[尼精]	1.42	dʑɨj	堙,沟,垒
03.1305	𗀭	齿[尼则摧]切	1.33	dʑwej	罪,受罪
03.1306	𗀮	齿[尼栽]	1.61	dʑɨj	混,浊
03.1307	𗀯	齿[节]	1.19	tsja	炙,烫,[音]
03.1308	𗀰	齿[口拶]	1.17	dʑa	[音]

| 03.14 | 𗀱 𗀲 𗀳 | | | 正齿音 | |

编号	西夏文	声类和汉字注音	声调韵类	拟音	汉义
03.1501	𗀴	正[尼长]	1.56	dʑjow	遍,次,匝,度
03.1502	𗀵	正[尼长]	1.56	dʑjow	虫屎
03.1503	𗀶	正[尼长]	1.56	dʑjow	青
03.1504	𗀷	正[尼长]	1.56	dʑjow	棺?
03.1505	𗀸	正[尼长]	1.56	dʑjow	做,作,为
03.1506	𗀹	正[尼长]	1.56	dʑjow	嬉,戏,悦
03.1507	𗀺	正[尼长]	1.56	dʑjow	幢
03.1508	𗀻	正[尼长]	1.56	dʑjow	分离
03.1509	𗀼	正[尼追]	1.10	dʑjwi	毛料? 纺织?
03.1510	𗀽	正[尼追]	1.10	dʑjwi	熔,融,消

编号	西夏文	声类和汉字注音	声调韵类	拟音	汉义
03.1601	巖	正[尼]	1.67	dʑji	筵,宴
03.1602	毖	正[尼责]	1.29	dʑjɨ	掸,拂
03.1603	觞	正[尼责]	1.29	dʑjɨ	纯真
03.1604	夋	正[尼责]	1.30	dʑjɨ	皮,鳞
03.1605	绖	正[尼正]	1.39	dʑji:j	住,在,居,有,留
03.1606	麗	正[狞]	1.41	dʑiəj	池
03.1607	疁	正[狞]	1.41	dʑiəj	做,为
03.1608	羿	正[狞]	1.41	dʑiəj	戏闹
03.1609	朡	正[狞]	1.41	dʑiəj	恩功
03.1610	翩	正[狞]	1.41	dʑiəj	马肩?

编号	西夏文	声类和汉字注音	声调韵类	拟音	汉义
03.1701	毤	正[狞]	1.41	dʑiəj	跛
03.1702	椒	正[狞]	1.41	dʑiəj	牙
03.1703	楸	正[尼卒]	1.30	dʑjwɨ	妯娌,嫂娣?
03.1704	姚	正[尼卒]	1.30	dʑjwɨ	相,互,属
03.1705	豴	正[尼正]	1.35	dʑjij	寒,冷
	? 㿟 槻 慌			? 圈冷来	
03.1706	彪	正[尼正]	1.35	dʑjij	行,游
03.1707	廁	正[尼正]	1.35	dʑjij	议论,筹议
03.1708	蔬	正[尼正]	1.35	dʑjij	纯,精
03.1709	毅	正[尼追]	1.02	dʑjwu	陨石,闪电,霹雳
03.1710	毅	正[尼芍]	1.02	dʑjwu	人

编号	西夏文	声类和汉字注音	声调韵类	拟音	汉义
03.2101	毮	正[尼芍]	1.02	dʑjwu	除,消
03.2102	襛	正[尼说]	1.19	dʑjwa	带,幅

03.2103	㲪	正［尼说］	1.19	dʑjwa	头,尖,梢,端,峰,镞
03.2104	㲦	正［尼说］	1.19	dʑjwa	叉,钗
03.2105	㲥	正［尼说］	1.19	dʑjwa	跃,跳
03.2106	㲧	正［尼说］	1.19	dʑjwa	终,竟,毕,极,讫
03.2107	㲨	正［铙］	1.21	dʑjaː	渡,济
03.2108	㲩	正［铙］	1.21	dʑjaː	中,实,当,正确
03.2109	㲫	正［铙］	1.21	dʑjaː	斛
03.2110	㲬	正［铙］	1.21	dʑjaː	燃,烧

编号	西夏文	声类和汉字注音	声调韵类	拟音	汉义
03.2201	㲭	正［尼正］	1.61	dʑjij	行,遣,用
03.2202	㲮	正［尼长］	1.51	dʑjo	长
03.2203	㲯	正［尼长］	1.48	dʑjwo	明,聪,智
03.2204	㲰	正［尼长］	1.48	dʑjwo	穿,钻,破
03.2205	㲱	正［衄］	1.02	dʑju	显,宣,明,达
03.2206	㲲	正［衄］	1.02	dʑju	欺,骗,诈
03.2207	㲳	正［衄］	1.02	dʑju	筹算
03.2208	㲴	正［尼责］	1.69	dʑjɨ	十,什
03.2209	㲵	正［尼责］	1.69	dʑjɨ	烧
03.2210	㲶	正［尼责］	1.92	dʑjɨːɹ	舍,弃,废

编号	西夏文	声类和汉字注音	声调韵类	拟音	汉义
03.2301	㲷	正［尼责］	1.92	dʑjɨːɹ	筵,施食
03.2302	㲸	正［尼周］	1.45	dʑjiw	追
03.2303	㲹	正［尼周］	1.45	dʑjiw	腰
03.2304	㲺	正［尼长］	1.56	dʑjwow	鸟,禽,飞
03.2305	㲻	正［尼长］	1.56	dʑjwow	鸟交配
03.2306	㲼	正［尼长］	1.56	dʑjwow	宣,扬,称
03.2307	㲽	正［尼长］	1.56	dʑjwow	漂浮,悬,升

03.2308	麗	正[尼长]	1.50	dʑio	树名
03.2309	麬	正[尼长]	1.50	dʑio	[场]人姓
03.2310	颈	正[尼窄]	1.28	dʑiə	野狐

编号	西夏文	声类和汉字注音	声调韵类	拟音	汉义
03.2401	瀠	正[尼窄]	1.28	dʑiə	人姓
03.2402	禰	正[挐]	1.18	dʑia	炒
03.2403	禰	正[挐]	1.18	dʑia	噪音,吵,闹
03.2404	夐	正[尼说]	1.21	dʑjwa:	拍,抚
03.2405	朓	正[尼追]	1.67	dʑji	割
03.2406	舭	正[尼追]	1.67	dʑji	镰刀
03.2407	禭	正[尼责]	1.85	dʑiə	碾
03.2408	耗	正[尼责]	1.28	dʑiə	人姓
03.2409	徽	正[尼顷]	1.35	dʑjwij	清凉
03.2410	檒	正[尼顷]	1.35	dʑjwij	吞
03.2411	舭	正[尼争]	1.60	dʑiej	围

编号	西夏文	声类和汉字注音	声调韵类	拟音	汉义
03.2501	缀	正[尼率]	1.09	dʑiwe	拉扯
03.2502	箫	正[尼率]	1.09	dʑiwe	回音,萌 箫 拍板
03.2503	缀	正[尼责]	1.66	dʑię	斜,歪
03.2504	□[①]				
03.2505	微	来[尼专]	1.26	dʑjwa^n	弃,废
03.2506	霴	正[聂]	1.19?	dʑja	步,行,往,稀 霴 巨蟹
03.2507	屘	正[尼率]	1.09	dʑiwe	虚
03.2508	缀	正[尼责]	1.28	dʑiwə	拉扯,相执
03.2509	巟	正	声韵不详	dʑ-?	清除,除离
03.2510	巟	正[毡]	1.19?	tɕja?	倾,倒

---

① 此字残。

编号	西夏文	声类和汉字注音	声调韵类	拟音	汉义
03.2601	袱	正[尼谷]	1.91	dʐowˠ	轻唤,叫
03.2602	纖	正[尼追]	1.10	dʐjwi	熟酥,醍醐
03.2603	祢	正[铙]	1.25	dʐiaⁿ	[音]

03.27	掫祀				喉音

编号	西夏文	声类和汉字注音	声调韵类	拟音	汉义
04.1101	龍	喉[阿]	1.17	·a	诱,差
04.1102	貌	喉[阿]	1.17	·a	满,足
04.1103	磯	喉[阿]	1.17	·a	草名,出青
04.1104	厢	喉[阿]	1.17	·a	独,孤,异
04.1105	扬	喉[阿]	1.17	·a	一,都(已行体趋向上方的动词前缀)
04.1106	緦	喉[阿]	1.17	·a	僧,阿,构词前缀,人名,地名
04.1107	掫	喉[阿]	1.17	·a	泥靴
04.1108	瓻	喉[安]	1.24	·aⁿ	[音]
04.1109	孩	喉[安]	1.24	·aⁿ	人姓,[音]
04.1110	珈	喉[醯]	1.17	xa	喊
04.1111	禟	喉[唵]	1.24	·aⁿ	[音]

编号	西夏文	声类和汉字注音	声调韵类	拟音	汉义
04.1201	綿	喉[吽]	1.49	xo	[音]
04.1202	叕	喉[阿]	1.80	·aˠ	[音]
04.1203	礲	喉[夷]	1.10	·ji	呜呼,噎,哀
04.1204	彫	喉[移]	1.14	ɣjiː	煮,熬
04.1205	薪	喉[瘿]	1.42	·jɨj	呻吟
04.1206	薇	喉[诃]	1.80	xaˠ	吹,除,[音]

04.1207	漦	喉[悮]	1.58	·wu	[音]
04.1208	疆	喉[阎]	1.35	·jij	[噎],疆㸿阎摩
04.1209	拜	喉[讹]	1.49	·o	[音]
04.1210	蓊	喉[聿]	1.30	·jwɨ	饥,饿

04.13	靴舐纷訛祀	来日舌齿音

编号	西夏文	声类和汉字注音	声调韵类	拟音	汉义
04.1401	綉	来[口冷合]	1.61	ɫjwij	面容,脸面
04.1402	鞣	来[口冷合]	1.61	ɫjwij	番,番人
04.1403	綏	来[口冷合]	1.61	ɫjwij	见,睹
04.1404	菕	来[嘍]	1.43	ɫew	放牧,人姓
04.1405	頋	来[嘍]	1.43	ɫew	杂
04.1406	廌	来[嘍]	1.43	ɫew	宗姓,族姓
04.1407	絤	来[嘍]	1.43	ɫew	牧草
04.1408	豩	来[口冷]	1.30	ɫjɨ	兽名
04.1409	彩	来[口冷]	1.30	ɫjɨ	恭维,鞠躬?
04.1410	蓊	来[口冷]	1.30	ɫjɨ	孙

编号	西夏文	声类和汉字注音	声调韵类	拟音	汉义
04.1501	緻	来[噜]	1.07	ɫju:	人姓
04.1502	敹	来[噜]	1.07	ɫju:	灰色
04.1503	襰	来[噜]	1.07	ɫju:	肿
04.1504	羅	来[灵]	1.42	ɫjɨj	魔法,巫术
04.1505	璭	来[领。]	1.42	ɫjɨj	岭
04.1506	甝	来[领。]	1.42	ɫjɨj	听,闻
04.1507	甗	来[领。]	1.42	ɫjɨj	梁? 鼻梁?
04.1508	纕	来[胪]	1.03	ɫju	乳,奶

| 04.1509 | 𗁕 | 来［噜］ | 1.03 | ɫju | 增,润 |
| 04.1510 | 𗄃 | 来［日］ | 1.86 | zjɨ | 人姓 |

编号	西夏文	声类和汉字注音	声调韵类	拟音	汉义
04.1601	𗣛	来［日］	1.86	zjɨ	宽,绰,阔
04.1602	𗁆	来［日］	1.86	zjɨ	稀薄,尖薄
04.1603	𗀱	来［口辣］	1.20	ɫa	圣,灵
04.1604	𗀌	来［口辣］	1.20	ɫja	鹿
04.1605	𗰹	来［梁］	1.56	ɫjow	呼唤,唤来
04.1606	𘀔	来［梁］	2.49	ɫjow	树名
04.1607	𗁬	来［力。］	1.14	ɫji:	柔软
04.1608	𗕆	来［力。］	1.14	ɫji:	温,暖
04.1609	𗸸	来［缪。］	1.11	ɫjwi	取,借
04.1610	𗺺	来［缪。］	1.11	ɫjwi	喜新厌旧
04.1611	𗮱	来［浪］	1.70	ɫo̲	毯

编号	西夏文	声类和汉字注音	声调韵类	拟音	汉义
04.1701	𗘣	来［六］	1.59	lju̲	黄羊
04.1702	𗰸	来［梁］	1.56	ɫjow	扫除,扫
04.1703	𗤊	来［领。］	1.61	ɫjij	钵,盔
04.1704	𗂍	来［力］	1.14	lji:	裤
04.1705	𗸅	来［辣舌合］	声韵不详	ɫwa	结,络,编,俞𦈢𦈢丝
04.1706	𗐸	来［辣舌合］	1.64	ɫjwa̲	灰
04.1707	𗱫	来［郎。］	2.05	ɫu:	髓
04.1708	𗷥	来［郎］	1.63	la̲	妄,诒,谎
04.1709	𗐻	来［辣合］	1.20	ɫjwa	舌
04.1710	𗁠	来［礼］	1.14	ɫji:	拔,抽,掣,牵
04.1711	𗂋	来［力。］	1.14	ɫji:	悔,改,退

编号	西夏文	声类和汉字注音	声调韵类	拟音	汉义
04.2101	𗉅	来[领]	1.62	ljɨj	惑,魑魅
04.2102	𗉣	来[日]	1.86	ʑjɪ	实,重
04.2103	𗉥	来[梁]	1.48	ɬjwo	退,还,归
04.2104	𗉤	来[领。]	1.61	ɬjij	巫,驱鬼者
04.2105	𗉦	来[呤。]	1.69	ɬjɨ	打,拷,击,答
04.2106	𗉧	来[口移则]	1.69	ʑjɨ	嫉妒
04.2107	𗉨	来[梁]	1.57	ɬio:w	已死?
04.2108	𗉩	来[力局]	1.35	ɬjwij	斜,偏
04.2109	𗉪	来[呤。]	1.92	ɬjɨ:ɹ	落,失
04.2110	𗉫	来[呤。]	1.69	ɬjɨ	弓,弩
04.2111	𗉬	来[口六]	1.59	ɬju	带,钩绳
04.2112	𗉭	来[口辣]	1.17	ɬa	熄,灭,删,毁

编号	西夏文	声类和汉字注音	声调韵类	拟音	汉义
04.2201	𗉮	来[呤。]	1.69	ɬjɨ	奔驰,急行
04.2202	𗉯	来[口辣]	1.20	ɬja	敞开
04.2203	𗉰	来[口辣]	1.64	ɬja	闪电
04.2204	𗉱	来[鲁]	1.01	ɬu	增,加,添,益
04.2205	𗉲	来[口辣]	2.20	ɬia:	舔,拭
04.2206	𗉳	来[哆则]	1.84	zɤwz	洗,浣,浴
04.2207	𗉴	来[口冷]	1.31	ɬəʔ	皮囊,浑脱
04.2208	𗉵	来[哆责]	1.36	ʑjij	广,博,阔
04.2209	𗉶	来[口辣]	1.63	ɬạ	求,索
04.2210	𗉷	来[缪。]	1.67	ɬjwi	人姓
04.2211	𗉸	来[蓝]	1.24	la^n	耀
04.2212	𗉹	来[口浪]	1.57	ɬio:w	陵,墓,人姓

编号	西夏文	声类和汉字注音	声调韵类	拟音	汉义
04.2301	𗗙？	来[梁]	1.72	ɫjo	取,娶,打冤家?
04.2302	𗏵	来[力扃]	1.61	ɫjwij	偏,斜,枉
04.2303	𘄪	来[噜]	1.01	ɫwu	衣服
04.2304	𗬲	来[口冷]	1.27	ɫə	飞虫名
04.2305	𗏷	来[口冷]	1.27	ɫə	收缩
04.2306	𗏶	来[勒]	1.08	ɫe	收缩
04.2307	𗭜	来[力]	1.67	lji	进,入
04.2308	𗨋	来[礼]	1.14	ɫji:	抽,拔

04.24		𗏷𗗟		上声
04.25		𗹙𗗟𗏜		重唇音

编号	西夏文	声类和汉字注音	声调韵类	拟音	汉义
04.2601	𘃶	重[末轻]	2.14	ma	人姓
	𗾈𗗚 𘃶𗗚				乐右妙右

04.27		𗹙𗗟𗫂		轻唇音

编号	西夏文	声类和汉字注音	声调韵类	拟音	汉义
04.2801	□①				?
04.2804	𘄳	轻[蔚]	1.28	wiə	脂肪
	𗗙𘃰				皮肥

05.11		𗐯𗫳𗗟		舌头音

① 以下约残3字。

编号	西夏文	声类和汉字注音	声调韵类	拟音	汉义
05.1201	薮	舌[你]	2.12	nji:	袋,囊
05.1202	祇	舌[奴]	2.51	du̱	损失,失败? 侵凌
	覆姚祕嚴				失头败? 侵? nji全
05.1203	彩	舌[羂]	2.38	new	雨露? 湿?
05.1204	骰	舌	声韵不详	t–	拒,遮,映,止
	莪敠				强人
05.1205	㘞	舌[能]	2.29	nji:	日
	㜺剢				时帝
05.1206	霾	舌[能]	2.29	nji:	人,庶民,人民
	莐穆				庶人

编号	西夏文	声类和汉字注音	声调韵类	拟音	汉义
05.1301	纙	舌[傕]	2.76	˻dwə˼	驱鬼
	祋靴㠇嚴				逼左鬼全

05.14	纺秘祗	舌上音

编号	西夏文	声类和汉字注音	声调韵类	拟音	汉义
05.1501	蘵	舌上[尼周]	1.44	dʑiew	巫师
05.1502	蘵	舌上[尼周]	1.44	dʑiew	树名,竹?

05.16	顾祗	牙音

编号	西夏文	声类和汉字注音	声调韵类	拟音	汉义
05.1701	?				?
05.1702	蘬	牙［嘉］	2.20	kia:	补?
05.1703	麃	牙［葛］	2.14	ka	［音］
05.1704	?				
05.1705	彮	牙［客］	2.29	kʰjɨ:	鲜?
05.1706	祚	牙［客］	2.29	kʰjɨ:	口腔
05.1707	稝	牙［更］	2.39	kiew	穿,刺
05.1708	蘊	牙［宜会］	2.30	ŋwej	喜,爱,颂

05.21	舭 蓝 帿	齿头音

编号	西夏文	声类和汉字注音	声调韵类	拟音	汉义
05.2201	玁	齿［尼积］	2.60	ʣji	站,立,吏,帆 玁 司吏
05.2202	骹	齿［尼积］	2.60	ʣji	立,柱
05.2203	鞍	齿［尼积］	2.60	ʣji	叉,烧肉叉
05.2204	蘝	齿［尼积］	2.60	ʣji	柱
05.2205	毯	齿［尼积］	2.60	ʣji	遮盖,坐,驻,人姓
05.2206	緵	齿［尼积］	2.60	ʣji	哭泣
05.2207	蕕	齿［尼积］	2.60	ʣji	桌架?
05.2208	甋	齿［尼积］	2.60	ʣji	媳妇
05.2209	僇	齿［尼积］	2.60	ʣji	丘,墓
		微？ 蕀祓		死？ 四心	

编号	西夏文	声类和汉字注音	声调韵类	拟音	汉义
05.2301	𗂚	齿[尼积]	2.60	ʥji̱	唆,诬
05.2302	𗂝	齿[尼积]	2.60	ʥji̱	高,上
05.2303	𗇜	齿[尼足]	2.03	ʥju	主,监,帅
05.2304	𗇝	齿[尼足]	2.03	ʥju	兵器,武器
05.2305	𗇞	齿[尼足]	2.03	ʥju	全,俱
05.2306	𗇟	齿[尼足]	2.03	ʥju	畜生,傍生
05.2307	𗇠	齿[ᵒ精]	2.37	ʥji̱j	淫

编号	西夏文	声类和汉字注音	声调韵类	拟音	汉义
05.2401	𗄊	齿[ᵒ精]	2.37	ʥji̱j	宜,应
05.2402	𗄋	齿[ᵒ精]	2.37	ʥji̱j	雕,刻,凿
	𗄌𗄍𗄎𗄏			凿减去左	
05.2403	𗄐	齿[ᵒ精]	2.37	ʥji̱j	判,断,制,𗄑𗄒丞相,𗄓𗄔签判
05.2404	𗄕	齿[尼则]	2.40	ʥjiw	梏(手铐)
05.2405	𗄖	齿[尼则]	2.40	ʥjiw	一指宽
05.2406	𗄗	齿[尼则]	2.40	ʥjiw	连,粘,黏
05.2407	𗄘	齿[尼则]	2.40	ʥjiw	节俭,惜
05.2408	𗄙	齿[尼则]	2.40	ʥjiw	疮药

编号	西夏文	声类和汉字注音	声调韵类	拟音	汉义
05.2501	𗇡	齿[尼足]	2.52	ʥju̱	飞禽名,鹜?
05.2502	𗇢	齿[尼足]	2.52	ʥju̱	雨,下雨
05.2503	𗇣	齿[尼足]	2.52	ʥju̱	粳米,黍
05.2504	𗂞	齿[尼则]	2.10	ʥji	黥,刺字
	𗂟𗂠			查字	
05.2505	𗂡	齿[尼则]	2.10	ʥji	食粮
	𗂢𗂣			口稻	

05.2506	齚	齿［尼则］	2.10	ʥji	哭
05.2507	齚	齿［尼则］	2.10	ʥji	宴会？
05.2508	齚	齿［尼卒］	2.28	ʥjwɨ	翅,翼,羽
05.2509	齚	齿［尼卒］	2.28	ʥjwɨ	甊甊 回廊

编号	西夏文	声类和汉字注音	声调韵类	拟音	汉义
05.2601	齚	齿［尼祖］	2.05	ʥu:	坐,居
	齚 齚 齚 齚			达减去头	
05.2602	齚	齿［尼祖］	2.05	ʥu:	植,立,有(存在动词之一)
05.2603	齚	齿［尼祖］	2.05	ʥu:	和谐,协同
05.2604	齚	齿［尼则］	2.07	ʥe	称,量,计算
05.2605	齚	齿［尼则］	2.07	ʥe	棘,蔾,枣
05.2606	齚	齿［尼卒］	2.44	ʥjo	仪式
05.2607	齚	齿［尼卒］	2.44	ʥjo	诗,赋
05.2608	齚	齿［尼卒］	2.42	ʥo	人姓,［音］

编号	西夏文	声类和汉字注音	声调韵类	拟音	汉义
05.2701	齚	齿［尼卒］	2.42	ʥo	槽？ 厕？
05.2702	齚	齿［尼卒］	2.28	ʥjwɨ	断,判,齚齚判断,齚齚御史
05.2703	齚	齿［尼卒］	2.28	ʥjwɨ	行,走
05.2704	齚	齿［尼卒］	2.28	ʥjwɨ	修,造,齚齚修造
05.2705	齚	齿［尼卒］	2.28	ʥjwɨ	澡,浴,沐
05.2706	齚	齿［尼栽］	2.34	ʥe:j	骑
05.2707	齚	齿［尼祖］	2.06	ʥju	栽,植
05.2708	齚	齿［尼祖］	2.06	ʥju:	隐,藏
05.2709	齚	齿［ᵖ精］	2.37	ʥjɨj	穿,陷,通

编号	西夏文	声类和汉字注音	声调韵类	拟音	汉义
06.1101	𗱕	齿[尼井]	2.37	ʣjɨj	隅,角,方,矩
06.1102	𗱀	齿[尼栽]	2.33	ʣjij	他,余,其
		𗱀𗾔			避单 ʣjij
06.1103	𗾔	齿[尼栽]	2.33	ʣjij	一,单
06.1104	𗱂	齿[尼栽]	2.35	ʣji:j	师
		𗱂𗴴			教示 ʣji:j
06.1105	𗴴	齿[尼栽]	2.35	ʣji:j	教,化
06.1106	𗾇	齿[尼卒]	2.44	ʣjwo	人,𗾔𗾇仙人
06.1107	𗾆	齿[尼卒]	2.44	ʣjwo	人
		𗎩𗱕𗱫𗴵			心左变化

编号	西夏文	声类和汉字注音	声调韵类	拟音	汉义
06.1201	𗱮	齿[尼祖]	2.01	ʣu	强,胜,猛
06.1202	𗱳	齿[尼祖]	2.01	ʣu	尖,锐,人姓
06.1203	𗱷	齿[尼祖]	2.01	ʣu	骏马
06.1204	𗱰	齿[尼祖]	2.01	ʣu	尾,末,东
06.1205	𗱲	齿[尼祖]	2.01	ʣu	马病
06.1206	𗱱	齿[尼祖]	2.01	ʣu	长条,边幅
06.1207	𗱶	齿[尼则]	1.68	ʣə	妙语,𗱶𗱧胸襟
06.1208	𗱧	齿[尼则]	1.68	ʣə	稠,茂密,聚集
06.1209	𗱨	齿[尼则]	2.61	ʣjɨ	集,聚

编号	西夏文	声类和汉字注音	声调韵类	拟音	汉义
06.1301	𗱩	齿[尼则]	2.61	ʣjɨ	顷
06.1302	𗱪	齿[尼则]	2.61	ʣjɨ	官爵
06.1303	𗱫	齿[尼则]	2.12	ʣji:	教
06.1304	𗱬	齿[尼则]	2.12	ʣji:	知,晓

06.1305	㠪	齿[尼则]	2.12	ʥjiː	隐,蔽,依,人姓
06.1306	㠪	齿[口捺]	2.14	ʥa	测,计,度
06.1307	㠪	齿[尼习]	2.29	ʥjiː	习,令
06.1308	㠪	齿[尼则]	2.38	ʥew	诈,骗,矫,伪

编号	西夏文	声类和汉字注音	声调韵类	拟音	汉义
06.1401	㠪	齿[尼栽]	1.33	ʥej	私
		㠪 㠪 㠪 㠪		属自知右	
06.1402	㠪	齿[尼卒]	2.45	ʥoː	骑,乘
06.1403	㠪	齿[口捺]	2.74	ˎʥa	灭,绝,尽
06.1404	㠪	齿[尼习]	2.76	ʥa	挤,压
06.1405	㠪	齿[尼精]	1.402.36	ʥej	容颜
06.1406	㠪	齿	声韵不详		俱全

编号	西夏文	声类和汉字注音	声调韵类	拟音	汉义
06.1501	㠪	齿[悉]	2.07	se	吮,嗳
06.1502	㠪	齿	声韵不详		压,榨

06.16		㠪 㠪 㠪		正齿音	

编号	西夏文	声类和汉字注音	声调韵类	拟音	汉义
06.1701	㠪	正[尼]	2.60	ʥji	鸥
06.1702	㠪	正[尼]	2.60	ʥji	人姓
06.1703	㠪	正[尼]	2.60	ʥji	伸,展,张,仰,抬,解
06.1704	□?				
06.1705	㠪	正[尼]	2.60	ʥji	女儿
06.1706	㠪	正[尼长]	1.72	ʥjo	长

编号	西夏文	声类和汉字注音	声调韵类	拟音	汉义
06.2101	?				?
06.2102	𗈻	来[梨]	2.72	lji	凝乳?

编号	西夏文	声类和汉字注音	声调韵类	拟音	汉义
06.2201	?	[ ]			?
06.2202	𗈻	正[尼责]	2.13	$dʑje^n$	尾,末
06.2203	𗈻	正[尼责]	2.13	$dʑje^n$	饵
06.2204	𗈻	正[尼责]	2.13	$dʑje^n$	蛆虫
06.2205	𗈻	正[尼责]	2.13	$dʑe^n$	人姓
06.2206	𗈻	正[尼正]	2.32	$dʑjij$	心直,心正
06.2207	𗈻	正[尼正]	2.32	$dʑjij$	有(存在动词之一)
06.2208	𗈻	正[尼正]	2.32	$dʑjij$	寒,冷
06.2209	𗈻	正[尼正]	2.32	$dʑjij$	证据

编号	西夏文	声类和汉字注音	声调韵类	拟音	汉义
06.2301	𗈻	正[尼正]	2.32	$dʑjij$	生,产
06.2302	𗈻	正[尼正]	2.32	$dʑjij$	纲,簿,册,𗈻𗈻 主簿
06.2303	𗈻	正[挐]	2.16	$dʑja$	刚,利,𗈻𗈻 金刚
06.2304	𗈻	正[挐]	2.16	$dʑja$	羔羊
06.2305	𗈻	正[尼芍]	2.02	$dʑjwu$	涎,唾沫
06.2306	𗈻	正[铙]	2.18	$dʑja:$	消瘦,憔悴
06.2307	𗈻	正[尼征]	2.54	$dʑjij$	近亲
06.2308	𗈻	正[尼征]	2.54	$dʑjij$	争斗,挑战
06.2309	𗈻	正[尼征]	2.54	$dʑjij$	戏谑

编号	西夏文	声类和汉字注音	声调韵类	拟音	汉义
06.2401	𗻂	正[尼长]	2.44	dʑjo	有(存在动词之一)
06.2402	𗣜	正[尼长]	1.48	dʑjwo	洞,穴,孔
06.2403	𗣝	正[尼长]	1.48	dʑjwo	掷,投,弃
06.2404	𗣞	正[岨]	2.02	dʑju	怯,弱,衰,劣
06.2405	𗣟	正[岨]	2.02	dʑju	种,根
06.2406	𗣠	正[岨]	2.02	dʑju	结草,标记草?
06.2407	𗣡	正[尼责]	2.61	dʑjɨ	结合
06.2408	𗣢	正[尼责]	2.61	dʑjɨ	红,赤
06.2409	𗣣	正[尼责]	2.61	dʑjɨ	亲近
06.2410	𗣤	正[尼征]	1.38	dʑie:j	放牧,人姓

编号	西夏文	声类和汉字注音	声调韵类	拟音	汉义
06.2501	𗣥	正[尼征]	1.38	dʑie:j	情欲
06.2502	𗣦	正[尼周]	2.40	dʑjiw	流产(畜)
06.2503	𗣧	正[挐]	2.15	dʑia	杂,乱,粗,竖
06.2504	𗣨	正[挐]	2.15	dʑia	残缺
06.2505	𗣩	正[聂]	2.21	dʑja:	沼泽
06.2506	𗣪	正[碾]	2.21	dʑja:	人姓,[音]
06.2507	𗣫	正[尼专]	2.18	dʑjwa:	人姓,先人名
06.2508	𗣬	正[女]	2.06	dʑju:	女(汉借),[音],𗴒𗓺女真
06.2509	𗣭	正[女]	2.06	dʑju:	负,损,辱
06.2510	𗣮	正[尼率]	2.28	dʑjwɨ	亲戚

编号	西夏文	声类和汉字注音	声调韵类	拟音	汉义
06.2601	𗂉	正[尼率]	2.28	dʑjwɨ	人姓,饰物?
06.2602	𗂊	正[尼谷]	2.50	dʑio:w	堪,能,胜,可
06.2603	𗂋	正[尼谷]	2.50	dʑio:w	寒冷
06.2604	𗂌	正[尼顷]	2.32	dʑjwij	夏
06.2605	𗂍	正[尼顷]	2.32	dʑjwij	迁,徙
06.2606	𗂎	正[尼顷]	2.32	dʑjwij	粮
06.2607	𗂏	正[尼征]	2.32	dʑjij	人姓,[音]
06.2608	𗂐	正[尼征]	2.53	dʑiej	驱鬼者,巫师
06.2609	𗂑	正[尼率]	1.86	dʑjwɨ	碹,磨
06.2610	𗂒	正[细]	2.52	dʑju	饵
06.2611	𗂓	正[细]	2.52	dʑju	戏言,谲言

编号	西夏文	声类和汉字注音	声调韵类	拟音	汉义
06.2701	𗂔	正[尼长]	2.64	dʑjo	墨
06.2702	𗂕	正[挐]	1.81	dʑia	铡,刹,馅
06.2703	𗂖	正[抽合]	2.40	tɕʰɾjwoʔ?	奴,仆
06.2704	𗂗	正[尼责]	2.77	dʑjɨ	肛
06.2705	𗂘	正[尼追]	2.09	dʑjwi	床,座
06.2706	𗂙	正[女]	2.02	dʑju	遇,逢
06.2707	𗂚	正[女]	2.02	dʑju	鹤,𗂚𗂛箜篌
06.2708	𗂜	正[挐]	2.20	dʑia:	放牧
06.2709	𗂝	正[尼谷]	2.50	dʑio:w	面

编号	西夏文	声类和汉字注音	声调韵类	拟音	汉义
07.1101	𗂞①	正[尼周合]	2.40	dʑjwiw	饥,饿

① 写本第7页残失,以下方框内字据刻本补。

07.1102	𗫤	正[尼责]	2.77	ʣjɨˌ	晚产
07.1103	𗫣	正[尼争]	2.31	ʣiej	信
07.1104	𗪽	正[°狞]	2.31	ʣiej	轮,转,旋
07.1105	𗪼	正[挐]	2.20	ʣia:	跛,蹶
07.1106	𗪿	正[尼]	2.72	ʣjɨ	酥(乳酪)
07.1107	𗫠	正[尼长]	2.43	ʣio	驸马

编号	西夏文	声类和汉字注音	声调韵类	拟音	汉义
07.1201	𗫡	正[尼长]	2.43	ʣio	助,祐

07.13	𗤁𗤨				喉音

编号	西夏文	声类和汉字注音	声调韵类	拟音	汉义
07.1401	𗸑	喉[耶]	2.14	·ja	[音]
07.1402	𗸓	喉[哑]	2.20	·ia:	[音]
07.1403	𗸔	喉[依]	2.09	·ji	[音]
07.1404	𗸕	喉[无]	2.51	·wju̱	[音]
07.1405	𗸖	喉[讹]	2.42	·o	[音]
07.1406	𗸗	喉[盈]	2.32	·jij	[音]
07.1407	𗸘	喉[哑]	2.20	·ia:	[音]
07.1408	𗸙	喉[皇]	1.49	xo	彼,他
07.1409	𗸚	喉[乙]	2.77	·jɨˌ	歇,喘息,[音]
07.1410	𗸛	喉[易]	2.86	·ji:ˌ	伸,展

编号	西夏文	声类和汉字注音	声调韵类	拟音	汉义
07.1501	𗸜	喉[乙我]切	1.94	·jo:ˌ	胞囊,晚产子?
07.1502	𗸝	喉[乙我]切	1.94	·jo:ˌ	编织,结
07.1503	𗸞	喉[哑]	2.20	·ia:	[音]

07.16	𗴺𗴻𗴼𗴽𗴾	来日舌齿音

编号	西夏文	声类和汉字注音	声调韵类	拟音	汉义
07.1701	𗴺	来[领。]	2.33	ɫjij	先人名
07.1702	𗴻	来[领。]	2.33	ɫjij	牺,宰
07.1703	𗴼	来[ᵒ浪]	2.64	ɫjo̱	破烂,破碎
07.1704	𗴽	来[ᵒ浪]	2.64	ɫjo̱	擀毡
07.1705	𗴾	来[力。]	2.10	ɫji	本源
07.1706	𗴿	来[力。]	2.10	ɫji	生,𗴺𗴻师长,师傅
07.1707	𗵀	来[力。]	2.10	ɫji	徐徐,安详,渐渐

编号	西夏文	声类和汉字注音	声调韵类	拟音	汉义
07.2101	𗵁	来[力。]	2.10	ɫji	人姓
07.2102	𗵂	来[力。]	2.10	ɫji	𗵂𗵃产子
07.2103	𗵄	来[力。]	2.10	ɫji	敏捷
07.2104	𗵅	来[力。]	2.10	ɫji	虫名
07.2105	𗵆	来[力。]	2.10	ɫji	死,亡,葬,丧
07.2106	𗵇	来[力。]	2.10	ɫji	潮湿,淋
07.2107	𗵈	来[然]	2.22	ra^n	[音]
07.2108	𗵉	来[力扃]	2.54	ɫjwij	变幻

编号	西夏文	声类和汉字注音	声调韵类	拟音	汉义
07.2201	𗵊	来[ᵒ勒]	2.41	ɫe:w	有,在,俱,多(存在动词之一)
07.2202	𗵋	来[ᵒ勒]	2.41	ɫe:w	独,单,一
07.2203	𗵌	来[ᵒ勒]	2.41	ɫe:w	牲畜交配
07.2204	𗵍	来[ᵒ娄]	2.38	ɫew	细,长,尖端
07.2205	𗵎	来[ᵒ娄]	2.38	ɫew	解,脱

07.2206	𗹛	来[ᵈ六]	2.52	ꞏʝu	歌,咏,唱,浑曲？
07.2207	𗹜	来[ᵈ六]	2.52	ꞏʝu	竹,芭蕉
07.2208	𗹝	来[ᵈ六]	2.52	ꞏʝu	食,吃,吞
07.2209	𗹞	来[泪]？	2.28	ꞏʝwi	中间

编号	西夏文	声类和汉字注音	声调韵类	拟音	汉义
07.2301	𗹟	来[泪]？	2.28	ꞏʝwi	骤,暴,疾,速
07.2302	𗹠	来[ᵈ浪]	2.63	ꞏʈio	曾孙？玄孙？
07.2303	𗹡	来[ᵈ浪]	2.63	ꞏʈio	颈
07.2304	𗹢	来[ᵈ浪]	2.62	ꞏʈo	陋,旧
07.2305	𗹣	来[量。]	1.94	ꞏʈjoɹ	人姓
07.2306	𗹤	来[量。]	1.94	ꞏʈjoɹ	半庹,案,盘,𗹥𗹦筭,㧖𗹧市
07.2307	𗹨	来[量。]	1.94	ꞏʈjoɹ	桌,盘
07.2308	𗹩	来[量。]	1.94	ꞏʈjoɹ	场,市,阵
07.2309	𗹪	来[量。]	1.94	ꞏʈjoɹ	丈

编号	西夏文	声类和汉字注音	声调韵类	拟音	汉义
07.2401	𗹫	来[领。]	2.54	ꞏʝij	国,邦
07.2402	𗹬	来[领。]	2.54	ꞏʝij	人姓
07.2403	𗹭	来[领。]	2.54	ꞏʝij	骨骼？骨髓？
07.2404	𗹮	来[领。]	2.54	ꞏʝij	受,承,纳,𗹯𗹰灌顶
07.2405	𗹱	来[力。]	2.60	ꞏʝi	破,毁
07.2406	𗹲	来[力。]	2.60	ꞏʝi	下,降
07.2407	𗹳	来[力。]	2.60	ꞏʝi	擀毡

编号	西夏文	声类和汉字注音	声调韵类	拟音	汉义
07.2501	𗨧	来[力。]	2.60	ɬji	承,受
07.2502	𗨨	来[力。]	2.60	ɬji	月
07.2503	𗨩	来[力。]	2.60	ɬji	象,犀
07.2504—	①				?

编号	西夏文	声类和汉字注音	声调韵类	拟音	汉义
07.2601	𗨪	来	声韵不详		如,及
07.2602	𗨫	来[噜]	2.01	ɬu	增,盛,闰
07.2603	𗨬	来[噜]	2.01	ɬu	产婴
07.2604—	②				

编号	西夏文	声类和汉字注音	声调韵类	拟音	汉义
07.2701	𗨭	来[°来]	2.31	ɬiej	光,平?
07.2702	𗨮	来[°来]	2.31	ɬiej	鉋(刨)?
07.2703	𗨯	来[哆则]	2.41	ze:w	忍,镇,持
07.2704	𗨰	来[哆则]	2.41	ze:w	遣,送,任,聘
07.2705	𗨱	来[哆则]	2.41	ze:w	檐
07.2706	𗨲	来[哆则]	2.41	ze:w	氅? 上衣?
07.2707	𗨳	来[哆则]	2.41	ze:w	焦?

编号	西夏文	声类和汉字注音	声调韵类	拟音	汉义
08.1101	𗨴	来[哆则]	2.41	ze:w	耙
08.1102	𗨵	来[令]	2.55	ljɨi	鬼,吊死鬼

①下缺数字。
②下缺数字。

08.1103	𗥑	来	韵类不详	ɬə	酥,酪
08.1104	𗥐	来[六。]	2.52	ɬju	获,得
08.1105	𗥒	来[口浪]	2.64	ɬjo	获,得
08.1106	𗥓	来[°辣]	2.57	ɬa	迷,惑,失
08.1107	𗥔	来[癞]	1.67	ɬji	麦
08.1108	𗥕	来[力。]	2.58	ɬe	人姓,虑?

编号	西夏文	声类和汉字注音	声调韵类	拟音	汉义
08.1201	𗥖	来[口浪]	1.51	ɬjo	失,丧,亡
08.1202	𗥗	来[°辣]	2.20	ɬia:	散落
08.1203	𗥘	来[癞]	2.60	ɬji	折,裂
08.1204	𗥙	来[°来]	2.30	ɬej	变,易,译,悔,庚(十天干之一)
08.1205	𗥚	来[勒合]	2.07	lwe	慢,缓,㸒俿留连
08.1206	𗥛	来[泪。]	2.10	ɬjwi	旧
08.1207	𗥜	来[口浪]	2.45	ɬo:	光亮,平光
08.1208	𗥝	来[六。]	1.59	ɬju	披(皮甲)

编号	西夏文	声类和汉字注音	声调韵类	拟音	汉义
08.1301	𗥞	来[口辣]	2.17	ɬja	柔,软
08.1302	𗥟	来[°力]	2.10	ɬji	畏,惧,怖,殘茷檄文
08.1303	𗥠	来[领]	2.55	ljɨɨ	依,蔽
08.1304	𗥡	来	声韵不详		银河,隙
	𗥢𗥣𗥤𗥥			河? 左河? 右	
08.1305	?				?

08.14	𗥦𗥧𗥨 ①			杂类竟

① 以下四行据西田龙雄抄本补。

08.15	𗂟𗫀𗣼𗣀𗤊𗆧?	提举中书授业全……
08.16	𗂟𗫀𗣼𗣀𗣼𗧘𗤊	提举中书提点……
08.17	𗤊? 𗣀𗫀	业……授意……

三　校勘篇

说　明

1. 校勘以《文海宝韵》写本与刻本互校，基本以刻本为准。刻本所缺则以《音同》乙本相校。乙本又缺，则参考甲本。

2. 各出校字条首列编号，后列该西夏字，再列出校内容，最后括弧中记刻本中该字的编号。

3. 编号中①为写本的平声，②为上声和入声，③为杂类。圆点之前的数字代表页数，之后的数字第一位代表面数（1页分的右、左两面分别为第1、2面），第二位代表行数，第三、第四位代表大字数。

4. 写本中有很多独字未标志者，校勘在编号后注明"独字"，并指出其在刻本中的编号；韵纽缺〇者，注明"缺〇"。

5. 写本的遗字、衍字、错字、残字及字迹不清者，注出原字出处或衍字韵属。

6. 写本缺残页面也尽量参考上述文献补充。杂类中部分字的补充参考西田龙雄教授的抄本。

7. 小字（字形和字义注释）有明显的错漏也随大字注出。

（一）平声部分校勘

①04.2606 鿊，独字（刻本6.111）

①05.1103 鿙，独字（刻本6.161）

①05.1104 鿚，独字（刻本6.162）

①05.1302 鿛，独字（刻本6.243）

①05.1303 鿜，独字（刻本6.251）

①05.1304 鿝，独字（刻本6.252）

①05.1305 鿞，独字（刻本6.261）

①05.1306 鿟，独字（刻本6.262）

①05.2103 鿠，此字误录（刻本7.261）

①05.2202 鿡，独字（刻本8.213）

①05.2505 鿢，独字（刻本8.263）

①05.2604 鿣，独字（刻本9.123）

①05.2701 鿤，不清，据（刻本9.143）补。

①05.2702 鿥，不清，据（刻本9.151）补。

①06.1101 鿦，独字（刻本9.211）

①06.1107 鿧，独字（刻本9.232）

①06.1305 鿨，此字误录（刻本10.121）

①06.1403 鿩，独字（刻本10.151）

①06.1604 鿪，缺〇（刻本10.253）

①06.1605 鿫，独字（刻本10.261）

①06.1704 鿬，独字（刻本11.121）

①06.1705 鿭，衍字，或与上一字音同。

①06.2103 鿮，独字（刻本11.152）

①06.2104 鿯，文字写法与刻本不同，与《音同》一致。

①06.2105 鿰，文字写法与刻本不同，与《音同》一致。

①06.2202 鿱，独字（刻本11.173）

①06.2203 鿲，独字（刻本11.211）

①06.2403 鿳，独字（刻本11.271）

①06.2404 鿴，独字（刻本11.272）字形注释第1字误。

①06.2405 鿵，独字（刻本12.111）

①06.2406 鿶，独字（刻本12.112）

①06.2407 鿷，独字（刻本12.121）

①06.2504 鿸，独字（刻本12.151）

①06.2505 鿹，独字（刻本12.152）

①06.2506 鿺，独字（刻本12.161）

①06.2507 鿻，独字（刻本12.162）

①06.2604 鿼，独字（刻本12.212）

①06.2605 鿽，独字（刻本12.221）

①06.2704 鿾，独字（刻本12.241）

①07.1105 鿿，独字（刻本13.112）

①07.1106 䀀，独字（刻本13.121）

①07.1407 䀁，独字（刻本13.251）

①07.1504 䀂，独字（刻本13.271）

①07.1601 䀃，独字（刻本13.272）

①07.2102 䀄，独字（刻本14.152）

①07.2103 䀅，独字（刻本14.161）

①07.2201 䀆，缺〇（刻本14.211）

①07.2204 䀇，独字（刻本14.221）

①07.2205 䀈，独字（刻本14.222）

①07.2206 䅳，独字（刻本 14.231）
①07.2207 䋚，独字（刻本 14.232）
①07.2208 䊒，独字（刻本 14.241）
①07.2303 䎵，独字（刻本 14.251）
①07.2406 䋦，独字（刻本 15.121）
①07.2502 下遗 1 字䋪，（刻本 15.141）
①07.2607 䆕，独字（刻本 15.222）
①08.1103 䆙，独字（刻本 15.271）
①08.1105 䑧，缺〇（刻本 16.111）
①08.1304 䘸，缺〇（刻本 16.161）
①08.1305 䧿，独字（刻本 16.162）
①08.1601 䧹，独字（刻本 16.272）
①08.1608 䒹，独字（刻本 17.141）
①08.1706 䑏，此字错录（刻本 17.163）
①08.2202 䕭，衍字。与上一字组成一词，两字并不同韵，抄录者误录于此。
①08.2405 䋑，独字（刻本 18.153）
①08.2502 䕨，独字（刻本 18.211）
①08.2503 䋙，独字（刻本 18.212）
①08.2504 䌨，独字（刻本 18.221）
①08.2505 䧵，独字（刻本 18.222）
①08.2506 䅺，独字（刻本 18.223）
①08.2507 䊕，独字（刻本 18.231）
①08.2508 䋒，衍字，可能与前一字字义相关而误录。
①08.2603 䕺，独字（刻本 18.242）
①08.2703 䕸，独字（刻本 18.271）
①08.2708 䕼，独字（刻本 19.122）
①09.1102 䖂，独字（刻本 19.131）
①09.1103 䆐，独字（刻本 19.133）
①09.1108 䊖，误录，此字上声 20 韵，与刻本正字同义。（正字见刻本 19.161）
①09.1205 䈹，独字（刻本 19.233）
①09.1302 䚟，独字（刻本 19.233）
①09.1306 䋓，衍字，平声 3 韵，与 6.132 重，与上一字同义而误录。
①09.1307 䅹，衍字，平声 7 韵，与 6.272 重，与上一字形近而误录。
①09.1403 䋘，独字（刻本 19.263）
①09.1404 䥗，独字（刻本 19.271）
①09.1405 䆚，独字（刻本 19.272）
①09.1502 字形注释第 1 字䋛误（刻本 20.121）
①09.1602 䚗，独字（刻本 20.152）
①09.1606 䋤，独字（刻本 20.171）
①09.1607 䒼，独字（刻本 20.172）
①09.1608 䧺，独字（刻本 20.212）
①09.1701 䋢，独字（刻本 20.213）
①09.1702 䆝，独字（刻本 20.221）
①09.1703 䙲，独字（刻本 20.222）
①09.1704 䅿，独字（刻本 20.231）
①09.1705 䑫，独字（刻本 20.232）
①09.1706 䒸，独字（刻本 20.241）
①09.2101 下遗一字䌃，缺〇（刻本 20.253）
字形注释第 3 字为所遗字。
①09.2102 䋕，独字（刻本 20.261）
①09.2103 䄵，独字（刻本 20.262）
①09.2104 䅲，独字（刻本 20.271）
①09.2105 䚝，独字（刻本 20.272）
①09.2106 䕲，独字（刻本 20.273）

①09.2107 㕥,独字(刻本21.111)

①09.2202 禠,独字(刻本21.121)

①09.2203 禣,独字(刻本21.122)

①09.2204 禤,独字(刻本21.131)

①09.2205 䩱,独字(刻本21.132)

①09.2208 䄉,独字(刻本21.143)

①09.2301 䄬,独字(刻本21.151)

①09.2302 䄎,独字(刻本21.152)

①09.2303 䖑,独字(刻本21.161)

①09.2304 豼,独字(刻本21.162)

①09.2401 䄘,独字(刻本21.213)

①09.2402 夋,独字(刻本21.221)

①09.2405 骇,独字(刻本21.232)

①09.2406 緜,独字(刻本21.241)

①09.2407 藬,独字(刻本21.242)

①09.2501 孍,独字(刻本21.251)

①09.2502 頑,独字(刻本21.252)

①09.2503 藏,独字(刻本21.253)

①09.2506 藭,独字(刻本21.271)

①09.2507 緷,独字(刻本21.272)

①09.2608 燚,独字(刻本22.141)

①10.1101 叜,缺○(刻本22.211)

①10.1406 祥,独字(刻本23.212)

①10.1502 此字错录,独字(刻本23.223 較)

①10.1601 㷿,缺○(刻本23.262)

①10.1602 骏,独字(刻本23.271)

①10.1603 䛆,衍字(刻本23.271),与上字同为译音字,音相近而误录。

①10.1702 蕆,缺○(刻本24.132)

①10.1706 裒,缺○(刻本24.152)

①10.2103 㢩,独字(刻本24.112)

①10.2111 䕃,独字(刻本24.242)

①10.2301 䕷,独字(刻本25.121)

①10.2302 緻,独字(刻本25.122)

①10.2406 㣲,独字(刻本25.211)

①10.2407 藘,独字(刻本25.212)

①10.2506 㢚,独字(刻本25.251)

①10.2508 纞,缺○(刻本25.253)

①10.2603 屃,缺○(刻本26.111)

①10.2608 袆,独字(刻本26.131)

①10.2701 祴,不清(据刻本26.141补)

①10.2704 㹁,独字(刻本26.151)

①10.2705 昮,独字(刻本26.152)

①10.2708 䎸,独字(刻本26.171)

①11.1101 㣲,独字(刻本26.172)

①11.1106 㻠,独字(刻本26.222)

①11.1403 䋙,独字(刻本27.162)

①11.2106 㐹,独字(刻本28.222)

①11.2107 羢,独字(刻本28.231)

①11.2108 䴲,独字(刻本28.232)

①11.2109 恫,衍○,(刻本28.233)

①11.2110 藬,此字非21韵目代表字,而是与上字同音的一般大字。

①11.2206 蔋,此字非22韵目代表字,而是一般大字。

以下漏抄刻本29页一页而遗30字(刻本29.111—29.273),其中有20韵10字,21韵17字,22韵3字,此外,还有21、22韵的代表字。

①11.2209 莽,独字(刻本30.121)

①11.2301 㿟,独字(刻本30.122)

①11.2305 䨱,独字(刻本30.134)

①11.2306 㲺，独字（刻本 30.141）
①11.2401 𗅠，独字（刻本 30.161）
①11.2404 𗆌，独字（刻本 30.171）
①11.2405 𗆍，独字（刻本 30.211）
①11.2503 𗆎，独字（刻本 30.241）
①11.2505 𗆏，字形注释缺 1 字，见（刻本 30.251）
①11.2601 𗆐，缺○（刻本 30.262）
①11.2604 𗆑，缺○（刻本 31.111）
①11.2605 𗆒，独字（刻本 31.112）
①11.2606 𗆓，与下一字倒置（刻本 31.121）
①11.2607 𗆔，与上一字倒置（刻本 31.113）
①11.2701 𗆕，独字（刻本 31.133）
①11.2707 𗆖，缺○（刻本 31.162）
①11.2708 𗆗，独字（刻本 31.163）
①11.2709 𗆘，独字（刻本 31.171）
①11.2710 𗆙，独字（刻本 31.172）
字形注释出现大字。
①12.1103 𗆚，独字（刻本 31.221）
①12.1201 𗆛，缺○（刻本 31.252）
①12.1202 𗆜，独字（刻本 31.253）
①12.1203 𗆝，独字（刻本 31.261）
①12.1205 𗆞，缺○（刻本 31.271）
①12.1206 𗆟，独字（刻本 31.272）
①12.1207 𗆠，独字（刻本 32.111）
①12.1208 𗆡，独字（刻本 32.112）
①12.1301 𗆢，前遗本韵第一字𗆣（刻本 32.121），缺○（刻本 32.122）
①12.1302 𗆤，独字（刻本 32.131）
①12.1303 𗆥，独字（刻本 32.132）

①12.1304 𗆦，独字（刻本 32.141）
①12.1305 𗆧，独字（刻本 32.142）
①12.1306 𗆨，独字（刻本 32.151）
①12.1307 𗆩，独字（刻本 32.152）
①12.1308 𗆪，独字（刻本 32.161）
①12.1309 𗆫，独字（刻本 32.162）
①12.1401 𗆬，独字（刻本 32.172）
①12.1404 𗆭，独字（刻本 32.213）
①12.1405 𗆮，独字（刻本 32.221）
①12.1406 𗆯，独字（刻本 32.222）
①12.1407 𗆰，独字（刻本 32.231）
①12.1408 𗆱，独字（刻本 32.232）
①12.1409 𗆲，独字（刻本 32.241）
①12.1410 𗆳，独字（刻本 32.242）
①12.1501 𗆴，独字（刻本 32.251）
①12.1502 𗆵，独字（刻本 32.252）
①12.1503 𗆶，独字（刻本 32.253）
①12.1603 𗆷，缺○（刻本 33.122）
①12.1605 𗆸，缺○（刻本 33.132）
①12.1610 𗆹，与下一字倒置（刻本 33.162）
①12.1611 𗆺，与上一字倒置（刻本 33.161）
①12.1706 𗆻，缺○（刻本 33.222）
①12.1801 𗆼，缺○（刻本 33.251）
①12.1802 𗆽，独字（刻本 33.252）
①12.2111 𗆾，缺○（刻本 34.152）
①12.2201 𗆿，独字（刻本 34.153）
①12.2203 𗇀，缺○（刻本 34.162）
①12.2206 𗇁，独字（刻本 34.153）
①12.2307 𗇂，独字（刻本 34.243）
①12.2402 𗇃，缺○（刻本 34.271）

①12.2405䫋,缺○(刻本35.111)

①12.2408�,独字(刻本35.122)

①12.2502䐉,独字(刻本35.132)

①12.2503䕯,独字(刻本35.141)

①12.2504䘣,独字(刻本35.142)

①12.2505䌷,独字(刻本35.151)

①12.2506䍻,独字(刻本35.152)

①12.2507䡹,与下一字倒置(刻本35.162)

①12.2508䌸,与上一字倒置(刻本35.161)

①12.2509䩉,缺○(刻本35.171)

①12.2608䌡,缺○(刻本35.231)

①12.2609凄,独字(刻本35.232)

①12.2610䌻,独字(刻本35.241)

①12.2611䍖,独字(刻本35.242)

①13.1101韵目代表字残,据刻本补䍙(刻本36.112)

①13.1102䕥,独字(刻本36.112)

①13.1103䕧,独字(刻本36.121)

①13.1205䕲,缺○(刻本36.161)

①13.1209 䕾 ,下遗一字䕲(刻本36.221)

①13.1304䍙,字形注释第1字无关,见(刻本36.232)

①13.1307䕵,独字(刻本36.242)

①13.1404 䍗 ,下遗一字䩍(刻本36.271)

①13.1406䍛,缺○(刻本36.273)

①13.1501䕰,独字(刻本37.121)

①13.1505䍝,独字(刻本37.141)

①13.2106䍜,缺○(刻本37.262)

①13.2107䍟,独字(刻本37.271)

①13.2201 䡦 ,上遗一字䕺(刻本38.111)

①13.2304䌾,缺○(刻本38.151)

①13.2507䌽,独字(刻本38.243)

①13.2707䕫,独字(刻本38.132)

①14.1202䌸,独字(刻本39.213)

①14.1203䍎,独字(刻本39.221)

①14.1307䍊,独字(刻本39.272)

①14.1308䌼,独字(刻本40.111)

①14.1402䕪,缺○(刻本40.121)

①14.1403䌹,独字(刻本40.122)

①14.1407䌣,缺○(刻本40.141)

①14.1507䧗,独字(刻本40.172)

①14.1601䍔,独字(刻本40.211)

①14.1703䡧,独字(刻本40.242)

①14.1705䌺,缺○(刻本40.261)

①14.2102䌬,独字(刻本41.111)

①14.2105 䌮 ,字形注释出现大字,误。

①14.2107䕬,独字(刻本41.132)

①14.2108䍉,独字(刻本41.141)

①14.2109䌷,独字(刻本41.142)

①14.2207䕢,独字(刻本41.172)

①14.2301䍀,独字(刻本41.211)

①14.2306䌷,独字(刻本41.232)

①14.2307䕣,独字(刻本41.241)

①14.2308䕤,独字(刻本41.242)

①14.2403䌩,独字(刻本41.261)

①14.2501䌽,独字(刻本42.121)

①14.2505䍍,独字(刻本42.141)

①14.2506䍐,独字(刻本42.142)

①14.2507㸚，独字（刻本42.143）

①14.2508㺩，独字（刻本42.151）

①14.2601頌，独字（刻本42.152）

①14.2602㭠，独字（刻本42.161）

①14.2605㺼，上遗一字㺵（刻本42.173）

缺○（刻本42.211）

①14.2608㸽，独字（刻本42.222）

①14.2609㲰，独字（刻本42.231）

①14.2704糀，独字（刻本42.242）

①14.2705㸝，独字（刻本42.251）

①15.1101㥦，独字（刻本42.261）

①15.1102㺋，独字（刻本42.262）

①15.1103�骉，独字（刻本42.263）

①15.1104㹌，独字（刻本42.271）

①15.1105㹟，独字（刻本42.272）

①15.1106蕟，独字（刻本43.111）

①15.1201㹒，独字（刻本43.112）

①15.1206㥦，独字（刻本43.132）

①15.1207㽼，独字（刻本43.141）

①15.1305繕，缺○（刻本43.163）

①15.1401㽷，缺○（刻本43.211）

①15.1407㿝，独字（刻本43.232）

①15.1503㥻，独字（刻本43.252）

①15.1601䩏，独字（刻本44.113）

①15.1602㸛，独字（刻本44.121）

①15.1603㺗，独字（刻本44.122）

①15.1604㹋，独字（刻本44.131）

①15.1703㽅，独字（刻本44.152）

①15.1704㺓，独字（刻本44.161）

①15.2101㿕，缺○（刻本44.211）

① 15.2102 㽶 ，上遗一字（刻本44.212）

①15.2108䩋，独字（刻本44.242）

①15.2109㽾，独字（刻本44.243）

①15.2207㺳，缺○（刻本45.112）

①15.2302㽺，独字（刻本45.122）

①15.2303㹲，独字（刻本45.131）

①15.2306㦂，缺○（刻本45.142）

①15.2307䩊，独字（刻本45.151）

①15.2402�，缺○（刻本45.162）

①15.2406—16.1503系刻本所缺，刻本应为45页左面—47页右面，计62字，其中35韵16字，36韵36字，可补刻本。

①15.2406㽹，衍○

①15.2407㺷，缺○

①15.2603㨫，缺○

①15.2604�骉，独字

①15.2605㺤，独字

①15.2606㺎，独字

①16.1102䤶，缺○

①16.1103祄，独字

①16.1110㿏，缺字（音同乙本3.244）

①16.1208䥻，独字

①16.1401㽶，衍字。与上一字字形相近，音同，声调不同，属上声33韵，抄录者误录于此。

①16.1507䈿，独字（刻本47.223）

①16.1603㺬，独字（刻本47.243）

①16.1608㽸，独字（刻本47.271）

①16.2107繕，下遗一字㽿（刻本48.162）

①16.2202㹭，独字（刻本48.172）

①16.2203 ▢,独字(刻本48.211)

①16.2204 ▢,独字(刻本48.212)

①16.2205 ▢,独字(刻本48.221)

①16.2206 ▢,独字(刻本48.222)

①16.2303 ▢,独字(刻本48.243)

①16.2304 ▢,独字(刻本48.251)

①16.2308 ▢,独字(刻本48.271)

①16.2309 ▢,独字(刻本48.272)

①16.2401 ▢,独字(刻本49.111)

①16.2403 ▢,独字(刻本49.121)

①16.2404 ▢,独字(刻本49.122)

①16.2405 ▢,独字(刻本49.131)

①16.2406 ▢,独字(刻本49.132)

①16.2504 ▢,独字(刻本49.152)

①16.2505 ▢,独字(刻本49.161)

①16.2507 ▢,缺〇(刻本49.171)

① 16.2602 此 字 错 (正 字 见 刻 本 49.212 ▢)

①16.2604 ▢,独字(刻本49.221)

①16.2608 ▢,独字(刻本49.241)

①16.2701 ▢,残,据刻本补,独字(刻本49.242)

①16.2708 ▢,独字(刻本49.272)

①17.1107 ▢,独字(刻本50.132)

①17.1205 ▢,独字(刻本50.163)

①17.1206 ▢,独字(刻本50.171)

①17.1207 ▢,独字(刻本50.172)

① 17.1305 此 字 误 (正 字 见 刻 本 50.222 ▢)

①17.1402 ▢,独字(刻本50.232)

①17.1407 ▢,独字(刻本50.261)

①17.1408 ▢,独字(刻本50.262)

①17.1602 ▢,独字(刻本51.123)

①17.1603 ▢,独字(刻本51.131)

①17.1605 ▢,独字(刻本51.141)

①17.1608 ▢,独字(刻本51.151)

①17.1609 ▢,独字(刻本51.152)

①17.1610 ▢,独字(刻本51.161)

①17.1705 ▢,独字(刻本51.173)

①17.2102 ▢,独字(刻本51.231)

①17.2103 独字(刻本51.232)

①17.2106 ▢,独字(刻本51.251)

①17.2108 ▢,缺〇(刻本51.261)

①17.2201 ▢,缺〇(刻本51.271)

①17.2202 ▢,独字(刻本51.272)

①17.2203 ▢,独字(刻本52.111)

①17.2204 ▢,独字(刻本52.112)

①17.2307 ▢,独字(刻本52.162)

①17.2308 ▢,独字(刻本52.171)

①17.2403 ▢,独字(刻本52.211)

①17.2404 ▢,独字(刻本52.212)

①17.2604 ▢,缺〇(刻本53.112)

①17.2701 ▢,独字(刻本53.131)

①17.2702 ▢,独字(刻本53.132)

①18.1102 ▢,独字(刻本53.152)

①18.1103 ▢,独字(刻本53.161)

①18.1104 ▢,独字(刻本53.152)

①18.1105 ▢,独字(刻本53.162)

① 18.1108 此 字 错 (正 字 见 刻 本 53.172 ▢)

①18.1201 ▢,独字(刻本53.211)

①18.1202 ▢,独字(刻本53.212)

①18.1203 ▢,独字(刻本53.221)

①18.1207 ▢,独字(刻本53.233)

①18.1208 偒 ,独字(刻本 53.241)

①18.1301 姕 ,独字(刻本 53.242)

①18.1306 竪 ,独字(刻本 53.262)

①18.1307 刜 ,独字(刻本 53.271)

①18.1403 憪 ,独字(刻本 54.112)

①18.1404 敊 ,独字(刻本 54.113)

①18.1407 澸 ,独字(刻本 54.131)

①18.1508 猭 ,独字(刻本 54.162)

①18.1603 瓾 ,缺○(刻本 54.172)

①18.1604 頑 ,独字(刻本 54.211)

①18.1606 粃 ,缺○(刻本 54.213)字形注释出现大字,误。

①18.1702 此字错,独字(正字见刻本 54.231 襪)

①18.1703 龥 ,独字(刻本 54.232)

①18.1704 梳 ,独字(刻本 54.241)

①18.1707 縁 ,独字(刻本 54.251)

①18.1708 飜 ,独字(刻本 54.252)

①18.1709 綴 ,独字(刻本 54.261)

①18.2101 觙 ,下遗一字 骸(见刻本 54.271)

①18.2110 敳 ,独字(刻本 55.131)

①18.2201 觧 ,独字(刻本 55.132)

①18.2202 毷 ,独字(刻本 55.141)

①18.2206 饧 ,独字(刻本 55.161)

①18.2209 觬 ,衍字,与上字为同义字,上声 10 韵

①18.2302 瓶 ,缺○(刻本 55.171)

①18.2307 斑 ,独字(刻本 55.221)

①18.2503 瓻 ,独字(刻本 55.273)

①18.2603 緰 ,独字(刻本 56.133)

①18.2708 羲 ,缺○(刻本 56.213)

①19.1103 菀 ,与下一字倒置(刻本 56.233)

①19.1104 霖 ,与上一字倒置(刻本 56.232)

①19.1107 鲜 ,缺○(刻本 56.251)

①19.1302 禯 ,独字(刻本 57.122)

①19.1404 猝 ,独字(刻本 57.162)

①19.1405 儸 ,独字(刻本 57.163)

①19.1406 薆 ,独字(刻本 57.171)

①19.1501 翥 ,独字(刻本 57.221)

①19.1505 獢 ,独字(刻本 57.231)

①19.1506 瓶 ,独字(刻本 57.232)

①19.1507 缀 ,独字(刻本 57.241)

①19.1608 此字错(正字见刻本 57.273 薮)

①19.1708 嶷 ,独字(刻本 58.152)

①19.2101 狚 ,独字(刻本 58.161)

①19.2103 菀 ,此字误录,应为 毉 。缺○(刻本 58.171)

①19.2104 繝 ,独字(刻本 58.172)

①19.2107 灑 ,独字(刻本 58.212)

①19.2108 猊 ,独字(刻本 58.221)

①19.2109 繩 ,独字(刻本 58.222)

①19.2201 蹳 ,独字(刻本 58.231)

①19.2203 刻 ,下遗一字 猔 ,独字(刻本 58.242)

①19.2206 蘲 ,独字(刻本 58.261)

①19.2304 薇 ,与下一字倒置(刻本 59.112)

①19.2305 敊 ,与上一字倒置(刻本 59.111)

①19.2306 扁 ,独字(刻本 59.121)

①19.2307 𗂁，独字（刻本59.122）

①19.2308 𗧘，独字（刻本59.123）

①19.2401 𗼷，独字（刻本59.131）

①19.2402 𗤋，独字（刻本59.141）

①19.2403 此字错，独字（正字见刻本59.142 𗮐）

①19.2404 𗊊，独字（刻本59.151）

①19.2405 𗭍，独字（刻本59.152）

①19.2406 𗫱，独字（刻本59.161）

①19.2408 𗰜，缺○（刻本59.171）

①19.2502 𗴜，独字（刻本59.211）

①19.2506 𗤃，独字（刻本59.223）

①19.2709 𗊯，独字（刻本60.151）

①20.1105 𗫥，缺○（刻本60.172）

① 20.1106 𗮩，下遗一字（刻本60.212）

①20.1301 𗮣，独字（刻本60.252）

①20.1304 𗊮，独字（刻本60.271）

①20.1305 𗴥，独字（刻本60.272）

①20.1306 𗴩，独字（刻本61.111）

①20.1307 𗴧，独字（刻本61.112）

①20.1402 𗮍，独字（刻本61.131）

①20.1403 𗧟，独字（刻本61.132）

①20.1405 𗧣，与下一字倒置（刻本61.151）

①20.1406 𗧤，与上一字倒置（刻本61.142）

缺○（刻本61.151）

①20.1407 𗧠，独字（刻本61.152）

①20.1408 𗴦，独字（刻本61.161）

①20.1409 𗮈，独字（刻本61.162）

①20.1502 𗫾，缺○（刻本61.172）

①20.1503 𗫿，独字（刻本61.211）

①20.1504 𗫽，独字（刻本61.212）

①20.1505 𗊰，独字（刻本61.221）

①20.1606 𗮌，刻本中在20.171后（刻本61.263）

①20.1705 𗫼，独字（刻本62.112）

①20.2104 𗧡，缺○（刻本62.151）

①20.2105 𗧢，独字（刻本62.152）

①20.2106 𗴨，独字（刻本62.161）

①20.2107 𗫻，独字（刻本62.162）

下遗一字 𗴣，独字（刻本62.171）

①20.2202 𗮎，独字（刻本62.212）

①20.2203 𗮏，独字（刻本62.213）

①20.2204 𗴢，此字误，为上声24韵，与正字 𗮇 音近（刻本62.221）

①20.2503 𗴡，独字（刻本63.143）

①20.2504 𗴠，独字（刻本63.151）

①20.2601 𗧞，缺○（刻本63.171）

①20.2606 𗴟，独字（刻本63.222）

①20.2607 𗮅，独字（刻本63.231）

①20.2608 𗮆，独字（刻本63.232）

①20.2701 𗫺，缺○（刻本63.252）

①21.1107 𗤊，不清，据刻本补，独字（64.141）

①21.1201 独字（刻本64.142）

①21.1202 𗮄，独字（刻本64.151）

①21.1401 𗮃，下遗一字 𗴞，独字（刻本64.242）

①21.1403 𗰛，独字（刻本64.251）

①21.1404 𗴝，独字（刻本64.261）

①21.1501 𗤉，下遗一字，独字 𗰚（刻本65.112）

①21.1505 㣇，独字（刻本65.132）
①21.1702 𗁅，独字（刻本65.213）
①21.2102 㸝，独字（刻本65.251）
①21.2103 𗃮，独字（刻本65.252）
①21.2104 𗄊，独字（刻本65.261）
①21.2105 𗅎，独字（刻本65.266）
①21.2106 𗆐，独字（刻本65.271）
①21.2107 𗇑，独字（刻本65.272）
①21.2108 𗈒，独字（刻本65.273）
①21.2109 𗉓，独字（刻本66.111）
①21.2203 𗊔，缺○（刻本66.123）
①21.2208 𗋕，独字（刻本66.143）
①21.2302 𗌖，独字（刻本66.161）
①21.2305 𗍗，缺○（刻本66.172）
①21.2503 𗎘，独字（刻本66.253）
①21.2504 𗏙，独字（刻本66.261）
①21.2505 𗐚，独字（刻本66.262）
①21.2701 𗑛，残，据刻本补（刻本67.152）
①21.2702 𗒜，缺○（刻本67.161）
①22.1202 𗓝，下遗一字𗔞（刻本68.111）
①22.1203 𗕟，缺○（刻本68.112）
①22.1303 𗖠，独字（刻本68.152）
①22.1402 𗗡，独字（刻本68.172）
下遗一字𗘢，（刻本68.211）
①22.1403 𗙣，独字（刻本68.212）
①22.1404 𗚤，独字（刻本68.221）
①22.1405 𗛥，独字（刻本68.222）
①22.1503 𗜦，衍字，为平声75韵，与上字近义（刻本68.251）
①22.1505 𗝧，独字（刻本68.261）
①22.1601 𗞨，独字（刻本68.272）
①22.1602 𗟩，独字（刻本69.111）
①22.1603 𗠪，独字（刻本69.112）
①22.1705 𗡫，缺○（刻本69.161）
①22.1707 𗢬，独字（刻本69.172）
①22.2108 𗣭，独字（刻本69.241）
①22.2202 𗤮，独字（刻本69.261）
①22.2208 𗥯，独字（刻本70.112）
①22.2301 𗦰，独字（刻本70.121）
①22.2501 𗧱，此字错（刻本70.222）
①22.2502 𗨲，独字（刻本70.231）
①22.2504 𗩳，下遗一字𗪴（刻本70.242）
①22.2603 𗫵，独字（刻本70.271）
①22.2604 𗬶，上遗一字𗭷（刻本70.272）
①22.2605 𗮸，独字（刻本71.112）
①22.2701 𗯹，残，据刻本补𗯹（刻本71.121）
①22.2702 𗰺，缺○（刻本71.122）
①22.2703 𗱻，独字（刻本71.131）
①23.1101 𗲼，残，据刻本补𗲼（刻本71.153）
①23.1105 𗳽，缺，据刻本补𗴾，有○（刻本71.172）
①23.1106 𗵿，缺，据刻本补𗵿，独字（刻本71.211）
①23.1201 𗶀，独字（刻本71.212）
①23.1205 𗷁，独字（刻本71.232）
①23.1206 𗸂，独字（刻本71.241）
①23.1207 𗹃，独字（刻本71.242）
①23.1401 𗺄，独字（刻本71.272）

字形注释比刻本少1字,误。

①23.1402 燚,下遗一字 𤑔(刻本72.112)

①23.1501 𥴟,独字(刻本72.122),字形注释第1指示字"头"误,应为"心"。

①23.1502 𦆁,独字(刻本72.131)

①23.1503 𦇻,独字(刻本72.141)

①23.1504 𦆷,衍字,为杂类,平声,喉音,与上字近义,形似(刻本杂9.171)

①23.1704 𥘵,缺○(刻本72.221)

下遗一字 𦗟,独字(刻本72.222)

①23.2102 𦈳,独字(刻本72.241)

①23.2103 𤲟,独字(刻本72.242)

①23.2202 𦇷,独字(刻本72.262)

①23.2301 𦒃,独字(刻本73.112)

①23.2404 𤲸,缺○(刻本73.152)

①23.2406 𤦜,缺○(刻本73.162)

①23.2504 𤐩,独字(刻本73.222)

①23.2508 𦆈,独字(刻本73.251)

①23.2605 𦆊,独字(刻本73.272)

①23.2606 𦉑,独字(刻本74.111)

①23.2607 𦇮,独字(刻本74.112)

①23.2701 𤷷,独字(刻本74.121)

①23.2702 𦇑,独字(刻本74.122)

①23.2703 𦉫,独字(刻本74.131)

①24.1104 𤼑,缺○(刻本74.162)

①24.1202 𤸟,缺○(刻本74.211)

①24.1205 𦅀,独字(刻本74.231)

①24.1206 𦉤,独字(刻本74.232)

①24.1301 𤼍,独字(刻本74.241)

①24.1304 𦈻,独字(刻本74.252)

①24.1307 𥴽,缺○(刻本74.263)

①24.1308 𥘷,独字(刻本74.271)

①24.1402 𦆫,缺○(刻本75.112)

①24.1403 𦇖,独字(刻本75.121)

①24.1501 𤺮,缺○(刻本75.142)

字形注释缺1字,不确

①24.1601 𤑫,独字(刻本75.172)

①24.1602 𥀹,独字(刻本75.211)

①24.1701 𥱜,独字(刻本75.241)

①24.1702 𦇌,独字(刻本75.242)

①24.1703 𠜱,上遗一字(刻本75.251)

①24.2103 𥘹,独字(刻本76.122)

①24.2202 𥤦,独字(刻本76.152)

①24.2206 𦇛,独字(刻本76.172)

①24.2207 𤺂,独字(刻本76.211)

①24.2303 𥩳,缺○(刻本76.231)

①24.2304 𥀻,独字(刻本76.232)

①24.2305 𦅋,独字(刻本76.241)

①24.2306 𤑖,独字(刻本76.251)

①24.2402 此字错(正字在刻本76.271 𤑈)

①24.2407 𦇸,下遗二字 𦇹、𦒁,缺○(刻本77.131)(刻本77.132)

①24.2501 𥣳,上遗一字 𦇺(刻本77.142)

①24.2604 𥄟,缺○(刻本77.232)

①24.2702 𦇒,独字(刻本77.252)

①24.2703 此字错,独字(正字见刻本77.261 𥹇)

①24.2706 𦄝,独字(刻本77.272)

①25.1102 𦄨,独字(刻本78.121)

字形注释第2指示字被"下"误,应为瓻"头"。

①25.1103 𧕴,独字(刻本78.122)

①25.1104 䃺,独字(刻本78.131)

①25.1105 㸡,独字(刻本78.132)

①25.1204 䲆,独字(刻本78.161)

①25.1206 𧸛,此字刻本无,《音同》乙本与上字䏶 音同

①25.1302 䶄,独字(刻本78.221)

①25.1303 㛺,独字(刻本78.222)

①25.1304 㺊,独字(刻本78.231)

①25.1306 㚞,缺○(刻本78.241)

①25.1404 㬦,缺○(刻本78.261)

①25.1405 縆,独字(刻本78.262)

①25.1406 祥,独字(刻本78.271)

①25.1407 䖂,独字(刻本79.111)

①25.1501 㹊,独字(刻本79.112)

①25.1502 㷄,独字(刻本79.121)

①25.1505 㓆,下遗一字㿋(刻本79.132)

①25.1603 㹨,独字(刻本79.161)

①25.1604 禟,独字(刻本79.162)

①25.1606 㸭,缺○(刻本79.221)

①25.1703 㿤,缺○(刻本79.231)

①25.2103 㹡,此字错,独字(刻本79.271)

①25.2104 㻩,独字(刻本79.271)

①25.2203 縰,独字(刻本80.131)

①25.2204 㺂,独字(刻本80.132)

①25.2305 㲞,独字(刻本80.153)

①25.2402 帆,独字(刻本80.173)

①25.2403 䩯,独字(刻本80.211)

①25.2407 㲘,独字(刻本80.231)

①25.2504 䘥,缺○(刻本80.251)

①25.2505 糒,独字(刻本80.252)

①25.2506 骹,独字(刻本80.253)

①26.1102 蕵,独字(刻本81.142)

①26.1103 緩,上遗一字薇(刻本81.151)

①26.1204 㥡,残,据刻本补(刻本81.221)

①26.1207 靳,缺○(刻本81.232)

①26.1305 㹜,独字(刻本81.262)

①26.1306 僄,独字(刻本81.271)

①26.1405 㩴,缺○(刻本82.132)

①26.1502 㹍,缺○(刻本82.152)

①26.1503 㾛,独字(刻本82.161)

①26.1602 㾨,缺○(刻本82.231)

①26.1701 䶄,独字(刻本82.241)

①26.1702 䝓,独字(刻本82.251)

①26.1703 㲂,独字(刻本82.252)

①26.1704 㭫,独字(刻本82.261)

①26.1705 㲹,独字(刻本82.271)

①26.2103 獬,独字(刻本83.122)

①26.2201 緎,独字(刻本83.151)

①26.2206 㺝,缺○(刻本83.172)

①26.2301 祕,独字(刻本83.211)

①26.2302 䕨,独字(刻本83.212)

①26.2303 㺃,独字(刻本83.221)

①26.2304 㹒,独字(刻本83.231)

①26.2401 縫,独字(刻本83.241)

①26.2402 㿐,独字(刻本83.251)

①26.2403 䡮,独字(刻本83.252)

①26.2404 䥜,独字(刻本83.261)

①26.2405 𦥑，独字（刻本83.262）

① 26.2406 此字错（正字见刻本 83.271 𦥑）

①26.2501 𥛠，缺○（刻本84.111）

①26.2502 𦘔，独字（刻本84.112）

①26.2503 𧤀，独字（刻本84.121）

①26.2702 𦦙，独字（刻本84.162）

①27.1101 𧣤，独字（刻本84.211）

①27.1104 𧰼，独字（刻本84.231）

①27.1105 𧈄，独字（刻本84.232）

①27.1202 𤧛，与下一字倒置（刻本 84.251）

①27.1203 𧓐，与上一字倒置（刻本 84.252）

下遗一字（刻本84.253）

①27.1206 𦣏，独字（刻本84.261）

①27.1207 𣴑，独字（刻本84.271）

①27.1208 𤲞，缺○（刻本85.111）

① 27.1302 𠊳，下遗一字 𠤏（刻本 85.123）

①27.1401 𤑊，独字（刻本85.152）

①27.1402 𣂸，独字（刻本85.161）

①27.1404 𧹀，缺○（刻本85.172）

①27.1501 𦙣，独字（刻本85.221）

①27.1502 𩠈，衍字，为上声58韵，与上字近义。

①27.1605 𣲍，字形注释出现大字，误。

①27.1705 𣴆，缺○（刻本86.121）

①27.1706 𣻵，独字（刻本86.122）

①27.1707 𨍌，独字（刻本86.131）

①27.1804 𧮰，独字（刻本86.152）

①27.2101 𣻴，上衍○（刻本86.171）

①27.2102 𢽞，独字（刻本86.211）

① 27.2107 𣻚，上遗一字 𣻚（刻本 86.232）

①27.2202 𧠫，独字（刻本86.251）

①27.2205 𪗈，独字（刻本86.262）

①27.2304 𤭜，缺○（刻本87.131）

①27.2305 𣴙，独字（刻本87.132）

①27.2306 𩔁，独字（刻本87.141）

①27.2307 𧵂，独字（刻本87.142）

①27.2308 𤩀，独字（刻本87.151）

①27.2403 𥙆，独字（刻本87.162）

①27.2404 𨹛，独字（刻本87.171）

①27.2405 𤲟，独字（刻本87.172）

① 27.2501 此字错（正字在刻本 87.221 𧝓）

①27.2503 𤔀，独字（刻本87.231）

①27.2504 𦏥，独字（刻本87.232）

①27.2506 𧗕，缺○（刻本87.242）

①27.2507 𥉺，独字（刻本87.251）

①27.2601 𤲙，独字（刻本87.252）

①27.2607 𥛥，缺○（刻本88.112）

①27.2608 𪘏，独字（刻本88.121）

①27.2701 𤜛，残，据刻本补，独字（刻本88.122）

①27.2705 𦙦，独字（刻本88.141）

下遗一字（刻本88.151）

①27.2706 𧯜，缺○（刻本88.152）

①27.2707 𤛜，独字（刻本88.161）

①28.1101 𤲛，独字（刻本88.162）

①28.1102 𥙎，独字（刻本88.171）

①28.1107 𧧋，缺○（刻本88.222）

①28.1108 萧 ,独字(刻本 88.231)

①28.1201 此字错,独字(正字在刻本 88.232 㸌)

①28.1202 純 ,独字(刻本 88.241)

①28.1203 蔃 ,独字(刻本 88.251)

①28.1204 絼 ,独字(刻本 88.252)

①28.1205 㑥 ,独字(刻本 88.261)

①28.1206 纕 ,独字(刻本 88.262)

①28.1301 荻 ,独字(刻本 89.111)

①28.1303 縰 ,缺○(刻本 89.121)

①28.1304 糿 ,独字(刻本 89.122)

①28.1307 舕 ,独字(刻本 89.141)

①28.1308 蕌 ,独字(刻本 89.142)

①28.1401 颰 ,刻本在下 3 字后(刻本 89.162)

①28.1403 緩 ,刻本在上 2 字前(刻本 89.151)

①28.1502 㥦 ,独字(刻本 89.222)

①28.1505 骸 ,下遗一字 蕧 (刻本 89.251)

①28.1506 弹 ,缺○(刻本 89.252)

①28.1602 馸 ,独字(刻本 89.261)

①28.1603 裕 ,独字(刻本 89.271) 下遗一字 縱 (刻本 89.272)

①28.1604 縱 ,字形注释缺 1 字,不确。

①28.2205 縱 ,下遗一字 縱 (刻本 90.232)

①28.2302 㺾 ,独字(刻本 90.251)

①28.2303 觝 ,独字(刻本 90.252)

①28.2305 嬾 ,缺○(刻本 90.262)

①28.2401 茇 ,字形注释出现大字,误。

①28.2402 蒇 ,独字(刻本 91.112)

①28.2502 蠹 ,独字(刻本 91.131)

①28.2503 縿 ,独字(刻本 91.133)

①28.2506 縵 ,独字(刻本 91.151)

①28.2601 霢 ,独字(刻本 91.152)

①28.2605 缺○(刻本 91.172)

①28.2701 蠹 ,独字(刻本 91.211)

①28.2703 菠 ,缺○(刻本 91.221)

①28.2704 觎 ,独字(刻本 91.222)

①29.1102 毹 ,下遗二字 橤 (刻本 91.252),撬 、(刻本 91.261)

①29.1103 㠖 ,独字(刻本 91.271)

①29.1201 餀 ,缺○(刻本 92.112)

①29.1204 祣 ,独字(刻本 92.131)

①29.1304 敆 ,独字(刻本 92.161)

①29.1502 衞 ,独字(刻本 92.231)

①29.1503 結 ,独字(刻本 92.241)

①29.1504 纕 ,独字(刻本 92.242)

①29.1505 㵣 ,独字(刻本 92.251)

①29.1601 龘 ,缺○(刻本 92.261)

①29.1705 縰 ,独字(刻本 93.131)

①29.1706 蕛 ,缺○(刻本 92.132)

①29.2101 羿 ,独字(刻本 93.151)

（二）上声和入声部分校勘

②02.1502 𗣼，独字（据《音同》乙本 35A61）

②02.1601 𗣜，此字错（据《音同》乙本 30B24）

②02.2601 𗠆，独字（据《音同》乙本 36B74））

②02.2604 𗣛，缺○（据《音同》乙本 52B72）

②02.2606 𗣤，缺○（据《音同》乙本 11A38））

②02.2701 𗰆，独字（据《音同》乙本 41B71）

②03.1307 𗺗，独字（据《音同》乙本 8A41）

②03.1502 𗺈，此字错（据《音同》丁本 4B38）

②03.1503 𗺑，独字（据《音同》乙本 20B22）

②03.1504 𗼓，独字（据《音同》乙本 14B42）

②03.1604 𗘆，缺○（据《音同》乙本 26B55）

②03.1708 𗽨，独字（据《音同》乙本 46B24）

②03.1709 𗽝，独字（据《音同》甲本 54A32）

②03.2104 𗷊，独字（据《音同》乙本 19B43）

②03.2109 𗼜，字形注释出现大字，误

②03.2202 𗝓，为韵目，但陕内无此字，以韵目代本字（参见《音同》乙本 9B15）

②03.2206 𗷇，缺○（据《音同》乙本）

②03.2209 𗸗，独字（据《音同》乙本 25A72）

②03.2301 𗼃，此字错，应为𗼀（据《音同》乙本 42A47）

②03.2305 𗾋，缺○（据《音同》乙本 42A53）

②03.2308 𗾳，独字（据《音同》乙本 15A77）

②03.2407 𗽤，独字（据《音同》乙本 28A56）

②03.2409 𗸉，缺○（据《音同》乙本 26A12）

②03.2410 𗼉，独字（据《音同》乙本 19B44）

②03.2502 𗺛，独字（据《音同》丁本 6B38）

②03.2503 𗿎，独字（据《音同》乙本 12B21）

②03.2601 𗼬，独字（据《音同》乙本 20B37）

②03.2602 𗸘，独字（据《音同》乙本 20A78）

②03.2603 𗾦，独字（据《音同》乙本

28A66）

②04.1111 粗，残（据《音同》乙本
33B22 补）

②04.1204 齈，独字（据《音同》乙本
45B73）

②04.1302 秅，独字（据《音同》甲本
52A65）

②04.1501 烫，独字（据《音同》乙本
10B36）

②04.1508 龃，独字（据《音同》乙本
35A14）

②04.1509 珧，独字（据《音同》乙本
36B61）

②04.1510 緩，独字（据《音同》乙本
34B14）

②04.1601 豳，独字（据《音同》乙本
34B61）

②04.1602 屙，独字（据《音同》甲本
55B34）

②04.1604 袄，独字（据《音同》乙本
26B21）

②04.1705 辤，缺〇（据《音同》乙本
27A11）

②04.2102 猵，独字（据《音同》乙本
46B37）

②04.2103 徿，独字（据《音同》甲本
55A41）

②04.2503 芀，独字（据《音同》甲本
55A78）

②04.2508 儱，独字（据《音同》乙本
40B43）

②04.2705 祇，独字（据《音同》丁本

20B26）

②05.1207 緽，此字错（据《音同》乙本
23B64）

②05.1602 獑，独字（据《音同》乙本
28B51）

②05.1702 贩，缺〇（据《音同》乙本
18B66）

②05.2403 蔽，独字（据《音同》乙本
9B35）

②05.2501 阪，此字错（据《音同》乙本
16A73）

②05.2505 猺，字形注释出现大字，
误。

②05.2604 毊，缺〇（据《音同》乙本
39A13）

②05.2605 媆，独字（据《音同》乙本
34B75）

②05.2701 玼，独字（据《音同》乙本
10A22）

②05.2702 䠟，独字（据《音同》乙本
19A63）

②05.2407 猇，独字（据《音同》乙本
35B22）

②06.1104 譆，独字（据《音同》乙本
9A43）

②06.1107 贩，缺〇（据《音同》丁本
7A75）

②06.1207 燚，缺〇（据《音同》乙本
13B76）

②06.1406 糑，缺〇（据《音同》甲本
26B41）

②06.1408 猺，缺〇（据《音同》乙本

23B23）

②06.1601 〔字〕,缺〇（据《音同》乙本43A16）

②06.2103 〔字〕,独字（据《音同》乙本12B33）

②06.2203 〔字〕,缺〇（据《音同》乙本25B34）

②06.2204 〔字〕,独字（据《音同》乙本46B51）

②06.2209 〔字〕,独字（据《音同》乙本9A48）

②06.2407 〔字〕,独字（据《音同》乙本41B61）

②06.2408 〔字〕,独字（据《音同》乙本45B67）

②06.2501 〔字〕,独字（据《音同》甲本55B15）

②06.2502 〔字〕,独字（据《音同》乙本41A64）

②07.1101 〔字〕,缺〇（据《音同》乙本17A43）

②07.1102 〔字〕,独字（据《音同》乙本19A72）

②07.1105 〔字〕,缺〇（据《音同》乙本17B48）

②07.1202 〔字〕,缺〇（据《音同》乙本27A15）

字形注释出现大字,误。

②07.1302 〔字〕,独字（据《音同》乙本43A37）

②07.1303 〔字〕,独字（据《音同》甲本53B48）

②07.1306 〔字〕,独字（据《音同》乙本40B67）

②07.1307 〔字〕,独字（据《音同》乙本41B74）

②07.1308 〔字〕,独字（据《音同》乙本33.23?）

②07.1309 〔字〕,独字（据《音同》乙本20A23）

②07.1404 此字错,（据《音同》乙本47B258 〔字〕）

②07.1502 〔字〕,独字（据《音同》乙本20A62）

②07.1508 〔字〕,独字（据《音同》乙本29A23）

②07.1509 〔字〕,独字（据《音同》乙本28A53）

②07.1510 〔字〕,衍字,为平声22韵（刻本30.161,写本11.241）

②07.1604 〔字〕,独字（据《音同》乙本40B18）

②07.1605 〔字〕,独字（据《音同》乙本29A25）

②07.1606 〔字〕,独字（据《音同》乙本28B75）

②07.1609 〔字〕,独字（据《音同》甲本55A64）

②07.1610 〔字〕,字形注释不合理。

②07.1704 〔字〕,独字（据《音同》乙本40B35）

②07.1705 〔字〕,独字（据《音同》乙本20A28）

②07.1706 〔字〕,此字写本错,为上声

66 韵（写本 15.117）。两字形近（据《音同》乙本 15B12）

②07.2104 䤏，独字（据《音同》丁本 5B67）

②07.2205 䵳，独字（据《音同》乙本 45B63）

②07.2206 䰜，独字（据《音同》甲本 54B63）

②07.2207 䗮，独字（据《音同》乙本 19A64）

②07.2208 䲻，独字（据《音同》乙本 19A62）

②07.2305 䳅，缺 ○（据《音同》乙本 37A11）

②07.2306 䶞，独字（据《音同》乙本 37A12）

②07.2307 䤶，独字（据《音同》乙本 45B68）

②07.2308 䌰，独字（据《音同》乙本 12A75）

②07.2403 䩫，独字（据《音同》乙本 23B41）

②07.2304 䴲，独字（据《音同》乙本 46B41）

②07.2305 䌷，独字（据《音同》乙本 40B47）

②07.2306 䕡，独字（据《音同》乙本 28B42）

②07.2307 䕵，独字（据《音同》乙本 29B15）

②07.2308 蕊，独字（据《音同》乙本 34B31）

②07.2702 蔽，残（据《音同》乙本 3B73 补）

②07.2707 䗰，缺 ○（据《音同》丁本 3B78）

②08.1101 䌼，残（据《音同》乙本 4A67 补）

②08.1102 䌷，残（据《音同》乙本 4A68 补）

②08.1110 䬶，缺 ○（据《音同》丁本 4B11）

②08.1111 䵐，残，独字（据《音同》乙本 19B28 补）

②08.1201 䌷，独字（据《音同》乙本 45A46）

②08.1311 瓶，独字（据《音同》乙本 29A77）

②08.1404 䕧，缺 ○（据《音同》乙本 43A68）

②08.1405 秆，独字（据《音同》甲本 54B32）

②08.1407 蕲，缺 ○（据《音同》乙 23A73）

②08.1509 徽，此字误，为平声 26 韵。应为与之字形相近的另一字徽（据《音同》乙本 23A148）

②08.1512 䶞，独字（据《音同》乙本 41A32）

②08.1601 䌼，独字（据《音同》乙本 41B41）

②08.1602 䌷，独字（据《音同》乙本 9B6?）

②08.1607 䌷，独字（据《音同》乙本

11B45）

②08.1610 [字] ，缺○（据《音同》乙本40A25）

②08.1702 [字] ，缺○（据《音同》乙本39A17）

②08.1707 [字] ，独字？

②08.2111 [字] ，缺○（据《音同》丁本4B21）

②08.2305 [字] ，独字（据《音同》乙本26A37）

②08.2405 [字] ，独字（据《音同》乙本33A57）

②08.2505 [字] ，缺○（据《音同》乙本42B48）

②08.2506 [字] ，独字（据《音同》甲本48A57）

②08.2507 [字] ，独字（据《音同》乙本20B45）

②08.2508 [字] ，独字（据《音同》乙本20B23）

②08.2607 [字] ，缺○（据《音同》乙本13B64）

②08.2608 无此字，与此形近字 [字]（多一画）为平声30韵，误录于此。独字（《音同》乙本缺，参考甲本53B46）

②08.2706 [字] ，误录于此。独字（据《音同》乙本41A51）

②08.2708 [字] ，缺○（据《音同》丁本5B38）

②09.1104 [字] ，独字（据《音同》丁本29A53）

②09.1109 [字] ，《音同》乙本字前○在字后（乙本52A26）

②09.1302 [字] ，独字（据《音同》乙本35A71）

②09.1303 [字] ，独字（据《音同》乙本35A38）

②09.1304 [字] ，独字（据《音同》乙本46B48）

②09.1306 [字] ，字形注释出现大字，误。

②09.1403 [字] ，独字（据《音同》乙本10A66）

②09.1404 [字] ，独字（据《音同》甲本54B62）

②09.1408 此字误，为平声27韵，应为另一字 [字] ，（据《音同》丁本5B11）

②09.1409 [字] ，独字（据《音同》乙本10A36）

②09.1505 [字] ，独字（据《音同》乙本45B58）

②09.1510 [字] ，独字（据《音同》乙本9A57）

②09.1601 [字] ，独字（据《音同》乙本9A46）

②09.1602 [字] ，独字（据《音同》乙本10A26）

②09.1603 [字] ，独字（据《音同》乙本9B38）

②09.1611 [字] ，独字（据《音同》乙本41B53）

②09.1703 [字] ，独字（据《音同》乙本41A28）

②09.1704 [字] ，前韵目代表字本韵内

无,为平声35韵,前目录中也为此字（②1.161）,是否应为②9.212?

, ②09.2105 𣆑, 独字（据《音同》乙本41A34）

②09.2110 𤣥, 独字（据《音同》乙本10A61）

②09.2201 𤫩, 独字（据《音同》乙本10A58）

②09.2210 𤭢, 残（据《音同》丁本4B62）

②09.2307 𤘥, 此字错（据《音同》乙本3B34）

②09.2308 𤙘, 此字错（据《音同》乙本3B35）

②09.2401 尾, 缺○（据《音同》乙本3B36）

②09.2404 𤜵, 缺○（据《音同》乙本3B41）

②09.2502 𤡥, 独字（据《音同》乙本13B27）

②09.2709 𤞟, 独字（据《音同》乙本29A57）

②09.2711 𤟽, 残（据《音同》乙本22B55补）

②10.1101 𤟒 残（据《音同》乙本22B56补）

②10.1305 𤠂, 独字（据《音同》乙本46A58）

②10.1404 𤣀,（据《音同》乙本尚有音同字𤣥 27B66）

②10.1506 𤢠, 衍字,为上声7韵,此重出。

②10.1602 𤤩, 独字（据《音同》乙本10A51）

②10.1607 𤥩, 此字错（据《音同》乙本16B58）

②10.1609 𤦩, 独字（据《音同》乙本28A45）

②10.1610 𤧩, 独字（据《音同》乙本20B58）

②10.1701 𤨩, 独字（据《音同》乙本28A33）

②10.1702 𤩧, 独字（据《音同》甲本55B63）

②10.1705 𤫊, 缺○（据《音同》丁本6B78）

②10.2105 𤬩, 独字（据《音同》乙本35A72）

②10.2106 𤭩, 独字（据《音同》乙本35A48）

②10.2107 𤮩, 独字（据《音同》乙本?）

②10.2203 𤯩, 独字（据《音同》乙本21A43）

②10.2204 𤰩, 独字（据《音同》乙本29A44）

②10.2205 𤱩, 独字（据《音同》乙本41A63）

②10.2206 𤲩, 独字（据《音同》乙本41B56）

②10.2209 𤳩, 缺○（据《音同》乙本44B56）

②10.2402 𤴩, 独字（据《音同》乙本46A43）

②10.2502 𤵩, 独字（据《音同》乙本

10A42）

②10.2505 㲲，独字（据《音同》乙本 34B25）

②10.2506 䊤，独字（据《音同》乙本 35B11）

②11.1101 䖭，残（据《音同》乙本 13B71补）

②11.1112 䴙，残（据《音同》乙本 33A11补）

②11.1503 㸱，独字（据《音同》乙本 9B43）

②11.1504 翔，独字（据《音同》乙本 21A44）

②11.1510 䩵，缺○（据《音同》乙本 25B15）

②11.1602 㲈，缺○（据《音同》乙本 38B15）

②11.1606 䶆，独字（据《音同》乙本 41B68）

②11.2106 㰦，独字（据《音同》乙本 45A58）

②11.2607 㲨，独字（据《音同》乙本 28B32）

②11.2608 䘳，独字（据《音同》乙本 28B55）

②11.2701 䶚，残（据《音同》乙本 30B14补）

②12.1102 㪤，残（据《音同》乙本 48.146补）

②12.1103 残（据《音同》乙本 48A46 补）

②12.1104 䖦，独字（据《音同》乙本

27B67）

②12.1105 㹡，独字（据《音同》乙本 46A36）

②12.1205 䩵，独字（据《音同》乙本 10A25）

②12.1208 㲽，独字（据《音同》丁本 29B13）

②12.1209 䄷，衍字，为平声韵（据刻本 29.272）

②12.1304 䶅，缺○（据《音同》乙本 38B41）

②12.1307 㵷，独字（据《音同》乙本 29A22）

②12.1308 蘁，独字（据《音同》乙本 41B62）

②12.1402 㿱，独字（据《音同》乙本 40B68）

②12.1404 菱，缺○（据《音同》乙本 44B76）

②12.1407 㶭，独字（据《音同》乙本 29A15）

②12.1408 㸚，独字（据《音同》乙本 40B52）

②12.1409 薮，独字（据《音同》甲本 55B38）

②12.1505 㲧，独字（据《音同》乙本 19B16）

②12.1506 䙏，独字（据《音同》乙本 19B65）

②12.1605 䜵，独字（据《音同》乙本 9B36）

②12.1608 蘲，独字（据《音同》乙本

20A11）

②12.1610 甂，此字错（据《音同》乙本14A78）

②12.1701 賜，独字（据《音同》乙本20B54）

②12.1707 敚，此字甲本有异（《音同》甲本24.164）

②12.1709 羴，独字（据《音同》甲本47B53）

②12.2101 繼，独字（据《音同》乙本9A34）

②12.2102 焱，独字（据《音同》乙本41B66）

②12.2105 散，独字（据《音同》乙本28A67）

②12.2106 譄，独字（据《音同》乙本41B24）

②12.2107 劤，独字（据《音同》甲本55A65）

②12.2203 统，独字（据《音同》乙本20A57）

②12.2204 此字错（据《音同》乙本15A44 尨）

②12.2208 此字错，为上声42韵，应为另一形近字 蔽，缺○（据《音同》乙本22B68）

②12.2209 羿，独字（据《音同》乙本35A76）

②12.2210 嫋，前缺○（据《音同》乙本30A27）

②12.2303 纀，缺○（据《音同》乙本43B73）

②12.2304 緞，独字（据《音同》乙本45B45）

②12.2307 瓥，独字（据《音同》乙本34B77）

②12.2308 肜，独字（据《音同》乙本12B48）

②12.2406 彰，缺○（据《音同》乙本50A46）

②12.2503 慨，缺○（据《音同》乙本49B18）

②12.2511 藓，缺○（据《音同》乙本21A18）

②12.2602 綤，独字（据《音同》乙本51A62）

②12.2603 燉，独字（据《音同》乙本46A23）

②12.2605 澀，缺○（据《音同》甲53A57乙本）

②12.2606 髮，独字（据《音同》乙本43A72）

②12.2608 皴，缺○（据《音同》乙本21A15）

②12.2609 絀，独字（据《音同》乙本29A55）

②12.2611 瀍，缺○（据《音同》乙本26A14）

②12.2701 俪，残（据《音同》乙本21B43）

②12.2704 籭，此字错（据《音同》乙本21B48）

②12.2709 麤，独字（据《音同》甲40A43）

②13.1101 𦀙，残（据《音同》乙本3764）

②13.1102 𦀘，残（据《音同》乙本37A65补）

②13.1104 𣱛，与前12.2606重复。

②13.1201 𣽵，前韵目代表字在本韵中无，前目录中也为此字（②1.216）

②13.1203 𦀊，独字（据《音同》乙本46A42）

②13.1207 𧽤，缺○（据《音同》乙本27B18）

②13.1209 𧻚，缺○（据《音同》乙本27B21）

②13.1210 𦀗，独字（据《音同》乙本40B61）

②13.1211 𦀤，《文海》中为独字（据《文海·杂类》（10.222）（《俄藏》7·170下·222）

②13.1212 𦀟，独字（据《音同》乙本40B16）

②13.1308 𤛟，缺○（据《音同》乙本8B12）

②13.1503 𦀕，独字（据《音同》甲本54B34）

②13.1504 此字误，为平声58韵（刻本63.211）应为另一形近字𦀒，独字（据《音同》乙本20B38）

②13.1505 𦀭，独字（据《音同》乙本34A71）

②13.1506 𦀱，独字（据《音同》甲本55A28）

②13.1507 𦀨，独字（据《音同》乙本

②13.1602 𦀬，缺○（据《音同》乙本44B36）

②13.1603 𦀮，独字（据《文海宝韵》（82.63）（《俄藏》7·217左）

②13.1612 此字错，应为𦀯（据《音同》乙本24B55）

②13.2101 𨓉，缺○（据《音同》乙本33B43）

②13.2201 𦀰，独字（据《音同》乙本20B55）

②13.2205 𦀵，缺○（据《音同》乙本16B41）

②13.2207 𦀳，缺○（据《音同》乙本53A21）

②13.2208 𦀲，独字（据《音同》乙本9B21）

字形注释出现大字，误。

②13.2301 𦀸，独字（据《音同》乙本41A22）

②13.2302 𦀷，独字（据《音同》乙本42A21）

②13.2401 𦀹，缺○（据《音同》乙本11B11）

②13.2402 𦀺，独字（据《音同》乙本36A72）

②13.2405 𦀻，独字（据《音同》甲本54B12）

②13.2406 𦀼，独字（据《音同》乙本10A45）

②13.2603 𦀽，缺○（据《音同》乙本31B38）

28B18）

②13.2604 镞，独字（据《音同》乙本34B56）

②13.2605 燩，衍字，为平声 61 韵（刻本 68.132）

②13.2610 緲，残（据《音同》乙本48B62）

②13.2701 襫，残（据《音同》乙本51B45）

②13.2706 緋，独字（据《音同》乙本20B34）

②13.2707 緺，独字（据《音同》乙本20B56）

②13.2708 薆，独字（据《音同》甲本54B61）

②13.2711 屃，残（据《音同》乙本15B37）

②14.1101 愢，残（据《音同》乙本15B38）

②14.1104 毸，独字（据《音同》乙本15B45）

②14.1110 此字错（据《音同》乙本52A16 襦）

②14.1112 蚫，缺○（据《音同》乙本25A17）

②14.1204 絧，缺○（据《音同》乙本7B51）

②14.1209 姬，独字（据《音同》乙本9B28）

②14.1210 絼，独字（据《音同》乙本19B36）

②14.1211 残（据《音同》乙本 16A32 新）

②14.1212 残（据《音同》乙本 16A33 蚫）

②14.1303 藗，独字（据《音同》甲本18B55）

②14.1501 絼，独字（据《音同》乙本10A33）

②14.1502 緺，独字（据《音同》乙本28A65）

②14.1506 綏，独字（据《音同》乙本7A24）

②14.1507 蚫，独字（据《音同》乙本20B27）

②14.1601 此字错，独字（据《音同》乙本 35B18 緱）

②14.1602 残，独字（据《音同》乙本34B71）

②14.1608 蒡，缺○（据《音同》乙本7B45）

14.1704 佟，独字（据《音同》乙本20B33）

②14.1705 矗，独字（《文海·宝韵》（84.75）（《俄藏》7·218B·275）

②14.1710 蚧，独字（据《音同》乙本28B73）

②14.2201 耗，独字（据《音同》乙本41B72）

②14.2202 絼，独字（据《音同》乙本40B24）

②14.2210 矗，独字（据《音同》乙本9B75）

②14.2211 移，独字（据《音同》乙本9A76）

②14.2310 𗹭，此字错，独字（据《音同》乙本 16A68 补）

②14.2406 𗹯，缺○（据《音同》乙本 53A38）

②14.2502 𗹰，独字（据《音同》甲本 52A71）

②14.2505 𗹱，独字（据《音同》乙本 28B48）

②14.2506 𗹲，独字（据《音同》甲本 53B68）

②14.2603 𗹳，缺○（据《音同》乙本 11B62）

②14.2609 𗹴，缺字（据《音同》乙本 24B77 补）

②14.2701 𗹵，缺字（据《音同》乙本 26A52 补）

②14.2702 𗹶，残（据《音同》乙本 26A53 补）

②14.2703 𗹷，残（据《音同》乙本 8B74 补）

②14.2704 𗹸，残（据《音同》乙本 8B75 补）

②14.2709 𗹹，缺○（据《音同》乙本 18B35）

②14.2711 下似缺一字，待考

②15.1107 𗹺，独字（据《音同》乙本 19B66）

②15.1108 𗹻，独字（据《音同》乙本 44A48）

②15.1110 𗹼，残（据《音同》乙本 49B27 补）

②15.1202 𗹽，独字（据《音同》乙本

②15.1205 𗹾，独字（据《音同》乙本 37A65）

②15.1210 𗹿，残（据《音同》乙本 6A37 补）

②15.1211 𗺀，残（据《音同》乙本 6A38 补）

②15.1303 𗺁，独字（据《音同》乙本 20B13）

②15.1304 𗺂，独字（据《音同》乙本 19A67）

②15.1401 𗺃，独字（据《音同》乙本 12B23）

②15.1404 𗺄，独字（据《文海·杂类》（4.221）（《俄藏》7·167 下·221）

②15.1405 𗺅，独字（据《音同》乙本 29A48）

②15.1408 𗺆，独字（据《音同》乙本 40B72）

②15.1409 𗺇，独字（据《音同》乙本 20B21）

②15.1502 𗺈，独字（据《音同》乙本 19B11）

②15.1503 𗺉，独字（据《音同》乙本 35A75））

②15.1608 𗺊，缺○（据《音同》乙本 11B27）

②15.1701 𗺋，独字（据《音同》乙本 28B66）

②15.2103 𗺌，缺○（《音同》乙本 53A66）

②15.2203 𗺍，此字错（据《音同》乙本

3A78补）
②15.2301 □，缺○（据《音同》乙本18B78）
②15.2303 □，缺○（据《音同》乙本44B44）
②15.2501 □，独字（据《音同》甲本54B22）
②15.2507 □，独字（据《音同》乙本29A73）
②15.2508 □，独字（据《音同》乙本47A17）
②15.2610 □，缺字（据《音同》乙本26A55补）
②15.2701 □，缺字（据《音同》乙本26A5626.256补）
②15.2702 □，残，缺○（据《音同》乙本43B25补）
②15.2703 □，残（据《音同》乙本43B26补）
②15.2704 □，残（参考《音同》甲本甲53A53）
②16.1101 □，残，独字（据《音同》乙本10A13补）
②16.1102 □，独字（据《音同》乙本9B24）
②16.1104 □，残（据《音同》乙本丁14A33补）
②16.1110 □，残（据《音同》乙本48B66补）
②16.1201 □，缺○（据《音同》乙本48B67）
②16.1310 此字错，为上声68韵（据《音同》乙本44A17补□）
②16.1403 此字错，为杂类平声齿头音（据《音同》乙本447A37补□）
②16.1605 □，独字（据《音同》甲本11B31）
②16.1701 □，独字（据《音同》乙本9A51）
②16.1702 □，独字（据《音同》乙本19A73）
②16.1703 □，独字（据《音同》乙本19B75）
②16.1704 □，独字（据《音同》乙本28B23）
②16.1705 □，独字（据《音同》乙本34B32）
②16.1709 □，独字（据《音同》乙本46A21）
②16.2208 □，独字（据《音同》乙本46A11）
②16.2301 □，前遗一字，为本韵代表字（据《音同》乙本43.257）
②16.2401 此字错，为平声36韵（据《音同》乙本28A34 □）16.2402 独字（据《音同》乙本）
②16.2404 前韵类代表字误，为平声86韵。
②16.2406 □，独字（据《音同》乙本28A16）
②16.2407 □，独字（据《音同》乙本40B77）
②16.2408 □，独字（据《音同》乙本41A75）

②16.2603 [illegible]，衍字，为上声36韵（写本10.226）
②16.2604 [illegible]，独字（据《音同》乙本46B11）
②16.2609 [illegible]，残（据《音同》乙本51A32补）
②16.2610 [illegible]，缺字（据《音同》乙本51A33补）
②16.2611 [illegible]，缺字（据《音同》乙本51A34补）
②16.2701 [illegible]，缺字（据《音同》乙本51A35补）
②16.2702 [illegible]，残，（据《音同》乙本51A36补）
②16.2703 [illegible]，残，有○（据《音同》乙本51A37补）
②16.2704 [illegible]，残（据《音同》乙本12A33补）
②16.2706 [illegible]，缺○（据《音同》乙本12A36）
②16.2710 [illegible]，缺字（据《音同》乙本22A52补）
②16.2711 [illegible]，缺字（据《音同》乙本22A53补）
②17.1101 [illegible]，残（据《音同》乙本22A54补）
②17.1102 [illegible]，独字（据《音同》乙本34B36）
②17.1104 [illegible]，残（据《音同》乙本49A45补）
②17.1105 [illegible]，缺字（据《音同》乙本49A46补）
②17.1109 [illegible]，残，独字（据《音同》乙本9B34补）
②17.1110 [illegible]，缺字（据《音同》乙本42A58补）
②17.1204 [illegible]，独字（据《音同》乙本28B15）
②17.1207 [illegible]，缺○（据《音同》乙本16B13）
②17.1208 [illegible]，此字缺，（据《音同》乙本20B25补）
②17.1301 [illegible]，独字（据《音同》乙本45B55）
②17.1309 [illegible]，独字（据《音同》甲本55A23）
②17.1310 [illegible]，独字（据《音同》乙本46B45）
②17.1312 [illegible]，独字（据《音同》乙本41A14）
②17.1703 [illegible]，独字（据《音同》乙本12A66）
②17.1708 [illegible]，有○（据《音同》乙本43A34）
②17.2105 [illegible]，独字（据《音同》乙本9B17）
②17.2108 [illegible]，残（据《音同》乙本51A16补）
②17.2201 [illegible]，残（据《音同》乙本51A21补）
②17.2210 [illegible]，残（据《音同》乙本22A56补）
②17.2305 [illegible]，独字（据《音同》乙本35B14）

②17.2404 □，独字（据《音同》乙本9B31）
②17.2405 □，独字（据《音同》乙本20A15）
②17.2501 □，前韵类代表字残，参见上声目录（②1.275），独字（据《音同》乙本9B68）
②17.2503 □，残（据《音同》乙本18B27补）
②17.2506 □，独字（据《音同》乙本9B23）
②17.2507 □，此字错（据《音同》乙本24B65补）
②17.2510 □，残（据《音同》乙本24B68补）
②17.2601 □，残（据《音同》乙本24B71补）
②17.2608 □，残（据《音同》乙本36A77补）
②17.2609 □，缺（据《音同》乙本36A78补）
②17.2610 □，缺（据《音同》乙本24B11补）
②17.2701 □，缺（据《音同》甲本53B58补）
②17.2702 □，残（据《音同》甲本53B61补）
②17.2703 残（据《音同》甲本53B62补）
②17.2708 □，有○（据《音同》乙本26A76）
②17.2709 □，缺（据《音同》乙本32B33补）
②17.2710 □，缺（据《音同》乙本32B34补）
②17.2711 □，缺（据《音同》乙本32B35补）
②18.1101 前缺数字，此应为上声最后一字，残，拟补一字□（参见《音同》甲本55B47）
②18.12 此行前残，疑有“入声”等字
②18.1301 前缺数字，此字残，拟补一字□（参见《音同》乙本28B24）
②18.1302 □，独字（据《音同》乙本28B26）
②18.1306 □，有○（据《音同》乙本14A26）
②18.1401 前残数字。
②18.1403 □，独字（据《音同》乙本45B62）
②18.1404 □，独字（据《音同》乙本41B67）
②18.1405 □，独字（据《音同》甲本54B13）
②18.15 此行前残。
②18.16 此行前残。

（三）杂类部分校勘

③01.2 此面可能是前一面（②18.1）的左面

③01.2301 残，应为贩"唇"字

③01.2401 翻，独字（据《音同》乙本9A45）

③01.2402 辫，独字（据《音同》乙本9B42）下缺字

③01.2404 䋲，独字（据《音同》乙本9B26）

③01.2601 䋲，独字（据《音同》乙本12B31）

③01.2602 䃤，独字（据《音同》乙本12B46）下缺字

③01.27 此行缺字，似应为"舌头音"

③02.11 此行有残字，应属舌头音类，待考

③02.1301 稂，此字错，为平声64韵，应为另一字糈（据《音同》乙本21A12）

③02.1304 㵉，残（据刻本杂2.112补）

③02.1503 廆，独字（刻本杂2.141）

③02.1504 散，独字（刻本杂2.142）

③02.1505 祥，独字（刻本杂2.151）

③02.1708 犟，残（据刻本杂2.232补）

③02.1709 纞，残（据刻本杂2.241补）

③02.1710 顺，残（据刻本杂2.242补）

③02.1711 死，残（据刻本杂2.251补）

③02.2105 饒，缺○（刻本杂2.271）

③02.2108 鼙，残（据刻本杂3.112补）

③02.2109 䴙，缺（据刻本杂3.121补）

③02.2110 䴔，缺（据刻本杂.122补）

③02.2201 嫚，残（据刻本杂3.131补）

③02.2209 㹂，残（据刻本杂3.171补）

③02.2210 蕨，缺（据刻本杂3.172补）

③02.2304 蔘，不清（据刻本杂3.222补）

③02.2307 铧，不清（据刻本杂3.233补）

③02.2309 霞，不清（据刻本杂3.242补）

③02.2410 徽，缺（据刻本杂4.121补）

③02.2502 絎，独字（刻本杂4.131）下遗一字繝（据刻本杂4.132补）

③02.2504 䊬，不清（据刻本杂4.142补）

③02.2508 螮，缺（据刻本杂4.151补）

③02.2603 祢，有○（据刻本杂4.172补）

③02.2604 勘，缺（据刻本杂4.173补）

③02.2607 㹪，残，有○（据刻本杂4.222补）

③02.2608 䵬，缺（据刻本杂4.223补）

③02.2701 鬆，缺（据刻本杂4.231补）

③02.2702 孅，缺（据刻本杂4.232补）

③02.2703 瀑，缺（据刻本杂4.241补）

③02.2704 荆，缺（据刻本杂4.242补）

③02.2705 □,写法与刻本不同(刻本杂4.251)

③02.2708 □,有○(据刻本杂4.262补)

③02.2709 □,缺(据刻本杂4.263补)

③02.2710 □,缺(据刻本杂4.271补)

③03.1101 □,不清(据刻本杂4.272补)

③03.1102 □,残(据刻本杂5.111补)

③03.1103 □,残(据刻本杂5.112补)

③03.1104 □,残,有○(据刻本杂5.121补)

③03.1108 □,残,有○(据刻本杂5.141补)

③03.1109 □,缺,独字(据刻本杂5.142补)

③03.1110 □,缺,独字(据刻本杂5.143补)

③03.1201 □,独字(刻本杂5.151)

③03.1204 □,缺,独字(据刻本杂5.162补)

③03.1205 □,残,独字(据刻本杂5.171补)

③03.1206 □,独字(刻本杂5.172)

③03.1207 □,独字(刻本杂5.211)

③03.1208 □,独字(刻本杂5.222)

③03.1209 □,残,独字(据刻本杂5.221补)

③03.1210 □,独字(刻本杂5.222)

③03.1211 □,独字(刻本杂5.231)

③03.1301 □,独字(刻本杂5.232)

③03.1302 □,独字(刻本杂5.241)

③03.1303 □,独字(刻本杂5.242)

③03.1304 □,独字(刻本杂5.251)

③03.1305 □,残,独字(据刻本杂5.252补)

③03.1306 □,独字(刻本杂5.261)

③03.1307 □,独字(刻本杂5.262)

③03.1508 □,不清(据刻本杂6.141)

③03.1601 □,独字(刻本杂6.152)

③03.1604 □,独字(刻本杂6.171)

③03.1605 □,独字(刻本杂6.172)

③03.1607 □,残(据刻本杂6.212补)

③03.1608 □,缺(据刻本杂6.221补)

③03.1609 □,缺(据刻本杂6.222补)

③03.1610 □,缺(据刻本杂6.231补)

③03.1702 □,残,有○(据刻本杂6.241补)

③03.1705 □,独字(刻本杂6.251)

③03.1707 □,不清(据刻本杂6.261补)

③03.1708 □,缺,有○(据刻本杂6.271补)

③03.1709 □,缺(据刻本杂6.272补)

③03.1710 □,缺(据刻本杂7.111补)

③03.2102 □,不清(据刻本杂7.121补)

③03.2106 □,残,独字(据刻本杂7.133补)

③03.2107 □,残(据刻本杂7.141补)

③03.2108 □,缺(据刻本杂7.142补)

③03.2109 □,缺(据刻本杂7.151补)

③03.2110 □,缺,有○(据刻本杂7.152补)

③03.2201 䖙,独字(刻本杂7.161)

③03.2202 䘕,独字(刻本杂7.162)

③03.2205 䉼,此字错(刻本杂7.211)

③03.2207 䖆,残,有○(刻本杂7.133缺○,据《音同》乙本38.138)

③03.2208 䌷,缺(据刻本杂7.222补)

③03.2209 䖭,缺,有○(据刻本杂7.231补)

③03.2210 䌈,缺(据刻本杂7.232补)

③03.2307 䌙,残,有○(据刻本杂7.262补)

③03.2308 䖬,残(据刻本杂7.271补)

③03.2309 䖮,残,有○(据刻本杂7.272补)

③03.2310 䖯,残(据刻本杂7.273补)

③03.2401 䖱,缺○(据刻本杂8.111补)

③03.2404 䖲,独字(刻本杂8.122)

③03.2405 䖳,独字(刻本杂8.131)

③03.2406 䖴,独字(刻本杂8.132)

③03.2407 䖵,独字(刻本杂8.141)

③03.2408 䖶,此字错,独字(刻本杂8.142)

③03.2411 䖷,缺,独字(据刻本杂7.133补)

③03.2503 䖸,独字(刻本杂8.172)

③03.2504 䖹,残,独字(据《文海·平》(83.221)(《俄藏》7·161上·221)

③03.2505 䖺,残,独字(据《音同》乙本40B48)

③03.2506 䖻,独字(据《音同》乙本41A37)

③03.2507 䖼,独字(据《音同》乙本41A77)

③03.2508 䖽,独字(据《音同》乙本41B14)

③03.2509 䖾,残,独字(据《音同》乙本41B15)下缺字

③03.2601 䖿,独字(据《音同》乙本40B12)

③03.2602 䗀,独字(据《音同》乙本41B32)

③03.2603 䗁,独字(据《音同》乙本40B11)

③03.27 二字残,应为䗂䗃"喉音"

③04.1101 䗄,残(据《音同》乙本44A42)

③04.1102 䗅,残(据《音同》乙本44A43)

③04.1103 䗆,缺(据刻本杂9.111补)

③04.1104 䗇,缺,有○(据刻本杂9.112补)

③04.1105 䗈,缺(据刻本杂9.113补)

③04.1109 䗉,缺,有○(据刻本杂9.141补)

③04.1110 䗊,缺,独字(据刻本杂9.142补)

③04.1111 䗋,缺,独字(据刻本杂9.151补)

③04.1201 䗌,独字(据刻本杂9.152)

③04.1202 䗍,独字(据刻本杂9.153)

③04.1203 䗎,独字(据刻本杂9.161)

③04.1204 䗏,残,独字(据刻本杂9.171补)

③04.1205 薪，缺，独字（据刻本杂9.172补）

③04.1206 蔽，独字（据刻本杂9.211）

③04.1207 溉，独字（据刻本杂9.212）

③04.1208 疆，独字（据刻本杂9.221）

③04.1209 拜，独字（据刻本杂9.222）

③04.1210 薪，缺，独字（据刻本杂9.223）

③04.13 此行最后一字残，应为"音"字

③04.1410 誦，缺（据刻本杂10.112补）

③04.1508 蘘，不清（据刻本杂10.161补）

③04.1509 此字错（据刻本杂10.152溉）

③04.1606 薿，残，有○（据刻本杂10.222补）

③04.1607 賣，残（据刻本杂10.231补）

③04.1608 樵，有○（据刻本杂10.232补）

③04.1611 緜，残，独字（据刻本杂10.251补）

③04.1701 緅，缺，独字（据刻本杂10.252补）

③04.1702 蘿，残，独字（据刻本杂10.261补）

③04.1703 蕢，独字（据刻本杂10.262）

③04.1704 燚，独字（据刻本杂10.271）

③04.1705 燚，独字（据刻本杂10.272）

③04.1706 兹，残，独字（据刻本杂11.111补）

③04.1707 燚，缺，独字（据刻本杂11.112补）

③04.1708 託，缺，独字（据刻本杂11.121补）

③04.1709 紉，缺，独字（据刻本杂11.122补）

③04.1710 優，缺，独字（据刻本杂11.131补）

③04.1711 姸，缺，独字（据刻本杂11.132补）

③04.2101 麑，缺，独字（据刻本杂11.141补）

③04.2102 昱，缺，独字（据刻本杂11.151补）

③04.2103 燗，残，独字（据刻本杂11.152补）

③04.2104 麗，独字（据刻本杂11.161）

③04.2105 斷，独字（据刻本杂11.162）

③04.2106 毻，残，独字（据刻本杂11.171补）

③04.2107 徙，缺，独字（据刻本杂11.172补）

③04.2108 兆，缺，独字（据刻本杂11.211补）

③04.2109 後，缺，独字（据刻本杂11.212补）

③04.2110 𗖤，缺，独字（据刻本杂11.221补）

③04.2111 𘄠，缺，独字（据刻本杂11.222补）

③04.2112 𘕺，缺，独字（据刻本杂11.231补）

③04.2201 𗤎，独字（据刻本杂11.232）

③04.2202 𗟄，独字（据刻本杂11.241）

③04.2203 𗺲，独字（据刻本杂11.242）

③04.2204 𗸰，独字（据刻本杂11.243）

③04.2205 𗩴，独字（据刻本杂11.251）

③04.2206 𗏝，残，独字（据刻本杂11.252补）

③04.2207 𗸒，残，独字（据刻本杂11.261补）

③04.2208 𘖘，缺，独字（据刻本杂11.262补）

③04.2209 𗚟，缺，独字（据刻本杂11.271补）

③04.2210 𗖌，缺，独字（据刻本杂12.111补）

③04.2211 𗤃，缺，独字（据刻本杂12.112补）

③04.2212 𘕐，缺，独字（据刻本杂12.113补）

③04.2301 此字错，独字（据刻本杂12.121补𗺲）

③04.2302 𗺩，独字（据刻本杂12.112补）

③04.2303 𗖖，独字（据刻本杂12.131补）

③04.2305 𘖯，缺〇（据刻本杂12.141）

③04.2306 𗸦，独字（据刻本杂12.142）

③04.2307 𗖋，残，独字（据刻本杂12.151补）

③04.2308 𗪜，残，独字（据刻本杂12.161补）

③04.2801 残，待考

③04.2802 残，待考

③04.2803 上残数字

③04.2804 𘖡，缺，有〇（据《音同》乙本12A68补）

③05.11 此行3字残，应为 𗤎 𗖖 𗸦 "舌头音"

③05.1201 𗪈，独字（据《音同》乙本19B46）

③05.1202 𗩞，独字（据《音同》乙本19B53）

③05.1203 𗻺，残，独字（据《音同》乙本19B61补）

③05.1204 𗸈，独字（据《音同》乙本20A34）

③05.1205 𗺄，独字（据《音同》乙本18A16）

③05.1206 𗻊，缺，有〇（据《音同》乙本18A17补）

③05.1701 缺一字

③05.1702 𧇊，此字残，独字（据《音同》乙本 28B65 补）

③05.1706 𥄉，有○（据《音同》乙本 28A14）

③05.1707 𤖅，缺，独字（据刻本杂 13.211 补）

③05.1708 𧖟，缺，独字（据刻本杂 13.212 补）

③05.21 缺 𧼈 𥎊 𦓚 "齿头音"三字

③05.2201 𤞚，残（据刻本杂 13.231 补）

③05.2205 𦍩，残（据刻本杂 13.251 补）

③05.2206 𧻓，缺（据刻本杂 13.252 补）

③05.2207 𧆨，缺（据刻本杂 13.261 补）

③05.2208 𥄝，缺（据刻本杂 13.262 补）

③05.2209 𦟕，缺（据刻本杂 13.271 补）

③05.2305 𦙵，缺（据刻本杂 14.131 补）

③05.2306 𠝏，缺（据刻本杂 14.132 补）

③05.2403 𥄞，缺（据刻本杂 14.151 补）

③05.2404 𥅟，残（据刻本杂 14.152 补）

③05.2405 𤊭，残（据刻本杂 14.161 补）

③05.2406 𣹟，缺（据刻本杂 14.162 补）

③05.2407 𤑺，缺（据刻本杂 14.163 补）

③05.2408 𤐫，缺，有○（据刻本杂 14.171 补）

③05.2503 𤼩，残，有○（据刻本杂 14.212 补）

③05.2504 𩘹，缺（据刻本杂 14.221 补）

③05.2506 𨼒，残（据刻本杂 14.231 补）

③05.2507 𨿸，缺，有○（据刻本杂 14.232 补）

③05.2508 𧮪，缺（据刻本杂 14.241 补）

③05.2509 𧤫，缺，有○（据刻本杂 14.242 补）

③05.2603 𦏧，缺，有○（据刻本杂 14.252 补）

③05.2604 𤲟，缺（据刻本杂 14.261 补）

③05.2606 𦒣，缺（据刻本杂 14.271 补）

③05.2607 𤞚，缺，有○（据刻本杂 14.272 补）

③05.2608 𧖤，缺（据刻本杂 15.111 补）

③05.2701 蕤，不清（据刻本杂 15.112 补）

③05.2704 𦭘，缺（据刻本杂 15.131 补）

③05.2705 蒏，残（据刻本杂 15.141 补）

补）

③05.2706 𗉫 ，独字（据刻本杂15.142）

③05.2707 𗥤 ，缺（据刻本杂15.151补）

③05.2708 𗦯 ，缺，有○（据刻本杂15.152补）

③05.2709 𗤄 ，缺（据刻本杂15.161补）

③06.1101 𗦎 ，残（据刻本杂15.162补）

③06.1103 𗤙 ，缺，有○（据刻本杂15.172补）

③06.1105 𗤾 ，缺，有○（据刻本杂15.212补）

③06.1106 𗤙 ，缺（据刻本杂15.221补）

③06.1107 𗥷 ，缺，有○（据刻本杂15.222补）

③06.1202 𗧨 ，缺（据刻本杂15.241补）

③06.1203 𗧌 ，缺（据刻本杂15.242补）

③06.1206 𗤐 ，缺，有○（据刻本杂15.252补）

③06.1207 𗤗 ，缺（据刻本杂15.261补）

③06.1208 𗥍 ，缺，有○（据刻本杂15.262补）

③06.1209 𗧉 ，缺（据刻本杂15.271补）

③06.1304 𗧊 ，缺（据刻本杂16.121

③06.1306 𗦆 ，残，独字（据刻本杂16.131补）

③06.1307 𗥨 ，缺，独字（据刻本杂16.132补）

③06.1308 𗤡 ，缺，独字（据刻本杂16.141补）

③06.1401 𗥒 ，独字（刻本杂16.142）

③06.1402 𗦮 ，独字（刻本杂16.151）

③06.1403 𗦇 ，缺，独字（据刻本杂16.161补）

③06.1404 𗤖 ，缺，独字（据刻本杂16.162补）

③06.1405 𗤔 ，缺，独字（据刻本杂16.171补）

③06.1406 𗦩 ，缺，独字（据刻本杂16.172补）下或有缺字

③06.1501 𗤇 ，独字（据《音同》乙本34A43）

③06.1502 𗦝 ，独字（据《音同》乙本35A46）

③06.1701 𗤂 ，缺，拟补（据《音同》乙本36B26补）

③06.1702 𗥕 ，残（据《音同》乙本36B27补）

③06.1703 𗥣 ，不清（据《音同》乙本36B23补）

③06.1705 𗤚 ，缺，有○（据《音同》乙本36B5补）

③06.21此行缺，仅存一字𗦵，残，此字《音同》乙本42A26属正齿音，而《音同》甲本55B4为来日舌齿音，今

从乙本。

③06.2201缺,待考

③06.2202 慨,缺(据西田抄本补,以下行次参考西田抄本,《音同》乙本39A77)

③06.2203 㿫,缺(据西田抄本补,刻本杂17.211前补)

③06.2204 毤,缺(据刻本杂17.212补)

③06.2205 繠,缺(据刻本杂17.221补)

③06.2206 㵘,缺,有〇(据刻本杂17.222补)

③06.2207 㸠,缺(据刻本杂17.231补)

③06.2208 襊,缺(据刻本杂17.231补)

③06.2209 㵣,缺(据刻本杂17.241补)

③06.2301 㑃,缺(据刻本杂17.242补)

③06.2302 䏽,缺,有〇(据刻本杂17.251补)

③06.2303 虥,缺(据刻本杂17.252补)

③06.2304 㐬,缺,有〇(据刻本杂17.261补)

③06.2305 䏃,缺,独字(据刻本杂17.262补)

③06.2306 龕,缺,独字(据刻本杂17.271补)

③06.2307 頒,缺(据刻本杂17.272补)

③06.2308 䩬,缺(据刻本杂18.111补)

③06.2309 䩺,缺,有〇(据刻本杂18.112补)

③06.2401 葭,缺,独字(据刻本杂18.121补)

③06.2402 煬,缺(据刻本杂18.122补)

③06.2403 䜌,缺,有〇(据刻本杂18.131补)

③06.2404 㺄,缺(据刻本杂18.132补)

③06.2405 蠹,缺(据刻本杂18.141补)

③06.2406 縟,缺,有〇(据刻本杂18.142补)

③06.2407 椸,残(据刻本杂18.151补)

③06.2408 㲸,缺(据刻本杂18.152补)

③06.2409 蕩,缺,有〇(据刻本杂18.161补)

③06.2410 㲱,缺(据刻本杂18.162补)

③06.2501 霦,缺,有〇(据刻本杂18.171补)

③06.2502 㡮,缺,独字(据刻本杂18.211补)

③06.2503 蘼,缺(据刻本杂18.212补)

③06.2504 㲥 缺,有〇(据刻本杂

18.221补)

③06.2506 𦂅 ,有○(据刻本杂 18.231 补)

③06.2507 𦆲 ,缺,独字(据刻本杂 18.232 补)

③06.2508 𥻟 ,缺(据刻本杂 18.241 补)

③06.2509 𢥾 ,缺,有○(据刻本杂 18.242 补)

③06.2510 𦡈 ,缺(据刻本杂 18.251 补)

③06.2601 𥼬 ,缺,有○(据刻本杂 18.252 补)

③06.2602 𤲃 ,缺(据刻本杂 18.261 补)

③06.2603 𥎦 ,缺,有○(据刻本杂 18.262 补)

③06.2604 𦺉 ,缺(据刻本杂 18.271 补)

③06.2605 𤑸 ,缺(据刻本杂 19.111 补)

③06.2606 𧀭 ,缺(据刻本杂 19.112 补)

③06.2608 𦡳 ,独字(刻本杂 19.121)

③06.2609 𧂁 ,缺,独字(据刻本杂 19.122 补)

③06.2610 𦉊 ,缺(据刻本杂 19.131 补)

③06.2611 𧩙 ,缺,有○(据刻本杂 19.141 补)

③06.2701 𦺗 ,缺,独字(据刻本杂 19.142 补)

③06.2702 𦴧 ,缺,独字(据刻本杂 19.151 补)

③06.2703 𦆊 ,缺,独字(据刻本杂 19.152 补)

③06.2704 𥅲 ,缺,独字(据刻本杂 19.161 补)

③06.2705 𥰁 ,残,独字(据刻本杂 19.162 补)

③06.2707 𩎮 ,残,有○(据刻本杂 19.172 补)

③06.2708 𦇗 ,缺,独字(据刻本杂 19.172 补)

③06.2709 𦇃 ,缺,独字(据刻本杂 19.211 补)

③07.1101 𩕏 ,缺,独字(据刻本杂 19.221 补)

③07.1102 𤍣 ,缺,独字(据刻本杂 19.222 补)

③07.1103 𨍖 ,缺,独字(据刻本杂 19.231 补)

③07.1104 𩱿 ,缺,独字(据刻本杂 19.232 补)

③07.1105 𥻬 ,缺,独字(据刻本杂 19.241 补)

③07.1106 𥑼 ,缺,独字(据刻本杂 19.242 补)

③07.1107 𢼑 ,独字(据刻本杂 19.251 补)

③07.1201 𢾇 ,缺,独字(据刻本杂 19.252 补)

③07.13 此行缺,应为𦺉𥰁 "喉音"

③07.1401 𥎦 ,缺,独字(据刻本杂

19.261补）

③07.1402 豅，缺，独字（据刻本杂19.262补）

③07.1403 豣，缺，独字（据刻本杂19.271补）

③07.1404 豏，缺，独字（据刻本杂19.272补）

③07.1405 豬，缺，独字（据刻本杂20.111补）

③07.1406 豩，缺，独字（据刻本杂20.112补）

③07.1407 豘，缺，独字（据刻本杂20.113补）

③07.1408 豙，缺，独字（据刻本杂20.121补）

③07.1409 豒，缺，独字（据刻本杂20.122补）

③07.1410 豨，缺，独字（据刻本杂20.131补）

③07.1501 豠，缺（据刻本杂20.132补）

③07.1502 豰，缺，有○（据刻本杂20.141补）

③07.1503 豮，缺，独字（据刻本杂20.142补）

③07.16此行缺，应为豾 豿 貀 貁 貂 "来日舌齿音"

③07.1701 龘，缺（据刻本杂20.161补）

③07.1702 貉，缺，有○（据刻本杂20.162补）

③07.1703 貊，缺（据刻本杂20.171补）

③07.1704 貋，缺，有○（据刻本杂20.172补）

③07.1705 貌，缺（据刻本杂20.211补）

③07.1706 貍，缺（据刻本杂20.212补）

③07.1707 貎，缺（据刻本杂20.221补）

③07.2101 貏，缺（据刻本杂20.222补）

③07.2102 貐，缺（据刻本杂20.231补）

③07.2103 貑，缺（据刻本杂20.232补）

③07.2104 貒，缺（据刻本杂20.233补）

③07.2105 貓，缺（据刻本杂20.241补）

③07.2106 貔，缺，有○（据刻本杂20.242补）

③07.2107 貕，缺，独字（据刻本杂20.151补）

③07.2108 貖，缺，独字（据刻本杂20.152补）

③07.2201 貗，缺（据刻本杂20.261补）

③07.2202 貘，缺（据刻本杂20.271补）

③07.2203 貙，缺，有○（据刻本杂20.272补）

③07.2204 貚，缺（据刻本杂21.111补）

补）
③07.2205 𗀀，缺，有○（据刻本杂21.112补）
③07.2206 𗀁，缺（据刻本杂21.121补）
③07.2207 𗀂，缺（据刻本杂21.122补）
③07.2208 𗀃，缺，有○（据刻本杂21.131补）
③07.2209 𗀄，缺（据刻本杂21.132补）
③07.2301 𗀅，缺，有○（据刻本杂21.141补）
③07.2302 𗀆，缺（据刻本杂21.142补）
③07.2303 𗀇，缺，有○（据刻本杂21.151补）
③07.2304 𗀈，缺，独字（据刻本杂21.152补）
③07.2305 𗀉，缺（据刻本杂21.161补）
③07.2306 𗀊，缺（据刻本杂21.162补）
③07.2307 𗀋，缺（据刻本杂21.171补）
③07.2308 𗀌，缺（据刻本杂21.172补）
③07.2309 𗀍，缺，有○（据《音同》乙本49A43补）
③07.2401 𗀎，缺（据西田抄本补，《音同》乙本49B45）
③07.2402 𗀏，缺（据《音同》乙本49B46补）
③07.2403 𗀐，缺（据《音同》乙本49B47补）
③07.2404 𗀑，缺（据《音同》乙本49B48补）
③07.2405 𗀒，缺（据《音同》乙本51B68补）
③07.2406 𗀓，缺（据《音同》乙本51B71补）
③07.2407 𗀔，缺（据《音同》乙本51B72补）
③07.2408 𗀕，缺（据《音同》乙本51B73补）
③07.2501 𗀖，缺（据西田抄本补，《音同》乙本51B74）
③07.2502 𗀗，缺（据西田抄本补，《音同》乙本51B75）
③07.2503 𗀘，缺，有○（据西田抄本补，《音同》乙本51B76）下缺数字
③07.2601 𗀙，独字（据西田抄本补，参考《音同》甲本55A34）
③07.2602 𗀚，缺（据西田抄本补，参考《音同》乙本53A41补）
③07.2603 𗀛，缺，有○（疑西田抄本误，据《音同》乙本53A42补）下缺数字
③07.2701 𗀜，缺（据西田抄本补，参考《音同》甲本54A12）
③07.2702 𗀝，缺，有○（据西田抄本补，参考《音同》乙本54A42）
③07.2703 𗀞，缺（据《音同》乙本51B53拟补）

③07.2704 □，缺（据《音同》乙本51B54拟补）

③07.2705 □，缺（据《音同》乙本51B55拟补）

③07.2706 □，缺（据《音同》乙本51B56拟补）

③07.2707 □，缺（据《音同》乙本51B57拟补）

③08.1101 □，缺，有〇（疑西田抄本有误，据《音同》乙本51B58拟补）

③08.1102 □，缺，独字（西田抄本残，参考《音同》甲本54B55拟补）

③08.1103 □，缺，独字（据西田抄本. 参考《音同》甲本55A14补）

③08.1104 □，独字（刻本杂23.111）

③08.1105 □，独字（刻本杂23.112）

③08.1106 □，缺，独字（据刻本杂23.121补）

③08.1107 □，缺，独字（据刻本杂23.122补）

③08.1108 □，缺，独字（据刻本杂23.131补）

③08.1201 □，缺，独字（据刻本杂23.132补）

③08.1202 □，缺，独字（据刻本杂23.141补）

③08.1203 □，缺，独字（据刻本杂23.142补）

③08.1204 □，独字（刻本杂23.151）

③08.1205 □，独字（刻本杂23.152）

③08.1206 □，缺，独字（据刻本杂23.161补）

③08.1207 □，缺，独字（据刻本杂23.162补）

③08.1208 □，缺，独字（据刻本杂23.171补）

③08.1301 □，缺，独字（据刻本杂23.172补）

③08.1302 □，缺，独字（据西田抄本补，参考《音同》甲本55B47补）

③08.1303 □，缺，独字（据西田抄本补，参考《音同》甲本55B52补）

③08.1304 □，独字（参考《音同》甲本55B61）字形注释出现大字，误。下残

③08.14 此行缺，应有□□□ "杂类终" 3字（据西田抄本补）

③08.15 此行缺，应有□□□□□□□…… "提举中书授业全赐……"（据西田抄本补并改译）

③08.16 此行缺，应有□□□□□□□…… "提举中书提点……"（据西田抄本补并改译）

③08.17 此行缺，应有□？□□…… "业□授意……"（据西田抄本补）

四

索引

　　西夏文部首检索按笔画排序,即每个字按笔画起笔为横(一)、竖(｜)、撇(丿)、点(丶、丷、丬)、折(乚)的顺序和笔画由少至多排序。

部　首

1. 一部	22. 二部	43. 彳部
2. 丨部	23. 扌部	44. 丷部
3. 八部	24. 艹部	45. 半 半部
4. 刂部	25. 卄部	46. 二部
5. 乛部	26. 才部	47. 彐部(左上)
6. 二部	27. 冂部	48. 羊部
7. 厂部	28. 夛部	49. 弓部
8. 刂部	29. 卜部	50. 二部
9. 冂部	30. 斤部	51. 刃部
10. 亻部	31. 屮部	52. 爪部
11. 忄部	32. 巾部	53. 禾部
12. 亠部	33. 亥部	54. 才部
13. 丷部	34. 彳部	55. 叉部
14. 乡部	35. 彡部	56. 二部
15. 丱部	36. 厶部	57. 丰部
16. 二部	37. 夊部	58. 开部
17. 夛部	38. 夂部	59. 开部
18. 彡部	39. 广部	60. 干部
19. 干部	40. 忄部	61. 夛部
20. 亍部	41. 丷部	62. 卅部
21. 乚部	42. 丷部(左上)	63. 卅部(下)

64. 开 部

65. 反 部

66. 反 部

67. 而 部

68. 亥 部 亥 部

69. 厅 部

70. 开 部

71. 忻 部

72. 丹 部

73. 刖 部

74. 卡 部

75. 行 部

76. 么 部

77. 夕 部

78. 攵 部

80. 夊 部

81. 多 部

82. 介 部

83. 毛 部

84. 亣 部

85. 亢 部

86. 亥 部

87. 亥 部

88. 竹 部

89. 广

90. 亇 部

91. 行 部

92. 犭 部

93. 竹 部

94. 兀 部

95. 夕 部

96. 兰 部

97. 多 部

98. 支 部

99. 羊 部

100. 羊 部

101. 兰 部

102. 兰 部

103. 丰 部

104. 而 部

105. 兀 部

106. 亥 部

107. 干 部

108. 多 部

109. 世 部

110. 行 部

111. 牁 部

112. 冇 部

113. 夏 亥 部

114. 亥 部

115. 平 部

116. 亥 部

117. 卅 部

118. 开 部

119. 而 部

120. 帀 部

121. 丌 部

122. 世 部(下)

123. 卅 部

124. 月 部

125. 兀 部

126. 开 部

127. 兀 部

128. 丌 部

129. 开 部

130. 亥 部…

131. 多 部

132. 丌 部

133. 而 部

134. 亥 部

135. 丬 部

136. 屏 部

137. 多 部

138. 丹 部

139. 羊 部

140. 并 部

141. 亍 部

142. 糸 部

321 荓 部

222. 圆 部

223. 乿 部

224. 乑 部

225. 肖 部

226. 夐 部

227. 乑 部

228. 夏 部

229. 冬 部

230. 肀 部

231. 韋 部

232. 疒 部

233. 亥 部

234. 弄 部

235. 肀 部

236. 戾 部

237. 牲 部

238. 夛 部

239. 弄 部

240. 肖 部

241. 戻 部

242. 丰 部

243. 祥 部

244. 戻 部

245. 肖 部

246. 戻 部

247. 夊 部

248. 夊 部

249. 荓 部

250. 肖 部

251. 荓 部

252. 夒 部

253. 夒 部

254. 荓 部

255. 丰 部

256. 肖 部

257. 巠 部

258. 反 部

259. 肖 部

260. 肖 部

261. 弄 部

262. 肖 部

263. 肖 部

264. 夒 部

265. 乑 部

266. 祥 部

267. 夛 部

268. 表 部

269. 肀 部

270. 毒 部

271. 甬 部

272. 丰 部

273. 夊 部

274. 牢 部

275. 夒 部

276. 夒 部

277. 夬 部

278. 夒 部

279. 肖 部

280. 弄 部

281. 戻 部

282. 圆 部

283. 羿 部

284. 肖 部

285. 夒 部

286. 乿 部

287. 荓 部

288. 夊 部

289. 肴 部

290. 夒 部

291. 肖 部

292. 戻 部

293. 刻 部

294. 肖 部

295. 斤 部

296. 肖 部

297. 肖 部

298. 戻 部

377.𗘯 部　　397.𗙤 部　　417.𗙈 部

378.𗙮 部　　398.𗘉 部　　418.𗘗 部

379.𗘹 部　　399.𗙹 部　　419.𗘓 部

380.𗘖 部　　400.𗘺 部　　420.𗘵 部

381.𗘽 部　　401.𗘟 部　　421.𗘋 部

382.𗘦 部　　402.𗙏 部　　422.𗘆 部

383.𗘞 部　　403 𗘪 部　　423.𗘘 部

384.𗘛 部　　404.𗘒 部　　424.𗘠 部

385.𗘬 部　　405.𗘡 部　　425.𗘾 部

386.𗘜 部　　406.𗙇 部　　426.𗙋 部

387.𗙆 部　　407.𗙃 部　　427.𗙍 部

388.𗙁 部　　408.𗙥 部　　428.𗙜 部

389.𗙂 部　　409.𗙐 部　　429.𗙞.𗙟 部

390.𗙅 部　　410.𗙉 部　　430.𗙝 部

391.𗙄 部　　411.𗙘 部　　431.𗙎 部

392.𗙊 部　　412.𗙙 部　　432.𗙛 部

335.𗙀 𗙀　　413.𗙌 部　　433.𗙕 部

394.𗙈 部　　414.𗙑 部　　434.𗙖 部

395.𗙇 部　　415.𗙔 部

396.𗙓 部　　416.𗙒 部

检字索引

字	页	字	页	字	页
㑇	345	㑇	343	㑇	330
㑇	296	㑇	158	㑇	058
㑇	235	㑇	188	㑇	185
㑇	319	㑇	199	㑇	102
㑇	216	㑇	160	㑇	197
㑇	088	㑇	077	㑇	221
㑇	133	㑇	095	㑇	164
㑇	325	㑇	314	㑇	112
㑇	244	㑇	329	㑇	257
㑇	232	㑇	218	㑇	133
㑇	264	㑇	119	㑇	269
㑇	257	㑇	082	㑇	257
㑇	102	㑇	196	㑇	198
㑇	146	㑇	262	㑇	187
㑇	343	㑇	189	㑇	091
㑇	236	㑇	279	㑇	170
㑇	183	㑇	190	㑇	299
㑇	315	㑇	326	㑇	085
㑇	173	㑇	241	㑇	129
㑇	070	㑇	087	㑇	182
㑇	157	㑇	314	㑇	139
㑇	87	㑇	119	㑇	177
㑇	255	㑇	057	㑇	295
㑇	325	㑇	302		
㑇	254	㑇	192	3.ν部	
㑇	298	㑇	237	㑇	077
㑇	208	㑇	118	㑇	210
㑇	120	㑇	335	㑇	271
㑇	164	㑇	179	㑇	292
㑇	069	㑇	140	㑇	324
㑇	117	㑇	128	㑇	149
㑇	171	㑇	186	㑇	058

𗗅	161	𗰿	122	𗜓	283
𗰁	187	𗰂	269	𗰃	260
𗰄	154	𗰅	310	𗰆	153
𗰇	117	𗰈	284	𗰉	130
𗰊	204	𗰋	204	𗰌	323
𗰍	094	𗰎	262	𗰏	193
𗰐	104	𗰑	059	𗰒	277
𗰓	180	𗰔	156	𗰕	338
𗰖	281	𗰗	258	𗰘	170
𗰙	099	𗰚	120	𗰛	230
𗰜	286	𗰝	147	𗰞	290
𗰟	151	𗰠	324	𗰡	158
𗰢	211	𗰣	304	𗰤	073
𗰥	072	𗰦	176	𗰧	329
𗰨	075	𗰩	180	𗰪	287
𗰫	290	𗰬	104	𗰭	307
𗰮	344	𗰯	194	𗰰	106
𗰱	159	𗰲	253	𗰳	131
𗰴	262	𗰵	286	𗰶	140
𗰷	231	𗰸	204	𗰹	238
𗰺	157	𗰻	242	𗰼	119
𗰽	289	𗰾	339	𗰿	257
𗱀	118	𗱁	098	𗱂	138
𗱃	322	𗱄	110	𗱅	088
𗱆	310	𗱇	253	𗱈	142
𗱉	210	𗱊	280	𗱋	187
𗱌	178	𗱍	094	𗱎	282
𗱏	097	𗱐	109	𗱑	082
𗱒	236	𗱓	170	𗱔	072
𗱕	157	𗱖	133	𗱗	236
𗱘	104	𗱙	117	𗱚	253
𗱛	266	𗱜	110	𗱝	323

字	页	字	页	字	页
绢	280	籹	139	蕬	077
绡	124	豜	314	矔	111
縥	120	敝	204	縖	103
戔	085	乿	057	縈	223
戔	074	绳	286	燮	319
縥	325	綪	241	敝	204
绪	207	疕	305	哉	165
疕	099	纀	297	绮	168
疕	270	瓻	206	绪	230
疕	234	緞	206	嫛	180
瓻	248	庰	074	瓣	207
缜	277	缟	055	铖	314
绎	169	绪	152	縦	093
緂	335	瓻	244	纏	295
縧	276	瓈	307	縄	227
綯	263	騙	076	瓻	337
绾	172	燮	232	縠	098
绡	230	縐	338	纚	095
縥	280	縥	297	疕	199
絕	075	緂	069	劂	176
緞	233	縤	186	瓣	277
绕	273	縥	256	繎	178
縨	313	緞	244	绮	300
緂	256	瓻	175	縠	185
縜	196	瓻	238	縠	168
纸	339	缒	168	縠	185
瓻	093	縥	181	瓣	286
瓻	080	緪	207	敝	293
缟	191	绔	133	騙	253
敝	305	纖	172	纚	111
綯	249	戔	314	瓣	327
縥	158	瓻	242	縥	306

17. 彡部

字	页码
▢	148
▢	209
▢	147
▢	155
▢	321
▢	137
▢	167
▢	313
▢	105
▢	058
▢	225
▢	133
▢	105
▢	290
▢	072
▢	321
▢	072
▢	056
▢	166
▢	266
▢	092
▢	094
▢	062
▢	145
▢	313
▢	131
▢	244
▢	126
▢	127
▢	261
▢	126

字	页码
▢	088
▢	137
▢	057
▢	105
▢	219
▢	244
▢	288
▢	241
▢	214

18. 彡部

字	页码
▢	209
▢	329
▢	065
▢	094
▢	094
▢	165
▢	126
▢	094
▢	326
▢	094
▢	326

19. 干部

字	页码
▢	148
▢	286
▢	304
▢	123
▢	139
▢	106
▢	177
▢	213

字	页码
▢	246
▢	247
▢	217
▢	217
▢	197
▢	126
▢	267
▢	255
▢	150
▢	115
▢	197
▢	211
▢	242
▢	148
▢	326
▢	181
▢	309
▢	081
▢	092
▢	211
▢	116
▢	217
▢	161
▢	092
▢	185
▢	217
▢	150
▢	092
▢	246
▢	114
▢	081
▢	211

蕍	105	薠	053	薮	297
蕶	071	蔹	273	蕤	145
萧	197	薮	063	薍	124
蕰	261	薇	335	蕱	283
薤	263	蕶	160	蕷	110
蕪	173	鞢	277	蕤	056
蕲	154	蒲	101	蕬	231
薍	237	薮	277	薮	279
蔉	332	蕃	241	薮	231
蔋	312	薮	090	薮	134
蔺	267	薇	303	薮	274
黃	329	薮	304	蔽	147
蔀	156	薮	136	薮	297
蔊	141	薍	326	薮	136
葰	280	薍	196	薛	269
蔋	340	蕶	154	蕱	212
蔉	321	蒗	088	蕛	088
薻	203	薮	146	薍	337
蔽	222	蔉	322	鞡	277
蔀	280	薮	141	蕱	310
蔉	232	薪	243	薮	190
蓪	124	蒲	241	薽	113
薎	071	薆	273	薮	081
薜	113	薆	064	薍	331
蔋	217	薮	333	薉	138
蔊	175	薮	284	蒲	288
蔪	187	薱	207	薮	240
薮	160	薍	066	薮	243
薮	162	蘢	213	薍	332
薮	214	薮	054	薮	308
薮	208	薮	119	薍	276
薮	077	薮	246	蕃	261

字	页	字	页	字	页
□	299	□	239	□	190
□	142	□	298	□	199
□	255	□	127	□	322
□	203	□	329	□	120
□	062	□	276	□	164
□	104	□	126	□	174
□	309	□	269		
□	159	□	088	**64. 开 部**	
□	333	□	268	□	325
□	256	□	244	□	207
□	213	□	170	□	249
□	256	□	304	□	223
□	066	□	180	□	136
□	244	□	066	□	157
□	070	□	170	□	097
□	297	□	335	□	303
□	261	□	263	□	329
□	106	□	153	□	223
□	263	□	104	□	302
□	250	□	344	□	285
□	097	□	106	□	314
□	179	□	068	□	272
□	234	□	075	□	329
□	227	□	097		
□	160	□	148	**65. 反 部**	
□	180	□	140	□	154
□	110	□	323	□	084
□	128			□	116
□	209	**63. 艹部（下）**		□	167
□	270	□	143	□	189
□	220	□	200	□	102
□	210	□	287	□	142

字	页	字	页	字	页
𘚩	203	𘚩	061	𘚩	334
𘚩	168	𘚩	312	𘚩	246
𘚩	192	𘚩	231	𘚩	343
𘚩	065	𘚩	308	𘚩	167
𘚩	223	𘚩	173	𘚩	082
𘚩	219	𘚩	209	𘚩	288
𘚩	327	𘚩	193	𘚩	334
𘚩	323	𘚩	111	𘚩	081
𘚩	330	𘚩	224	𘚩	313
𘚩	269	𘚩	261	𘚩	222
𘚩	087	𘚩	054	𘚩	156
𘚩	158	𘚩	268	𘚩	326
𘚩	114	𘚩	159	𘚩	215
𘚩	223	𘚩	320	𘚩	241
𘚩	122	𘚩	314	𘚩	222
𘚩	132	𘚩	153	𘚩	313
𘚩	243	𘚩	297	𘚩	335
𘚩	301	𘚩	181	𘚩	117
𘚩	085	𘚩	311	𘚩	222
𘚩	314	𘚩	268	𘚩	272
𘚩	323	𘚩	246	𘚩	270
𘚩	129	𘚩	096	𘚩	210
𘚩	335	𘚩	303	𘚩	228
𘚩	146	𘚩	117	𘚩	189
𘚩	277	𘚩	156	𘚩	310
𘚩	104	𘚩	111	𘚩	132
𘚩	247	𘚩	219	𘚩	083
𘚩	183	𘚩	269	𘚩	092
𘚩	248	𘚩	285	𘚩	150
𘚩	090	𘚩	112	𘚩	152
𘚩	294	𘚩	189	𘚩	275
𘚩	124	𘚩	088	𘚩	284

字	页	字	页	字	页
〿	153	〿	069	〿	124
〿	188	〿	286	〿	075
〿	198	〿	304	〿	324
〿	072	〿	267	〿	066
〿	119	〿	192	〿	291
〿	178	〿	321	〿	103
〿	149	〿	082	〿	294
〿	070	〿	144	〿	207
〿	119	〿	325	〿	087
〿	127	〿	224	〿	294
〿	091	〿	237	〿	262
〿	151	〿	246	〿	185
〿	073	〿	333	〿	065
〿	335	〿	309	〿	231
〿	075	〿	145	〿	217
〿	125	〿	292	〿	103
〿	184	〿	325		
〿	145	〿	136	**79. 彳部**	
〿	153	〿	310	〿	217
〿	199	〿	101	〿	217
〿	211	〿	112		
〿	054	〿	276	**80. 夊部**	
〿	246	〿	342	〿	273
〿	137	〿	095	〿	208
〿	068	〿	342	〿	301
〿	242			〿	115
〿	168	**78. 夂部**		〿	175
〿	095	〿	099	〿	301
〿	198	〿	096	〿	301
〿	093	〿	182	〿	157
〿	134	〿	256	〿	111
〿	101	〿	256		

□ 328
□ 104
□ 103
□ 322
□ 068
□ 234
□ 152
□ 234
□ 266
□ 090

101.□部
□ 253
□ 253

102.□部
□ 274
□ 221
□ 052
□ 266
□ 330
□ 127
□ 209
□ 339
□ 098
□ 180
□ 191
□ 209
□ 156
□ 324
□ 241
□ 326

□ 342
□ 335
□ 078
□ 098
□ 159
□ 064
□ 093
□ 178
□ 216
□ 059
□ 214
□ 070
□ 061
□ 177
□ 154
□ 101
□ 152
□ 339
□ 126
□ 235
□ 268
□ 290
□ 267
□ 098
□ 259
□ 100
□ 192
□ 085
□ 093
□ 170
□ 268
□ 087

□ 173
□ 246
□ 101
□ 327
□ 323
□ 319
□ 345
□ 088
□ 179
□ 174
□ 259
□ 271
□ 268
□ 194
□ 148
□ 152
□ 131
□ 289
□ 243
□ 299
□ 199
□ 265
□ 179
□ 180
□ 268
□ 192
□ 101
□ 101
□ 184
□ 157
□ 118
□ 257

𦀖 059	𢇲 095	𢑶 189
𨾶 135	𢑻 276	𣀉 336
𣀗 149	𢑸 139	𣀌 336
𣀖 139	𢑼 245	𣀃 061
𣀒 143	𢑟 273	𣀔 171
𣀙 139	𢑡 143	𣀟 184
𣀚 186	𢑞 213	𣀢 188
	𢑮 344	
144. 彑部	𢑝 132	**147. 夊部**
𢑥 131	𢑳 111	刘 162
𢑰 083	𢑶 156	𢼿 220
𢑜 056	𢑭 145	㚅 319
𢑬 224	𢑷 275	𢾕 214
𢑵 111	𢑗 219	㚄 305
𢑛 083	𢑸 182	𢾟 156
𢑷 056	𢑅 143	𢾣 279
	𢑆 208	㚆 179
145. 刂部	𢑇 307	𢾦 086
刂 261	𢑈 193	𢾧 339
𢇀 182	𢑉 147	𢾨 335
𢇁 221	𢑊 084	𢾩 212
𢇂 112	𢑋 217	𢾪 294
𢇃 149	𢑌 334	𢾫 283
𢇄 162	𢑍 291	𢾬 247
𢇅 134	𢑎 288	𢾭 080
𢇆 320	𢑏 211	𢾮 265
𢇇 126	𢑐 097	𢾯 164
𢇈 099	𢑑 334	𢾰 134
𢇉 084	𢑒 334	𢾱 294
𢇊 173		𢾲 052
𢇋 054	**146. 夂部**	𢾳 103
𢇌 062	夂 061	𢾴 277

𗵫	260	𗵬	214	𗵭	325
𗵮	065	𗵯	325	𗵰	061
𗵱	337	𗵲	321	𗵳	092
𗵴	203	𗵵	251	𗵶	166
𗵷	121	𗵸	110		
𗵹	060	𗵺	070	**149.** 糹部	
𗵻	181	𗵼	284	𗶀	190
𗵽	269	𗵾	191	𗶁	140
𗵿	207	𗶂	281	𗶃	054
𗶄	121	𗶅	097		
𗶆	295	𗶇	272	**150.** 爻部	
𗶈	107	𗶉	171	𗶐	214
𗶊	302	𗶑	235	𗶒	214
𗶋	250	𗶓	299	𗶔	214
𗶌	265	𗶕	298		
𗶍	195	𗶖	115	**151.** 言部	
𗶎	211	𗶗	168	𗶠	255
𗶏	306	𗶘	100	𗶡	138
𗶙	302	𗶚	092	𗶢	285
𗶛	168	𗶜	283	𗶣	052
𗶝	276	𗶞	170	𗶤	052
𗶟	237	𗷀	131	𗷁	242
𗷂	256	𗷃	111	𗷄	239
𗷅	256	𗷆	155	𗷇	181
𗷈	170	𗷉	253	𗷊	052
𗷋	110	𗷌	085	𗷍	178
𗷎	060	𗷏	321	𗷐	234
𗷑	254	𗷒	196	𗷓	138
𗷔	095	𗷕	279	𗷖	052
𗷗	331	𗷘	338	𗷙	181
𗷚	267	𗷛	064	𗷜	127
𗷝	268	𗷞	217	𗷟	273

𘓸 080

163. 𘟱部

𘟱 206
𘟲 186
𘟳 122
𘟴 206
𘟵 084

164. 𘟱部

𘟱 109
𘟶 296
𘟷 222
𘟸 216
𘟹 104
𘟺 243
𘟻 283
𘟼 086
𘟽 149
𘟾 100
𘟿 235
𘠀 218
𘠁 271
𘠂 189
𘠃 160
𘠄 083
𘠅 109
𘠆 294
𘠇 184
𘠈 323
𘠉 215
𘠊 258

𘠋 325
𘠌 134
𘠍 143
𘠎 147
𘠏 235
𘠐 168
𘠑 098
𘠒 278
𘠓 127

165. 𘠔部

𘠔 220

166. 𘠕部

𘠕 257
𘠖 266
𘠗 111
𘠘 220

167. 爻部

爻 336
𘠙 171
𘠚 274
𘠛 141
𘠜 144
𘠝 273
𘠞 159
𘠟 064
𘠠 275
𘠡 165
𘠢 133
𘠣 128

𘠤 163
𘠥 258
𘠦 069
𘠧 265
𘠨 160
𘠩 171
𘠪 310
𘠫 263
𘠬 321
𘠭 161
𘠮 258
𘠯 293
𘠰 309
𘠱 066
𘠲 067
𘠳 299

168. 𘠴部

𘠴 335
𘠵 305
𘠶 187
𘠷 069
𘠸 069
𘠹 106
𘠺 265
𘠻 062
𘠼 219
𘠽 142
𘠾 064
𘠿 116
𘡀 144
𘡁 192

□ 263
□ 340
□ 284
□ 228
□ 074
□ 287
□ 228

178. □部
□ 156

179. □部
□ 242
□ 148
□ 320
□ 121
□ 212
□ 161

180. □部
□ 270
□ 091
□ 151

181. □部
□ 096
□ 087

182. □部
□ 303
□ 288

183. □部
□ 114
□ 345
□ 062

184. □部
□ 230
□ 233
□ 095
□ 285
□ 054
□ 285
□ 172
□ 132
□ 341

185. □部
□ 299
□ 154
□ 154
□ 286
□ 114

186. □部
□ 125
□ 253
□ 277
□ 245
□ 310
□ 111
□ 341

187. □部
□ 177
□ 150
□ 218
□ 309
□ 285
□ 289
□ 124
□ 162
□ 132
□ 084
□ 321
□ 222
□ 285
□ 069
□ 344
□ 155
□ 292
□ 218
□ 333
□ 258
□ 290
□ 271
□ 252
□ 077
□ 055
□ 124
□ 211
□ 065
□ 318
□ 310
□ 265

□	324	□	266	□	160
□	322	□	330	□	162
□	144	□	077	□	182
□	267	□	266	□	265
□	268	□	284	□	077
□	207	□	287	□	105
□	283	□	160	□	285
□	233	□	168	□	330
		□	237	□	133
250.肖部		□	168	□	291
□	124	□	270	□	108
□	168			□	136
□	066	**252.美部**		□	062
□	191	□	083	□	176
□	157	□	111	□	126
□	066	□	108	□	161
□	071	□	190	□	103
□	066	□	176	□	167
□	091	□	086	□	138
□	066	□	118	□	170
□	066	□	344	□	157
□	317	□	129	□	069
□	244	□	225	□	259
□	072	□	073	□	335
□	066	□	333	□	189
□	181	□	172	□	257
		□	166	□	218
251.羊部		□	145	□	052
□	152	□	306	□	179
□	266	□	253	□	287
□	079	□	292	□	118
□	334	□	242	□	301

𗄑	311			𗄑	253	
𗄑	213	**256.𗄑部**		𗄑	122	
𗄑	338	𗄑	332	𗄑	326	
𗄑	343	𗄑	057			
𗄑	162			**258.𗄑部**		
𗄑	299	**257.𗄑部**		𗄑	134	
𗄑	101	𗄑	142	𗄑	281	
𗄑	309	𗄑	142	𗄑	134	
𗄑	306	𗄑	245			
𗄑	094	𗄑	118	**259.𗄑部**		
𗄑	187	𗄑	062	𗄑	296	
𗄑	163	𗄑	223			
		𗄑	067	**260.𗄑部**		
253.𗄑部		𗄑	125	𗄑	102	
𗄑	245	𗄑	245			
𗄑	079	𗄑	144	**261.𗄑部**		
𗄑	245	𗄑	343	𗄑	097	
𗄑	102	𗄑	295	𗄑	075	
𗄑	107	𗄑	093	𗄑	310	
𗄑	156	𗄑	185	𗄑	060	
𗄑	245	𗄑	340	𗄑	252	
𗄑	107	𗄑	274			
𗄑	143	𗄑	144	**262.𗄑部**		
𗄑	233	𗄑	099	𗄑	149	
𗄑	107	𗄑	118			
		𗄑	067	**263.𗄑部**		
254.𗄑部		𗄑	274	𗄑	055	
𗄑	190	𗄑	144			
𗄑	070	𗄑	118	**264.𗄑部**		
		𗄑	095	𗄑	270	
255.𗄑部		𗄑	123			
𗄑	093	𗄑	151	**265.𗄑部**		

281.□部
□ 121

282.□部
□ 213
□ 192
□ 222
□ 148
□ 299
□ 307
□ 225
□ 103
□ 192
□ 312
□ 282
□ 192
□ 190
□ 190
□ 288

283.□部
□ 327
□ 100
□ 294
□ 056
□ 099
□ 072
□ 325
□ 060
□ 294
□ 300

□ 330
□ 307

284.□部
□ 301

285.□部
□ 175

286.□部
□ 153
□ 255
□ 332
□ 321
□ 281
□ 72
□ 321
□ 305

287.□部
□ 203
□ 208
□ 136
□ 280
□ 280
□ 336
□ 064
□ 312

288.□部
□ 128
□ 135

□ 092
□ 113
□ 281
□ 174
□ 125
□ 241
□ 222

289.□部
□ 312

290.□部
□ 336

291.□部
□ 193

292.□部
□ 324
□ 324
□ 097
□ 097
□ 097
□ 105

293.□部
□ 166
□ 244

294.□部
□

□	190	**312.** □ 部		**318.** □ 部	
□	149	□	256	□	241
□	074	□	210	□	169
□	079	□	079		
□	239	□	297	**319.** □ 部	
□	053	□	129	□	061
□	059	□	139	□	329
□	089	□	210	□	325
□	315	□	278	□	340
□	089			□	340
□	338	**313.** □ 部		□	199
□	216	□	152	□	264
□	319	□	085		
□	164	□	311	**320.** □ 部	
□	276	□	128	□	056
□	307	□	300		
□	054	□	086	**321.** □ 部	
□	342			□	121
□	263	**314.** □ 部		□	182
□	345	□	132	□	178
□	303			□	118
□	322	**315.** □ 部		□	292
□	158	□	212	□	325
□	060			□	292
□	312	**316.** □ 部		□	085
		□	197		
310. □（左）		□	326	**322.** □ 部	
□	149			□	326
		317. □ 部		□	336
311. □ 部		□	125	□	134
□	256	□	181	□	128
				□	336

五 写本《文海宝韵》图版

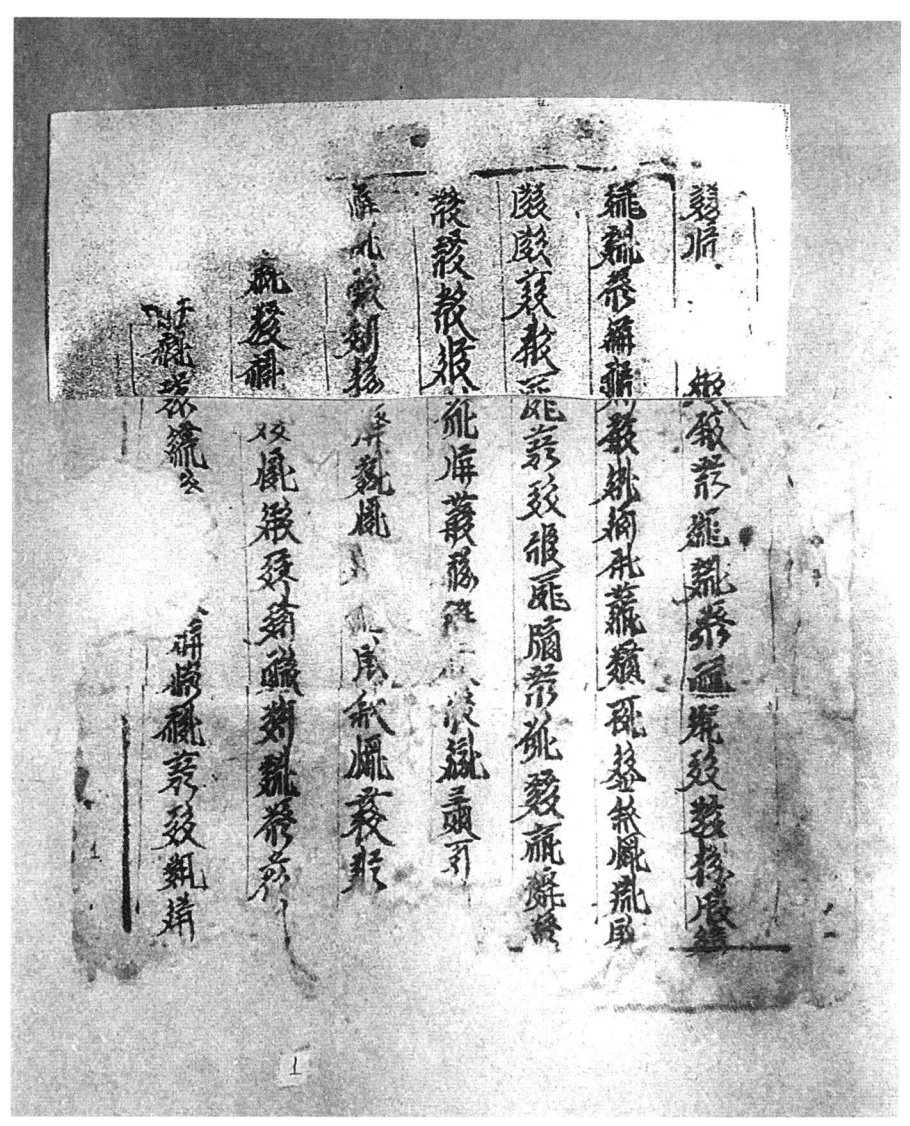

序1.2

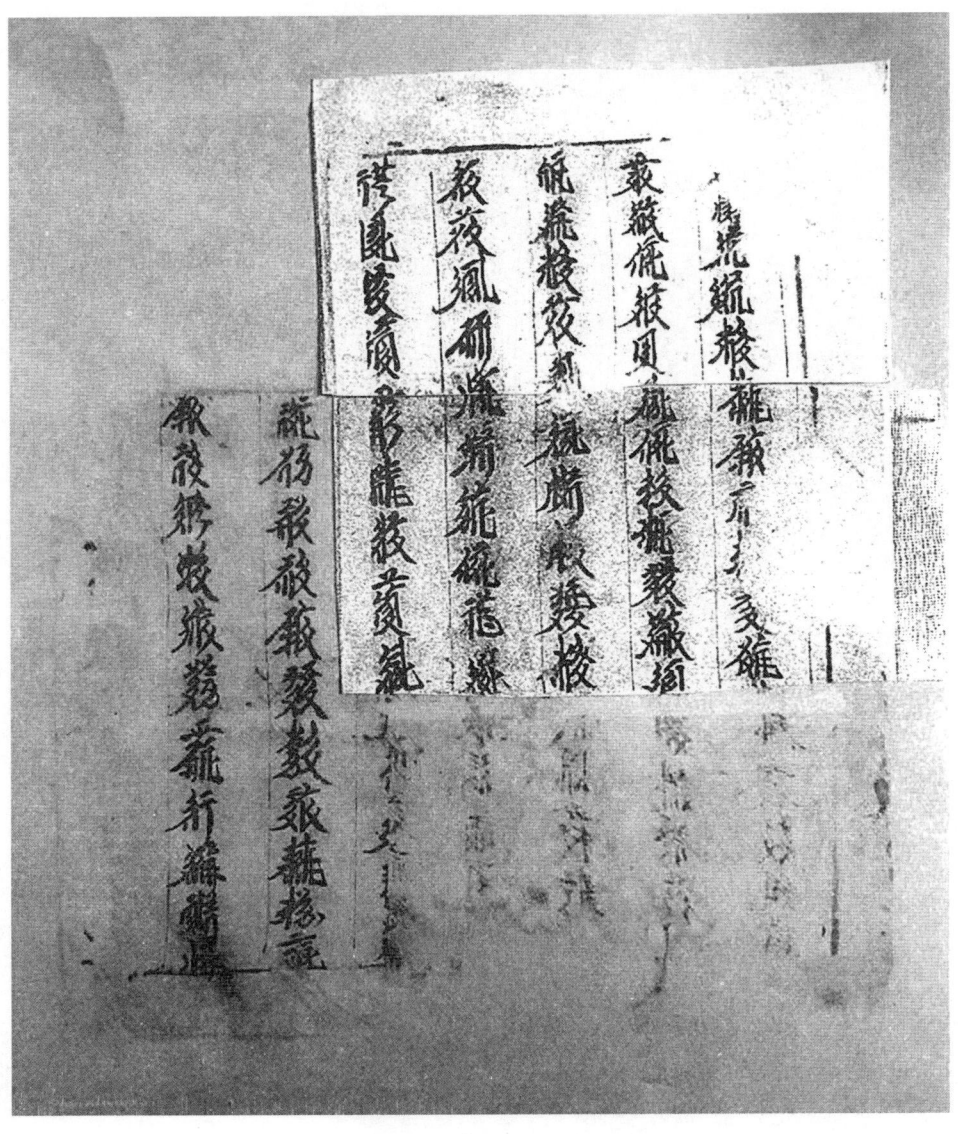

序2.1

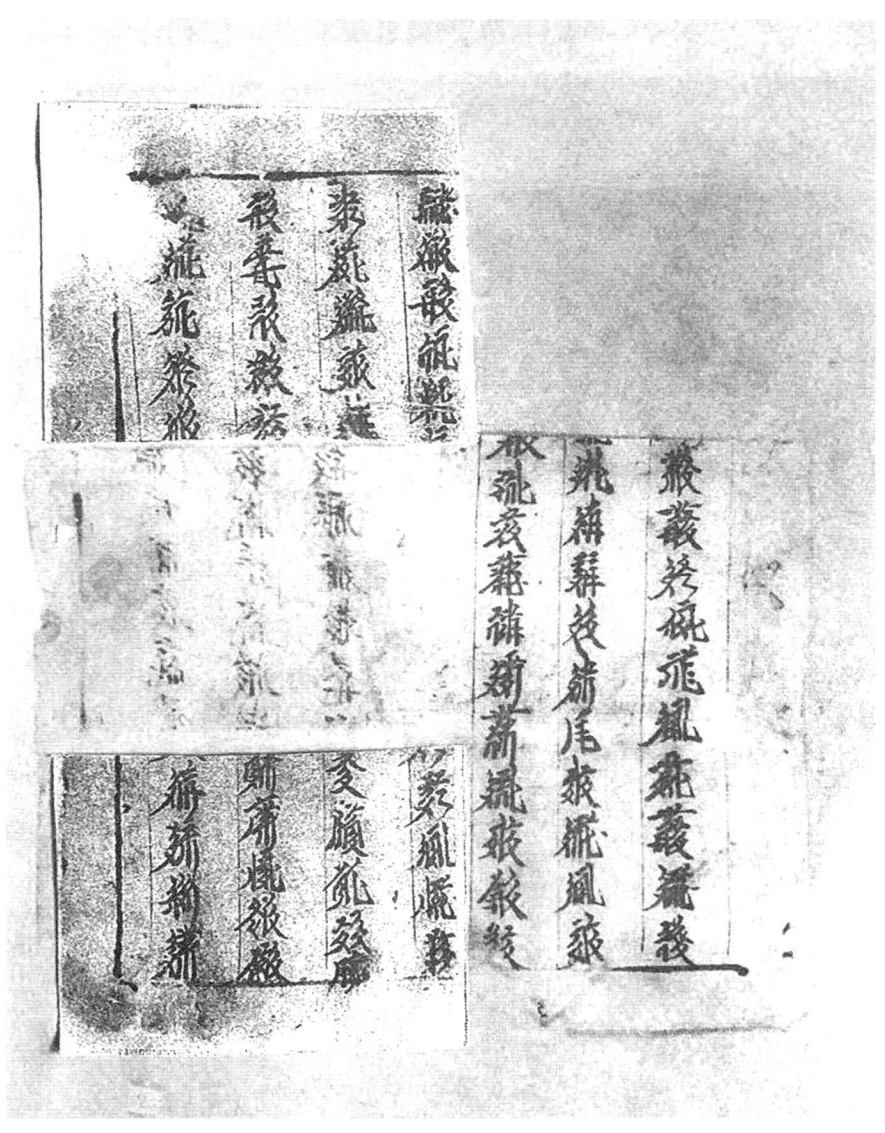

序2.2

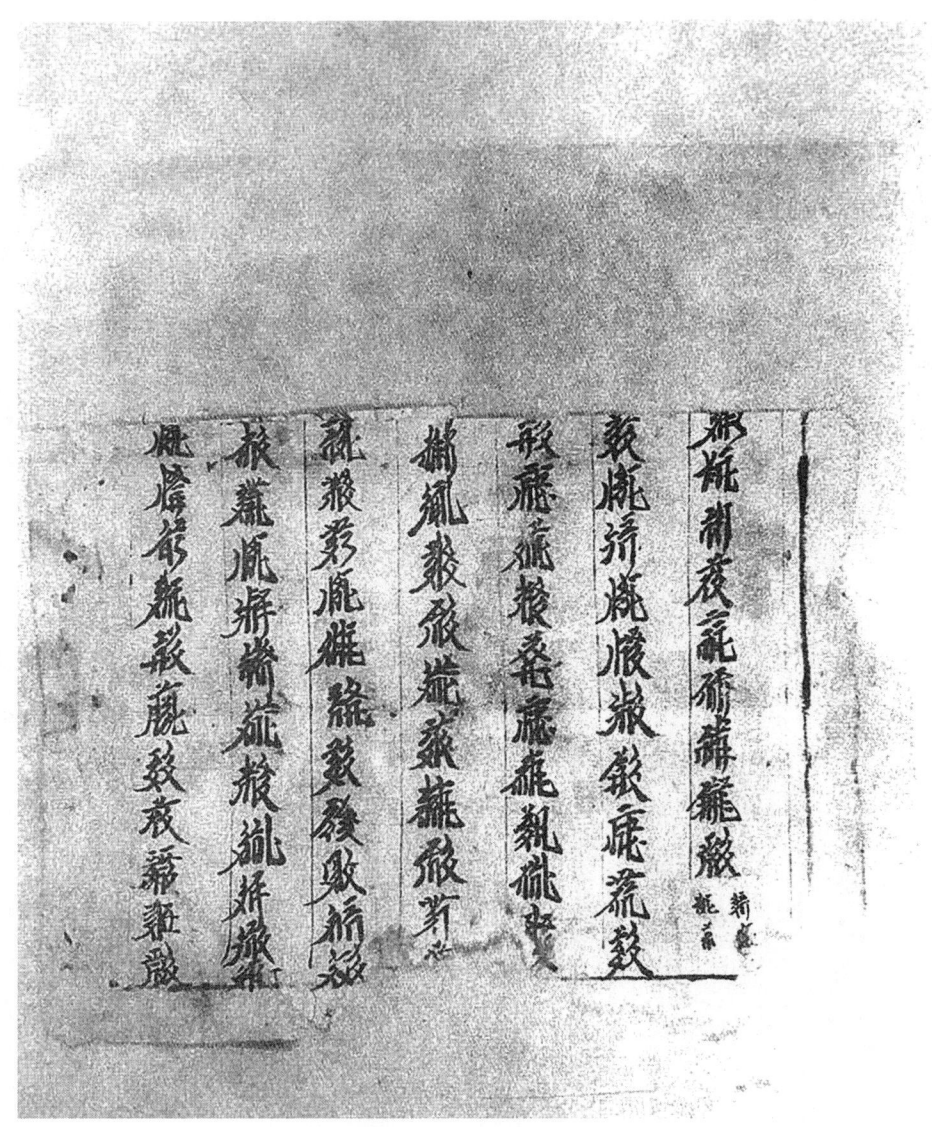

序3.1

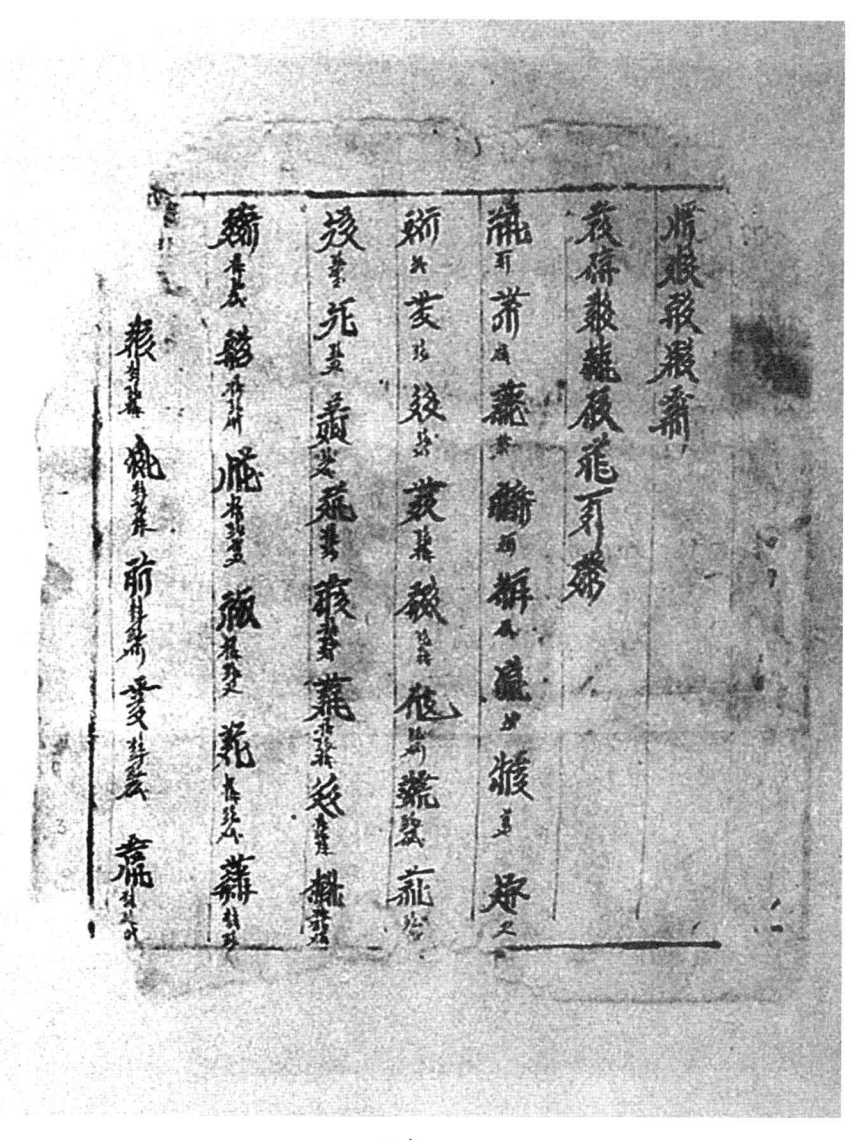

平声 3.2

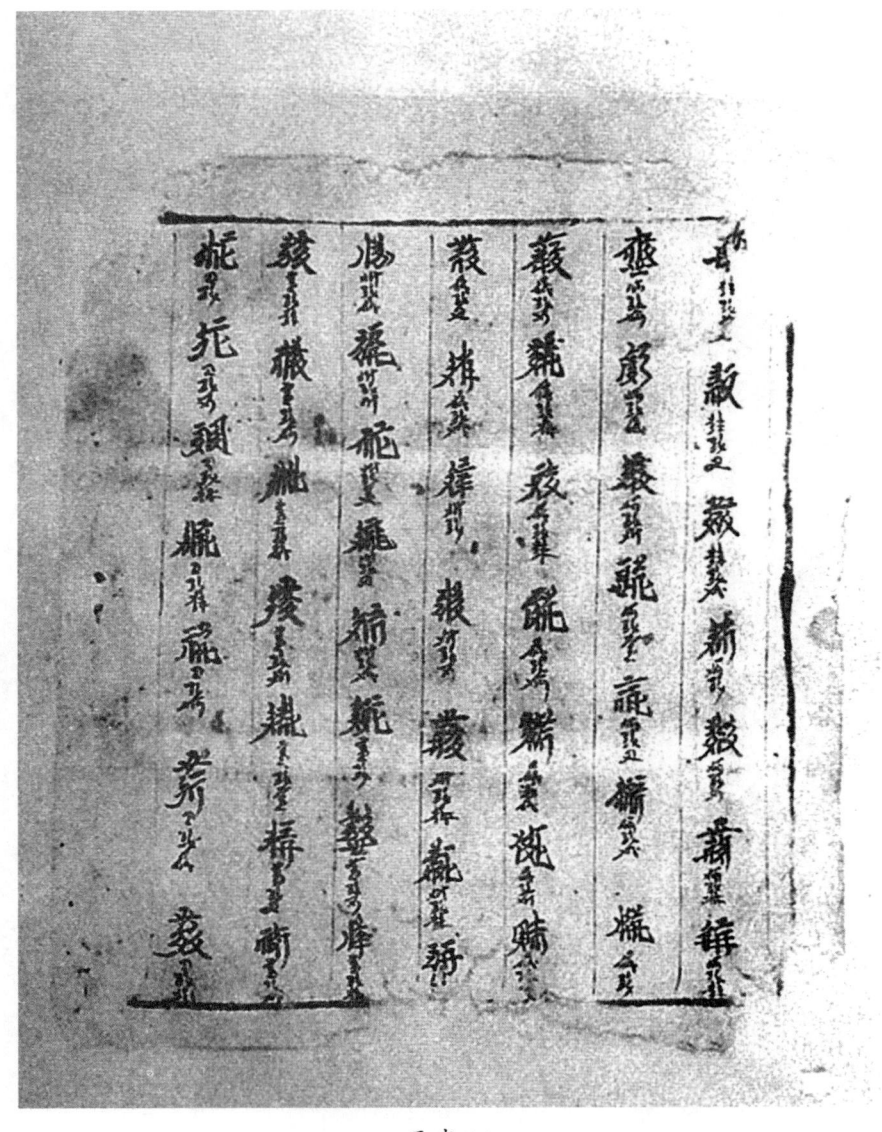

平声 4.1

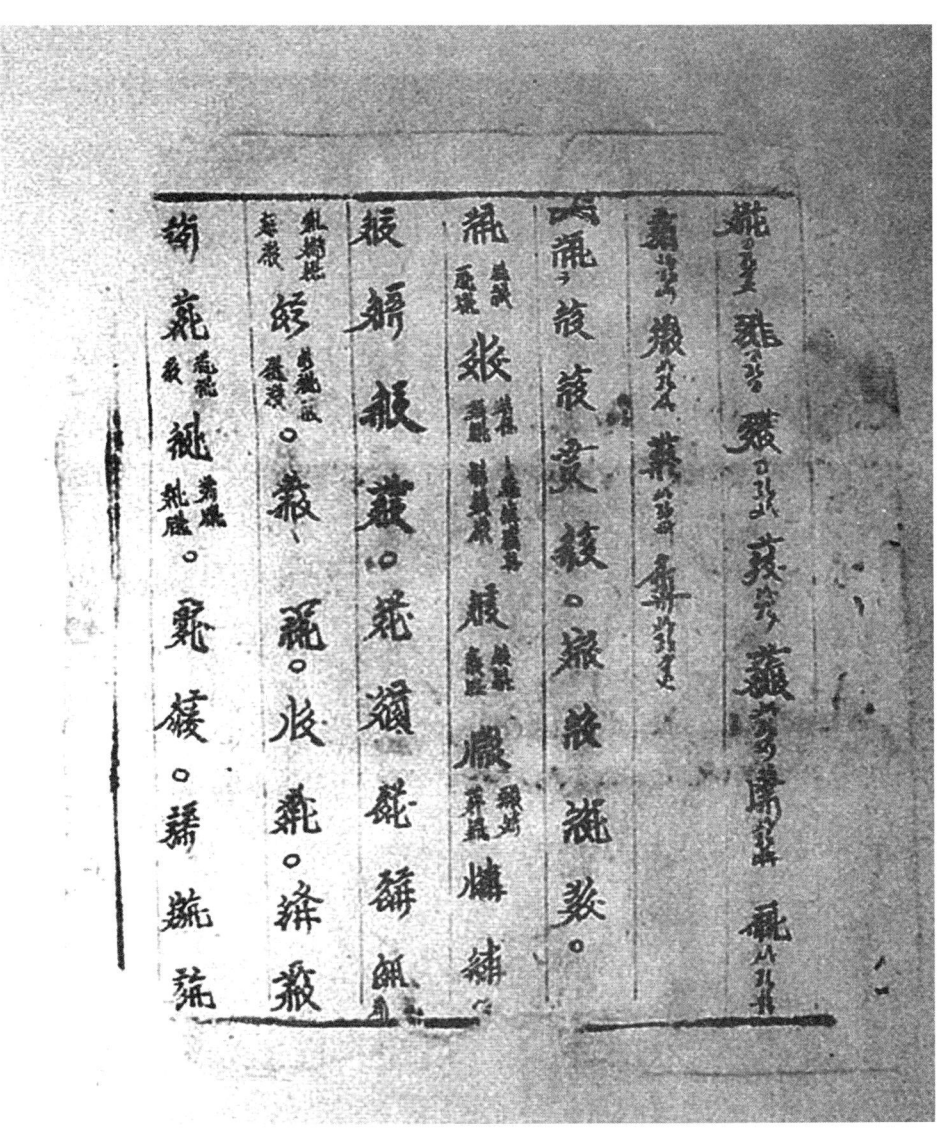

平声 4.2

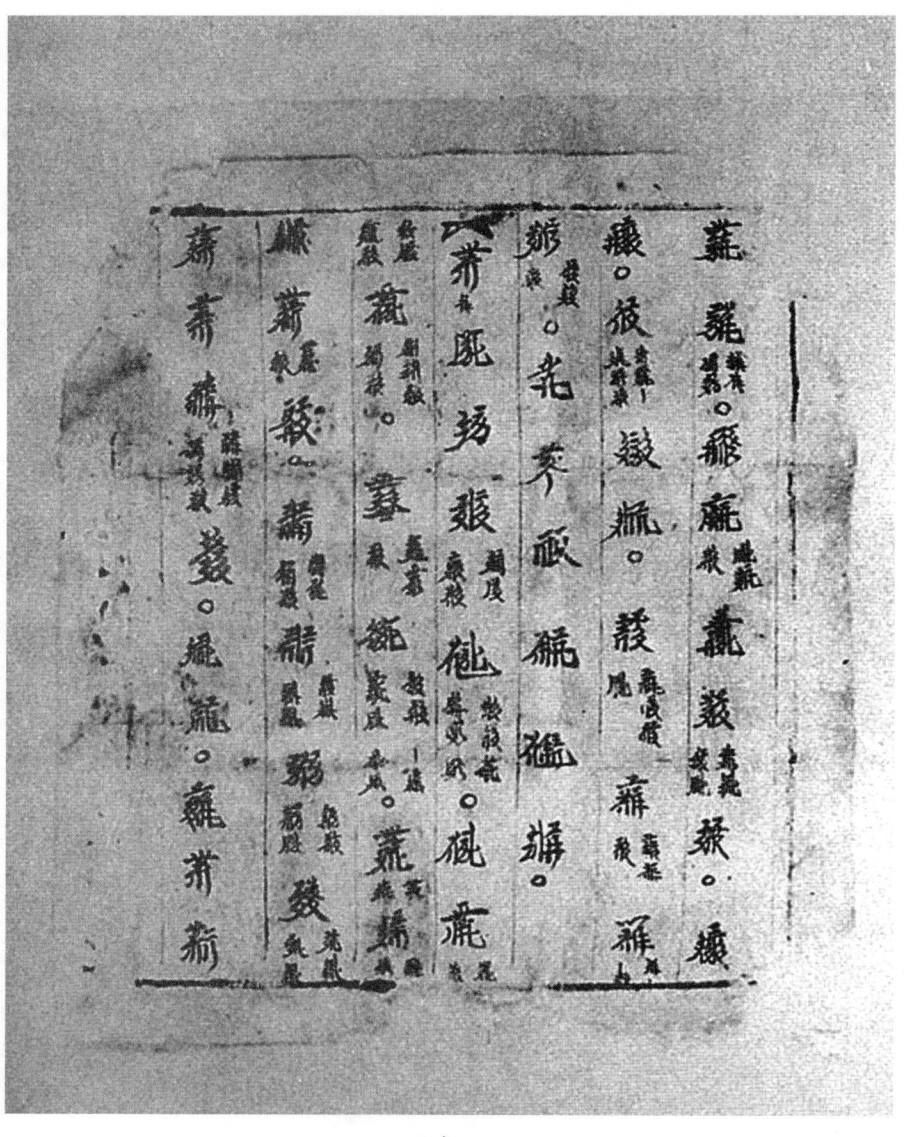

平声 5.1

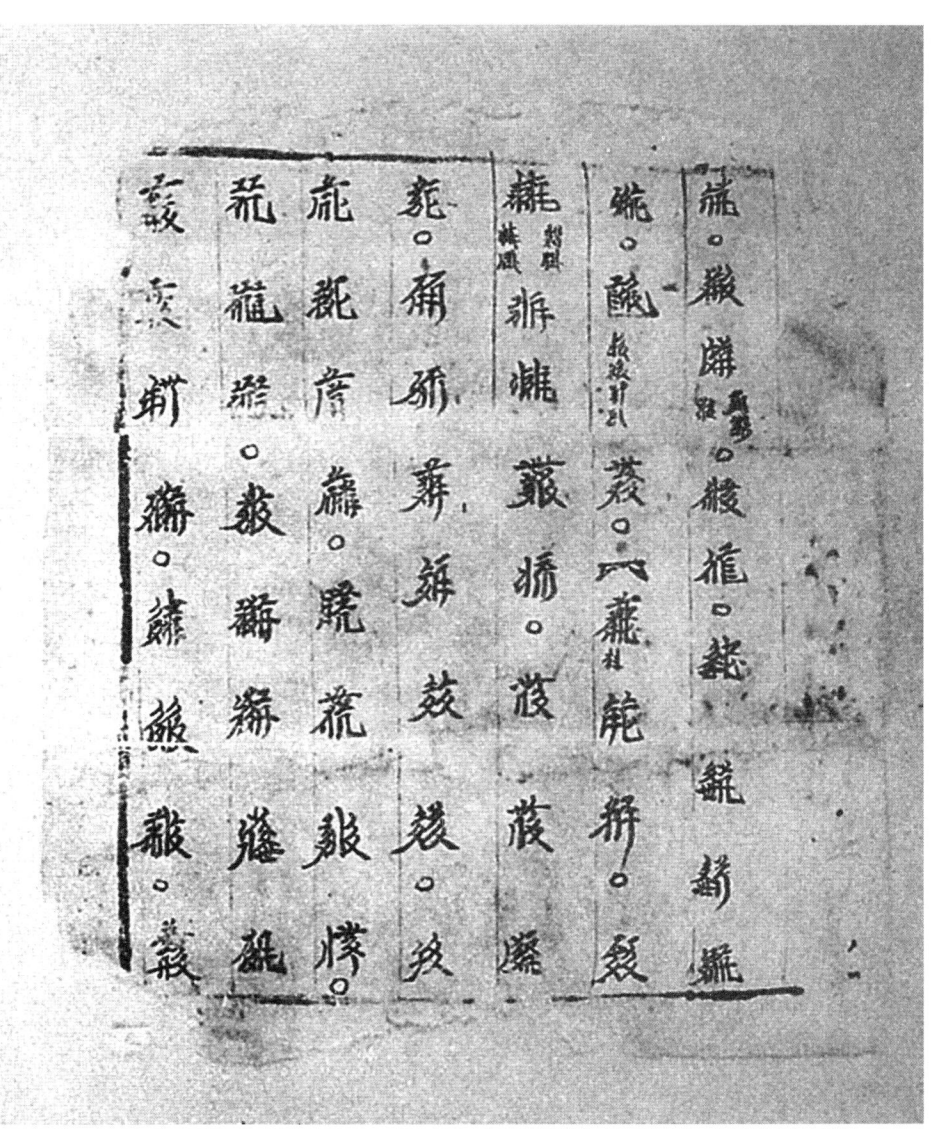

平声5.2

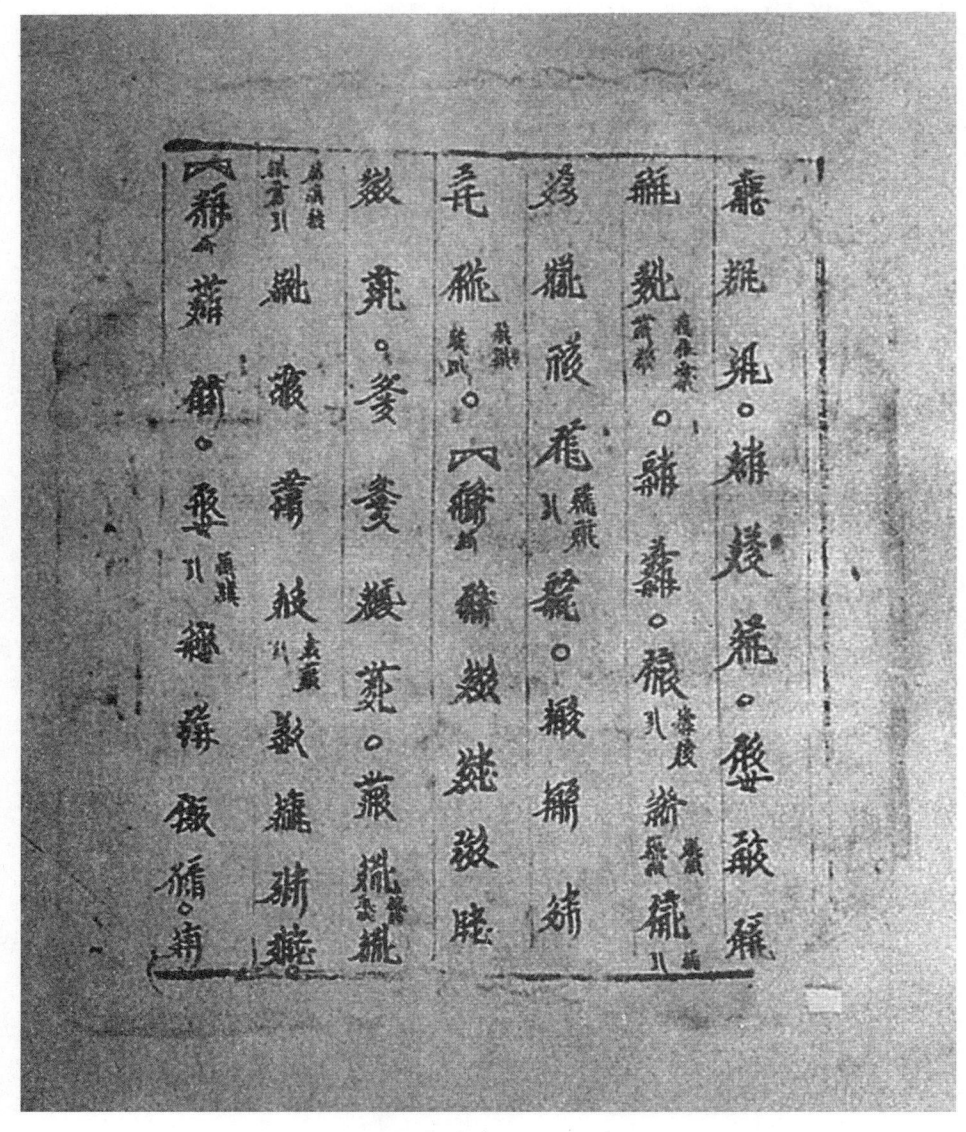

平声 6.1

平声 6.2

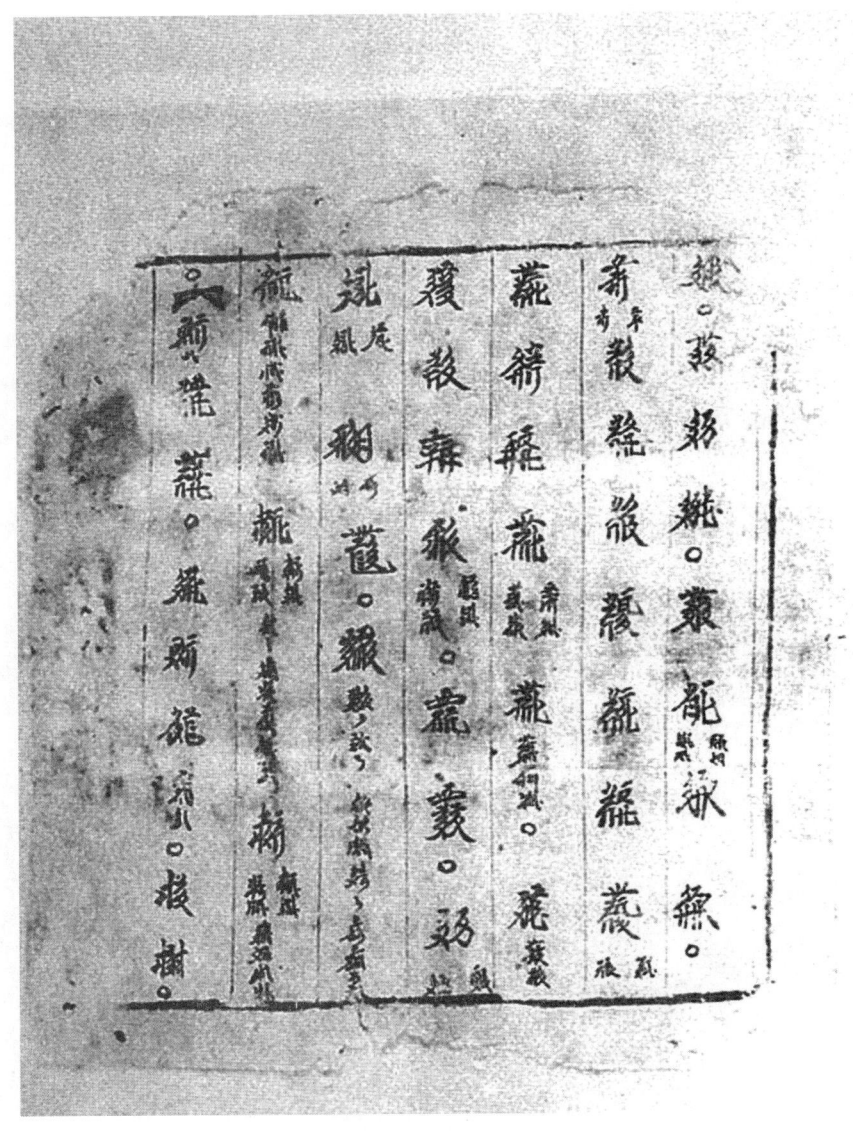

平声7.1

平声7.2

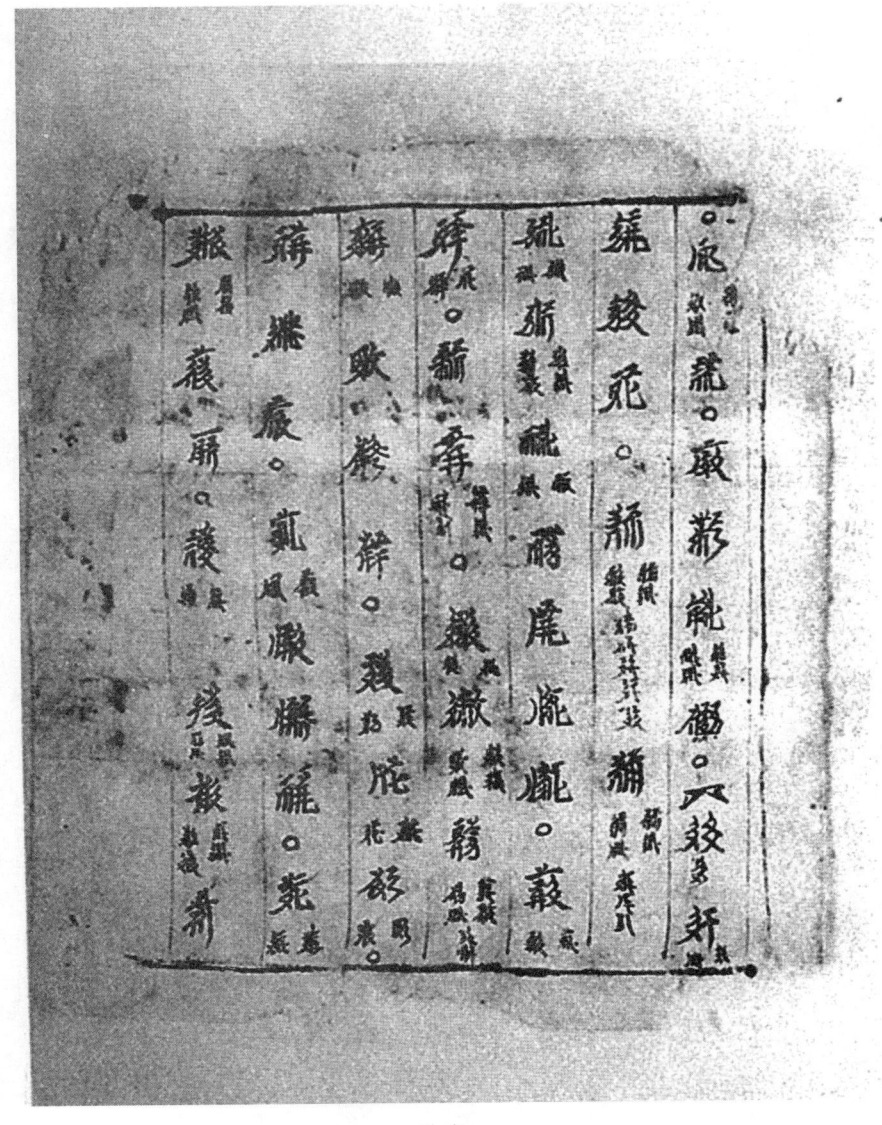

平声8.1

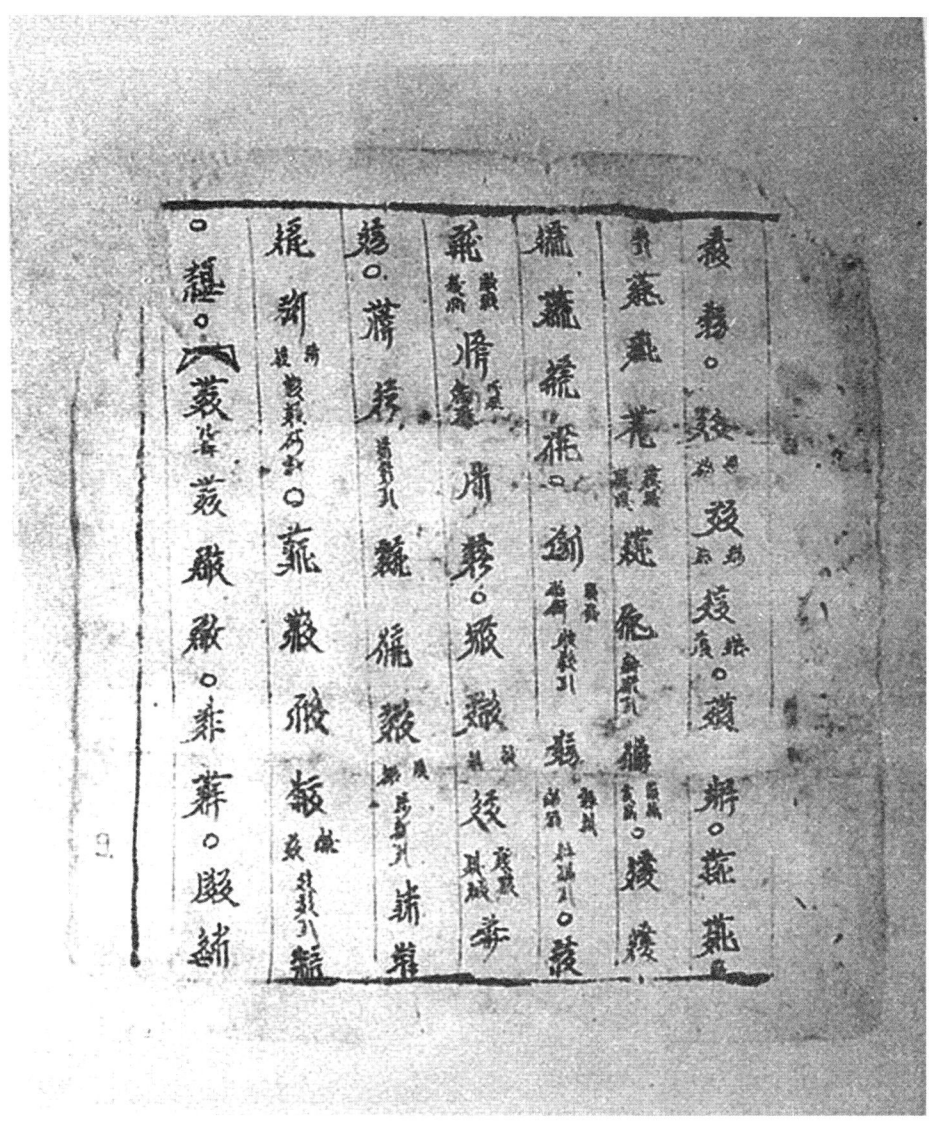

平声8.2

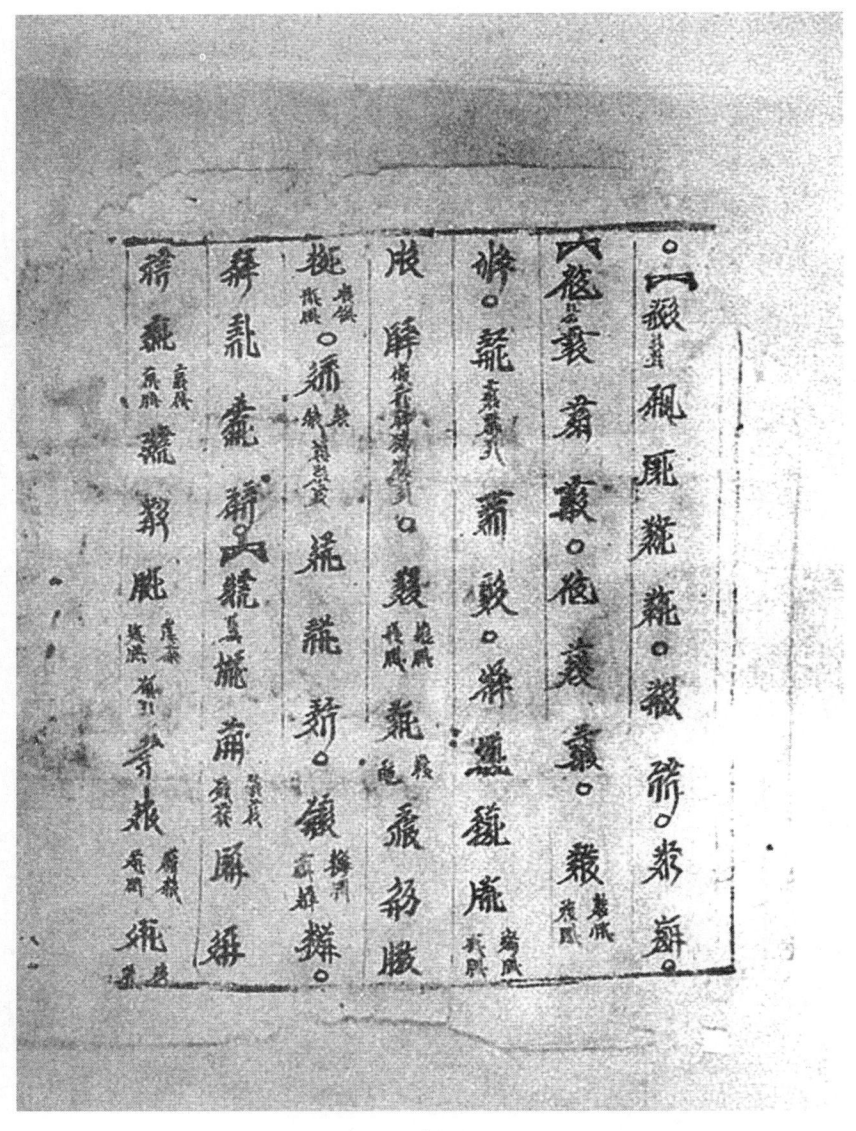

平声 9.1

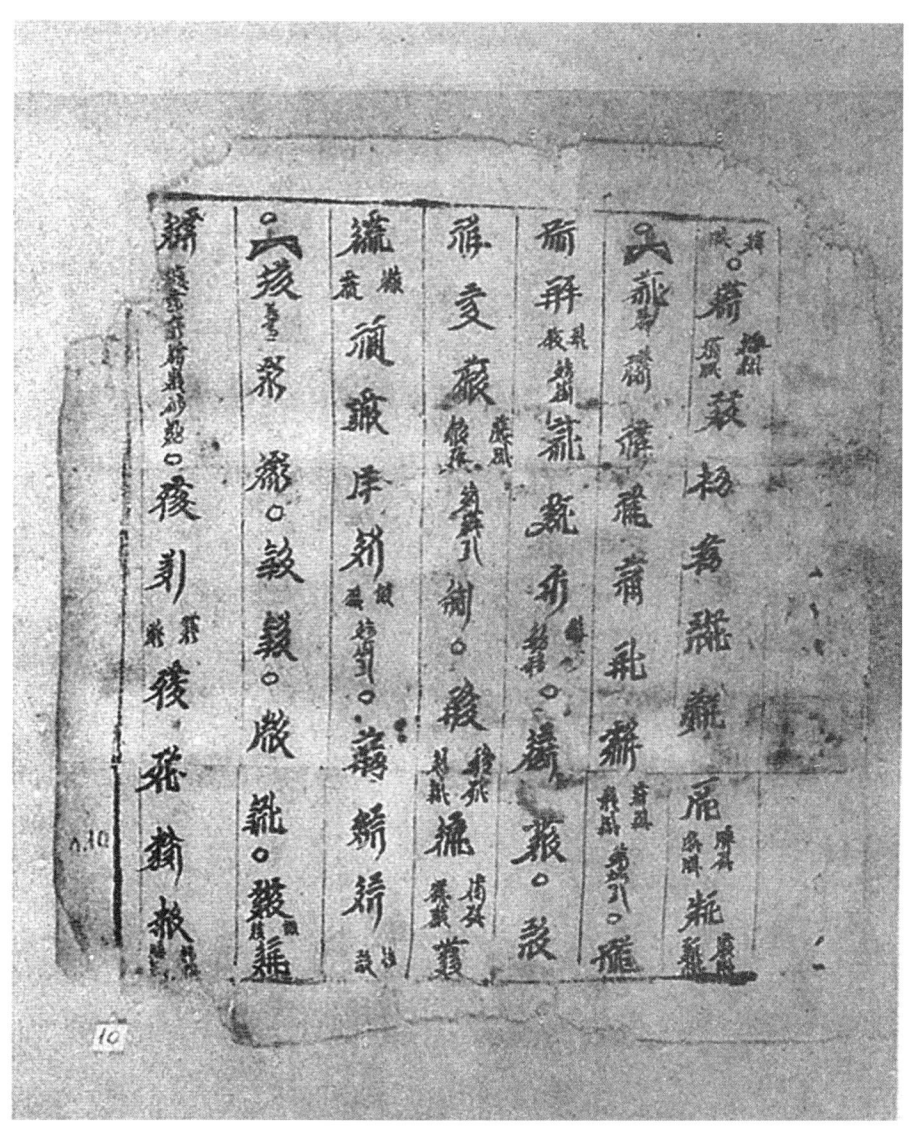

平声9.2

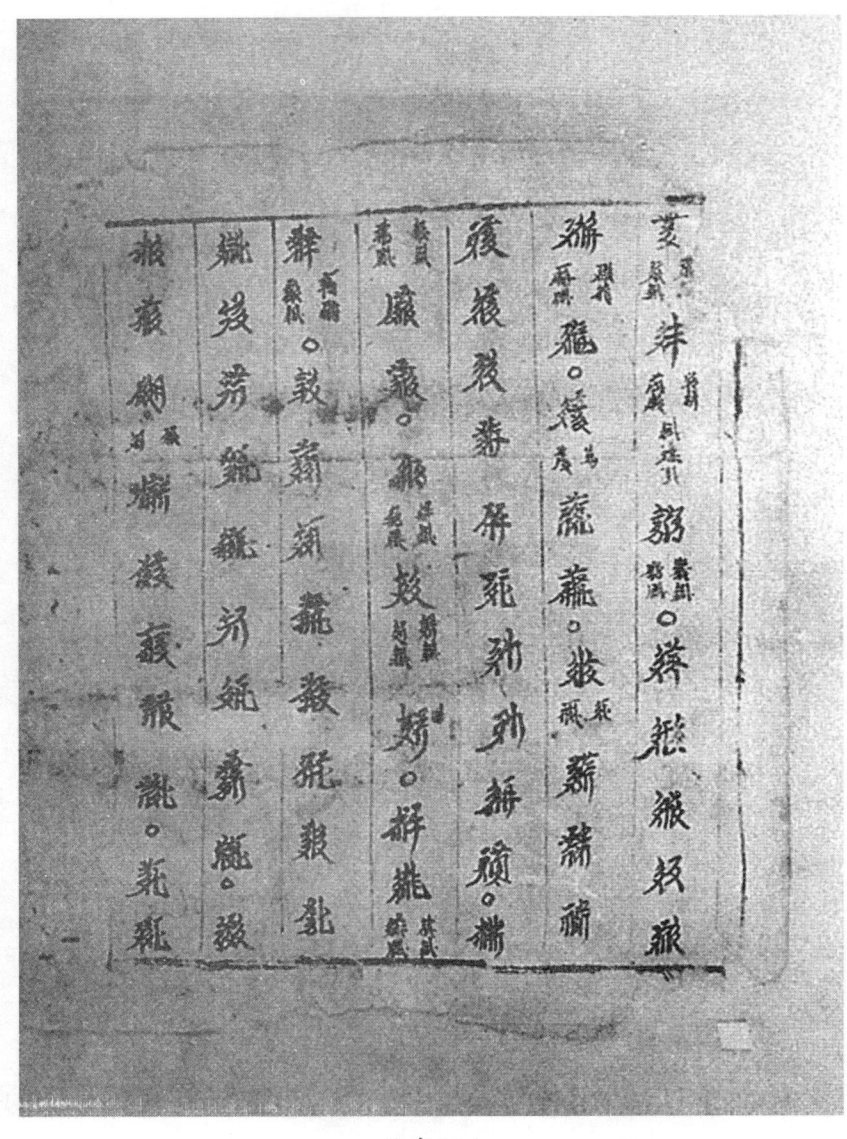

平声 10.1

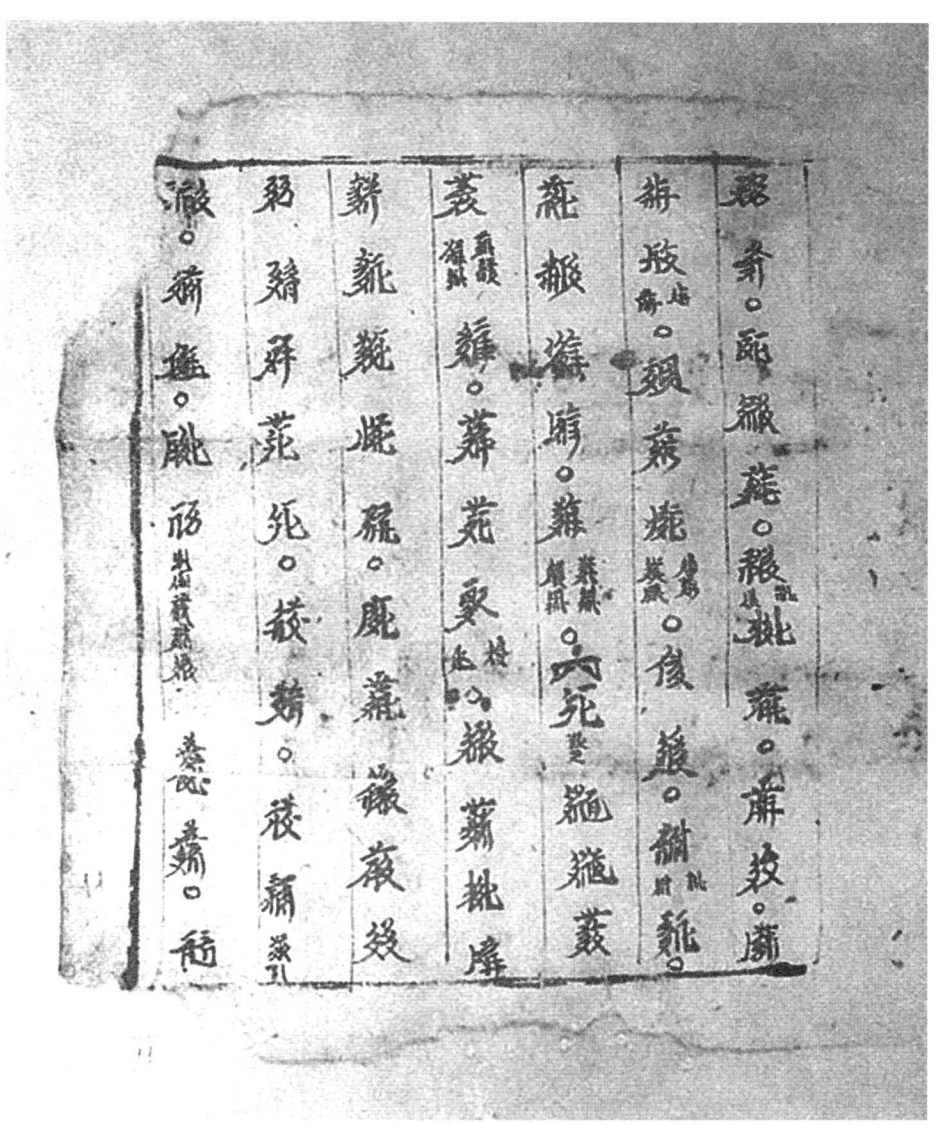

平声10.2

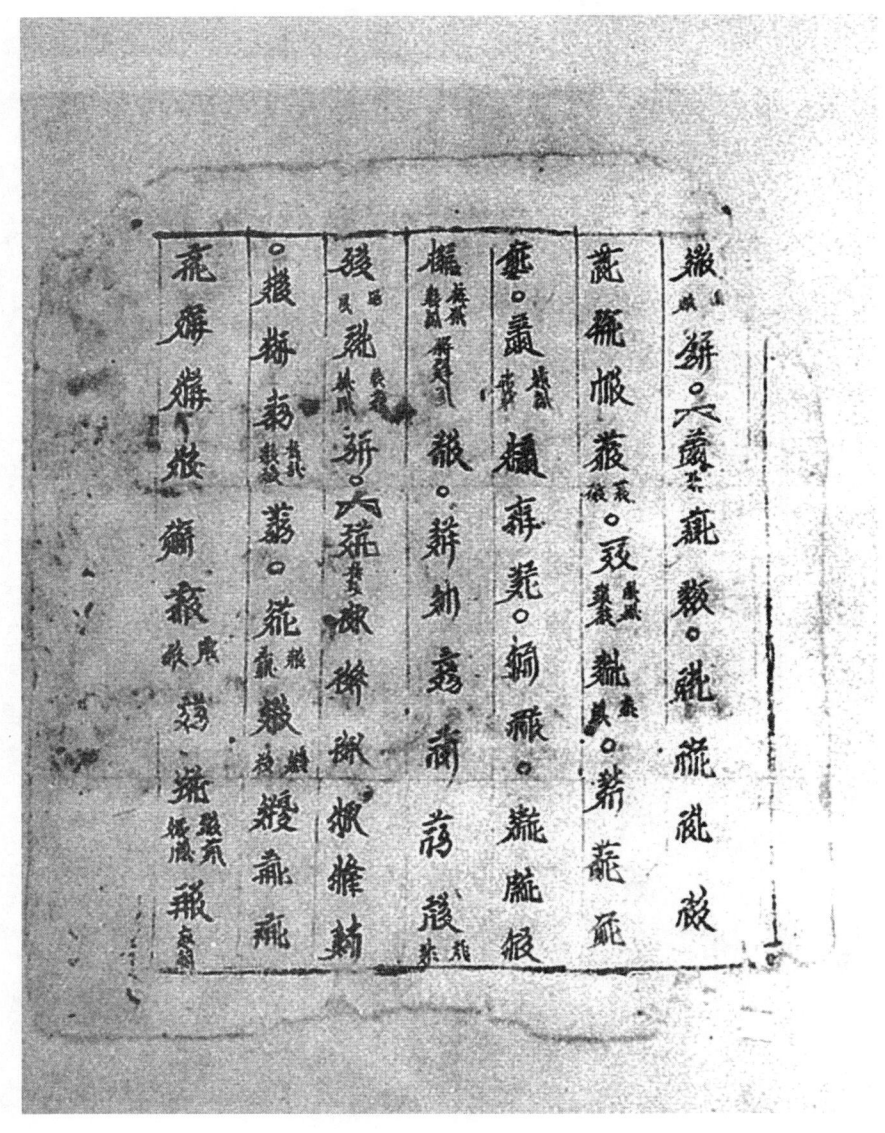

平声 11.1

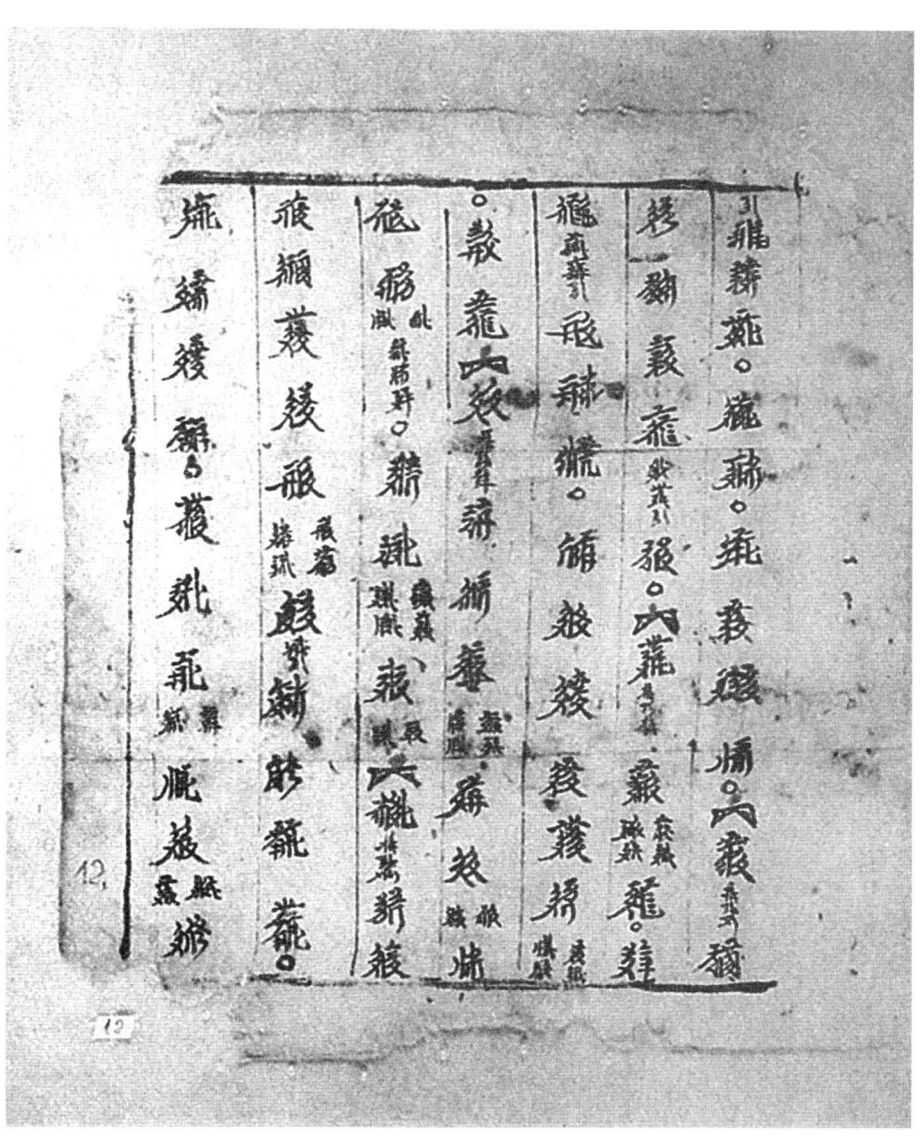

平声11.2

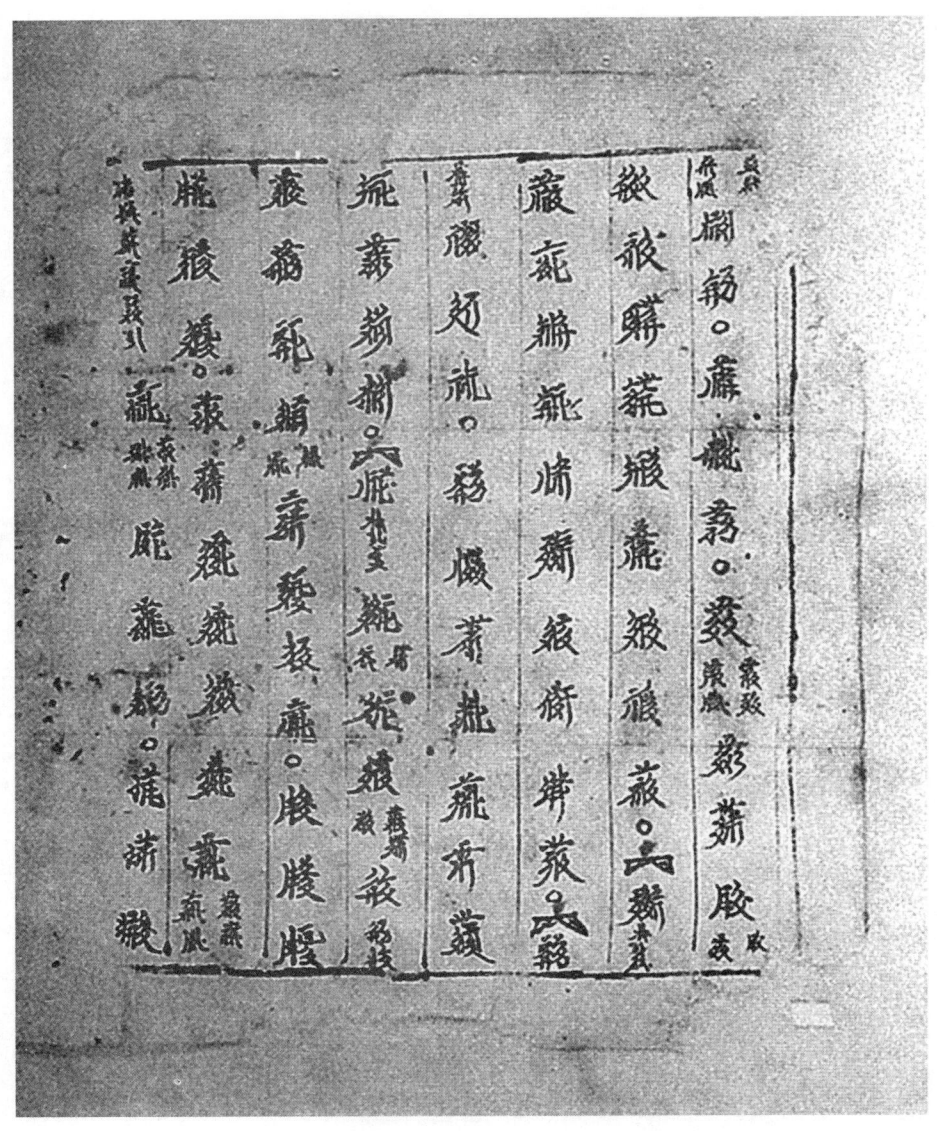

平声 12.1

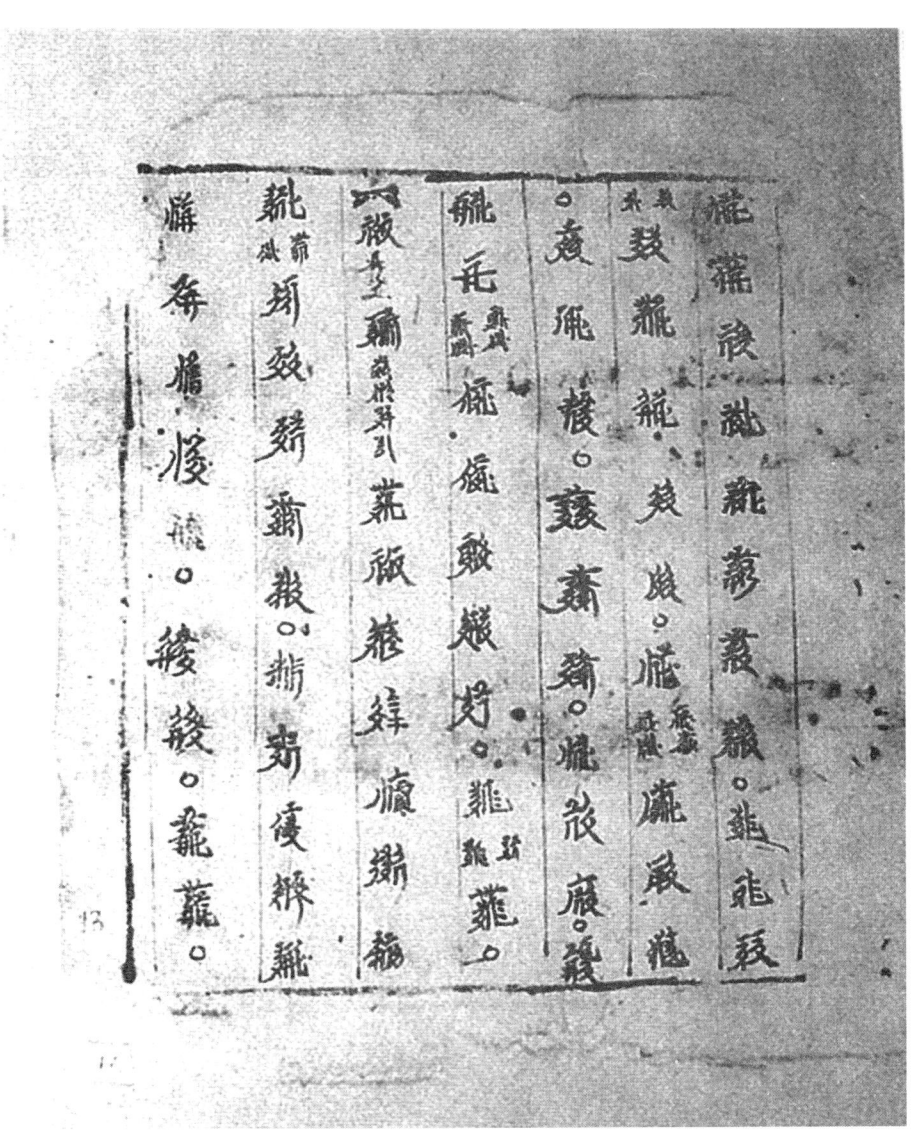

平声 12.2

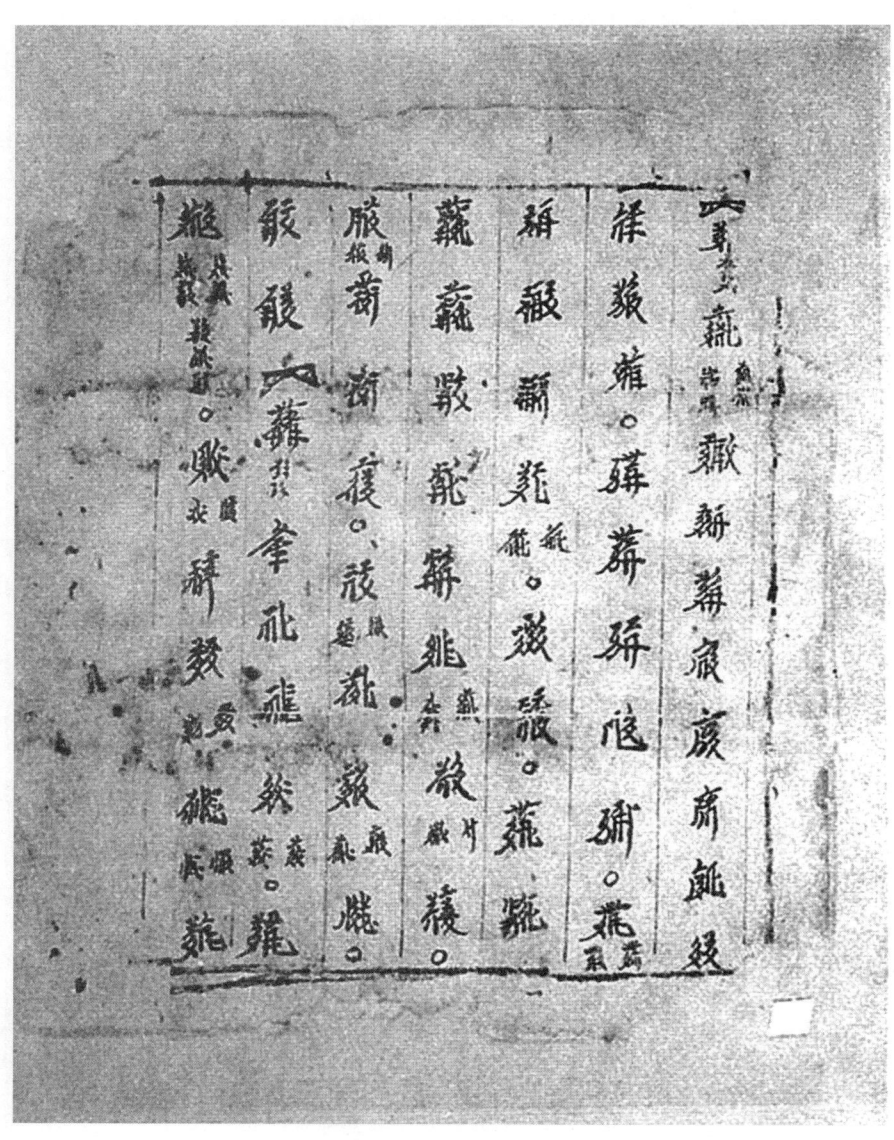

平声 13.1

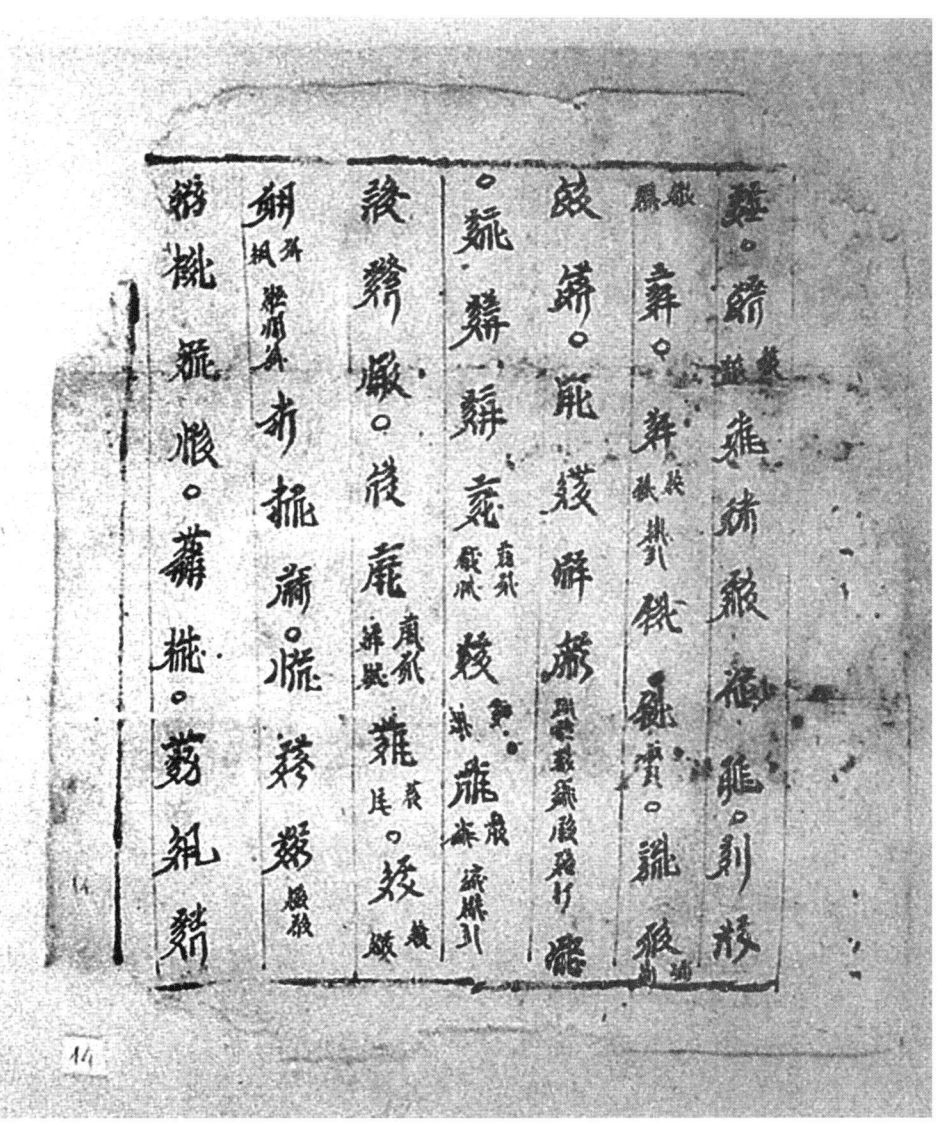

平声 13.2

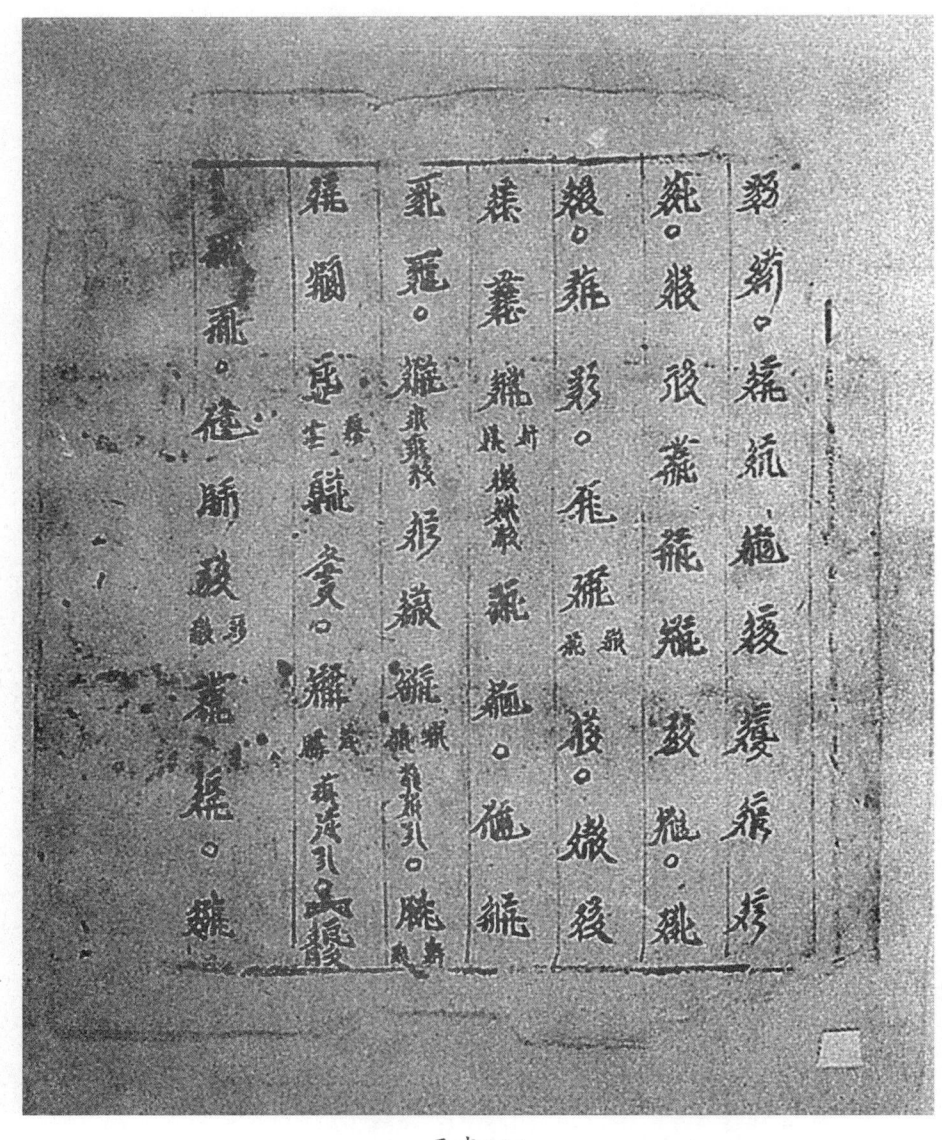

平声 14.1

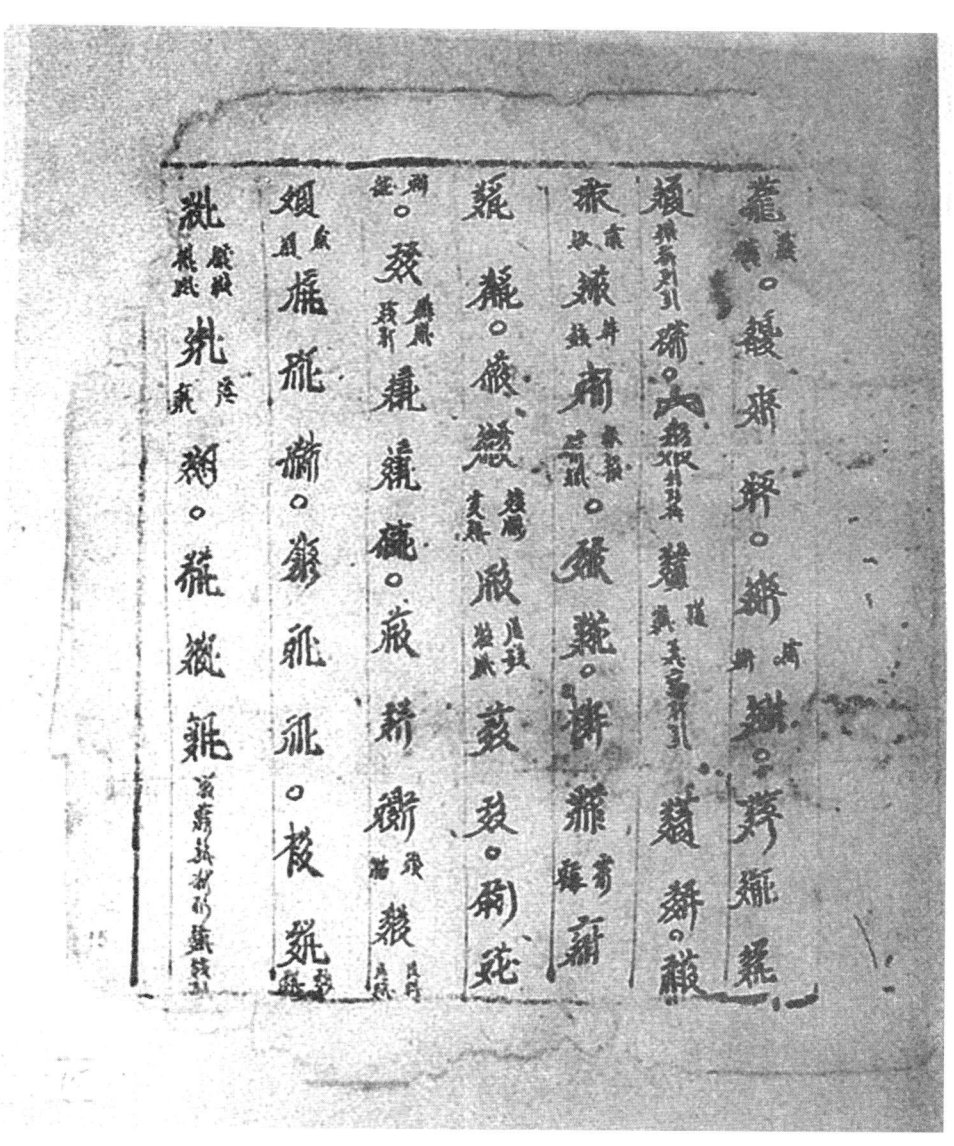

平声 14.2

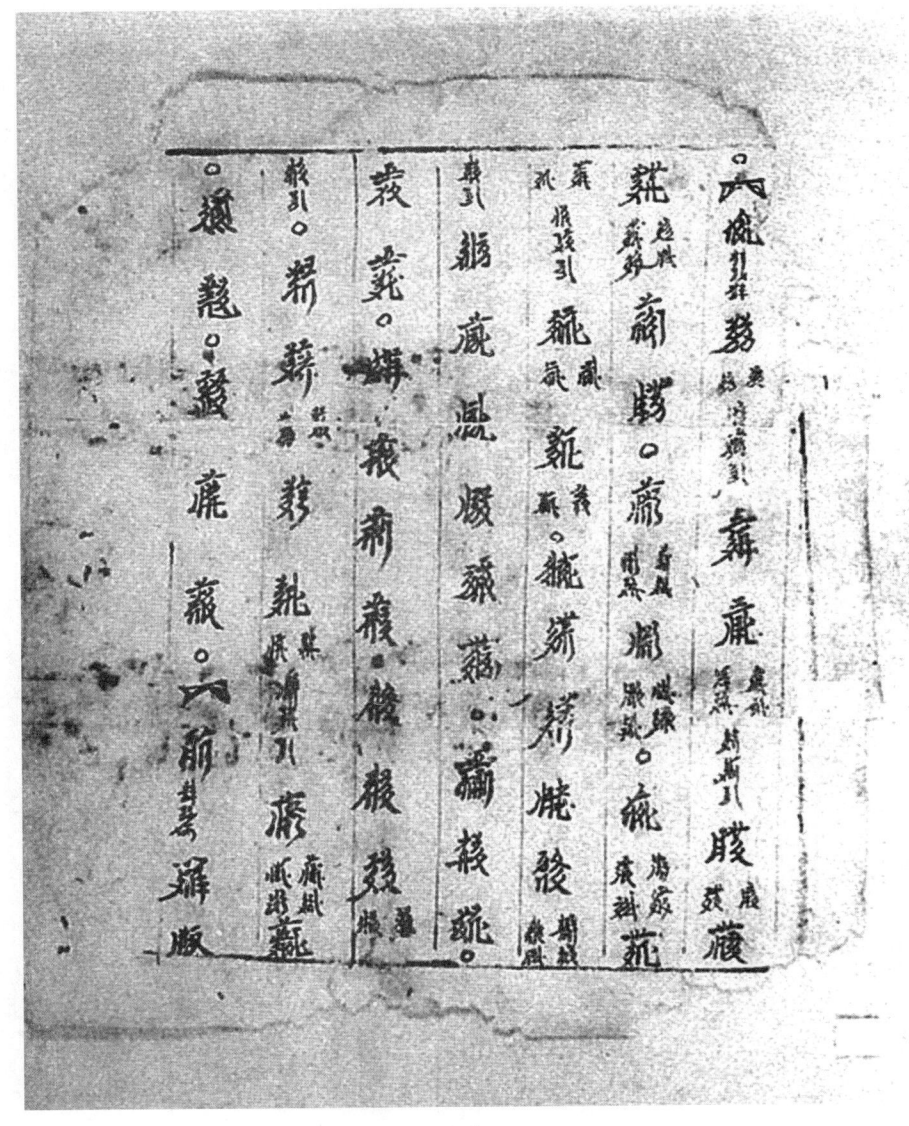

平声 15.1

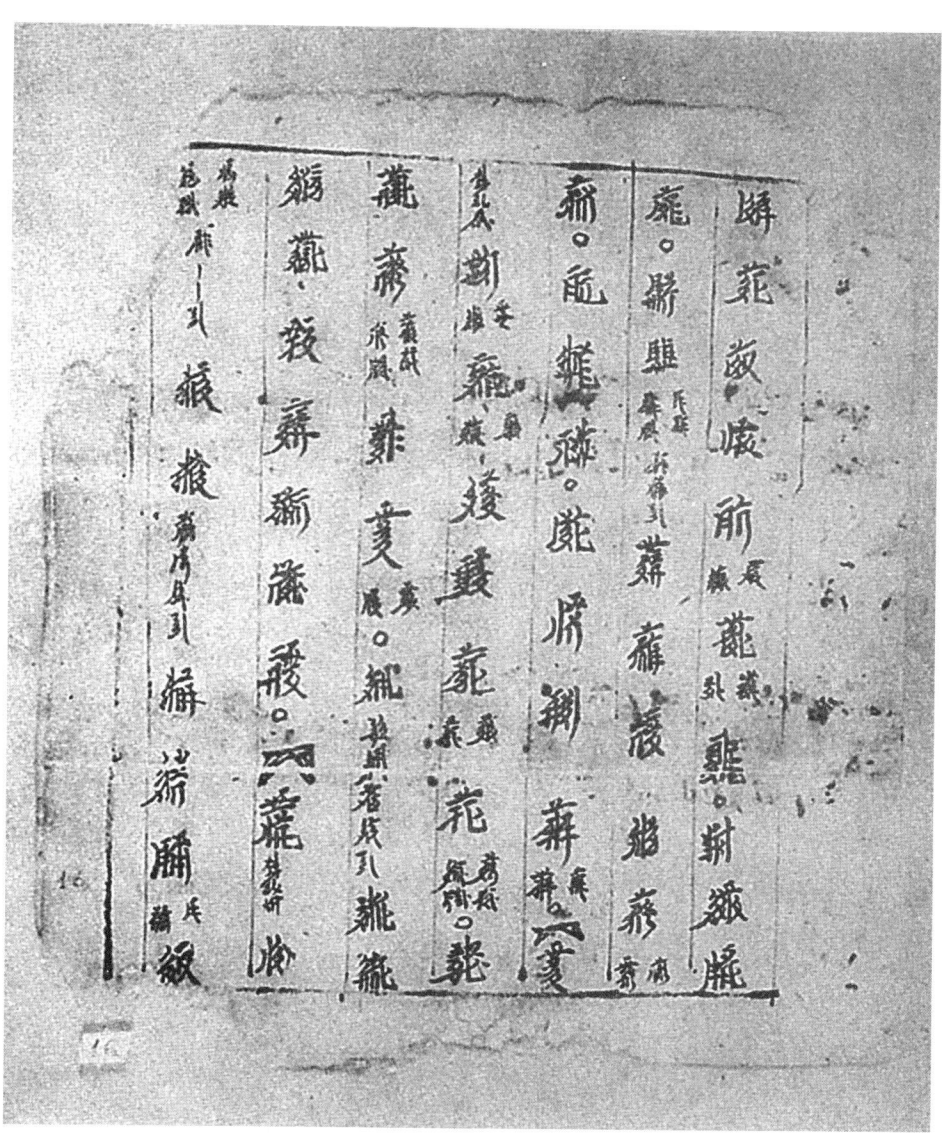

平声 15.2

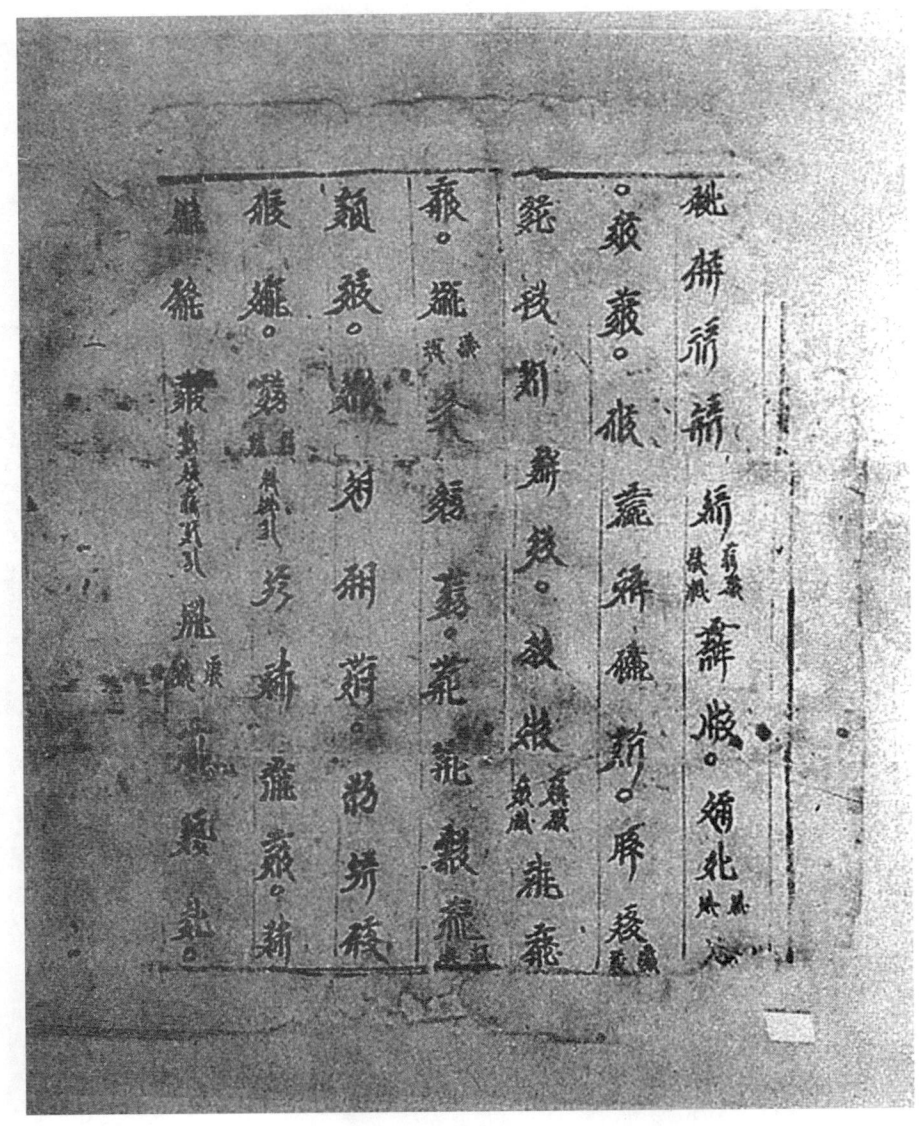

平声 16.1

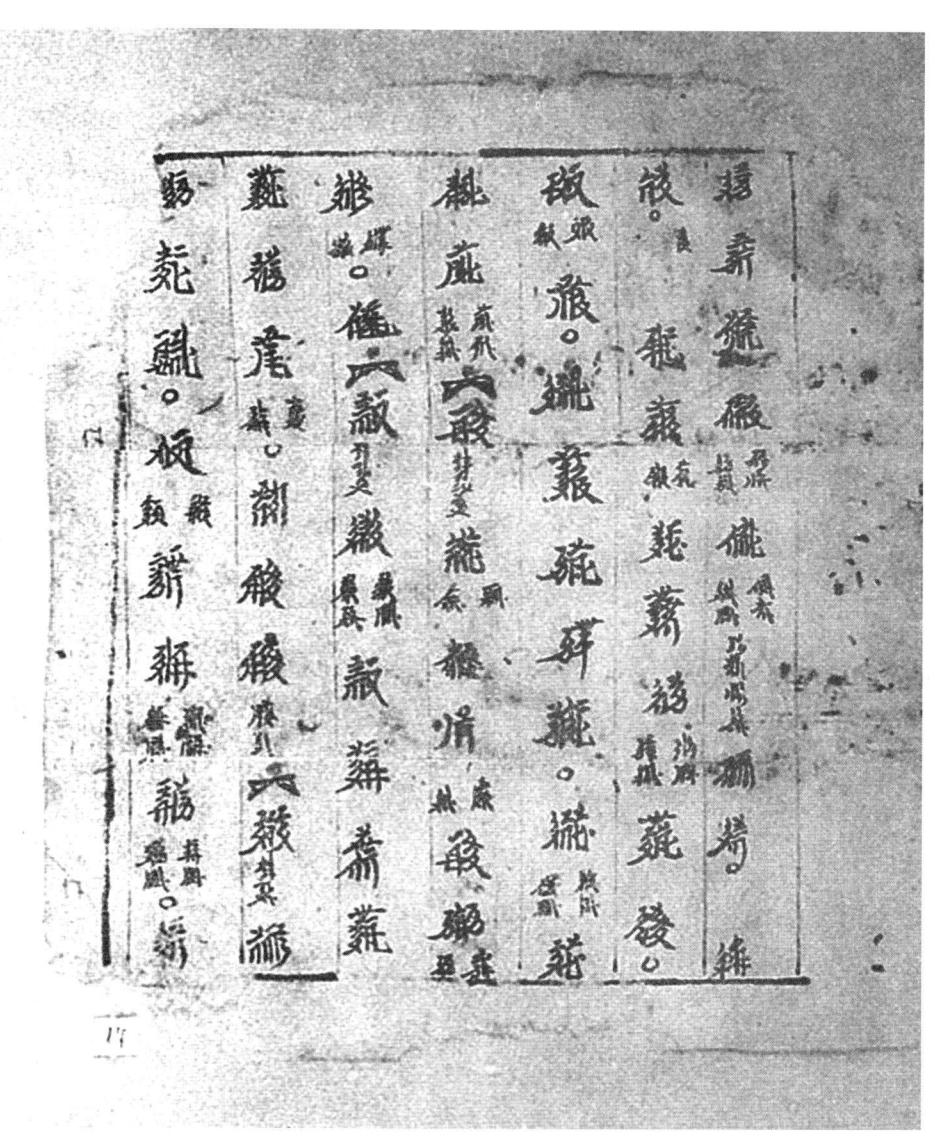

平声 16.2

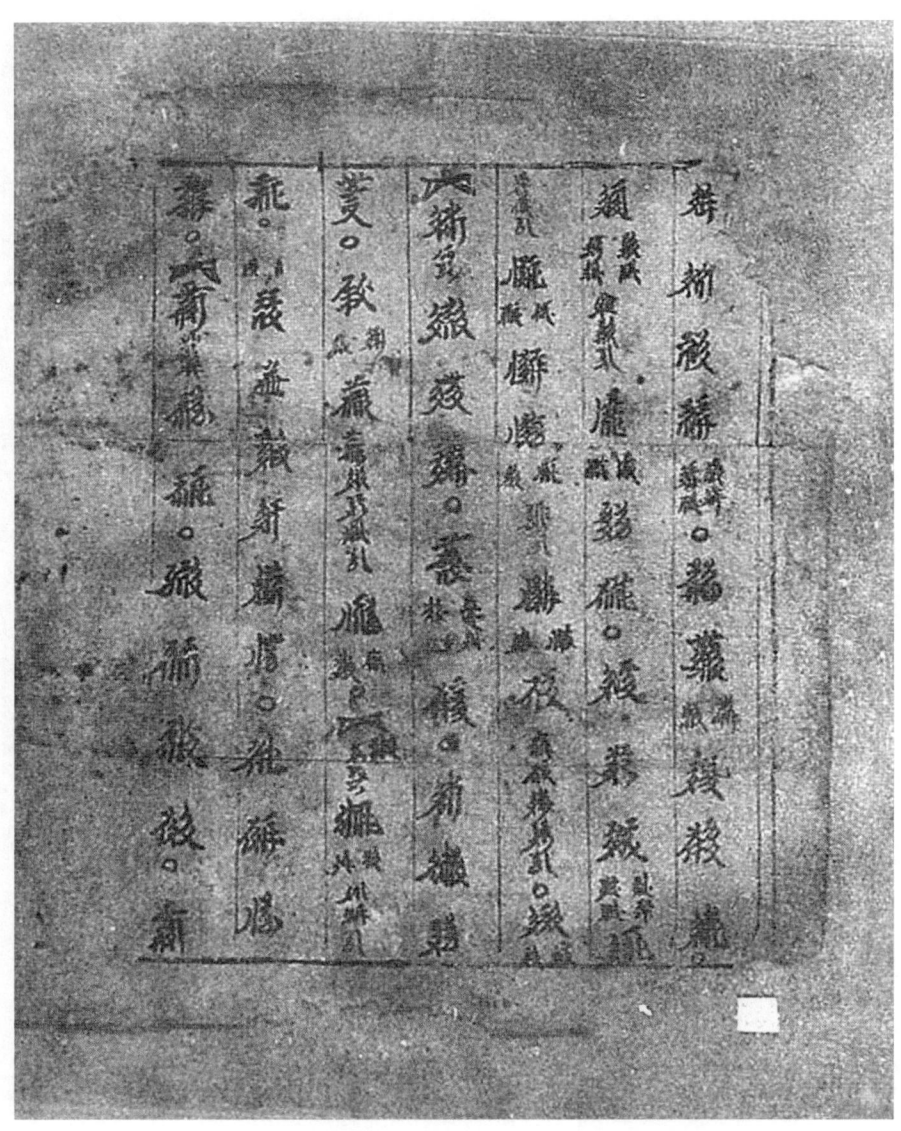

平声 17.1

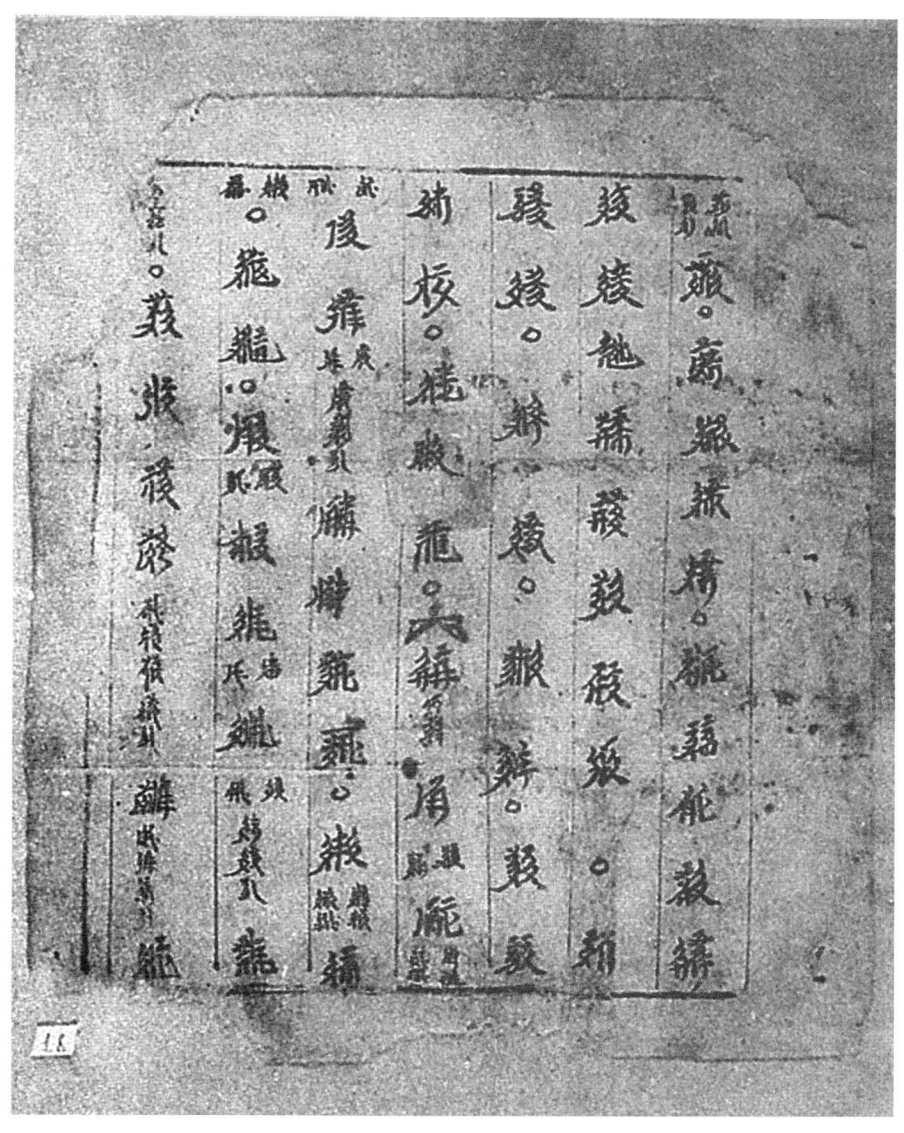

平声 17.2

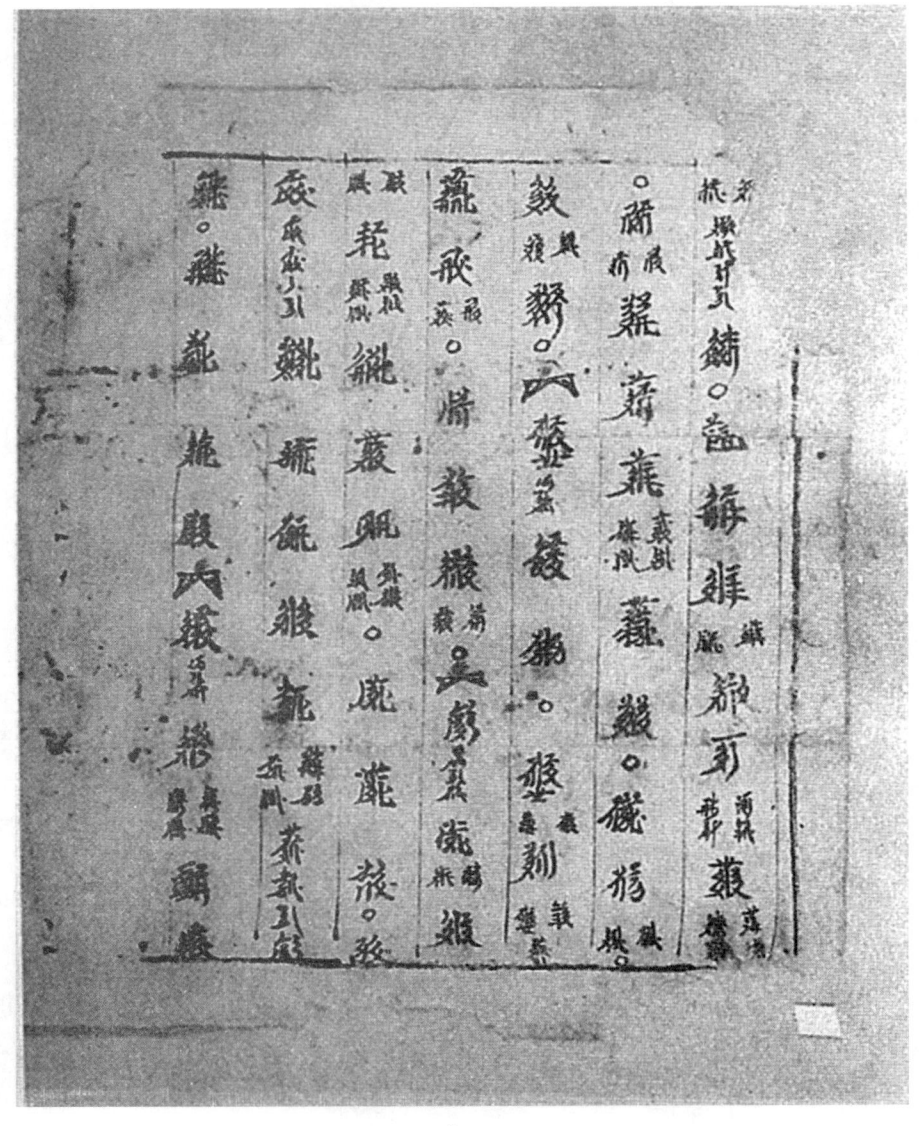

平声 18.1

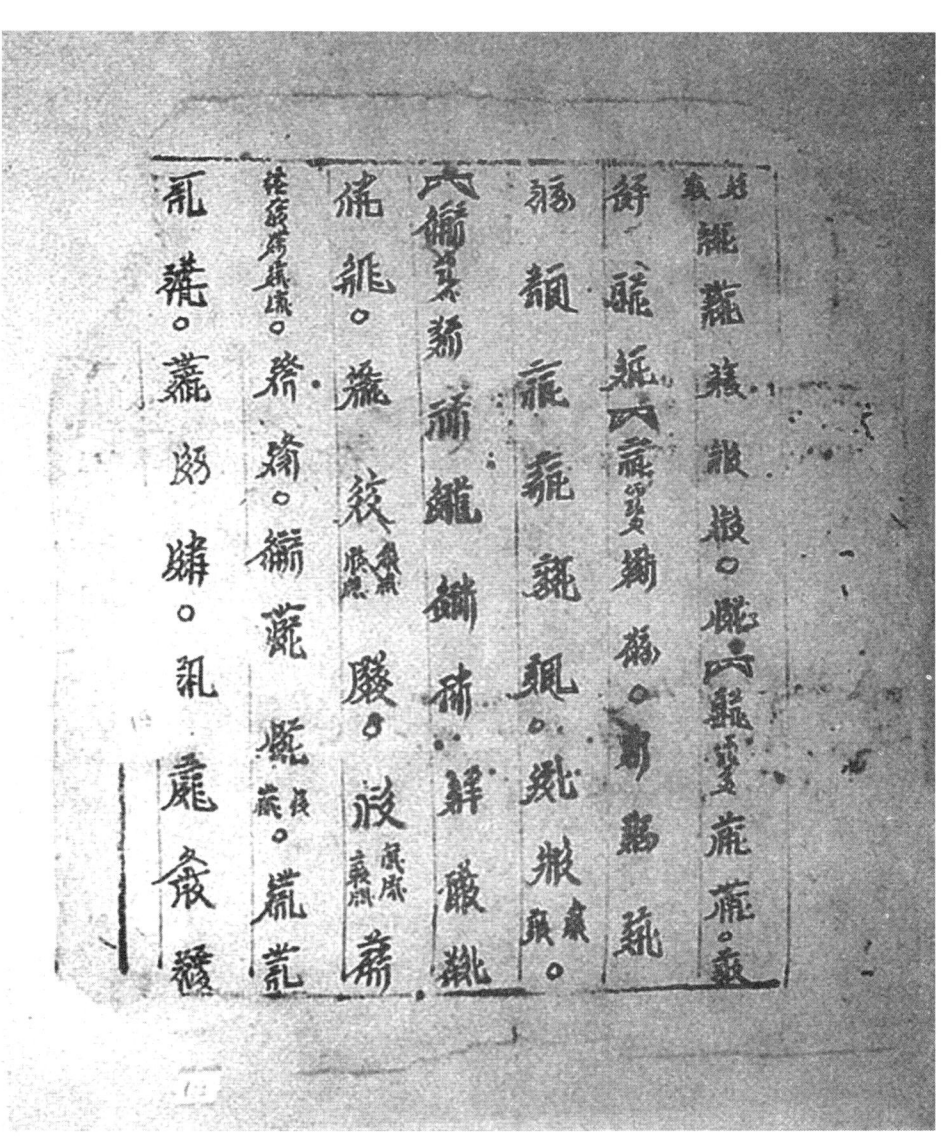

平声 18.2

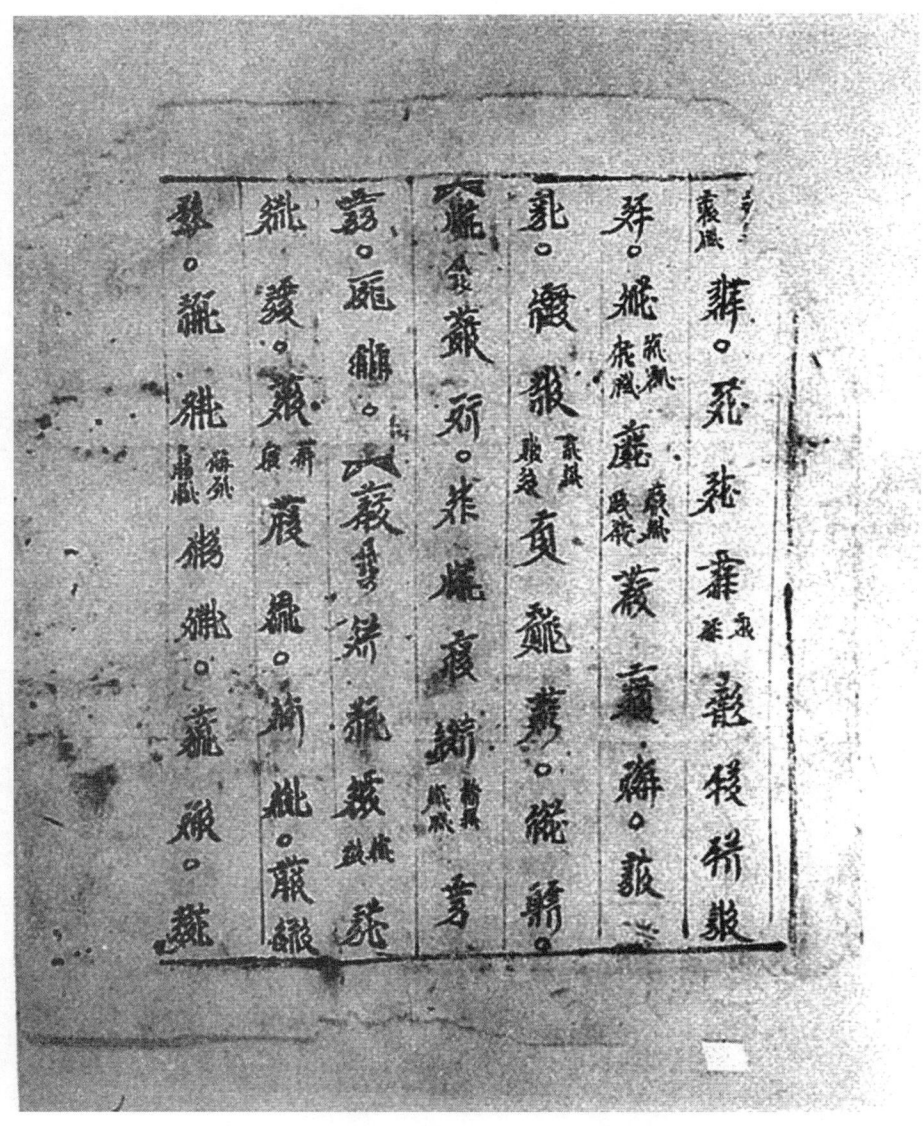

平声19.1

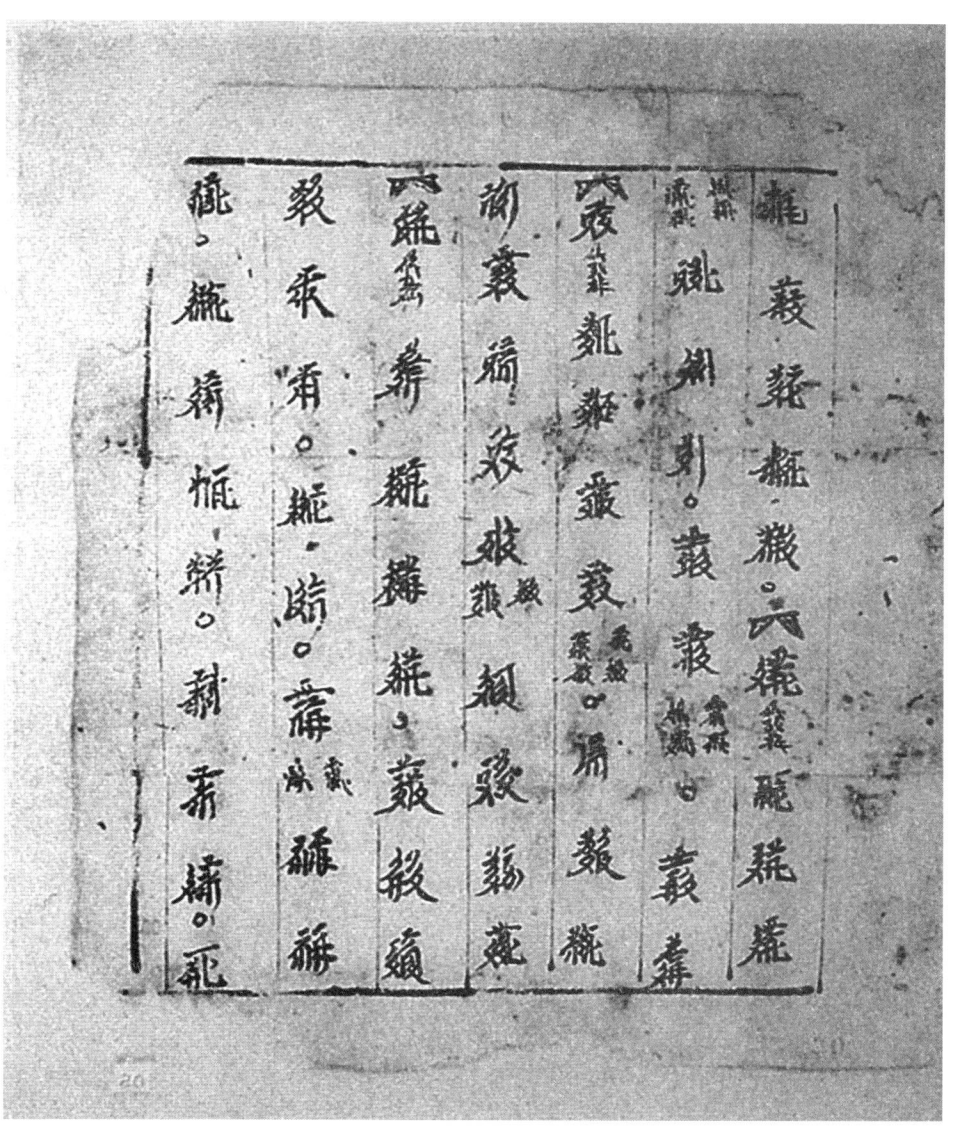

平声 19.2

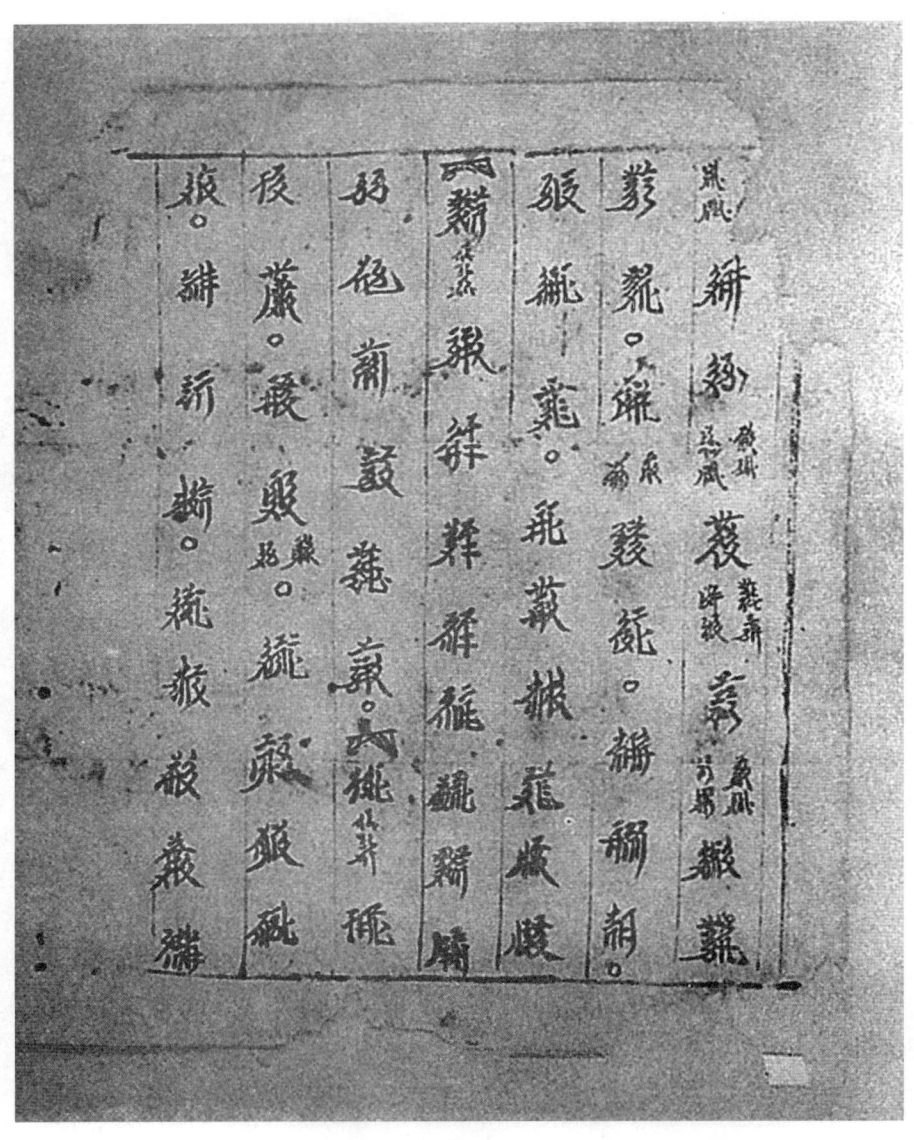

平声 20.1

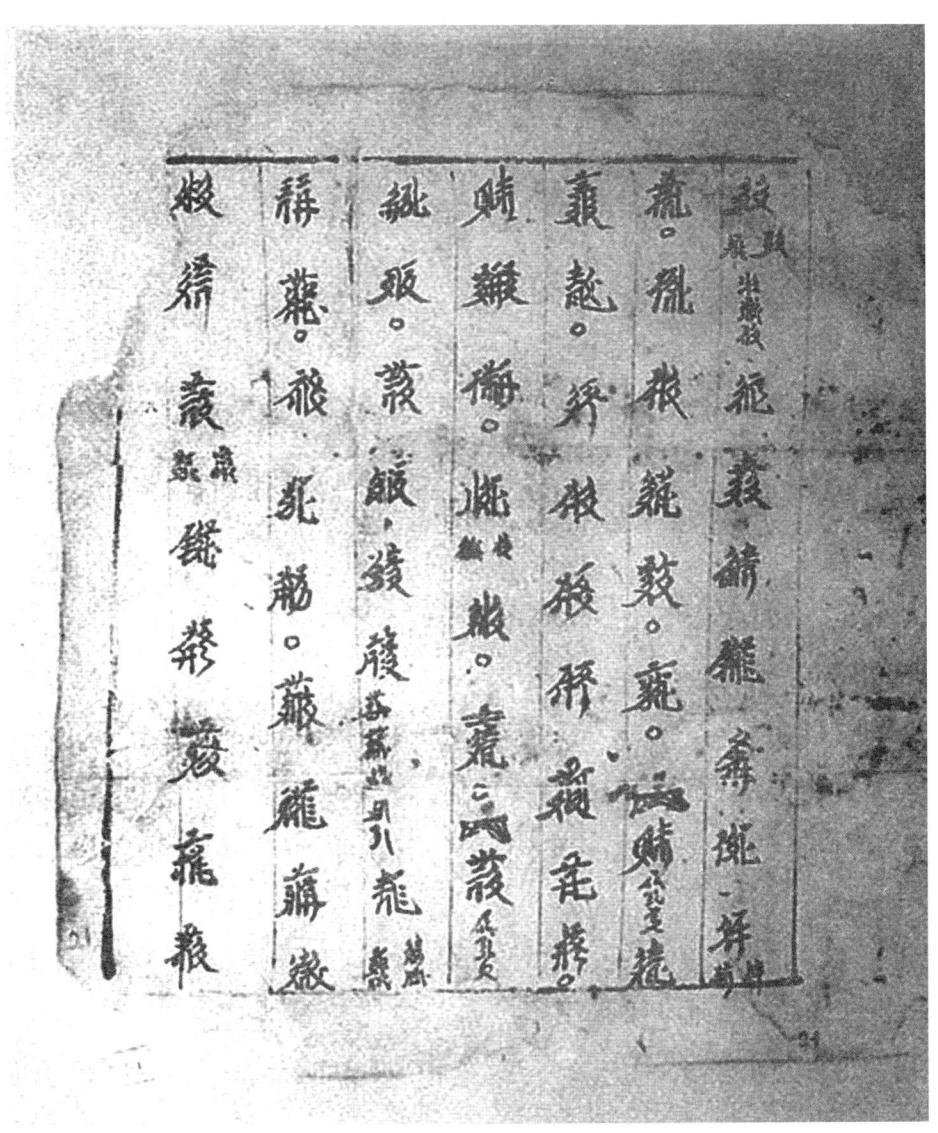

平声20.2

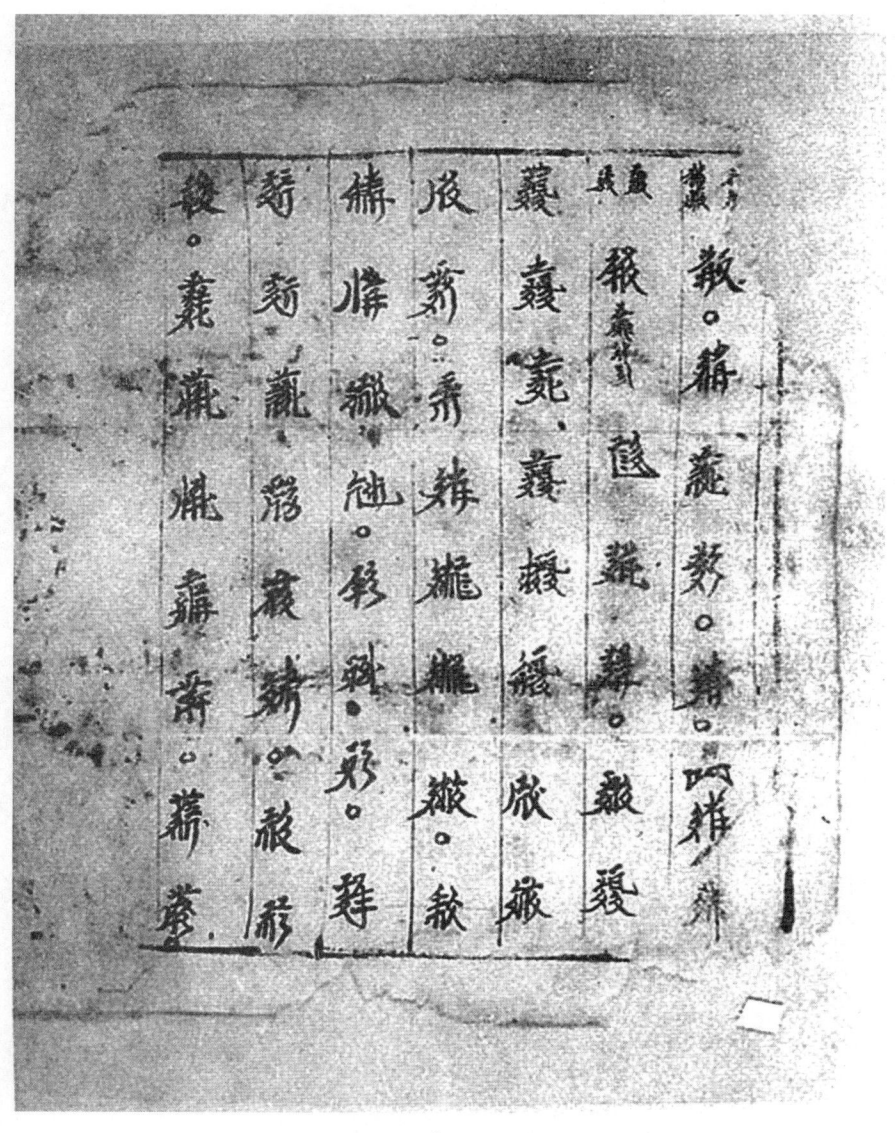

平声 21.1

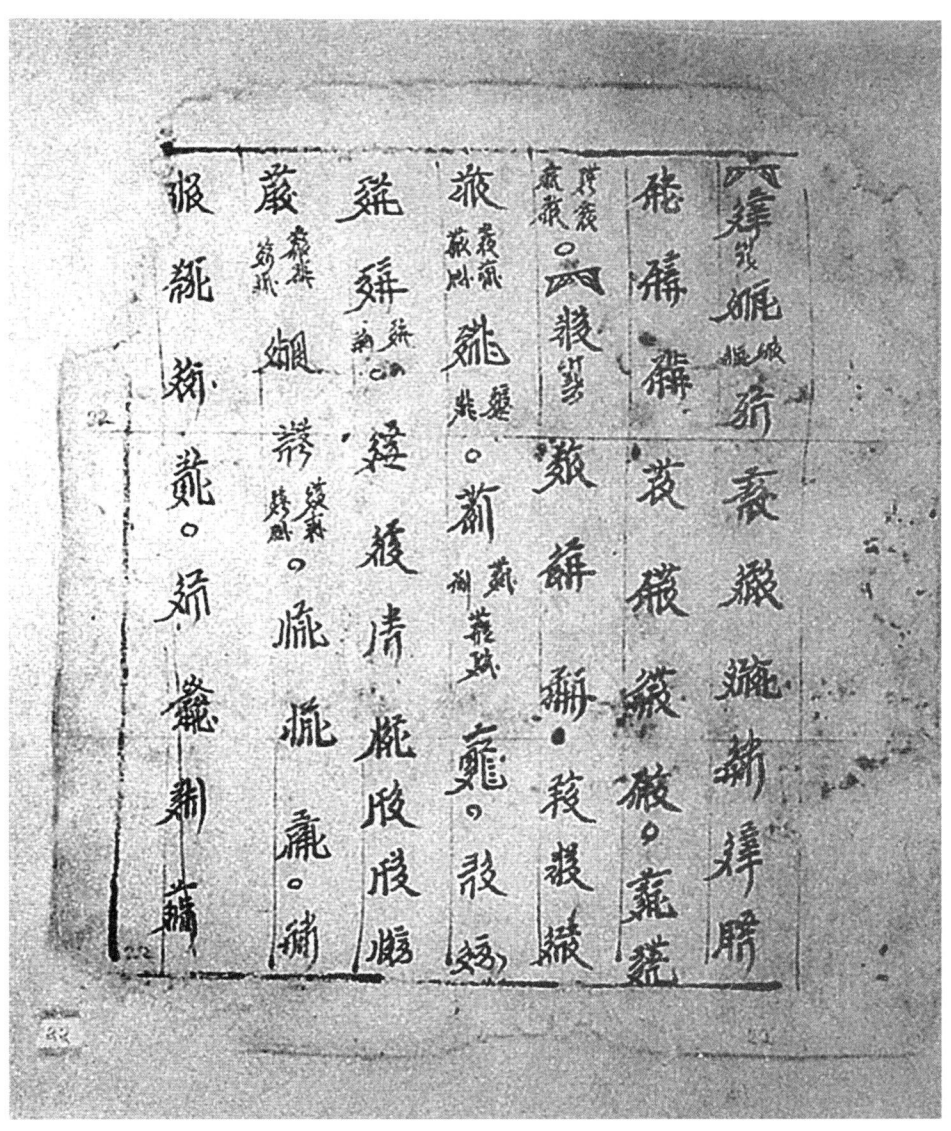

平声 21.2

平声 22.1

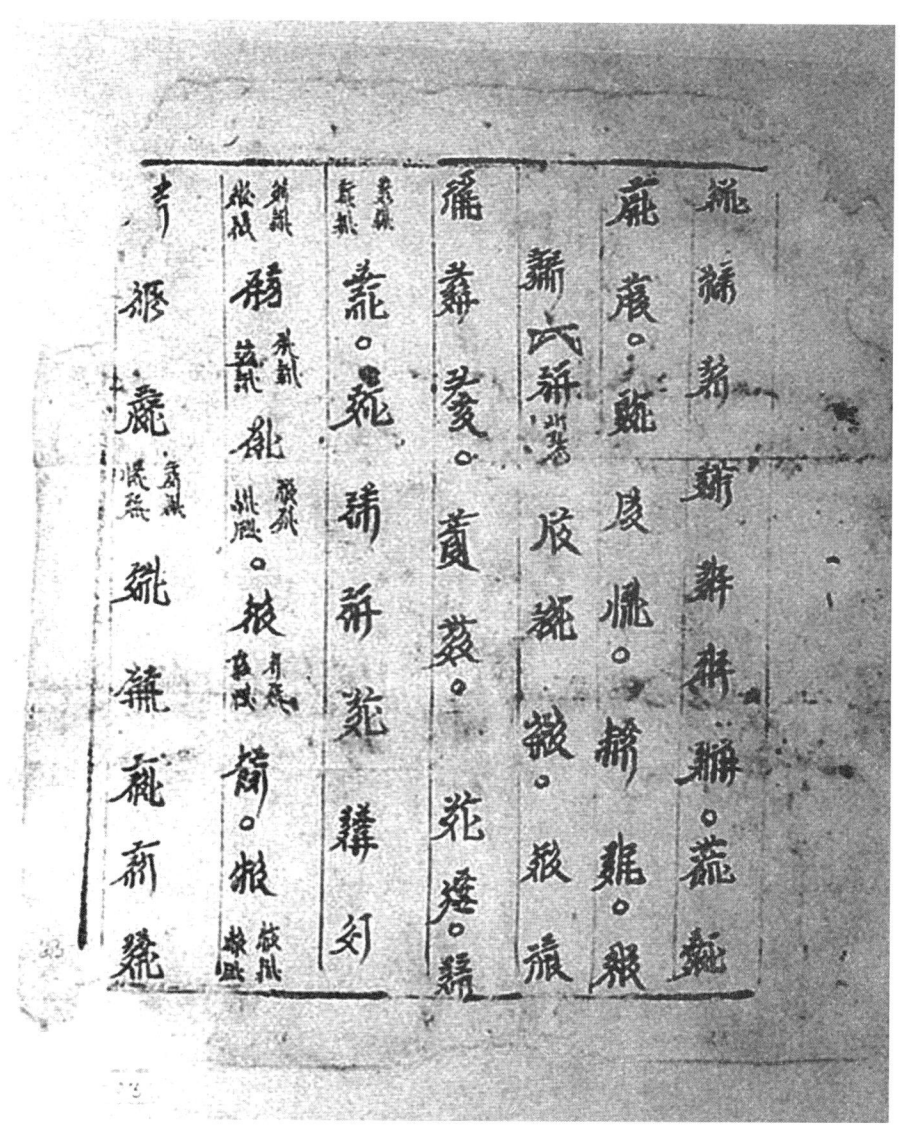

平声 22.2

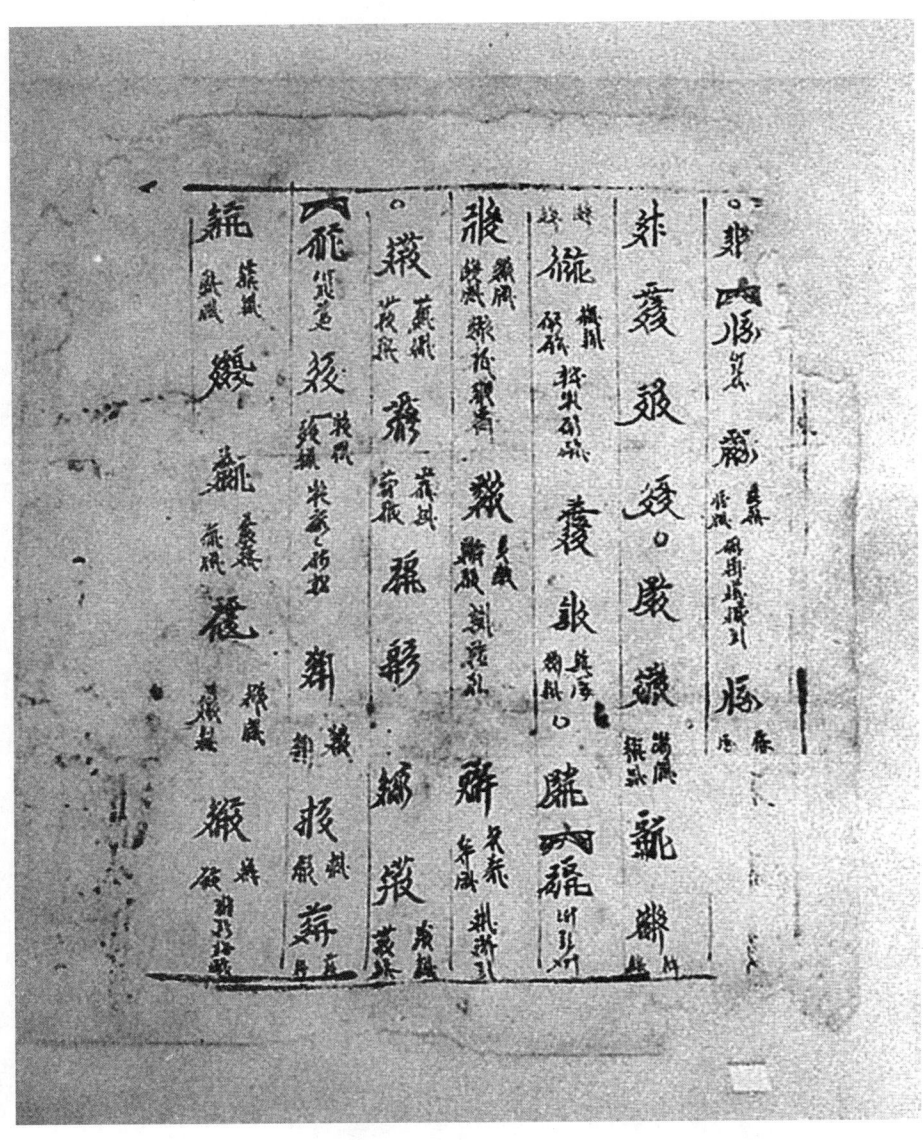

平声23.1

平声 23.2

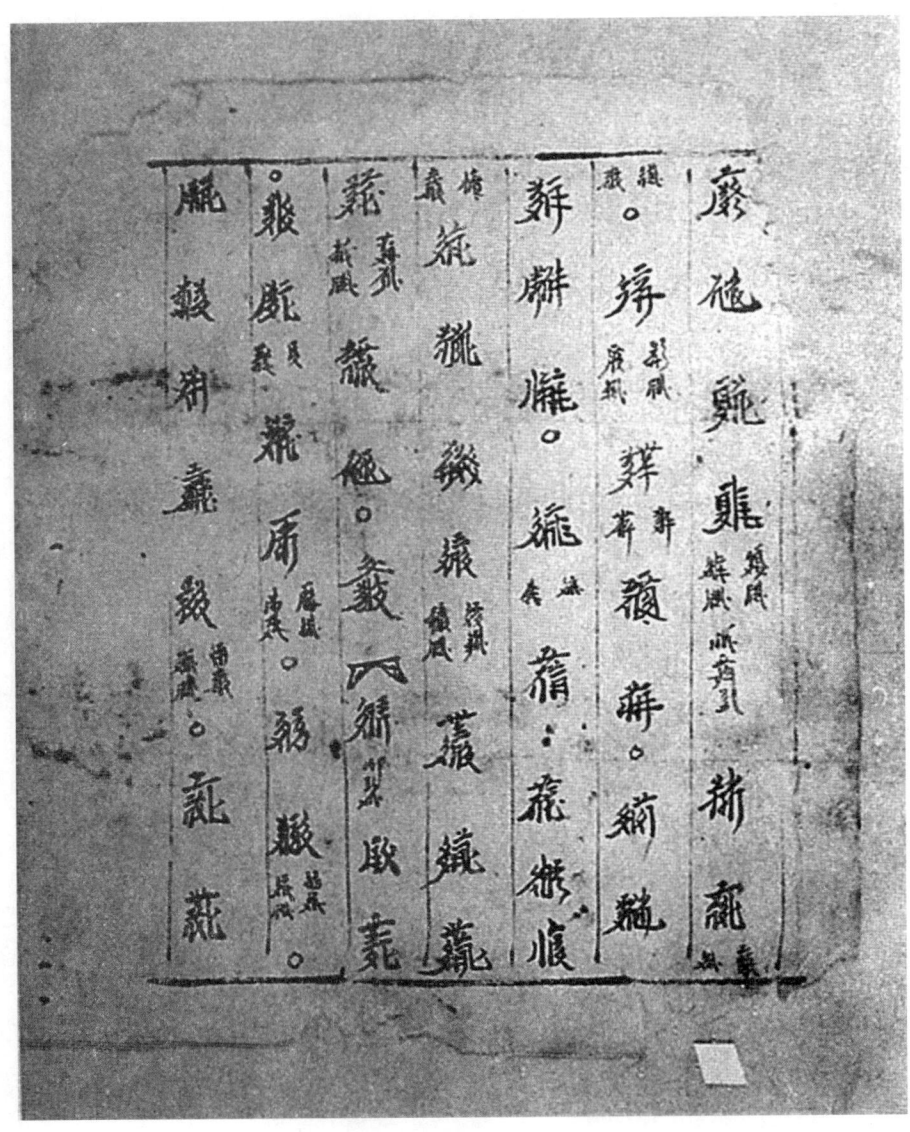

平声24.1

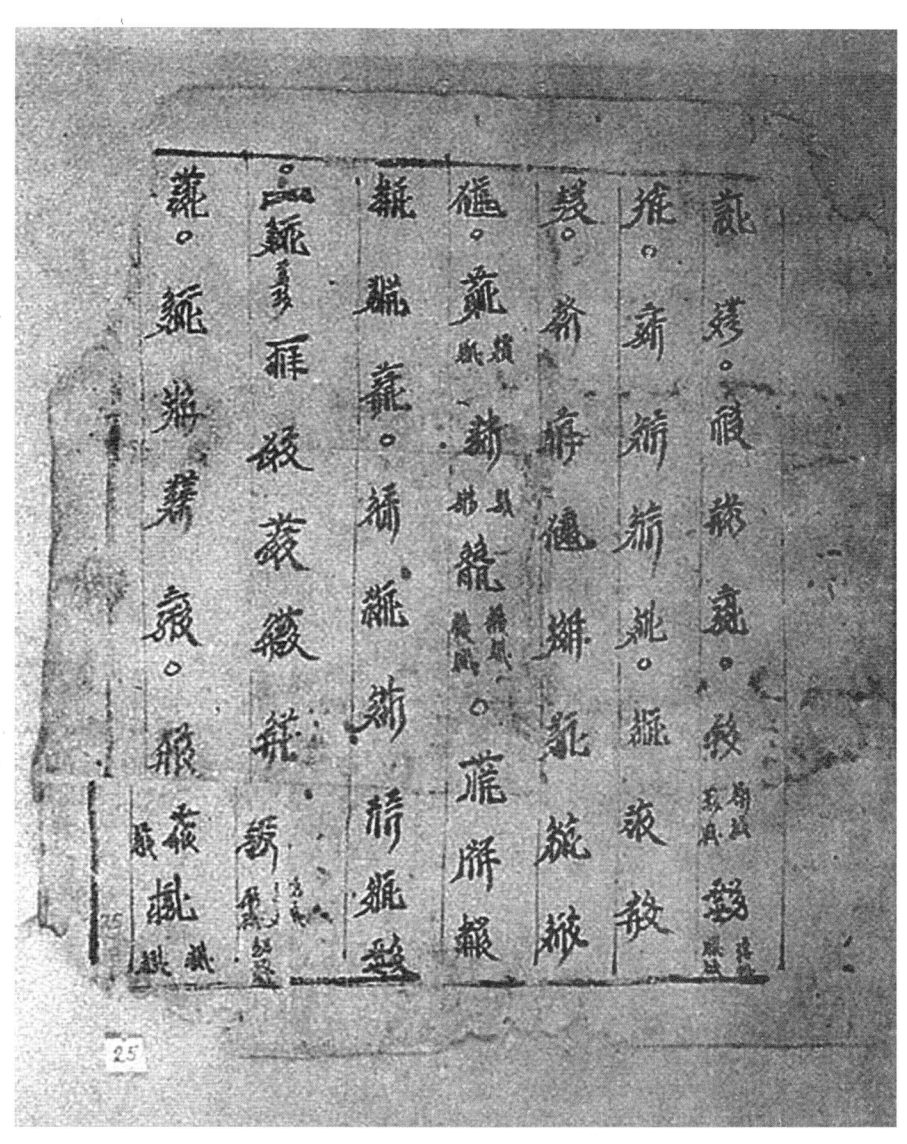

平声 24.2

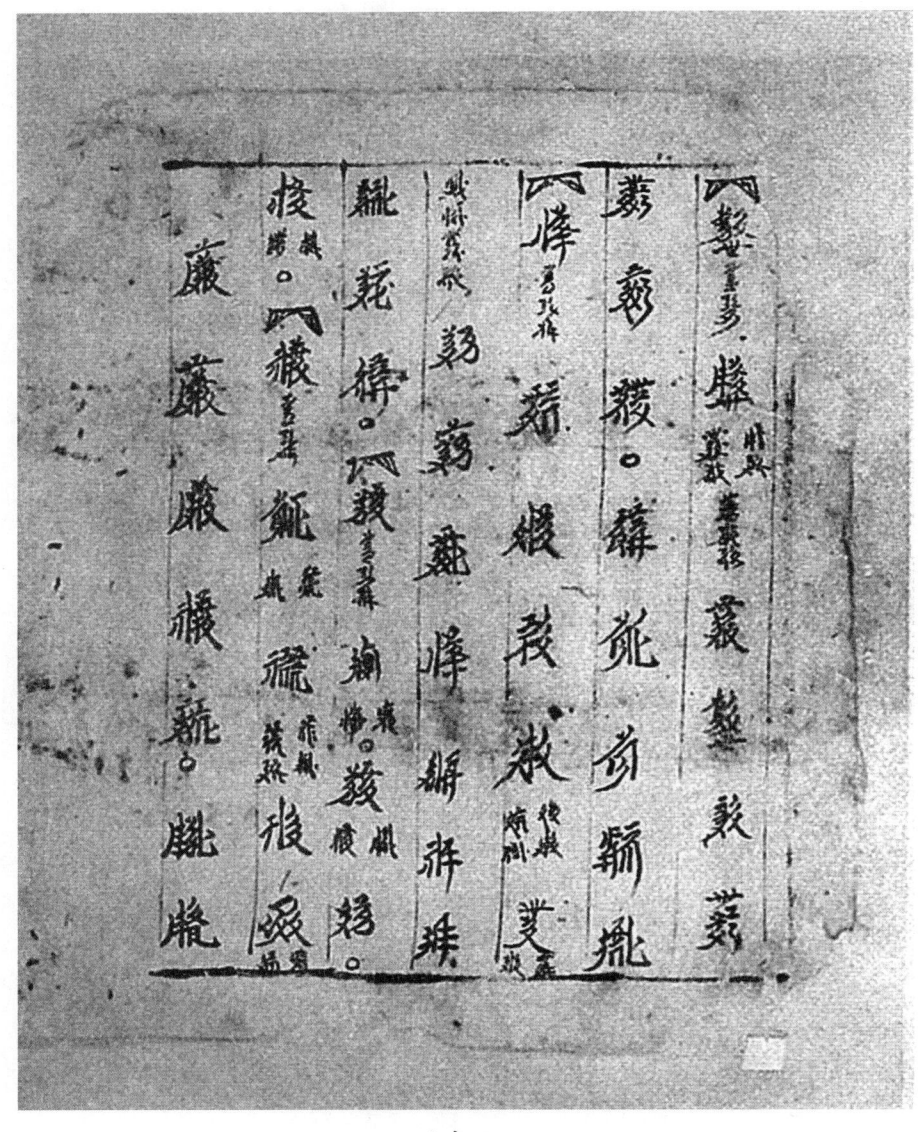

平声 25.1

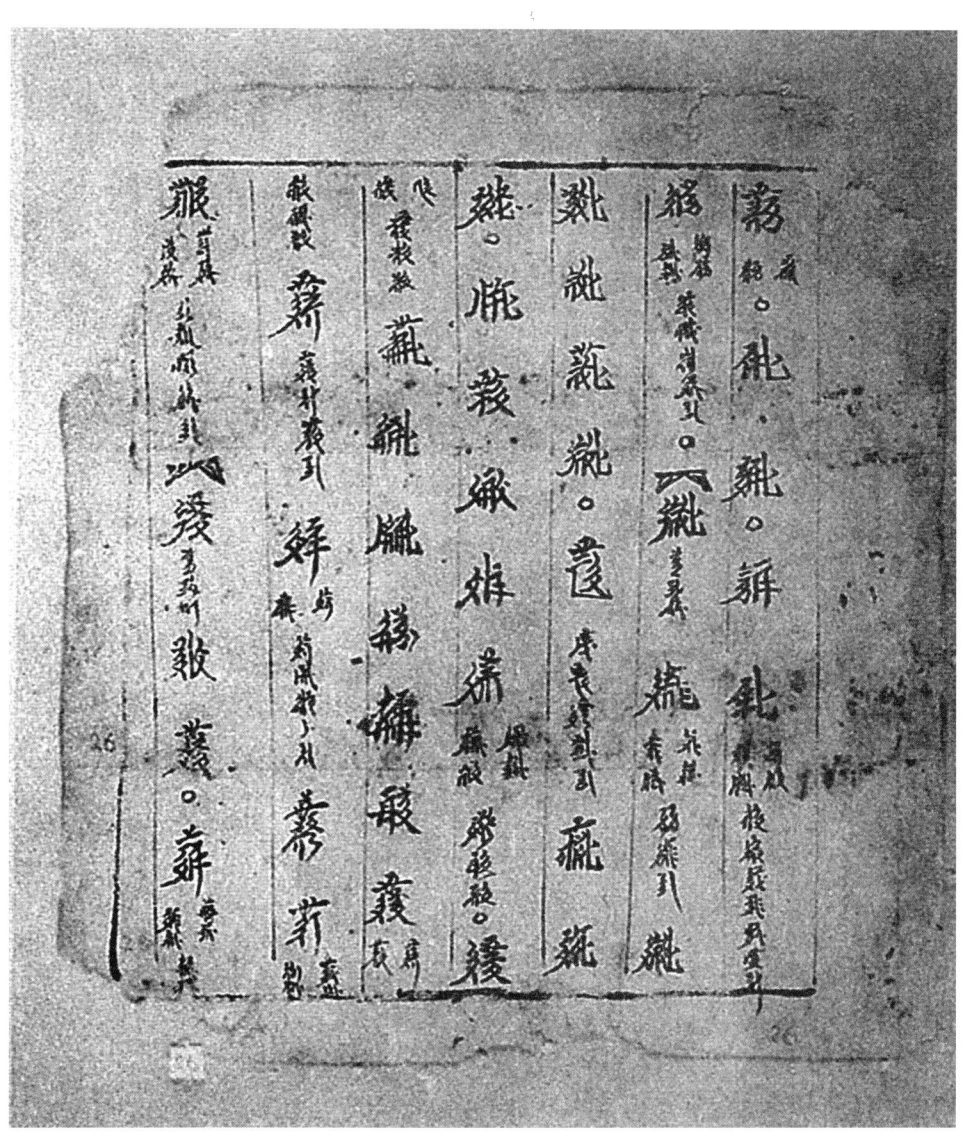

平声 25.2

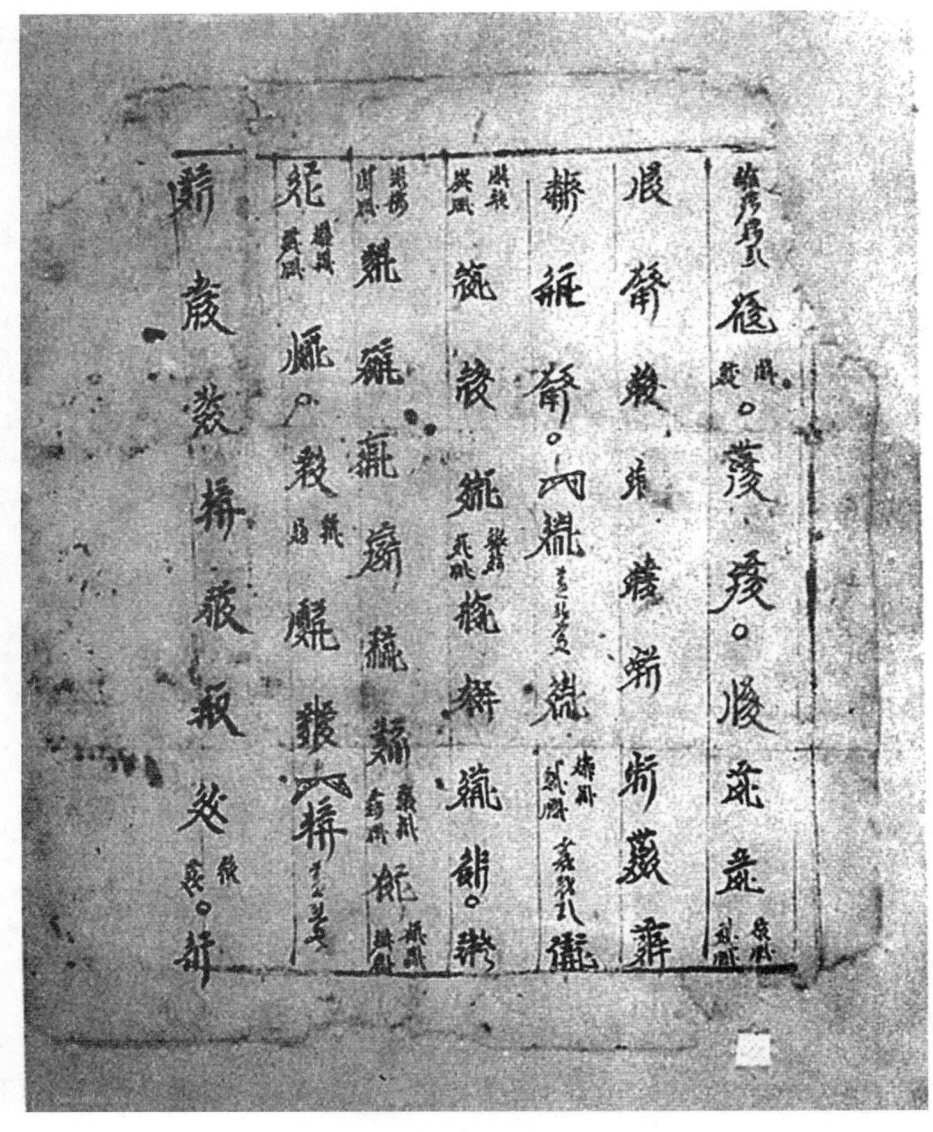

平声 26.1

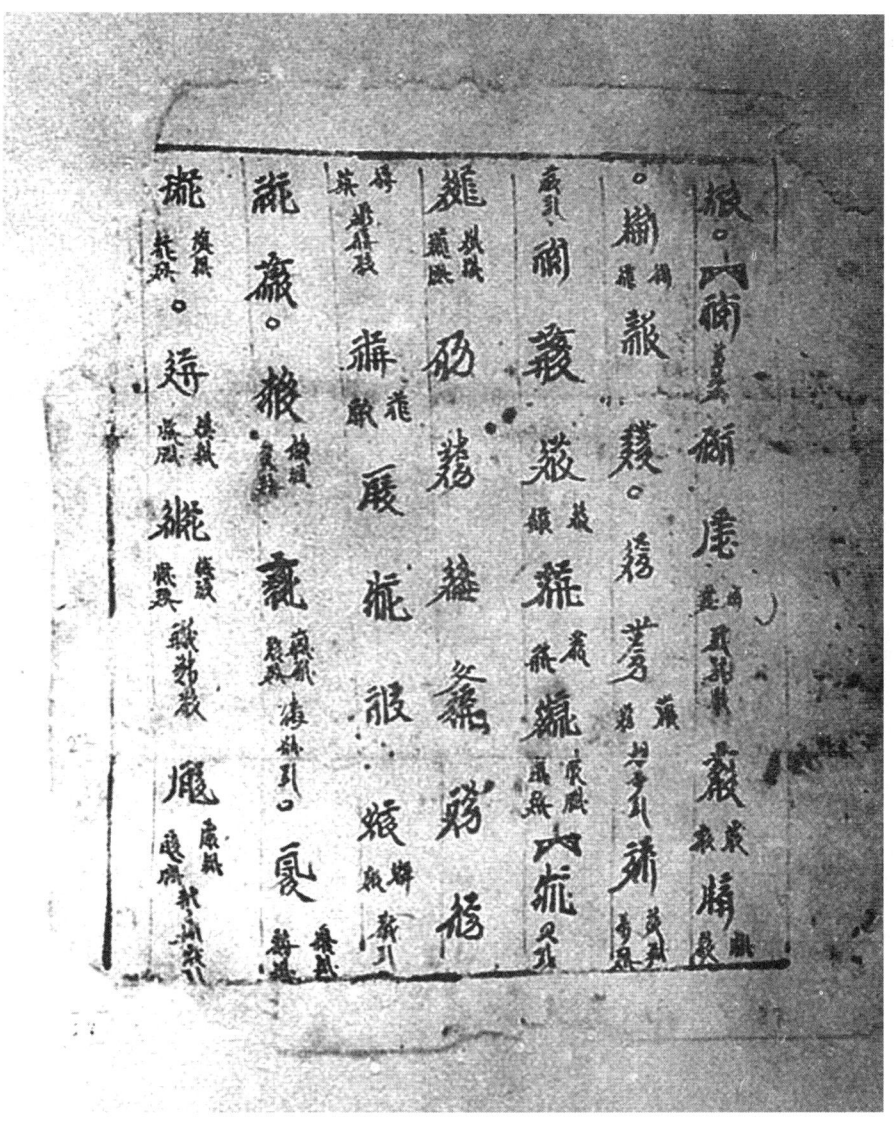

平声 26.2

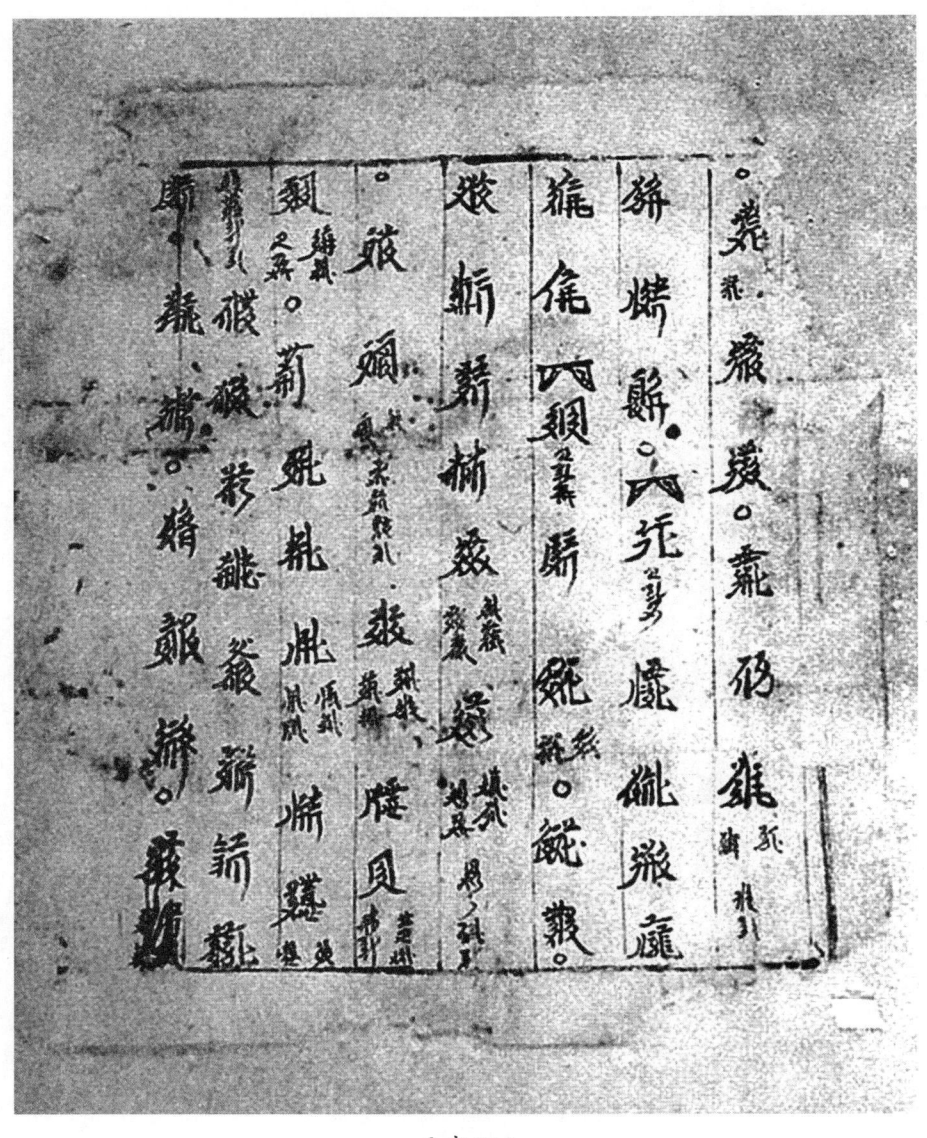

平声 27.1

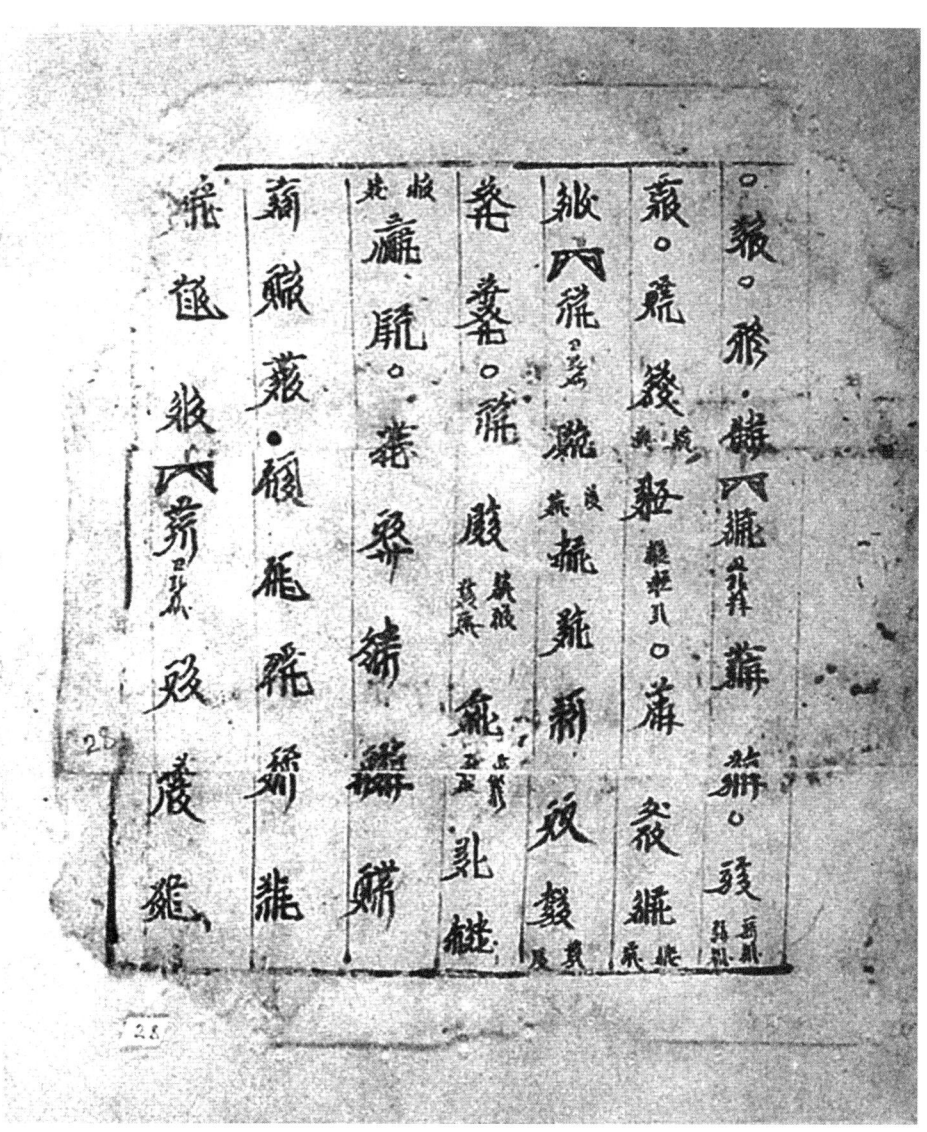

平声27.2

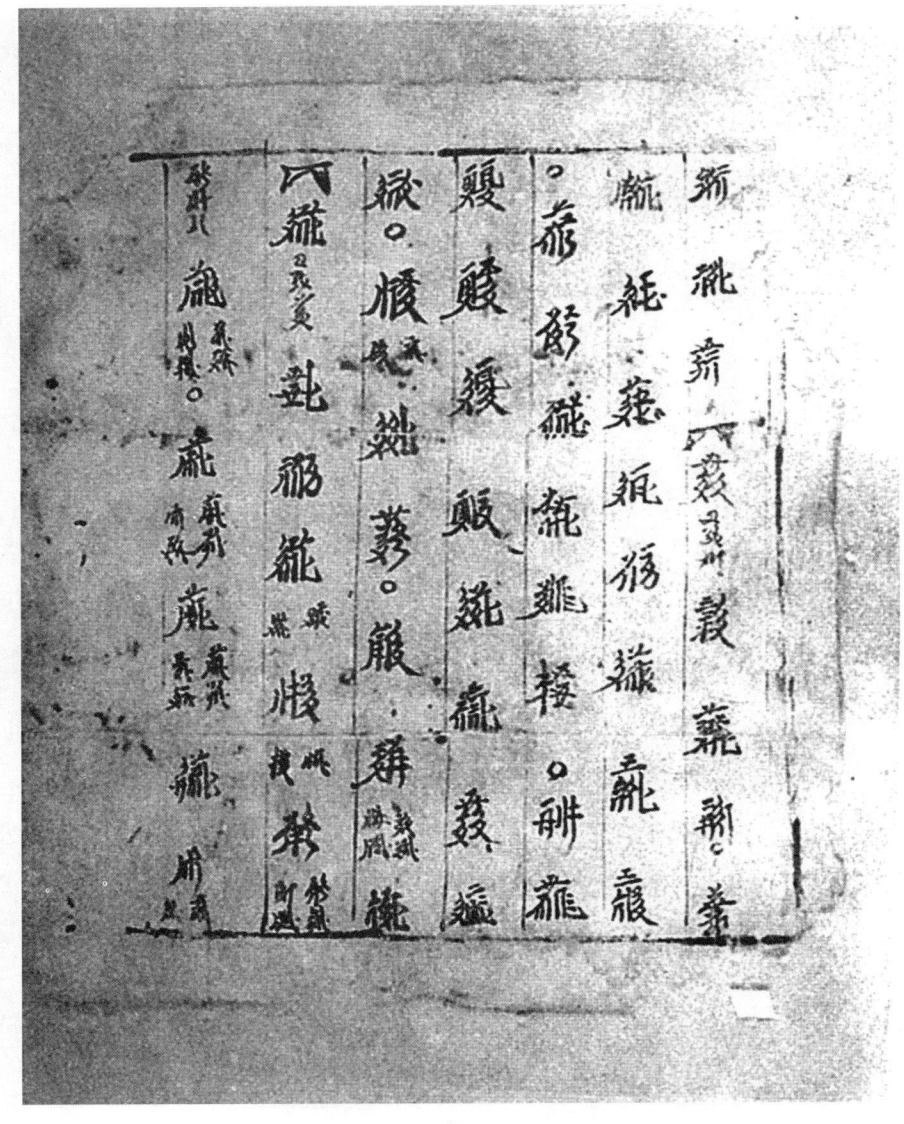

平声 28.1

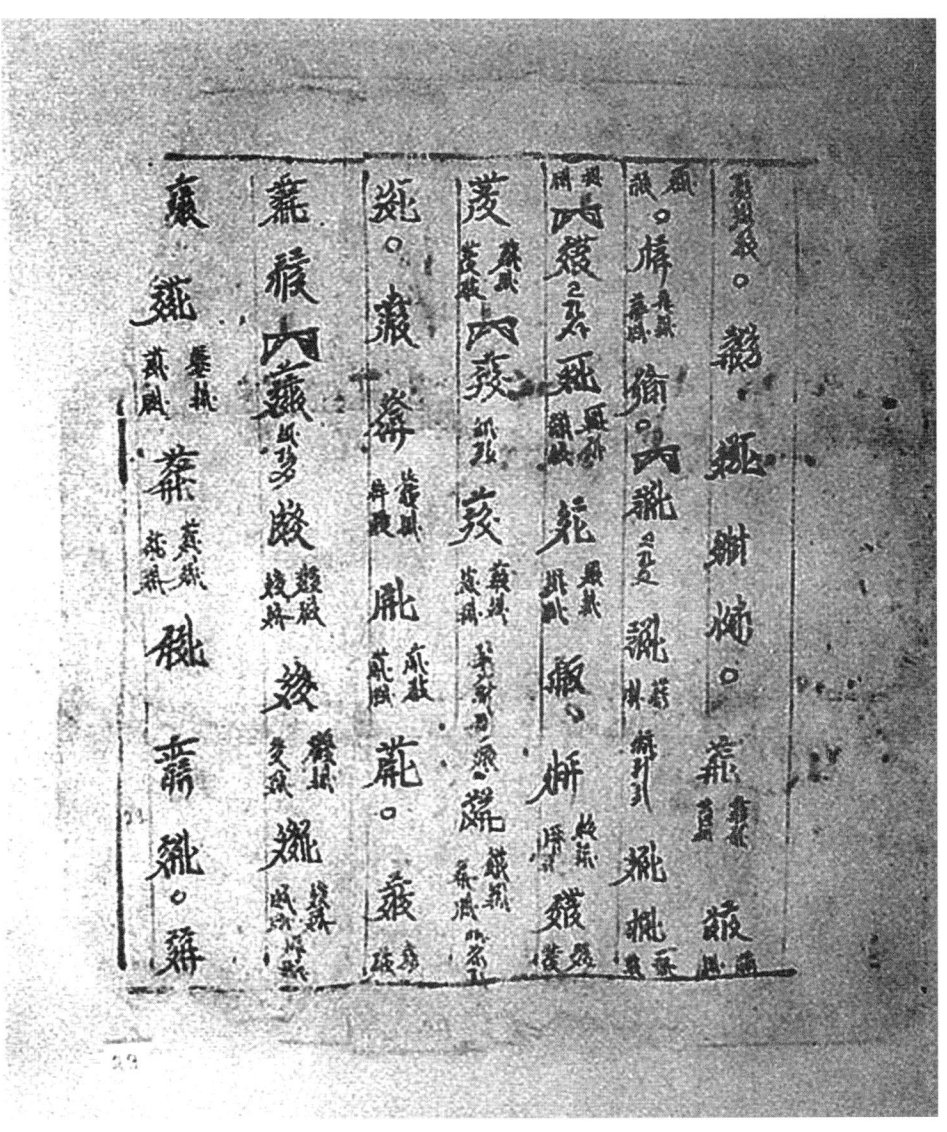

平声 28.2

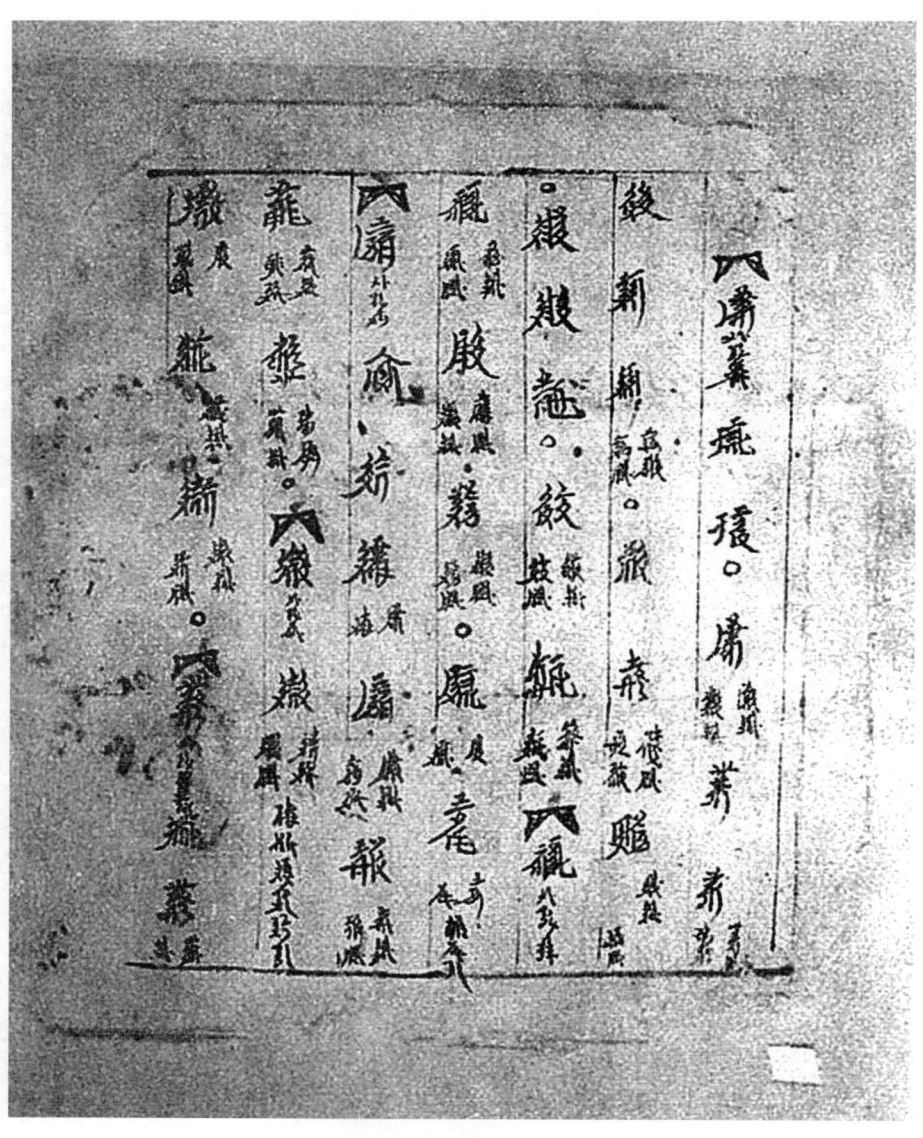

平声 29.1

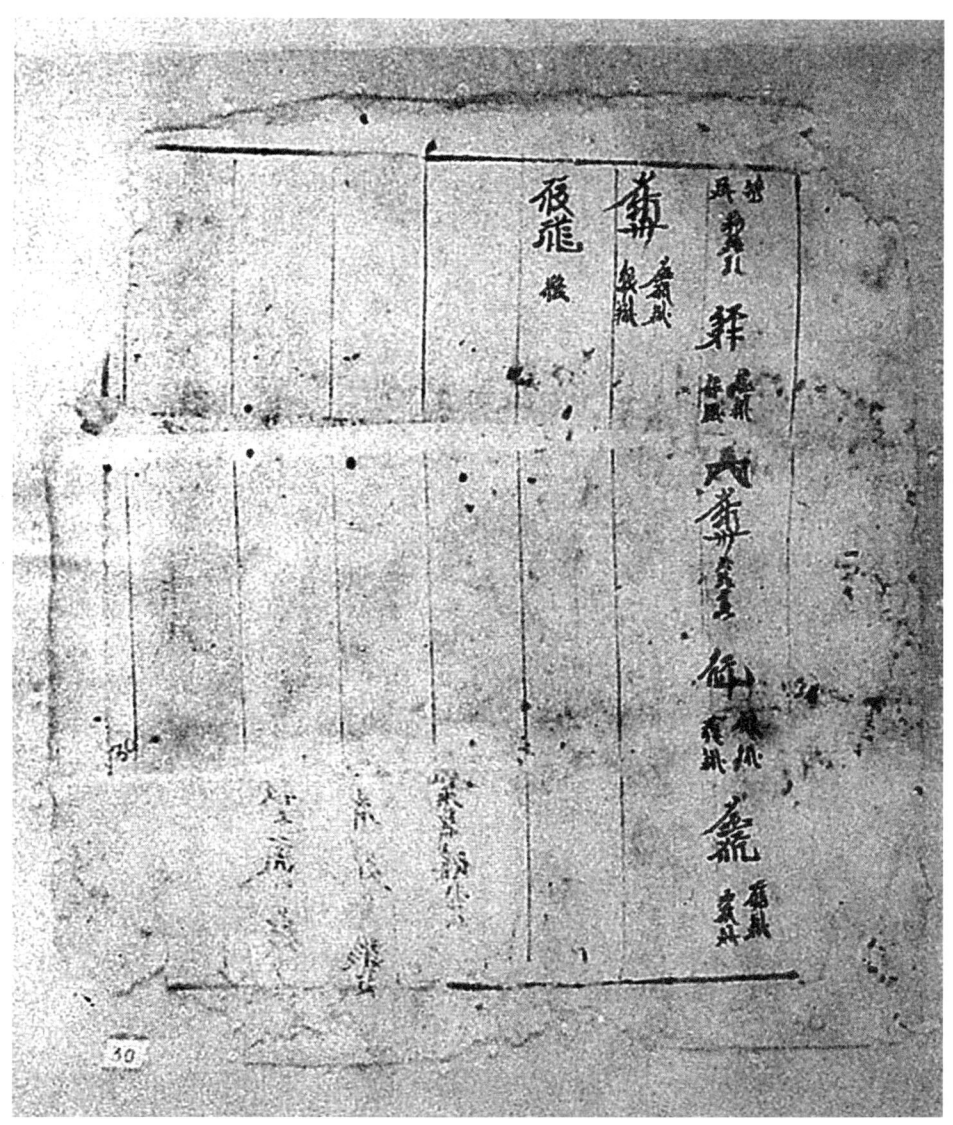

平声29.2

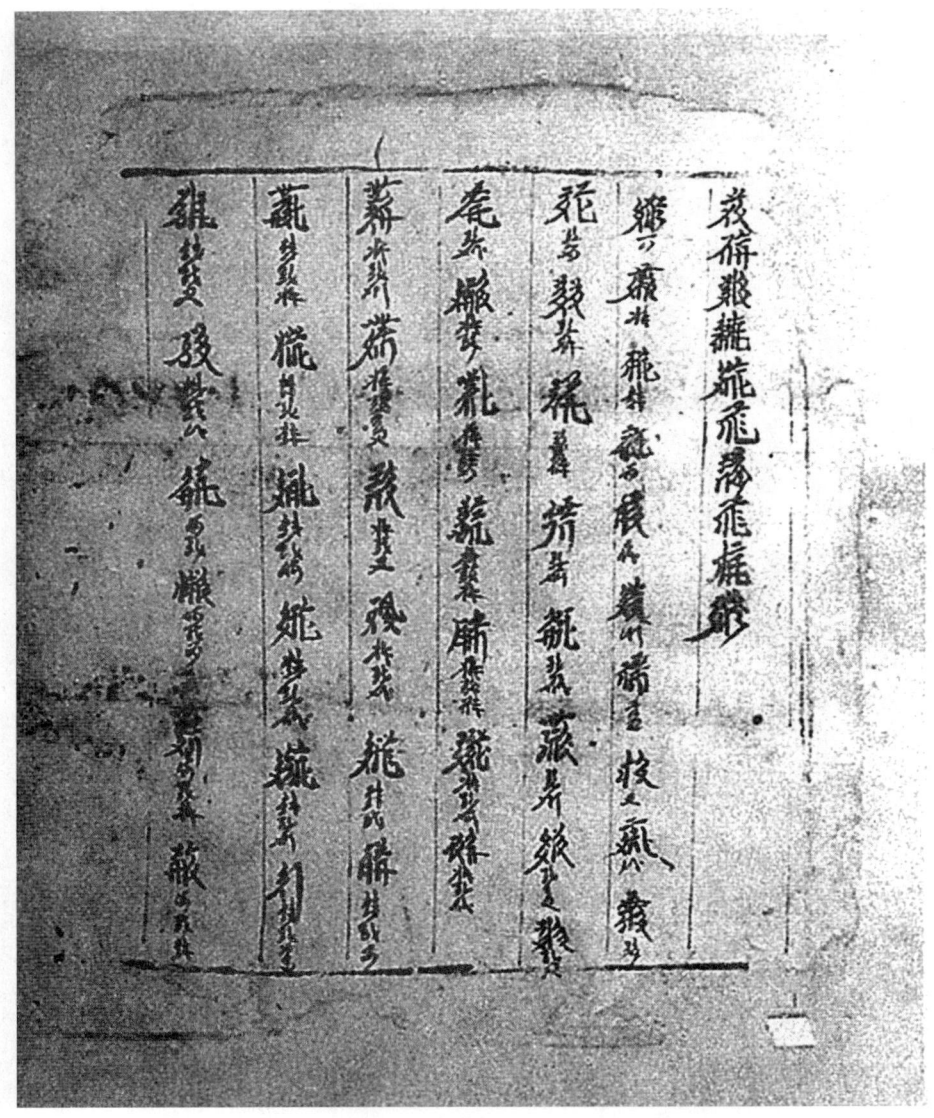

上声入声 1.1

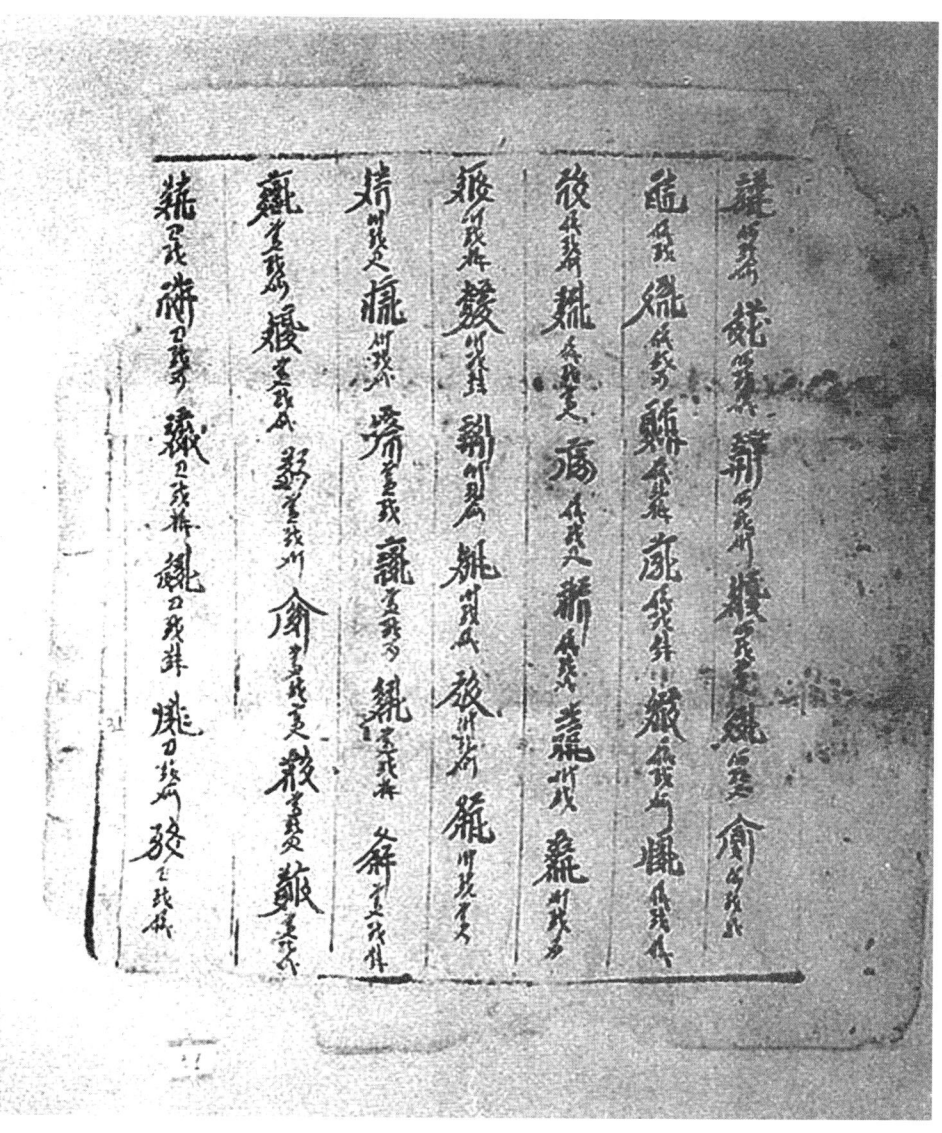

上声入声 1.2

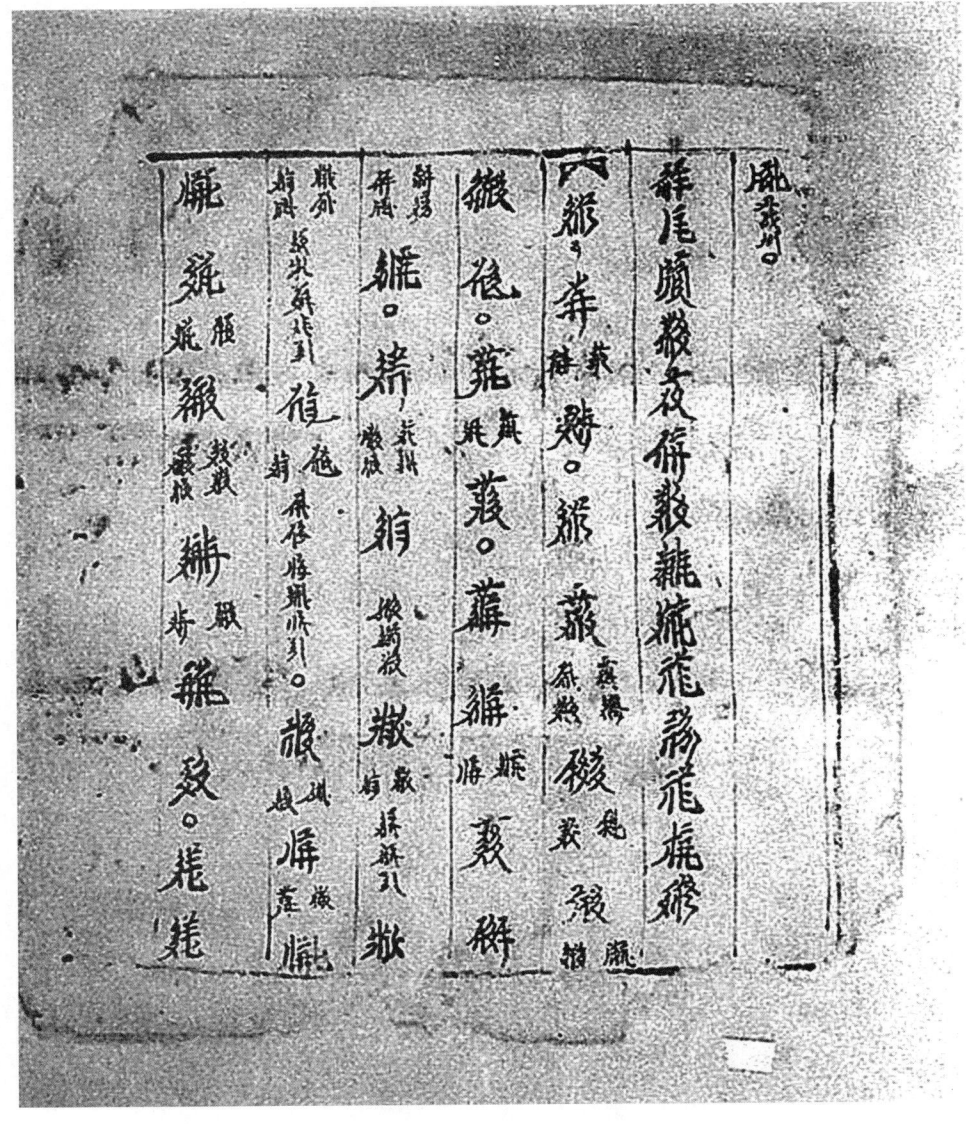

上声入声 2.1

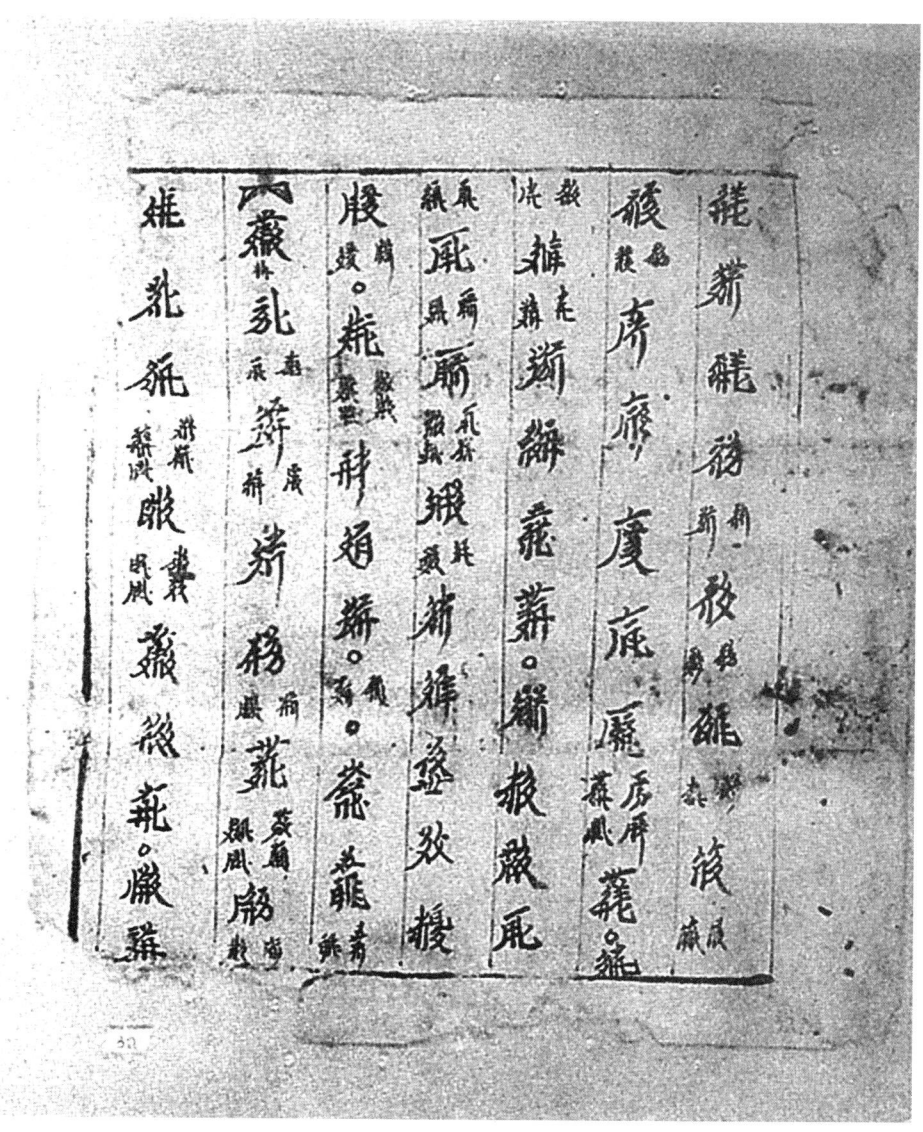

上声入声2.2

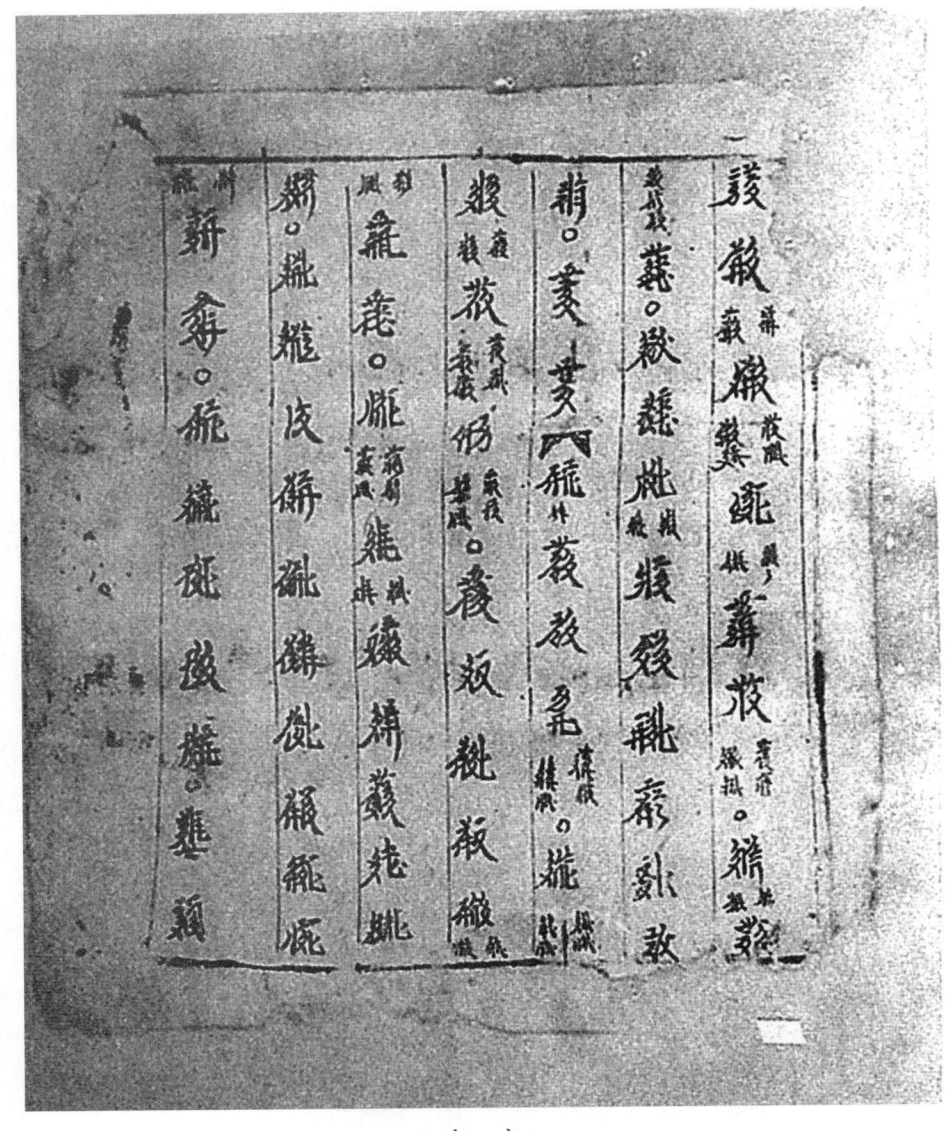

上声入声 3.1

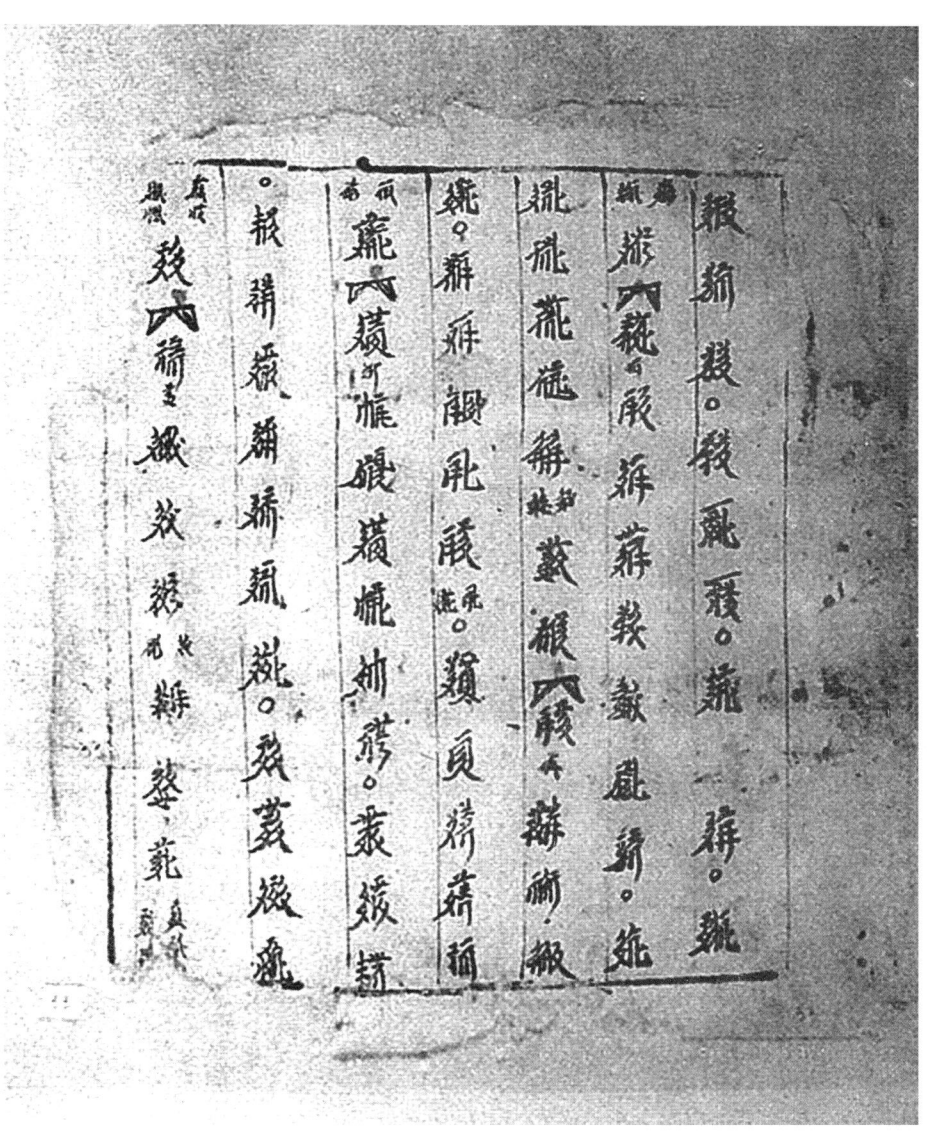

上声入声 3.2

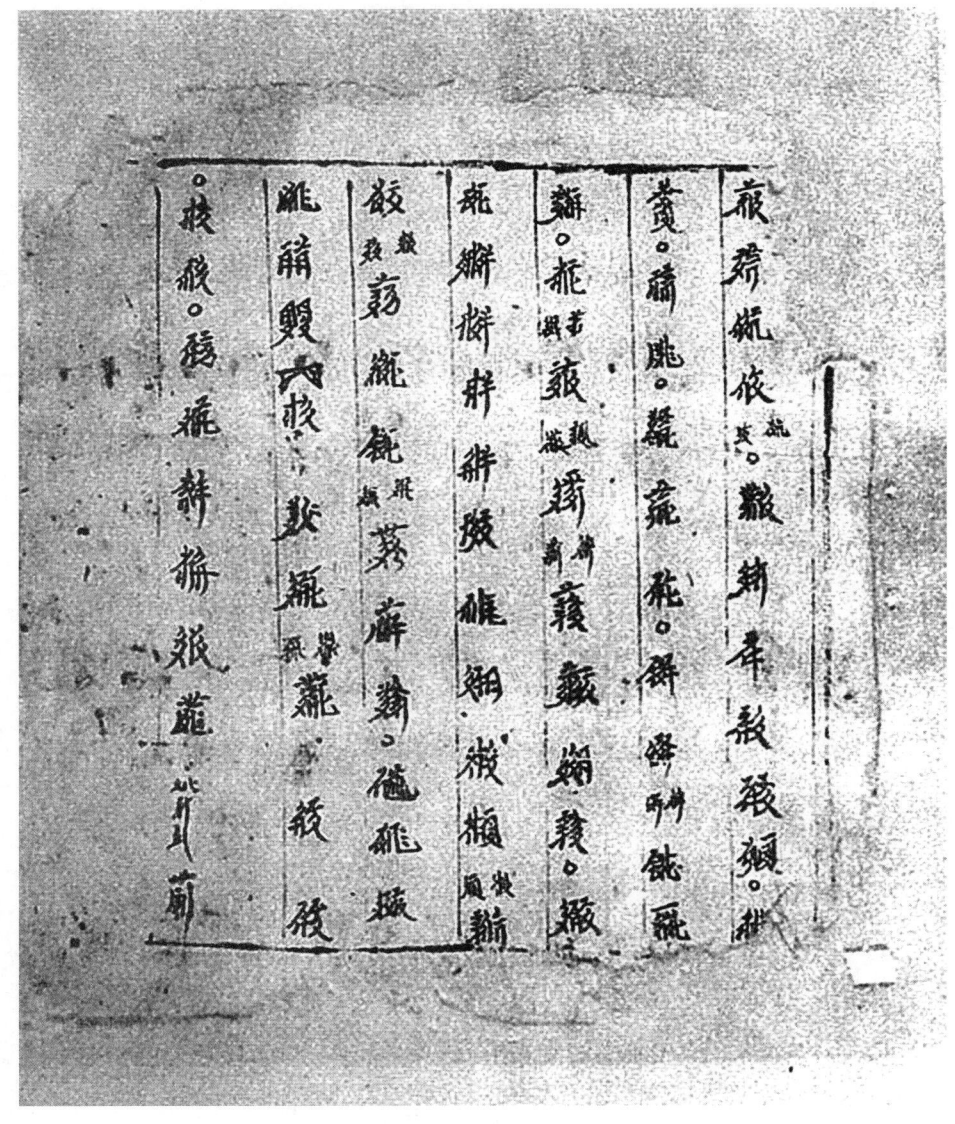

上声入声 4.1

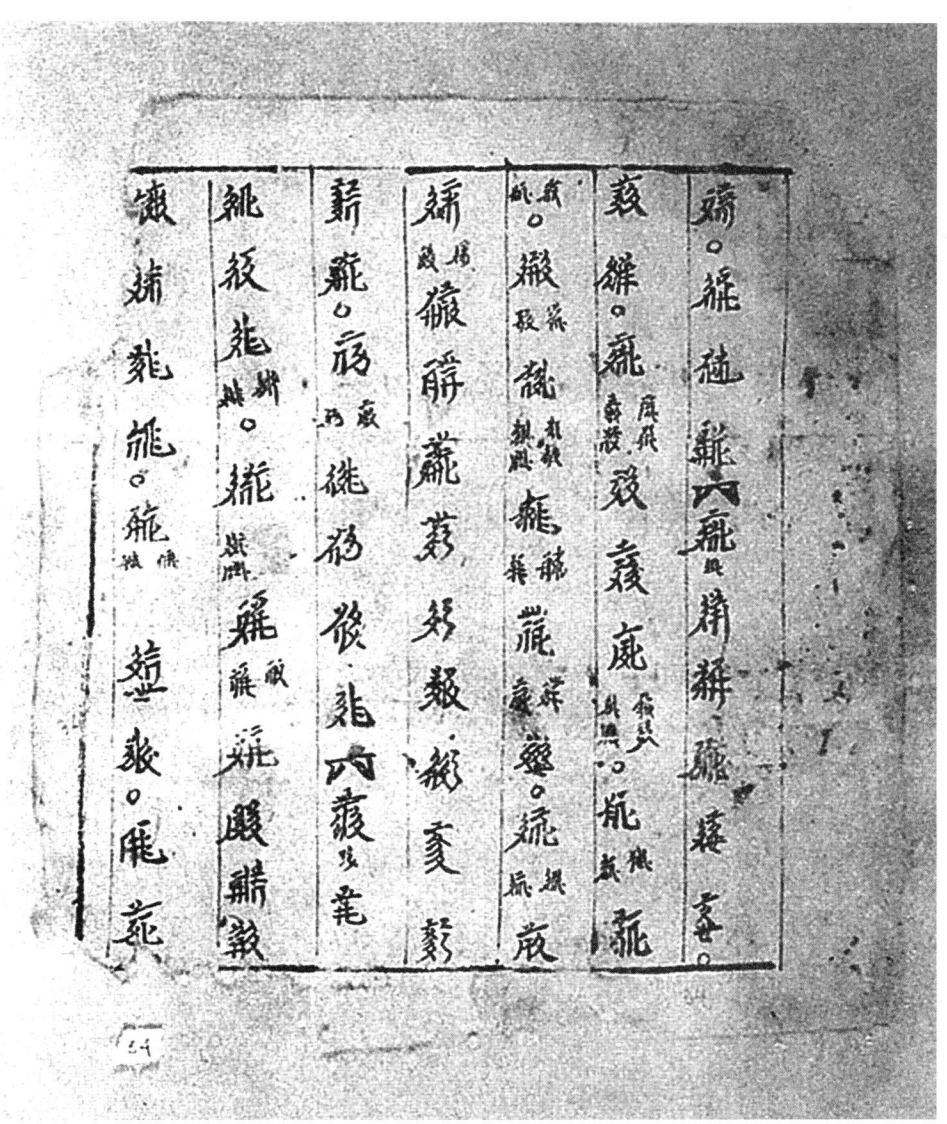

上声入声 4.2

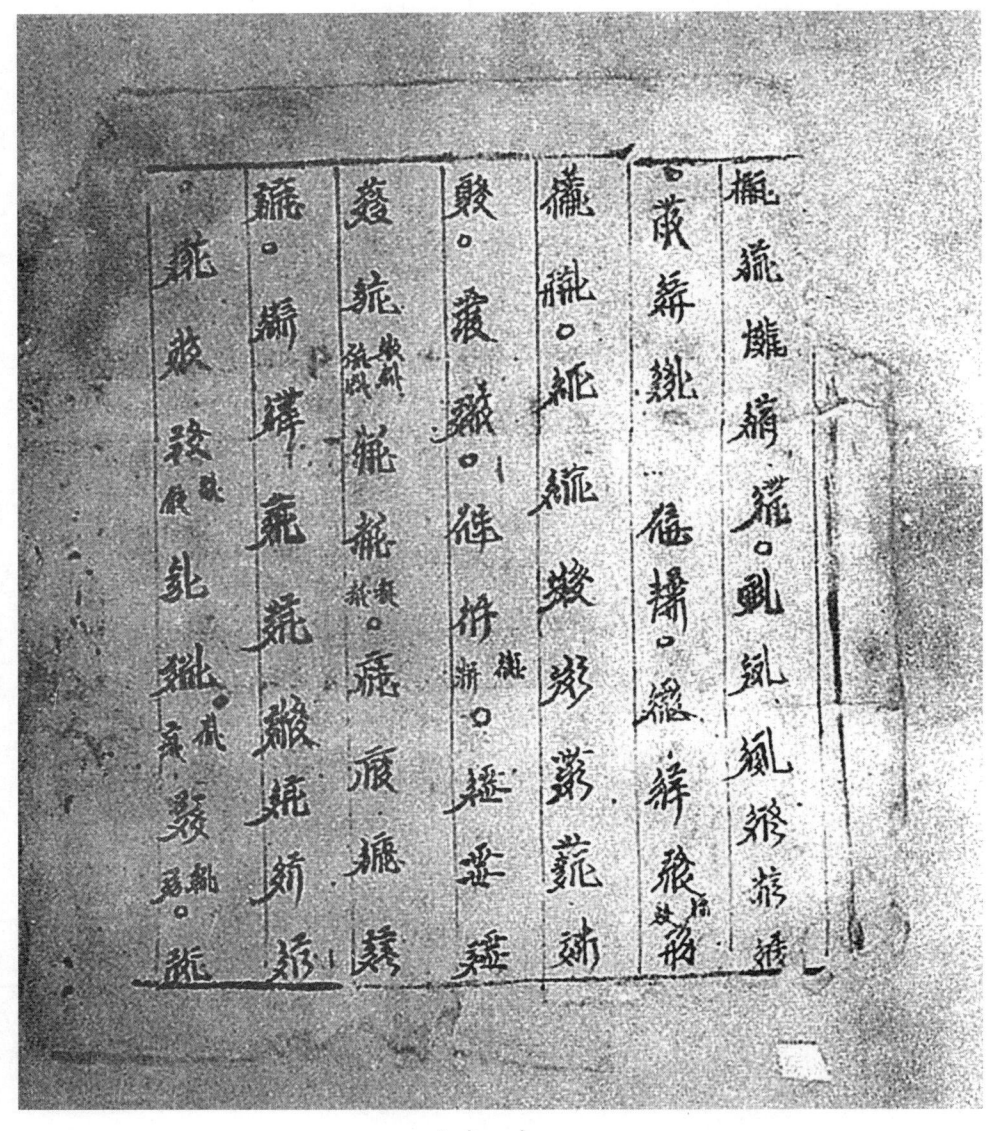

上声入声 5.1

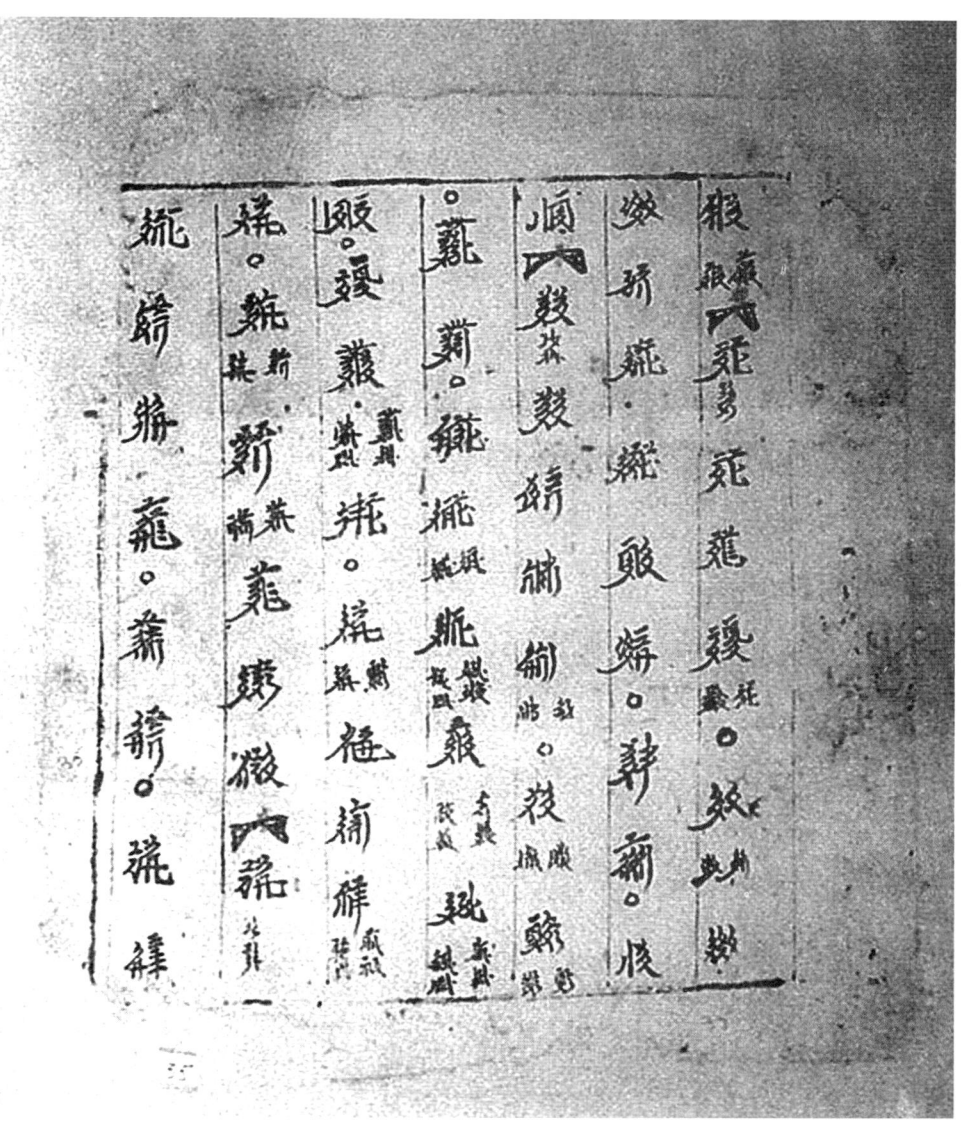

上声入声 5.2

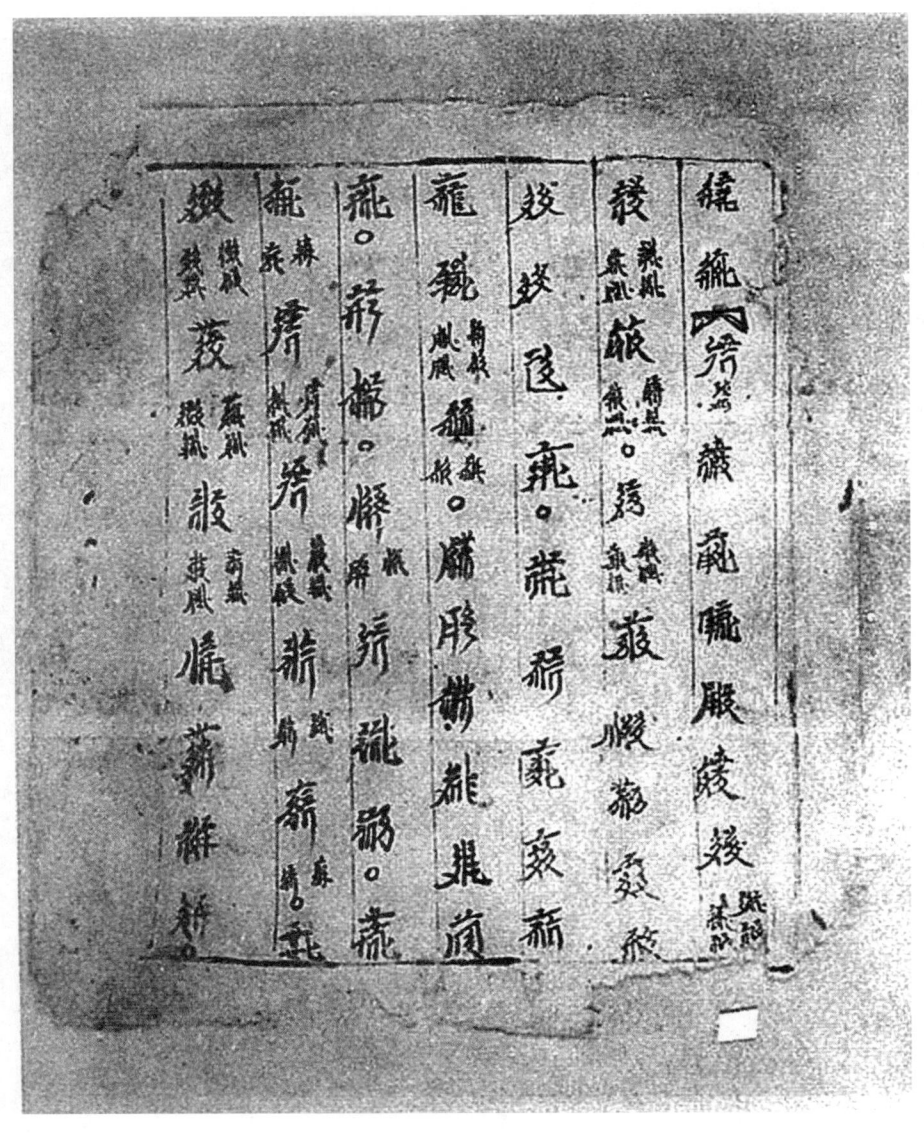

上声入声6.1

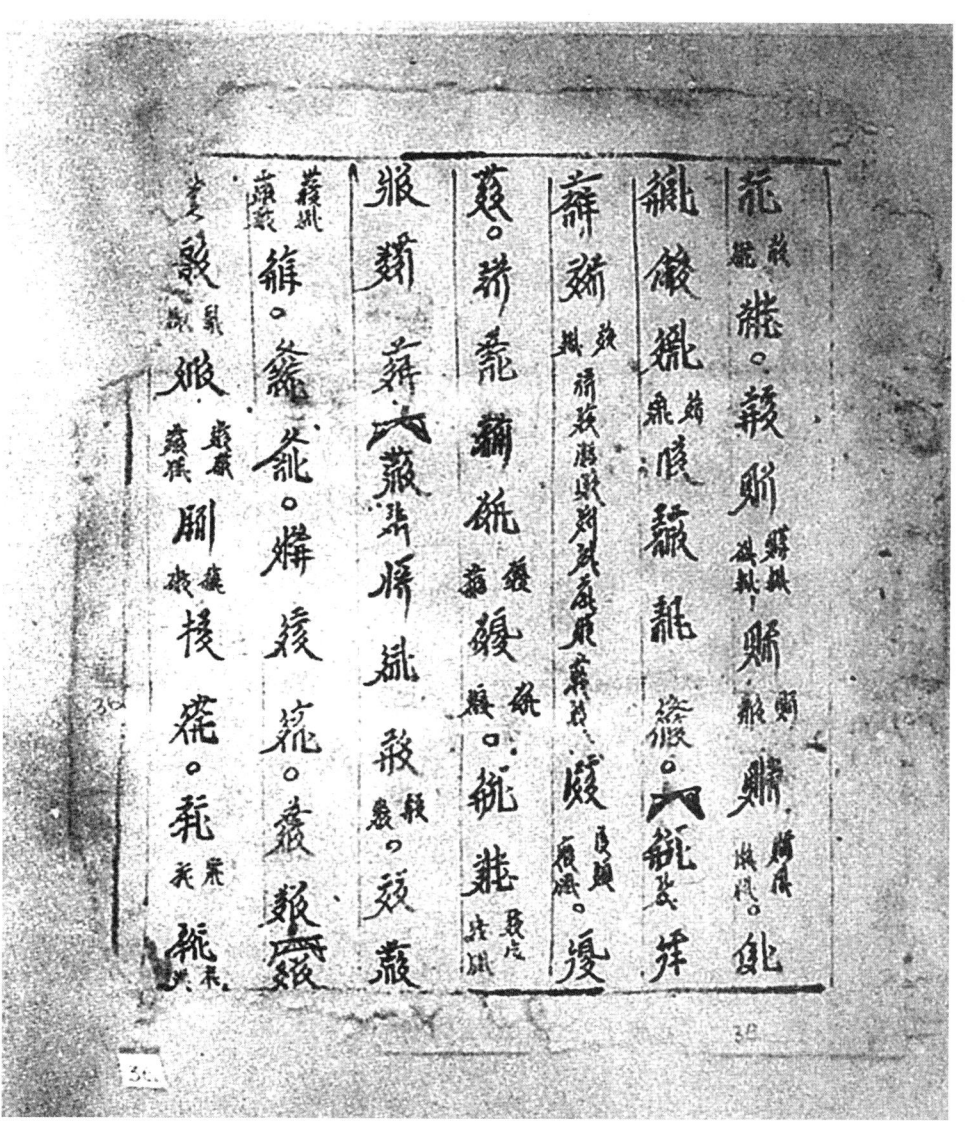

上声入声6.2

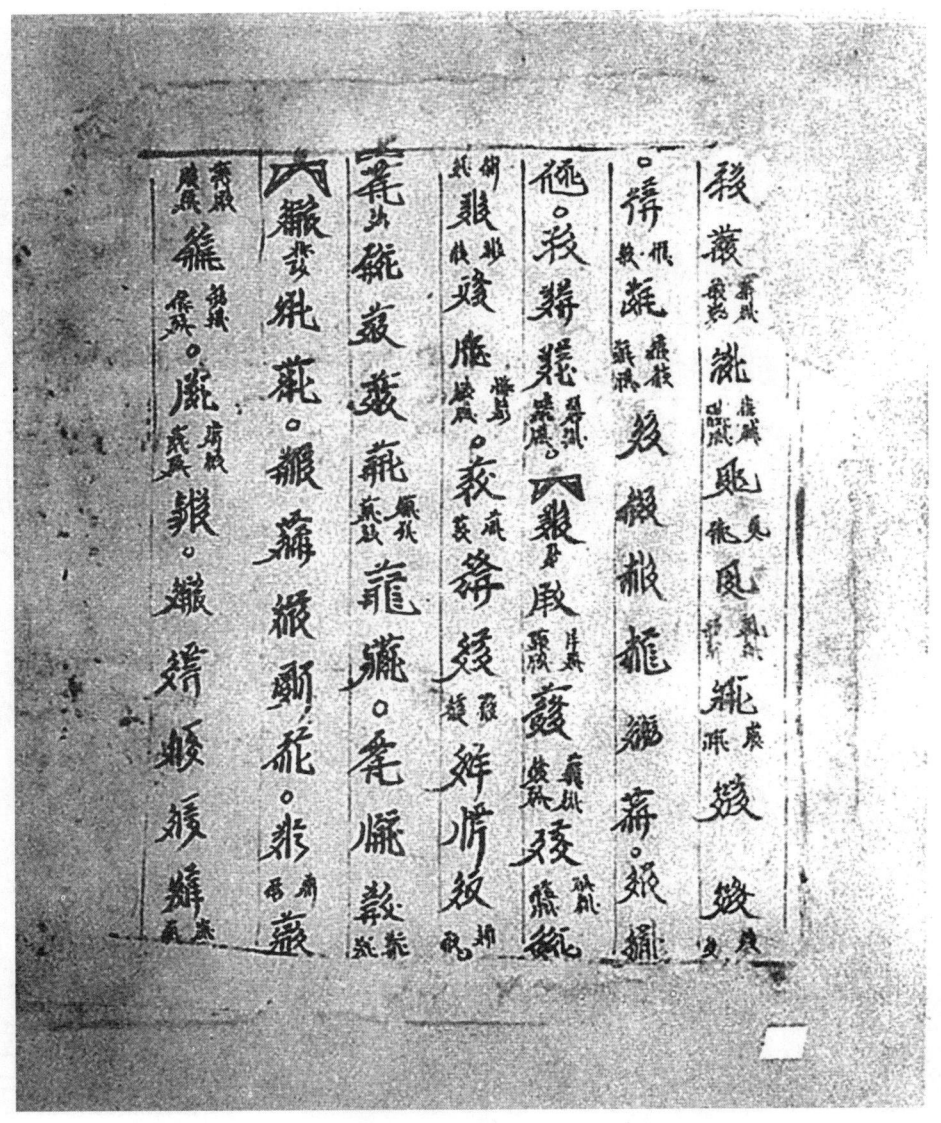

上声入声 7.1

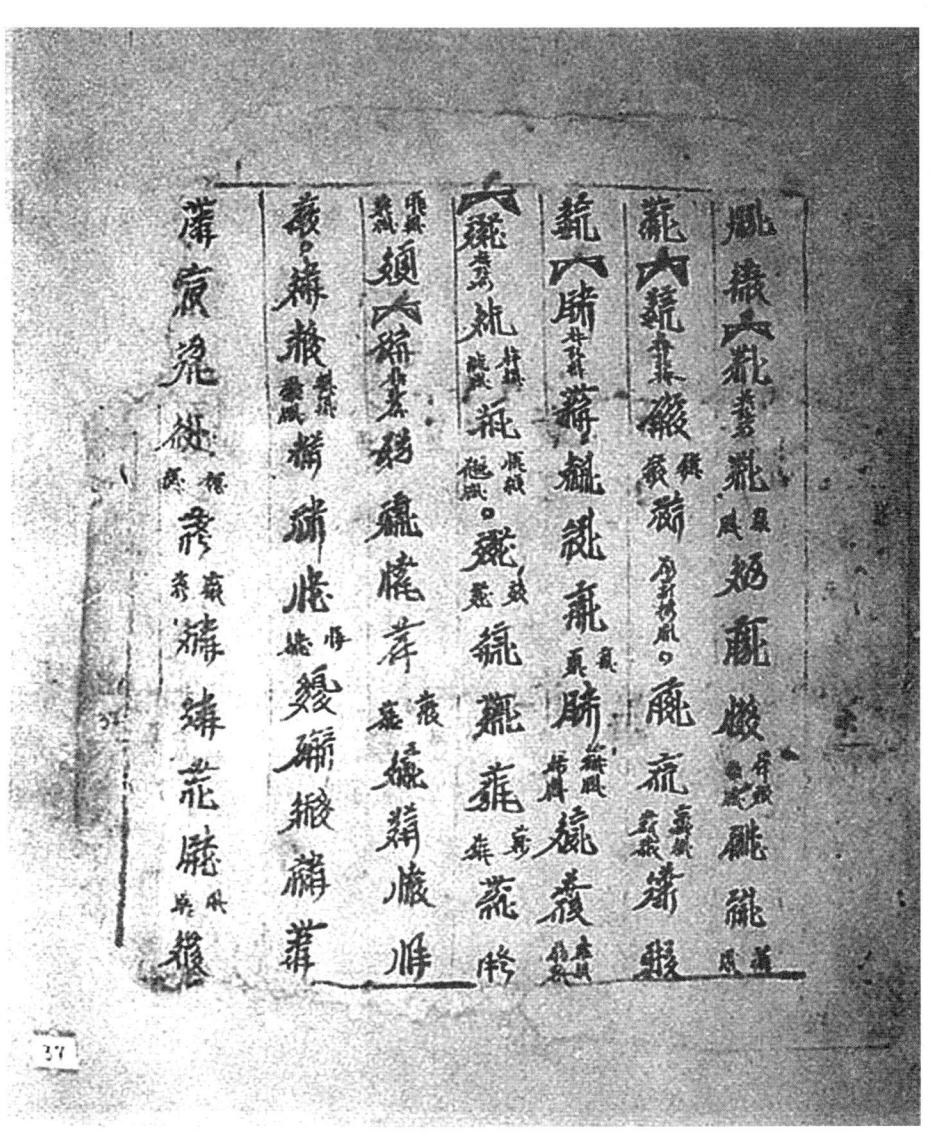

上声入声7.2

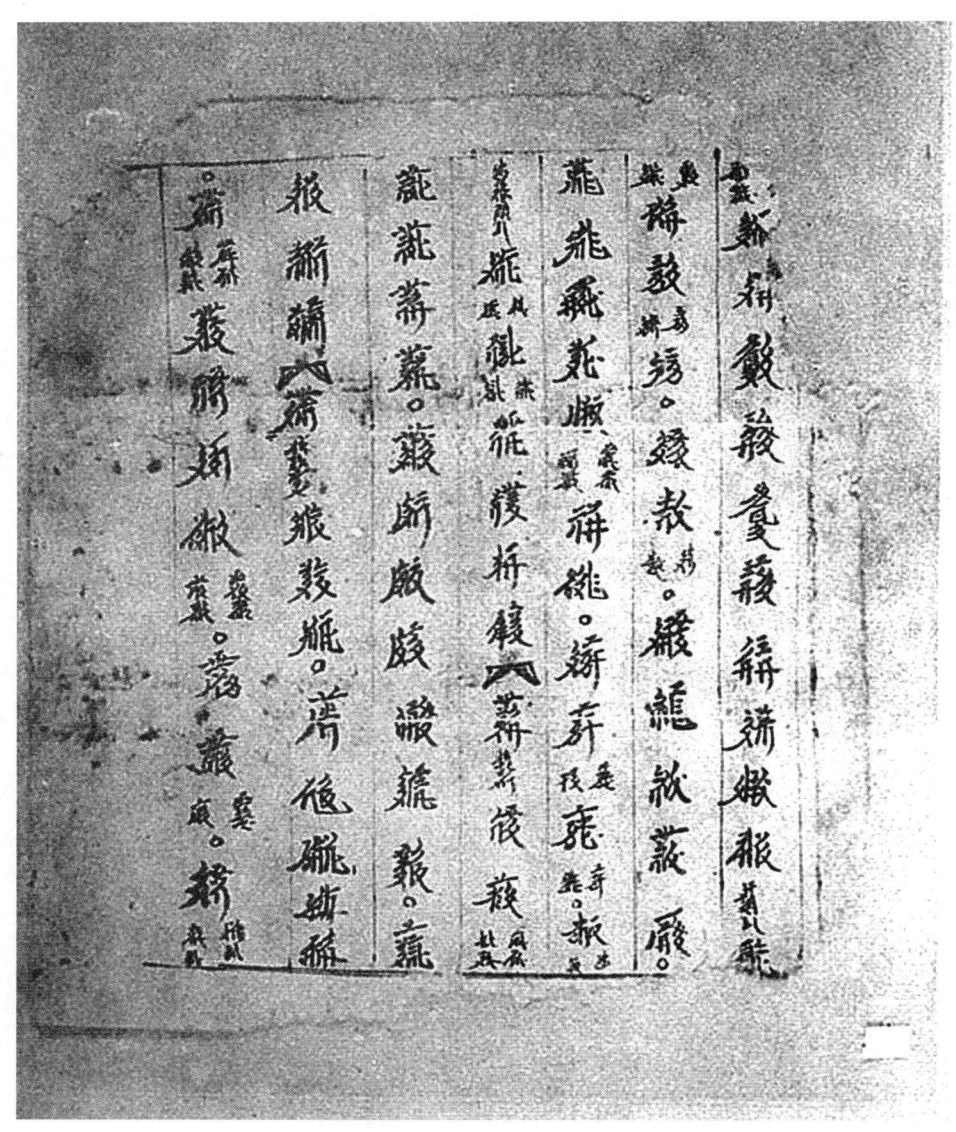

上声入声 8.1

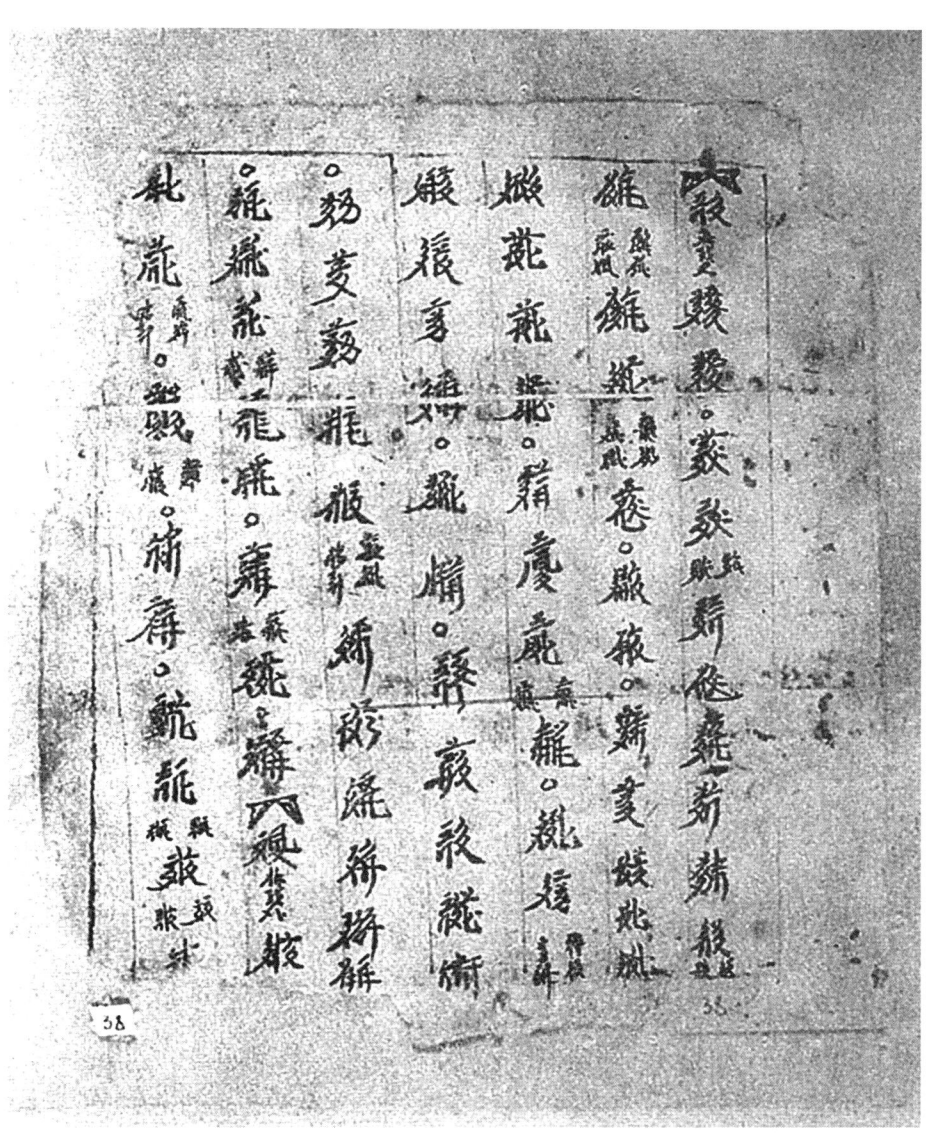

上声入声 8.2

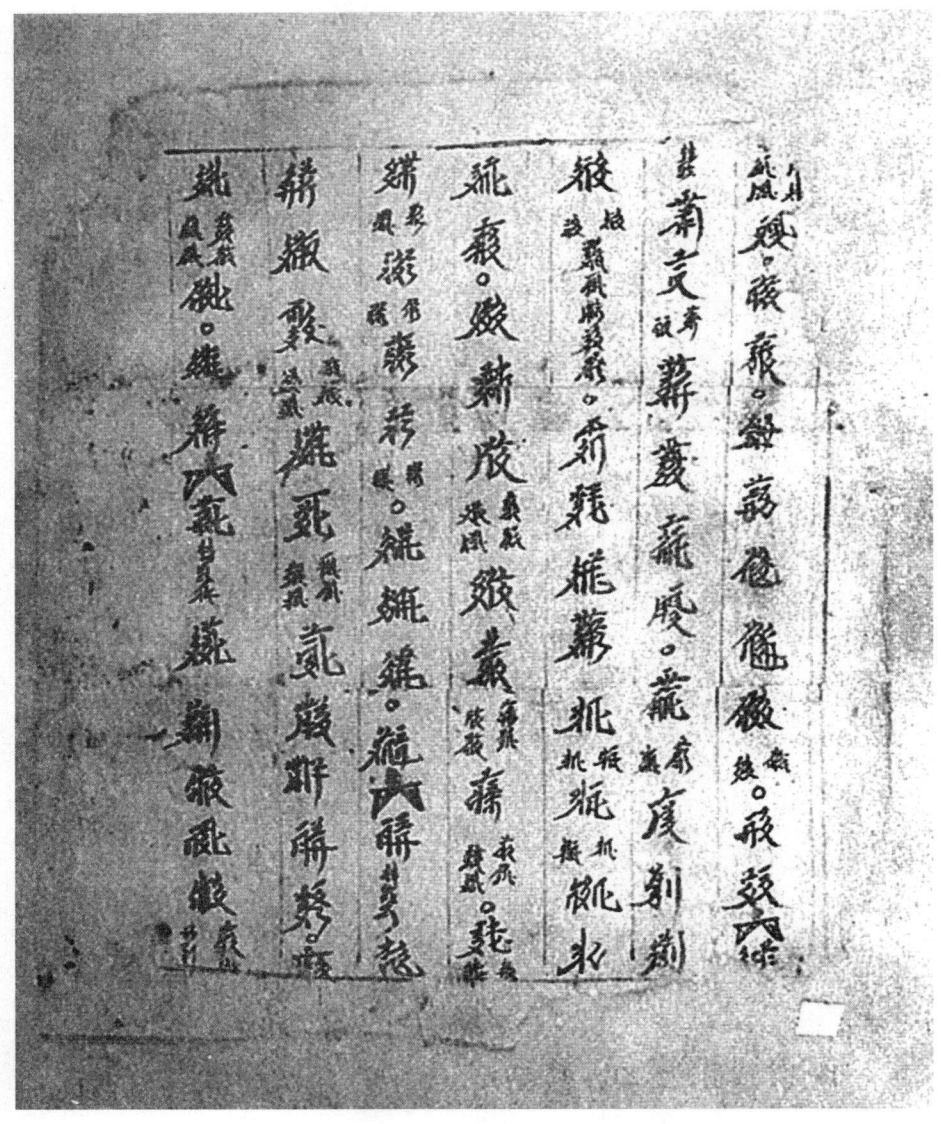

上声入声 9.1

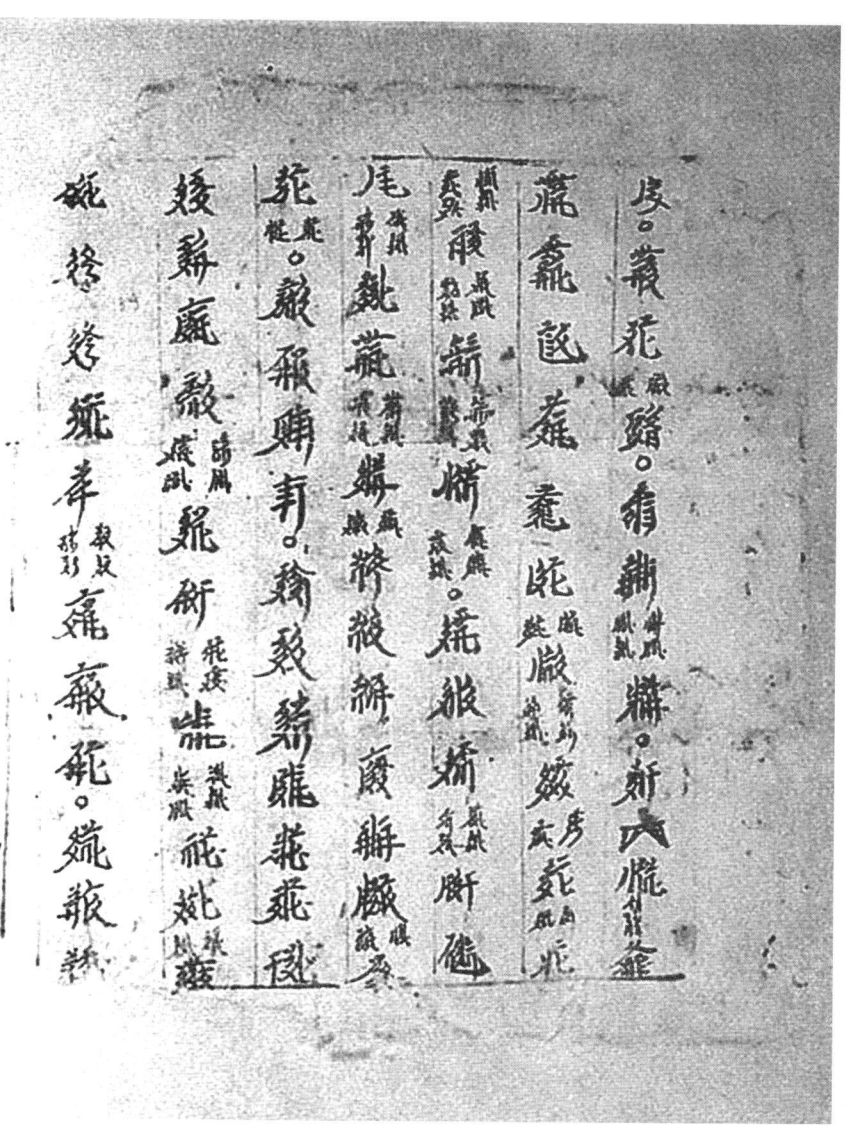

上声入声 9.2

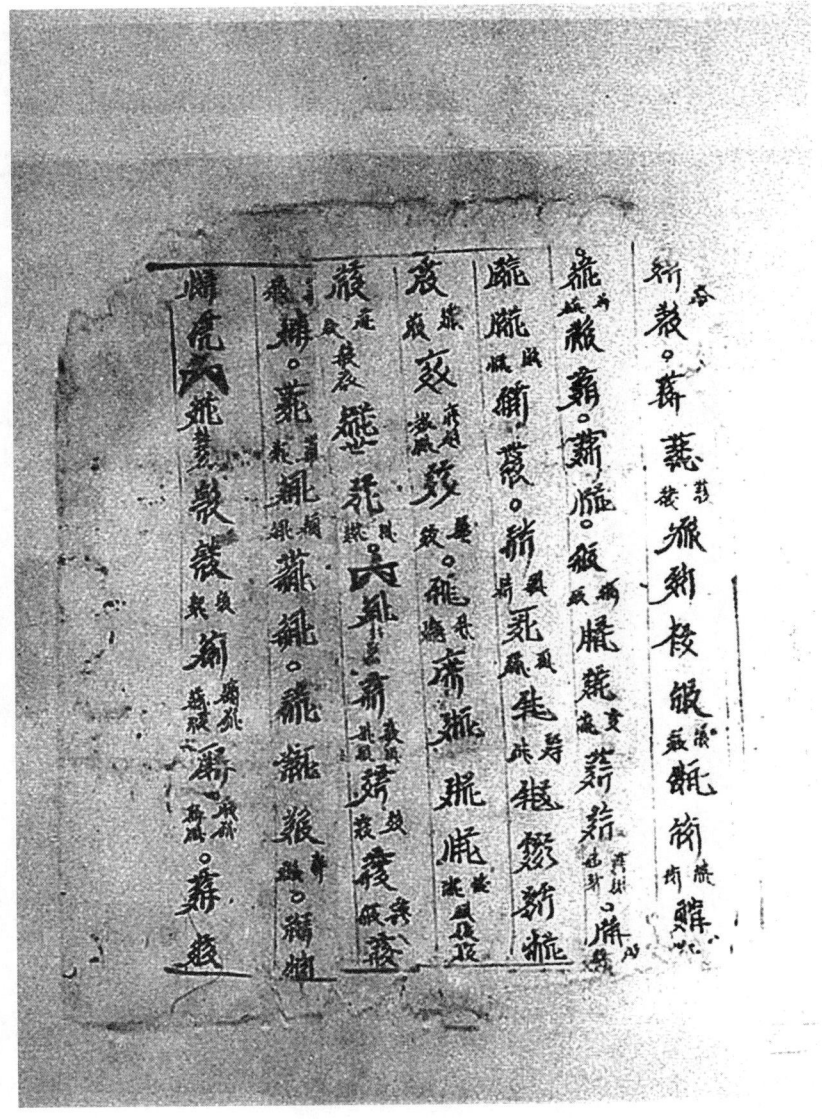

上声入声 10.1

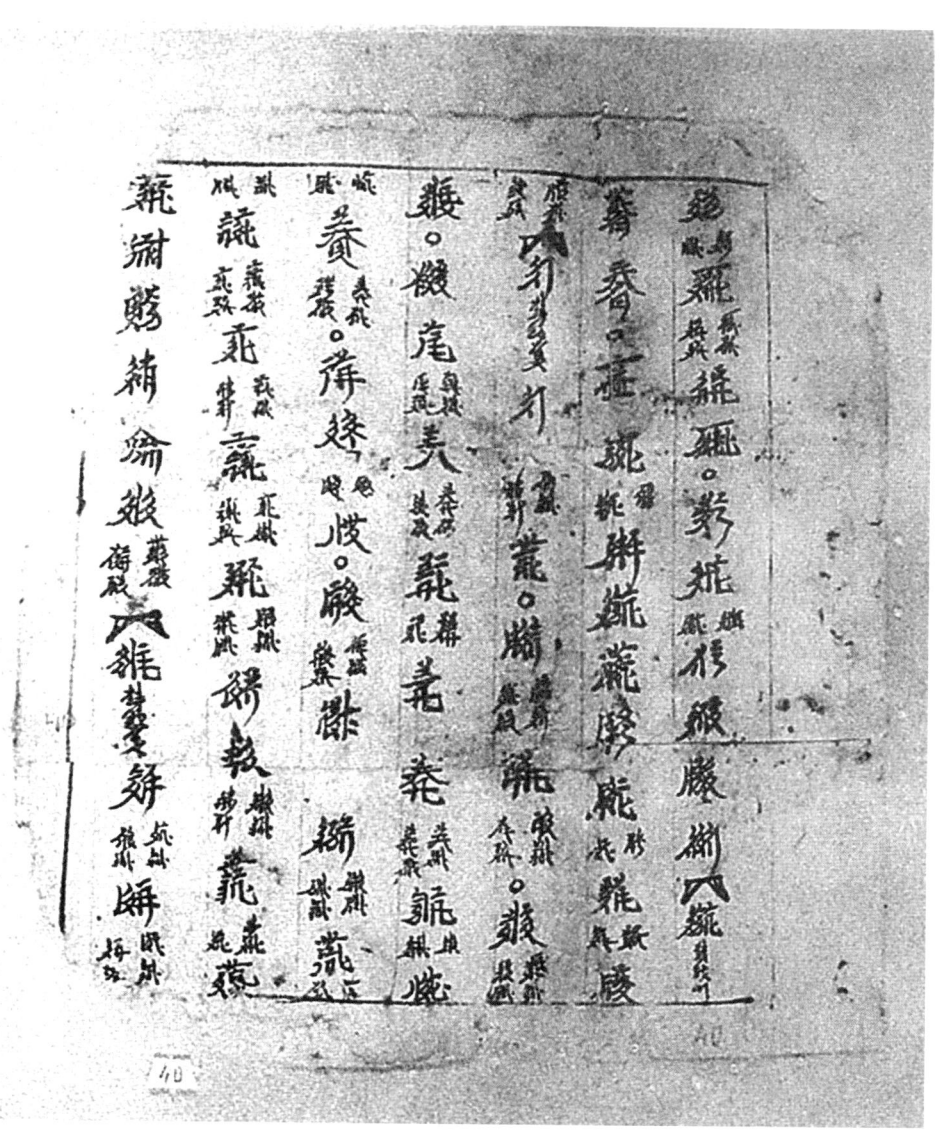

上声入声 10.2

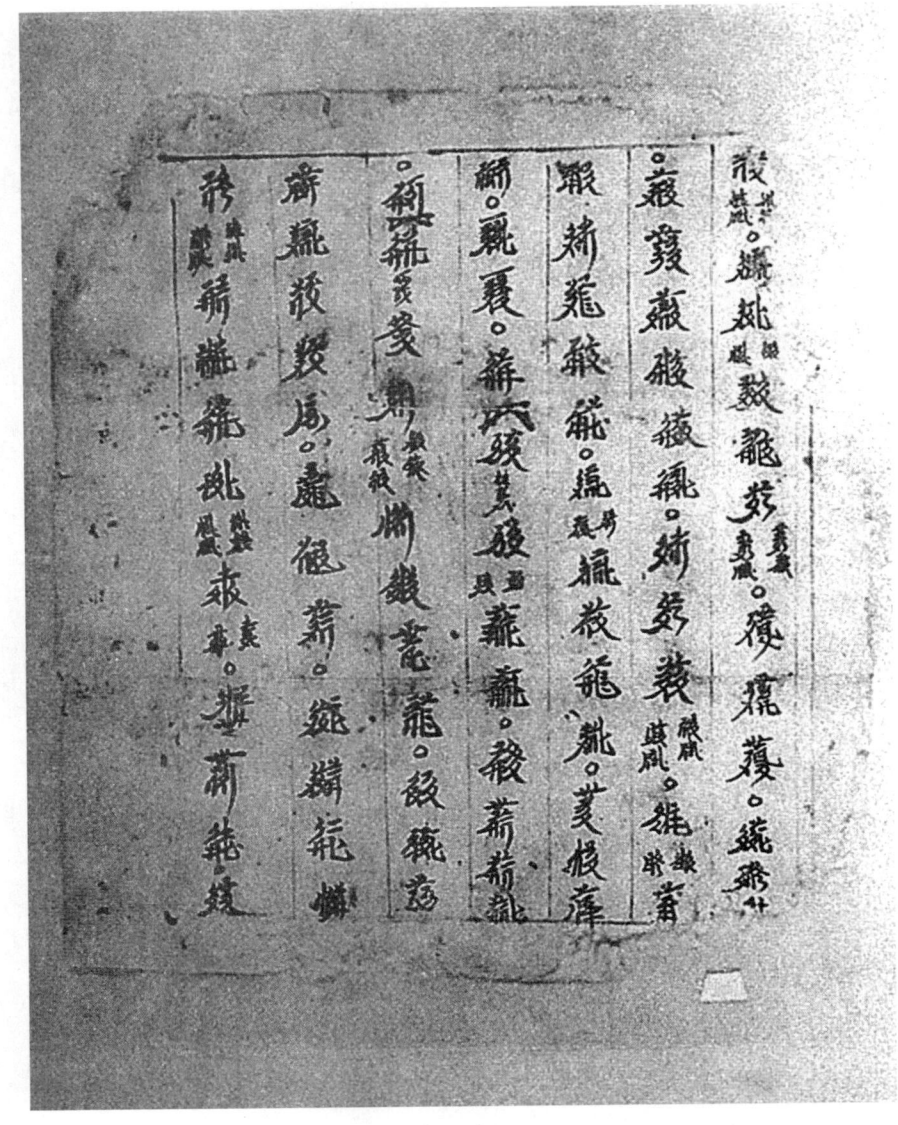

上声入声 11.1

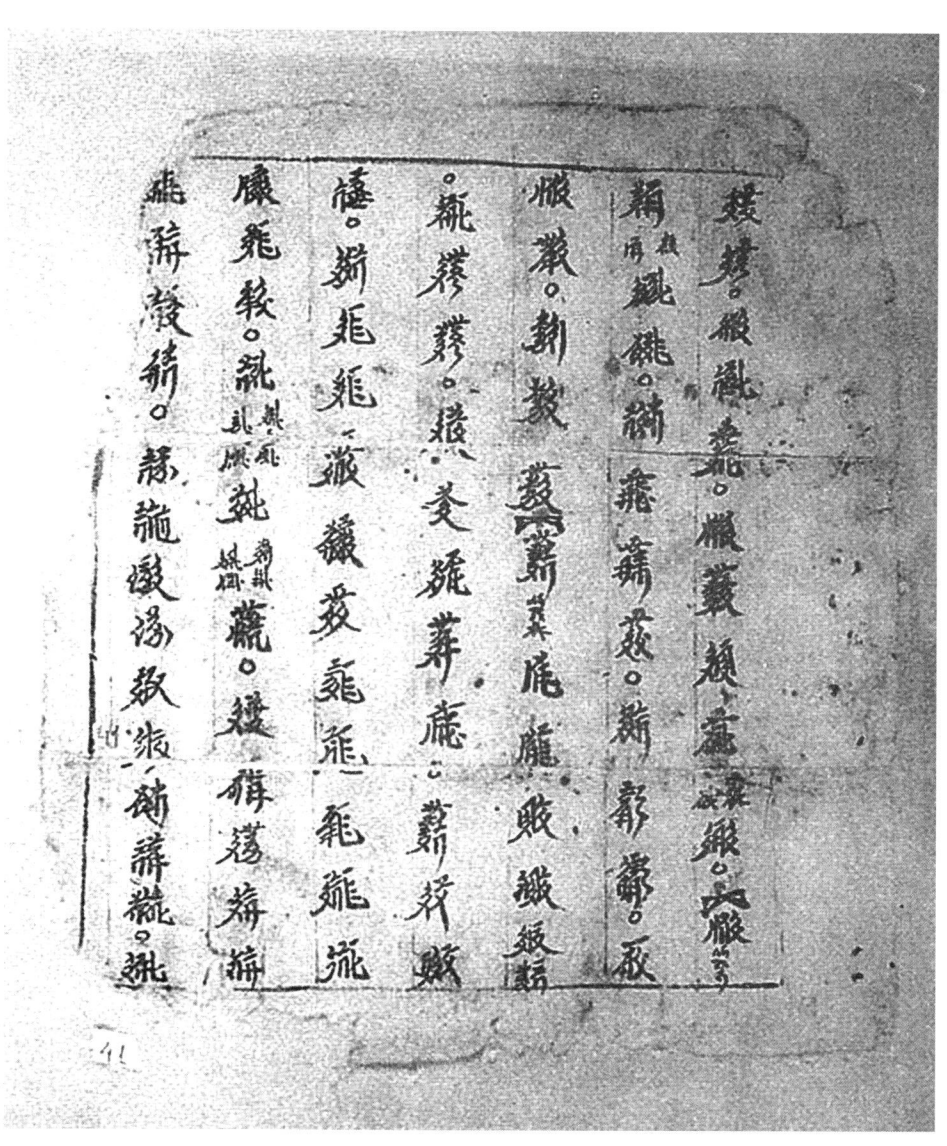

上声入声 11.2

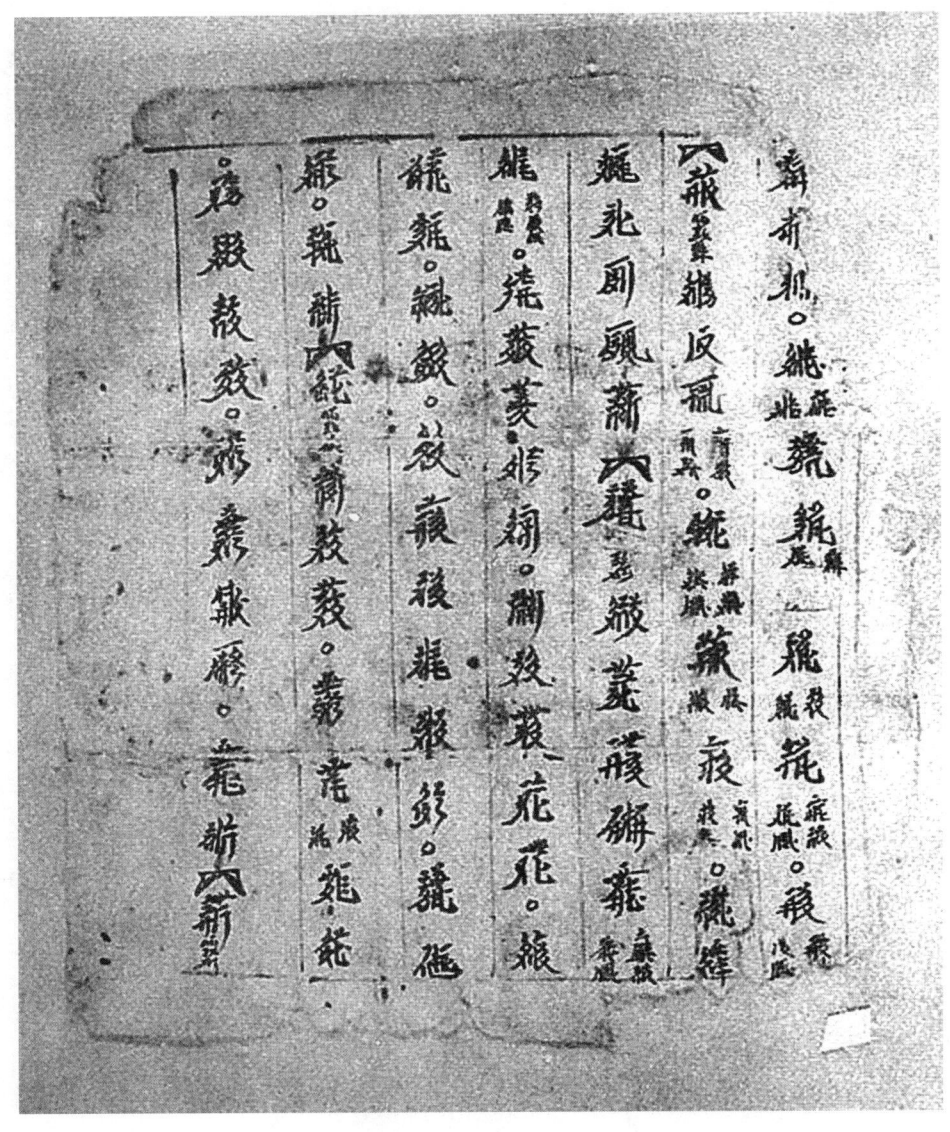

上声入声 12.1

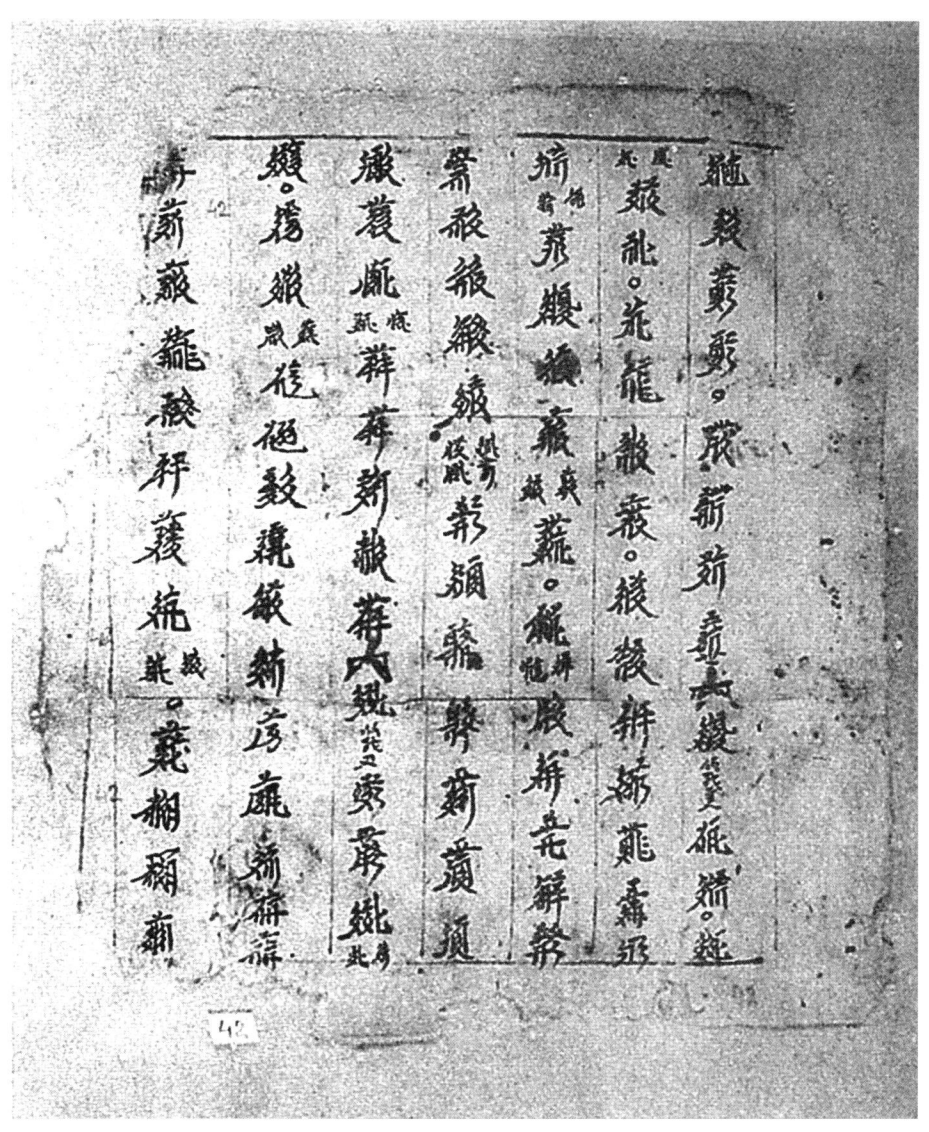

上声入声 12.2

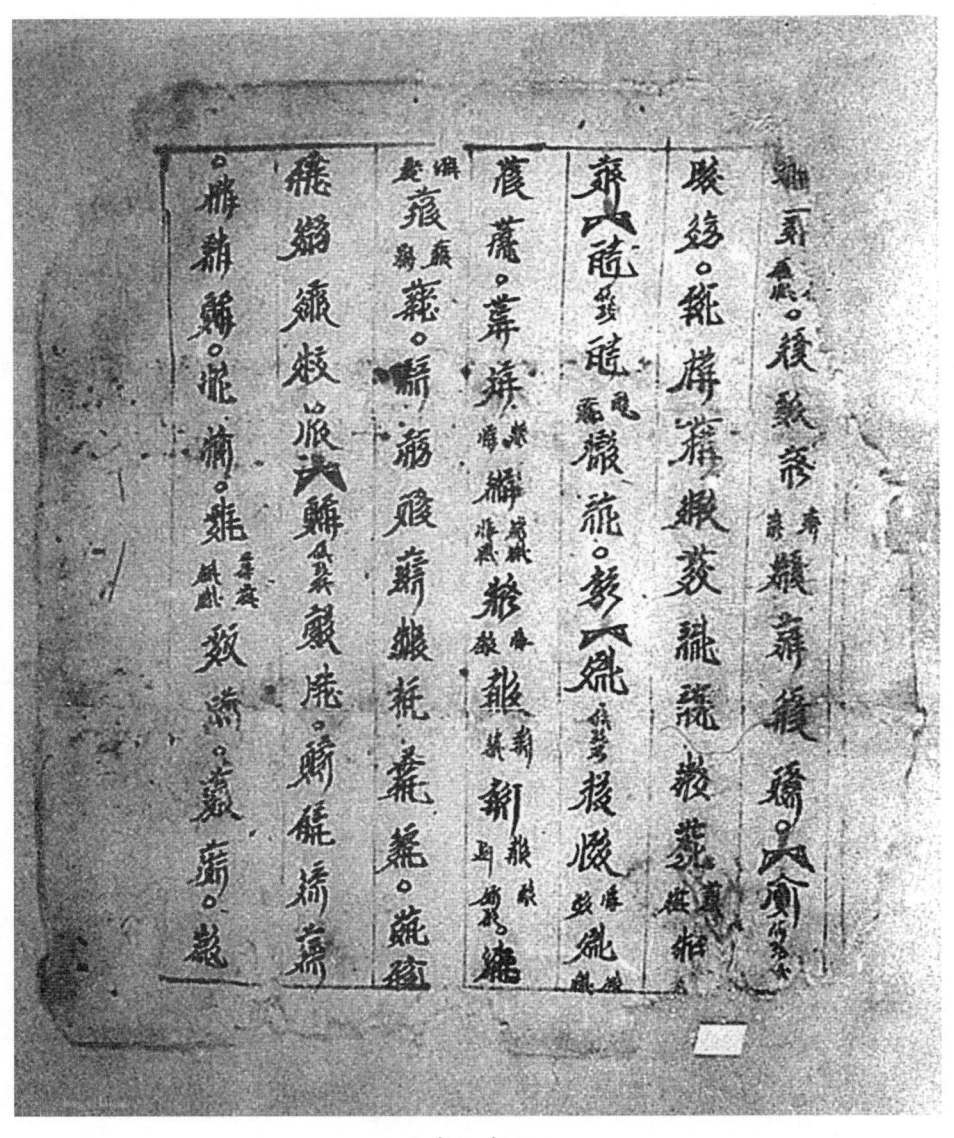

上声入声 13.1

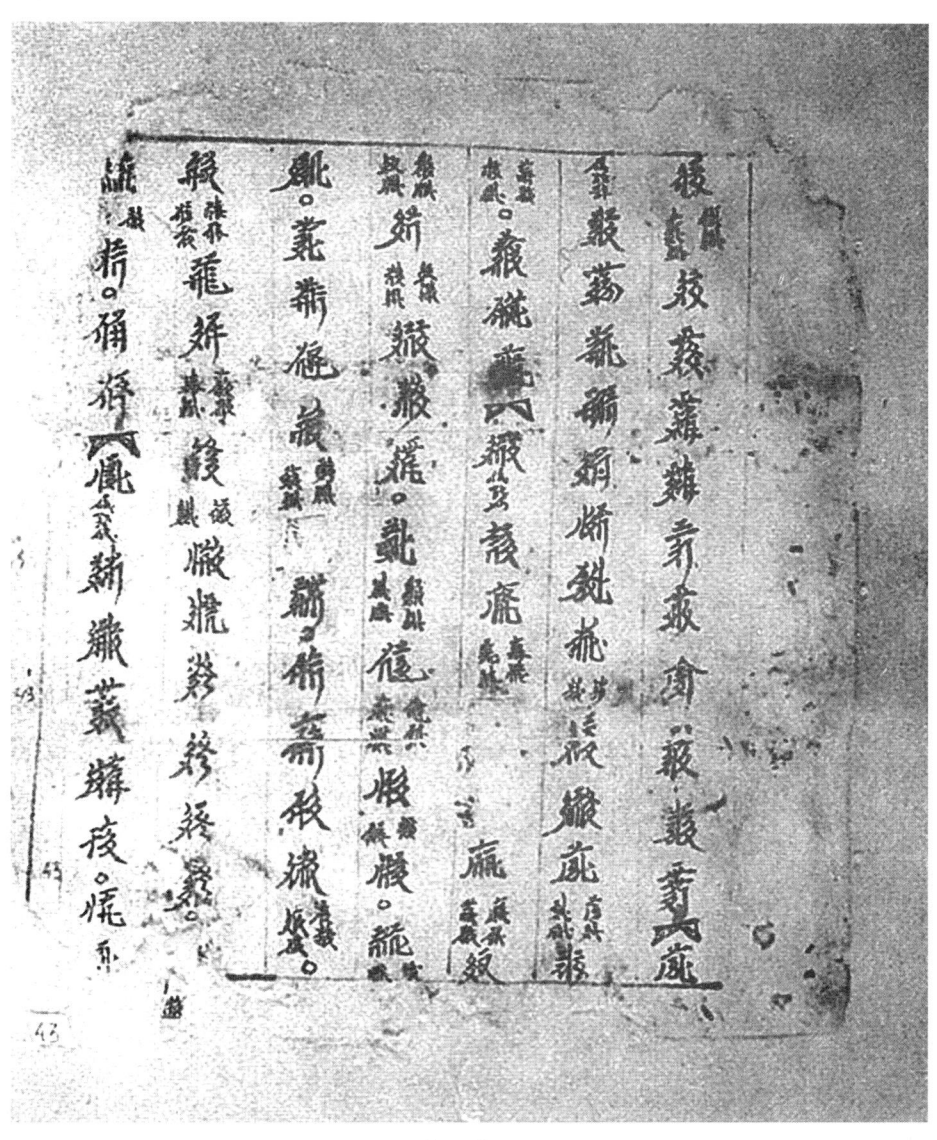

上声入声 13.2

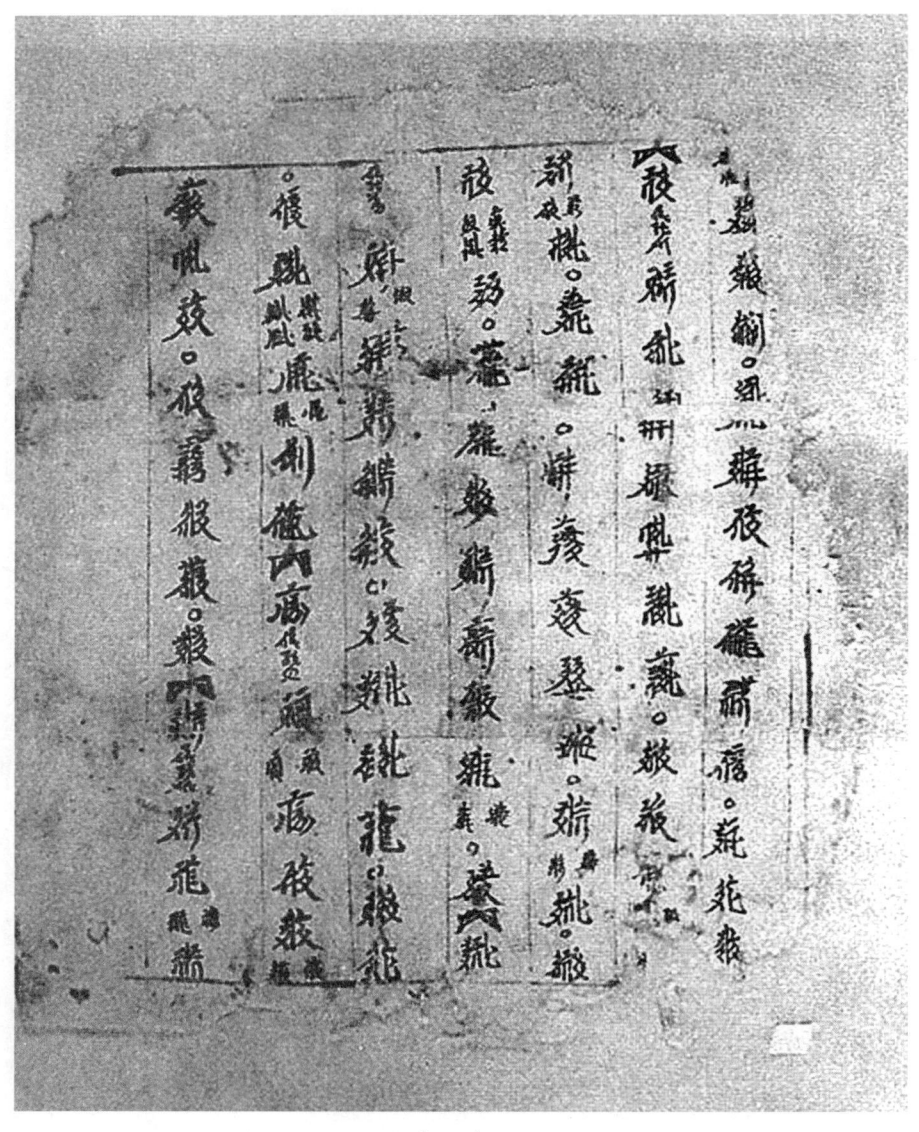

上声入声 14.1

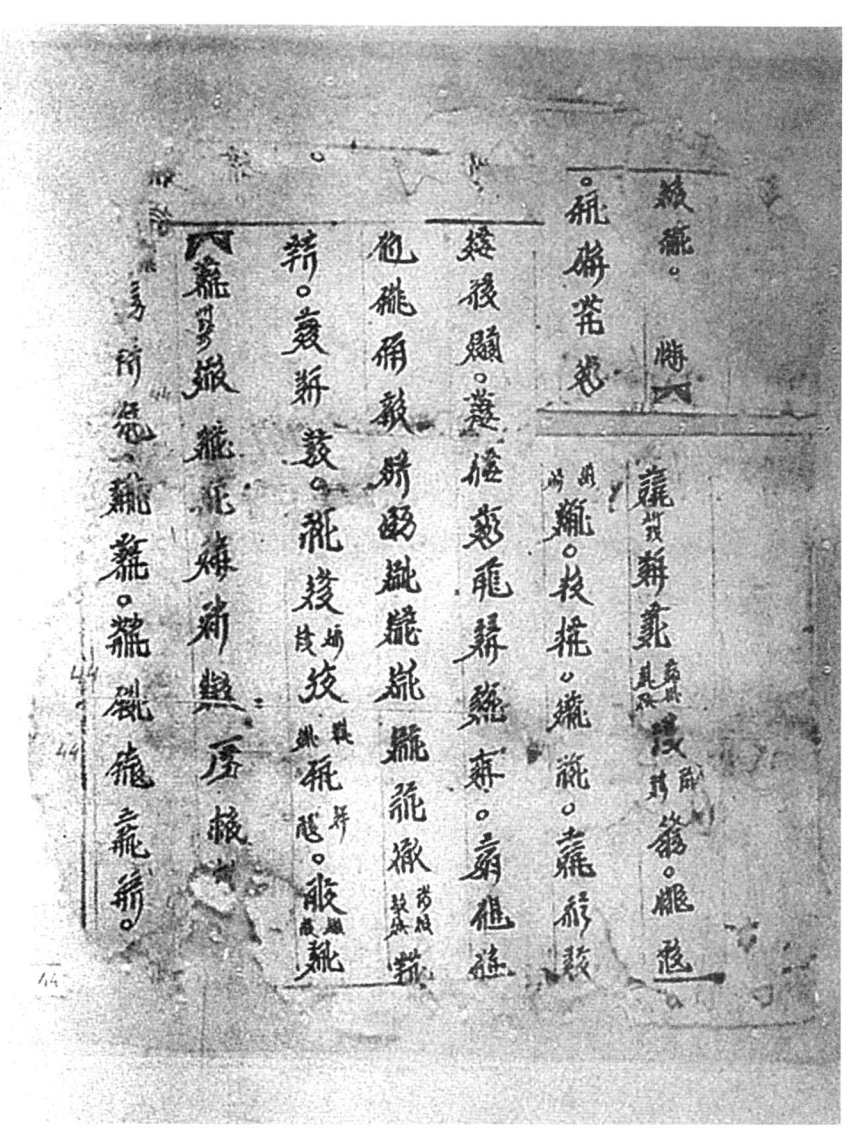

上声入声 14.2

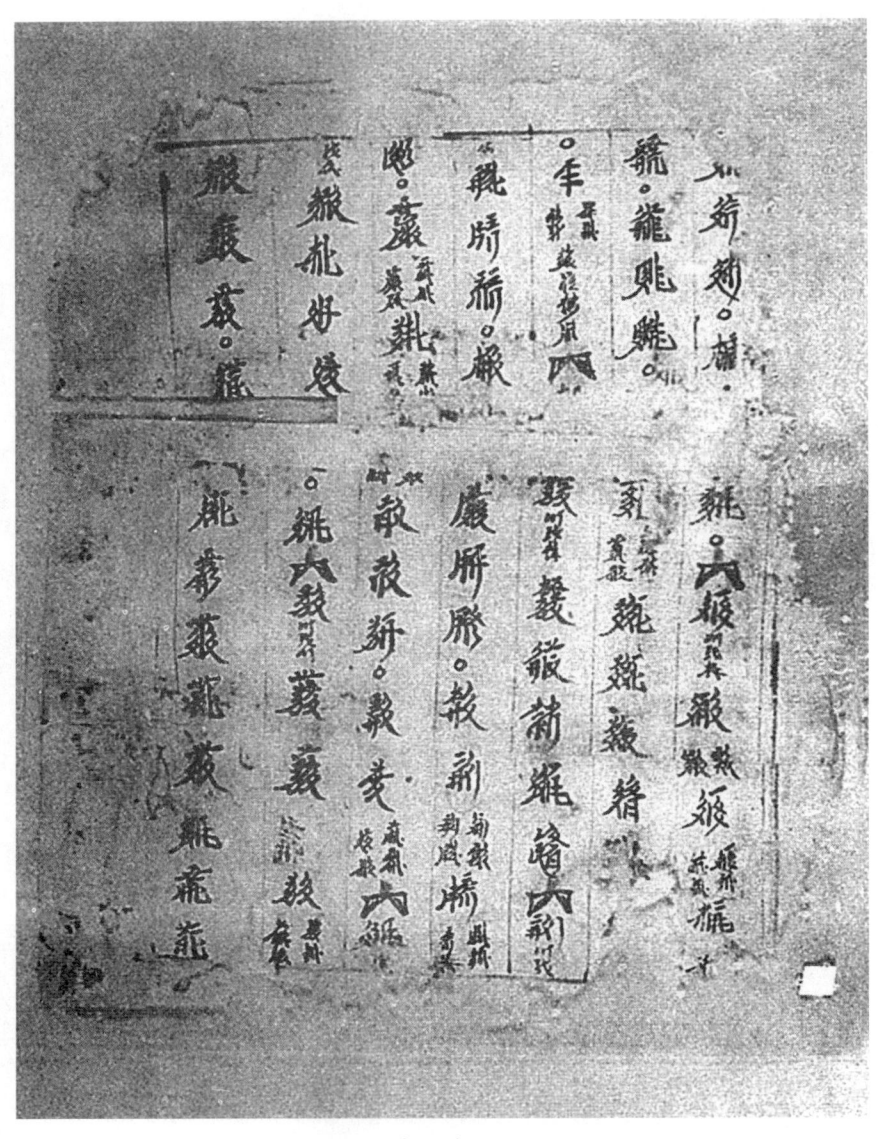

上声入声 15.1

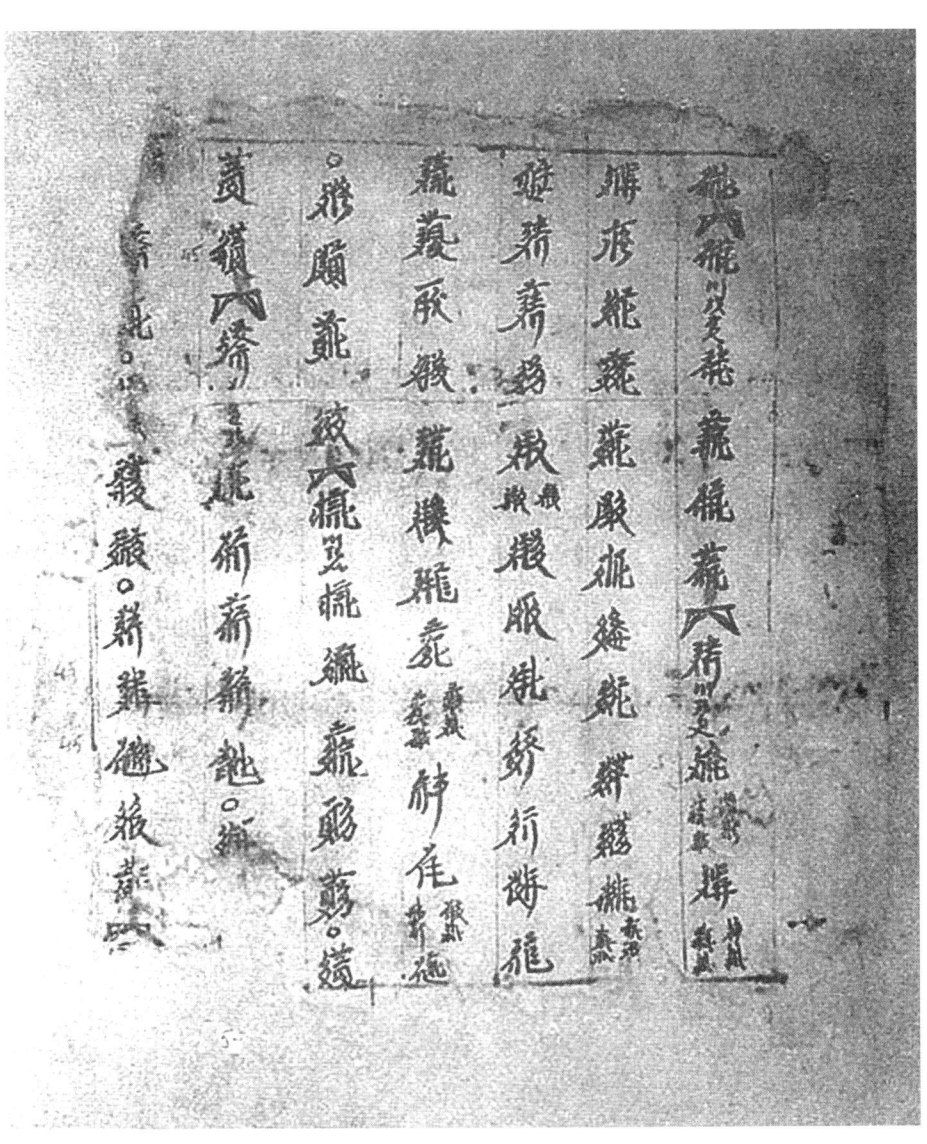

上声入声 15.2

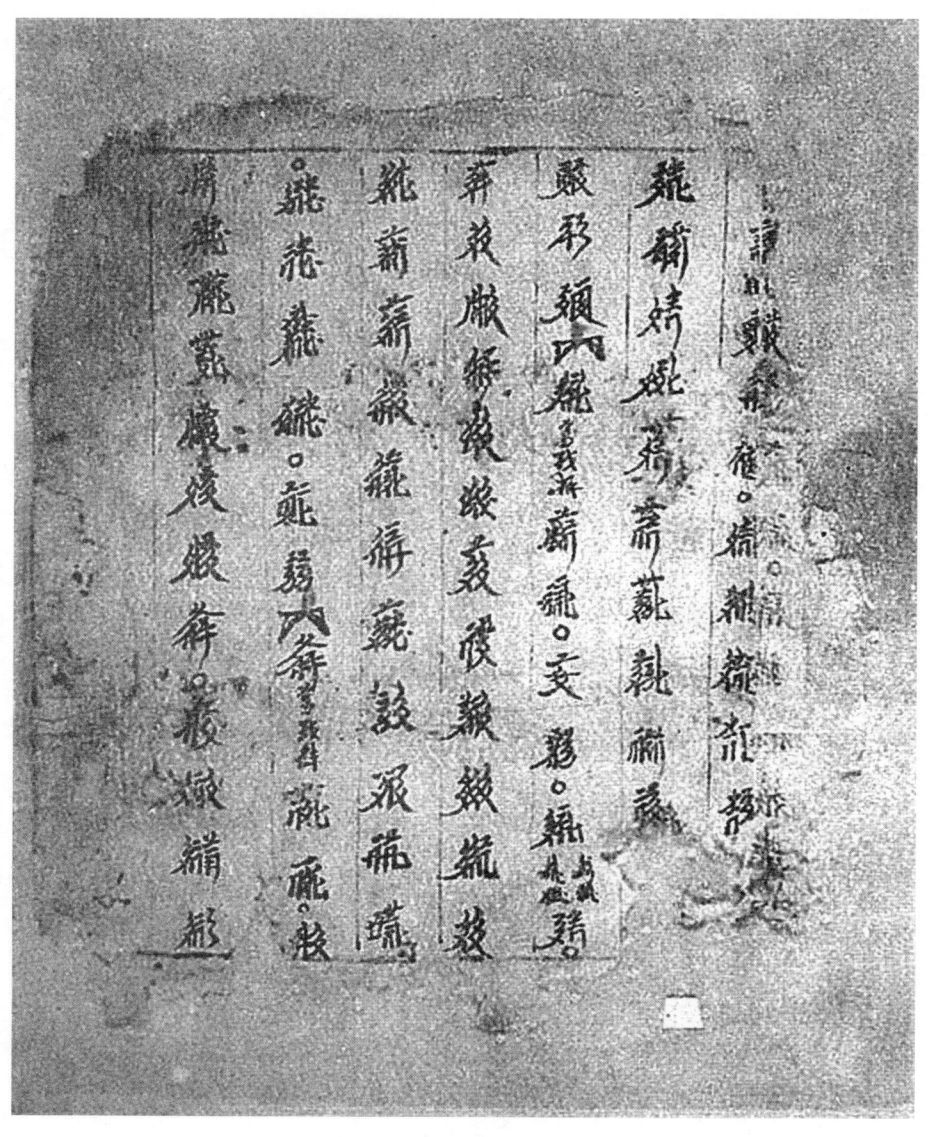

上声入声 16.1

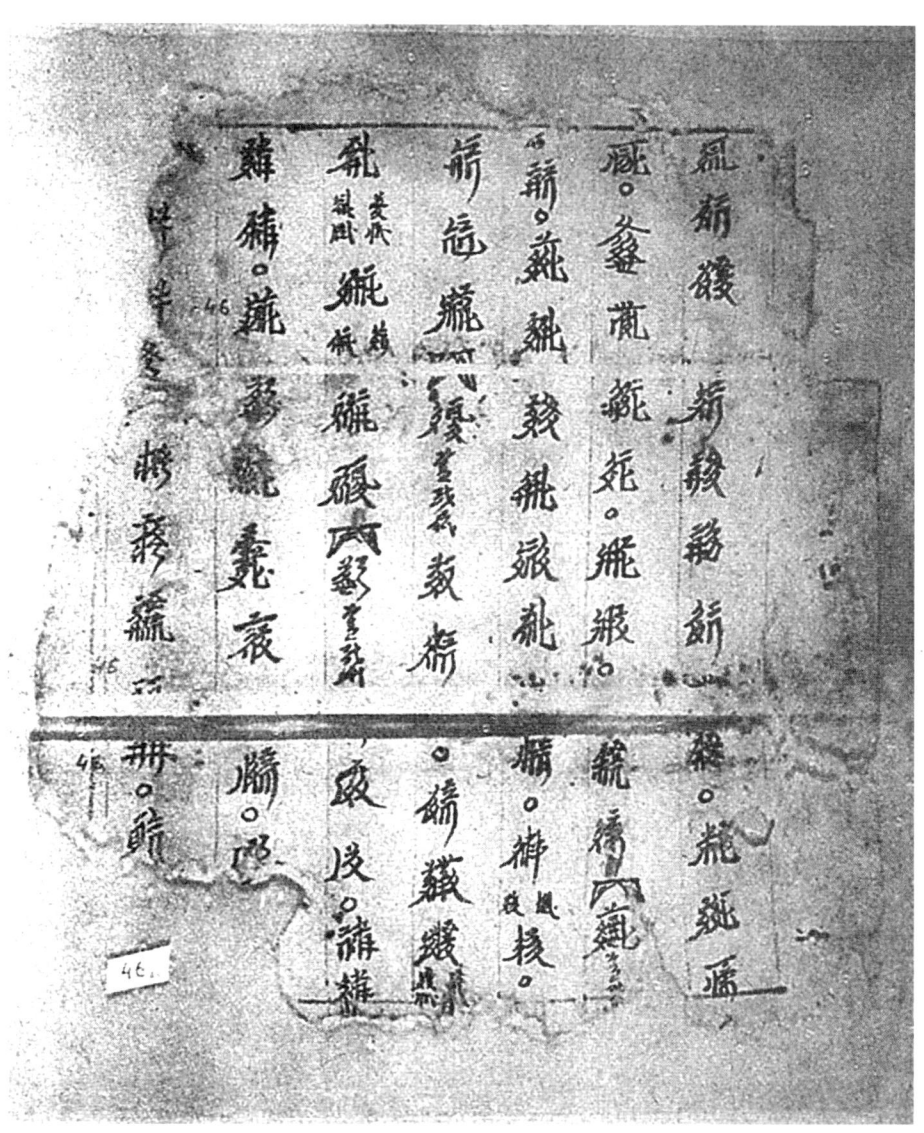

上声入声 16.2

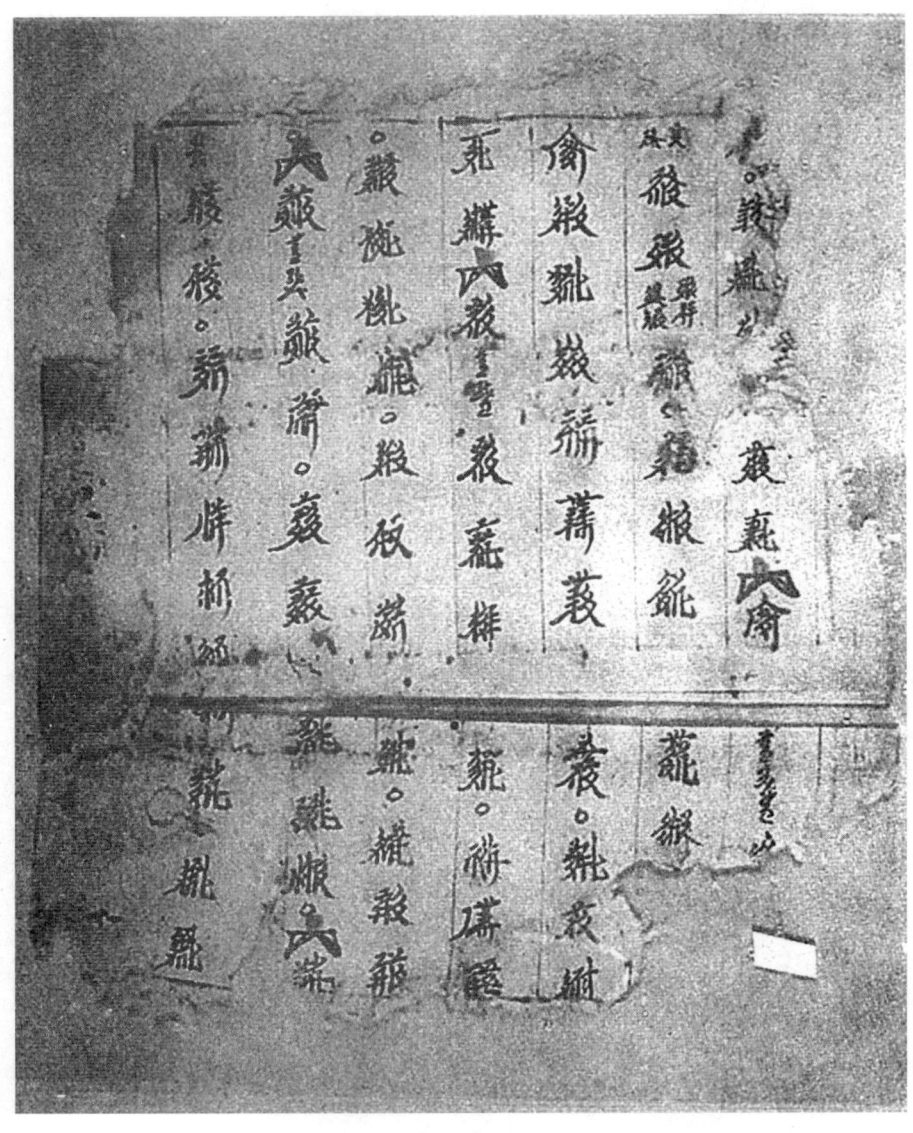

上声入声 17.1

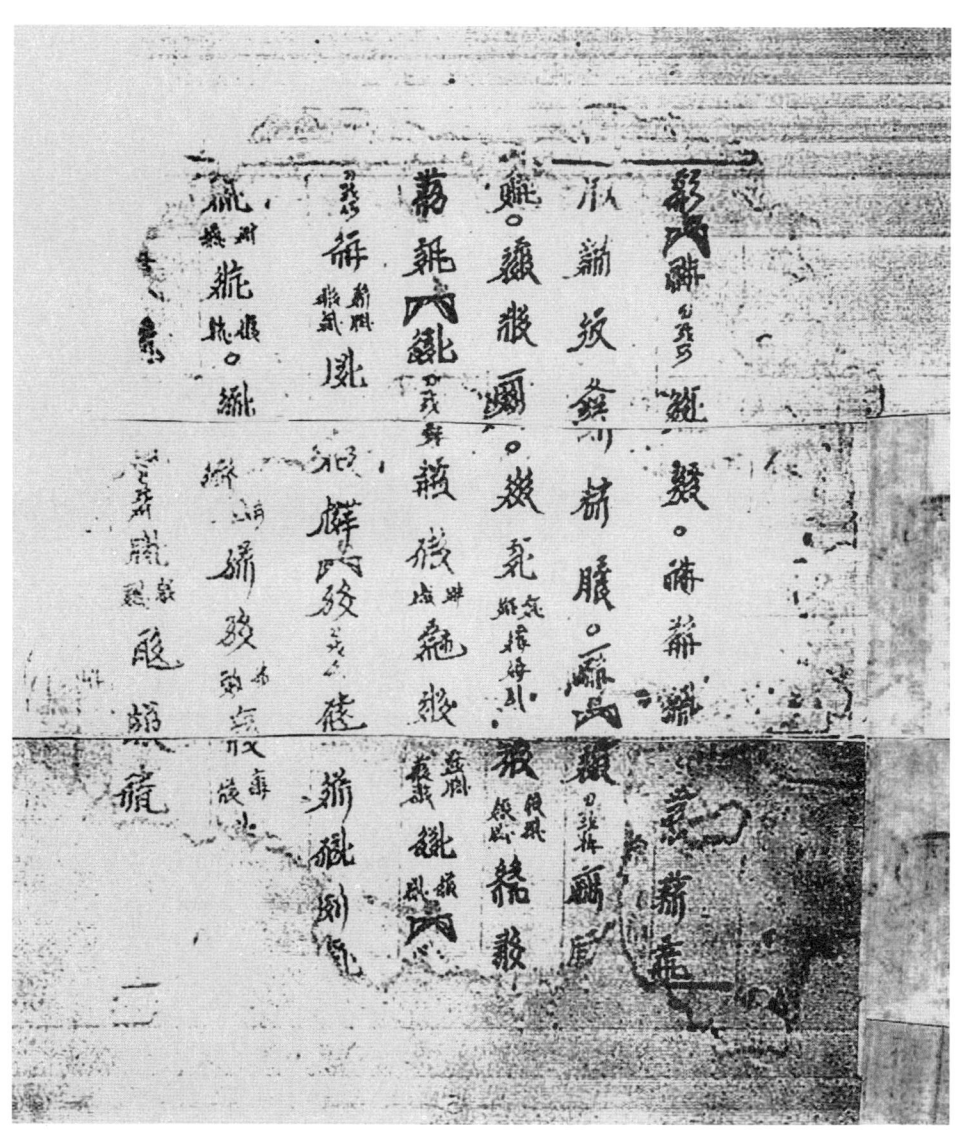

上声入声 17.2

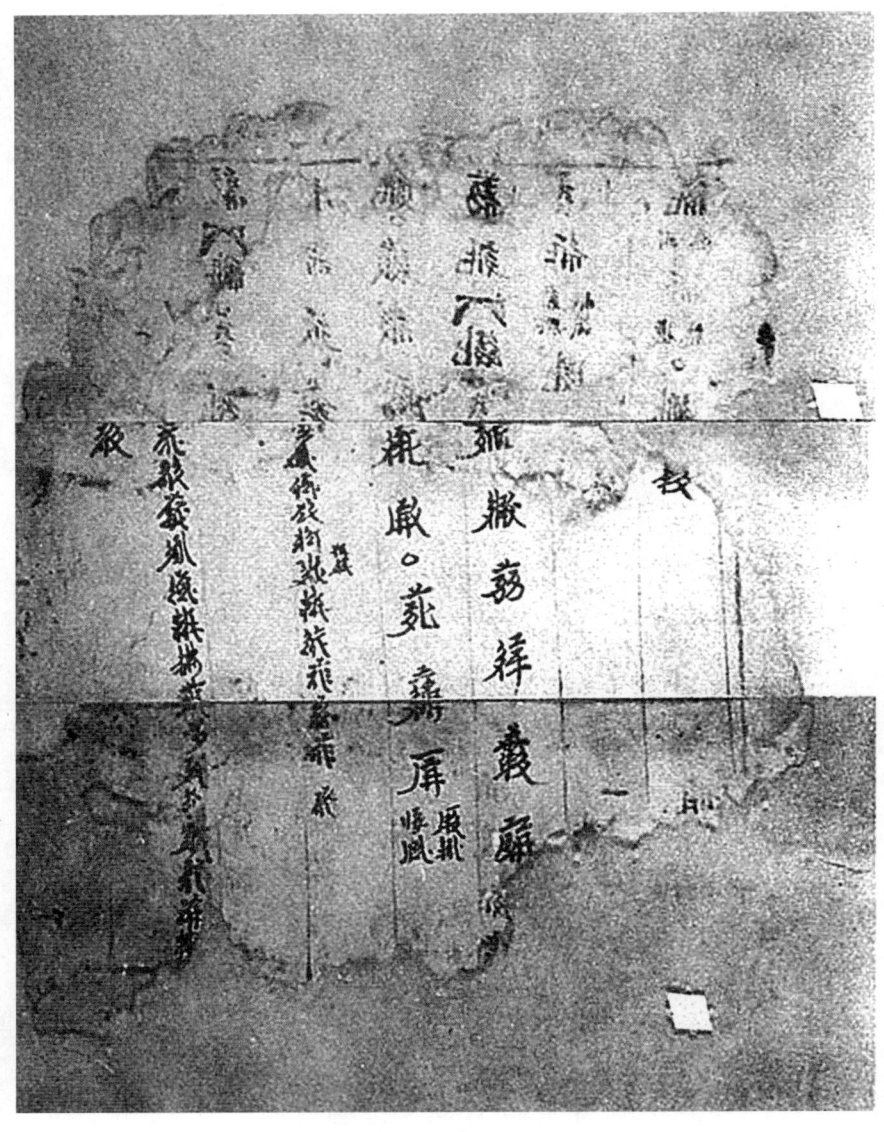

上声入声 18.1

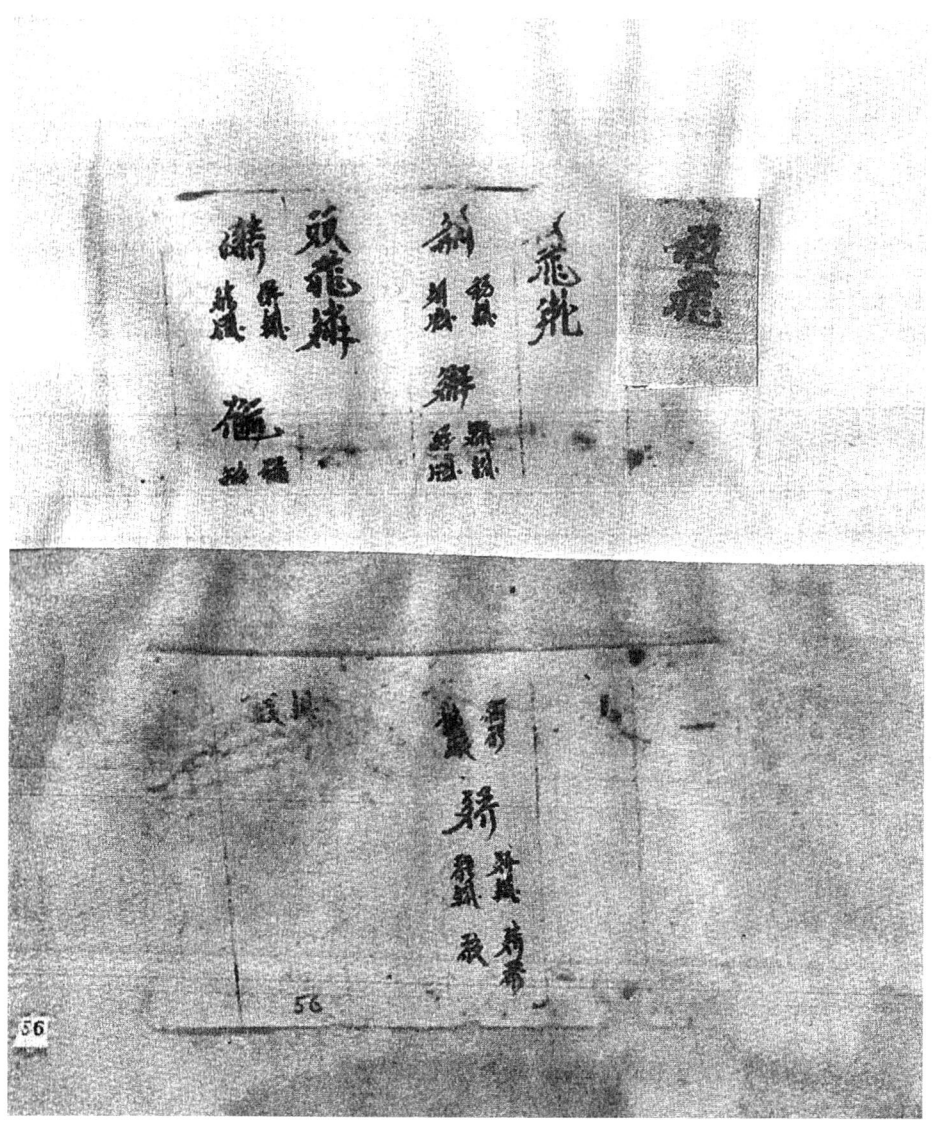

杂类 1.2

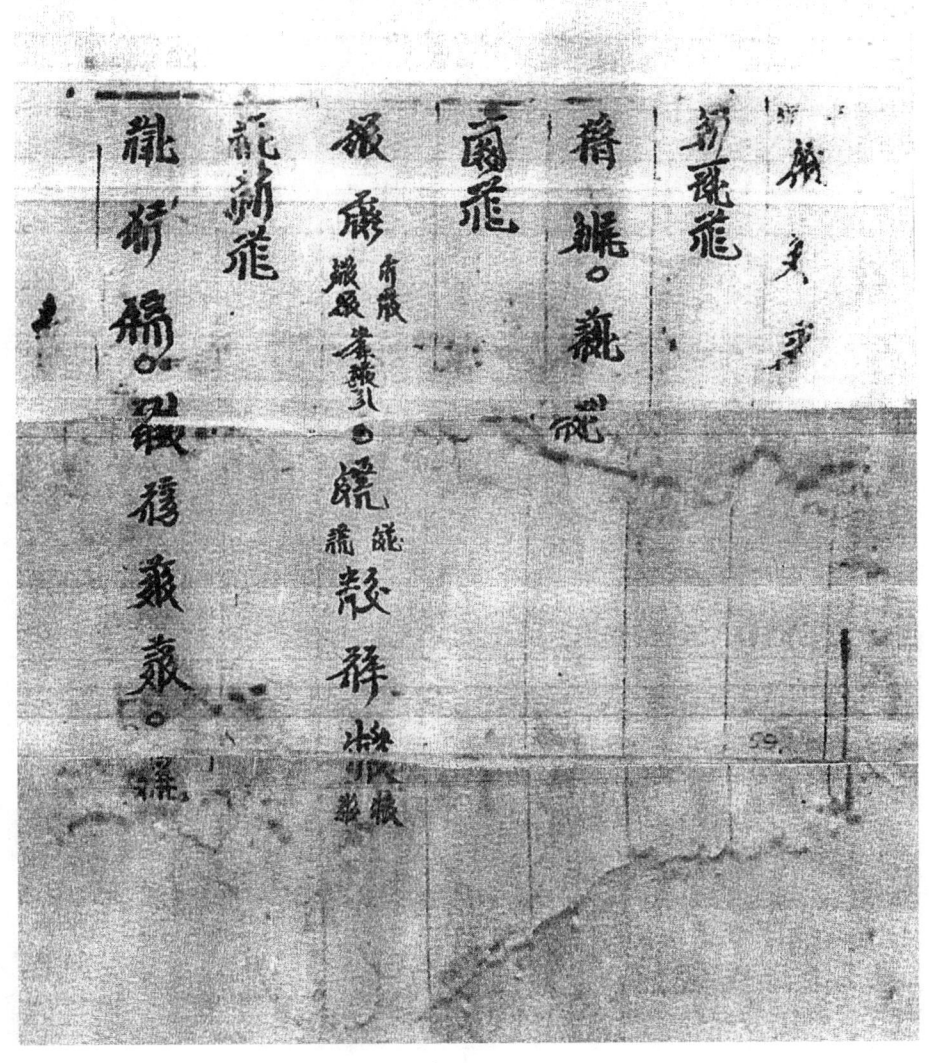

杂类2.1

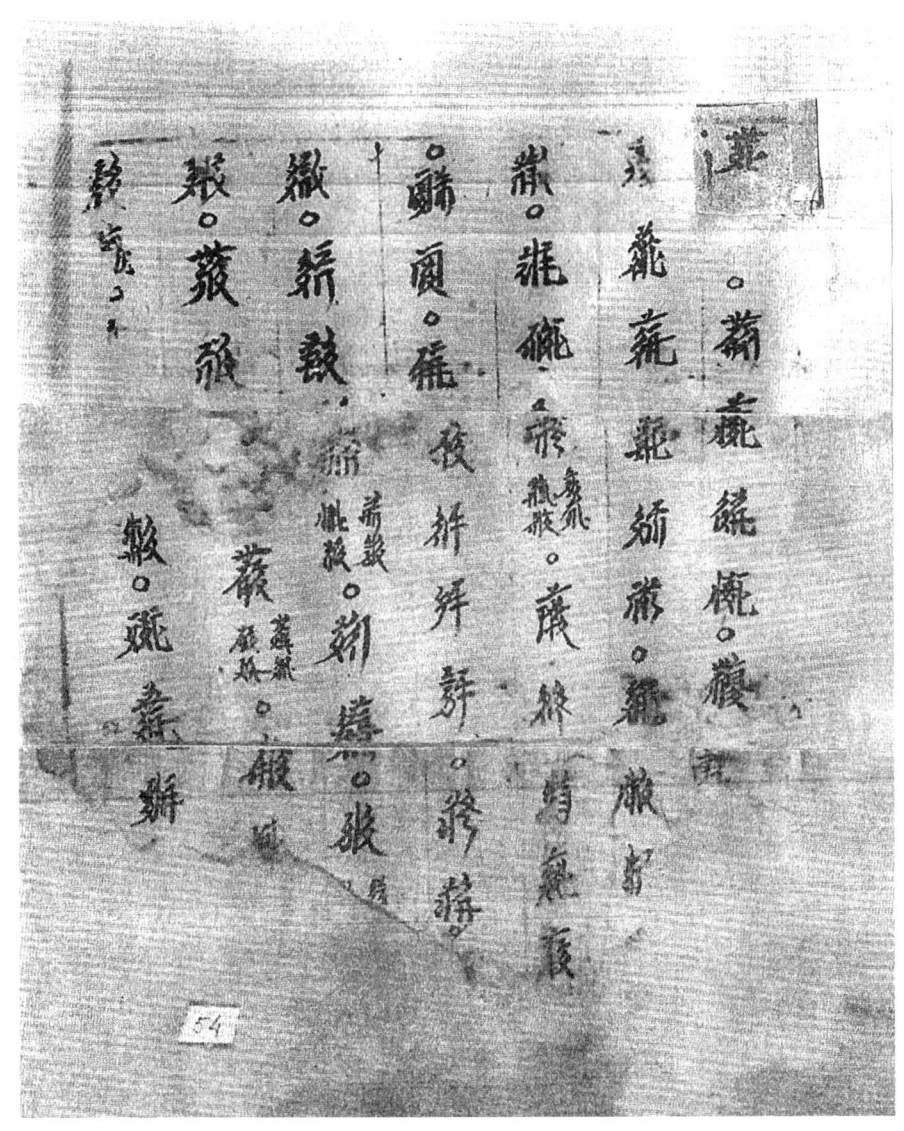

杂类2.2

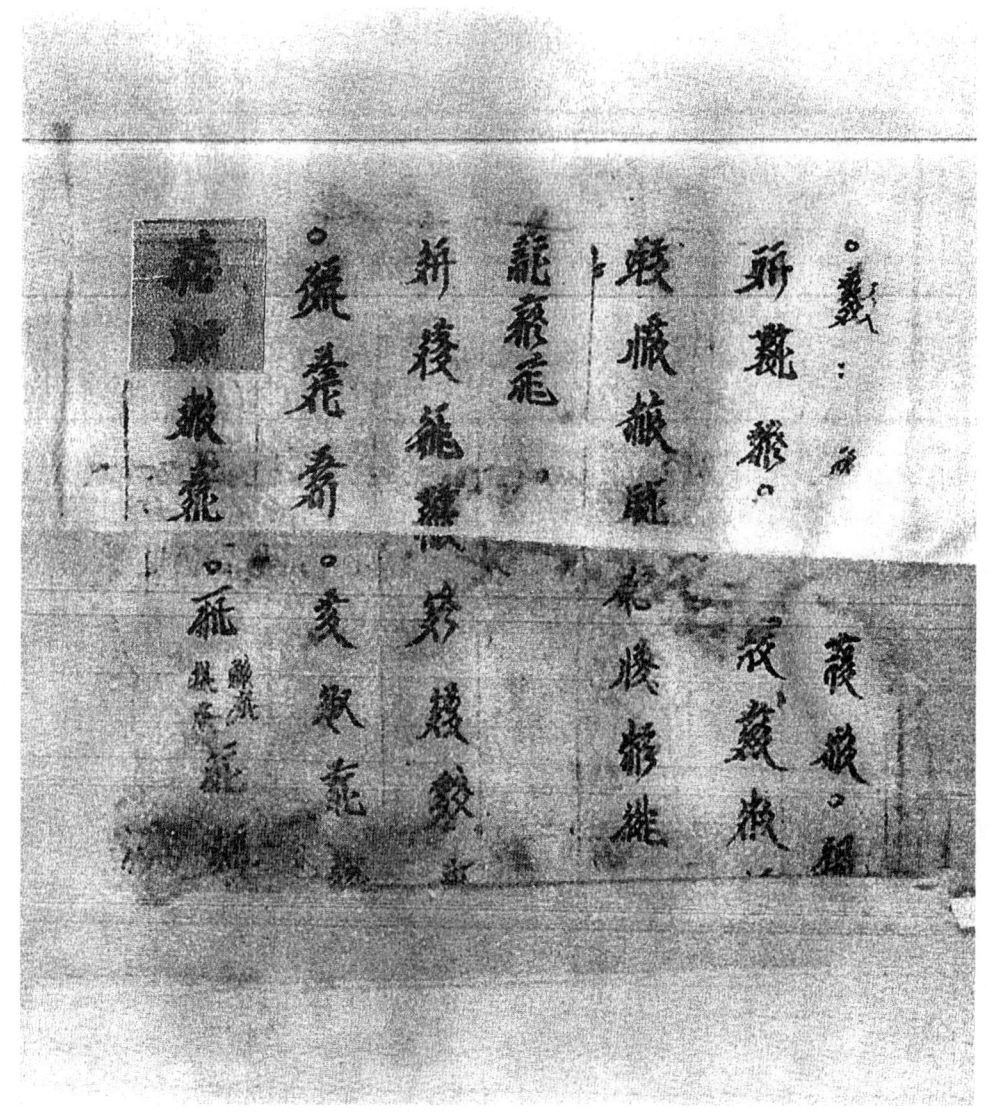

杂类 3.1

杂类 3.2

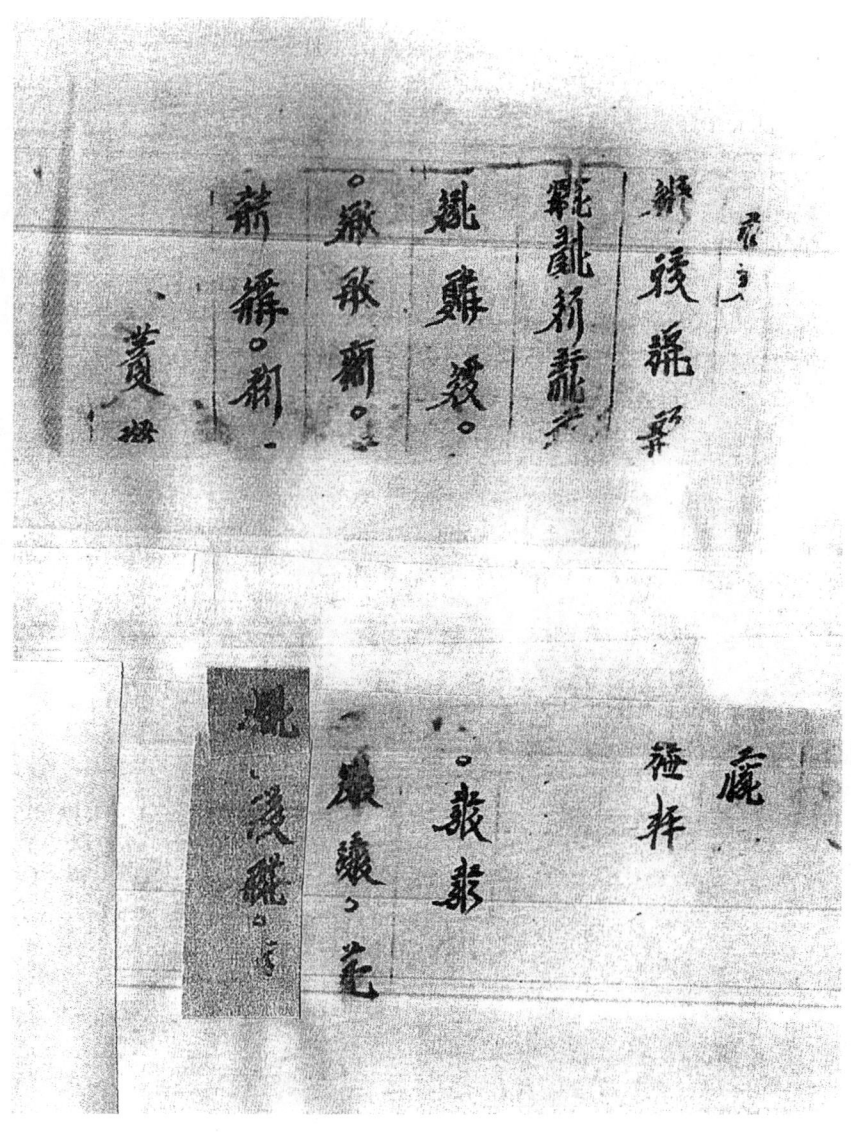

杂类 4.1

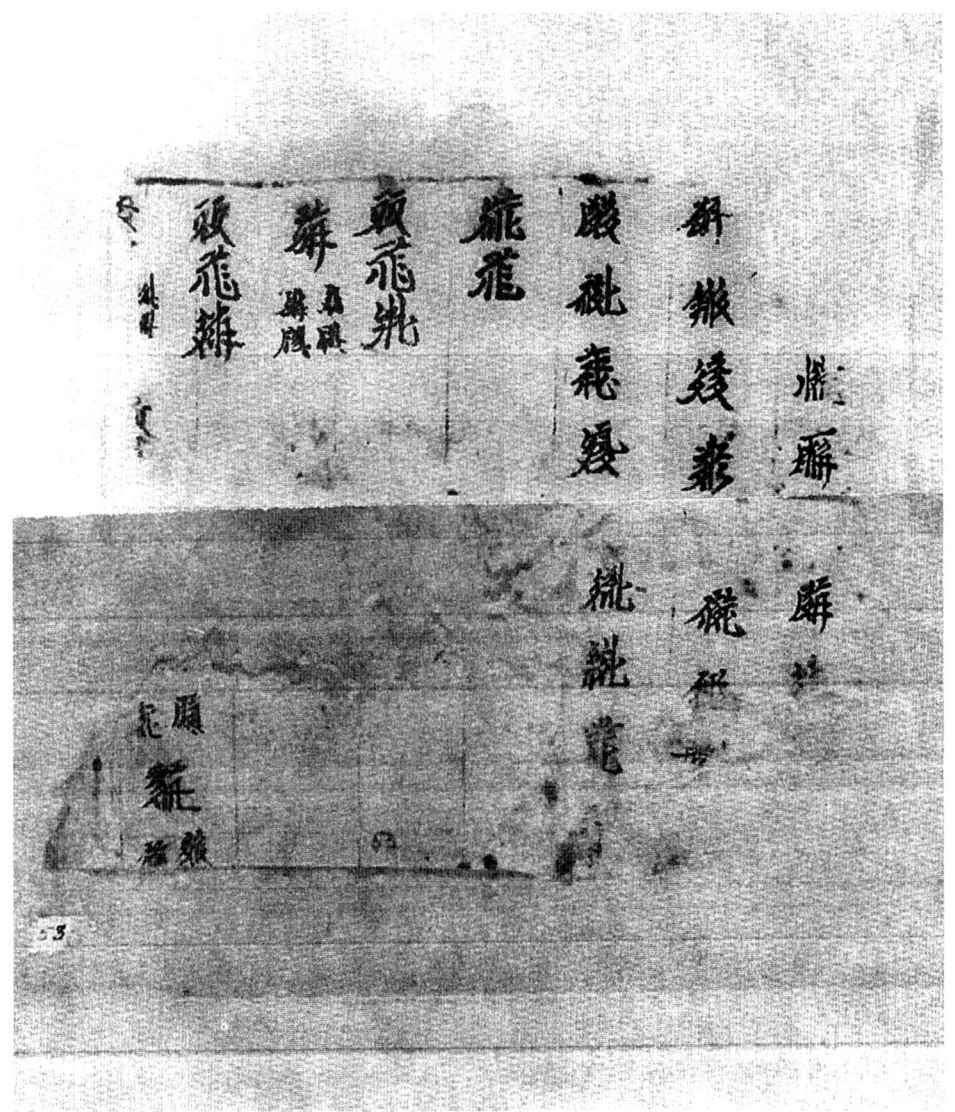

杂类 4.2

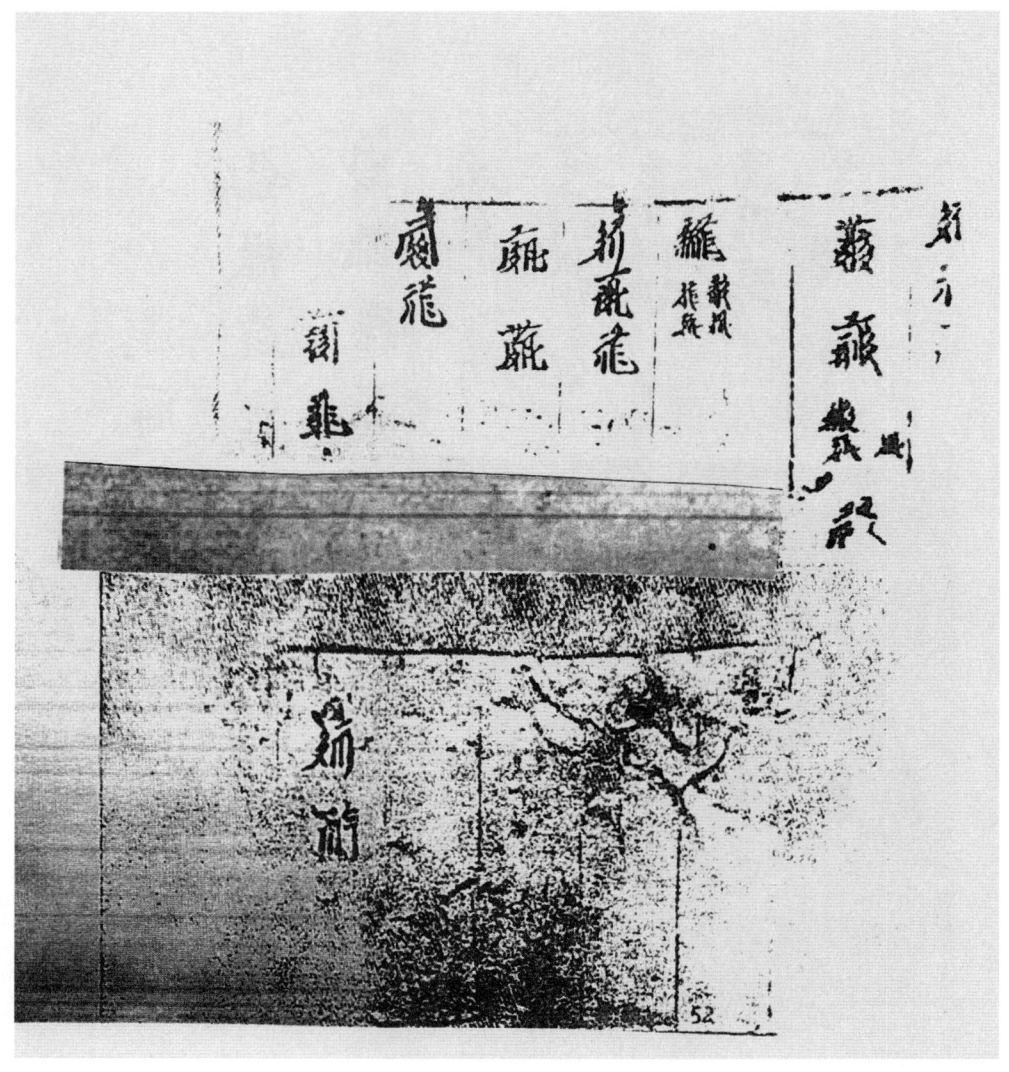

杂类 5.1

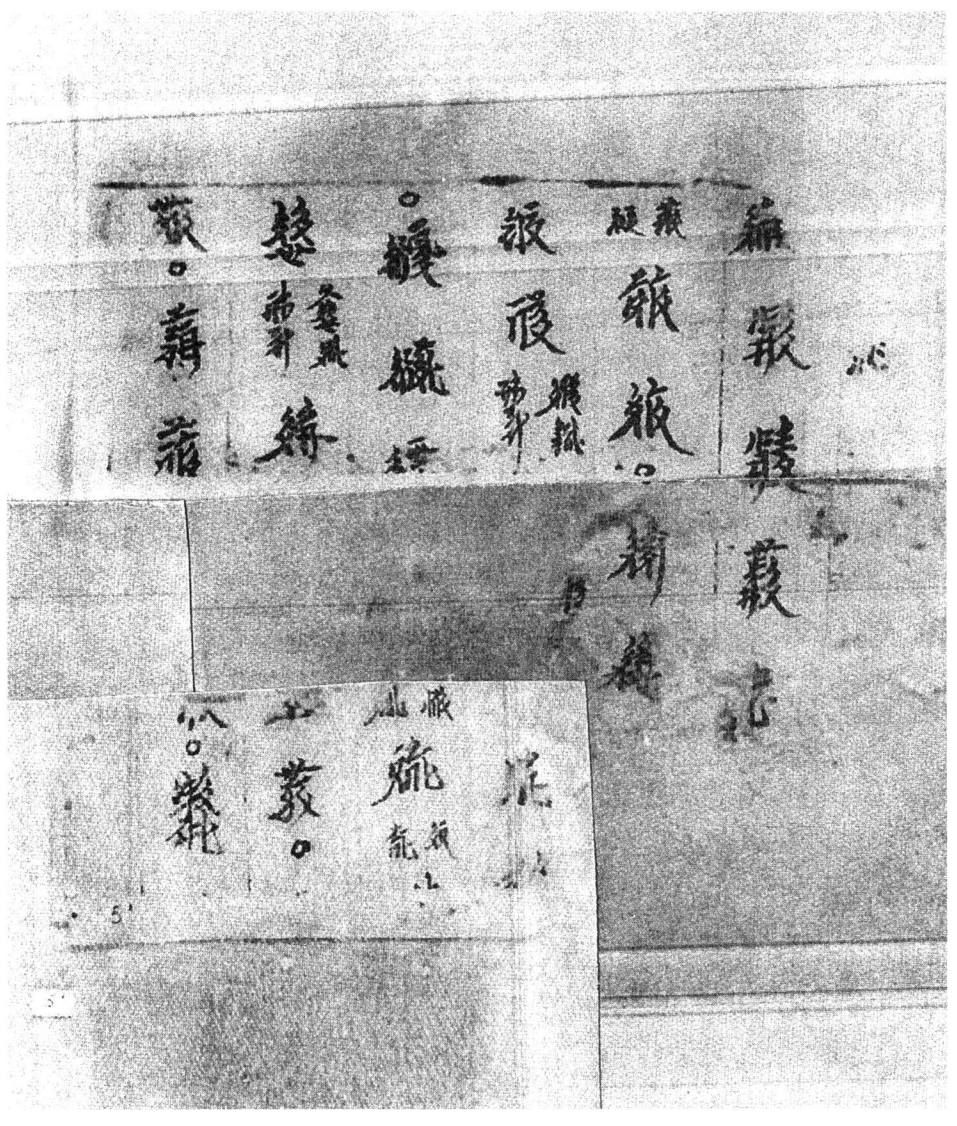

杂类5.2

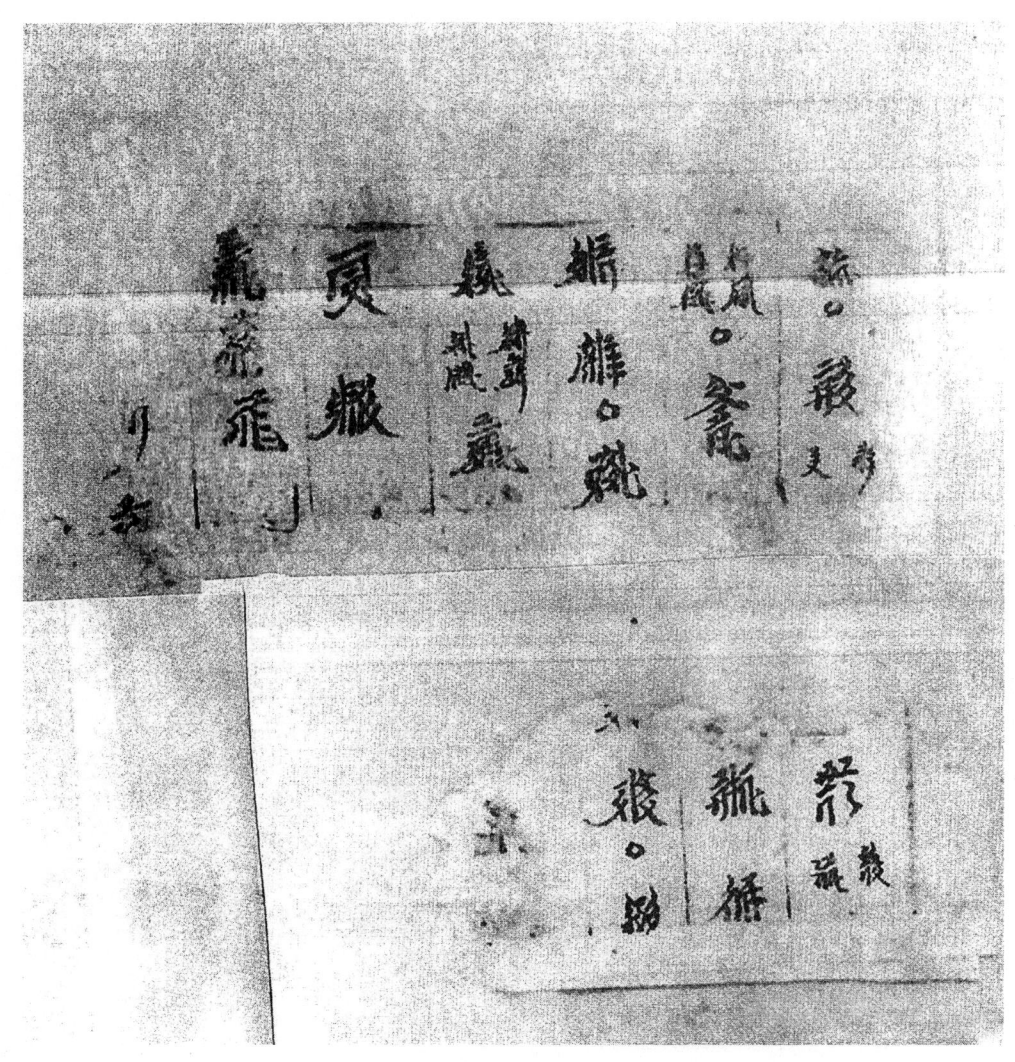

杂类6.1

杂类6.2

杂类8.1

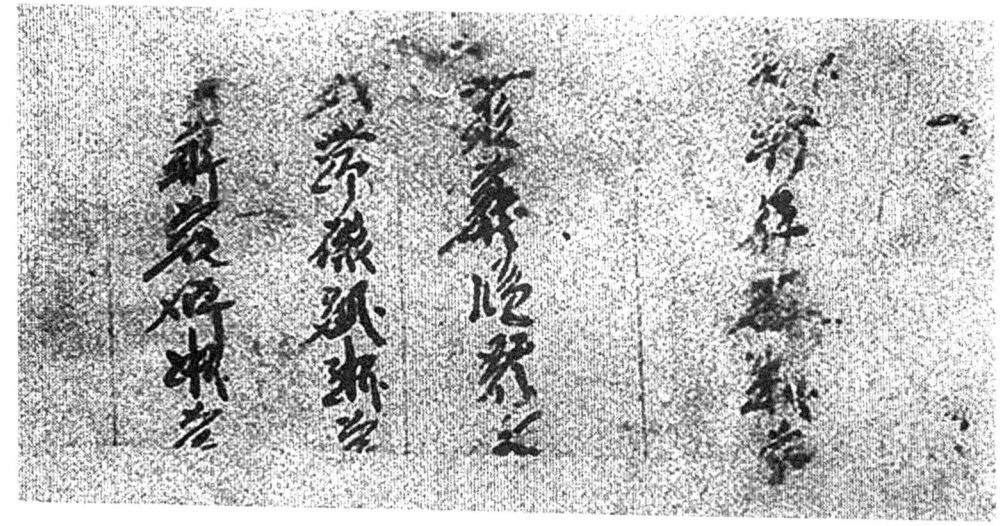

题款